Public Relations

Stephanie Grupe

Public Relations

Ein Wegweiser für die PR-Praxis

 Springer

Stephanie Grupe
Klingenweg 10 A
60388 Frankfurt am Main
Deutschland
stephanie@grupe.de

ISBN 978-3-642-17826-9   e-ISBN 978-3-642-17827-6
DOI 10.1007/978-3-642-17827-6
Springer Heidelberg Dordrecht London New York

Die Deutsche Nationalbibliothek verzeichnet diese Publikation in der Deutschen Nationalbibliografie; detaillierte bibliografische Daten sind im Internet über http://dnb.d-nb.de abrufbar.

Einbandentwurf: WMXDesign GmbH, Heidelberg

Abbildung: Heike Eichhorn Visuelle Kommunikation, Rosbach

Gedruckt auf säurefreiem Papier

Springer ist Teil der Fachverlagsgruppe Springer Science+Business Media (www.springer.com)

Vorwort

Public Relations sind aus der wirtschaftlichen, politischen, kulturellen und sozialen Welt nicht mehr wegzudenken. Der professionelle Umgang mit Kommunikation ist in der modernen Informations- und Mediengesellschaft ein Schlüsselfaktor für den Erfolg einer Organisation. Ob Sie für ein Unternehmen, für eine öffentlich-rechtliche Institution, für einen Verein oder eine gemeinnützige Einrichtung aktiv sind, Grundkenntnisse in Public Relations sind für viele Berufsfelder und Branchen notwendig. Denn fast jede bedeutsame Aktivität verlangt heute nach professioneller Vermittlung von Inhalten. Die Akteure müssen ihre Standpunkte, ihre Anliegen und Vorhaben formulieren, die Akzeptanz und Unterstützung ihres Umfeldes gewinnen und Kontroversen möglichst verhindern. Verbraucher- und andere Anspruchsgruppen fordern Erklärungen und wollen eine Organisation auch nach ihrem Wertegefüge und ihrem sozialen Verhalten beurteilen. Kommunikationskompetenz ist gefragt. Public Relations haben sich als unverzichtbare Managementfunktion etabliert. Kommunikation wird heute strategisch geplant und umspannt als ganzheitliche Aufgabe die gesamte Organisation. Entsprechend vielfältig sind die Aufgaben, Arbeitsfelder und Instrumente des PR-Profis.

Dieses Buch verschafft Ihnen einen kompakten, schnellen und einfachen Einstieg in die Welt der Public Relations. Ausgehend von der Essenz aktueller Fachliteratur erfahren Sie das wichtigste Basiswissen zum Thema. Darüber hinaus erhalten Sie Schritt-für-Schritt-Arbeitsanleitungen für die wichtigsten Aufgaben der Public Relations, die durch anschauliche Beispiele aus dem PR-Alltag begleitet werden. Wenn Sie dieses Buch gelesen haben, werden Sie Medienarbeit betreiben, eine Mitarbeiterzeitung herausgeben, verschiedene Veranstaltungen durchführen und Inhalte in unterschiedlicher Form und für unterschiedliche Zielgruppen aufbereiten können.

Dieses Buch ist als Arbeitsbuch für die PR-Praxis konzipiert. Es soll die Lücke zwischen theoretischem PR-Wissen und den ersten Schritten eines PR-Einsteigers schließen, so dass Sie sich schnell mit einem gewissen Grad an Sicherheit in dem weiten Feld der PR bewegen können. Dabei habe ich einen sehr pragmatischen Ansatz gewählt und auf eine wissenschaftstheoretische Auseinandersetzung verzichtet. Vielmehr möchte ich Sie dazu anregen, sich das Arbeitsgebiet Öffentlichkeitsarbeit durch logische, gedankliche Herleitung und „Learning by Doing" weitestgehend selbst zu erschließen. So ist dieses Buch nicht zuletzt der Versuch, einen sehr direkten und an der schnellen Umsetzung orientierten Lernansatz für PR-Einsteiger aufzuzeigen.

Natürlich hat ein solcher Ansatz auch seine Grenzen: Nicht alle Varianten des PR-Alltags können durch vereinfachte Anleitungen und Beispiele abgedeckt werden. In der Realität werden Sie die gezeigten Schritte auf Ihre ganz individuelle Situation und auf die dort vorherrschenden Rahmenbedingungen übertragen müssen. Sie werden die vorgestellten Instrumente verfeinern, perfektionieren und für Ihre Zwecke, sowie für Ihre Arbeitsweise anpassen. Darüber hinaus sind die hier vorgestellten Arbeitsschritte sicherlich nicht allgemeingültig. Tatsächlich hat fast jede PR-Agentur eigene Arbeitsinstrumente und Methoden entwickelt, um die Kommunikationsaufträge ihrer Kunden zu bearbeiten. Dennoch werden Ihnen die in diesem Buch aufgezeigte grundsätzliche Denkweise und die strukturierte, strategische Vorgehensweise dabei helfen, Ihre ganz spezifischen PR-Aufgaben zu lösen. Sie werden Sie dabei unterstützen, die richtigen Prioritäten zu setzen. Sie werden Ihnen Wege aufzeigen, Ihre PR-Maßnahmen auf das Wesentliche zu konzentrieren und so auch mit wenigen Mitteln zielorientiert zu arbeiten. Und sie bilden eine gute Grundlage, um sich weiteres Wissen und Erfahrung anzueignen.

Denn dieses Buch kann und will nur der Anfang sein. Wenn Sie auf Dauer erfolgreich in der PR-Welt arbeiten wollen, sollten Sie sich weiterbilden und in die hier vorgestellten, aber auch in weitere Fachgebiete vertiefend einsteigen. Fast jedes der hier aufgezeigten PR-Arbeitsfelder lässt sich durch zusätzliches PR-Wissen in der Fachliteratur oder in PR-Seminaren unterfüttern.

Ich kann Ihnen bereits jetzt versichern: Aktiv PR zu betreiben, bleibt immer spannend. In meinen über 20 abwechslungsreichen Berufsjahren habe ich die unterschiedlichsten PR-Aktionen konzipiert, umgesetzt und kontrolliert. Es verging kein Jahr, in dem ich nicht an neuen Aufgaben wachsen, meinen fachlichen Horizont erweitern oder Interessantes hinzulernen konnte. In dieser Zeit habe ich viele neue Mitarbeiterinnen und Mitarbeiter eingearbeitet und ihre ersten Gehversuche in der PR-Arbeit betreut. Meine Beobachtungen in diesen beruflichen Anfangsphasen, sowie meine Erfahrung als Dozentin an der Bayerischen Akademie für Werbung und Marketing e.V. (BAW) flossen in dieses Buch ein. Ich habe oft beobachtet, wie schwer es ist, theoretisches Wissen in ganz konkrete PR-Arbeit umzusetzen – wenn man nicht weiß, wie es Schritt für Schritt gemacht wird. Denn dem Außenstehenden sind die lehrreichen Planungs- und Entwurfs-Stadien des PR-Alltags üblicherweise nicht zugänglich. Ich habe mir in diesen Situationen oft eine praktische Einführung in die PR gewünscht, die eine schnell umsetzbare Arbeitsanleitung für die Basisaufgaben der PR bietet. Aus diesem Grund will dieses Buch vor allem eines: PR-Wissen unmittelbar umsetzbar machen. Damit Sie gleich nach dem Lesen mit der PR-Basisarbeit beginnen können, dabei die typischen Anfänger-Fehler vermeiden und so schnell wie möglich zu einer soliden Arbeitsqualität gelangen. Ich würde mich freuen, wenn die Ausführungen, Tipps, Checklisten und Arbeitsanleitungen dieses Buches Ihnen die Hilfe und Unterstützung geben, die Sie benötigen, um erfolgreich in der Öffentlichkeitsarbeit aktiv zu werden.

Was Sie dazu mitbringen müssen? Ihren gesunden Menschenverstand, ein gutes Sprachgefühl und Ihre natürliche Begabung, Kontakte mit Menschen herzustellen und zu pflegen. Und natürlich Ihre Neugierde. Neugierde auf die Vielfalt an Aufgaben, Tätigkeiten und Menschen, denen Sie dabei begegnen werden.

Viel Spaß beim Lesen und Ausprobieren wünscht Ihnen

Frankfurt am Main
Deutschland

Stephanie Grupe

Inhaltsverzeichnis

Abbildungen

Tabellen

Kapitel 1
Grundlagen der Public Relations

In diesem Kapitel werden Sie kompakt die wichtigsten Grundlagen und Begriffe professioneller Public Relations kennen lernen. Sie werden einen Überblick über die Aufgaben und Tätigkeitsfelder der PR erhalten. Am Ende dieses Kapitels werden sie eine bessere Vorstellung davon haben, was Public Relations sind. Und sie werden besser dazu in der Lage sein, sich innerhalb des weiten Berufsfeldes der PR zu orientieren.

1.1 Definition und Aufgaben von PR

Der Begriff Public Relations (PR) bedeutet sinngemäß übersetzt in etwa „Beziehungen zur Öffentlichkeit unterhalten" und wird im Deutschen als „Öffentlichkeitsarbeit" bezeichnet. Abgesehen davon gibt es zahllose Definitionen von PR, die teilweise sehr unterschiedliche Facetten der PR aufgreifen. Ich bevorzuge die folgende, sinngemäße Übersetzung: „Public Relations sind das Management von Kommunikation von Organisationen mit deren Bezugsgruppen. (. . .) Kommunikation ist dann exzellent, wenn kompetente Kommunikatoren die strategische Führung einer Organisation (. . .) darin unterstützen, wechselseitige Beziehungen zu Schlüsselgruppen herzustellen, von denen Bestehen und Wachstum der Organisation abhängen."[1] Aus dieser, wie auch aus weiteren Definitionen, die sich in der Fachliteratur finden, lassen sich die folgenden grundsätzlichen Erkenntnisse ableiten:

Organisationen haben Bezugsgruppen von existenzieller Bedeutung.

Organisationen sind Gruppen, Institutionen oder Unternehmen. Als Organisation bezeichnet man Systeme, die auf einer planmäßigen Gestaltung beruhen. Organisationen haben eine übergeordnete Zielsetzung, eine klare Gliederung und eine festgelegte Entscheidungsstruktur. Wirtschaftliche Organisationen werden als Unternehmen bezeichnet. In diesem Buch werden die Begriffe Organisation und

---

[1]Die Zitate wurden im englischen Original aus „Public Relations. Konzepte und Theorien" von Michael Kunczik (Böhlau Verlag GmbH & Cie, 4. Auflage, Köln 2002, Seite 279) übernommen und sinngemäß ins Deutsche übersetzt.

S. Grupe, *Public Relations*, DOI 10.1007/978-3-642-17827-6_1,
© Springer-Verlag Berlin Heidelberg 2011

Unternehmen häufig stellvertretend verwendet. Es sollte dem Leser jedoch klar sein, dass Organisationen beispielsweise auch Verbände, gemeinnützige Einrichtungen oder jegliche andere organisierte, planmäßig vorgehende Gruppen sein können.

In unserer komplexen, pluralistischen Gesellschaft kann eine Organisation nicht völlig unabhängig von anderen gesellschaftlichen Gruppen bestehen. Vielmehr gibt es wichtige Schlüsselgruppen, mit denen die Organisation in Beziehung steht und die über Existenz, Wachstum und Erfolg einer Organisation mitentscheiden. Zu solchen Bezugsgruppen gehören beispielsweise die Mitarbeiter, Kunden, Geschäftspartner, Lieferanten und Kapitalgeber, die ein wirtschaftliches Handeln überhaupt erst ermöglichen. Zum anderen bestimmen Politiker auf allen Ebenen über wichtige Rahmenbedingungen, wie Steuern, Gesetze und Infrastruktur. Nicht zuletzt spielen Journalisten in unserer Informations- und Mediengesellschaft eine entscheidende Rolle. Sie sind Informationsmittler und beeinflussen als Multiplikatoren die Meinungsbildung vieler Bezugsgruppen einer Organisation.

Anspruchsgruppen

Darüber hinaus steht eine Organisation in der modernen Gesellschaft vielfältigen weiteren Erwartungen gegenüber: Sie soll sich in die Gesellschaft integrieren, soziale Verantwortung übernehmen und sich umweltbewusst und verbraucherfreundlich verhalten. Daraus ergeben sich weitere, so genannte Anspruchsgruppen, wie in etwa Umweltschutzvereine oder Verbraucherverbände, die großen Einfluss auf den Erfolg einer Organisation ausüben können.

Teilöffentlichkeiten

In der Fachliteratur werden Bezugsgruppen auch häufig als „Teilöffentlichkeiten" oder „Stakeholder" bezeichnet. Der Begriff „Teilöffentlichkeit" bringt zum Ausdruck, dass die unterschiedlichen Bezugsgruppen einer Organisation genau definierte Teilgruppen der Gesellschaft sind.

Ein Beispiel macht dies deutlich: Erscheint der Artikel über eine Versicherungsgesellschaft in einem Magazin für Versicherungsmakler, so wird der Artikel von einem Teil dieser spezifischen Lesergruppe gelesen, von einem Großteil der deutschen oder gar internationalen Öffentlichkeit jedoch überhaupt nicht wahrgenommen. Er erreicht eine ganz spezifische Teilöffentlichkeit, nämlich Versicherungsmakler, die Leser des Magazins sind und eine Untergruppe innerhalb der Fachöffentlichkeit der Versicherungsbranche bilden.

Das Beispiel zeigt auf, dass es „die Öffentlichkeit" ohne weitere, eingrenzende Definition in der Öffentlichkeitsarbeit nicht geben kann.

Stakeholder

Der Begriff „Stakeholder" (im Englischen wird so eine Person genannt, die Wetteinsätze aufbewahrt, bis das Ergebnis einer Wette bekannt ist) verweist auf die existenzielle Bedeutung einzelner Schlüsselgruppen für die Organisation. Betrachtet man beispielsweise die Gruppe der Investoren, Kapitalgeber oder Aktionäre eines Unternehmens, so wird schnell klar, dass die Finanzlage des

Unternehmens maßgeblich von der Beziehung zu diesen Stakeholdern abhängt. Die gesunde Finanzsituation des Unternehmens „is at stake", steht auf dem Spiel.

Je nach Ziel und Gegenstand einer Unternehmung oder einer Organisation können unterschiedliche Bezugsgruppen, Teilöffentlichkeiten oder Stakeholder – teilweise auch einflussreiche Einzelpersonen – von Bedeutung sein.

Die Beziehung zu den Schlüsselgruppen soll wechselseitig, d.h. dialogorientiert gestaltet werden.

Die PR baut die Beziehungen zu den Schlüsselgruppen auf und pflegt diese. Dabei wird im Dialog, sozusagen „auf Augenhöhe" kommuniziert. Das bedeutet, dass sich die Organisation nicht nur einseitig an ihren eigenen Zielen, Interessen und Aktivitäten orientiert, sondern auch die Interessen, Erwartungen und Ansprüche ihrer Bezugsgruppen mit einbezieht. Sich gegenseitig zuhören, die Meinung des anderen begreifen und seine Motive zu erkennen sind die Basis für Verständigung, Verständnis und Vertrauen.

Dabei geschieht im Prinzip nichts anderes als beim Aufbau zwischenmenschlicher Beziehungen. Was geht dabei vor? Zwei Persönlichkeiten lernen sich kennen, sie erzählen von sich selbst, ihren Zielen, Aktivitäten und Vorstellungen. Sie entwickeln Sympathie füreinander, vertiefen gemeinsame Interessen, diskutieren unterschiedliche Standpunkte. Sie lernen sich durch gemeinsame Erlebnisse näher kennen, entwickeln Verständnis für einander. Sie respektieren die Meinung des anderen, beziehen ihn vielleicht bei wichtigen Entscheidungen mit ein, können für beide Seiten akzeptable Kompromisse finden. Beide haben ihr ganz individuelles Interesse an einer Fortführung der Beziehung. Bis eine so starke gemeinsame Vertrauensbasis entstanden ist, dass auch kleinere Krisen unbeschadet überstanden werden.

Die Öffentlichkeitsarbeit will eine solche Bekanntschaft zu ihren Bezugsgruppen herstellen und diese möglichst zu einer stabilen Freundschaft – oder gar Partnerschaft – entwickeln. Diese klare Orientierung der PR an Partnerschaft und Dialog führt dazu, dass Bezugsgruppen, Teilöffentlichkeiten oder Stakeholder auch als „Dialoggruppen" bezeichnet werden.

PR bauen Verständnis, Akzeptanz und Vertrauen auf und fördern die soziale Integration einer Organisation.

Wie im letzten Abschnitt dargelegt, möchte die Öffentlichkeitsarbeit möglichst stabile Beziehungen zu ihren Dialoggruppen aufbauen. Durch professionell gestaltete Kommunikationsprozesse wird die dafür notwendige Basis aus gegenseitigem Verständnis, Akzeptanz, Sympathie und Vertrauen hergestellt.

Wie für den Menschen ist es in diesem Zusammenhang auch für die Organisation wichtig, sich sozial zu integrieren. Hierzu muss sie ihre ganz spezifische Persönlichkeit – ihre unverwechselbare Identität – darstellen, eindeutig Position beziehen und sich als vertrauenswürdiger, verantwortungsbewusster Partner erweisen. PR tragen dazu bei, dass die Identität einer Organisation („Corporate Identity"), ihr Handeln und ihre Positionierung prägnant dargestellt werden und in der Wahrnehmung der Dialoggruppe zu einem individuellen, unverwechselbaren und positiven Image verschmelzen. PR versuchen zu überzeugen und mit dem jeweiligen Kommunikationspartner zu einem Einverständnis darüber zu gelangen, dass die Organisation vertrauenswürdig ist und ihre Interessen legitim sind.[2]

Dabei greifen PR-Experten die Meinungen, Erwartungen und Anforderungen des gesellschaftlichen Umfeldes auf und beraten die Organisation dabei, wie sie diese Erkenntnisse in strategisch sinnvolles Handeln umsetzen kann. So können PR einen Interessenausgleich zwischen Organisation und gesellschaftlichem Umfeld herstellen, eine harmonische soziale Integration erleichtern und dabei helfen, Konflikte und Krisen zu verhindern. Alle aufgezeigten Aufgaben sollen dazu dienen, dass die Organisation ihre Ziele effizient erreichen kann und sich dabei einen größtmöglichen Handlungsspielraum erhält.

Die Inhalte der Kommunikation werden sowohl von der Organisation, als auch von den Dialoggruppen bestimmt.

Die Kerninhalte der PR-Kommunikation lassen sich aus der Dialogorientierung sowie anhand der Aufgaben von PR ableiten. Im Interesse der Organisation liegt es, dass sie ihre Identität („Corporate Identity"), ihre Ziele und Strategien, ihr wirtschaftliches, kulturelles, politisches und soziales Handeln, ihre Meinungen und Standpunkte zu relevanten Sachverhalten darstellen und erklären kann. Aus Sicht der unterschiedlichen Bezugsgruppen werden diese Inhalte durch Fragen, Wünsche, Erwartungen und Anforderungen ergänzt. Aus dem individuellen Informations- und Diskussionsbedarf der Bezugsgruppen ergibt sich eine Fülle an weiteren Inhalten für die PR, die von Umweltthemen bis hin zu grundsätzlichen Wertediskussionen, von volkswirtschaftlichen bis hin zu kulturellen Anliegen reichen können.

In diesem Zusammenhang kommt der professionellen PR-Arbeit die zentrale Aufgabe zu, gesellschaftliche Veränderungsprozesse zu verfolgen, die spezifischen Bedürfnisse bestehender oder zukünftiger Dialoggruppen aufzuspüren, relevante Themen zu recherchieren, zu verarbeiten und in erfolgreiche Kommunikationsstrategien umzusetzen.

Die Kommunikation muss geplant, organisiert, umgesetzt und kontrolliert werden.

Kommunikation ist eine Management- und Führungsaufgabe. Erst wenn Kommunikationsprozesse strategisch geplant, professionell organisiert und umgesetzt, sowie umfassend kontrolliert werden, können die Bemühungen auf diesem Gebiet erfolgreich sein. Ein strategisch ausgereiftes Konzept ist daher Grundlage jeder Öffentlichkeitsarbeit. Das bedeutet, dass PR-Profis bei der Gestaltung von Kommunikationsprozessen in festgelegten Schritten vorgehen: Sie analysieren die Ausgangssituation, legen Ziele, Dialoggruppen und Botschaften fest, planen die

---

[2]Die ausführlichen, system-theoretischen Grundlagen hierzu finden Sie bei Michael Kunczik, „Public Relations. Konzepte und Theorien" (Böhlau Verlag GmbH&Cie, Köln 2002) im Kapitel „Die verständigungsorientierte Öffentlichkeitsarbeit" ab Seite 296.

geeigneten PR-Maßnahmen und kontrollieren deren Erfolg. Das stellt sicher, dass Kommunikation langfristig an den Zielen und speziellen Bedürfnissen der Organisation und ihres Umfeldes ausgerichtet und glaubwürdig ist. Kommunikation managen heißt aber auch, dass der PR-Verantwortliche in die Entscheidungsprozesse einer Organisation eingebunden wird und die strategische Ausrichtung der Organisation mit beeinflussen kann.

Integrierte Kommunikation

Der in der Fachliteratur viel zitierte Ruf nach integrierter, koordinierter oder auch ganzheitlicher Kommunikation weist darauf hin, dass sich sämtliche Kommunikationsfunktionen innerhalb einer Organisation, so zum Beispiel auch die Kommunikation der Marketing-, Finanz- oder Personalabteilung, national sowie international miteinander abstimmen und einer einheitlichen strategischen Ausrichtung folgen müssen. Dazu müssen konzernweit entsprechende inhaltliche und organisatorische Strukturen geschaffen werden. Nur unter diesen Voraussetzungen können wichtige Aufgaben der PR erfüllt und ein starkes, einheitliches und glaubwürdiges Unternehmensbild geschaffen werden.

1.2 Dialogfelder der Public Relations

Anhand der Definition von PR können Sie ersehen, dass es in der PR-Arbeit eine Vielfalt an unterschiedlichen Bezugsgruppen und thematischen Inhalten gibt. Aus dieser Heterogenität lassen sich einige Dialogfelder der PR besonders abgrenzen und hervorheben. Ihnen kommt innerhalb bestimmter Branchen oder Tätigkeitsfeldern der PR eine besondere Bedeutung zu.

Internal Relations oder Human Relations

Unter den Begriffen Internal Relations oder Human Relations wird die organisationsinterne Kommunikationsarbeit zusammengefasst. Die Mitarbeiter, ihre Familien, enge Berater und freiberuflich Aktive, Subunternehmer, ehemalige und zukünftige Mitarbeiter, aber auch Verbandsmitglieder oder Förderkreise bilden den Mikrokosmos einer Organisation. Die Beziehungspflege zu diesen Gruppen spielt in der PR eine große Rolle. Sie sind durch ihre besondere Nähe und Kenntnis der Organisation wichtige, glaubwürdige Botschafter für die Interessen und das Image der Organisation. Der in diesem Zusammenhang oft zitierte Leitsatz für PR-Fachleute lautet: „public relations begin at home" – gute PR-Arbeit beginnt zu Hause, in der eigenen Organisation. Dies ist einleuchtend. Denn wenn Sie sich die Bedeutung von kompetenten, motivierten und selbständig unternehmerisch handelnden Mitarbeitern für den Unternehmenserfolg vorstellen, wird schnell deutlich, dass es sich bei diesem Dialogfeld der PR um eine Kerndisziplin handelt.

Media Relations

Die Beziehung zu den Medien, zu Print, Funk, Fernsehen und Internet-Medien, ist in der PR von fundamentaler Bedeutung. Journalisten und Redakteure sind Multiplikatoren, die darüber entscheiden, in welchem Umfang, in welcher Form und mit welchem Grundtenor über Organisationen berichtet wird. Sie tragen damit nicht nur zur Präsenz der Organisation in unserer breit gefächerten Informations- und Medienwelt bei, sondern vor allem auch zur Meinungsbildung vieler Bezugsgruppen. Der professionelle Umgang und die Zusammenarbeit mit der heterogenen Dialoggruppe der Journalisten im Dialogfeld „Media Relations" gehört daher zur Kernkompetenz eines jeden PR-Schaffenden.

Investor Relations oder Finanzkommunikation

Die Finanzierung ihrer Tätigkeiten bzw. die Sicherung der Kapitalbeschaffung zu möglichst günstigen Konditionen ist eine weitere überlebenswichtige Aufgabe für Organisationen jeglicher Art. Geldgeber im weitesten Sinne können Gesellschafter, Banken, Mäzene, Sponsoren, staatliche Stellen, institutionelle Anleger oder Privatinvestoren sein.

Im engeren Sinne wird der Begriff „Investor Relations" jedoch speziell für die Kommunikation mit Aktionären und Finanzanalysten verwendet. Für börsennotierte Aktiengesellschaften ist es unabdingbar, mit der Finanzgemeinde einen regen Austausch zu pflegen. Im Zentrum stehen dabei nicht nur betriebswirtschaftliche Zahlenwerke, sondern vor allem auch Managementstrategien, Zukunftstechnologien, die historischen Entwicklungen, die soziale Verantwortung des Unternehmens und sein Image. Der Dialog in diesem Spezialgebiet der PR kann weit reichende Konsequenzen für die Unternehmensbewertung und die Streuung der Aktien haben. Denn das Image eines Unternehmens hat großen Einfluss auf die Nachfrage und den Wert der Aktien. Innerhalb der PR sind Investor Relations deshalb ein bedeutendes Spezialgebiet für ausgewiesene Experten.

Customer Relations und Produkt-PR

Diese beiden Kerndisziplinen der PR beschäftigen sich mit einer wichtigen Bezugsgruppe, die für die wirtschaftliche Basis eines Unternehmens sorgt: die Kunden. Dabei stehen zum einen die Produkte oder Dienstleistungen eines Unternehmens im Mittelpunkt des Dialogs. Im Rahmen der Produkt-PR gilt es, die Produkteigenschaften, -vorteile und -anwendungsmöglichkeiten zu vermitteln. Aber auch der strategische Beitrag von Produkten und Dienstleistungen zur Unternehmensentwicklung, die Darstellung von Herstellungsverfahren und Methoden der Rohstoffgewinnung werden hier diskutiert. In einer Gesellschaft, in der Produkte und Services zunehmend austauschbar werden und die Markentreue zurückgeht, ist es wichtig, wie die Verbraucher das Unternehmen selbst beurteilen. Die grundsätzliche Sympathie, die Anerkennung der Leistungen eines Unternehmens, das Vertrauen in die Produktqualität und die Akzeptanz seiner Verhaltensweisen – zum Beispiel im Hinblick auf Umweltschutz und sozialer Verantwortung – werden zu wichtigen Faktoren dafür, Kunden zu gewinnen und zu halten. Das Unternehmen als Ganzes und die Wünsche, Bedürfnisse und Anforderungen der Kunden sind damit Gegenstand der „Consumer Relations" oder auch „Customer Relations". Dabei verschieben sich die Inhalte dieses Dialogfeldes zunehmend von der reinen Produktinformation auf das Image des Unternehmens und damit auch auf die emotionalen Aspekte der Beziehung zwischen Unternehmen und ihren Kunden.

Standort-PR

Wie wir bereits erfahren haben, gehört es zu den Aufgaben der PR, eine Organisation mit geeigneten Kommunikationsmaßnahmen dabei zu unterstützen, dass sie ihre Ziele verfolgen kann, dabei ein reibungsloser Ablauf gewährleistet ist und ein möglichst großer Handlungsspielraum besteht. Ganz besonders ist dies wichtig, wenn es um die Integration der Organisation in ihre unmittelbare Umgebung – ihren Standort – geht. Ein Beispiel verdeutlicht dies:

Beispiel: Ein Produktionsbetrieb braucht Standort-PR

Stellen Sie sich vor, ein Produktionsbetrieb muss erweitert werden. Dazu müsste ein neues, größeres Firmenareal am Stadtrand erschlossen werden. Aus Sicht des Unternehmens wäre es wünschenswert, eine Wiese am Stadtrand zum Bauland zu erklären. Auch sollte eine entsprechende Infrastruktur angelegt werden – einschließlich des Ausbaus der Zugangsstraße für den Lastwagenverkehr und einer Bushaltestelle für die Mitarbeiter in der Nähe des neuen Gebäudes. Wichtig: Das Vorhaben sollte ohne Zeitverzögerung durchgeführt werden. Es wird deutlich, dass das Unternehmen sehr gute Beziehungen zu mehreren Dialoggruppen am Standort unterhalten muss, um sein Anliegen durchsetzen zu können. Die örtlichen bzw. regionalen Behörden und Politiker müssen das Vorhaben durch entsprechende Genehmigungen und Amtshandlungen unterstützen. Die Anlieger des neuen Firmenareals müssen sich damit „anfreunden", dass statt grüner Wiesen nun Lastwagenverkehr, ein erhöhter Lärmpegel und Parkplatzknappheit in ihre Nachbarschaft einziehen. Die Anwohner des bisherigen Firmensitzes sind daran interessiert, zu erfahren, welcher zukünftigen Nutzung die leer stehenden Industrieanlagen zugeführt werden sollen. Und auch die Umweltschützer der Stadt müssen ihre potentiellen Widerstände gegen die Bebauung der Wiese aufgeben. Darüber hinaus müssen weitere, qualifizierte Mitarbeiter für die Produktion gewonnen werden – eine Herausforderung für die regional ansässigen Ausbildungsstätten.

Das Beispiel zeigt, dass es für eine Organisation existentiell sein kann, die Beziehungen zu wichtigen Dialoggruppen am Standort rechtzeitig aufzubauen und zu pflegen. Es muss aufgezeigt werden, welchen Nutzen die Organisation für die Gemeinde erbringt, dass sie ein verantwortungsbewusster, vertrauenswürdiger Partner und ein attraktiver Arbeitgeber für die Region ist. PR-Profis gestalten im Rahmen der Standort-PR vertrauensvolle Beziehungen, bevor man sie wirklich braucht.

Public Affairs

Der Begriff der „Public Affairs" beschreibt im engeren Sinne die Kommunikation im politischen Raum – also die Beziehungspflege zu Vertretern aus Politik, Behörden und öffentlichen Körperschaften. Dass diese Beziehungen – speziell am

Standort eines Unternehmens – für eine Organisation sehr wichtig sind, hat das oben aufgeführte Beispiel zur Standort-PR verdeutlicht. Oft wird in diesem Zusammenhang auch der Begriff „Lobbying" genannt, die direkte Kommunikation mit Funktionsträgern in der Politik. Die Organisation versucht dabei, einen regen Informationsaustausch zwischen Wirtschaft und Politik herzustellen, um sich einerseits rechtzeitig auf veränderte Rahmenbedingungen einstellen zu können, andererseits Einfluss auf die Gestaltung dieser Rahmenbedingungen ausüben zu können. Das hilft beiden Seiten, Fehlentscheidungen zu vermeiden.

Im weiteren Sinne umfassen Public Affairs auch die aktive Beteiligung am gesellschaftlichen Meinungs- und Willensbildungsprozess – noch bevor dieser in Politik umgesetzt wird. Dabei stehen die Beziehungen zu den so genannten NGOs („Non-Governmental Organizations"), den Nichtregierungsorganisationen, im Mittelpunkt der PR-Arbeit. Beinahe jedes gesellschaftliche Thema wird heute durch solche – oftmals kritische – Interessens- oder Anspruchsgruppen vertreten. Darunter befinden sich Umwelt- und Tierschützer ebenso wie Verbraucher- oder Sozialverbände. Es ist ratsam, dass sich Organisationen der für sie relevanten Themen von Anspruchsgruppen annehmen – noch bevor es zu einer Krise und damit zu einem Imageverlust kommt. Sie müssen die Konsequenzen ihres Handelns, beispielsweise für den Arbeitsmarkt, für den Umweltschutz, für die Gesundheit der Bevölkerung oder für die Veränderungen von Lebensbedingungen, bedenken und mit den entsprechenden Interessensvertretern den Dialog darüber führen.

Umwelt-PR

Heute muss sich jede Organisation hinterfragen lassen, wie umweltschonend ihr Handeln ist. Von der Rohstoffgewinnung, über die Ressourcen sparende Verarbeitung ohne Luft-, Wasser- oder Bodenverschmutzung, über die Abfallvermeidung bis hin zur Abfallentsorgung werden wirtschaftliche Aktivitäten im Hinblick auf ihre Umweltverträglichkeit durchleuchtet. Der Dialog mit Umweltschützern, Politikern und Behörden, mit Forschungseinrichtungen, Experten und Journalisten steht bei der Umwelt-PR im Mittelpunkt. Speziell Unternehmen, die sich in Branchen mit einem erhöhten Umwelt-Risiko bewegen – die Pharmaindustrie, Chemiefirmen, die Automobilindustrie und viele mehr – beschäftigen daher Experten im Bereich der Umwelt-PR.

Cultural Relations

In diesem Dialogfeld der PR geht es – wie der Name bereits andeutet – um „kulturelle" Themen. Doch was bedeutet das? Der Bereich Kultur ist weit gefächert. Themen aus Bildung und Erziehung, Wissenschaft und Forschung, aus Kunst, Musik und Literatur, aus Ethik und Religion bilden den gemeinsamen Rahmen für die PR-Aktivitäten in diesem Arbeitsgebiet. Der Dialog mit Ministerien, Forschungseinrichtungen, Ausbildungsstätten, kulturellen Einrichtungen, Religionsgemeinschaften, Ethikkommissionen und weiteren beteiligten Bezugsgruppen steht im Mittelpunkt. Die öffentliche Diskussion um die Rechtschreibreform, um die Integration Andersgläubiger, um die Genforschung und deren ethische Bewertung geben einen kleinen Eindruck von der Vielfalt der Dialoge im Bereich „Cultural Relations".

Personality PR

Wir alle kennen die Ergebnisse gut gemachter Personality-PR aus dem Bereich des Showgeschäfts. Dort werden Personen zu unverwechselbaren Marken aufgebaut und vermarktet. Kleidung und Stil, Bewegung, Mimik und Gestik, perfekt vorbereitete öffentliche Auftritte und gut durchdachte öffentliche Äußerungen gehören dabei zum Handwerk. Auch viele Politiker und andere Personen des öffentlichen Lebens verdanken ihre Erfolge nicht zuletzt den geschickten Beratern der Personality-PR. Darüber hinaus profitieren auch Organisationen davon, wenn Führungspersönlichkeiten durch ihr Auftreten Image fördernd wirken. In Medientrainings kann die Chefin oder der Chef lernen, überzeugend aufzutreten und zu argumentieren. Die richtige Auswahl von Events, bei denen die Person auftritt, bestimmte Menschen trifft, ein Interview gibt oder sich an einer Diskussion beteiligt, tragen zur Meinungsbildung über die Person bei. Dabei entsteht eine Wechselwirkung zwischen dem Image der Person und der Organisation, die sie repräsentiert. Manche Führungspersönlichkeiten werden auf diese Weise so eng mit ihren Unternehmen verknüpft, dass Unternehmen, Marke und Person kaum mehr voneinander zu trennen sind. Aber Achtung: Mit dieser Vorgehensweise sind auch Risiken verknüpft! Dann nämlich, wenn die Galionsfigur einer Organisation die öffentliche Kritik auf sich zieht und dadurch auch die Organisation in Misskredit gerät. Lässt man diese Negativbeispiele außer Acht, ist Personality PR für Führungskräfte ein sehr wirkungsvolles Instrument zur einzigartigen Positionierung von Organisationen.

1.3 Corporate Identity und Corporate Image

Wie jeder Mensch hat auch jede Organisation eine eigene Persönlichkeit – seine Identität. Sie beschreibt das innerste Wesen der Organisation, was sie denkt, wie sie handelt, welchen Grundsätzen und Zielen sie verpflichtet ist, welche Beziehungen sie zu ihrem Umfeld gestalten will und welche Vision sie von der Zukunft hat. Um langfristig bei den Bezugsgruppen einer Organisation Vertrauen aufbauen zu können, muss diese Identität – die „Corporate Identity" – vermittelt werden. Die Bezugsgruppen sollen sich ein möglichst prägnantes, unverwechselbares und positives Bild vom Unternehmen bzw. der Organisation machen. Denn je komplexer unsere Umwelt ist und je austauschbarer Produkte und Dienstleistungen werden, desto wichtiger wird die generelle Zustimmung der Bezugsgruppen zu den Werten und Positionen, die eine Organisation vertritt. Und desto wichtiger werden die Emotionen, die sie hervorruft. Objektive Produktinformationen treten zugunsten von emotionalen Kriterien, Einstellungen und Vorstellungen, die mit dem Unternehmen in Verbindung gebracht werden, zurück. Statt einzelner Produktmarken („Brand") gewinnt das ganze Unternehmen als Persönlichkeit und Marke („Corporate Brand") an Bedeutung.

Wie bei zwischenmenschlichen Beziehungen wird jedoch die Persönlichkeit einer Organisation nicht immer in all ihren Facetten so verstanden, wie dies ihren tatsächlichen Eigenschaften entspricht. Das Bild – oder „Corporate Image" –, das sich die Bezugsgruppen vom Unternehmen machen, wird individuell geprägt, je nachdem wie die vom Unternehmen gesendeten Informationen aufgenommen, verstanden und verarbeitet werden. Zudem entwickeln sich Persönlichkeiten weiter. Die Corporate Identity einer Organisation ist somit – ebenso wie ihr Image – Veränderungsprozessen unterworfen, die es sorgfältig zu steuern gilt.

Die Öffentlichkeitsarbeit unterstützt eine Organisation dabei, sich ihrer eigenen, unverwechselbaren Persönlichkeit bewusst zu werden und sie zu definieren. PR helfen dabei, dass sich die Mitarbeiter mit ihrer Organisation identifizieren können, dass Leitbilder, Visionen und Philosophien einer Organisation auch tatsächlich gelebt werden. PR begleiten den Prozess der Weiterentwicklung einer Unternehmenspersönlichkeit und achten dabei auf Kontinuität und Glaubwürdigkeit. PR vermitteln diese Identität im Dialog mit den Bezugsgruppen und kontrollieren, welche Images sich durch diesen Austausch bilden. Je enger und vertrauter die Beziehung sich gestaltet, desto mehr werden sich Corporate Identity und Corporate Image annähern. Im Idealfall stellen PR eine Harmonie zwischen Eigen- und Fremdbild einer Organisation her – die optimale Basis für gegenseitiges Vertrauen.

Einige Begriffsklärungen und weitere Überlegungen in diesem Zusammenhang sind also nützlich und vertiefen das Verständnis für die Ziele und Wirkungsweisen der PR-Arbeit.

Corporate Identity

Die Corporate Identity ist die unverwechselbare Persönlichkeit eines Unternehmens oder einer Organisation. Wie bei Menschen werden Unternehmen Eigenschaften zugeordnet, die dazu dienen, das Unternehmen eindeutig zu identifizieren, es von anderen Wettbewerbern zu unterscheiden und ihm eine individuelle Wertigkeit zuzuordnen. Voraussetzung hierfür ist, dass die Unternehmensleitung die Identität des Unternehmens kennt und diese gemeinsam mit den Mitarbeitern definiert. Welche Merkmale kennzeichnen das Unternehmen? Welchen grundsätzlichen Nutzen möchte das Unternehmen seinen Bezugsgruppen bieten? Welche Werte prägen das Handeln des Unternehmens? Welche Visionen treiben es an? Wie unterscheidet sich das Unternehmen eindeutig von seinen Wettbewerbern? Worin liegt das besondere Wissen und Können der Organisation? Wie tritt das Unternehmen auf? Wie möchte es von den Bezugsgruppen wahrgenommen werden? Welche besonderen Bedürfnisse seiner Bezugsgruppen kann es erfüllen?

Sie sehen, um die Identität einer Organisation eindeutig beschreiben zu können, müssen erst eine Vielzahl von wichtigen Fragen beantwortet werden. Das Ergebnis dieses Bewusstwerdungsprozesses wird in Unternehmensleitsätzen bzw. dem Unternehmensleitbild niedergeschrieben.

Unternehmensleitbild

Im Unternehmensleitbild wird konkret formuliert, wie sich das Unternehmen selbst sieht, wie es sich weiter entwickeln möchte und wie es von seinen wichtigen Bezugsgruppen gesehen werden möchte. Das Leitbild dient als Vorgabe für das zukünftige Handeln der Organisation und ist für alle – Unternehmensleitung und Mitarbeiter – bindend. Im Leitbild wird der einzigartige Auftrag der Organisation formuliert, die Grundlage für ihre Existenz. In mehreren klaren Leitsätzen werden die Werte der Organisation beschrieben: Wie möchte sich das Unternehmen gegenüber Mitarbeitern, Kunden, Geldgebern, Geschäftspartnern verhalten? An welchen Handlungsmaximen, an welchem übergeordneten, großen Ziel haben sich alle Aktivitäten des Unternehmens auszurichten? Welches spezifische Können und Wissen möchte die Organisation dabei einsetzen? Ist das Leitbild einvernehmlich festgelegt, beginnt die eigentliche Arbeit, das kontinuierliche Management der Corporate Identity. Denn nun muss das Unternehmen seinem Leitbild gerecht werden, muss durch entsprechendes Handeln beweisen, dass es sich in die gewünschte Richtung entwickelt und dies gegenüber internen und externen Bezugsgruppen verdeutlichen.

Corporate Culture

Die Unternehmenskultur, die „Corporate Culture", ist ein Begriff, mit dem sich ganze Fachbücher beschäftigen. Vereinfacht ausgedrückt handelt es sich um die „historisch gewachsene Firmenkultur"[3] oder auch um die unausgesprochenen Regeln des Alltags einer Organisation. Die Unternehmenskultur repräsentiert die von allen Mitarbeitern geteilten Normen, Werte und Denkhaltungen, die sich letztendlich im Verhalten der Mitarbeiter ausdrücken. Dazu gehört der Führungsstil, das Verhalten von Mitarbeitern und Kollegen untereinander, gegenüber Vorgesetzten und externen Bezugsgruppen, das gelebte Betriebsklima, die Sprache und Kleiderordnung eines Unternehmens, ebenso wie die tatsächlich vorhandenen Wertvorstellungen und Motivationen von Management und Mitarbeitern. Die Corporate Identity schöpft aus dieser historisch gewachsenen Unternehmenswirklichkeit die wesentlichen Merkmale ihrer Persönlichkeit und ergänzt diese durch wünschenswerte Eigenschaften, Handlungsmaxime und Visionen zu einer entwicklungsfähigen, glaubwürdigen Gesamtidentität.

Corporate Design

Das Corporate Design ist die visuelle Umsetzung der Corporate Identity. Die Eigenschaften, Worte und Beschreibungen werden in Bilder, Symbole, Schriften, Farben, Linien und Design übersetzt. Das Corporate Design erleichtert die Erkennbarkeit und Unterscheidbarkeit einer Organisation. Zum visuellen Erscheinungsbild einer Organisation gehören beispielsweise Logos, Hausfarben und Schriftbilder für Briefe und Drucksachen, ebenso wie architektonische Regeln oder stilistische Vorgaben für Fotos, Grafiken, Bilder, Inneneinrichtung und Möbel.

Corporate Communications

Durch Kommunikation wird die Unternehmenspersönlichkeit an interne und externe Dialoggruppen vermittelt. Corporate Communications bedeutet, dass alle Kommunikationsmaßnahmen einer Organisation – ob Unternehmens- oder Marktkommunikation – integriert werden müssen, um ein eindeutiges, widerspruchsfreies Bild vom Unternehmen zu generieren. Ob in der Pressearbeit, in der Finanzkommunikation, im Bereich der Public Affairs, in Werbung, Verkaufsförderung oder Sponsoring, alle kommunikativen Disziplinen einer Organisation müssen sich am

---

[3]Mit diesen Worten beschreibt Dietrich Szameitat den Begriff der Corporate Culture in seinem Buch „Public Relations in Unternehmen" (Springer-Verlag, Berlin/Heidelberg 2003, Seite 125 ff).

gemeinsamen, großen Ziel – so wie es im Leitbild festgelegt wurde – orientieren. Und sich bei der Umsetzung der kommunikativen Maßnahmen an das Corporate Design halten.

Corporate Wording

Unter dem Begriff „Corporate Wording" wird die Festlegung eines bestimmten Sprachstils innerhalb eines Unternehmens bezeichnet. Ebenso wie das Corporate Design für Regeln in der visuellen Umsetzung sorgt, kümmern sich die Regelungen im Corporate Wording darum, in welcher Tonalität, mit welcher Wortwahl und in welchem Sprachstil sich das Unternehmen grundsätzlich äußert. Briefe, Broschüren oder andere Schriftstücke sollen auf diese Weise die Unternehmenspersönlichkeit klar widerspiegeln. Es geht in der Corporate Communications also nicht nur darum, was gesagt wird, sondern vor allem auch wie dies geschieht.

Corporate Behavior

Neben der Umsetzung der Corporate Identity in Kommunikation und Design sollte auch das Verhalten einer Organisation seine Persönlichkeit widerspiegeln. Nur wenn das Leitbild in Corporate Behavior umgesetzt wird, kann Glaubwürdigkeit und Vertrauen entstehen. Das bedeutet, dass Unternehmensleitung und Mitarbeiter tagtäglich im Umgang miteinander, im Kontakt mit den Kunden und Geschäftspartnern, in der Auseinandersetzung mit Anspruchsgruppen beweisen müssen, dass das Leitbild mehr ist als eine schön gedruckte Broschüre. Dabei kann es durchaus sein, dass eine Organisation noch nicht in allen Punkten seinem Idealbild entspricht. Dennoch muss in der Tagesarbeit gezeigt werden, dass ein ehrliches Bemühen vorhanden ist. Klaffen Wunsch und Wirklichkeit zu weit auseinander, droht der Verlust der Glaubwürdigkeit. Das Management mit seiner Vorbildfunktion und die Kommunikationsaktivitäten im Bereich der PR helfen dabei, dass sich das Verhalten eines Unternehmens in die gewünschte Richtung entwickelt.

Corporate Image

Das Corporate Image ist das Bild, das sich die Bezugsgruppen einer Organisation von ihr machen.[4] Die Bezugsgruppen erhalten auf verschiedenen Kommunikationskanälen Informationen über eine Organisation: Über Mund-zu-Mund-Propaganda, über Berichte der Medien, über die erfahrbare Qualität der Produkte und Dienstleistungen oder über den direkten Kontakt mit einem Unternehmen, zum Beispiel bei der Reklamationsabwicklung oder bei Beratungsgesprächen. Die Informationen lösen bei den Dialoggruppen Assoziationen und Gefühle aus, treffen auf die bereits vorhandenen Einstellungen, Erfahrungen und Bedürfnisse und werden dadurch ganz individuell verarbeitet und bewertet.

Dabei dienen solche Images innerhalb eines komplexen Umfeldes als wichtige Orientierungshelfer. Stellen Sie sich nur einmal vor, Sie müssten sich ein Auto kaufen und hätten keine vor gefasste Meinung zu einzelnen Automarken. Wie würden

---

[4]Ausführliche Informationen über die Bedeutung, das Entstehen und den Aufbau von Images sind dem Praxishandbuch „Unternehmenskommunikation" von Dieter Herbst zu entnehmen (Cornelsen Verlag, Berlin 2003, Seite 96ff).

Sie aus der Vielfalt der verschiedenen Marken und Modelle ein für Sie relevantes Angebot eingrenzen? Wie könnten Sie dann Ihre Kaufentscheidung treffen? Images können Kaufentscheidungen beeinflussen, den Aktienwert eines börsennotierten Unternehmens bestimmen, über die Preisgestaltung für Produkte entscheiden. Images können dafür sorgen, dass sich Behörden bei Genehmigungsverfahren zugänglicher zeigen, dass Anwohner für unvermeidbare Störungen Verständnis haben, dass Politiker unternehmensfreundliche Entscheidungen treffen, dass mehr Spender für ein gemeinnütziges Anliegen gefunden werden oder dass Interessengruppen eine direkte Konfrontation vermeiden.

Dabei ist es die Aufgabe der PR, die Kommunikationsprozesse so zu steuern, dass sich das Image einer Organisation möglichst dem gewünschten Eigenbild, so wie es in der Corporate Identity definiert wurde, annähert. Nur so entsteht Glaubwürdigkeit und Vertrauen. Ziel der Kommunikation ist es, ein positives, einheitliches, eigenständiges und starkes Image zu generieren. So dass die Bezugsgruppe sich aufgrund ihrer Meinungen und Einstellungen im vom Unternehmen gewünschten Sinn verhält. PR können das Image einer Bezugsgruppe in die gewünschte Richtung lenken. Denn Images hängen davon ab, welche Eigenschaften einer Organisation zugeordnet werden, wie nützlich diese eingestuft werden, auf welche Grundüberzeugungen des Empfängers die Informationen über eine Organisation treffen und welche Assoziationen sie hervorrufen.

Dabei ist ein Image umso gefestigter, je mehr Einzelinformationen und je mehr Wahrnehmungskomponenten – Design, Kommunikation und Verhalten – dahinter stehen.

Beispiel: Wie ein Image entsteht

Sie bekommen von einem Kollegen eine sehr ansprechend gestaltete Broschüre über einen Bücher- und Medienverlag überreicht, den Sie noch nicht kennen. Die Broschüre ist interessant und vermittelt Ihnen auf den ersten Blick ein sehr modernes Unternehmen. Einige Wochen später tritt eine Führungskraft des Verlags als Teilnehmer einer Podiumsdiskussion auf und erweist sich als ausgezeichneter, kompetenter Redner. In der Tageszeitung lesen Sie an diesem Wochenende von den positiven Quartalzahlen des Medienverlags. Schließlich wird beim Abendessen mit Freunden ein neues Buch angesprochen, das Sie unbedingt lesen sollten – natürlich ebenfalls aus besagtem Medienverlag. Sie besuchen gleich am nächsten Tag die Homepage des Verlags, finden Dank der übersichtlich gestalteten Seiten sofort das gewünschte Produkt. Mithilfe der Dame von der Telefonhotline werden Sie freundlich und schnell durch den Bestellvorgang geleitet. Das Buch landet pünktlich bei Ihnen auf dem Schreibtisch. Wie denken Sie jetzt über den Medienverlag in unserem Beispiel?

In obigem Beispiel ist nach mehreren schriftlichen, persönlichen und interaktiven Kontakten ein sehr stabiles, positives Image entstanden. Ein vorteilhafter Begleitumstand von starken Images: Negativmeldungen werden jetzt weniger beachtet, denn sie entsprechen nicht mehr den gelernten, bereits vorhandenen positiven Einstellungen. Images wirken also selektiv, so dass Informationen, die einem starken Image widersprechen, nicht mehr beachtet oder gering geschätzt werden. Das macht deutlich, dass Images durch zielgerichtete Kommunikation verändert werden können. Dies ist aber nur durch ein insgesamt glaubwürdiges Auftreten der Organisation mittel- oder langfristig möglich. Die Veränderung von Images ist umso schwieriger, je mehr die bei den Bezugsgruppen bereits vorhandenen Einstellungen dem gewünschten Image widersprechen.

Positionierung

Im Zusammenhang mit dem Corporate Image wird häufig der Begriff Positionierung verwendet. Auch die Positionierung ist ein Ergebnis der Bemühungen um eine einheitliche Darstellung der Unternehmenspersönlichkeit. In der Vorstellung der Marktpartner entsteht ein prägnantes Profil des Unternehmens, das es deutlich und positiv zum Wettbewerb abgrenzt. Die Positionierung eines Unternehmens beschreibt seine besonderen Stärken und seine Marktposition im Vergleich zum Wettbewerb. Ist es ein Marktführer? Hat es eine besonders innovative Forschungsabteilung? Ist es auf einem technischen Gebiet besonders kompetent? Sind die Mitarbeiter besonders freundlich? Die gewünschte Positionierung eines Unternehmens lässt sich in wenigen Sätzen formulieren. Seine tatsächliche Positionierung in der Vorstellung der relevanten Bezugsgruppen lässt sich durch Image-Befragungen messen.

Ein erfolgreiches Corporate Identity Management bewirkt also nicht nur ein positives Image bei den Bezugsgruppen und beeinflusst deren Verhalten in die gewünschte Richtung, sondern ruft auch eine starke, einzigartige Positionierung des Unternehmens im Markt hervor.

1.4 Abgrenzung zwischen PR und Werbung

Beschäftigt man sich mit den Grundzügen der Public Relations, taucht häufig die gleiche Frage auf: Wie unterscheidet sich Öffentlichkeitsarbeit von der Werbung und anderen Formen der Marketingkommunikation? Hierzu gibt die Fachliteratur[5] die folgenden Hinweise:

---

[5]Hinweise zur Abgrenzung zwischen Werbung und PR finden sich u.a. im Handbuch „Unternehmenskommunikation" von Dieter Herbst (Cornelsen Verlag, Berlin 2003, Seite 27f), „Praxisbuch Public Relations" von Folker Kraus-Weyssa (Beltz Verlag, Weinheim/Basel 2002, Seite 8f), „Die PR- und Pressefibel" von Norbert Schulz-Bruhdoel (F.A.Z.-Institut für Management-, Markt- und Medieninformationen, Frankfurt 2001, Seite 22f) und „Public Relations in Unternehmen" von Dietrich Szameitat (Springer Verlag, Berlin/Heidelberg 2003, Seite 162f).

Inhalte der Kommunikation

Die PR beschäftigen sich mit der Unternehmenspersönlichkeit, im Zentrum der Marktkommunikation steht die Produktpersönlichkeit – die Marke – und die Dienstleistungen einer Organisation. PR informieren, argumentieren und überzeugen, um das Unternehmen als Ganzes in das gesellschaftliche Umfeld zu integrieren und einen Interessenausgleich herzustellen. Werbung kommuniziert, um Produkte und Dienstleistungen zu verkaufen. Werbung und Marketing platzieren ihre Produktbotschaften möglichst 1:1 in den eingekauften Werberäumen in Funk, Fernsehen, Print- und Online-Medien. Dabei entscheidet der Marketing- oder Werbemanager, wo, wie und wann eine Produktbotschaft erscheint. PR pflegen die Beziehung zu wichtigen Bezugsgruppen, wie beispielsweise den Journalisten, und versuchen diese vom Anliegen der Organisation zu überzeugen. Der Journalist entscheidet darüber, ob, wo, wie und wann er über die Organisation berichtet. PR arbeiten insbesondere im Bereich der Media Relations mit Fremdaussagen, deren Inhalt und Erscheinungsbild sie nur sehr eingeschränkt selbst beeinflussen können. Die Werbung tritt fast ausschließlich mit selbst gestalteten Eigenaussagen in Erscheinung.

Bezugsgruppen der Kommunikation

Werbung und Marketing kommunizieren mit Kunden, potentiellen Kunden sowie sonstigen Marktpartnern einer Organisation, die den Absatz der Produkte fördern. PR kommunizieren mit den unterschiedlichsten gesellschaftlichen Gruppen, je nachdem welches Dialogfeld der PR für eine Organisation von existenzieller Bedeutung ist. Hierzu gehören neben Kunden und Händlern auch Mitarbeiter, Gewerkschaftsfunktionäre, Journalisten, Anwohner, Aktionäre, Politiker, Umweltschützer oder andere wichtige Interessengruppen.

Organisation und Verantwortung

Werbung und Verkaufsförderung sind organisatorisch dem Marketing zugeordnet. Der Marketingmanager ist dafür verantwortlich, die Produkte und Dienstleistungen eines Unternehmens auf dem Markt bekanntzumachen, zu positionieren und den Vertrieb, sowie Händler bei ihrer Aufgabe zu unterstützen. PR haben hingegen eine abteilungsübergreifende Dachfunktion, die das Unternehmen als Ganzes im Blick hat. Deshalb sind PR häufig dem Vorstand bzw. der Geschäftsführung direkt als Stabstelle zugeordnet oder als Kommunikationsfunktion im Vorstand verankert. Die Aufgabe der PR ist es, das Unternehmen als Ganzes darzustellen und sein Image im Sinne eines Corporate Identity Managements zu vermitteln und zu pflegen.

Überschneidungen bei Funktion und Ausführung

Die Abgrenzung von Werbung und PR erschwert sich nicht zuletzt deshalb, da sich manchmal beide Disziplinen für die Erfüllung ihrer unterschiedlichen Funktion der gleichen Mittel bzw. Instrumente bedienen. So wird beispielsweise in der Werbung eine Anzeige geschaltet, um den Kunden ein neues Produkt vorzustellen. Die PR könnte eine Image-Anzeige platzieren, um die Stellungnahme einer Organisation zu einem bestimmten gesellschaftlichen Thema zu erläutern. Wenn sich

Konzerne in Anzeigen zum Thema Stellenabbau oder –erhalt äußern, wenn sich Produzenten für die Folgen von betrieblichen Störfällen bei ihren Nachbarn öffentlich entschuldigen oder sich Verbände für bestimmte politische Entscheidungen stark machen, so wird das Instrument „Anzeige" für PR-Zwecke eingesetzt. Ähnliches gilt für die Instrumente Sponsoring, Kundenzeitschrift, Event und viele mehr. Diese lassen sich nicht grundsätzlich einer bestimmten Disziplin zuordnen. Sie sind lediglich Mittel zum Zweck oder die Methode, um die unterschiedlichen Aufgaben von PR und Werbung auszuführen.

Andererseits gibt es Situationen, in denen sowohl PR, als auch Werbung über das Produkt oder die Dienstleistung des Unternehmens kommunizieren – jedoch mit unterschiedlicher Ausführung und mit anderen Zielen. In der Werbung wird beispielsweise ein Faltblatt mit den Vorzügen des Produktes gestaltet, um Händler bei ihrer Verkaufsaktion zu unterstützen. Der PR-Verantwortliche erstellt verschiedene Presseinformationen über das neue Produkt, um diese an Redaktionen weiterzuleiten. Darin werden vor allem die unternehmensstrategischen oder gesellschaftspolitischen Aspekte der neuen Produktpalette kommuniziert. Je nach Bezugsgruppe wird zum Beispiel die erwartete Auswirkung des Produktes auf die Quartalsergebnisse und die Marktposition des Unternehmens dargestellt (Finanzkommunikation) oder die besondere Hinwendung des Unternehmens zu umweltschonenden Herstellungsverfahren hervorgehoben (Umwelt-PR). Sie sehen: Wenn PR und Werbung über das Produkt sprechen, kann dies völlig unterschiedliche Funktionen erfüllen.

Berufsbild und Selbstverständnis

Vergleicht man das Berufsbild von Werbe – und PR-Managern, so zeigt sich deutlich, dass unterschiedliche Ausbildungswege und Wissensinhalte in das eine wie andere Tätigkeitsfeld führen. Jedes Fachgebiet hat seine eigenen beruflichen Regeln und Gesetze, sein eigenes Selbstverständnis, seine eigenen berufsständischen Verbände und Interessenvertreter. Ein marktorientierter Denkansatz bei den Werbern steht einem gesamtgesellschaftlichen, organisations-übergreifenden Anliegen bei den PR-Fachleuten gegenüber. Ein Werbeslogan kann potentielle Käufer beeinflussen, eine überzeugende Argumentation gewinnt Mitstreiter und Fürsprecher für das Unternehmen.

Wichtig bei all diesen Überlegungen ist jedoch, dass beide Formen der Kommunikation nicht unabhängig voneinander existieren können. So hat die Unternehmenskommunikation Auswirkungen auf die Produktkommunikation und umgekehrt. Beide können sich unterstützen und müssen innerhalb der Corporate Communications aufeinander abgestimmt werden. Denn die Aussagen von Werbung und PR dürfen sich keinesfalls widersprechen. Vielmehr können Consumer Relations und Produkt-PR die Werbung bei ihrer Funktion unterstützen. Und ein gutes, etabliertes Markenimage lässt sich auf das Unternehmensimage übertragen. Denn eines darf nie vergessen werden: Die Bezugsgruppen nehmen die Kommunikation eines Unternehmens – ob nun Werbung oder PR – als Ganzes wahr. Und damit sind Werbung und PR in den Köpfen der Bezugsgruppen bereits untrennbar vereint.

1.5 Die Tätigkeitsfelder des PR-Managers

Angesichts der umfangreichen, bedeutenden Aufgaben der PR und der vielen unterschiedlichen Bezugsgruppen und Themen haben PR-Manager ein sehr breites Tätigkeitsfeld zu bewältigen. Dabei gibt es sowohl Generalisten, die über ein gutes Grundlagenwissen in vielen Bereichen der PR verfügen, als auch Spezialisten, die besondere Kenntnisse und Erfahrungen in Teilgebieten der PR besitzen. Grundsätzlich gehen PR-Schaffende jedoch den folgenden, von der Deutschen Public Relations Gesellschaft e.V. (DPRG) aufgeführten und im Folgenden sinngemäß erweiterten Kerntätigkeiten nach:

Konzeptionelle Tätigkeit und strategische Beratung

Der PR-Manager erstellt Situations- und Meinungsanalysen, um darauf aufbauend kommunikative Stärken-Schwächen-Profile einer Organisation erkennen zu können. Diese sind die Grundlage für die Aufgabenstellung der PR und das weitere strategische Vorgehen. In der PR-Strategie werden die Ziele, Bezugsgruppen und Botschaften der Kommunikationsaktivitäten festgelegt. Eine Maßnahmenplanung, wie diese Ziele zu erreichen sind, ergänzt die Konzeptionsarbeit des PR-Managers. Auch sollte ein PR-Konzept bereits beinhalten, wie der Erfolg der PR-Tätigkeit später gemessen werden soll.

Der PR-Manager gibt der Unternehmensleitung im PR-Konzept klare strategische Empfehlungen und steht für laufende Beratungen zur Verfügung. Die Qualität seiner strategischen Empfehlungen ist umso höher, je intensiver und umfassender die Basis-Analyse durchgeführt wurde und je besser sein Wissenstand über aktuell relevante Themen und Einstellungen wichtiger Bezugsgruppen ist. Wissenschaftliche Untersuchungen, die persönliche Beziehungspflege, aber auch die Beobachtung der Medien sind wertvolle Quellen für eine solche Recherche. Auch muss er über das innerbetriebliche Geschehen, über wichtige Vorhaben und unternehmerische Strategien – selbst wenn diese noch vertraulich behandelt werden – eingeweiht sein und Zugang zu allen relevanten Unterlagen haben. Die Gewinnung solcher Informationen aus dem internen wie externen Umfeld der Organisation und die Verarbeitung dieser Informationen in erfolgreiche Kommunikationsstrategien, gehört zu seinen Kernaufgaben.

Hierzu benötigt der PR-Manager eine strategische Führungs- und Beratungskompetenz, fundiertes Know-how über Grundlagen, Systematik und Wirkung von Kommunikation, sowie Kenntnisse in Betriebswirtschaft und Marketing. Auch sollte er sich möglichst schnell ein breites Branchen-Fachwissen zulegen – ein Tatbestand, der es auch Fachexperten ermöglicht, als Quereinsteiger in den PR-Beruf hineinzuwachsen.

Informationsverarbeitung und Redaktion

Der PR-Manager muss aus der Fülle der recherchierten Informationen selektieren, welche Inhalte für seine Kommunikationsarbeit wesentlich sind. Er muss entscheiden, ob und für welche Personengruppen diese Informationen strategisch wichtig sind und sie in geeigneter Form aufbereiten.

Beispiel: Wie ein PR-Profi Informationen verarbeitet

Eine Meinungsumfrage bei Anwohnern kommt zu dem Ergebnis, dass unbegründete Ängste zu möglichen Störfällen der Produktionsanlage eines Unternehmens bestehen. Der PR-Manager fasst das Ergebnis der Umfrage in einer Kurz-Dokumentation für die Unternehmensleitung zusammen und gibt eine Handlungsempfehlung: Die Aufklärungsarbeit soll im Dialog mit Mitarbeitern und Anwohnern verstärkt werden. Hierzu recherchiert er alle Informationen, die zum Thema Betriebssicherheit vorliegen und erstellt einen Kampagnen-Plan für die Aktion. Die Mitarbeiter erfahren vom Ergebnis der Umfrage über einen Artikel in der Mitarbeiterzeitung. Zudem wird im Artikel ein Verweis auf das Intranet gegeben. Dort sind die aktuellen Risikopläne des Unternehmens hinterlegt. Die Mitarbeiter können sich detailliert darüber informieren, wie das Risikomanagement des Unternehmens abläuft und werden damit kompetente Multiplikatoren für die Nachbarschaft. Auch werden die Mitarbeiter darüber informiert, dass die Kommunikation mit den Nachbarn intensiviert werden soll und welche Maßnahmen hierzu vorgesehen sind.

In einem ersten Schritt wird eine Diskussionsveranstaltung für die Nachbarn organisiert, in der sie ihre Sorgen und Ängste formulieren können und von Experten über das Sicherheitsrisiko, sowie über die umfassenden Sicherheitsmaßnahmen des Unternehmens aufgeklärt werden. Auch werden die Nachbarn zu einer Firmenbesichtigung eingeladen, um sich selbst ein Bild von den umfangreichen Sicherheitsmaßnahmen des Unternehmens machen zu können. Alle vermittelten Informationen können sie in einer Broschüre zum Thema nachlesen, die begleitend zur Aktion herausgegeben wird. Zudem wird das Thema auf der Website unter der Rubrik „Sicherheit" angesprochen und auf das Info-Telefon für Bürger hingewiesen. Natürlich werden auch die lokalen Journalisten eingeladen, sich an den Maßnahmen zu beteiligen. Für sie wird ein Pressetext zum Thema vorbereitet, der die Sicherheitsmaßnahmen des Unternehmens besonders hervorhebt.

Der PR-Manager muss Informationen gewinnen und sie in konkrete PR-Maßnahmen umsetzen – beispielsweise eine Informationsveranstaltung konzipieren, eine Broschüre herausgeben, eine Forschungsdokumentation erstellen, einen Pressetext schreiben und vieles mehr. Eine wichtige Aufgabe hierbei ist es, die Veröffentlichungen in den Medien zu beobachten und relevante Beiträge zu Unternehmen, Markt, Wettbewerb und Bezugsgruppen den internen Entscheidern in Form eines Pressespiegels verfügbar zu machen.

Die Vielseitigkeit der Informationsverarbeitung erfordert vom PR-Manager eine besondere Kompetenz im Bereich Recherche, Text, Gestaltung, Präsentation und Sprachgewandtheit. Dieses Können sollte in entsprechenden Seminaren und Workshops zum Thema Schreibtraining, Medientraining und Rhetorik erweitert und geübt werden. Eine journalistische Erfahrung ist immer vorteilhaft.

Kontaktpflege nach innen und außen

Der PR-Manager steht mit der Unternehmensleitung, mit den Fachabteilungen und mit Mitarbeitern aus allen Bereichen der Organisation im laufenden Kontakt. Dabei muss er sowohl die für seine Arbeit benötigten Informationen recherchieren, als auch seinem Kommunikationsauftrag im Sinne des Corporate Identity Managements nachkommen. Darüber hinaus steht die Kontaktpflege zu den unterschiedlichen Bezugsgruppen der Organisation im Mittelpunkt seiner Tätigkeit. Auch hier müssen sowohl Meinungen, Wünsche und Einstellungen recherchiert, als auch unternehmensrelevante Informationen kommuniziert werden. Gespräche und Diskussionen mit Redakteuren und Journalisten, aber auch mit Aktionären und Geldgebern, sowie politisch Aktiven und Behörden stellen hierbei besonders hoch spezialisierte Tätigkeitsfelder des PR-Schaffenden dar. Der thematischen Breite der Bezugsgruppen entsprechend braucht der PR-Manager ein sehr gutes Allgemeinwissen, sowie Kenntnisse in Politik, Geschichte, Wirtschaft und Finanzen, Psychologie, Umweltschutz und anderen, aktuell gesellschaftlich relevanten Themen. Nur so kann er für unterschiedlichste Personengruppen ein kompetenter und anerkannter Gesprächs- und Diskussionspartner sein.

Organisation und Umsetzung von PR-Aktionen

Bei der Umsetzung von PR-Aktionen sind das Organisationstalent des PR-Managers und seine Führungsqualitäten gefragt. Es müssen Zeit- und Kostenpläne erstellt, Aufgaben an Mitarbeiter delegiert und kontrolliert, Inhalte von Reden vorbereitet und abgestimmt, Details für die Veranstaltungsplanung festgelegt werden. Veranstaltungsorganisation und Projektmanagement sind hierbei wichtige Erfahrungen, die der PR-Manager einbringen sollte – sowie unerschütterliche Ruhe und Improvisationstalent für unvorhergesehene Ereignisse, die trotz perfekter Planung immer auftreten können.

Nachbereitung und Evaluation

Zu den Aufgaben des PR-Arbeiters gehört auch die Nachbereitung von PR-Aktionen. Dabei müssen Text-, Bild- und elektronische Archive angelegt, organisiert und gepflegt werden, Dankesbriefe und Dokumentationen zu Ereignissen erstellt und Feedback-Runden mit Mitarbeitern und Verantwortlichen geführt werden. Wichtig ist es, alle Aktivitäten nachvollziehbar zu machen und aus dem Verlauf der Aktion zu lernen, um das Verbesserungspotential auszuschöpfen. Ein Kernthema in diesem Zusammenhang ist die Evaluation oder Erfolgskontrolle der PR-Maßnahmen. Hierzu müssen bereits im Vorfeld geeignete Verfahren festgelegt werden. Ob Beobachtung, Befragung oder Auswertung der Medienresonanz – die Anhaltspunkte für die Wirkung von PR-Maßnahmen sollten bereits im PR-Konzept niedergelegt sein. Danach gilt es, die ausgewählten Messverfahren professionell anzuwenden, auszuwerten und die Erkenntnisse aus der Interpretation der Ergebnisse in die Kommunikationsstrategie einfließen zu lassen. Grundkenntnisse der sozialwissenschaftlichen Forschung sind hierbei sehr hilfreich.

Kapitel 2
Konzeption und Planung von PR

Der Kommunikationsprozess der PR-Arbeit wird vom PR-Verantwortlichen sorgfältig geplant, umgesetzt und kontrolliert. Ein PR-Konzept bildet die Grundlage für eine strategisch sinnvolle Kommunikationsarbeit. Bei der Erstellung eines solchen Konzeptes geht der PR-Profi in ganz typischen Schritten vor.[1] Er analysiert sehr eingehend die Ausgangslage der Organisation, um zur eigentlichen Aufgabenstellung für die PR zu gelangen. Davon abgeleitet legt er die Kommunikationsziele für die zukünftige PR-Arbeit fest, definiert die Bezugsgruppen und die Botschaften der geplanten PR-Aktionen. Die taktische Maßnahmenplanung beschäftigt sich damit, welche PR-Maßnahmen ergriffen werden müssen, um die festgelegte PR-Strategie umzusetzen. Die abschließende Erfolgskontrolle zeigt dem PR-Verantwortlichen, wie seine Maßnahmen gewirkt haben und ob er seinen Zielen durch die PR-Aktionen näher gekommen ist.

In diesem Kapitel werden Sie Schritt für Schritt lernen, wie Sie eine kleine PR-Konzeption selbst anfertigen. Die hier gezeigte Vorgehensweise ist für nahezu alle Aufgaben, die in der PR auf Sie zukommen könnten, geeignet. Ob für eine kleine Presseaktion zur Einführung eines neuen Produktes, ob für die zukünftige Planung von Sponsoring-Projekten, ob für die grundsätzliche Neuausrichtung Ihrer Mitarbeiterkommunikation oder für ein ganzheitliches, organisationsübergreifendes internationales Kommunikationskonzept – Sie werden die folgenden Einzelschritte der PR-Konzeption dafür anwenden können. Und Sie werden durch die logische, strategische Vorgehensweise zu einer zielgerichteten, qualitativ besseren Kommunikationsarbeit gelangen.

---

[1] Die hier aufgezeigte Vorgehensweise orientiert sich im Kern an der von Klaus Dörrbecker entwickelten Konzeptionslehre der AFK Akademie Führung und Kommunikation, wie sie seinem Grundlagenwerk „Wie Profis PR-Konzeptionen entwickeln" (IMK, Frankfurt 1997) dargestellt wird, und wurde durch eigene Erfahrungen ergänzt.

S. Grupe, *Public Relations*, DOI 10.1007/978-3-642-17827-6_2,
© Springer-Verlag Berlin Heidelberg 2011

2.1 Die PR-Analyse

Die eingehende Analyse der Ausgangssituation einer Organisation ist die wichtigste Grundlage für eine gelungene PR-Konzeption. Auf der vollständigen Sammlung aller relevanten Fakten und ihrer Interpretation beruht die gesamte Strategie der späteren PR-Arbeit. In der Fachliteratur wird oft von der Erhebung der „IST-Situation" gesprochen. Dieser wird die „SOLL-Situation" – also der Zustand, der für die Organisation wünschenswert ist bzw. erreicht werden soll – gegenübergestellt. Aus den Unterschieden zwischen dem, was ist und dem, was sein sollte (der so genannte „IST-SOLL-Vergleich") werden dann die Kommunikationsaufgaben abgeleitet. Dörrbecker und Fissenewert-Goßmann (1997) sprechen von der Erstellung einer „Faktenplattform", die eine Fülle von Symptomen aufzeigt. Diese werden nach Stärken, Schwächen, Chancen und Risiken geordnet. Aus der Analyse der Ursachen für diese Symptome – der so genannten „Diagnose" – ergibt sich die genaue Problembeschreibung für die Kommunikationssituation einer Organisation. Ist das eigentliche Kommunikationsproblem erst einmal erkannt, kann eine eindeutige Aufgabenstellung für die PR-Arbeit formuliert werden.

2.1.1 Zusammenstellung der Fakten

Welche Fakten muss der PR-Verantwortliche über die Organisation und ihr Umfeld sammeln, um eine sinnvolle Analyse zu ermöglichen? Die Antwort lautet: So viele wie nötig, um ein gesamthaftes Bild zu erhalten. Es müssen Daten, Zahlen, Meinungen, Einstellungen und Umfrageergebnisse, die für die PR-Arbeit wichtig sein könnten, zusammengetragen werden. Über die Organisation sollten alle relevanten Informationen, wie beispielsweise Struktur, Management, Mitarbeiter, Corporate Identity, Unternehmensziele und die bisherigen PR-Maßnahmen, bekannt sein. Zudem sollten Sie alle relevanten Marktdaten erheben: Produkte, Dienstleistungen, Distributionsstruktur, Märkte und Wettbewerber. Wichtig sind vor allem Ergebnisse von Markt-, Meinungs- und Imagebefragungen für alle wichtigen Bezugsgruppen der Organisation.

Woher Sie diese Informationen erhalten? Durch intensive Briefing-Gespräche mit Vertretern der Organisation und durch eigene Recherche.

Im Briefing-Gespräch erhalten Sie viele der oben angesprochenen Informationen über die Organisation. Lassen Sie sich alle verfügbaren Dokumente, Publikationen, Organigramme, Prospekte und Broschüren aushändigen und studieren Sie diese intensiv. Besichtigen Sie das Werk und lassen Sie sich den Produktionsweg des Produktes genau erklären. Wichtig ist, dass Sie auch die Vorstellungen und Anliegen der PR-Auftraggeber – die PR-Verantwortlichen in Vorstand oder Geschäftsführung – genau hinterfragen. Wie sehen sie die derzeitige Kommunikationssituation? Was möchten sie verändern? Welche Probleme sehen sie? Welche Erwartungen setzen sie in Ihre PR-Arbeit? Bis wann sollten positive Ergebnisse vorliegen? Und welches Budget steht Ihnen zur Verfügung? Mit welcher Unterstützung können Sie

Tabelle 2.1 Diese Informationen sollten Sie für Ihre PR-Analyse sammeln

---

Auftrag
- Welches Problem sieht der Auftraggeber?
- Welche Erwartungen an Ihre PR-Arbeit hat der Auftraggeber?
- Welche Vorstellungen bezüglich möglicher Lösungsansätze liegen vor?

Organisation
- Wie heißt die Organisation genau (Rechtsform)?
- Wem gehört die Organisation (Eigentümer, Gesellschafter, Aktionäre etc.)?
- Welche organisatorischen Gegebenheiten liegen vor (Strukturen, Rollen, Verantwortlichkeiten, Prozesse, Management)?
- Wie viele Mitarbeiter hat das Unternehmen (Innen-/Außendienst, Produktion, Verwaltung, freie Mitarbeiter etc., Alter, Qualifikation, Motivation, Aus- und Weiterbildung)?
- Welche Standorte gibt es (Niederlassungen, Zweigstellen, Repräsentanzen, Produktionsstätten)?
- Welche Produkte, Dienstleistungen und sonstige Services bietet die Organisation an?
- Welche Kunden hat die Organisation? Wie sind die Verbrauchs- und Kaufgewohnheiten (Kaufkraft, Einkommen)?
- Welche Vertriebswege gibt es?
- Gibt es wichtige Lieferanten?
- Welche historische Entwicklung liegt vor (Kerndaten)?
- Welche Unternehmenskultur wird gelebt?
- Welches Corporate Identity hat die Organisation? Welche Leitsätze oder Unternehmensphilosophie?
- Welche Corporate Design-Richtlinien gibt es?
- Welche übergeordneten Unternehmensziele und -strategien gibt es?
- Welche Marketing- und Produktionsziele und welche personellen Vorgaben müssen erreicht werden?
- Wie sieht die Rechtslage aus? Gibt es rechtliche Einschränkungen in der Kommunikation zu berücksichtigen?
- Wie ist die finanzielle Lage des Unternehmens (Umsatzentwicklung, Investitionsvolumen, Einsparungen, Gewinne/Verluste, Aktienkurs)?
- Welche Innovationsfähigkeit hat das Unternehmen und welche Bedeutung haben Forschung und Entwicklung?
- Wie ist die Marktposition (Branche, Wettbewerber)?
- Welche rechtlichen Rahmenbedingungen bestimmen das Branchengeschehen?

Bezugsgruppen
- Welche Bezugsgruppen sind für die PR-Aufgabe wichtig?
- Wie lassen sich diese Bezugsgruppen soziodemographisch, psychographisch oder verhaltens-typologisch definieren?
- Wie lassen sich die Bezugsgruppen erreichen?
- Welche Interessenlage haben die Bezugsgruppen?
- Welche Bekanntheit und welches Image hat die Organisation bei den Bezugsgruppen? Wie sollte die Situation eigentlich sein?
- Was wissen, meinen und fühlen die Bezugsgruppen hinsichtlich der Organisation? Wie sollte die Situation eigentlich sein?
- Welche Personen oder Gruppen stehen der Organisation kooperativ, neutral oder negativ gegenüber?
- Welche sozialen Netzwerke sind bereits vorhanden?
- Welche Multiplikatoren gibt es?
- Welche, für das Anliegen Ihrer Organisation relevanten politischen oder gesellschaftlichen Meinungsführer gibt es?

Tabelle 2.1 (Fortsetzung)

PR-Infrastruktur
- Wie sind die organisatorischen Voraussetzungen für PR-Arbeit (Mitarbeiter, Rollen, Verantwortlichkeiten, Prozesse, Einordnung der PR-Abteilung in der Organisationsstruktur)?
- Gibt es eine Sprecherfunktion?
- Welches Budget und welcher Zeitrahmen stehen zur Verfügung?
- Wie ist der Informationsfluss geregelt (Zugang auch zu vertraulichen Informationen)?
- Ist die Zusammenarbeit mit externen PR-Dienstleistern vorgesehen?
- Welche Medien liegen im Haus vor bzw. werden abonniert?
- Welche Informationstechnologie wird genutzt (PC-Netzwerke, Intranet, Videokonferenztechnik, Internet/Extranet)?

Kommunikationsmaßnahmen
- Mit welchen Bezugsgruppen wird/wurde bereits kommuniziert?
- Welche Kommunikationsmaßnahmen gab es, mit welcher Häufigkeit und für welche Zielgruppen wurden diese eingesetzt und wie erfolgreich waren diese?
- Gibt es spezielle Kontakte zu Journalisten?
- Gibt es einen aktuellen Presseverteiler?
- Gibt es Medienberichte bzw. einen Pressespiegel zur Auswertung (welche Medien haben berichtet, welche Tendenz)?
- Gibt es eine ständige Medienbeobachtung?
- Wie werden die bisherigen Maßnahmen und Medien von den relevanten Bezugsgruppen nach Form und Inhalt beurteilt?
- Wie werden das Kommunikationsverhalten und die Kommunikationskompetenz der Führungskräfte beurteilt?
- Welche Einstellung hat die Organisation zur Kommunikation, wie wird mit Kommunikation im Unternehmen umgegangen?
- Gibt es anerkannte Experten in der Organisation?
- Welche Sponsoring-Maßnahmen bestehen (Sport, Kultur, Soziales, Wissenschaft und Forschung)?
- Besteht Kontakt zu wichtigen Meinungsführern oder Prominenten?
- Wie wird für die Organisation geworben?

Gesellschaftliches Umfeld
- Gibt es Probleme mit den Mitarbeitern oder der Tarifpolitik (Entlohnung, Lehrstellen, Teilzeitangebote, Kinderbetreuung etc.)?
- Gibt es Standortprobleme (Lärm, Emissionen, Umweltschutz, Verkehrsaufkommen etc.)?
- Wie ist das Verhältnis zu wichtigen Behörden, Kirchen, Ämtern?
- Gibt es Probleme mit Bürgerinitiativen, Verbraucherschützern oder Umweltgruppen?
- Gibt es sensible Themenfelder bei der Produktion (z.B. Rohstoffgewinnung, Produktverarbeitung, Abfallentsorgung)?
- Gibt es Probleme im Bereich der Übernahme gesellschaftlicher Verantwortung?
- Gibt es wirtschaftliche, politische, rechtliche oder gesellschaftliche Veränderungsprozesse, die Auswirkungen auf die Organisation haben könnten (auch Wertewandel)?

Evaluation
- Welche Instrumente zur Erfolgskontrolle wurden bisher eingesetzt?
- Welche regelmäßigen Befragungen oder Imagestudien werden genutzt oder selbst durchgeführt?
- Welche Befragungsergebnisse liegen bereits vor?

rechnen? Mit diesen Informationen gehen Sie zwar an Ihre Konzeptionsarbeit. Es liegt jedoch nach wie vor an Ihnen, im Rahmen der PR-Analyse die eigentlichen Probleme zu entdecken. Es können sich durchaus im Verlauf Ihrer ausführlichen Ursachenforschung andere, bis dato noch nicht erkannte Kommunikationsprobleme der Organisation ergeben. Auch kann sich herausstellen, dass die Erwartungen der PR-Auftraggeber nicht realistisch sind, da sich ein entdecktes Problem nur mit einem umfangreichen, langfristigen und kostenintensiven Maßnahmen-Paket bearbeiten lässt. Also Vorsicht: Im Verlauf der Analyse müssen Sie letztendlich auch prüfen, ob die Voraussetzungen für die Erfüllung der PR-Aufgabe gegeben sind! Deshalb sollten Sie Ihre Analyse-Ergebnisse unbedingt noch einmal in einem Re-Briefing mit den PR-Auftraggebern diskutieren und hinterfragen.

Umso wichtiger sind Ihre eigenen Recherchen, die Sie zusätzlich zum Briefing durch die Organisation betreiben müssen. Sie können beispielsweise – nach Absprache mit dem Auftraggeber bzw. Ihrem Vorgesetzen – eigene Meinungsumfragen bei Mitarbeitern, Kunden oder Händlern durchführen. Sie können mit Journalisten sprechen, Experten der Branche befragen, bei Ämtern, Pressestellen und Verbänden Auskünfte einholen. In Datenbanken und Archiven finden sich ebenfalls nützliche Informationen. Überhaupt ist das Internet zu einer wichtigen Quelle für die Eigenrecherche des PR-Verantwortlichen geworden. Die Websites von Verbänden, Interessengruppen, wissenschaftlichen Einrichtungen und Diskussionsforen sind eine Fundgrube für den Rechercheur. Gleiches gilt für die Archive von Online-Medien.

Was machen Sie nun mit den erforschten Fakten? In einer ersten Verdichtung der Faktenfülle komprimieren Sie die gefundenen Tatbestände, indem Sie aus Ihren Erkenntnissen kompakte, zusammenfassende Aussagen formulieren.

2.1.2 SWOT-Analyse

Die so genannte SWOT-Analyse (aus dem Englischen: „Strengths, Weaknesses, Opportunities, Threats"; auf Deutsch: „Stärken, Schwächen, Chancen, Risiken") ist der nächste Schritt der Konzeption. Hier geht es darum, aus allen gesammelten Fakten die für die Kommunikation bedeutsamen Faktoren zu selektieren und nach dem folgenden Schema zuzuordnen: Welche Tatbestände deuten auf Schwächen oder Risiken der Kommunikation eines Unternehmens hin? Wo liegen Probleme, Defizite oder ein vernachlässigtes Verbesserungspotential? Welche Fakten zeigen Stärken der Kommunikationsarbeit auf? Wo ist das Unternehmen besonders kompetent und glaubwürdig? Wo liegen Chancen für die zukünftige Kommunikationstätigkeit? Wichtig dabei ist es, die Befunde so präzise wie möglich darzustellen, sie eindeutig bestimmten Bezugsgruppen zuzuordnen und möglichst mit genauen Zahlen zu arbeiten. Beispielsweise reicht es nicht aus, als Schwäche festzustellen, dass die Notfallmaßnahmen eines Produktionsbetriebes kaum bekannt sind. Besser ist es, auf der Basis einer Umfrage zu dokumentieren, dass die Notfallmaßnahmen nur bei 30% der Nachbarn am Produktionsstandort bekannt sind.

Am Ende der SWOT-Analyse wissen Sie genau, welche Stärken Sie ausbauen können, welche Schwächen bearbeitet werden müssen, welche Zukunftschancen Sie nutzen und auf welche Risiken Sie sich mit Ihrer Kommunikation einstellen sollten.

2.1.3 IST-SOLL-Vergleich und Aufgabenstellung

Sie haben nun die vorliegende IST-Situation erfasst, präzise formuliert und den Bezugsgruppen zugeordnet. Nun gilt es, jedem Befund die entsprechende, wünschenswerte und durch Kommunikation erreichbare Idealsituation gegenüberzustellen. In unserem obigen Beispiel könnte die SOLL-Situation wie folgt formuliert werden: „Alle Einwohner in den gefährdeten Stadtteilen unseres Produktionsstandortes kennen die Notfallmaßnahmen unseres Unternehmens sowie die Rufnummer unseres Notfall-Telefons." Aus der Gegenüberstellung der recherchierten IST-Situation mit der idealen SOLL-Situation lässt sich die spezifische Aufgabenstellung für die Kommunikation klar erkennen. Zum Beispiel: „Die Bekanntheit der Notfallmaßnahmen der Muster AG bei den Nachbarn muss erhöht werden."

Von besonderer Bedeutung ist hierbei, dass die Fülle der Erkenntnisse aus dem IST-SOLL-Vergleich nach ihrem Beitrag für den Unternehmenswert gewichtet wird. Welche Bezugsgruppen erfordern eine besondere Hinwendung, da sie existentiell für das Unternehmen sind? Welche Schwächen sollten möglichst schnell behoben werden, da sie ein hohes Risikopotential haben? Die Lösung welcher Probleme ist besonders wichtig für die Zukunft des Unternehmens? Die Beurteilung der Kommunikationsaufgaben nach Dringlichkeit und Wichtigkeit ist nicht zuletzt deshalb sinnvoll, da das Budget und die personellen Ressourcen einer Organisation schnell an ihre Grenzen gelangen können. Sie müssen also Schwerpunkte für Ihre PR-Arbeit setzen.

Aufgabe 1 (Teil I): Analysieren Sie eine Organisation, die Sie gut kennen!

In dieser Übung werden Sie die im vorigen Kapitel erläuterten Konzeptionsschritte selbständig durchführen. Wählen Sie hierzu eine Organisation oder ein Unternehmen, das Sie gut kennen. Die Bearbeitung dieser Übung ist auch in einer kleinen Workshop-Gruppe sinnvoll. In PR-Agenturen werden Konzepte sehr oft in Workshops erarbeitet, an denen sowohl Mitarbeiter aus dem Agenturteam als auch Mitarbeiter des Kunden teilnehmen. Wichtig ist, dass die Teilnehmer das Know-how und die Erfahrung aus allen für die Organisation relevanten Dialogfeldern der PR mit einbringen!

Unser Musterbeispiel: Die Plakat AG
Damit Sie eine noch bessere Vorstellung davon erhalten, wie die Ergebnisse der einzelnen Schritte aussehen könnten, werden wir die Aufgaben in diesem

Buch jeweils mit einem fiktiven – jedoch aus dem tatsächlichen PR-Alltag abgeleiteten – Musterbeispiel begleiten. In diesem Fall ist dies die Plakat AG, ein Unternehmen, das Plakatwerbeträger auf Privatgrundstücken errichtet und diese als Werbefläche an Unternehmen und Werbeagenturen vermietet. Auch übernimmt die Plakat AG die Bewirtschaftung der Plakatflächen, das heißt, sie beklebt die Werbeflächen mit den Plakaten ihrer Kunden und achtet darauf, dass die Plakatwerbeträger in repräsentativem Zustand sind. Die Plakat AG bewegt sich also im Bereich der Customer Relations auf dem komplexen Werbe- und Medienmarkt. Um die Plakatwerbeträger errichten zu können, benötigt sie die Zustimmung der Grundstückseigner und eine Genehmigung der kommunalen Baubehörden. Hierfür sind gute Kontakte zu weiteren wichtigen Bezugsgruppen notwendig. Aus der Vielzahl an Bezugsgruppen und Dialogfeldern, in denen die Plakat AG aktiv sein muss, werden wir in unserem Musterbeispiel zur Verdeutlichung einige wenige exemplarisch herausgreifen.

1. Schritt: Sammeln Sie alle relevanten Fakten!
Zu Beginn der Analyse sollten Sie die Fragen der Checkliste in Tabelle 2.1 (s. Abschn. 2.1.1.) durchgehen und die für Ihr Unternehmen relevanten Fakten recherchieren.

- Wie beantworten Sie die Fragen aus der Analyse-Checkliste?

Formulieren Sie Ihre Erkenntnisse aus den Fragen der Checkliste in kurzen, prägnanten Sätzen!

2. Schritt: Strukturieren Sie die Fakten!
Nun sollten Sie Ihre Erkenntnisse weiter komprimieren und strukturieren. Zum Beispiel lassen sich Ihre Befunde nach übergeordneten Themen ordnen – nach „Produkte und Services", „Marktsituation", „Organisatorische Gegebenheiten", „gesellschaftliches Umfeld", „Externe und interne Kommunikation", „Corporate Identity und Image" und weiteren Kriterien. Die Strukturierung soll Ihnen helfen, den Überblick zu bewahren und Zusammenhänge besser zu erkennen. Zudem ist eine weitere Unterteilung nach Bezugsgruppen sinnvoll.

- Wie lassen sich Ihre Erkenntnisse thematisch strukturieren?
- Für die Beziehung zu welcher Bezugsgruppe ist der jeweilige Sachverhalt relevant?

Beispielsweise könnten Sie herausfinden, dass die Produkte Ihres Unternehmens im Vergleich zum Wettbewerb besonders umweltfreundlich sind. Diese Erkenntnis könnte für die Beziehung zu mehreren Bezugsgruppen eine Rolle spielen: Bei den Verbrauchern können Sie mit Ihrer Umweltfreundlichkeit Sympathiepunkte erhalten. Gegenüber Ihren Händlern können

Sie sich damit ebenfalls profilieren. Ihre Mitarbeiter können stolz auf die
Umwelt-Kompetenz ihres Unternehmens sein. Für Journalisten ist es inte-
ressant aufzuzeigen, dass Umweltfreundlichkeit und wirtschaftlicher Erfolg
Hand in Hand gehen. Der Umwelt-Dezernent Ihres Firmenstandortes ist be-
eindruckt von der besonderen Leistung Ihres Unternehmens. Vielleicht gibt
es noch weitere Bezugsgruppen, für die dieser Aspekt wichtig sein könnte?
Wie sieht es zum Beispiel mit Ihren Kapitalgebern aus? Und eine wichtige
Anschlussfrage in diesem Zusammenhang:

• Haben die relevanten Bezugsgruppen Kenntnis von diesem Sachverhalt?

Je nachdem, wie Ihre Antwort auf diese Frage lautet, können Sie diesen
Sachverhalt im nächsten Schritt in die SWOT-Analyse einbringen. Ist die
besondere Umweltfreundlichkeit Ihres Produktes beispielsweise bei Ihren
Mitarbeitern noch gar nicht ausreichend bekannt, so liegt hier eine Schwäche,
aber auch ein ungenutztes Potential für Ihr CI-Management.

3. Schritt: Arbeiten Sie die Stärken und Schwächen heraus!
In diesem Schritt bringen Sie Ihre komprimierten Erkenntnisse in eine
SWOT-Analyse ein. Wichtig dabei: Beschränken Sie sich auf diejenigen Sach-
verhalte, die für Ihre Kommunikationsarbeit relevant sind! Die folgenden
Fragen helfen Ihnen bei der Zuordnung zu Stärken, Schwächen, Chancen und
Risiken:

• Welche Faktoren begünstigen die Kommunikationsarbeit?
• Wo liegen die Stärken der Organisation?
• Welche besondere Kompetenz hat die Organisation?
• Wo sehen Sie Defizite oder Nachteile für die Kommunikation?
• Wo sind noch ungenutzte Verbesserungspotentiale?
• Welche positiven Entwicklungen werden in Zukunft neue Chancen für die
  Kommunikation bieten?
• Welche absehbaren oder möglichen Entwicklungen könnten in Zukunft
  die Kommunikation negativ beeinflussen oder einen Image-Schaden her-
  vorrufen?

Erstellen Sie eine Tabelle mit vier Zellen und notieren Sie Ihre Kernaussagen in den jeweiligen SWOT-Abschnitten. Bei umfassenden Konzepten ist
es sinnvoll, für jeden zuvor festgelegten thematischen Bereich eine eigene
SWOT-Tabelle anzulegen. Vergessen Sie nicht, zu jeder Aussage die relevanten Bezugsgruppen zu benennen und – wo möglich – Ihre Aussagen mit
konkreten Zahlen zu belegen! Einen Ausschnitt aus der SWOT-Analyse der
Plakat AG sehen Sie in Abb. 2.1.

SWOT-Analyse der Plakat AG — Produkt und Markt

Stärken

- Hohe Akzeptanz und positives Image von Plakaten bei Passanten: 89 Prozent der Befragten finden, dass Plakate nicht stören, sondern witzig und informativ sind, sowie Anregungen zum Einkaufen geben.
- Plakate haben hohe Reichweiten und große Werbewirkung, speziell bei jungen, mobilen Personen (Reichweite von über 60 Prozent).
- Es liegen aktuelle, wissenschaftlich erhobene Mediadaten vor, die die Leistung von Plakat belegen.
- Es gibt Planungshilfen, die die Planung von Plakaten vereinfachen.
- Einzelne, starke und erfolgreiche Plakatkampagnen zeigen das große Potential des Mediums und haben überzeugende Wirkung.
- Die Plakat AG gehört zu den drei führenden Anbietern auf dem Plakatmarkt.
- Das Werbeträgerangebot der Plakat AG hat eine überdurchschnittliche Qualität.

Schwächen

- Bei Werbeleitern und Kreativen ist das Plakat nicht als „Medium erster Wahl" verankert.
- Werbeleiter, Mediaplaner und Kreative wissen zu wenig über die Leistungsfähigkeit, das Handling und die Gestaltungsregeln des Mediums Plakat.
- Plakate werden von den Entscheidern im Mediengeschäft im Vergleich zu elektronischen Werbeformen als traditionell, veraltet und als wenig hochwertig/repräsentativ wahrgenommen.
- Werbeleiter und Mediaentscheider halten den Plakatmarkt für wenig transparent und können die Qualität der einzelnen Anbieter nicht einschätzen.
- Die Plakat AG kennen nur 5 Prozent der Mediaentscheider.
- Als zweidimensionales, statisches Medium bietet das Plakat nur eingeschränkte Gestaltungsmöglichkeiten.
- Die meisten Plakatgestaltungen sind von schlechter oder durchschnittlicher Qualität.
- Journalisten greifen das Thema Plakat nur selten auf, da sie zu wenig über dieses Medium wissen und es für zu wenig interessant halten.

Chancen

- Innovative Techniken und eine Qualitäts-Initiative der Plakatanbieter werden die Qualität und Hochwertigkeit der Plakatwerbeträger weiter erhöhen.

Risiken

- Das Image und die Werbewirkung der Plakatwerbung sind stark von der Qualität der Plakatgestaltung abhängig. Zu viele schlechte Plakate könnten das Image des Mediums weiter schädigen.
- Weitere Werbeverbote für bestimmte Produkte können das Kundenpotential der Plakatwerbung einschränken.

Abb. 2.1 Ein Ausschnitt aus der SWOT-Analyse für die Plakat AG. Der Ausschnitt der SWOT-Analyse für die Plakat AG zeigt die Befunde, die sich mit dem Medium Plakat – in diesem Beispiel das Produkt – und mit dem Markt der Plakatwerbung, seinen Entscheidern und Multiplikatoren, befassen. Es zeigt sich, dass die Stärken des Produktes zwar objektiv vorhanden sind, diese aber bei den Bezugsgruppen nur ungenügend bekannt sind. Auch liegen Image-Defizite vor. Die Chancen lassen sich gut nutzen, um das Image des Plakats zu verbessern. Jedoch gibt es auch Risiken, die das zukünftige Kundenpotential und das Image negativ beeinflussen könnten

4. Schritt: Ordnen Sie die Stärken und Schwächen den Bezugsgruppen zu!

Um zu einer größeren Übersichtlichkeit zu gelangen und die Erkenntnisse weiter komprimieren zu können, erstellen Sie nun eine Tabelle, in der die SWOT-Aussagen stichpunktartig aufgegriffen und den einzelnen Bezugsgruppen zugeordnet werden. Die zentrale Frage lautet:

● Welche Aussagen zu Stärken, Schwächen, Chancen und Risiken betreffen welche Bezugsgruppen?

Diese Tabelle stellt Ihre komprimierte IST-Analyse dar. Die ausführlichen Erkenntnisse können jederzeit in den einzelnen SWOT-Tabellen nachgelesen werden.

5. Schritt: Definieren Sie den Idealfall!

Sehen Sie sich nun noch einmal die SWOT-Tabellen und Ihre Tabelle mit der IST-Situation an. Notieren Sie zu jeder dort erfassten Erkenntnis den Zustand, der im Idealfall vorliegen sollte.

● Wie sollte die Situation hinsichtlich der aufgezeigten Schwachpunkte im Idealfall aussehen?
● Wie könnte eine Situation aussehen, in der wir das Potential unserer Stärken noch besser ausschöpfen?
● Welche Situation müsste eintreten, damit wir die aufgezeigten Risiken abwenden oder minimieren können?
● Welche Situation müsste eintreten, um unsere Chancen optimal nutzen zu können?

Mit der Beantwortung dieser Fragen haben Sie den SOLL-Zustand skizziert. Sie können diese Erkenntnisse nun – zusammengefasst nach Themenbereichen – notieren und Ihre Tabelle mit der IST-Situation entsprechend ergänzen (s. Abb. 2.2).

6. Schritt: Leiten Sie die Aufgaben für Ihre PR-Arbeit ab!

Nun leiten Sie aus der Gegenüberstellung von IST- und SOLL-Situation die spezifischen Aufgaben für Ihre PR-Arbeit für die unterschiedlichen Bezugsgruppen ab.

● Welche Kommunikationsaufgabe lässt sich aus dem Vergleich zwischen der tatsächlich vorliegenden Situation und der für Sie optimalen Situation ableiten?

IST-SOLL-Analyse der Plakat AG

	Werbeleiter	Mediaplaner	Kreative	Journalisten	Politiker / Behörden	Bezugsgruppe
Bekanntheit Plakat AG	gering / hoch	mittel / hoch	gering / hoch	gar nicht / hoch	gar nicht / hoch	
Genug Wissen* über...						IST / SOLL
• Leistungsdaten/Funktion	30% / 100%	65% / 100%	25% / 100%	1% / 100%		IST / SOLL
• Mediaplanung/Hilfsmittel	15% / 100%	45% / 100%	nicht relevant	1% / 100%		IST / SOLL
• Gestaltung	15% / 100%	nicht relevant	30% / 100%	5% / 100%		
• Innovative Werbeträger	10% / 100%	30% / 100%	10% / 100%	5% / 100%		
Akzeptanz des Mediums	gering / hoch	mittel / hoch	gering / hoch	gering / hoch	mittel / hoch	
Image von Plakaten**						
• sympathisch	6 / 10	6 / 10	7 / 10	7 / 10	5 / 10	
• hochwertig/repräsentativ	2 / 10	5 / 10	3 / 10	4 / 10	4 / 10	
• unterhaltsam/interessant	6 / 10	5 / 10	7 / 10	5 / 10	5 / 10	
• kreativ	3 / 10	5 / 10	2 / 10	5 / 10	7 / 10	
• aktuell/"trendy"	2 / 10	2 / 10	2 / 10	3 / 10	3 / 10	
• leistungsstark	6 / 10	8 / 10	4 / 10	5 / 10	8 / 10	
• transparent/einfach	2 / 10	2 / 10	2 / 10	2 / 10	2 / 10	
Risiko Werbeverbote	beobachtend / aktive Verbündete	beobachtend / aktive Verbündete	gleichgültig / aktive Verbündete	kritische Haltung / pro Plakat	kritisch / pro Plakat	
SWOT-Aspekt						

* Ergebnisse einer Befragung: Selbsteinschätzung der Befragten als „sehr gut", „gut"oder „befriedigend".
** Ergebnisse einer Image-Befragung: Durchschnittswerte auf einer Skala von 1 bis 10.

Abb. 2.2 Die tabellarische Darstellung einer IST-SOLL-Analyse. Die Tabelle zeigt einen Ausschnitt der bisherigen Befunde der Analyse in übersichtlicher, zusammengefasster Form und zum größten Teil auf der Basis konkreter Zahlen aus Umfrage-Ergebnissen. Die idealen SOLL-Werte sind – getrennt durch einen Schrägstrich – den IST-Werten gegenübergestellt. Aus der Interpretation des Vergleichs lässt sich der Handlungsbedarf für die PR-Arbeit ableiten.

Dabei ist es wichtig, die Richtung, in die Ihre Kommunikationsarbeit gehen soll, zu benennen. Müssen vorhandene Widerstände gegenüber einer Umstrukturierung bei den Mitarbeitern reduziert werden? Muss die Bekanntheit der Umweltfreundlichkeit des Produktes bei politischen Entscheidern erhöht werden? Muss das umweltfreundliche Image des Unternehmens bei Geldgebern und Investoren gefestigt werden? Einige Aufgaben für die PR der Plakat AG sehen Sie in Abb. 2.3.

7. Schritt: Ordnen Sie Ihre PR-Aufgaben nach ihrer Bedeutung!

Je nachdem, wie komplex das Umfeld und die Tätigkeit Ihres Unternehmens sind, lassen sich an dieser Stelle mehrere Aufgaben für Ihre PR-Arbeit ableiten. Deshalb ist es nun wichtig, die PR-Aufgaben nach ihrer Bedeutung zu priorisieren. Am besten funktioniert dies, indem Sie die Bedeutung der jeweiligen Bezugsgruppen mit einbeziehen.

• Welche Aufgaben beziehen sich auf wichtige, einflussreiche Bezugsgruppen und haben ein großes Risikopotential für Ihre Organisation?

PR-Aufgaben für die Plakat AG

Bekanntheit erhöhen

•Die Bekanntheit der Plakat AG als Markt führender Qualitätsanbieter muss bei Mediaentscheidern und Journalisten erhöht werden.

Wissen erhöhen

•Die Wissensdefizite bei Mediaentscheidern, Kreativen und Journalisten müssen verringert werden.

- Bei Werbeleitern sollte das Wissen über Funktion und Leistungsdaten, sowie über innovative Werbeträger erweitert werden.
- Bei Mediaplanern sollte das Wissen über die zur Verfügung stehenden Mediadaten und Planungs-Hilfsmittel aufgebaut werden.
- Kreative benötigen ein größeres Wissen über die Plakatgestaltung und deren Wirkung.
- Journalisten müssen Grundwissen über alle Aspekte der Plakatwerbung erlernen und sich bei diesem Thema kompetent fühlen.

Akzeptanz steigern

•Die Bereitschaft, sich mit dem Plakat auseinanderzusetzen und es als relevantes Medium in die berufliche Tätigkeit mit einzubeziehen, muss bei allen Bezugsgruppen erhöht werden.

Image verbessern

•Das Image der Plakatwerbung bei Mediaentscheidern, Kreativen, Politikern und Behörden muss verbessert werden.

- Dies betrifft insbesondere die Image-Dimensionen „hochwertig/repräsentativ", „kreativ", aktuell/trendy", „leistungsstark" und „transparent/einfach".
- Hierzu können das positive Image und die hohe Aufmerksamkeit des Plakats bei der städtischen Bevölkerung – insbesondere beim jungen Publikum -, sowie die guten Leistungsdaten des Mediums genutzt werden.

Aktive Verbündete pro Plakat finden

•Unter den bisher beobachtenden, gleichgültigen oder teilweise kritischen Bezugsgruppen müssen einflussreiche, aktive Verbündete für den Kampf gegen Werbeverbote gewonnen werden.

Abb. 2.3 Die Aufgabenstellung für die PR der Plakat AG. Aus dem IST-SOLL-Vergleich lassen sich die PR-Aufgaben für die Plakat AG ableiten. Dabei gehört es zu den wichtigsten Aufgaben, die Image- und Wissensdefizite bei den Werbeleitern – die Kunden der Plakatwerbung – zu verringern. Auch die Kreativen spielen für das Plakat eine wichtige Rolle, da die Gestaltung von Plakaten sowohl für die Werbewirkung, als auch für das Image des Mediums entscheidend ist. Die Kommunikation mit Mediaplanern und Journalisten sollte ebenfalls zügig eingeplant werden. Die Aufgaben, die sich im Bereich „Umwelt" und „Werbeverbote" ergeben, liegen vor allem in der Beobachtung der Entwicklung und in der Vorbereitung von Aktions- und Argumentationsplänen. Auch sollte hier rechtzeitig ein Netzwerk aus Verbündeten aufgebaut werden.

Bearbeiten Sie diese Aufgaben mit höchster Priorität!

- Welche Aufgaben beziehen sich auf wichtige Bezugsgruppen, müssen aber nicht sofort umgesetzt werden, da kein unmittelbarer Handlungsbedarf besteht?
- Welche Aufgaben beziehen sich auf weniger wichtige Bezugsgruppen, die Ihrer Organisation aber durchaus in Teilbereichen schaden können?

Beziehen Sie diese beiden Aufgabengruppen mittlerer Priorität in Ihre mittel- und langfristige Arbeit ein.

- Welche Aufgaben beziehen sich auf Bezugsgruppen, die weder sehr einflussreich sind und Ihnen auch keinen großen Schaden zufügen können?

Diese Aufgaben können Sie getrost zurückstellen – es sei denn Ihre finanziellen und personellen Ressourcen lassen eine zusätzliche Bearbeitung dieser Aufgaben zu.

Nun können Sie die spezifischen Kernaufgaben Ihrer Öffentlichkeitsarbeit klar erkennen. Die Klarheit dieser Aufgabenstellung ist die Voraussetzung dafür, eine geeignete PR-Strategie zu entwickeln. Mit diesem nächsten Schritt innerhalb der PR-Konzeption werden wir uns im nächsten Kapitel ausführlich beschäftigen.

2.2 Die PR-Strategie

Abgeleitet aus den Aufgaben für die Kommunikationsarbeit legen Sie im strategischen Teil der PR-Konzeption fest, welche konkreten Ziele Sie erreichen wollen, mit welchen Bezugsgruppen Sie dabei kommunizieren müssen und welche Botschaften bei Ihren Dialogpartnern ankommen sollen. Zudem beschreiben Sie, auf welchem grundsätzlichen Weg Sie Ihre Ziele erreichen wollen: beispielsweise durch einen sachlich informativen, überwiegend schriftlichen Dialog, durch intensive, persönliche Überzeugungsarbeit, durch emotionale Ansprache auf Events und Aktionen oder durch eine besondere PR-Kampagne – es gibt viele Möglichkeiten, von denen jedoch nur wenige Optionen wirklich zu der von Ihnen entwickelten Strategie passen. Der strategische Teil der Konzeption ist das Kernstück aller weiterer PR-Maßnahmen. Alle Aktivitäten und Aussagen Ihrer PR-Arbeit müssen sich an diesen Vorgaben ausrichten.

Im Folgenden werden Sie lernen, wie eine PR-Strategie entsteht und werden Schritt für Schritt Ihre erste eigene PR-Strategie entwickeln.

2.2.1 PR-Ziele

Ein PR-Ziel gibt an, welcher Zustand innerhalb welches Zeitrahmens bei welcher Bezugsgruppe erreicht werden soll. Für PR-Ziele gilt:

- Sie müssen erreichbar sein. Vermeiden Sie unrealistische Ziele!
- Sie müssen präzise formuliert werden. Das bedeutet, dass klar dargelegt wird, was in welchem Ausmaß und bei wem erreicht werden soll.
- Sie müssen messbar sein. Deshalb sollten möglichst Zielwerte angegeben werden, zum Beispiel wie viel Prozent einer Bezugsgruppe eine bestimmte Einstellung aufweisen soll.
- Sie müssen terminiert sein. Das bedeutet, für jedes Ziel muss angegeben werden, bis wann es erreicht werden soll.

Bei der Formulierung der PR-Ziele gilt es zudem zu bedenken, dass es in der Öffentlichkeitsarbeit eine Zielhierarchie gibt:

- Information: Soll eine Bezugsgruppe lediglich informiert werden, ist das relativ schnell zu bewerkstelligen. Die Botschaft muss nur bei der Bezugsgruppe ankommen, ihre Aufmerksamkeit erlangen und verstanden werden.
- Erinnerung, Akzeptanz und Verständnis: In einem weiteren Schritt muss sichergestellt werden, dass der Dialogpartner die Botschaft speichert und sie als die Meinung des Senders akzeptiert. Das bedeutet, die Bezugsgruppe kennt, versteht und akzeptiert den Standpunkt einer Organisation.
- Einstellungs- und Imageveränderung: Wollen Sie die Zustimmung der Bezugsgruppe zu bestimmten Inhalten erreichen, ist dies anspruchsvoller. Denn Zustimmung bedeutet, dass der Dialogpartner eventuell seine Einstellung zu einem Sachverhalt verändern muss. Wenn die Veränderung einer Einstellung oder eines Images das Ziel ist, muss Ihre PR-Arbeit intensiver und langfristiger angelegt werden.
- Verhaltensänderung: Am schwersten ist die Veränderung eines Verhaltens herzustellen – oder manchmal auch dafür zu sorgen, dass ein Verhalten beibehalten wird. Hierzu muss eine umfangreiche, langfristig und intensiv angelegte Kampagne geplant werden. Diese sollte sowohl auf der Informations-, als auch auf der Einstellungs- und Gefühlsebene arbeiten und eine sehr überzeugende Argumentationsstrategie beinhalten. Überlegen Sie selbst: Was müsste man tun, um Ihr Verhalten zu ändern?

Da sich in großen PR-Konzepten oftmals eine Vielzahl an PR-Zielen ergibt, ist es ratsam, die Ziele weiter zu strukturieren. Dabei kann sich der Konzeptioner an unterschiedlichen Kriterien orientieren. Er kann die Ziele nach fachlichen Bereichen trennen, beispielsweise nach den Dialogfeldern der PR, wie „Pressearbeit" oder „interne Kommunikation" oder „Consumer Relations". Eine weitere Strukturierung nach kurz-, mittel- und langfristigen Zielen ist ebenfalls sinnvoll. Zudem können nach der oben dargestellten Zielhierarchie übergeordnete Ziele und Unter- oder Teilziele formuliert werden.

2.2.2 PR-Dialoggruppen

Um die festgesetzten PR-Ziele zu erreichen, muss der Dialog mit verschiedenen Bezugsgruppen aufgenommen werden. Im strategischen Teil der PR-Konzeption müssen diese Personen und Personengruppen präzise definiert werden. In Tabelle 2.2 sind die typischen PR-Dialoggruppen nach Handlungsfeldern der PR strukturiert dargestellt.

Die Dialoggruppen dieser Übersicht müssen jedoch im Einzelfall noch wesentlich detaillierter strukturiert werden. Dabei ist Folgendes zu berücksichtigen:

Trennschärfe und Präzision

Die Dialoggruppen müssen präzise und trennscharf definiert werden. Es reicht nicht, festzustellen, dass sich die Kommunikation an die Mitarbeiter richtet. Es muss unterschieden werden, welche Gruppe der Mitarbeiter erreicht werden soll: die Führungskräfte, Angestellte oder Arbeiter, Außendienstmitarbeiter, Lehrlinge,

Tabelle 2.2 Typische Dialoggruppen der PR

Arbeitswelt
- Derzeitige Mitarbeiter
- Zukünftige Mitarbeiter
- Pensionäre
- Angehörige der Mitarbeiter
- Freie Mitarbeiter und Berater

- Betriebsrat
- Gewerkschaften
- Berufsverbände
- Arbeitnehmer-Organisationen

Kapital- und Finanzmarkt
- Investoren, Geldgeber
- Banken
- Aktionäre

- Finanzanalysten
- Anlageberater
- Gläubiger

Geschäftswelt
- Kunden
- Potentielle Kunden
- Einzel- und Großhändler
- Sonstige Absatzmittler und Opinion Leader
- Geschäftspartner

- Lieferanten
- Wettbewerber
- Branchen- und Fachverbände
- Unternehmerverbände
- Wirtschaftspresse

Politisches Umfeld
- Bundes- und Landesregierungen
- Parteien
- Kommunale Politiker

- Politische Verwaltung
- Behörden

Öffentliches Umfeld / Meinungsbildner
- Medien: Presse, Rundfunk, Fernsehen, Online-Medien
- Nationale, regionale, städtische Bevölkerung
- Anwohner/Nachbarschaft
- Verbraucher
- Verbraucherschutzorganisationen

- Bürgerinitiativen
- Interessensgemeinschaften
- Kirche, religiöse Glaubensgemeinschaften
- Soziale Einrichtungen
- Wissenschaftliche Institutionen
- Schulen, Universitäten, Ausbildungsstätten

Techniker oder Service-Mitarbeiter und viele mehr. Grundsätzlich können zur genauen Definition die folgenden Kriterien herangezogen werden:

- sachlogische Kriterien, wie Berufsgruppen, Hobbies, Sportarten usw.
- geografische Kriterien, wie Städte, Regionen usw.
- soziodemografische Kriterien, wie Alter, Geschlecht, Familienstand, Religionszugehörigkeit, Bildungsstand, Einkommen usw.
- motivations-psychologische Kriterien, wie Einstellungen, Wünsche, Verhalten usw.
- das Medien-Nutzungsverhalten, wie in etwa das Informationsverhalten, die Internet-Nutzung usw.

Erreichbarkeit
Die Dialoggruppen müssen erreichbar sein. Das ist die Voraussetzung dafür, dass sie die PR-Botschaften erhalten und in den Dialog eintreten können. Die Überlegung, wie die Kontaktaufnahme erfolgen soll, ist eine wesentliche Komponente bei der Definition von Dialoggruppen. Gibt es Adressmaterial in Ihrem Hause? Ist dies einem Verzeichnis zu entnehmen? Besucht Ihre Dialoggruppe bestimmte Veranstaltungen? Hat sie Internet-Zugang und nutzt sie bestimmte Online-Angebote? Liest sie bestimmte Zeitungen? Es macht wenig Sinn, Dialoggruppen zu definieren, wenn Sie nicht wissen, wie Sie diese erreichen können!

Multiplikatoren
Bei der Erreichbarkeit von Dialoggruppen kommt der zweistufigen Kommunikation über Multiplikatoren eine große Bedeutung zu. Denn oftmals ist es nicht möglich, die Dialoggruppe direkt anzusprechen. Dann müssen einflussreiche Personen oder Gruppen erreicht werden, die PR-Botschaften an die Dialoggruppe weiterleiten. Journalisten gehören zu den wichtigsten Multiplikatoren, da es zu ihrer beruflichen Aufgabe gehört, Botschaften zu recherchieren, zu verarbeiten und an ihre Leser, Seher oder Hörer weiterzuleiten. Aber auch so genannte „Opinion Leader" (Meinungsführer) sind wichtige Mittler, die Informationen, Einstellungen und Überzeugungen an die Dialoggruppen weiter tragen. Zu dieser Gruppe zählen beispielsweise Lehrer, Dozenten, Ärzte, Apotheker, Vereinsvorsitzende oder Funktionäre der unterschiedlichsten Verbände, sowie Fachexperten der verschiedenen Branchen. Im Bereich Mode und Lifestyle kommt den so genannten „Fashion Leader" (in etwa zu übersetzen mit „Stilvorbildern") eine bedeutende Rolle zu.
Auch hierbei gilt es, die definierten Dialoggruppen sinnvoll zu strukturieren. So ist beispielsweise die Bedeutung der Bezugsgruppe für die Organisation – wie einflussreich sie ist und welchen Schaden sie der Organisation zufügen könnte – ein wichtiges Kriterium dafür, welche Ressourcen später in die PR-Arbeit mit dieser Gruppe fließen. Auf jeden Fall sollte nach externen und internen Dialoggruppen, sowie nach direkt anzusprechenden Gruppen und nach Kommunikationsmitteln bzw. Multiplikatoren differenziert werden. Auch eine Untergliederung nach PR-Dialogfeldern ist sinnvoll. Bei bestimmten Aufgabenstellungen ist es wichtig, sich zu überlegen, ob die anzusprechenden Stakeholder eine kritische, eine neutrale oder eine unterstützende Haltung gegenüber Ihrer Organisation oder dem relevanten Sachverhalt einnehmen.

2.2.3 PR-Botschaften

PR-Botschaften sind die Inhalte, die bei den Dialoggruppen ankommen sollen. Dabei ist zwischen Dachbotschaften und Dialoggruppen-Botschaften zu unterscheiden. Während Dachbotschaften Inhalte aufgreifen, die für alle Bezugsgruppen gleichermaßen relevant sind, richten sich Dialoggruppen-Botschaften nur an einen bestimmten Adressatenkreis. Die Botschaften sind also jeweils bestimmten Dialoggruppen zugeordnet. Dabei dürfen sich die Botschaften für verschiedene Empfängergruppen nicht widersprechen!

Die zentrale Frage, die bei der Formulierung von Botschaften gestellt wird, lautet: Was müssen die Dialoggruppen wissen, was sollen sie über meine Organisation denken, welche Einstellung sollen sie haben und was sollen sie fühlen, wenn die PR-Arbeit erfolgreich war und die PR-Ziele erreicht wurden? Wie soll die Organisation in den Gedanken der Zielgruppe positioniert sein? Beispielsweise könnten die Mitarbeiter einer Organisation denken: „Die Muster AG ist ein sozial engagiertes Unternehmen. Ich bin stolz darauf, bei der Muster AG zu arbeiten." Die Journalisten könnten der Ansicht sein: „Die Muster AG ist ein wirtschaftlich sehr erfolgreiches Unternehmen und gehört zu den Innovativsten der Branche. Von ihrer Pressestelle erhalte ich immer interessante, fachlich fundierte Informationen mit hohem Nachrichtenwert." Die Kunden könnten denken: „Die Produkte der Muster AG sind umweltschonend hergestellt. Wenn ich die Produkte nutze, habe ich ein gutes Gewissen."

Die Positionierung ist das inhaltliche Resultat aller PR-Botschaften. Die wesentliche Kunst einer gelungenen Positionierung besteht darin, sich vom Wettbewerb zu unterscheiden, sich einzigartig zu präsentieren. Dies kann mit Informationen, vor allem aber auch mit Emotionen bewerkstelligt werden. Je nachdem, welche Positionierungsstrategie eingesetzt wird, soll der Meinungsgegenstand mit bestimmten Informationen, Einstellungen oder Gefühlen oder einer Kombination davon in Verbindung gebracht werden und sich dadurch von anderen abgrenzen.

Aus der Summe aller Botschaften und der gewünschten Positionierung speisen sich alle späteren kreativen Umsetzungen für Texte, Bilder, Events und andere PR-Maßnahmen. Dabei sollte zudem darauf geachtet werden, in welcher Sprache bzw. Tonalität die PR-Botschaften verpackt werden. Es lohnt sich, die Vorlieben und den Standard der Dialoggruppen im Hinblick auf Text- und Bildsprache, Umgangsformen und -ton zu kennen. Nur mit Botschaften, die den richtigen „Ton" treffen, kann überzeugende PR-Arbeit geleistet werden.

Themenfelder

Eine Organisation kann nicht nur Themen ansprechen, die sie selbst für wichtig hält, sondern muss darauf achten, welche Themen von der Bezugsgruppe nachgefragt werden, für diese interessant sind und ihren Bedürfnissen entsprechen. Innerhalb bestimmter Dialogfelder der PR und gegenüber bestimmten Bezugsgruppen werden ganz typische Themen behandelt, wie folgende Beispiele zeigen:

- Mitarbeiter: Arbeitsbedingungen, Arbeitsplatzsicherheit, Aus- und Weiterbildung, persönliche und berufliche Entwicklungsmöglichkeiten, Sozialleistungen, Einkommensentwicklung, motivierende Elemente, Werte, Unternehmensziele, Unternehmenspolitik, Mitbestimmung usw.
- Kunden: Produktqualität, Serviceleistungen, Sicherheit, Verbraucherinformationen, Werbung, Umweltbewusstsein, technische Innovationen usw.
- Nachbarn und Kommune: Arbeitsplätze, Steueraufkommen, Infrastruktur, Betriebssicherheit, Umweltbelastungen, Unternehmensentwicklung, Sponsoring-Projekte, Vorteile für die Bürger am Standort usw.
- Wirtschafts- und Finanzpresse: Unternehmensentwicklung, -strategien, -ziele, Produktivität, Wirtschaftlichkeit, Investitionen, Forschung und Entwicklung, Marktlage, Wettbewerbssituation, Außenwirtschaftsbeziehungen usw.

Will eine Organisation mit den entsprechenden Bezugsgruppen den Dialog aufnehmen, sollte sie zuvor festlegen, welche grundsätzlichen Standpunkte und Argumentationen diesen Dialog in den relevanten Themenfeldern prägen sollen. Nur wenn die PR-Botschaft ein Bedürfnis der Bezugsgruppe aufgreift und einen Nutzen verspricht, wird sie die notwendige Aufmerksamkeit finden.

Übrigens: In größeren Unternehmen ist es üblich, sobald alle PR-Botschaften festgelegt und abgestimmt sind, für die Vorstände und Führungskräfte der Organisation ein umfangreiches Informations-Paket anzulegen. Ein solches Paket enthält neben Argumentationskatalogen zu allen relevanten Themen und einer vollständigen Faktensammlung – dem so genannten „Factbook" – vor allem auch Module für Vortragstexte, die bei Bedarf in die Reden der Führungskräfte eingefügt werden. In Medientrainings wird geübt, wie diese PR-Botschaften und Argumentationen in Interviews und bei Diskussionsgruppen eingesetzt werden können.

2.2.4 Die strategische Umsetzung

Die strategische Umsetzung beschreibt den grundsätzlichen Weg, auf dem die Botschaften platziert und die Ziele erreicht werden sollen. Hierbei ist das strategische Wissen und die Erfahrung des PR-Profis gefragt: Welche Ziele lassen sich auf welchem Weg am besten erreichen? Wo sollen die PR-Maßnahmen ansetzen, um die größte Wirkung zu entfalten? Welches Hauptinstrumentarium setze ich ein?

Die Schwerpunkte der PR-Arbeit lassen sich unterschiedlich festlegen: Die finanziellen und personellen Ressourcen können sich auf die schriftliche, persönliche oder elektronische Kommunikation konzentrieren. Sollen beispielsweise die Mitarbeiter lediglich über die neue Unternehmensstrategie informiert werden, kann dies über schriftliche Medien geschehen. Sollen sie sich mit den Unternehmenswerten und -visionen identifizieren, kann eine Kommunikationsstrategie, die in erster Linie auf persönliche Kommunikation und Motivation setzt, der wirkungsvollere Weg sein.

Die strategische Umsetzung wägt die unterschiedlichen Handlungsoptionen gegeneinander ab und trifft eine Grundsatzentscheidung für ein bestimmtes Maßnahmenpaket. Dabei kann für unterschiedliche Phasen der Zielerreichung und unterschiedliche Dialoggruppen ein anderer Mix von Instrumenten vorgesehen werden. Wichtig ist jedoch: Alle Einzelmaßnahmen, die im nächsten konzeptionellen Schritt – der Taktik – für die PR-Arbeit eingeplant werden, müssen sich an dieser grundsätzlichen strategischen Entscheidung orientieren.

Aufgabe 1 (Teil II): Entwickeln Sie eine PR-Strategie!

Diese Übung setzt die konzeptionelle Arbeit fort, die Sie im Teil I der Aufgabe begonnen haben. Nun werden Sie aus den Ergebnissen Ihrer Analyse eine PR-Strategie entwickeln. In den bereits erarbeiteten SWOT-Tabellen, in Ihrem IST-SOLL-Vergleich und in Ihrer spezifischen Aufgabenstellung aus Teil I finden Sie alle inhaltlichen Vorgaben, die Sie zur Formulierung Ihrer PR-Strategie benötigen.

1. Schritt: Formulieren Sie die Ziele Ihrer PR-Arbeit!
Sehen Sie sich die Aufgabenstellung aus Teil I dieser Aufgabe an. Formulieren Sie nun für jede PR-Aufgabe und jede Bezugsgruppe einen Satz, in dem Sie möglichst präzise den Zustand beschreiben, der eingetreten ist, wenn Sie Ihre PR-Aufgabe erfüllt haben.

- Welcher Zustand muss bei welcher Bezugsgruppe eingetreten sein, wenn Ihre PR-Arbeit beendet ist?

Fügen Sie dieser Zustandsbeschreibung nun noch Ausmaß und Zeitpunkt hinzu:

- In welchem Ausmaß muss dieser Zustand erreicht sein?
- Bis wann soll dieser Zustand erreicht sein?

Einige Beispiele für PR-Ziele finden Sie in der Abb. 2.4. Achten Sie darauf, dass die solchermaßen formulierten PR-Ziele auch erreichbar sind!

2. Schritt: Strukturieren Sie Ihre PR-Ziele!
Strukturieren Sie die PR-Ziele, beispielsweise nach Dialogfeldern der PR, nach kurz-, mittel- und langfristigen Zielen oder nach Oberzielen und Unterzielen.

- Welchen Dialogfeldern der PR können Sie die PR-Ziele zuordnen?
- Welche PR-Ziele sind Teilziele von übergeordneten Zielen?
- Welche Ziele sind kurz-, mittel- und langfristig anzusetzen?

Vergessen Sie nicht zu prüfen, ob Ihre PR-Ziele mit den Unternehmens-, Bereichs-, Marketing- und Vertriebszielen kompatibel sind!

3. Schritt: Definieren Sie die Dialoggruppen Ihrer PR-Arbeit!
Überlegen Sie sich nun, mit welchen Dialoggruppen Sie kommunizieren müssen, um die PR-Ziele zu erreichen.

Dialogfelder / Dialoggruppen	Kurzfristige Ziele: Bekanntheit und Wissen	Mittelfristige Ziele: Akzeptanz und Image	Langfristige Ziele: Verhalten
Kunden / potentielle Kunden	• In einem Jahr ist die Plakat AG bei allen Werbeleitern der 50 größten werbungtreibenden Unternehmen bekannt. • In einem Jahr ist die Bekanntheit der Kern-Leistungsdaten des Plakats bei Werbeleitern um 20 % gestiegen.	• In drei Jahren steigt der Image-Index des Plakats bei Werbeleitern im Bereich „repräsentativ" auf 5 Punkte, im Bereich „leistungsstark" auf 8 Punkte.	• In fünf Jahren beziehen 60 Prozent der Werbeleiter der 50 Top-Unternehmen das Plakat bei ihren Überlegungen zum Mediamix mit ein („relevant set"). • In vier Jahren gibt es 2 bis 3 einflussreiche Werbeleiter, die sich der Argumentation der Plakat AG anschließen und sich öffentlich gegen Werbeverbote aussprechen.
Mediaplaner	• In einem Jahr ist die Plakat AG bei allen Mediaplanern der Top 50 Mediaagenturen bekannt. • In einem Jahr kennen 85 % der Mediaplaner in den 50 größten Mediaagenturen die Leistungsdaten des Plakats und die entsprechenden Planungs-Hilfen.	• In drei Jahren steigt der Image-Index des Plakats in den Bereichen „transparent" und „einfach" bei den Top 50 Mediaplanern um 2 Punkte.	• In fünf Jahren empfehlen 60 Prozent der Top 50 Mediaplaner ihren Plakatkunden, das Plakat in ihren Mediamix zu integrieren.
Kreative	• In einem Jahr liegt der Anteil der Kreativen aus den 100 größten Werbeagenturen, die sich über die Gestaltungsregeln des Plakats gut informiert fühlen, bei 60 %.	• In drei Jahren steigt der Image-Index des Plakats in den Bereichen „aktuell/trendy" und „kreativ" bei den Kreativen aus den 100 Top-Werbeagenturen um 3 Indexpunkte auf Index 5.	• In fünf Jahren beziehen 60 % der Top-Kreativen standardmäßig einen exzellenten Gestaltungsvorschlag zum Plakat in ihre Kundenpräsentation mit ein.
Journalisten	• In einem Jahr kennen die Journalisten der Werbefachpresse die Plakat AG als einen der führenden Anbieter.	• In zwei Jahren fühlen sich 90 % der Journalisten der Kernmedien über das Plakat gut informiert und finden das Medium interessant (Image-Index „interessant" liegt bei 8).	• In vier Jahren hat jeder Journalist der Kernmedien mindestens ein Mal ausführlich und positiv über Plakatwerbung berichtet und dabei die Plakat AG namentlich erwähnt.
Politiker		• In drei Jahren kennen alle relevanten Verbandsfunktionäre die Argumentationslinie der Plakat AG und beziehen diese in ihre Gespräche mit Politikern mit ein.	• In vier Jahren gibt es 2 einflussreiche Politiker, die sich zum Thema „Werbeverbote" im Sinne der Plakat AG pro Plakat äußern.

Abb. 2.4 Die PR-Ziele der Plakat AG. Ausgehend von den PR-Aufgaben, die in der Analyse erarbeitet wurden, sind nebenstehende PR-Ziele der Plakat AG entwickelt worden. Die Ziele wurden in diesem Beispiel bereits nach Dialoggruppen und kurz-, mittel- und langfristigen Zielen strukturiert. Achtung: Die Ziele und Dialoggruppen für die interne Kommunikation, sowie einige weitere, denkbare Dialogfelder der PR, die für die Plakat AG relevant sein könnten, sind in diesem Beispiel aus Platzgründen nicht enthalten. Sie sollten in Ihrer Konzeption jedoch unbedingt alle Dialogfelder der PR berücksichtigen!

• Mit welchen Dialoggruppen genau muss kommuniziert werden, um die Ziele zu erreichen?
• Wie lassen sich die Dialoggruppen sinnvoll unterteilen, so dass homogene Gruppen entstehen?
• Wie oder über welche Mittler sind diese Dialoggruppen erreichbar?

Denken Sie daran, dass sich homogene Gruppen dadurch auszeichnen, dass sie die gleichen Interessen und Bedürfnisse haben, später die gleichen Botschaften mit der gleichen Tonalität erhalten sollen. Und: Manche Dialoggruppen lassen sich fast nur über Multiplikatoren erreichen. Vergessen Sie nicht, auch diese als Dialoggruppen zu definieren, beispielsweise Journalisten oder Verbandsfunktionäre. Strukturieren Sie Ihr Ergebnis sinnvoll, zum Beispiel nach wichtigen-unwichtigeren Dialoggruppen oder nach direkt anzusprechenden Personen und Multiplikatoren. Ein Beispiel für die Dialoggruppen-Strukturierung finden Sie in Abb. 2.5.

Die Dialoggruppen der Plakat AG

Dialoggruppen	Multiplikatoren
• **Kunden, potentielle Kunden und Media-Entscheider** • *Werbeleiter der ehemaligen und bestehenden Plakatkunden der Plakat AG* • *Werbeleiter der größten 50 Werbungtreibenden* • *Mediaplaner der 50 größten Mediaagenturen* • *Studierende der Fächer „Marketing und Werbung" an Universitäten und Fachakademien*	• **Journalisten** • *Journalisten der Werbefachpresse* • *Journalisten der Leitmedien in Presse, Funk und Fernsehen* • *Journalisten der regionalen Tageszeitung am Unternehmensstandort*
• **Kreative** • *Art Direktoren und Texter der 100 größten Werbeagenturen* • *Art Direktoren und Texter aus Werbeagenturen, die bereits Plakate machen oder gemacht haben* • *Studierende des Fachs „Grafik- oder Kommunikationsdesign"*	• **Ausbildungsstätten** • *Dozenten und Professoren der Fächer „Kommunikationsdesign" und „Grafik-Design" an Universitäten und Hochschulen* • *Dozenten und Professoren der Fächer „Marketing und Werbung" an Universitäten, Hochschulen und Fachakademien*
• **Politiker** • *Politiker mit Schwerpunkt „Wirtschaft und Recht" auf Europa-, Bundes- und Landesebene* • *Wirtschaftsreferenten und Kommunalpolitiker am Unternehmensstandort*	• **Verbände der Werbewirtschaft** • *Funktionäre des Zentralverbandes der dt. Werbewirtschaft (ZAW)* • *Funktionäre des Markenverbandes* • *Funktionäre des Gesamtverbandes Werbeagenturen (GWA)*

Abb. 2.5 Die Dialoggruppen der Plakat AG. Aus den Zielen der Plakat AG ergeben sich mehrere Dialoggruppen, mit denen das Unternehmen kommunizieren sollte. Die bestehenden, ehemaligen und potentiellen Kunden zählen zu den wichtigsten Ansprechpartnern, gefolgt von den Kreativen. Aber auch der werbefachliche und kreative Nachwuchs – also die zukünftigen Kunden – sollte rechtzeitig einbezogen werden. Als wichtigste Multiplikatoren muss die Kommunikation mit den Journalisten der Werbefachpresse unverzüglich aufgenommen werden. Die Kontakte zu Verbänden der Werbewirtschaft sind eine wichtige Grundlage, um in den Dialog mit Politikern einzutreten, da diese Dialoggruppe fast ausschließlich indirekt durch die Lobby-Arbeit der Verbände zu erreichen ist.

4. Schritt: Erarbeiten Sie die PR-Botschaften für Ihre Dialoggruppen!

Nun erarbeiten Sie Ihre PR-Botschaften. Hierzu fragen Sie sich bei jeder, zuvor definierten Dialoggruppe:

- Was weiß die Dialoggruppe über meine Organisation, mein Produkt, meine Idee oder mein Anliegen, wenn mein Ziel-Zustand erreicht ist?
- Welche Einstellung, Meinung, grundsätzliche Haltung nimmt die Dialoggruppe dann gegenüber meiner Organisation, meinem Produkt usw. ein?
- Welche Gefühle verbindet die Dialoggruppe dann mit meiner Organisation, meinem Produkt, meiner Idee?

Formulieren Sie Ihre PR-Botschaften in wenigen, präzisen Sätzen, so als ob die Bezugsgruppe selbst diese Aussage treffen würde. In Abbildung 2.6 finden Sie entsprechende Beispiele für die Plakat AG.

Botschaften	Werbeleiter	Mediaplaner	Kreative	Journalisten	Politiker
Plakat AG					
• Die Plakat AG ist einer der führenden Plakatanbieter.	X	X	X	X	X
• Die Plakat AG ist ein kompetenter, verlässlicher Geschäftspartner.	X			X	X
• Das Angebot der Plakat AG ist von besonders hoher Qualität.	X	X		X	
• Die Plakat AG sorgt für ein gepflegtes, repräsentatives Erscheinungsbild meiner Plakate.	X		X		
• Von der Plakat AG erfahre ich alles, was ich über das Plakat wissen muss.	X	X	X	X	X
• Von der Plakat AG erhalte ich aktuelle, verlässliche Informationen mit hohem Nachrichtenwert.				X	
• Die Plakat AG sorgt für ein gepflegtes, lebendiges und ansprechendes Stadtbild.					X
• Die Plakat AG setzt sich engagiert für die Belange der Werbewirtschaft ein.	X			X	X
Medium Plakat					
• Viel über Plakatwerbung zu wissen, ist gut für meine berufliche Karriere.	X	X	X	X	X
• Plakate sind leistungsstark und wirken.	X	X		X	
• Investitionen in das Plakat sind effizient und zahlen sich aus.	X	X		X	
• Plakate ermöglichen eine hochwertige Präsentation der Werbung.	X	X	X	X	
• Plakate sind leicht zu planen.		X		X	
• Plakate haben hohe Reichweiten.	X	X		X	
• Plakatwerbung kann ich mit gutem Gewissen empfehlen.		X		X	
• Die Straße ist die größte Bühne für meine Werbebotschaft.	X		X		
• Gut gestaltete Plakate machen mich erfolgreich.	X		X		
• Gute Plakate zu machen, ist kreativ anspruchsvoll.			X	X	
• Plakatgestaltung ist die Königsdisziplin der Gestaltung.			X	X	
• Plakate sind jung und liegen im Trend.	X	X	X	X	X
• Plakate machen Spaß.	X	X	X	X	X
• Gut gestaltete Plakate bringen mir Anerkennung.	X		X		
• Plakate sind Ausdruck und unverzichtbarer Bestandteil der städtischen Kultur.				X	X
• Die Menschen mögen Plakate.	X	X	X	X	X
• Plakate sind ein interessantes Medium mit vielen Facetten.				X	

Abb. 2.6 Dialoggruppen-Botschaften der Plakat AG. So könnte ein Teil der Botschaften der Plakat AG für die unterschiedlichen Dialoggruppen aussehen. Die Dachbotschaften, die für alle Dialoggruppen gleichermaßen relevant sind, wurden in diesem Beispiel Weiß hinterlegt. Da es für die Plakat AG vor allem wichtig ist, das Image des Mediums Plakat bei den Marktpartnern zu verbessern, zielen viele Botschaften auf diese Absicht. Auch wurde der Nutzen für die jeweilige Dialoggruppe formuliert und in den Botschaften-Katalog aufgenommen. Es ergibt sich ein Mix aus informativen und emotionalisierenden Botschaften.

5. Schritt: Fassen Sie Ihre Botschaften in einer Positionierung zusammen!
Unterscheiden Sie nun nach Dachbotschaften und Dialoggruppen-Botschaften und erstellen Sie für jede Dialoggruppe eine kurze Positionierung.

- Gibt es Botschaften, die für alle Dialoggruppen gleichermaßen relevant und gültig sind?
- Welche Positionierung ergibt sich für jede Bezugsgruppe, wenn man alle Einzelbotschaften zusammenfasst?

Sie können an dieser Stelle zur besseren Übersicht eine Matrix mit allen Einzelbotschaften und Dialoggruppen erstellen und die Botschaften durch Ankreuzen den jeweiligen Dialoggruppen zuordnen. Formulieren Sie nun die aus den Einzelbotschaften resultierende Positionierung für jede einzelne Dialoggruppe in ein bis drei kurzen Sätzen.

6. Schritt: Erstellen Sie eine passende Argumentation!

Abschließend überlegen Sie sich noch für jede Dialoggruppe, wie sich aus den Botschaften und der Positionierung eine Argumentationsstrategie zusammenfassen lässt. Denken Sie daran, dass jeder Mensch bestimmte Grundbedürfnisse hat. Welches dieser Bedürfnisse Ihrer Bezugsgruppen wollen oder können Sie erfüllen?

- Welchen Nutzen hat die Dialoggruppe durch meine Organisation, mein Produkt, meine Idee usw?
- Mit welchen Fakten kann ich diesen Nutzen für die Dialoggruppe begründen?
- Mit welcher Tonalität sollten die einzelnen Bezugsgruppen angesprochen werden?

Formulieren Sie Ihre Erkenntnisse zu Nutzen, Begründung und Tonalität und ergänzen Sie – falls nötig – Ihre PR-Botschaften entsprechend. Ein Beispiel für Positionierung und Argumentation finden Sie in Abb. 2.7.

7. Schritt: Wählen Sie die Hauptinstrumente für Ihre PR-Arbeit!

Überlegen Sie nun, mit welchem Maßnahmenpaket Sie Ihre Botschaften am besten an die definierten Dialoggruppen überbringen können bzw. in welcher Form der Dialog mit diesen Gruppen geführt werden soll.

- Welche PR-Ziele sind am besten mit schriftlicher Kommunikation zu erreichen?
- Für welche Ziele ist der persönliche Dialog die geeignete Methode?
- Für welche Ziele kann schwerpunktmäßig die elektronische Kommunikation hilfreich sein?
- Mit welcher zentralen Kampagnen-Idee können Sie Ihre Strategie umsetzen?

Denken Sie daran, dass in verschiedenen Phasen der Ansprache auch im Schwerpunkt mit unterschiedlichen Medien gearbeitet werden kann. Wichtig ist die Festlegung eines Hauptinstrumentariums, einer zentralen Kampagnen-Idee vor allem für die Kommunikation mit den wichtigsten Dialoggruppen und für die Bearbeitung Ihrer Kernziele.

Sie haben nun nach der Analyse auch den strategischen Teil Ihrer Konzeption abgeschlossen. Im nächsten Kapitel werden Sie mehr über die Taktik der PR-Arbeit – die konkrete Maßnahmenplanung – erfahren.

**Positionierung und Argumentationsstrategie der Plakat AG
(Beispiel für die Dialoggruppe „Kreative")**

Positionierung

**Alle Dialoggggruppen
(Dachbotschaften):**   „Plakate sind allseits beliebt, machen Spaß und bringen Erfolg. Die
                                  Plakat AG ist ein führender Plakatanbieter, von dessen Wissen ich
                                  profitiere."

**Kreative
(Dialoggruppen-Botschaften):**   „Auf der größten Bühne der Welt zu werben, ist witzig und liegt voll im
                                  Trend. Gute Plakate zu gestalten ist eine kreative Herausforderung, die
                                  Spaß macht und mir berufliche Anerkennung bringt. Die Plakat AG hilft
                                  mir dabei, mit meinen Plakaten groß rauszukommen."

Argumentationsstrategie

Nutzen: Gute Plakatgestaltung bringt Spaß und Anerkennung

Begründung: Plakate gestalten ist anspruchsvoll, die „Königsdisziplin" der
                                  Gestaltung. Mit einfachen Gestaltungsmitteln muss eine große,
                                  überzeugende Idee umgesetzt werden. Wer gute Plakate kreiert, zählt zu
                                  den besten Kreativen. Da es nur wenige, wirklich gute Plakate gibt, kann
                                  man sich mit Plakaten sehr gut in der Fachwelt profilieren. Gute Plakate
                                  werden in der Fachöffentlichkeit (Fachpresse) erwähnt und
                                  ausgezeichnet. Plakate genießen ein hohes Maß an Aufmerksamkeit,
                                  sind das öffentlichste aller Medien; die ganze Stadt ist die größte Bühne
                                  für Werbung, die es gibt. Oft finden sich auf Plakaten witzige,
                                  humorvolle Werbeideen. Am besten kommen Plakate bei jungen,
                                  aktiven und trendbewussten Zielgruppen an– also bei meinesgleichen.

Tonalität: jung, modern, frech, teilweise mit Szene-Sprache (besonders
                                  Nachwuchs)

Abb. 2.7 Positionierung und Argumentation am Beispiel „Kreative". Am Beispiel
der Dialoggruppe „Kreative" lässt sich nachvollziehen, wie sich die PR-Botschaften der
Plakat AG in einer Positionierung niederschlagen. Im nebenstehenden Beispiel für eine
Argumentationsstrategie wird ein Kernnutzen für die Dialoggruppe „Kreative" herausge-
stellt und durch Detailinformationen begründet. Alle Inhalte finden sich im Wesentlichen
in den PR-Botschaften wieder. Zudem wird die Tonalität festgelegt, in der die Ansprache
der Kreativen erfolgen soll. Ohne Abbildung: Strategische Umsetzung. Die Ziele der Plakat
AG im Bereich der Imageverbesserung und Überzeugungsarbeit lassen sich am besten mit
dem persönlichen Dialog, insbesondere mit stark aktivierenden und emotionalisierenden
Maßnahmen, wie Veranstaltungen und Events, umsetzen. Die schriftliche und elektronische
Kommunikation wird lediglich begleitend, unterstützend eingesetzt.

2.3 Die Taktik oder Maßnahmenplanung

In diesem Schritt der PR-Konzeption werden aus der PR-Strategie einzelne Maßnahmen oder größere Maßnahmenpakete für die Umsetzung abgeleitet und detailliert
geplant. Der PR-Verantwortliche muss hierzu einen guten Überblick über die Instrumente haben, die er zur PR-Arbeit einsetzen kann. Er muss aber auch ein großes
Maß an Kreativität, Einfühlungsvermögen und Erfahrung besitzen, um aus der Fülle

der möglichen Maßnahmen die wirkungsvollsten auszuwählen und diese einmalig, unverwechselbar zu gestalten. Zudem muss er darauf achten, alle Einzelmaßnahmen zu einem schlüssigen Gesamtwerk zusammenzufügen, indem er sie koordiniert und Synergien nutzt. Im taktischen Teil der PR-Konzeption wird die zeitliche Abfolge der Maßnahmen genau geplant. Auch werden die finanziellen und personellen Ressourcen, die bei der Umsetzung benötigt werden, festgelegt. Der Erfolg der Taktik kann zwar nie garantiert werden. Wenn jedoch die strategischen Vorgaben sorgfältig erarbeitet wurden und sich die Maßnahmen streng an diesen Vorgaben orientieren, ist von einer zumindest guten Erfolgsquote der PR-Arbeit auszugehen.

2.3.1 Maßnahmen und Instrumente

Die zentrale Frage, die bei der Maßnahmenplanung beantwortet werden muss, lautet: Welche Maßnahmen sind geeignet, um die PR-Ziele zu erfüllen, die Botschaften zu den Dialoggruppen zu transportieren und damit die gewünschte Positionierung zu erreichen? Dabei sollten die Maßnahmen dazu geeignet sein, die mehr oder weniger komplexen Botschaften zu transportieren und wirtschaftlich sinnvoll sein. Es wird grundsätzlich zwischen Maßnahmen unterschieden, die informationsorientiert sind und solchen, die den Dialog fördern. Der Dialog – speziell der persönliche Dialog – ist ein sehr wirksames und überzeugendes Mittel der Kommunikation. Auch sind solche Maßnahmen sehr wirkungsvoll, bei denen mehrere Sinne gleichzeitig angesprochen werden: Sehen, Hören, Riechen, Schmecken und Tasten.

Das im Einzelfall einzusetzende Hauptinstrumentarium ergibt sich direkt aus der strategischen Umsetzungsempfehlung. Wurde beispielsweise festgelegt, dass das Image des Unternehmens bei den Kunden durch stark emotionalisierende, dialogorientierte persönliche Kommunikation verbessert werden soll, so ist ein Kundenfest mit Event-Charakter eine geeignete PR-Maßnahme. Sollen hingegen die Nachbarn über die neuen Notfallmaßnahmen hauptsächlich auf schriftlichem Weg informiert werden, ist dies über Broschüren oder Faltblätter, über Briefwurfsendungen oder eine Nachbarschaftszeitung zu bewerkstelligen. Die jeweilige Kernidee kann durch weitere, unterstützende Maßnahmen ergänzt werden. Ganze Maßnahmenbündel werden zu Projekten zusammengefasst. Eine zeitliche Abfolge aufeinander aufbauender Einzelmaßnahmen wird PR-Kampagne genannt.

Bei der Umsetzung der Maßnahmen schöpft der PR-Profi aus seinem „Handwerkskasten", der mit PR-Instrumenten gefüllt ist.

Wenn die geeigneten Instrumente für die Umsetzung der PR-Strategie zusammengestellt werden, sind einige Dinge zu beachten, die über den Erfolg der Maßnahmen mit entscheiden.

Maßnahmen den Dialoggruppen zuordnen

Es empfiehlt sich, für jede ausgewählte PR-Maßnahme anzugeben, welche Dialoggruppe damit im Schwerpunkt erreicht werden soll. Richtet sich die Maßnahme an mehrere Dialoggruppen gleichzeitig, sollte zumindest zwischen den in erster Linie anzusprechenden Kernzielgruppen und den weniger zentralen Dialoggruppen

Tabelle 2.3 Checkliste: Instrumente für die PR-Arbeit (Auswahl)

Schriftliche Kommunikation (periodisch und nicht-periodisch erscheinende Printmedien)
- Kundenzeitung
- Nachbarschaftszeitung
- Newsletter
- Pressespiegel
- Geschäftsbericht
- Broschüre
- Faltblatt
- Handzettel
- Brief
- PR-Anzeige
- Festschriften

Für Mitarbeiter:
- Mitarbeiterzeitung
- Newsletter
- Schwarzes Brett
- Rundschreiben
- Handbücher

Für Journalisten:
- Presseinformation
- Pressemappe
- Presseeinladung
- Presseankündigung
- Pressefoto
- Pressedienst

Persönliche Kommunikation (Gespräche und Veranstaltungen)
- Zweier-, Kleingruppengespräch
- Telefongespräch
- Telefonische Info-Hotline
- Beratungsdienst
- Kongress, Symposium, Tagung
- Messe
- Ausstellung
- Seminar, Workshop, Schulung
- Trainings
- Brainstormings
- Diskussionsveranstaltung, Podiumsdiskussion
- Präsentation
- Vortrag
- Betriebsbesichtigung
- Tag der offenen Tür
- Kundenfest

Für Mitarbeiter:
- Konferenzen
- Betriebsversammlung
- Betriebsfest, Betriebsausflug
- Betriebssport
- Aus- und Weiterbildung
- Nachrichtentelefon
- Sprechstunden

Für Journalisten:
- Redaktionsgespräche
- Interviews
- Pressekonferenz
- Presse-Präsentation
- Pressefahrt
- Jour Fixe
- Journalistenseminar
- Journalistenfest

Aktionsmedien, sonstige Instrumente und Schaumedien
- Vorschlagswesen
- Incentives
- Wettbewerbe, Preise
- Preisausschreiben, Verlosung
- Fragebogenaktion
- Happening, Event
- PR-Shows
- Road-Show, Info-Mobil
- Informationsstände
- Informationszentrum
- Firmenmuseum

- Stiftung
- Sponsoring

Schaumedien:
- Schilder, Plakate, Transparente
- Fassadengestaltung
- Leuchtwerbung
- Schaukasten
- Buttons
- Fahnen
- Litfaßsäulen

Audiovisuelle und elektronische Medien
- Video, Film, Podcast
- TV- / Radio-Spot
- Hörfunk- oder Fernsehbeitrag
- CD-ROM
- DVD

- Website
- Blog

Für Mitarbeiter:
- Intranet
- Werksfunk / -fernsehen

unterschieden werden. Am besten wird dies in einer Maßnahmen-Dialoggruppen-Matrix festgehalten. Diese Übersicht zeigt, ob durch die Gesamtheit der Maßnahmen alle Dialoggruppen angesprochen werden und ob die Kernzielgruppen durch das PR-Programm auch besonders intensiv betreut werden.

Kooperationen suchen

Nicht alle Maßnahmen müssen ganz alleine durch die Organisation getragen werden. Einige PR-Instrumente entfalten erst dann eine größere Aufmerksamkeit und Wirkung, wenn geeignete Kooperationspartner die Aktion unterstützen. Beispielsweise könnte bei einer Fachtagung der entsprechende Branchenverband oder eine Fachzeitschrift Mitveranstalter der Aktion sein. Für das Kinderfest könnte ein renommierter Schirmherr aus Gesellschaft oder Politik gewonnen werden. Um ein Straßenfest erfolgreich zu gestalten, könnte der örtliche Gewerbeverband unterstützend beitragen. Grundsätzlich sollte daher bei jeder Maßnahme – vor allem jedoch bei größeren Aktionen – überlegt werden, ob ein geeigneter Kooperationspartner dazu beitragen kann, der Aktion noch mehr Glaubwürdigkeit und Reichweite zu verschaffen.

Koordination der Maßnahmen untereinander sicherstellen

Bei der Auswahl der Maßnahmen und einzelnen Instrumente ist darauf zu achten, dass diese untereinander koordiniert werden. Wird beispielsweise ein Tag der offenen Tür veranstaltet, so muss dieser in der Mitarbeiterzeitung angekündigt werden. Nach dem Ereignis wird in der Mitarbeiterzeitung ein Veranstaltungsbericht platziert und eine Fotogalerie auf der Website des Unternehmens eingerichtet. Auch wird begleitend zum Ereignis die regionale Presse eingeladen und erhält eine vorbereitete Presseinformation, sowie im Anschluss einen Pressebericht. Die anwesenden Kunden wiederum erhalten nach dem Ereignis einen Brief mit einem Schnappschuss von der Veranstaltung. Im Kundenmagazin wird darüber berichtet. Die Aufgabe des PR-Verantwortlichen besteht darin, die Einzelmaßnahmen so miteinander zu verknüpfen, dass deren Wirkungspotential bei den verschiedenen Dialoggruppen optimal ausgenutzt wird. Man spricht in diesem Zusammenhang auch von „cross communications".

Koordination der Maßnahmen innerhalb der Organisation beachten

Die PR-Maßnahmen müssen mit den Aktionsplänen der anderen Funktions- und Geschäftsbereiche einer Organisation abgestimmt werden. Beispielsweise muss im PR-Programm berücksichtig werden, wann und wie ein neues Produkt entwickelt und auf den Markt gebracht werden soll. Eine Koordination mit der Produktentwicklung und dem Marketing ist unerlässlich. Auch muss der PR-Profi mit der Finanzabteilung klären, wann und wie die Unternehmensergebnisse veröffentlicht werden sollen. Handelt es sich um eine internationale Organisation, muss rechtzeitig festgelegt werden, welche Abstimmungsaktivitäten für das PR-Programm nötig sind. Welche Details werden konzernweit vorgegeben? Welcher Gestaltungsfreiraum besteht auf nationaler oder regionaler Ebene? Insbesondere, wenn es um die generelle Unternehmenspolitik oder Aussagen im Bereich des Corporate Identity Managements geht, ist eine enge organisationsinterne Koordination Grundlage für die Glaubwürdigkeit der PR-Arbeit.

Feedback und Reaktion ermöglichen

PR-Maßnahmen sind dann am wirkungsvollsten, wenn sie zum Dialog oder zu einer Reaktion des Adressaten einladen. Daher sollten Sie überlegen, wie Sie dialogorientierte Elemente in die PR-Maßnahmen einbauen. Dies ist auch bei den PR-Instrumenten möglich, die eigentlich auf Information ausgerichtet sind. Integrieren Sie beispielsweise in Ihre Unternehmensbroschüre eine Antwortkarte für weitere Informationen. Oder legen Sie einen kurzen Fragebogen bei, in dem der Leser angeben kann, ob ihm die Broschüre gefallen hat und ob er darin alle nötigen Informationen fand. Achten Sie darauf, dass Ihre Gäste auf einer Veranstaltung selbst aktiv werden können: Zuhörer einer Podiumsdiskussion können sich zu Wort melden, bei einem Präsentations-Event können Informationen an Info-Terminals abgerufen werden. Die Gäste können via SMS an einer Verlosung teilnehmen. Oder einen Wissens-Parcour meistern und damit einen Preis gewinnen. Es gibt viele kreative Ideen, Feedback in PR-Maßnahmen zu integrieren und die Dialoggruppen zur aktiven Beteiligung anzuregen. Durch diese Elemente werden PR-Maßnahmen qualitativ besser, erlebnisreicher und wirkungsvoller. Die Auswertung des Feedbacks hilft dabei, die Bedürfnisse der Dialoggruppen noch besser kennen zu lernen und zukünftige Aktionen noch zielgerichteter zu gestalten!

2.3.2 Zeitplanung und Budget

Ein wichtiger Schritt bei der Maßnahmenplanung ist die Festlegung der zeitlichen Abfolge der Einzelmaßnahmen. Alle Einzelschritte mit ihren Terminen müssen auf einer Zeitachse angeordnet werden. Zudem müssen die Verantwortlichen für die Projekte oder Maßnahmen eingetragen und die personellen Ressourcen geschätzt werden. Die zentrale Frage lautet: Welche Maßnahme muss wann durchgeführt, durch wen verantwortlich geleitet und mit welcher Manpower durchgeführt werden?

Wichtig dabei ist, eine geeignete Dramaturgie der Ereignisse zu entwickeln. Wie sollen die Maßnahmen sinnvoll aufeinander aufbauen, so dass ein Spannungsbogen entsteht? Welche Einzelschritte hängen voneinander ab? Welche Maßnahmen sind Einzelaktionen, welche sind periodisch wiederkehrende Projekte? Was muss vorher, was folgerichtig später geschehen? Denken Sie dabei auch an die Vernetzung von Maßnahmen im Zusammenhang mit den oben erwähnten „cross communications"! Auch ist darauf zu achten, dass die Dialoggruppen nicht über- oder unterfordert werden. Dazu muss einerseits die Lerngeschwindigkeit der Dialoggruppe richtig eingeschätzt werden, andererseits aber auch darauf geachtet werden, sie nicht zu lange mit dem gleichen Thema zu langweilen. Schließlich muss in die Überlegung mit einbezogen werden, ob die geplanten Termine für eine PR-Aktion auch in die Zeitplanung der Dialoggruppe passen. Wann ist die Dialoggruppe besonders aufnahmefähig für bestimmte Informationen? Wann hat die Dialoggruppe am besten Zeit, um auf eine Veranstaltung zu kommen?

Sind alle Maßnahmen auf der Zeitachse angeordnet, ist klar ersichtlich, in welchen Aktionsphasen besonders viele Maßnahmen gleichzeitig stattfinden.

Diese Hochphasen sollten besonders sorgfältig untersucht werden: Ist die Planung realistisch? Kann es unter Umständen zu Personalengpässen kommen? Ist dieser Zeitpunkt tatsächlich der gewünschte Höhepunkt des dramaturgischen Spannungsbogens?

Zeitplantechniken und Checklisten

Bei der Terminplanung der PR kommen die typischen Techniken zum Einsatz, die auch in anderen Managementbereichen angewendet werden: Man arbeitet mit Zeitrastern, Checklisten, Balkendiagrammen oder – bei besonders aufwendigen Planungen – mit der Netzplantechnik. Dabei wird die Zeitachse üblicherweise für nahe liegende Aktionen in Tages-, Wochen- oder Monats-Zeiträume unterteilt. Je weiter die Aktionen in der Zukunft liegen, desto größer werden die Zeiträume auf der Zeitachse angelegt – sie gehen in Quartals-, Halbjahres- und Jahresabschnitte über. Zusätzlich zur Terminübersicht, in der alle Maßnahmen verzeichnet sind, werden zu jedem Projekt Checklisten erstellt, die die Einzelschritte zur Umsetzung der Maßnahme im Detail enthalten und vom Projektverantwortlichen geführt werden.

Budget- und Maßnahmenplanung

Eine weitere, wesentliche Komponente bei der Maßnahmenplanung ist die Budgetplanung. Dabei wird für jede Maßnahme kalkuliert, welche Kosten dafür anfallen. Da für einige PR-Instrumente die Kosten je nach Umsetzung und Ausstattung sehr flexibel sind, sollte genau abgewogen werden: Wie muss die Maßnahme gestaltet sein, dass sie ihr Ziel erreicht? Soll die geplante Veranstaltung in einem Konferenzzentrum mit rustikalem Buffet stattfinden? Oder muss eine exklusive Räumlichkeit gefunden und ein Sterne-Menü serviert werden? Muss die regelmäßige Kundeninformation ein Vier-Farb-Hochglanzmagazin sein oder ist ein Newsletter in nüchterner Schwarz-Weiß-Optik angemessen? Wie viele Gäste braucht Ihre Veranstaltung wirklich, damit sie erfolgreich ist? In der letzten Konsequenz führt kein Weg daran vorbei: Reicht das Budget nicht aus, um die Maßnahmen wie erforderlich durchzuführen, müssen einzelne Maßnahmen entfallen. Beschränken Sie sich auf Maßnahmen, die zur Erreichung Ihrer Kernziele eingesetzt werden! Wenn sich eine Maßnahmenplanung als nicht realistisch herausstellt, müssen die PR-Ziele im Konzept korrigiert werden. Vielleicht müssen Sie Ihre Ziele niedriger oder langfristiger ansetzen? Oder können einzelne Ziele erst einmal ganz zurückgestellt werden? Ist das Budget für alle Einzelmaßnahmen zusammengestellt, kann eine integrierte Dialoggruppen-, Maßnahmen-, Budget- und Terminübersicht angefertigt werden. Aus dieser geht hervor, wie sich die PR-Kosten im Zeitverlauf darstellen und wie sie sich über die einzelnen Dialoggruppen verteilen.

Das Gesamtbudget für PR

Damit Sie einen vollständigen Überblick über alle anfallenden PR-Kosten haben, sollten Sie bei der Budgetplanung an die unterschiedlichen Kostenfaktoren denken. Das sind:

- Aktionskosten für die Durchführung von Pressekonferenzen, Veranstaltungen, Wettbewerben und ähnliches;

- Dokumentationskosten für die Beauftragung der Medienbeobachtung, für die Bestellung von Zeitschriften und Info-Diensten oder für die Nutzung von Datenbanken usw.;
- Beratungskosten für die Beauftragung von PR-Beratern, Event-Managern, Grafikern, Textern, Fotografen usw.;
- Streukosten für die Schaltung von Anzeigen, TV- oder Radiospots, Plakaten, sowie für finanzielle Zuwendungen im Rahmen von Sponsoring-Maßnahmen;
- Verwaltungskosten für Briefpapier, Pressemappen, Telefon und Kopierer, Porto, Reisekosten usw.;
- Evaluierungskosten für die Maßnahmen der Erfolgskontrolle;
- Zudem wichtig: Jedes PR-Budget braucht einen bestimmten, unverplanten Betrag, der als Puffer für unvorhergesehene Ereignisse genutzt werden kann.

Zusätzlich zur Maßnahmen-Kosten-Übersicht ist es sinnvoll, das Gesamtbudget in dieser Struktur aufzustellen und darin auch die Vorjahreswerte der einzelnen Kostenfaktoren zu erfassen.

Wenn alle Maßnahmen geplant, alle Zuständigkeiten festgelegt, ein Zeit- und Budgetplan erstellt ist, kann die Umsetzung der PR-Maßnahmen beginnen. Allerdings nicht, bevor Sie sich überlegt haben, wie die Ergebnisse Ihrer PR-Arbeit später gemessen werden sollen! Darüber werden Sie im nächsten Kapitel mehr erfahren.

Aufgabe 1 (Teil III): Entwickeln Sie einen PR-Maßnahmenplan!

In dieser Übung werden Sie auf der Basis Ihrer PR-Strategie einen geeigneten Maßnahmenplan für Ihre PR-Arbeit entwickeln. Die Vorgabe für die Auswahl von PR-Maßnahmen ist der Strategieteil Ihrer Konzeption aus Teil II dieser Aufgabe. Kreative PR-Maßnahmen werden am besten in einem Workshop im kleinen Kreis mit ca. 3–5 Personen erarbeitet. Eine geeignete Vorgehensweise ist dabei die Brainstorming-Methode mit anschließender Strukturierung und Favoritenauswahl. Sie benötigen dazu Pinnwände, Kärtchen und ein Flipchart.

1. Schritt: Sammeln Sie potentielle PR-Maßnahmen!
Im ersten Schritt kommt es auf Ihr kreatives Potential an. Lesen Sie sich Ihre PR-Strategie noch einmal durch. Überlegen Sie für jedes einzelne PR-Ziel:

- Welche Maßnahmen fallen Ihnen spontan ein, die sowohl Ziel führend als auch strategisch passend sind?

Sie können sich dabei an der Übersicht der PR-Instrumente aus Tabelle 2.3 (Abschn. 2.3.1.) orientieren. Notieren Sie alle Maßnahmen auf je einem Kärtchen und pinnen Sie alle Kärtchen an die erste Pinnwand. Selektieren und ergänzen Sie Ihre erste Auswahl durch folgende Zusatzfragen:

- Sind die Maßnahmen wirklich dazu geeignet, meine Botschaften zu transportieren und meine Dialoggruppen zu erreichen?
- Gibt es ergänzende Maßnahmen, die die Wirkung der genannten Maßnahmen erhöhen bzw. diese unterstützen?

Reduzieren oder ergänzen Sie Ihre Ideensammlung entsprechend.

2. Schritt: Ordnen Sie die Maßnahmen den Dialoggruppen zu!
Ordnen Sie nun die Maßnahmen-Ideen den einzelnen Dialoggruppen zu.

- Welche Maßnahmen wenden sich im Schwerpunkt an welche Dialoggruppen?
- Welche weiteren Dialoggruppen werden dadurch erreicht?

Versuchen Sie die Maßnahmen-Kärtchen so zu gruppieren, dass Maßnahmen für eine bestimmte Dialoggruppe beisammen hängen. Kennzeichnen Sie die Maßnahmenkärtchen, die sich ggf. auch an weitere Dialoggruppen wenden.

3. Schritt: Selektieren Sie die wirkungsvollsten Maßnahmen!
Bewerten Sie nun für jede einzelne Dialoggruppe, welche Ideen am besten dazu geeignet sind, Ihre PR-Ziele zu erreichen, Ihre Botschaften zu transportieren, die gewünschte Positionierung zu erzielen. Denken Sie dabei auch an die Kosten-Nutzen-Relation der Maßnahmen. Und überlegen Sie, ob sich mehrere Maßnahmen sinnvoll zu einer gesamten PR-Kampagne zusammenfassen lassen.

- Welche Maßnahmen pro Dialoggruppe sind am besten geeignet, um die strategischen Vorgaben zu erfüllen?
- Mit welchen Maßnahmen kann ich mehrere Dialoggruppen erreichen?
- Welche Maßnahmen haben das beste Kosten-Nutzen-Verhältnis?
- Welche Maßnahmen genießen bei der Dialoggruppe die größte Akzeptanz?
- Welche Maßnahmen stehen im Zentrum, welche weiteren Maßnahmen ergänzen die Aktion sinnvoll?

Die Bewertung der einzelnen Maßnahmen kann in der Diskussion erfolgen oder durch die Verteilung von Klebepunkten für jede Bewertungskategorie. Punkte gibt es zum Beispiel für „Botschaften gut zu transportieren", „wirtschaftlich sinnvoll", „großes Dialoggruppen-Potential" usw. Als Ergebnis Ihrer Arbeit haben Sie nun für jede Dialoggruppe eine realistische Anzahl an geeigneten Einzelmaßnahmen oder Projekten zusammengestellt (siehe auch Abb. 2.8). Erstellen Sie nun zur Übersicht eine Maßnahmen-Dialoggruppen-Matrix (siehe Abb. 2.9).

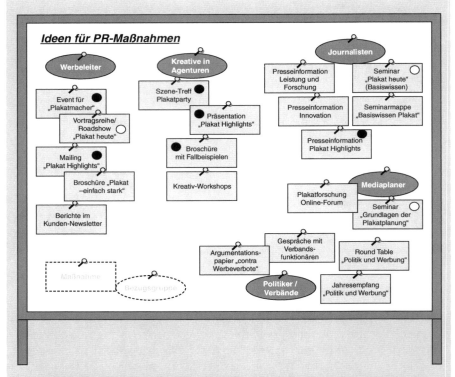

Abb. 2.8 Ideensammlung für PR-Maßnahmen. Auf einer Pinnwand wurden mehrere Ideen für PR-Maßnahmen gesammelt. Sie werden den Dialoggruppen zugeordnet. Dann erfolgt die Favoriten-Auswahl nach unterschiedlichen Kriterien, die aus der PR-Strategie hervorgehen. In diesem Beispiel lassen sich einzelne Maßnahmen zu Projekten zusammen-fügen: Aus den mit schwarzen Punkten gekennzeichneten Maßnahmen entsteht das Projekt „Plakat-Oscar", aus den Seminaren und Vorträgen für unterschiedliche Dialoggruppen (weiße Punkte) entsteht das modulare Seminar-Projekt „Plakat heute".

4. Schritt: Konkretisieren Sie die ausgewählten Maßnahmen!
Konkretisieren Sie nun die ausgewählten Maßnahmen. Überlegen Sie dabei, wie Sie die Wirkung maximieren, die Maßnahmen vernetzen und möglichst viele dialog-orientierte Elemente einbringen können.

- Wie genau sollte die Maßnahme gestaltet werden, damit sie am wirkungs-vollsten ist?
- Welche begleitenden, vernetzten Maßnahmen sind zur Hauptaktion sinn-voll?
- Wie können weitere Dialoggruppen in die Aktion eingebunden werden?
- Wie können Sie Dialog- und Feedback-Elemente in die Maßnahme integrieren?

Maßnahmen-Dialoggruppen-Matrix

	Werbeleiter	Kreative	Journalisten	Media-planer	Politiker/Verbände
Wettbewerb „Plakat-Oscar" –Ausschreibung –Jurysitzung –Siegerehrung	(X)	(X)	X		X
Broschüre „Plakat-Oscars	X	X	X		
Pressearbeit -Presseinfos –Einladung			(X)		
Bericht Kunden-Newsletter	X	X	X	X	X
Seminar-Reihe / Roadshow „Plakat heute" (Module: Werbeträger, Leistung, Planung, Gestaltung)	(X)		(X)	(X)	
Seminarmappe „Basiswissen Plakat"	X		X	X	
Internet-Forum „Plakatforschung Online"	X			(X)	
Einzel-/ Round Table-Gespräche mit Verbänden und Politikern					(X)
Argumentationspapier „Contra Werbeverbote"	X		X	X	X

Abb. 2.9 Die Maßnahmen-Dialoggruppen-Matrix. Die ausgewählten PR-Maßnahmen werden in der nebenstehenden Matrix den Dialoggruppen zugeordnet. Die Kernzielgruppen sind mit einem Kreis gekennzeichnet, die Dialoggruppen, die durch die Maßnahmen auch noch erreicht werden, sind angekreuzt. Es wird deutlich, dass jede relevante Dialoggruppe in diesem Beispiel durch mindestens eine PR-Maßnahme, die speziell auf ihre Bedürfnisse ausgelegt ist, erreicht wird. Die wichtigsten Maßnahmen zählen – gemäß der strategischen Umsetzungsempfehlung – zur Gruppe der persönlichen, dialog-orientierten Kommunikation mit Aktionscharakter. Die begleitenden Maßnahmen, wie Broschüren oder das Online-Forum für Mediaplaner, sind der Komplexität und dem Umfang der Botschaft, sowie den Nutzungsgewohnheiten der Dialoggruppe angepasst.

- Welche Kooperationspartner können die Wirkung erhöhen oder für eine größere Wirtschaftlichkeit der Maßnahme sorgen?

Sie können diese Informationen zur Ausgestaltung der einzelnen Maßnahmen auf einem Flipchart sammeln und später in Ihrem Konzeptpapier erläutern. Führen Sie in Ihrem Konzeptpapier jede Maßnahme mit Titel, Ziel, Dialoggruppe und genauer Beschreibung auf. Ein Beispiel dazu finden Sie in Abb. 2.10.

5. Schritt: Ordnen Sie Ihre PR-Maßnahmen in zeitlicher Reihenfolge!
Legen Sie nun auf einer Pinnwand ein horizontales Zeitraster an. Ordnen Sie die Einzelmaßnahmen der ausgewählten PR-Projekte auf dem Zeitstrahl sinnvoll an!

Projekt „Plakat-Oscar"

Ziele:
Image des Plakats in den relevanten Dimensionen verbessern;
Anerkennung / Profilierung für Plakatmacher ermöglichen;
Wissen über Plakatgestaltung erhöhen;
Bekanntheit der Plakat AG erhöhen;
persönliche Kontakte zu einflussreichen Mediaentscheidern
und Multiplikatoren aufbauen.

Dialoggruppen:
Kreative, Werbeleiter („Plakatmacher"); Journalisten
(Multiplikatoren);
auch noch: Funktionäre der Werbeverbände (Multiplikatoren)

Beschreibung:
Wettbewerb um die beste Plakatgestaltung eines Jahres.
Kreativ-Agenturen und Werbeleiter werden aufgefordert, ihre
Plakatmotive zum Wettbewerb einzusenden. Eine hochkarätige
Jury (Werbeleiter, Kreative, Professoren für Grafik-Design,
Werbefachpresse, Plakat AG) bewertet die Einsendungen und
nominiert für jede Kategorie 5 Plakate. Die Entscheidung,
welches Kunden-Kreativ-Team den Oscar erhält, wird in
geheimer Wahl getroffen und erst bei der Siegerehrung bekannt
gegeben. Diese wird als großer Event in „trendy", kreativer
Atmosphäre in einem Szene-Treff inszeniert. Die Veranstaltung
umfasst neben einer fachlich interessanten Rede auch
humorige/kabarettistische Präsentationen und als Höhepunkt
die Siegerehrung. Danach geht der Event in Party-Stimmung mit
Live-Musik über.
Die Kooperation mit einer Werbefachzeitschrift ist
wünschenswert.

Begleitende
Maßnahmen:
Pressearbeit (Presseinformationen zur Ausschreibung des
Wettbewerbs, zur Nominierung, zur Siegerehrung; Einladung
der Presse zur Siegerehrung);
Broschüre „Plakat-Highlights" (Siegermotive, Testimonials,
gestalterische Diskussion der Siegermotive);
ausführliche Ankündigung und Bericht im Kunden-Newsletter;
Verarbeitung der Ergebnisse im Modul „Gestaltung" der
Seminar-Reihe „Plakat heute".

Termin:
Ausschreibung im 4. Quartal (November), Jurysitzung im 1.
Quartal (Februar), Siegerehrung im 2. Quartal (April).

Kosten:
ca. 120.000,- EUR

Erfolgsmessung:
Auswertung der Einsendungen zum Wettbewerb;
Auswertung der Gästeliste des Events; Beobachtung der
Stimmung;
Auswertung der Presseresonanz.

Abb. 2.10 Beschreibung der PR-Maßnahme im Konzeptpapier. Im Konzeptpapier werden die ausgewählten Maßnahmen genau beschrieben. Es wird aufgeführt, warum, für wen und wie die Maßnahme umgesetzt werden soll. Zudem werden begleitende Maßnahmen, Termine und Kosten genannt. Auch muss bei jeder Maßnahme beschrieben werden, mit welcher Methode später gemessen werden soll, ob sie erfolgreich war.

- Welche Einzelmaßnahmen müssen zu welchem Zeitpunkt erfolgen?
- Welche Maßnahmen kommen zuerst, welche danach?
- Wie sind die Maßnahmen dramaturgisch richtig angeordnet?
- Welche Maßnahmen sind einmalig, welche werden periodisch wiederholt?
- Welche Termine sind für die Terminplanung Ihrer Dialoggruppe sinnvoll?
- Auf welche zeitliche Abfolge und Termine ist organisations-intern zu achten (z.B. neue Produkte, Marketingpläne, Unternehmensergebnisse etc.)?

Notieren Sie zu jedem Projekt einen verantwortlichen Projektleiter. Achten Sie darauf, ob sich aus der zeitlichen Abfolge Ihrer Maßnahmen Höhepunkte der PR-Kampagne ergeben. Kontrollieren Sie, ob die Fülle an Projekten zu diesen Zeitpunkten realistisch umzusetzen ist. Ergänzen Sie in Ihrem Konzeptpapier bei jeder Maßnahmenbeschreibung den entsprechenden Termin der Maßnahme. Ein Beispiel für die zeitliche Abfolge von PR-Maßnahmen zeigt die Abb. 2.11.

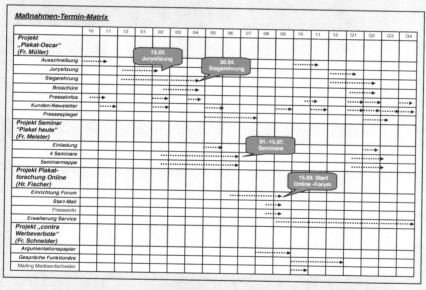

Abb. 2.11   Der Zeitplan für die PR-Maßnahmen. Die Projekte mit ihren Einzelmaßnahmen aus unserem Beispiel wurden auf einer Zeitachse angeordnet. Die gestrichelten Linien zeigen den Zeitbedarf einschließlich der Vorbereitung der Maßnahmen an. Die Meilensteine der PR-Aktionen – also die wichtigsten Termine und Ereignisse – wurden zusätzlich in die Matrix eingefügt. Grundsätzlich werden für Projekt- und Zeitpläne in der PR die gleichen Darstellungsformen angewandt, wie sie auch in anderen Management-Bereichen üblich sind.

6. Schritt: Kalkulieren Sie Kosten und Aufwand der PR-Maßnahmen und überprüfen Sie das Ergebnis!

Legen Sie nun einen Budgetplan an. Kalkulieren Sie für jede Einzelmaßnahme das dafür benötigte Budget und ordnen Sie es den unterschiedlichen Zeitphasen der Kampagne und den verschiedenen Dialoggruppen zu.

- Welches Budget wird benötigt, wenn die Maßnahme in der vorgeschlagenen Form durchgeführt wird?
- Wann und für welche Dialoggruppe wird das Budget eingesetzt?

Erstellen Sie eine Tabelle, in der Sie die Maßnahmen mit den jeweiligen Kosten den Dialoggruppen und Terminen zuordnen (siehe Abb. 2.12). Prüfen Sie, ob der Schwerpunkt des Budgets auf Ihre wichtigsten Dialoggruppen entfällt! Zur weiteren Prüfung beantworten Sie die folgenden Fragen:

- Reicht das PR-Budget für alle wünschenswerten Maßnahmen?
- Haben Sie ausreichend personelle Ressourcen, um die Maßnahmen selbst durchzuführen oder müssen PR-Dienstleister hinzugezogen werden?
- Welche Maßnahmen können/müssen notfalls gestrichen werden?

Budget-Verteilung nach Zeit und Dialoggruppen

	Q1-08	Q2-08	Q3-08	Q4-08	Q1-09	Q2-09	Q3-09	Q4-09	Gesamt Jahr 08-09
Werbeleiter	Jury-Sitzung [1/2=2.500,-]	Plakat-Oscar [1/2=60.000,- p.a.]	Seminare [1/3=5.000,-]	Ausschreibung [1/2=2.500,-]	Jury-Sitzung [1/2=2.500,-]	Plakat-Oscar [1/2=60.000, p.a.]	Seminare [1/3=5.000,-]	Ausschreibung [1/2=2.500,-]	140.000,-
Kreative	Jury-Sitzung [1/2=2.500,-]	Plakat-Oscar [1/2=60.000,- p.a.]		Ausschreibung [1/2=2.500,-]	Jury-Sitzung [1/2=2.500,-]	Plakat-Oscar [1/2=60.000,- p.a.]		Ausschreibung [1/2=2.500,-]	130.000,-
Mediaplaner			Seminare [1/3=5.000,-] Online-Forum [20.000,- einmalig]		Online-Forum [5.000,-p.a.]		Seminare [1/3=5.000,-]		35.000,-
Journalisten		Pressearbeit Plakat-Oscar [5.000,-]	Seminare [1/3=5.000,-]	Pressearbeit Werbeverbote [1.000,-]		Pressearbeit Plakat-Oscar [5.000,-]	Seminare [1/3 = 5.000,-]		21.000,-
Politiker/ Verbände				Gespräche Funktionäre [5.000,-]				Round-Table- Gespräche [5.000,-]	10.000,-
Gesamt	5.000,-	125.000,-	35.000,-	11.000,-	10.000,-	125.000,-	15.000,-	10.000,-	336.000,-

Abb. 2.12 Die Budgetverteilung. Das für jede Einzelmaßnahme kalkulierte Budget wird in dieser Matrix sowohl den Dialoggruppen, als auch der Zeitachse zugeordnet. Es ergibt sich eine Übersicht, wie viel Budget pro Dialoggruppe und im Zeitverlauf eingeplant ist. Für die zeitlichen Höhepunkte der PR-Kampagne und für die wichtigsten Dialoggruppen sollte das größte Budget eingesetzt werden.

- Wie wirkt sich die Streichung der Maßnahme auf die Erreichbarkeit der PR-Ziele aus?
- Müssen einzelne PR-Ziele korrigiert werden?

Überarbeiten Sie notfalls Ihr Konzept entsprechend. Ergänzen Sie für jede Maßnahme die dafür anfallenden Kosten und den Personalaufwand auf der entsprechenden Seite in Ihrem Konzeptpapier. Zudem sollte zu jeder Maßnahme vermerkt werden, wie später der Erfolg der Maßnahme gemessen werden soll. Zur Erfolgsmessung von PR-Aktionen erfahren Sie im nächsten Kapitel mehr.

2.4 Die Erfolgskontrolle

Eine wichtige Aufgabe bei der Konzeption und Planung von PR-Aktionen ist es zu überlegen, wie die Qualität und der Erfolg der PR-Maßnahmen kontrolliert werden soll. Wie soll geprüft werden, ob die PR-Ziele durch das PR-Programm wirklich erreicht wurden? Wie soll festgestellt werden, ob das PR-Programm oder Abläufe der PR-Arbeit verbessert werden könnten? Wie soll die Qualität der PR-Konzeption oder einzelner PR-Maßnahmen ermittelt werden? Dabei ist die Wirkungskontrolle von PR-Maßnahmen nach einem einfachen Input-Output-Schema sehr eingeschränkt. Denn einen monokausalen Zusammenhang zwischen Ursache und Wirkung gibt es meist nicht. Zu komplex sind die verschiedenen Einflussfaktoren des gesellschaftlichen Umfeldes, aber auch der anderen Kommunikationsaktivitäten im Marketing-Mix mit der PR-Wirkung verwoben.

Dennoch muss der PR-Verantwortliche darstellen, dass er professionell arbeitet, sein Budget effizient einsetzt und mit seiner Arbeit einen Beitrag zum Unternehmenserfolg leistet. Auch sollten die Ergebnisse einer Erfolgskontrolle dazu dienen, Schwächen der PR-Arbeit zu erkennen, daraus zu lernen und Verbesserungspotentiale auszuschöpfen. Für jede Form der Evaluierung gibt es typische Messmethoden und Messkriterien. Diese sollten Sie bereits im Konzeptstadium einplanen. Dazu erstellen Sie einen zusätzlichen Evaluationsplan, in dem die Vorgehensweise bei der PR-Kontrolle und die dafür vorgesehenen finanziellen, personellen und zeitlichen Ressourcen dargelegt werden. Stimmen Sie einen solchen Evaluationsplan unbedingt mit Ihren Auftraggebern, Vorgesetzten oder anderen Entscheidungsträgern der PR-Arbeit ab und treffen Sie eine verbindliche Vereinbarung. Denn letztendlich geht es dabei um die Beurteilung Ihrer Arbeit! Im Folgenden erfahren Sie, worauf es bei der Evaluierung der PR-Arbeit ankommt und welche Messverfahren es gibt.

2.4.1 Grundüberlegungen

Bei der Auswahl einer geeigneten Evaluierungsstrategie sollten Sie die folgenden Überlegungen berücksichtigen:

Warum soll evaluiert werden?

Die Frage nach dem Warum kann sehr unterschiedlich beantwortet werden. Soll intern der PR-Erfolg dargestellt und damit die Qualität der PR-Arbeit gegenüber Vorgesetzten oder Auftraggebern begründet werden? Soll das ganze PR-Programm auf mögliche Verbesserungspotentiale hin untersucht werden? Soll die Akzeptanz und Wirkung einzelner PR-Maßnahmen geprüft werden? Soll dargelegt werden, dass das PR-Budget effizient eingesetzt wurde? Ausgehend davon, welche Erkenntnisse gewünscht werden, lassen sich völlig unterschiedliche Ziele, Notwendigkeiten und Messmethoden für eine Evaluation ableiten.

Für wen und von wem soll evaluiert werden?

Wer erhält die Ergebnisse der Erfolgskontrolle, wer überprüft diese und wer trifft die Entscheidungen, die davon abgeleitet werden? Wer ist Initiator der Messung? Und wer soll die Messung durchführen? Wer soll die Ergebnisse auswerten und interpretieren? Wichtig ist, dass ein Konsens der Beteiligten darüber besteht, welche Messung, mit welchem Ziel, wie genau und von wem durchgeführt wird. Und natürlich darüber, wer die Ergebnisse interpretiert und verwendet.

Was soll evaluiert werden?

Grundsätzlich kann die Evaluation nach den folgenden Bereichen unterschieden werden[2]: In der Konzeptionsevaluation wird die Qualität des PR-Konzeptes untersucht. Auf welcher Datenbasis wurde das Konzept erstellt? Wurde eine Erfolg versprechende, unverwechselbare und kreative PR-Strategie entwickelt? Ist die PR-Taktik schlüssig von der PR-Strategie abgeleitet? Im Gegensatz dazu geht die Prozessevaluation der Frage nach, ob das PR-Programm planmäßig durchgeführt wurde, ob die dafür vorgesehenen Ressourcen eingehalten wurden und wie die Zusammenarbeit des PR-Teams funktionierte. Die instrumentelle Evaluation wiederum befasst sich mit der Qualität der einzelnen PR-Instrumente und deren Wahrnehmung durch die Zielgruppe. Genügten Umfang und Inhalt der Broschüre den Qualitätsanforderungen? War das PR-Event erfolgreich? Haben die Medien das Thema der Presseinformation aufgegriffen? In der Einstellungsevaluation geht es darum festzustellen, wie sich Wissen, Meinung, Emotionen oder Verhalten der Zielgruppe langfristig verändert haben. Wie hat sich das Image der Organisation verändert? Verhält sich die Bezugsgruppe nach Durchführung der PR-Aktion anders als vorher? Aber Achtung: Besonders bei der Messung der Langzeitwirkung von PR sind die Ergebnisse der Erfolgskontrolle nur eingeschränkt aussagefähig. Ob sich das Verhalten der Zielpersonen oder deren Meinung zu einem Thema wirklich ausschließlich auf die PR-Arbeit zurückführen lassen und andere Einflussfaktoren ausgeschlossen werden können, müssen Sie im Einzelfall sorgfältig prüfen!

---

[2]Die verschiedenen Bereiche der PR-Evaluation und deren Erhebungskriterien basieren auf dem „Integrierten PR-Evaluationsmodell" von Nanette Aimée Besson, so wie es in ihrem Buch „Strategische PR-Evaluation" (Westdeutscher Verlag, Wiesbaden 2003, Seiten 78ff) dargelegt wird. Zur vertiefenden Auseinandersetzung mit PR-Evaluation ist dieses Buch sehr zu empfehlen!

Wie wird der Erfolg definiert?

Die Erfolgskriterien für die Messung müssen vorab genau definiert werden: Wann genau bewerten wir die PR-Maßnahme als erfolgreich? Wie viele und welche Gäste werden auf dem Event erwartet? Wie viele Anfragen nach Informationsmaterial müssen eintreffen, damit die Aktion als Erfolg gewertet wird? Wie viele Registrierungen im Internet-Presseforum sollen erzielt werden? Wie viele Arbeitsstunden sollte eine bestimmte Tätigkeit im Bestfall umfassen? Welche Kosten pro Neukontakt sind optimal? Nur wenn vor der Durchführung der Erfolgsmessungen genau definiert wurde, welche Leistungswerte erwartet und wie diese bewertet werden, ist eine Messung sinnvoll. Ein Tipp: Bei der Festlegung der erwünschten Leistung helfen Ihnen die Zielvorgaben im Strategieteil Ihrer Konzeption!

Wann soll evaluiert werden?

Es müssen geeignete Zeitpunkte und Zeitintervalle für die Evaluierung festgelegt werden. Dabei können Sie vor, während oder nach der Durchführung Ihrer PR-Maßnahmen messen. In einem Pretest – auch Nullmessung genannt – wird der Zustand vor Durchführung der PR-Maßnahmen gemessen, so dass spätere Messergebnisse mit der Ausgangssituation verglichen und Veränderungen abgelesen werden können. Eine solche Vorabmessung ist auch sinnvoll, wenn beispielsweise die voraussichtliche Akzeptanz einer neuen Mitarbeiterzeitung oder einer anderen PR-Maßnahme eruiert werden soll. Dadurch lassen sich finanzielle Risiken vermeiden. Eine laufende Untersuchung beschäftigt sich damit, ob bestimmte, definierte Zwischenziele erreicht werden. So kann rechtzeitig gegengesteuert werden, wenn sich die Wirkung anders entwickelt als geplant. Der Posttest schließlich erfasst nach Durchführung der PR-Aktionen, ob die PR-Kampagne erfolgreich war, ob die Bezugsgruppen erreicht, die Botschaften verarbeitet und das gewünschte Image erzielt wurde. Wichtig hierbei ist es festzulegen, ob die Erfolgsmessung nur einmalig oder zyklisch wiederkehrend erfolgen soll und in welchem Zeitraum sie wiederholt werden sollte. Auch hierbei gilt: Die Evaluierung der PR-Arbeit sollte mit einer gewissen Regelmäßigkeit vorgenommen werden. So können Sie auch langfristige Veränderungen erfassen und sich eine größere Datenbasis für den Datenvergleich schaffen. Beides erhöht die Aussagekraft und Zuverlässigkeit der Ergebnisse!

Mit welchem Aufwand soll evaluiert werden?

Die Kosten der Evaluation, aber auch der personelle und organisatorische Aufwand sollten in einem akzeptablen Verhältnis zu den Kosten der PR-Aktion und ihrer Bedeutung stehen. In der Praxis wird, entsprechenden Erhebungen[3] zufolge, meist ein prozentualer Anteil von maximal 5% vom gesamten PR-Budget für die Erfolgskontrolle bereitgestellt. Empfohlen wird jedoch – je nach Budgethöhe – einen prozentualen Anteil zwischen 3 und 10% des PR-Budgets für die Evaluierung zur Verfügung zu stellen.

---

[3]Diese Erkenntnis wird von Nanette Aimée Besson (Wiesbaden 2003, Seite 103) aufgeführt.

Das Ergebnis Ihrer Überlegungen halten Sie im Evaluationsplan fest. Darin werden – ähnlich wie im taktischen Teil der PR-Konzeption – die Maßnahmen und Abläufe der Qualitäts- und Erfolgskontrolle dargestellt. Auch werden darin die verantwortlichen Personen, deren Zeitbedarf und das notwendige Budget für alle Evaluationsschritte aufgeführt.

2.4.2 Methodik der Erfolgskontrolle

Bei der Evaluierung Ihrer PR-Arbeit stehen Ihnen verschiedene methodische Vorgehensweisen zur Verfügung. Grundsätzlich wird dabei zwischen quantitativen und qualitativen Messungen unterschieden:

Quantitative Messungen beschreiben den Sachverhalt, indem Größenordnungen in Zahlen angegeben werden. Diese lassen sich miteinander vergleichen. Die Ergebnisse lassen sich zu Mittelwerten, Prozenten, Indices usw. verrechnen. Wie viele der eingeladenen Gäste haben die Veranstaltung tatsächlich besucht? Wie viele Befragte stimmen einer bestimmten, vorformulierten Aussage zu? Wie viele Journalisten wurden zu einem Thema informiert und wie viele Beiträge zum Thema erschienen tatsächlich in den Medien?

Qualitative Messungen geben Sachverhalte an, die nur beschrieben oder interpretiert, jedoch nicht gezählt werden können. Beispielsweise können bestimmte Randerscheinungen oder emotionale Reaktionen beschrieben werden, um einen Sachverhalt besser interpretieren zu können. Bei einer PR-Aktion, um mehr Blutspender zu gewinnen, könnte es sinnvoll sein, die spontanen Reaktionen der persönlich Angesprochenen zu erfassen: Sind sie sofort interessiert oder erst einmal ängstlich? Welche Fragen zum Thema werden gestellt? Oder: Wie verhalten sich die Gäste einer Veranstaltung? Amüsieren sie sich? Sind sie konzentriert? Kommunizieren sie miteinander? Diese und andere Feststellungen können wichtige Hinweise zum Erfolg einer Maßnahme geben.

Auch wenn einige der PR-typischen Evaluierungsmethoden besser von wissenschaftlich arbeitenden Instituten oder neutralen Experten durchgeführt werden, sollte der PR-Profi einen guten Überblick haben, welche Erhebungsinstrumente ihm zur Verfügung stehen.

Beobachtung und persönliche Beurteilung

Die einfachste und meist am wenigsten aufwändige Methode zur Erfolgskontrolle ist die Beobachtung und persönliche Beurteilung. Dabei geht es um Beobachtungen und Beurteilungen, die der PR-Verantwortliche selbst, seine Mitarbeiter und Kollegen oder externe Experten vornehmen. In diesen Bereich fallen auch Inhaltsanalysen von Texten, Broschüren oder Internetseiten. Unter Beobachtung wird zudem die Erfassung vorliegender, relevanter Daten verstanden, beispielsweise die Erfassung der Arbeitszeiten oder Kosten. Beispiele für die Beobachtung und Beurteilung sind:

- Bei Veranstaltungen und Events: Rücklaufquote auf Einladungen, Anzahl und Zusammensetzung der Gästeliste, Stimmung auf der Veranstaltung, Gesprächsbereitschaft oder Aufmerksamkeit der Gäste, aktive Beteiligung der Teilnehmer, Kommentare der Gäste in Gesprächen während der Veranstaltung oder in einem nachträglichen Telefonat, Dankesbriefe, Kosten der Veranstaltung, personelle Ressourcen etc.
- Bei Aktionen oder Wettbewerben: Anzahl der neu gewonnenen Interessenten, Mitglieder, Sponsoren; Anzahl der Einsendungen oder Teilnehmer; Abruf von Informationsmaterial, die beobachtbare (nicht erfragte!) Stimmung im Aktionsteam etc.
- Im Internet: Anzahl der Visits, Verlauf und Verweildauer der Besucher, Anzahl von Registrierungen, Beteiligung an Chats oder Diskussionsforen, Anzahl von Downloads, Auswertung des Gästebuchs, Beurteilung der Qualität der Texte und Grafiken, des Aufbaus, der Navigationsstruktur etc.
- Bei Broschüren, Zeitungen und anderen Printmedien: Menge der Abrufe bzw. Mitnahme, Leserbriefe, Akzeptanz der angebotenen Feedback-Möglichkeiten (z.B. Antwortkarten mit vertiefenden Informationsangeboten oder Hinweis auf Internetseiten), Verhalten der Personen beim Lesen der Zeitung (interessiert, konzentriert, intensiv, nur blätternd) oder nach dem Lesen (mitnehmen, weglegen), Qualität der Texte und Bilder, inhaltliche Wiedergabe der relevanten Themen, Vielseitigkeit der Darstellungsformen, Produktionskosten, Anzahl und Projektstunden der Redaktionsmitglieder etc.
- Bei Konzeptionen: Erfassung des verwendeten Datenmaterials, Beurteilung der Kreativität einer PR-Strategie, Beurteilung der Unverwechselbarkeit oder der Logik eines PR-Programms etc.
- Bei Prozessen: Erfassung der Kosten, der Arbeitsstunden, Beurteilung des Teamgeistes und der Motivation, Einhaltung von Zeitplänen, Abstimmungswegen etc.

Bei vielen PR-Maßnahmen ist die systematische Beobachtung des Verhaltens der Bezugsgruppen oder die Beurteilung der Qualität einer PR-Maßnahme eine angemessene und ausreichende Methode der Erfolgsmessung. Der große Nachteil liegt jedoch darin, dass diese Methoden keine repräsentative Grundlage besitzen. Ein Beispiel: Oft schreiben nur diejenigen einen kritischen Brief, die mit einer Sache nicht einverstanden sind, die Mehrheit der zufriedenen Personen meldet sich nicht. Oder ein Gesprächspartner lobt eine Veranstaltung aus purer Höflichkeit, obwohl er sie nicht übermäßig interessant fand. Wenn Sie diese Effekte weitestgehend ausschließen können oder zumindest in Ihrer Auswertung berücksichtigen, ist die Beobachtung und Beurteilung ein adäquates Mittel der PR-Kontrolle.

Wissenschaftliche Befragungen

Zur Überprüfung der Langzeitwirkung von PR-Maßnahmen auf die einzelnen Bezugsgruppen werden die Methoden der sozialwissenschaftlichen Forschung angewandt. Vor allem Befragungen von Personen aus der Bezugsgruppe sind dazu geeignet, Wissen, Emotionen, Einstellungen, Meinungen, Images, aber auch die Ursachen für ein bestimmtes Verhalten zu erforschen. Zwar sind solche Untersuchungen, die von Meinungsforschungsinstituten angeboten werden, finanziell und organisatorisch aufwändiger, dafür ist die Erkenntnistiefe und Objektivität der Ergebnisse durch andere Methoden kaum zu erreichen. In der PR können ganz unterschiedliche Befragungsmethoden zum Einsatz kommen:

- Es können mündlich-persönliche, telefonische, schriftliche oder über das Internet durchgeführte Befragungen angewendet werden.
- Das Befragungsgespräch kann völlig frei und unstrukturiert, anhand eines Gesprächsleitfadens oder anhand von feststehenden, strukturierten Fragebögen durchgeführt werden. Die Antworten des Befragten sind entweder ungestützt oder durch vorliegende Antwortmöglichkeiten gestützt.
- Es kann von Fall zu Fall eine neue repräsentative Stichprobe zusammengestellt oder ein Panel befragt werden. Dabei versteht man unter einer Panel-Befragung die wiederholte Befragung der gleichen Personen zu unterschiedlichen Zeiten entweder zum gleichen Thema oder zu verschiedenen Themen.
- Es können Einzelinterviews oder Gruppendiskussionen, Expertengespräche, Tiefeninterviews oder Rollenspiele zur Anwendung kommen.
- Die Befragung kann mit einer Beobachtung im Sinne eines wissenschaftlichen Experiments verbunden werden. Dabei werden Testpersonen in einer Versuchssituation bei einer Handlung beobachtet oder um eine bestimmte Handlung gebeten und anschließend befragt, warum sie sich in der gezeigten Weise verhalten haben.

Häufig eingesetzte Befragungsinstrumente in der PR-Arbeit sind beispielsweise Mitarbeiterbefragungen, Leserbefragungen von Mitarbeiter- und Kundenmagazinen, oder Imagebefragungen. Darüber hinaus gibt es eine Fülle an sozialwissenschaftlichen Untersuchungsverfahren, die auch in der PR-Arbeit angewendet werden können. Im Einzelfall müssen die Anlage der Untersuchung, die verwendeten Gesprächsleitfäden, Fragebögen oder anderen Hilfsmittel individuell an die Ziele der Erfolgsmessung angepasst werden. Dabei sollte unbedingt auf den Rat von Experten zurückgegriffen werden.

Erhebungskriterien der PR-Erfolgskontrolle

In den einzelnen Bereichen der PR-Evaluierung gibt es ganz typische Aspekte, die erfasst und ausgewertet werden – die so genannten Erhebungskriterien. Je nachdem, welche Erkenntnisse Sie gewinnen möchten, sollten Sie verschiedene Erhebungskriterien in Ihre Evaluierung einbeziehen. In Tabelle 2.4 finden Sie eine Auswahl solcher Kriterien.

Die erhobenen Kriterien können unterschiedlich erfasst und ausgewertet werden. Je nachdem, um welche Erhebungskriterien es sich handelt, können diese in einem Frage- oder Auswertungsbogen zusammengefasst werden. Für jedes qualitative Kriterium wird angegeben, ob es erfüllt wurde, teilweise erfüllt wurde, oder gar nicht erfüllt wurde. Dies ist beispielsweise bei der Qualitätsprüfung von Konzepten, Broschüren oder Veranstaltungen sinnvoll. In die Fragebögen können aber auch

Tabelle 2.4 Checkliste: Erhebungskriterien der PR-Erfolgskontrolle (Auswahl)

Konzeptevaluation: Wie gut ist das PR-Konzept?
- Wurden für die Analyse aktuelle Daten aus verschiedenen Datenquellen verwendet?
- Wurde in der Analyse auch Eigenrecherche durchgeführt?
- Wurden die vergangenen und bestehenden Kommunikationsmaßnahmen analysiert?
- Wurden Stärken, Schwächen, Chancen und Risiken herausgearbeitet?
- Wurde die Aufgabenstellung logisch aus der SWOT-Analyse abgeleitet?
- Wurden die PR-Ziele logisch aus der Aufgabenstellung abgeleitet?
- Wurden die Ziele präzise formuliert (messbar, mit Zeithorizont, Ausprägung, Dialoggruppen)?
- Wurden die PR-Ziele mit den Unternehmenszielen abgeglichen?
- Sind die Botschaften Ziel führend und verständlich?
- Sind Ziele und Dialoggruppen sachlich adäquat strukturiert?
- Wurden die Dialoggruppen präzise definiert?
- Wurden die Botschaften den Dialoggruppen zugeordnet?
- Erreichen die Maßnahmen die Dialoggruppe?
- Transportieren die Maßnahmen die Botschaften?
- Sind die Maßnahmen kreativ, originell, eigenständig?
- Sind die Maßnahmen zeitlich und inhaltlich aufeinander abgestimmt?
- Hilft jede Maßnahme dabei, die PR-Ziele zu erreichen?
- Wurde jede Maßnahme detailliert geplant?
- Wurde für jede Maßnahme eine Methode zur Erfolgskontrolle festgelegt?
- Wurde ein genauer Zeitplan mit passender Dramaturgie festgelegt?
- Wurde ein genauer Ressourcenplan erstellt (Zeit, Aufgaben, Abstimmung, Technik etc.)?
- Wurde ein detaillierter Kostenplan erstellt (einschließlich Kosten im Zeitverlauf)?

Prozessevaluation: Wie gut waren Planung, Organisation und Ablauf der PR-Aktion?
- Wurden alle Maßnahmen im vorgegebenen Rahmen durchgeführt (Ausführung, Zeitplan, Ressourcen)?
- Wie viele Projektstunden wurden benötigt?
- Wurde der Kostenplan eingehalten?
- Wie groß waren anteilig die Kosten für Personal, Produktion, Reisen etc.?
- Wie viel Personal wurde benötigt?
- War das Personal genügend qualifiziert und informiert?
- Waren Räume und Technik in der gewünschten Form und Qualität bereitgestellt?
- War die Stimmung im Team positiv und motiviert?
- Welches Feedback wurde vom Team gegeben (Lob, Kritik)?

Instrumentelle Evaluation: Wie gut wurde die PR-Maßnahme umgesetzt und wie war die Reaktion der Dialoggruppe?
- Wie viele Exemplare an Pressemitteilungen, Fotos, Broschüren, Einladungen etc. wurden versendet/verteilt/abgefordert?
- Wie viele Rückläufe gab es und welcher Art waren diese (Absagen/Zusagen, Anzahl der Einsendungen, Anzahl der Medienberichte, welche bzw. von wem etc.)?
- Wie groß war der Umfang der Materialien, z.B. Textseiten?
- Wie viele Personen wurden potentiell, wie viele tatsächlich erreicht?
- Wurde die Botschaft platziert?
- Entsprach die Informationsaufbereitung den Kriterien des Corporate Design?
- Waren die Texte aktuell, verständlich, sachlich-neutral, wahrheitsgetreu und optisch ansprechend?
- Enthielten die Texte eine Antwort auf alle W-Fragen?
- Wie werden Aufbau, Inhalt, Grafik, Information und Unterhaltung des Materials bewertet?

Tabelle 2.4 (Fortsetzung)

- Waren Zeitpunkt, Ort, Kleidung, Sprachstil, Inhalte, Blickkontakt, Aufmerksamkeit und Diplomatie des persönlichen Gesprächs angemessen?
- War der Veranstaltungsablauf angemessen?
- Waren Veranstaltungsort und –zeit angemessen?
- Wie wird die Gästebetreuung beurteilt?
- Wie war der Aufmerksamkeits-, Unterhaltungs- oder Erinnerungswert der Aktion?
- Wie war die Medienresonanz (Details siehe Abschn. 2.4.3. Medienresonanzanalyse)?

Einstellungsevaluation: Welche Wirkung hatten die PR-Aktionen auf Einstellung und Verhalten der Dialoggruppe?
- Was wissen die Zielpersonen über eine Organisation, ein Produkt, ein Projekt oder ein Thema?
- Welche Meinung haben die Zielpersonen über einen bestimmten Meinungsgegenstand?
- Wie verhalten sich die Zielpersonen?
- Was fühlen die Zielpersonen im Zusammenhang mit einem bestimmten Meinungsgegenstand?
- Welche Vorstellungsbilder und Images haben die Zielpersonen von einem Meinungsgegenstand?

---

quantitative Messwerte eingetragen werden, die im Anschluss zu den gewünschten Ergebniszahlen verrechnet werden. Dies ist bei den meisten quantitativen Messmethoden möglich. Sie können beispielsweise angeben, wie viele der informierten Journalisten das Thema in einem Medienbeitrag aufgegriffen haben oder zu welchem Anteil das PR-Budget ausgeschöpft wurde. Alternativ können in einen Frage- oder Auswertungsbogen auch Beobachtungen in beschreibender Form eingetragen werden. Dann erfassen Sie beispielsweise, ob sich die Gäste einer Veranstaltung in besonders guter Stimmung gezeigt haben oder ob während einer PR-Aktion ein unvorhersehbares Ereignis die Berichterstattung dominierte. Darüber hinaus werden für die wissenschaftliche Einstellungsmessung je nach Bedarf von Profis spezielle Fragebögen ausgearbeitet. Für die Auswertung der Fragen muss ein Verrechnungs-, Zahlen- oder Punktesystem festgelegt werden, so dass am Ende präzise Ergebnisse entstehen. Diese Ergebnisse lassen sich bewerten, indem die folgenden Fragen gestellt werden:

- Effektivität: Hat die PR-Aktion die gewünschte Wirkung erzielt?
- Effizienz: Stehen die Investitionen für das PR-Programm in einem angemessenen Verhältnis zum Ergebnis der Aktionen?
- Vergleich: Sind die vorliegenden Ergebnisse genauso gut wie diejenigen unserer Wettbewerber oder wie diejenigen von vorangegangenen, gleichen oder vergleichbaren PR-Aktionen?
- Experten-Urteil: Wie werden die Ergebnisse von externen, objektiven Fachexperten beurteilt?

Durch die Beantwortung dieser Fragen lässt sich auf die Qualität und den Erfolg der PR-Aktivitäten schließen. Grundvoraussetzung ist jedoch in jedem Fall, dass die wirklich relevanten Kriterien objektiv und systematisch erhoben und ausgewertet werden.

2.4.3 Die Medienresonanzanalyse

Die Medienresonanzanalyse ist die am meisten durchgeführte Erfolgskontrolle in der PR-Arbeit und gehört zu den Basisaufgaben des PR-Verantwortlichen. Mit diesem Instrument wird die Medienarbeit einer Organisation – eines der zentralen Aufgabenfelder der PR – bewertet. In einer Medienresonanzanalyse werden die Veröffentlichungen in den Medien – in Printmedien, Radio, Fernsehen und Online-Medien – nach verschiedenen Kriterien beurteilt. Daraus lassen sich Erkenntnisse ableiten, ob und wie die Journalisten die PR-Botschaften aufgenommen und verarbeitet haben. Ferner wird davon ausgegangen, dass Zeitungsartikel, Fernseh- oder Radiobeiträge ihre Leser, Seher und Hörer entsprechend beeinflussen. Diese Wirkung der zweistufigen Kommunikation auf die Bezugsgruppen kann die Medienresonanzanalyse jedoch nicht eindeutig nachweisen.

In der Medienresonanzanalyse werden den Inhalten und Aktivitäten der Kommunikationsarbeit die Inhalte und Anlässe der Medienberichte gegenüber gestellt. Auf der einen Seite wird dokumentiert, welches PR-Programm mit welchen Kernbotschaften, Kosten und Zielen durchgeführt wurde. Auf der anderen Seite werden die Veröffentlichungen gesammelt und dahingehend ausgewertet, in welchem Umfang und mit welchen inhaltlichen Schwerpunkten berichtet wurde. Aus einem Vergleich lassen sich die Wirkung der Medienarbeit und die Akzeptanz einzelner PR-Aktionen oder Themen bei den Journalisten ablesen. Es kommen die Methoden der Beobachtung und Beurteilung – nicht jedoch die der wissenschaftlichen Befragung – zum Einsatz.

Pressebeobachtung und Dokumentation

Voraussetzung für die Analyse der Medienresonanz ist, dass alle Veröffentlichungen der Medien gesammelt werden. Hierzu werden professionelle Presseausschnittdienste – die so genannten „Clipping-Dienste" (engl.: „clipping"; deutsch: „Ausschnitt") – beauftragt, die aus einer Fülle von Medien nach den speziellen Stichworten oder Themen des Auftraggebers relevante Veröffentlichungen heraussuchen (siehe auch Abschn. 3.5 „Dokumentation und Kontrolle"). Die Veröffentlichungen werden dem Auftraggeber als Kopie – auf Papier oder digital – oder als Mitschnitt übermittelt. Jede Veröffentlichung wird zur Dokumentation vom Ausschnittdienst mit detaillierten Daten versehen: Medientitel, Auflage und Verbreitung des Mediums, Erscheinungsdatum, Seite bzw. Sendezeit, Ressort/Rubrik bzw. Sendeformat des Beitrags. Die gelieferten Beiträge bilden – neben den Detailinformationen zur Pressearbeit aus dem PR-Maßnahmenplan – die Grundlage für die Medienresonanzanalyse.

Erhebungskriterien für die Medienresonanzanalyse

Bei der Medienresonanzanalyse wird jede Veröffentlichung nach ganz spezifischen quantitativen und qualitativen Kriterien erfasst, so dass später das gesammelte Datenmaterial nach unterschiedlichen Fragestellungen ausgewertet werden kann. Die Checkliste in Tabelle 2.5 zeigt die wichtigsten Analysekriterien, die jedoch im Einzelfall angepasst werden müssen.

Tabelle 2.5 Checkliste: Erhebungskriterien für die Medienresonanzanalyse (Auswahl)

Print-Medien
- Zeitungstitel
- Erscheinungsweise
- Erscheinungsort
- Medientyp (Mediengattung, Leitmedium/Populärmedium)

- Auflage
- Verbreitung
- Region

Der Artikel
- Schlagzeile
- Thema
- Erscheinungsdatum
- Auslöser
- Meinungstendenzen (neutral/positiv/negativ)
- Initiation (fremd/eigen)
- Rubrik
- Platzierung
- Umfang (z.B. Spaltenanzahl)
- Bildanteil (mit/ohne; prozentual)

- Darstellungsform (Meldung/Bericht/Interview/ Reportage/Leserbrief/Kommentar etc.)
- Wiedergabe von Kernaussagen (ja/nein, neutral/bewertet, korrekt/entstellt)
- Namensnennung bzw. Durchdringung (relevante Organisationen oder Personen)
- Meinungsträger im Artikel (zustimmende/ablehnende Haltung)
- Quellen des Beitrags (Absender/Verbündete/ Neutrale/Gegner)
- Verfasser

Kriterien für TV- und Radio-Beiträge
- Datum
- Sender
- Sendung bzw. Sendeformat
- Länge des Beitrags
- Einschaltquote
- Themen bzw. Inhalte
- Inhalte der Bilder
- Gesprächspartner und Reporter
- Tendenz des Beitrags (positiv/neutral/kritisch)

- Bildsprache (Einstellungslänge, Sequenz, Schnittfrequenz)
- Ton (Kommentar, O-Ton, Atmosphäre, Effekte)
- Nutzung von PR-Material
- Transparenz der Herkunft der Information
- Verantwortliche Redakteure
- Glaubwürdigkeit des Beitrags

Die Auswertung

Die Auswertung der Medienresonanzanalyse wird sowohl nach quantitativen als auch nach qualitativen Gesichtspunkten vorgenommen. Eine Beurteilung nach quantitativen Kriterien kann zwar darauf hinweisen, welche Journalisten empfänglicher für die PR-Botschaften waren und wie viele Personen potentiell erreicht worden sind, sie sagt jedoch noch wenig über die inhaltliche Qualität der Berichterstattung aus. Deshalb sollte die Auswertung immer auch qualitative Fragen beantworten. Zu den üblichen Betrachtungen gehören beispielsweise:

- Wie viele Titel aus welchen Mediengattungen haben das Thema aufgegriffen?
- Wie sind die Veröffentlichungen im Zeitverlauf verteilt?
- Wie viele Leser, Seher oder Hörer wurden potentiell erreicht?
- Wie hoch waren die Kosten pro tausend potentieller Kontakte?
- Wie viele Zeilen, Spalten, Anschläge umfasste die Berichterstattung?
- Wurden die PR-Botschaften korrekt und vollständig aufgegriffen? Welche Stichworte wurden wie häufig aufgeführt?

- Welche grundsätzliche Meinungstendenz spiegelten die Beiträge wider? Gibt es Unterschiede in den einzelnen Mediengattungen, in Leitmedien und Populärmedien?
- Wurde die Organisation, das Projekt, die relevanten Personen namentlich genannt? Wie oft wurden sie genannt? Gibt es einen Zusammenhang zwischen der Nennung von Personen oder Organisationen und der Meinungstendenz des Artikels?
- Welche weiteren Quellen wurden genutzt, welche weiteren Personen oder Organisationen erwähnt?
- Wie sieht die regionale Verteilung der Artikel aus? Gibt es „weiße Flecken" in der Pressearbeit? Gibt es regional unterschiedliche Meinungstendenzen?
- Gibt es bestimmte Medientypen oder bestimmte Journalisten, die mehr oder weniger zugänglich für die relevanten Themen sind?
- Ändert sich die Meinungstendenz der Artikel im Zeitverlauf?
- Wie viele Artikel wurden durch die eigene PR-Arbeit initiiert, wie viele durch die Eigeninitiative der Journalisten? Gibt es Unterschiede in der Meinungstendenz? Wie entwickelt sich der Anteil fremd initiierter Artikel im Zeitverlauf?
- Welche Themen wurden häufiger, welche weniger aufgegriffen? Wie entwickelt sich das im Zeitverlauf?
- Welche Auslöser haben häufiger zu einer Berichterstattung geführt als andere?
- Gibt es einen Zusammenhang zwischen dem Umfang der Artikel und der Meinungstendenz?
- Wie viele Berichte wurden mit bzw. ohne Bild veröffentlicht? Gibt es einen Zusammenhang zwischen Bildverwendung und Meinungstendenz?
- Welche journalistischen Darstellungsformen wurden gewählt? Gibt es Zusammenhänge zwischen Meinungstendenz und Darstellungsform?
- Wie fällt der Vergleich zwischen Input (PR-Aktivitäten) und Output (Medienresonanz) aus? Wie verhält sich die Anzahl der PR-Anlässe oder Pressekontakte zur Anzahl der Veröffentlichungen?

Eine solche Auswertung macht die Stärken, aber auch die Schwächen der Pressearbeit deutlich. Es lässt sich ablesen, zu welchen Medien ein besonders guter oder schlechter Kontakt besteht, welche Personen in den Medien besonders gut oder schlecht ankommen, welche Themen bevorzugt oder gar nicht von den einzelnen Medientypen angenommen werden und vieles mehr. Die Medienresonanzanalyse ist ein Instrument, das einen hohen Lerneffekt beinhaltet. Dazu muss es jedoch langfristig angelegt sein. Da bei hohem Berichtsaufkommen ein relativ hoher personeller Aufwand entsteht, sollte über eine Auslagerung der Tätigkeit zu qualifizierten, professionellen Dienstleistern nachgedacht werden. Einige namhafte PR-Agenturen bieten diesen Service an.

Die PR-Erfolgskontrolle hat in den letzten Jahren eine zunehmende Bedeutung erfahren. Immer häufiger wird die PR-Arbeit anhand von objektiven, systematisch erfassten Kriterien bewertet. Deshalb ist ein Evaluationsplan zunehmend in

PR-Konzepten zu finden. Für PR-Einsteiger wie für Profis gilt: Nicht nur analytisch fundierte, logisch überzeugende und kreative PR-Konzepte, sondern vor allem auch die vielfältigen Möglichkeiten der PR-Evaluation helfen Ihnen dabei, Ihre PR-Arbeit noch professioneller und erfolgreicher zu gestalten.

Aufgabe 1 (Teil IV): Entwickeln Sie einen PR-Evaluierungsplan!

In dieser Übung werden Sie Ansätze dafür erarbeiten, wie Sie die Qualität Ihrer PR-Arbeit kontrollieren und den Erfolg Ihrer PR-Maßnahmen messen können. Das Ergebnis dieser Überlegungen wird ein Evaluierungsplan für Ihre PR-Aktivitäten sein. Diesen sollten Sie unbedingt mit Ihren Auftraggebern, Vorgesetzten oder anderen relevanten Entscheidungsträgern abstimmen.

Schritt 1: Legen Sie die Ziele für Ihre Evaluierung fest!
Überlegen Sie sich, warum und für wen Sie Ihre PR-Arbeit evaluieren möchten:

● Warum möchten Sie Ihre PR-Arbeit evaluieren?
● Wer soll die Ergebnisse in welcher Form erhalten und welche Erkenntnis möchten Sie daraus gewinnen?

Notieren Sie sich die Ziele und Zielpersonen Ihrer Evaluation.

Schritt 2: Legen Sie fest, was genau evaluiert werden soll!
Überlegen Sie nun, welchen Aspekt Ihrer PR-Arbeit Sie einer Erfolgsmessung unterziehen möchten.

● Wollen Sie die Qualität Ihrer PR-Konzeption überprüfen?
● Wollen Sie die Abläufe der PR-Arbeit und die Zusammenarbeit in Ihrem PR-Team prüfen?
● Wollen Sie Ihr PR-Programm oder einzelne PR-Maßnahmen daraus einer Qualitätskontrolle unterziehen?
● Wollen Sie die Wirkung Ihres PR-Programms oder einzelner PR-Maßnahmen daraus messen?
● Wollen Sie die Einstellungsänderung bei Ihren Dialoggruppen beobachten?

Notieren Sie sich die zur Kontrolle und Überprüfung ausgewählten Aspekte.

Schritt 3: Wählen Sie die passenden Methoden und Erhebungskriterien aus!
Überlegen Sie sich nun, wie Sie die gewünschten Aspekte Ihrer PR-Arbeit messen können und welches die Kriterien sind, die Sie dabei erheben müssen. Orientieren Sie sich dabei an den Messmethoden und Erhebungskriterien, die im Abschn. 2.4.2. vorgestellt werden.

- Welche Methode zur Evaluierung soll für welchen Aspekt eingesetzt werden?
- Welche Kriterien müssen erhoben werden, um die Qualität der zu untersuchenden Aspekte zu beurteilen?
- Welche Kriterien müssen erhoben werden, um die Wirkung der PR-Maßnahmen zu messen?
- Wo können quantitative Werte, wo müssen qualitative Beschreibungen erfasst werden?

Notieren Sie zu jedem Untersuchungsaspekt die anzuwendenden Messmethoden (wie in Abb. 2.13 dargestellt) und dann zu jeder Messmethode die zu erhebenden Daten bzw. Messkriterien.

Aspekte und Methoden der Evaluierung der Plakat AG

Aspekte	Welche Erkenntnis?	Erhebungsmethode
Konzeptions-evaluation	• Wie ist die Qualität der PR-Konzeption?	• Expertenurteil mit Fragebogen (Beurteilungsbogen)
Prozess-evaluation	• Liegen wir mit den Ressourcen im Plan? • Funktionierte die Zusammenarbeit im PR-Team gut? • War das PR-Team qualifiziert, informiert und motiviert?	• Fragebogen zur Erfassung der Projektstunden, des Personalbedarfs, der Kosten, sonstiger Ressourcen • Fragebogen zur Befragung des PR-Teams
Instrumentelle Evaluation	• Wie ist die Qualität und der Erfolg des Events „Plakat-Oscar"? • Wie ist die Qualität und der Erfolg der Pressearbeit? • Wie ist die Qualität und der Erfolg des Online-Mediaforums?	• Beobachtung des Events und Beurteilungs-Fragebogen • Fragebogen/Checkliste zur Qualität von Pressematerial • Medienresonanzanalyse • Fragebogen/Checkliste zur Qualität des Internet-Forums • Beobachtung und Erfassung von Anzahl, Verlauf und Dauer der Website-Besuche
Einstellungs-evaluation	• Wie verändern sich Wissen und Image des Plakats bei Werbung treibenden, Kreativen und Mediaplanern nach dem ersten Jahr des neuen PR-Programms?	• Imagestudie via Telefonbefragung

Abb. 2.13 Aspekte und Methoden der Evaluierung. Aus der abgebildeten Tabelle ist zu ersehen, welche Aspekte ihrer PR-Arbeit die Plakat AG evaluieren möchte. Für jeden Aspekt ist aufgeführt, welche Erkenntnis die Verantwortlichen durch die Messung gewinnen möchten und mit welcher Methode die Messung durchgeführt werden soll. Es kommen die Methoden Beobachtung, Beurteilung und Befragung zum Einsatz. Auch wird eine Medienresonanzanalyse durchgeführt.

Schritt 4: Entwickeln Sie Ihre Messinstrumente!

Detaillieren und präzisieren Sie nun die relevanten Erhebungskriterien und formulieren Sie daraus Ihre Messinstrumente.

- Wie muss der Fragebogen, der Beurteilungsbogen oder das Beobachtungsprotokoll genau aufgebaut sein, damit die relevanten Kriterien erhoben werden?

Entwerfen Sie aus den gesammelten Erhebungskriterien aus Schritt 3 für alle ausgewählten Messmethoden die Inhalte für Fragebögen, Beurteilungs- oder Beobachtungsprotokolle. Ein Beispiel für einen Bewertungsbogen finden Sie in Abb. 2.14. Für die wissenschaftliche Einstellungsmessung fassen Sie die Inhalte und Einstellungsdimensionen, die Sie messen möchten, in einem Briefing für das zu beauftragende Forschungsinstitut zusammen. Dieses erstellt Ihnen einen geeigneten Untersuchungsaufbau und einen wissenschaftlichen Fragebogen.

Schritt 5: Vereinbaren Sie, wie die Ergebnisse ausgewertet und beurteilt werden!
Legen Sie nun fest, wie die Daten ausgewertet werden sollen und welche Leistung Sie als Erfolg werten:

- Wie sollen die erhobenen Daten verarbeitet, zusammengefasst und ausgewertet werden?
- Wie sollten die optimalen Ergebnisse jeder einzelnen Messung aussehen, damit die PR-Arbeit als Erfolg bewertet werden kann?
- Welche Werte sprechen für ein optimales, eine gutes oder zufrieden stellendes Ergebnis?
- Welche Werte sprechen für ein Defizit oder einen Misserfolg der PR-Aktion?
- Welche Ergebnisse sind realistisch zu erwarten?
- Welche Ergebnisse müssten Sie erzielen, um die PR-Ziele aus der PR-Konzeption zu erreichen?

Erfassen Sie die definierten Zielwerte der einzelnen Messinstrumente sorgfältig und vergessen Sie nicht, diese mit Ihren Vorgesetzten bzw. Auftraggebern verbindlich abzustimmen!

Schritt 6: Erarbeiten Sie den Zeit- und Ressourcenplan für die Evaluation!
Erstellen Sie nun einen Zeit- und Ressourcenplan für Ihre Evaluierung.

- Wann muss mit der Evaluierung begonnen, wann muss sie beendet sein?
- Wann muss welche Messung durchgeführt werden?
- In welcher Reihenfolge müssen die Messungen durchgeführt werden?
- In welchem Zeitraum sollten die Messungen wiederholt werden?

Beispiel:
Fragebogen zur Beurteilung des Events „Plakat-Oscar"

Erhebungskriterien	Optimale Werte (SOLL)			Gemessene Werte (IST)		
Ausschreibung zum Wettbewerb						
Anzahl versendet	1.500					
Anzahl angefordert	100					
Anzahl der Einsendungen	400					
- davon von Top 50 Werbung treibenden	30					
- davon von Top 100 Werbeagenturen	60					
Einladung zum Event						
Anzahl versendet	500					
Anzahl der Rückantworten	300					
Anzahl Zusagen	230					
Anzahl Gäste	200					
- davon aus Top 50 Werbung treibenden	50					
- davon aus Top 100 Werbeagenturen	100					
Beurteilung der Qualität	Trifft zu	Trifft teilw. zu	Trifft nicht zu	Trifft zu	Trifft teilw. zu	Trifft nicht zu
Ausschreibung verständlich	X					
Ausschreibung gut designt	X					
Ausschreibung originell	X					
Ausschreibung gemäß CD	X					
Einladung verständlich	X					
Einladung gut designt	X					
Einladung originell	X					
Einladung gemäß CD	X					
Veranstaltungsort passend	X					
Veranstaltungstermin passend	X					
Veranstaltungstechnik o.k.	X					
Programm abwechslungsreich	X					
Programm originell	X					
Reden verständlich	X					
Reden interessant	X					
Visuelle Anreize eindrucksvoll	X					
Musik passend	X					
Dekoration passend	X					
Sonstige Beschreibung						
Stimmung	Locker, ausgelassen, Gäste haben Spaß					
Aufmerksamkeit bei Programm/Reden	Aufmerksames Publikum, viele Erheiterungen					
Aktive Beteiligung der Gäste (Gespräche, Tanz etc.)	Gäste sind kommunikativ, reden miteinander und tanzen					
Feedback der Gäste (im persönl. Gespräch oder schriftlich)	Beurteilung als unterhaltsam, amüsant, gelungen					

Auswertung: Für jeden erzielten SOLL-Wert wird je ein Punkt vergeben, maximal also 33 Punkte; für „trifft teilweise zu" wird je ein halber Punkt vergeben.

Abb. 2.14   Fragebogen zur instrumentellen Evaluation. Zur Erfolgsmessung des Events „Plakat-Oscar" hat die Plakat AG den nebenstehenden Fragebogen entworfen. Darin sind alle Erhebungskriterien aufgeführt, die zur Beurteilung von Qualität und Erfolg der Veranstaltung herangezogen werden sollen. Bei jedem Messwert ist der entsprechende SOLL-Wert vermerkt. Zur Auswertung des Fragebogens wurde ein einfaches Punktesystem gewählt. Der Erfolg des Events lässt sich also daran messen, welcher Punktestand prozentual zum optimal erzielbaren Punktestand erreicht wird. Auch lassen sich die Veranstaltungen der nächsten Jahre, die mit dem gleichen Fragebogen gemessen werden, miteinander vergleichen.

- Wer erhebt die relevanten Kriterien bzw. wer ist für die einzelnen Arbeitspakete bei der Evaluierung verantwortlich?
- Welche Personen sind wie lange mit der Durchführung beschäftigt?
- Wie viele Projektstunden werden für die Messung, für die Aufbereitung und die Präsentation der Ergebnisse benötigt?
- Welche Kosten entstehen bei den einzelnen Messungen? Welche für die gesamte Evaluierung?

Ordnen Sie alle Maßnahmen zur Evaluierung – von der Vorbereitung der Evaluierung bis hin zur Ergebnispräsentation – auf einem Zeitstrahl an. Notieren Sie zu jeder Maßnahme die beteiligten Personen, Projektstunden und Kosten der Aktivität. Einen entsprechenden Evaluierungsplan sehen Sie in Abb. 2.15.

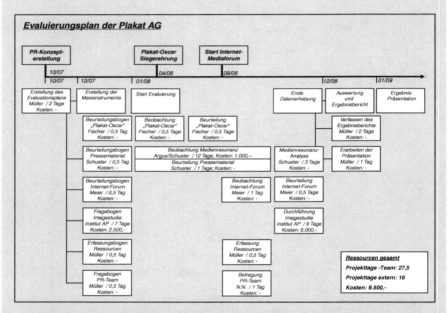

Abb. 2.15 Evaluierungsplan der Plakat AG. Im nebenstehenden Evaluierungsplan der Plakat AG sind alle Maßnahmen zur Evaluierung auf einem Zeitstrahl angeordnet. Wichtige Termine der PR-Arbeit befinden sich über dem Zeitstrahl und dienen zur Koordination von PR- und Evaluierungsprogramm. Zusätzlich zu den einzelnen Maßnahmen im Zeitverlauf werden im Evaluierungsplan auch die Ressourcen für die Maßnahmen erfasst. Dazu gehört die Nennung der verantwortlichen Mitarbeiter, deren geplante Projekttage und die Kosten der Arbeitspakete. In diesem Fall werden die Imagestudie und Medienbeobachtung durch externe Dienstleister durchgeführt. Alle anderen Maßnahmen zur Evaluierung werden durch das Team der Plakat AG selbst vorgenommen.

Schritt 7: Überprüfen Sie Ihren Evaluierungsplan!
Überprüfen Sie nun Ihren Evaluierungsplan nach den folgenden Kriterien:

- Stehen Aufwand und Kosten der geplanten Evaluierung in einem sinnvollen Verhältnis zu Aufwand und Kosten Ihres PR-Programms?
- Ist gewährleistet, dass die Datenerhebung, -auswertung und -kontrolle möglichst objektiv und systematisch erfolgt?

Medienresonanzanalyse: Überblick aller Medienbeiträge

Zeitungsartikel nach Mediengattung	Anzahl Beiträge	Tendenz		
		positiv	neutral	negativ
Überregionale TZ	3	1	2	0
Regionale TZ	34	24	10	0
Sonntags-/Wochen-Zeitungen	1	1	0	0
Publikumszeitungen	0	0	0	0
Fachzeitschriften	21	19	12	0
Online-Medien	1	1	0	0
Gesamt	60	46	14	0

Medienresonanzanalyse: Inhaltsanalyse

Inhalte/Schlagworte/Nennung	Anzahl Beiträge	Anteil in % (gesamt = 60)
Nennung Plakat AG als Initiator	57	95
Thema „Plakat-Oscar"	44	73
Thema Online-Mediaforum	9	15
Kernaussage „Plakat macht Spaß / ist humorvoll"	38	63
Kernaussage „Plakat ist modern / jung / aktuell"	29	48
Kernaussage „Plakat ist ansprechend / attraktiv / hochwertig"	17	28
Kernaussage „Plakat ist leistungsstark"	8	13
Nennung von Plakat-Leistungswerten	5	8
Mit Plakat-Motiv(-en) als Bild	44	73
Mit Plakat-Werbeträger als Bild	2	3

Abb. 2.16 Ergebnisse aus der Medienresonanzanalyse der Plakat AG. In den zwei Tabellen und der Grafik werden einige Ergebnisse der Medienresonanzanalyse der Plakat AG beispielhaft dargestellt. Es ist festzustellen, dass die Medienresonanz auf die PR-Aktivitäten überwiegend positiv war. Die Plakat AG als Initiator wurde in 95% aller Beiträge erwähnt. Am häufigsten hat der Plakat-Oscar zu einer Veröffentlichung geführt – meist mit Bildern der prämierten Plakatmotive. Auch ist die Positionierung des Plakats als junges, aktuelles Medium, das Spaß macht, gelungen. Im Zeitverlauf spiegeln sich deutlich die beabsichtigten Höhepunkte des PR-Programms wieder.

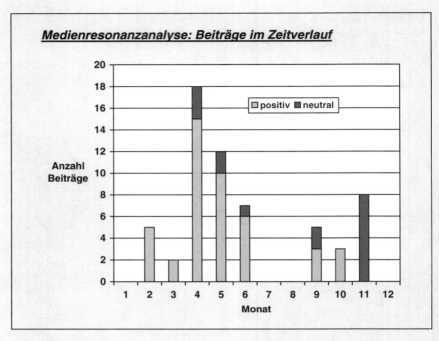

Abb. 2.16 (Fortsetzung)

- Ist sichergestellt, dass die ausgewählten Methoden tatsächlich zu den gewünschten Erkenntnissen führen?
- Können fremde Einflussfaktoren auf das Messergebnis weitgehend ausgeschlossen werden?

Sie haben nun einen vollständigen Evaluierungsplan erstellt, der alle Arbeitspakete und Messinstrumente im Zeitverlauf, sowie die dafür verantwortlichen Personen und die benötigten Ressourcen umfasst. Zudem haben Sie detaillierte Messinstrumente, wie Fragebögen, Beurteilungsformulare oder Beobachtungsprotokolle erstellt, die Sie bei der konkreten Durchführung der Evaluierung einsetzen können. Auch wissen Sie, wie Sie die erhobenen Daten auswerten und die Ergebnisse beurteilen wollen. Ein Beispiel für mögliche Auswertungen einer Medienresonanzanalyse finden Sie in Abb. 2.16. Abschließend sollten Sie nicht vergessen, nach Durchführung des Evaluierungsprozesses auch diesen einer kritischen Prüfung zu unterziehen. Verlief die Evaluierung nach Plan? Wo gab es Probleme oder Defizite? Lassen Sie dieses Feedback in die nächste Evaluierungsrunde einfließen!

Kapitel 3
Presse- und Medienarbeit

In der Pressearbeit geht es darum, den Kontakt zu Journalisten aufzubauen, zu pflegen und dadurch möglichst positive Veröffentlichungen in den Medien zu erzielen,
in denen Ihre Botschaften aufgegriffen werden. Die Journalisten der verschiedenen
Medien sind eine der wichtigsten Dialoggruppen der Public Relations. Denn sie
entscheiden als professionelle Multiplikatoren darüber, ob und wie über eine Organisation, eine Person oder ein Thema in den Medien berichtet wird. Und tragen
durch ihre Arbeit dazu bei, welches Image bei den Nutzern der unterschiedlichen
Medien entsteht. Da sich viele Dialoggruppen nur über die Berichte in den Medien
wirtschaftlich sinnvoll erreichen lassen und die redaktionellen Veröffentlichungen
vieler Medien eine hohe Glaubwürdigkeit genießen, gehört es zur Kernaufgabe des
PR-Verantwortlichen, eine Beziehung zu den relevanten Journalisten aufzubauen
und einen kontinuierlichen Dialog herzustellen. Dabei stammt das Wort „Pressearbeit" noch aus einer Zeit, in der die Journalisten der gedruckten Pressemedien die
Ansprechpartner der PR-Profis waren. Nachdem sich eine Vielzahl an weiteren, audiovisuellen und elektronischen Medien entwickelt hat, wird dieses Betätigungsfeld
der PR-Spezialisten auch „Media Relations" genannt.

Für den Erfolg der Pressearbeit sind drei Faktoren wichtig: Die Informationen
an die Medien müssen der Wahrheit entsprechen, im Dialog müssen die Interessen
beider Kommunikationspartner berücksichtigt werden und die Pressearbeit muss
auf einer klaren PR-Strategie aufbauen. Ein erfolgreicher PR-Profi ist glaubwürdig,
kennt die speziellen Erwartungen, Bedürfnisse und Wünsche der Journalisten und
gestaltet seine Arbeit so, dass sowohl für die Organisation als auch für den Journalisten Nutzen entsteht. Er befasst sich intensiv mit den Arbeitsweisen, Strukturen und
Nutzerkreisen der Medien. Er weiß, welche Ziele er mit Pressearbeit erreichen will
und kann. Er muss geeignete Themen und Anlässe für seine Pressearbeit finden. Er
beherrscht das für die Pressearbeit typische PR-Instrumentarium und weiß, wie er
den Erfolg seiner Arbeit messen und dokumentieren kann.

Im Folgenden werden Sie lernen, wie strategische Pressearbeit geplant und umgesetzt wird, welche Instrumente Ihnen dabei zur Verfügung stehen und wie Sie sich
im Umgang mit Journalisten am besten verhalten. Im Übungsteil erhalten Sie eine
Schritt-für-Schritt-Anleitung, mit der Sie Ihre erste Pressekampagne planen, Ihren
ersten Pressetext schreiben und Ihre erste Pressekonferenz organisieren können. Mit

S. Grupe, *Public Relations*, DOI 10.1007/978-3-642-17827-6_3,
© Springer-Verlag Berlin Heidelberg 2011

diesem Wissen sind Sie gut gerüstet, um mit der Pressearbeit für Ihr Unternehmen oder Ihre Organisation zu beginnen und diese erfolgreich zu gestalten.

3.1 Grundlagen und Ziele der Pressearbeit

Die Veröffentlichungen der Medien beeinflussen maßgeblich das Image einer Organisation. Der objektiven Wirklichkeit steht immer eine Medien-Wirklichkeit gegenüber. Die meisten Personen einer Dialoggruppe können den Alltag, die tatsächliche Lebenswelt in einem Unternehmen nicht hautnah erleben. Auch kann nur ein Teil dieser Personen durch selbst gestaltete Medien, wie beispielsweise Broschüren, Briefe, die Website oder Veranstaltungen, erreicht werden. Das bedeutet, dass die Einstellung und das Verhalten eines Großteils der Dialoggruppen von dem beeinflusst wird, was die Medien als vermeintliche Realität darstellen. Und: Treten Organisationen in den Medien gar nicht in Erscheinung, weiß ein Großteil der Dialoggruppen gar nicht, dass es sie gibt! Auf der anderen Seite ist die Wirkung einer guten, fundierten Berichterstattung im richtigen Medium sehr hoch und an Glaubwürdigkeit nur durch die persönliche Erfahrung zu übertreffen. Es gibt also gute Gründe, sich auf das „Wagnis" Pressearbeit einzulassen. Denn nur so haben Sie die Möglichkeit, an dem Bild mitzuwirken, das die Medien von Ihrem Unternehmen oder den Themen, die Ihnen wichtig sind, zeichnen. Bevor Sie jedoch mit der Pressearbeit beginnen, sollten Sie die folgenden Aspekte bedenken:

Pressearbeit muss strategisch geplant werden
Die Kommunikation mit Journalisten muss sich an die Vorgaben des PR-Konzeptes halten. Dabei muss klar sein, welche Kommunikationsziele des PR-Konzeptes über Pressearbeit erreicht werden sollen. Es muss genau definiert werden, welche Journalisten von welchen Medien strategisch wichtig sind. Besondere strategische Bedeutung kommt beispielsweise denjenigen Medien zu, die vorwiegend Leser, Hörer oder Seher ansprechen, die zu Ihren Dialoggruppen gehören und bei diesen eine hohe Glaubwürdigkeit besitzen. Ferner sollten die Themen bzw. Botschaften festgelegt werden, die im Mittelpunkt der Pressearbeit stehen, ebenso wie die Hauptinstrumente, die zur Pressearbeit eingesetzt werden. Auch hierbei müssen Themen und Instrumente zeitlich und wirtschaftlich sinnvoll geplant werden. Und schließlich sollte bereits in der Planungsphase klar sein, wie der Erfolg der Pressearbeit gemessen wird. Die meisten dieser strategischen Vorgaben lassen sich aus dem PR-Konzept entnehmen (siehe Kap. 2) und für die Pressearbeit präzisieren. Folgende Frage muss beantwortet werden: Wann soll welche Information über welche Medien an welche Bezugsgruppe gelangen, um damit welches Ziel zu erreichen?

Pressearbeit sollte kontinuierlich und aktiv erfolgen
Basiert die Pressearbeit auf einer solchen umfassenden PR-Strategie, so wird sichergestellt, dass der Kontakt mit den Journalisten aktiv und regelmäßig erfolgt.

Denn ein einmal begonnener Dialog kann nur dann Früchte tragen, wenn er kontinuierlich gepflegt und weiterentwickelt wird. Hierzu gehört es, dass der PR-Profi den Kontakt mit dem Journalisten in regelmäßigen Abständen sucht – ob durch ein Telefonat mit der Redaktion, durch einen zugesandten Pressetext, ein Gespräch anlässlich einer Fachmesse oder eines Redaktionsbesuches. Wichtig ist es, sich regelmäßig – aber maßvoll – in Erinnerung zu bringen und mit interessanten Informationen aufzuwarten. Ist eine solche Informationsroutine installiert, steigt die Wahrscheinlichkeit, dass auch die Journalisten den Kontakt zu Ihnen suchen. Beispielsweise um für eine Veröffentlichung zu recherchieren, um Ihre Meinung zu bestimmten Sachverhalten zu erfragen oder um mehr Hintergrundwissen zu einem Thema zu sammeln. Erst dann entsteht ein wirklicher Dialog, der beiden Partnern nützt. Und: Bedenken Sie, dass Journalisten auch für Sie eine wertvolle Informationsquelle sein können. Denn Journalisten kennen die Branche und den Markt, sprechen mit Wettbewerbern, Behörden und Experten und wissen meist wesentlich mehr als sie veröffentlichen können. Zögern Sie also nicht, bei Bedarf auf dieses Wissen zurückzugreifen und die Ihnen bekannten Journalisten nach ihren Erfahrungen zu fragen.

Pressearbeit beruht auf freiwilliger Kooperation

Pressearbeit ist ein Dialog mit Journalisten, der auf Freiwilligkeit basiert und der nur dann funktioniert, wenn beide Seiten Nutzen daraus ziehen. Journalisten sind keinesfalls dazu verpflichtet, die Informationen, die Organisationen oder Unternehmen für wichtig erachten, zu veröffentlichen. Ob, wann und in welcher Form über ein Unternehmen berichtet wird, obliegt einzig und allein der Entscheidung des Journalisten oder seiner Vorgesetzten. Journalisten sehen sich in diesem Zusammenhang als Filter und hinterfragen kritisch, welche Informationen für ihre Leser, Hörer oder Seher interessant oder überhaupt von öffentlicher Bedeutung sind. Auch ist die freie Meinungsäußerung durch die Pressefreiheit geschützt. Der Journalist kann also seine ganz subjektive Meinung – auch wenn sie Ihrer Ansicht nach ungerechtfertigt ist – kundtun, solange er sie als solche klar kennzeichnet und von der faktenbasierten Berichterstattung trennt. Gute Pressearbeit versucht daher nie, den Journalisten unter Druck zu setzen, beispielsweise indem Anzeigenschaltungen storniert werden. Arbeiten Sie mit Fakten und Argumenten, um das Interesse des Journalisten zu gewinnen, eine faire Berichterstattung zu erhalten und ihn vielleicht sogar von Ihrem Standpunkt zu überzeugen!

Ebenso, wie der Journalist nicht gezwungen ist, Ihre Informationen zu veröffentlichen, können auch Sie sich frei entscheiden, ob Sie der Nachfrage eines Journalisten nach bestimmten Informationen aus Ihrem Haus nachkommen oder nicht – sofern Sie nicht für eine Behörde arbeiten, die nach dem Gesetz eine öffentliche Informationspflicht hat. Dennoch sollten Sie für Anfragen der Presse stets offen sein. Anstatt unangenehme Fragen abzublocken, sollten Sie die Chance nutzen, Ihren Standpunkt darzulegen. Denn ein Journalist wird Ihre Verweigerung so interpretieren, dass Sie etwas zu verbergen haben und umso intensiver an anderer Stelle recherchieren. Die Informationen aus fremden Quellen können Sie jedoch nicht mehr beeinflussen.

Pressearbeit muss professionell umgesetzt werden

Die Medien ertrinken täglich in einer Flut von Informationen aus unterschiedlichen Quellen – auch aus den Presseabteilungen zahlloser Unternehmen und
Organisationen. Damit Ihre Informationen im journalistischen Alltag überhaupt eine Chance haben, beachtet zu werden, müssen sie so aufbereitet sein, dass sie den
professionellen Anforderungen der Journalisten genügen. Das bedeutet, die Themen
müssen Nachrichtenqualität haben, schriftliche Unterlagen müssen verständlich und
sprachlich angemessen verfasst, eine Veranstaltung mediengerecht organisiert und
inszeniert sein. Hierzu muss der PR-Profi die unterschiedlichen Arbeitsweisen der
Medien und die Bedürfnisse der Journalisten gut kennen. Nur so kann er sich den
Respekt seines Kommunikationspartners erarbeiten und das Interesse an einem Informationsaustausch erhöhen. Es geht darum, dem Journalisten schnelle, präzise
und qualitativ hochwertige Informationen anzubieten, die ihn bei seiner Tätigkeit
unterstützen.

Pressearbeit ist der Wahrheit verpflichtet

Pressearbeit ist keine Werbung und arbeitet nicht mit Schönfärberei. Deshalb
sollte die werbliche Sprache keinen Platz in der Pressearbeit haben. Vielmehr
sollte der PR-Profi im Umgang mit Journalisten eine sachliche Sprache pflegen,
die auf wahrheitsgemäß wiedergegebenen Fakten beruht. Dazu gehört, dass auch
Problembereiche angesprochen werden und eine größtmögliche Offenheit im Dialog vorherrschen sollte. Natürlich verlangt niemand vom PR-Verantwortlichen,
Betriebsgeheimnisse auszuplaudern – auch wenn manche Journalisten durchaus versuchen werden, Sie dazu zu verleiten. Jedoch könnte der Versuch, Probleme unter
den Tisch zu kehren oder mit Halbwahrheiten zu operieren, schnell großen Schaden
anrichten. Dann nämlich, wenn die Wahrheit doch ans Licht kommt und der In-
formationslieferant ebenso wie sein Auftraggeber ihre Glaubwürdigkeit verlieren.
Der PR-Profi sollte sich immer bewusst sein: Journalisten haben viele offizielle und
inoffizielle Informationsquellen – seien es die Wettbewerber, ehemalige Mitarbeiter, Kunden, Lieferanten, Verbandsfunktionäre, Behördenvertreter, Wissenschaftler
oder Experten – und sind dazu verpflichtet, jede Information zu überprüfen, bevor
sie veröffentlicht wird.

Pressearbeit setzt rechtzeitige, umfassende Information voraus

Wer Pressearbeit betreiben möchte, sollte genau wissen, wovon er spricht –
oder nicht spricht. Um seine Aufgaben erfüllen zu können, muss der PR-Profi zu
den am besten informierten Personen einer Organisation gehören. Er muss wissen, woran in den einzelnen Bereichen eines Unternehmens gearbeitet wird, welche
Pläne geschmiedet, welche Strategien ergriffen werden, welche Problembereiche
vorhanden sind. Und zwar rechtzeitig vor den meisten anderen Mitarbeitern, sowie
vor externen Geschäftspartnern. Nur so kann er kurz-, mittel- und langfristig geeignete Maßnahmen der Pressearbeit planen und diese strategisch sinnvoll in die
Unternehmenskommunikation einbinden. Er muss in der Lage sein, rechtzeitig den
Kontakt zu den für einzelne Sachverhalte relevanten Journalisten aufzunehmen und
zu pflegen. Er muss genug Zeit und das entsprechende Hintergrundwissen haben,

um fundiertes Text- und Bildmaterial für die Journalisten aufzubereiten. Er muss die notwendige Vorlaufzeit haben, um inhaltlich anspruchsvolle Presseveranstaltungen zu organisieren. Er muss sich im persönlichen Kontakt mit den Journalisten als kompetenter Gesprächspartner erweisen.

Eine weitere wichtige Aufgabe des PR-Verantwortlichen ist es, die Geschäftsleitung strategisch zu beraten. Er muss erklären, welche Auswirkungen das Handeln der Organisation für das öffentliche Image haben wird. Wie werden die Medien voraussichtlich auf eine bestimmte Aktivität des Unternehmens reagieren? Wie kann im Vorfeld ein möglicher Imageschaden verhindert werden? Wie können die Chancen optimal verwertet werden? Wie sollen sich die Führungskräfte verhalten, wie sollen sie sich öffentlich äußern? Neben den planerischen Notwendigkeiten der Pressearbeit sind es diese strategischen Aspekte, die eine frühzeitige und umfassende Information des PR-Verantwortlichen unumgänglich machen. Die Person, bei der alle Informationsfäden zusammenlaufen, die offiziell dazu berechtigt ist, für eine Organisation öffentlich Stellung zu beziehen und die für alle veröffentlichten Informationen verantwortlich ist, wird als Pressesprecher bezeichnet. Dabei kann die Pressesprecherfunktion sowohl vom PR-Verantwortlichen selbst, als auch von einem Mitglied der Geschäftsleitung oder einem Vorstandsmitglied übernommen werden. Wichtig ist: Nur wer das entsprechende Wissen hat, hat auch die Macht, erfolgreiche Pressearbeit zu betreiben!

Pressearbeit kann vielfältige Ziele verfolgen

Die möglichen Ziele der Pressearbeit sind vielfältig. Deshalb sollten diese Ziele präzise aus der individuellen PR-Konzeption einer Organisation abgeleitet werden. Zuerst müssen die Journalisten, als direkte Dialoggruppe der Pressearbeit, vom Anliegen der Organisation überzeugt werden. Das eigentliche Ziel ist es jedoch, über die Medien als Mittler bestimmte, indirekte Zielgruppen mit Informationen, Kernbotschaften und Argumenten zu versorgen. Typische Aufgaben der Pressearbeit sind beispielsweise:

- öffentliche Präsenz herstellen und dadurch in Erinnerung bringen,
- den Bekanntheitsgrad erhöhen,
- informieren, aufklären oder richtig stellen,
- Sympathie für eine Organisation, eine Person oder ein Anliegen gewinnen,
- das Vertrauen in eine Organisation oder eine Person stärken,
- das Image einer Organisation oder einer Person festigen oder verbessern,
- den eigenen Standpunkt zu einem Thema in die öffentliche Diskussion einbringen oder diesen gegen Andersdenkende durchsetzen,
- durch Argumente die Einstellung bestimmter Zielgruppen festigen oder verändern,
- die Zielgruppen zu einer bestimmten Handlung anregen bzw. sie von einer bestimmten Handlung abhalten,
- sich die Unterstützung von anderen Organisationen oder Personen sichern.

Je nach Zielsetzung müssen geeignete Medien ausgewählt, Ziel führende Botschaften vermittelt und angemessene Maßnahmen ergriffen werden – eine Aufgabe, die vom PR-Verantwortlichen viel Fingerspitzengefühl und strategische Kompetenz erfordert.

3.2 Journalisten als direkte Dialoggruppe der Pressearbeit

Journalisten sind zum einen die direkte Dialoggruppe, die durch Pressearbeit angesprochen wird. Zum anderen sind Journalisten die Informationsmittler für viele, unterschiedliche Teilöffentlichkeiten und Themen. Dies führt dazu, dass diese Dialoggruppe äußerst heterogen ist. Je nach Medium, Thema und Zielgruppe unterscheiden sich Wissen, Erfahrung und Arbeitsweise der Journalisten. Hinzu kommen individuelle Persönlichkeitsmerkmale, wie Einstellungen, Interessen und Vorlieben, die über eine aufgeschlossene, neutrale oder ablehnende Haltung des Journalisten gegenüber PR-Informationen entscheiden können. Deshalb ist es ratsam, die Dialoggruppe der Journalisten nach weiteren Kriterien zu differenzieren, bis möglichst homogene Gruppen entstehen, die mit den gleichen Themen und Maßnahmen gezielt angesprochen werden können.

3.2.1 Die unterschiedlichen Medien

Eines der wichtigsten Unterscheidungsmerkmale für Journalisten ist die Mediengattung, für die sie tätig sind. Denn je nachdem ob ein Journalist für die Tageszeitung, für ein Fachmagazin, für den Hörfunk oder einen Fernsehsender arbeitet, unterscheiden sich die Rahmenbedingungen seiner Tätigkeit und damit seine Arbeitsweise und Bedürfnisse grundlegend von denen seiner Kollegen. Üblicherweise werden Journalisten den folgenden Mediengattungen zugeordnet, die in Tabelle 3.1 aufgeführt werden.

Als PR-Verantwortlicher sollten Sie sich einen guten Überblick über die Struktur der deutschen Medienlandschaft verschaffen. Dabei gibt es auch innerhalb einer Mediengattung eine Vielzahl an Einzelmedien mit ganz unterschiedlichen Profilen. Jedes Medium bietet bestimmte Themen in einer typischen Aufbereitungsart an, hat eine ganz spezifische Redaktionsstruktur und bestimmte Arbeitsweisen. Sie sind mehr oder weniger – oder überhaupt nicht – aufgeschlossen gegenüber PR-Botschaften. Und die Journalisten, die Sie dort antreffen, können einen völlig unterschiedlichen Wissenshintergrund besitzen. Der PR-Verantwortliche muss also sehr genau differenzieren, mit welchem Journalisten von welchem Medium er in Kontakt tritt.

Innerhalb der einzelnen Mediengattungen sollten Sie deshalb die folgenden Informationen über einzelne Medien und deren Journalisten recherchieren:

- Welche regionale oder nationale Verbreitung hat das Medium?
- Wie hoch ist die Reichweite des Mediums in der relevanten Dialoggruppe?
- Wie wird die Glaubwürdigkeit des Mediums von der Dialoggruppe eingeschätzt?
- Welche Themen werden in dem Medium aufgegriffen?
- Wie werden die Themen in diesem Medium aufbereitet?

Tabelle 3.1 So differenzieren Sie Journalisten nach Mediengattungen

Zeitungen
- Lokale und regionale Abonnement-Zeitungen
- Heimatzeitungen
- Überregionale Tageszeitungen
- Fremdsprachige Zeitungen für nationale Minderheiten
- Kauf-/Boulevardzeitungen
- Sonntagszeitungen
- Überregionale Wochenzeitungen
- Anzeigenblätter und Amtsblätter
- Pressedienste (Materndienste)

Zeitschriften
- Verbands- und Kammerzeitschriften
- Fachzeitschriften und wissenschaftliche Zeitschriften
- Kundenzeitschriften
- Mitarbeiterzeitschriften
- Special Interest Zeitschriften / Zielgruppenzeitschriften
- Publikumszeitschriften und Supplements
- Populäre Magazine, Illustrierte, Lifestyle-Journale
- Stadtmagazine

Rundfunk und Fernsehen
- Öffentlich-rechtliche Sendeanstalten
- Private Rundfunksender
- Private Fernsehsender
- Private Rundfunk-Produktionsfirmen
- Private Fernseh-Produktionsfirmen

Online-Medien
- Online-Ausgaben der Medien
- Internet-Zeitschriften
- Thematische Newsletter-Dienste
- Newsgroups und Mailinglisten

Freie Journalisten

Nachrichtenagenturen

Pressebüros

- Welche Chancen bestehen, die PR-Botschaft in der gewünschten Weise und in einem angemessenen Umfeld zu platzieren?
- Wie muss die PR-Botschaft aufbereitet werden, damit sie eine Chance hat, in diesem Medium veröffentlicht zu werden und wie aufwändig ist das?
- Wie ist die Redaktion strukturiert, wo hat sie ihren Sitz und wer ist der richtige Ansprechpartner für die PR-Information?
- Wie ist die typische Arbeitsweise des Journalisten?
- Welche Vorlaufzeit hat er, um ein Thema zu bearbeiten?
- Ist der anzusprechende Journalist ein Fachspezialist oder ein Generalist?
- Welches Hintergrundwissen hat er?
- Mit welchen Themen beschäftigt sich der anzusprechende Journalist hauptsächlich?
- Kann er selbst entscheiden oder mit entscheiden, was veröffentlicht wird?
- Welche Stellung hat er in der Redaktion?
- Hat er gegenüber der Organisation oder bestimmten Themen eine eher kritische oder aufgeschlossene Haltung?
- Für welche Zielgruppen und in welchem Stil bereitet er seine Veröffentlichungen auf?

● Aus welchen Quellen erhält er seine Informationen und welche Informationsquellen bevorzugt er?

● Möchte er am liebsten den persönlichen Kontakt mit seinen Informanten oder
bevorzugt er den schriftlichen Kontakt? Möchte er telefonisch, per Post, Fax oder
E-Mail angesprochen werden?

● Ist nur Information möglich, besteht Dialog-Bereitschaft oder ist gar eine Kooperation mit PR-Stellen gewünscht?

Erst wenn Sie diese Aspekte bedacht haben, können Sie entscheiden, ob Sie mit
dem Journalisten eines bestimmten Mediums tatsächlich Kontakt aufnehmen sollten. Viele dieser Informationen erhalten Sie durch die Medien selbst. Die meisten
Zeitungen und Zeitschriften, aber auch Radio- und Fernsehsender veröffentlichen
Zielgruppen- bzw. Leseranalysen, um Werbekunden zu akquirieren. Diese sind
auch für die PR-Arbeit eine gute Grundlage. Zudem sollten Sie sich Radio- oder
Fernsehsendungen mehrmals ansehen bzw. anhören, mehrere Ausgaben der relevanten Printmedien lesen und analysieren, um ein Gefühl dafür zu bekommen,
wie die jeweiligen Redaktionen arbeiten. Schließlich kann es hilfreich sein, die
Redaktion anzurufen und beispielsweise zu erfragen, ob überhaupt Interesse für
ein Thema besteht, wer sich mit bestimmten Themen beschäftigt und wie die PR-
Informationen nach den Wünschen dieses Journalisten am besten aufbereitet werden
sollten. Zudem gibt es einige Nachschlagewerke für PR-Profis, in denen alle Medien mit ihren Redaktionen verzeichnet sind (siehe hierzu auch den Abschn. 3.2.2
„Presseverteiler").

In Deutschland gibt es Tausende von verschiedenen Print-, Funk- und elektronischen Medien, sowie viele weitere Dienstleister, die Beiträge in Wort, Bild
und Ton aufbereiten und an die Redaktionen der Medien verkaufen. Dabei ist die
Verbreitung und Reichweite der einzelnen Medien sehr unterschiedlich. Sprechen
einige Spezialzeitschriften nur wenige tausend Interessierte an, können sich große
Tageszeitungen und Publikumszeitschriften über hunderttausend und mehr Leser
freuen. Dennoch kann eine kleine Redaktion ein wichtiger Ansprechpartner für Ihre
PR-Aktivitäten sein. Beispielsweise dann, wenn fast alle Personen aus Ihrer Dialoggruppe genau dieses hoch spezialisierte Fachblatt lesen. Oder dann, wenn die
regionale Nähe des Mediums zu Ihrer Organisation Ihre PR-Botschaft zur Top-
Nachricht werden lässt. Sowohl das Wirkungspotential eines Mediums – seine
Verbreitung -, als auch die Bedeutung eines Mediums innerhalb einer bestimmten
Zielgruppe – seine zielgruppen-spezifische Reichweite – muss also vom PR-Profi
berücksichtigt werden.

Die Tageszeitungen

Die Tageszeitungen sind eine höchst heterogene Gruppe von Print-Medien. Unter
den Tageszeitungen gibt es sowohl überregionale, regionale, als auch lokale Medien.

Redaktionsstruktur

Die Redaktionsstruktur dieser Mediengattung ist relativ komplex. Einige
Tageszeitungen veröffentlichen regionale oder lokale Unterausgaben, die in
verschiedenen Redaktionen entstehen: Der für alle Ausgaben einheitliche „Mantel"

wird in der Zentralredaktion erstellt, während der von Ort zu Ort variierende Lokalteil in den verschiedenen Lokalredaktionen erarbeitet wird. Wiederum andere, meist kleinere Zeitungen, die vom selben Verlag herausgegeben werden, haben sich aus Kostengründen zu Redaktionsgemeinschaften zusammengeschlossen. Sie teilen sich einzelne Ressorts, so dass beispielsweise Wirtschafts- und Politikthemen für mehrere Zeitungen von den gleichen Redakteuren bearbeitet werden. Solche Redaktionen werden auch Vollredaktion genannt. Gängige Zeitungsressorts sind beispielsweise Politik, Wirtschaft, Nachrichten, Sport, Kultur und Lokales. Zudem gibt es Themen, die von Fall zu Fall aufgegriffen werden: Auto und Motor, Bildung und Karriere, Wissenschaft und Technik, Modernes Leben und einige mehr.

Verbreitung und Bedeutung für die Pressearbeit

Die Verbreitung der überregionalen Tageszeitungen ist am größten. Eine Nachricht, die von den großen, überregionalen Tageszeitungen aufgegriffen wird, hat eine weitaus größere öffentliche Bedeutung und wird von mehr Menschen wahrgenommen als die Meldung in einem kleinen Lokalblatt. Deshalb zählen einige überregionale Tageszeitungen, wie die Frankfurter Allgemeine, die Süddeutsche Zeitung, die Welt oder das Handelsblatt, zu den so genannten „Leitmedien". Die Themen und Kommentare, die dort zu politisch und wirtschaftlich bedeutsamen Ereignissen veröffentlicht werden, werden von vielen weiteren Redaktionen aufgegriffen. Dennoch kann für die Pressearbeit die Zusammenarbeit mit einer kleineren, regionalen Redaktion wertvoll und fruchtbar sein. Denn hier werden regionale Themen mit hoher Glaubwürdigkeit und hohem Aufmerksamkeitswert für die Zielgruppen vor Ort vermittelt. Deshalb sollten Sie sich selbst kritisch hinterfragen: Gehören Ihre PR-Botschaften zu den nationalen Top-Nachrichten oder bieten Sie Themen von lokaler oder regionaler Bedeutung an? Beispielsweise bekommen Informationen, wie der Tag der offenen Tür, das Betriebsjubiläum oder der Neubau eines Bürogebäudes, kaum eine Chance, in den überregionalen Tageszeitungen veröffentlicht zu werden. Denn nur ein Bruchteil der Leser ist an dieser Meldung wirklich interessiert. Anders sieht dies bei der Lokalzeitung aus: Hier treffen Sie nicht nur auf eine interessierte Zielgruppe, sondern haben die Chance, dass Ihr Thema der Aufmacher des Blattes wird – als Reportage, Bericht oder Feature mit Bild.

Arbeitsweise der Journalisten bei Tageszeitungen

Was allen Journalisten der Tageszeitungen gemeinsam ist: Sie arbeiten unter extremem Zeitdruck und teilweise rund um die Uhr. Schon morgens müssen die Nachrichten, die über die Nachrichtenagenturen und Korrespondenten eingehen, gesichtet und sortiert werden. Sobald in der Redaktionskonferenz festgelegt ist, wer welches Thema behandelt, müssen die notwendigen Recherchen umgehend vorgenommen, das gesammelte Informationsmaterial kritisch überprüft und in eine journalistische Textform gebracht werden. Meist muss ein Artikel bis um 16 Uhr abgeliefert sein, damit er rechtzeitig vor Druck redigiert, gekürzt, durch Archivmaterial ergänzt, manchmal auch kommentiert und schließlich gesetzt werden kann. Sollen zudem noch Termine außer Haus zur Recherche wahrgenommen werden, kommen Korrespondenten und Reporter zum Einsatz. Sie ermitteln auf lokaler, nationaler oder internationaler Ebene die nötigen Informationen zum Geschehen vor Ort und leiten diese an die Redaktion weiter, wo sie zur endgültigen Veröffentlichung verarbeitet werden. Der PR-Verantwortliche sollte den Arbeitsablauf in den Redaktionen kennen. So kann sichergestellt werden, dass er Zeitpunkt, Inhalt, Aufbereitung und Ansprechpartner für seine Informationen richtig wählt. Grundsätzlich gilt: Die Redakteure, Korrespondenten, Reporter und freie Journalisten der Tageszeitung werden es Ihnen danken, wenn Sie ihre Zeit nicht unnötig beanspruchen.

Nähe, Distanz und Hintergrundwissen der Journalisten

Bei überregionalen und lokalen Tageszeitungen werden Sie mit einem völlig unterschiedlichen Typus des Journalisten zusammenarbeiten: Während in den Ressorts der überregionalen Tageszeitung erfahrene Fachleute zu finden sind, werden in Lokalredaktionen vor allem Generalisten beschäftigt. Der Lokalreporter hastet von Termin zu Termin, ist sowohl für die Vorstandssitzung des Sportvereins, als auch für die Eröffnung der Kunstausstellung zuständig und kommt auch gerne zum Tag der offenen Tür der regionalen Druckerei. Stehen besonders viele Termine an, werden freie Journalisten von der Redaktion beauftragt. Lokalreporter suchen vor allem den persönlichen Kontakt am Ort des Geschehens. Sie haben meist wenig detailliertes Fachwissen. Zu ihrer Unterstützung brauchen Sie ein aufschlussreiches persönliches Gespräch und schriftliche PR-Informationen, denen sie schnell das benötigte Grundlagenwissen und die Hintergründe zum Ereignis entnehmen können. Der Redakteur der überregionalen Tageszeitung ist hingegen meist schwer zugänglich. Aufgrund der größeren räumlichen Distanz zum Geschehen, der Anonymität großer Redaktionen, ihrer Arbeitsteilung und der besonderen Anforderungen an die Nachrichtenqualität ist der persönliche Kontakt eher selten. Ratsamer ist es, zur Kontaktaufnahme das Telefon oder einen Pressetext einzusetzen, oder sich an den Korrespondenten vor Ort zu wenden – und auch nur dann, wenn Sie etwas wirklich Bedeutsames mitzuteilen haben! Sollte sich dennoch ein persönliches Gespräch mit einem Redakteur der überregionalen Tageszeitung ergeben, sollten Sie äußerst gut vorbereitet sein. Denn diese Profis verstehen es, die richtigen Fragen zu stellen und können auf reichhaltiges Fach- und Branchenwissen zurückgreifen.

Die Boulevardzeitungen

Zeitungen wie BILD, der Kölner Express oder die Münchner Abendzeitung bieten ein sehr buntes redaktionelles Geschehen, in dessen Mittelpunkt Sensationelles und Menschliches steht. Ihre hohe Verbreitung birgt für den PR-Verantwortlichen sowohl Chancen als auch Risiken: Die Chance, eine breite Leserschaft zu erreichen und das Risiko, Umfeld und Tenor der Veröffentlichung kaum kontrollieren zu können, halten sich die Waage. Der einzige Rat, der hier gegeben werden kann: Sie sollten diese Redaktionen nur in Ihre Pressearbeit einbeziehen, wenn Sie den zuständigen Redakteur kennen und sicher sind, dass er seriös arbeitet.

Wochen- und Sonntagszeitungen

Da sie mit der Aktualität der Tageszeitungen nicht konkurrieren können, bieten Wochen- und Sonntagszeitungen neben einem kurzen Nachrichten-Überblick vor allem fundierte Hintergrundberichte an. Dabei ist die Themenmischung je nach Blatt sehr unterschiedlich. Meist werden die Top-Themen der Tageszeitungen aus Wirtschaft und Politik aufgegriffen und vertieft. Darüber hinaus werden in Reportagen und Features weitere, für die jeweilige Zielgruppe interessante Themen aufgegriffen, die aufwendig recherchiert, mit Detailwissen angereichert und umfangreich aufbereitet sind. Da sich die Redakteure dieser Zeitungen intensiv mit den Themen auseinandersetzen und mit längerer Vorlaufzeit planen können, sind sie gute Partner für eine Zusammenarbeit mit PR-Stellen. Machen Sie diesen Redakteuren geeignete Themenvorschläge, unterstützen Sie sie bei Ihrer Recherche durch Informationsmaterial in Wort und Bild, durch Lieferung von Statistiken und Zahlenmaterial, durch Redaktionsgespräche oder durch die Vermittlung von Fachexperten als Interview-Partner.

Anzeigen- und Amtsblätter

In Deutschland gibt es fast 3.000 kostenlos verteilte Anzeigen- und Amtsblätter, die sich ausschließlich aus Werbung finanzieren. Sie sind zwar nur von lokaler oder regionaler Bedeutung und haben oft keine anspruchsvollen Zielgruppen, ihre riesige Auflagenzahl macht sie jedoch insgesamt zu einem interessanten Medium. Sie greifen Themen von lokaler Bedeutung auf – je nach inhaltlichem Konzept in der Form einer traditionell orientierten Heimatzeitung, als Alternative zur lokalen Tageszeitung oder als bunt gemischtes Unterhaltungsmedium mit Tipps für den Alltag. Da Redaktionsarbeit Geld kostet, sind die meisten Anzeigenblätter für PR-Informationen aufgeschlossen. Vor allem dann, wenn die Informationen ohne weitere Bearbeitung veröffentlicht werden können. Diesen Service bieten Pressedienste oder so genannte „Materndienste" an, die sich speziell an – meist mehrere tausend – Redaktionen von Amts- und Anzeigenblättern, sowie an die Redaktionen der Lokalpresse richten. Materndienste sind Newsletter, deren Inhalte in Wort und Bild bereits so im Zeitungslayout aufbereitet sind, dass sie direkt in das Blatt übernommen werden können. Gebucht und bezahlt werden diese fertigen Zeitungsartikel von den Pressestellen, die ihre Botschaften dort platzieren möchten. Ist so ein Artikel gut gemacht und trifft das Thema auf breites Interesse, wird er sehr häufig abgedruckt. Die Schaltkosten können sich für Ihre Pressearbeit also durchaus lohnen.

Verbands- und Kammerzeitschriften

Diese Zeitschriften werden von Verbänden, Handels- und Handwerkskammern, sowie von Parteien, Gewerkschaften und Religionsgemeinschaften herausgegeben. Es sind deren Kommunikationsinstrumente, um öffentlich ihre Standpunkte zu verdeutlichen, zur Meinungsbildung innerhalb der Vereinigung beizutragen, um über aktuelle Entwicklungen zu berichten und um Themen anzusprechen, die für die Mitglieder von grundsätzlichem Interesse sind. Die Zugänglichkeit und Aufgeschlossenheit der Redaktionen gegenüber PR-Informationen ist unterschiedlich.

Gute Chancen, um Unternehmensnachrichten oder einen Fachartikel von allgemeinem Interesse zu platzieren, bieten beispielsweise die Zeitschriften der regionalen Handelskammern.

Special-Interest-Zeitschriften und Fachzeitschriften

Die Zusammenarbeit mit Fachzeitschriften und Special-Interest-Magazinen ist besonders effektiv. Die Leser sind klar über ihre Branchenzugehörigkeit, ihren Beruf oder ihr spezielles Interesse für bestimmte Themen definiert. Bei den Special-Interest-Zeitschriften werden besonders nutzenorientierte Themen, wie Tipps, Anleitungen, Produkte als praktische Helfer oder Erfahrungsberichte vorgestellt. Können Sie dieses mit Ihrer PR-Botschaft liefern, stehen die Chancen für eine Veröffentlichung gut. In Branchen- oder Fachzeitschriften können Sie mit interessanten Fach- oder Spezialthemen punkten, mit kompetenten Stellungnahmen zu Branchenentwicklungen und aussagekräftigen Bildern von Herstellungsverfahren oder Produktentwicklungen. Produktneuheiten werden hier gerne aufgegriffen. Das Interesse der Redakteure an einer Zusammenarbeit mit PR-Stellen ist bei diesen Medien hoch – sind sie doch stets bemüht, das neueste Spezialwissen, die neuesten Produkte und Verfahren vorzustellen und dafür die besten Fachexperten als Gesprächspartner und Autoren zu gewinnen. Die längeren Vorlaufzeiten für die Erarbeitung von Artikeln erlauben es den Redakteuren, sich von Fall zu Fall vor Ort in Gesprächen und Interviews einen persönlichen Eindruck von einem Unternehmen oder einem Sachverhalt zu verschaffen. Es empfiehlt sich daher, die Ansprechpartner der Fachpresse gelegentlich in die eigene Organisation einzuladen und ihnen Sehenswertes zu präsentieren. Da bei der Fachpresse und bei wissenschaftlichen Zeitschriften nicht nur gelernte Journalisten, sondern auch Fachleute und Wissenschaftler anzutreffen sind, finden Sie hier sehr kompetente Gesprächspartner, um den vertiefenden, fachlichen Dialog zu pflegen.

Publikumszeitschriften und Supplements

Es gibt sehr viele Zeitschriften in Deutschland, die zu dieser Mediengattung zählen: Wirtschafts- und Nachrichtenmagazine, wie Focus, Capital oder Manager Magazin; Magazine und Illustrierte, wie GEO, Stern oder Gala; Lifestyle-Magazine, wie Fit for Fun oder Schöner Wohnen; Zeitschriften für Frauen, Männer und Jugend; Regenbogenblätter oder Programmzeitschriften, wie TV Spielfilm. Sie alle wollen möglichst viele Leser gewinnen und diese mit ihren Themen informieren, öfter jedoch nur unterhalten. Die Konkurrenz untereinander ist groß: Das publikumswirksamere Thema, das attraktivere Bild, die exklusive Story sind ausschlaggebend für den wirtschaftlichen Erfolg eines Blattes. Die einzelnen Zeitschriftengruppen und Titel sind inhaltlich und stilistisch sehr heterogen.

Wirtschaftsmagazine in etwa widmen sich den Themen aus Wirtschaft und Finanzen und bereiten diese in allgemein verständlicher Art für den Massenmarkt auf. Sie berichten über Produktinnovationen, Branchenentwicklungen, Außenwirtschaftbeziehungen, über die Finanzmärkte, die Arbeitsplatzsituation und wirtschaftliche, wie politische Beziehungsgeflechte. Eine Veröffentlichung in diesen Medien kann das Image einer Organisation prägen. Bieten Sie diesen Magazinen Unterneh-mensnachrichten mit gesamtwirtschaftlichem Zusammenhang und stets kompetente Interview-Partner aus der Chef-Etage Ihrer Organisation!

Viele Illustrierte wiederum setzen auf menschliche, sensationelle oder emotiona-le Themen, die sie mit einem hohen Bildanteil bereichern. Im Einzelfall muss der PR-Verantwortliche genau klären, ob und welche PR-Botschaften von den Titeln erwünscht sind. Oftmals werden besondere Anforderungen an die stilistische Auf-bereitung des Textes oder an die Fotoqualität gestellt – insbesondere, wenn Sie mit Lifestyle-Magazinen zusammenarbeiten möchten.

Die thematischen Schwerpunkte der Publikumszeitschriften reichen vom Prominenten-Klatsch, über Medizin, Gesundheit und Sport, Technik, Umwelt, Mo-de, Schönheit und Körperpflege, Essen und Trinken, Wohnen und Urlaub, bis hin zu Kino- und Fernsehprogrammen. Dabei sind die so genannten „Supplements" unterhaltende Zeitschriften, die – mit einem Fernsehprogramm ausgestattet – Tageszeitungen beiliegen.

Wollen Sie in Zeitschriften eine Veröffentlichung erreichen, sollten Ihr The-ma und seine Aufbereitung perfekt dem redaktionellen Stil der jeweiligen Rubrik entsprechen. Dabei sind die individuellen redaktionellen Vorlaufzeiten der wöchent-lich, 14-täglich oder monatlich erscheinenden Titel zu beachten. Bei manchen Titeln mischen sich wöchentlich aktuelle Nachrichten mit termin-unabhängigen Themen, jahreszeitlich bestimmten Themen und jährlich einmaligen Themen-Specials, die jeweils eine unterschiedliche redaktionelle Vorlaufzeit benötigen.

Hörfunk und Fernsehen

Die öffentlich-rechtlichen Fernseh- und Rundfunksender erfüllen Ihren staat-lichen Informations- und Unterhaltungsauftrag bevorzugt ohne den Einfluss von PR-Arbeit. Hier finden sich sowohl politische, als auch wirtschaftliche Themen, die „hohe Kultur" ebenso wie volksnahe Beiträge wieder. Zudem werden Themen der Jugendkultur, der Erwachsenenbildung und von gesellschaftlichen Minderheiten be-rücksichtigt. Die Sendeanstalten des öffentlichen Rechts sind nicht nur thematisch breit gefächert, sie sind auch regional in Landesanstalten gegliedert und arbeiten zudem – wie übrigens die meisten Fernseh- und Rundfunksender – mit exter-nen Produktionsfirmen, freien Drehbuchautoren, Regisseuren und Kameraleuten zusammen. Ihre Redaktionsstruktur ist daher komplex. Es kann einige Recherche-bemühungen kosten, bis der PR-Verantwortliche herausfindet, welcher Journalist in welchem Programmbereich für welche Sendung der richtige Ansprechpartner ist. Sie sollten genau wissen, welches Sendeformat für Ihre PR-Botschaft geeig-net ist. Diese Sendungen sollten Sie sich vorher mehrmals ansehen, um sich mit deren Stil vertraut zu machen. Auch hierbei gilt: Wenn überhaupt, dann werden PR-Themen eher von Lokalsendern oder regionalen Programmfenstern aufgegriffen, als von Programmen mit nationaler Ausstrahlung. Auch dann können Sie kaum er-warten, dass Produkt- oder Firmennamen in den Beiträgen genannt werden. Es sei denn, Sie sprechen für einen Großkonzern, einen Verband, ein wissenschaftliches Institut oder eine gemeinnützige Organisation, die ihren Standpunkt oder ihre Ex-pertenmeinung in eine öffentliche Diskussion einbringen will. Trotzdem: Wenn Sie den öffentlich-rechtlichen Sendern eine Nachricht von breitem, öffentlichen Interesse bieten können, die sich mediengerecht aufbereiten lässt und in das Format einer bestimmten Sendung passt, bestehen auch hier Chancen für eine Veröffentlichung.

Eine etwas größere Aufgeschlossenheit gegenüber PR-Themen haben die privaten Fernseh- und Rundfunkstationen. Die Mitarbeiter der „Privaten" sind an die finanzielle Abhängigkeit von der werbenden Wirtschaft gewöhnt und haben daher weniger Berührungsängste. Auch hier gilt: Je größer der Sender, desto komplexer ist die redaktionelle Struktur – einschließlich verschiedener regionaler Standorte, Regionalstudios und Regionalfenstern. Der Weg in die Redaktion der Privaten führt über Themen, die volksnah sind, Menschen emotional bewegen, ihnen helfen oder einen besonderen Unterhaltungswert aufweisen. Zudem ist der regionale Bezug der Botschaft mit entscheidend. Weitere Kooperationsmöglichkeiten bieten gesponserte Programme: Der Stau-Service wird vom Autohaus geliefert, die Börsennachrichten vom Bankhaus, die Filmtipps von der Vereinigung der Filmtheater. Wichtig für Ihre PR mit Rundfunk und Fernsehen: Offerieren Sie entweder Top-Nachrichten, Service-Themen von breitem Interesse oder Menschen, die etwas Interessantes erzählen und zeigen können!

Hohe Produktionsstandards und PR-Kosten

Bei der Pressearbeit mit audiovisuellen Medien müssen Sie die spezifischen Produktionsvoraussetzungen für TV- und Radiobeiträge beachten. Während ein Interview mit einem Radiosender relativ leicht über das Telefon durchgeführt werden kann, bestehen hohe Anforderungen an das Bildmaterial für Fernsehsender. Oft wird Ihre Presseveranstaltung oder Ihr Pressetext die Redakteure von TV-Sendern nur auf ein Thema aufmerksam machen, das sie dann selbst weiter recherchieren. Die Betreuung eines Fernsehteams kann sehr aufwändig sein: Viele verschiedene Interviewpartner müssen bereitstehen, die „Kulisse" muss eventuell noch mediengerecht vorbereitet werden und ein Dreh kann sich über mehrere Stunden oder Tage hinziehen – auch wenn dabei nur ein Beitrag zwischen 30 Sek. und ein paar Minuten herauskommt. Wenn Sie ihre PR-Botschaft allerdings selbst in sendefähiges Material umsetzen wollen oder von einem Sender das Angebot erhalten, sich an den Produktionskosten eines Beitrags zu beteiligen, sind höhere PR-Budgets nötig. Dann sollten Sie unbedingt prüfen, ob diese erhöhten PR-Produktionskosten in einem angemessenen Verhältnis zur Sendezeit, zur Einschaltquote des Senders und zur Reichweite in Ihrer Dialoggruppe stehen.

Nachrichtenagenturen und Informationsdienste

Nachrichtenagenturen sind die wichtigsten Informationslieferanten für Presse, Funk und Fernsehen. In den namhaften Nachrichtenagenturen, darunter die Deutsche Presse-Agentur (dpa), die Reuters AG (rtr) oder The Associated Press (AP), arbeiten hunderte von Redakteuren, Korrespondenten und Rechercheure daran, Nachrichten zu sammeln, aufzubereiten und an Redaktionen weiterzuleiten. Dabei greifen die Agenturen auf ihre regionalen Büros, aber auch auf ihre internationalen Korrespondenten-Netzwerke zurück. Grundsätzlich werden von den Nachrichtenagenturen alle Themen bearbeitet, die Nachrichtenwert haben: Ob aus Politik und

Wirtschaft, Sport und Kultur, Inland oder Ausland. Es gibt aber auch Dienste, die sich speziellen Themen widmen, beispielsweise die Vereinigten Wirtschaftsdienste (vwd) oder der Sport-Informations-Dienst (sid). Hinzu kommen Agenturen, die im Schwerpunkt über bestimmte Regionen oder Länder berichten, sowie die staatlichen Nachrichtenagenturen anderer Länder. Wenn Sie die großen Nachrichtenagenturen in Ihre Pressearbeit einbeziehen, sollten Sie zwei Dinge bedenken: In diesen Redaktionen haben nur professionell aufbereitete PR-Informationen mit hohem Nachrichtenwert eine Chance, überhaupt beachtet zu werden. Alle Nachrichten durchlaufen eine mehrstufige, kritische Prüfung, bevor sie „über den Ticker" verbreitet werden. Und: Auch von Nachrichtenagenturen werden Ihre Informationen bearbeitet, vielleicht gekürzt oder durch weitere Recherchen ergänzt. Der fertige Bericht erreicht dann hunderte, vielleicht tausende von Redaktionen und wird von vielen aufgegriffen. Das birgt große Chancen, aber auch Risiken für Ihre Pressearbeit. Fehler in der Berichterstattung oder die tendenziell kritische Beurteilung eines Sachverhalts – ebenso wie eine positive Nachricht – werden so unaufhaltsam und mit hoher Glaubwürdigkeit sehr weit verbreitet.

Informationsdienst „News Aktuell"

Neben den Nachrichtenagenturen gibt es weitere Informationsdienste für Redaktionen, die von anderen Trägergesellschaften – Verbände, Wirtschaftsvereinigungen oder weiteren Interessensgemeinschaften – betrieben werden und sich unterschiedlichen Themen widmen. Ein Sonderfall ist der Dienst von „News Aktuell", einer Tochterfirma der dpa. Dieser Service bietet zahlenden PR-Kunden an, ihre Pressemeldung oder ein Pressefoto, sowie weitere elektronische Pressematerialien per Datenfernübertragung direkt in die PCs der rund 2.500 angeschlossenen deutschen Redaktionen zu senden. Zudem werden die Pressematerialien auf dem eigenen Online-Portal und auf Wunsch in Social Media Netzwerken veröffentlicht. So kann eine große Anzahl an Redaktionen und Interessenten für Ihre PR-Botschaft erreicht werden. Als zusätzliche Verbreitungsmöglichkeit für Unternehmensmitteilungen ist der Service von News Aktuell sehr praktisch und hilfreich.

Pressebüros

Auch Pressebüros sind wichtige Dienstleister für Redaktionen. Sie werden von selbständigen Journalisten betrieben, die dort – wie in einer Redaktion – Artikel und Produktionen für die Veröffentlichung erarbeiten. Ihre Kunden sind die Redaktionen der unterschiedlichen Medien, die durch den Zukauf von redaktionellen Inhalten ihre eigene Redaktion schlank halten und sich von Fall zu Fall das Expertenwissen von externen Journalisten sichern wollen. Aber auch die Redaktionen von großen Kunden- und Mitarbeiterzeitungen greifen auf die Services der Pressebüros zurück. Oft sind solche Pressedienste auf bestimmte Themengebiete spezialisiert. Auch bestehen gute, langfristige Beziehungen zu den Redaktionen, die regelmäßig beliefert werden. Die Journalisten der Pressebüros suchen ständig nach Themen, die für Redaktionen attraktiv sind. Haben sie sich in ein bestimmtes Thema eingearbeitet, ist ihr Interesse groß, dieses Thema für unterschiedliche Medien und Titel aufzubereiten und an mehrere Redaktionen zu verkaufen. Sie sind daher an einer Kooperation mit PR-Stellen interessiert. Sie können mit diesen Journalisten gut zusammenarbeiten, wenn Sie attraktive Themen vorschlagen und Ihre umfassende Unterstützung bei der Recherche der Themen anbieten. Dazu müssen Sie wissen, mit welchen Themen sich die jeweiligen Pressebüros hauptsächlich beschäftigen und mit welchen Redaktionen sie häufig zusammenarbeiten. Zudem können Sie Pressebüros beauftragen, um Veröffentlichungen für Ihre eigenen PR-Medien erarbeiten zu lassen – den Beitrag im Kundenmagazin oder die Reportage in der Mitarbeiterzeitung. Der Wissenstransfer, der dabei entsteht, kann für Ihre PR-Arbeit nur positiv sein.

Online-Medien

Neben den Offline-Medien – Print, Funk und Fernsehen – sind die Redaktionen der Online-Medien für die Pressearbeit zu wichtigen Partnern geworden. Zum einen gibt es von vielen Printmedien, Rundfunksendern und Fernsehstationen Online-Plattformen, die von einer eigenen Redaktion betreut werden. Zum anderen haben sich im World Wide Web (www) neue Medien etabliert, die in Echtzeit aktuelle Nachrichten und Themen an die Internet-Gemeinde kommunizieren. Elektronische Newsletter informieren ihre Interessenten über die unterschiedlichsten Themenbereiche – von Gesundheit und Ernährung, über Mode, Haustiere, Wissenschaft und Technik, bis hin zu Umwelt, Finanzen und Immobilien. In unzähligen Newsgroups und Social Communities werden Nachrichten und Meinungen zu einem Thema veröffentlicht. Und RSS-Feeds senden den Interessierten alle Top-Nachrichten zu bestimmten Themen innerhalb von wenigen Minuten auf PC oder Smartphone. Hinter diesen neuen Erscheinungsformen stecken Menschen – teilweise Journalisten – , die Nachrichten recherchieren, aufbereiten und kommunizieren und damit zur Meinungsbildung in der virtuellen Community beitragen. Vor allem die Online-Medien mit breiten Zielgruppen und diejenigen, die eine hohe Glaubwürdigkeit bei bestimmten Dialoggruppen genießen, können einen erheblichen Einfluss auf das Image einer Organisation haben. Deshalb sollte der PR-Verantwortliche recherchieren, welche Online-Medien für seine Dialoggruppe meinungsbildende Relevanz genießen und die Redaktionen dieser Medien in seine Pressearbeit einbeziehen.

Freie Journalisten

Nicht alle Journalisten arbeiten als fest angestellte Redakteure für die oben aufgeführten Medien. Viele Journalisten bieten ihre Dienste als freie Mitarbeiter für verschiedene Medien und Titel an. Auch die Gruppe der freien Journalisten ist äußerst heterogen. Von namhaften Autoren, die für große Tageszeitungen und Magazine arbeiten, bis hin zum freien Fachjournalisten und dem Lokalreporter, der auch PR-Texte anbietet, findet sich jeglicher Typus des Journalisten wieder. Bei der Zusammenarbeit mit einem freien Journalisten muss der PR-Verantwortliche also wissen, für welche Medien er vorwiegend tätig ist und welche Themenschwerpunkte er bei seiner Arbeit setzt. Nutzen Sie entsprechende Nachschlagewerke, achten Sie auf die Autorenbeiträge in den Medien und durchforsten Sie das Impressum von Printmedien, um die geeigneten Ansprechpartner zu finden. Oder hören Sie sich in den regionalen Presseclubs um, in denen viele Journalisten organisiert sind, um den Erfahrungsaustausch mit Kollegen zu pflegen. Dort werden Sie auch auf Journalisten treffen, die in Pressestellen von Wirtschaft und Verwaltung arbeiten – also auf Ihre PR-Kollegen – und können daher mit Aufgeschlossenheit gegenüber Fragestellungen der PR rechnen.

3.2.2 Presseverteiler

Wenn Sie Ihre Recherche zu Medien, deren redaktionellen Ansprechpartnern, Arbeitsweisen, Themen und Zielgruppen abgeschlossen haben, können Sie entscheiden: Welche Journalisten möchten und müssen Sie in Ihre Pressearbeit einbeziehen, um Ihre PR-Ziele zu erreichen? Diese Journalisten nehmen Sie in den so genannten „Presseverteiler" oder auch „Medienverteiler" auf. Der Presseverteiler ist eine Liste mit allen Medien, Ansprechpartnern und Daten, die Sie brauchen, um den Kontakt zu Journalisten aufzunehmen und zu pflegen. Die Informationen, die Sie in Ihren Presseverteiler aufnehmen können, finden Sie in Tabelle 3.2.

Bei umfangreichen PR-Konzepten ist es üblich, für einzelne Aufgaben, Themen oder Unternehmensfelder unterschiedliche Presseverteiler anzulegen: Beispielsweise können für Produktneuheiten, Sponsoringprojekte, Umwelt- oder Arbeitsmarktthemen und Finanzkommunikation jeweils unterschiedliche Gruppen von Journalisten relevant sein. Auch sollte zu jedem Kontakt die Kontakthistorie verfügbar sein. Aus den Informationen sollte hervorgehen, wann und zu wem ein Kontakt stattgefunden hat, über welches Thema dabei gesprochen bzw. welche Informationen ausgetauscht wurden und in welchem Tenor dies geschah. Spezielle

Tabelle 3.2 Informationen im Presseverteiler (Auswahl)

Medium
- Titel des Mediums (bei TV und Radio: Sender)
- Verlag
- Herausgeber (Verantwortlicher bei Online-Plattformen)
- Redaktionsadresse (ggf. mit Landesanstalt / Regionalstudio bei TV und Radio)
- Mediengattung bzw. /-gruppe
- Mediennutzer
- Verbreitung
- Reichweite in spezifischen Zielgruppen
- Erscheinungsfrequenz und -datum
- Redaktionsschluss
- Spezielle technische Anforderungen (z.B. Bildqualität)
- Homepage

Journalist
- Ressort / Rubrik (bei TV und Radio: Programmbereich / Titel der Sendung)
- Themenschwerpunkte und –interessen
- Position / Funktion innerhalb der Redaktion
- Kontaktdaten (Adresse, Telefon-Durchwahl, persönliches Fax, E-Mail, Handynummer)
- Geburtstag
- Hobbies
- Kontakthistorie (evtl. mit Hinweis auf Gesprächsnotizen)
- Spezielle Wünsche (z.B. Aufbereitungs- und Übermittlungsart; Textumfang, Interviewpartner, grafische Aufbereitung etc.)

Letztes Änderungs- bzw. Überprüfungsdatum des Eintrags

Wünsche oder persönliche Interessen, die der Journalist im Gespräch äußert, sollten ebenfalls festgehalten werden. Sie dienen später dazu, den Kontakt individuell
nach den Bedürfnissen und Vorlieben des Journalisten gestalten zu können. Alle
Informationen des Presseverteilers werden in einer elektronischen Datenbank verwaltet, die nach verschiedenen Kriterien und Suchbegriffen selektiert und für den
Versand von personalisierten Briefen, E-Mails und Faxen verwendet werden kann.
Die einfachste Version ist es, eine Excel-Liste mit den entsprechenden Feldern anzulegen. Vergessen Sie nicht, für jeden Datensatz das letzte Aktualisierungsdatum
zu erfassen und regelmäßig zu überprüfen, ob alle Daten noch korrekt sind. Denn
Ihre Redaktionskontakte sind ein Kapital, das gut gepflegt sein will!

Umso wichtiger ist es, dass Sie wirklich nur diejenigen Redaktionen in Ihren Presseverteiler aufnehmen, die für Ihre PR-Strategie entscheidend sind und
mit denen Sie regelmäßig und intensiv kommunizieren können. Denken Sie daran, dass Sie Zeit brauchen, um den Kontakt zu pflegen! Oft ist es sinnvoll, die
Kontakte nach Prioritäten zu ordnen. Die meiste Zeit sollte einem engeren Kreis
von Journalisten gewidmet werden, dem eine Schlüsselrolle für Ihre PR-Ziele zukommt. Für ungewöhnliche oder einmalige Themen, die nicht zu Ihrem PR-Alltag
gehören, lassen sich bei Bedarf entsprechende thematische Presseverteiler von PR-
Dienstleistern einkaufen (siehe Tabelle 3.3 „Nachschlagewerke für die Erstellung
Ihres Presseverteilers" weiter unten).

So recherchieren Sie die Daten für Ihren Presseverteiler:
Wie kommen Sie nun an alle Daten, die Sie für Ihren Presseverteiler benötigen?
Hierzu gibt es mehrere Recherchemöglichkeiten:

- Beschaffen Sie sich ein Ansichtsexemplar der betreffenden Zeitung bzw. Zeitschrift. Analysieren Sie den Inhalt des Blattes und entnehmen Sie dem Impressum die benötigten Informationen.
- Rufen Sie bei der Redaktion an! So können Sie weitere Kontaktdaten in Erfahrung bringen, sich eine Leseranalyse zusenden lassen, aber auch das Interesse für
  ein bestimmtes Thema vorab prüfen, bevor Sie umfangreiche Pressematerialien
  versenden. Ganz wichtig: Senden Sie nie E-Mails an eine Redaktion, ohne zuvor
  mit dem verantwortlichen Redakteur gesprochen und seine Erlaubnis eingeholt
  zu haben! Ihr Mail könnte sonst als unerlaubtes Spam aufgefasst werden.
- Rufen Sie bei der Pressestelle von Rundfunk- und Fernsehsendern an, erfragen
  Sie die notwendigen Informationen und lassen Sie sich ein Programmheft des
  Senders übersenden!
- Sehen Sie sich die für Sie interessanten Sendungen im Fernsehen an und notieren
  Sie sich im Abspann die verantwortlichen Redakteure!
- Fragen Sie Ihren Branchen-, Wirtschafts- oder Berufsverband nach deren Presse-
  verteiler!
- Recherchieren Sie im Internet auf der Website der entsprechenden Medien oder
  nutzen Sie die Suchmaschinen, um Online-Medien, Newsgroups und elektroni-
  sche Newsletter zu finden!
- Nutzen Sie die gängigen Nachschlagewerke für Pressearbeit – online oder offline!

In diesen Nachschlagewerken und Online-Quellen finden Sie Ihre Kontaktdaten:

Tabelle 3.3 Nachschlagewerke für die Erstellung Ihres Presseverteilers (Auswahl)

Nachschlagewerke für Print, Funk und Fernsehen	
• Stamm Leitfaden für Presse und Werbung / STAMM Impressum (STAMM Verlag, Essen; www.stamm.de)	• Nachschlagewerk in 2 Bänden; • Print-Ausgabe jährlich aktualisiert; • elektronische Ausgabe Stamm Medien-CD halbjährlich aktualisiert; • Internet-Medien CD mit Online-Medien; • Stamm Impressum als monatlich aktualisierte, elektronische Medien-Datenbank im Abo; • Kauf von Presseverteilern möglich;
• Zimpel (GWV Fachverlage GmbH, Verlag Dieter Zimpel, Wiesbaden; www.zimpel.de)	• Loseblatt-Sammlung mit monatlichen Ergänzungen; • Enthält Themenpläne der Redaktionen; • ZDATA und ZDATAplus auf CD-ROM erhältlich; • Zimpel-Online mit tagesaktuellen Daten; • Kauf von Presseverteilern möglich;
• Redaktions-Adress und Media-Daten (Media-Daten Verlag, Wiesbaden; www.media-daten.com)	• Print-Nachschlagewerk mit halbjährlicher Aktualisierung; • Media-Daten Digital auf CD-ROM mit Medienprofilen, Redaktionskonzept und Zielgruppenbeschreibung; • Online-Tarifdatenbank für Medien und Verlage
• Kroll Presse-Taschenbücher (Kroll-Verlag, Seefeld/Obb.; www.kroll-verlag.de)	• Mini-Taschenbuch-Nachschlagewerke im DIN A6-Format mit 18 Ausgaben zu unterschiedlichen Themenbereichen, z.B. Wirtschaftspresse, Motorpresse, Touristikpresse, Geld und Versicherung, Gesundheit etc.; • Service: Zusammenstellung von individuellen Presseverteilern; • Online-Mediensuche über www.pressguide.de;
• MEDIAtlas (news aktuell GmbH, Hamburg; www.newsaktuell.de; www.mediatlas.de)	• Kostenpflichtige Online-Datenbank von news aktuell, die von allen Nutzern gepflegt wird und tagesaktuelle Journalistendaten enthält;
• Oeckl – Taschenbuch des öffentlichen Lebens (Festland-Verlag, Bonn; www.oeckl.de)	• Print-Nachschlagewerk mit allen politischen Instanzen, Verwaltungseinrichtungen und Verbänden auf Bundes-, Länder- und kommunaler Ebene, sowie deren Pressestellen; umfassende Sammlung der Institutionen des gesellschaftlichen, öffentlichen Lebens; • Ausgaben für Deutschland und Europa; • jährliche Aktualisierung; • Oeckl Online zur interaktiven Recherche;
Nützliche Suchdienste für Online-Medien • www.domeus.de • http://de.groups.yahoo.com • http://groups.google.com • www.bellnet.de • http://blogsearch.google.com	• Such-Portale zur Recherche von Online-Medien, elektronischen Newslettern, Newsgroups oder Mailinglisten und Blogs;

Die Erstellung eines guten Presseverteilers ist mit sehr viel Recherchearbeit verbunden. Auch einmal erstellte Verteiler müssen ständig aktualisiert und gepflegt werden. Denn der Medienmarkt ist dynamisch und die Fluktuation in den Redaktionen ist hoch. Und: Wenn Sie Ihre PR-Ziele ändern, müssen auch die Presseverteiler angepasst werden. Gute Kontakte zu Journalisten sind das Herzstück Ihrer Pressearbeit und Ihr Kapital gleichermaßen. Wechselt der PR-Profi seinen Arbeitgeber oder seinen Aufgabenbereich, nimmt er seine Pressekontakte mit. Die Zeit, die Sie investieren, um die richtigen Ansprechpartner für Ihre Pressearbeit zu finden und den Kontakt mit diesen zu pflegen, sind also stets eine Investition in Ihre Zukunft!

3.2.3 Die journalistischen Textformen

Wer mit Journalisten zusammenarbeitet, sollte deren Arbeitsweise und Ausdrucksformen gut kennen. Denn die PR-Informationen werden vom Journalisten in ganz typischer Weise verarbeitet: beispielsweise als Nachricht, Reportage oder Interview. Der PR-Verantwortliche sollte mit diesen und weiteren grundlegenden journalistischen Textformen vertraut sein. Sie gehören zum Handwerkszeug von Journalisten ebenso wie von PR-Profis. Denn auch der PR-Profi leistet journalistische Arbeit, wenn er Texte für die Pressearbeit, für die Kunden- oder Mitarbeiterzeitung, für eine Broschüre oder für eine Rede entwirft. Nicht selten tauschen deshalb Journalisten die Schreibtischseite und arbeiten als PR-Profis für Wirtschaft und Verbände. Journalistisches Grundlagenwissen und das richtige Einfühlungsvermögen in die journalistische Arbeitsweise erleichtern den professionellen Dialog mit der Presse.

Grundsätzlich wird bei journalistischen Textformen zwischen den nachrichtlichen und den kommentierenden Texten unterschieden. Während nachrichtliche Texte lediglich Informationen und Fakten zu aktuellen Ereignissen ohne Kommentierung, Wertung oder sonstige Meinungsäußerung wiedergeben, äußern sich die Autoren in meinungsbildenden, kommentierenden Texten ganz subjektiv zu Sachverhalten. Sie interpretieren die Fakten, können Sachverhalte überzeichnen, kritisieren oder verurteilen. Aufgrund der Presse- und Meinungsfreiheit hat der Journalist dabei nur die Auflage, seine individuelle Meinung als solche zu kennzeichnen und solche kommentierenden Texte klar von Nachrichtentexten zu trennen. Im Folgenden werden die wichtigsten nachrichtlichen und kommentierenden Textformen kurz beschrieben.

Die Nachricht

Die Nachricht ist eine kurze, präzise, nüchterne Information über etwas Aktuelles, Neues, Bedeutsames. Sie nennt alle relevanten Fakten zu einem Sachverhalt, indem die sechs W-Fragen beantwortet werden: Wer? Was? Wann? Wo? Wie? Warum? Zudem wird die Quelle der Informationen genannt. Die Nachricht ist sachlich, objektiv, korrekt und vermeidet jegliche Art der subjektiven Wertung. Die möglichst kurze Überschrift gibt in einem Satz den Kern der Nachricht wieder und soll den Leser neugierig machen. Dann folgen die Antworten auf die W-Fragen in individueller Reihenfolge, wobei die wichtigste W-Frage als Aufhänger der Nachricht vorangestellt wird. Einzelne Aspekte eines Themas, Zusammenhänge, Hintergründe oder Ursachen können im Anschluss an die Nachricht erläutert werden.

Der Bericht

Der Bericht ist eine ausführlichere Nachricht, die mehr Einzelheiten, Zusammenhänge und Hintergründe zu einem Sachverhalt ausführt. Er reiht Tatsachen in der Reihenfolge ihrer Bedeutung aneinander und enthält Zitate – beispielsweise von Zeugen eines Ereignisses -, ebenso wie atmosphärische Schilderungen, Beschreibungen von Vorgängen, Rückblicke und indirekte Rede. Der Bericht hat ein bis drei Überschriften: die Dachzeile formuliert den thematischen Rahmen, die Hauptüberschrift weckt die Neugier und in der Unterüberschrift kann ein weiterer sachlicher Aspekt zum Thema aufgegriffen werden. Oft wird dem Bericht im ersten Absatz eine Nachricht vorangestellt, die die Kernaussage des folgenden Textes wiedergibt. Wichtig: Durch die möglichst objektiven, aus der Distanz heraus verfassten Tatsachenbeschreibungen soll sich der Leser selbst ein Bild vom Geschehen machen können.

Die Reportage

Auch die Reportage ist in erster Linie ein informierender Textstil. Anders als beim Bericht ist der Journalist jedoch selbst Teil des Geschehens. Er beschreibt seine sinnlichen Eindrücke, seine Erfahrungen, seine Beobachtungen. Er wirft einen Blick hinter die Kulissen, lässt die Menschen selbst – durch deren Handlungen, Meinungen, Erfahrungen und Erzählungen – ein möglichst plastisches Bild der Geschehnisse zeichnen und ergänzt dieses mit seinem Hintergrundwissen.

Das Interview

Das Interview ist eine Textform, in der ein Gespräch zwischen dem Journalisten und dem Interviewten in der Frage-Antwort-Form wiedergegeben wird. In der Einleitung zum Interview wird der Gesprächspartner und das Thema kurz vorgestellt. Der Interviewpartner ist dabei entweder selbst eine Person von öffentlicher Bedeutung oder kann über interessante Sachverhalte mit Nachrichtenwert berichten. Der Journalist versucht, durch geeignete Fragestellung entweder persönliche Informationen über den Interviewten zu gewinnen, ihn dazu zu bewegen, seine Meinung zu einem öffentlich diskutierten Sachverhalt darzulegen oder sein spezielles Wissen und seine Erfahrungen mit dem Leser zu teilen. Die Hauptüberschrift zu einem Interview ist oft ein Zitat. Eine Sonderform des Interviews ist die Interviewstory. Diese wird auf der Basis eines Interviews verfasst, jedoch nicht in der Frage-Antwort-Form wiedergegeben. Vielmehr schreibt der Journalist einen Bericht vom Interview, in dem auch seine Eindrücke und Beschreibungen von der interviewten Person, sowie Original-Zitate enthalten sind.

Das Feature

In einem Feature wird ein Thema oder Ereignis in kleine Informationshäppchen unterteilt, die unterschiedliche Aspekte und Sichtweisen aufzeigen. Die einzelnen Informationselemente sind abwechslungsreich gestaltet und mit unterschiedlichen Stilelementen umgesetzt: Ein Bericht zum Ereignis wird durch ein Interview mit einem Experten ergänzt, die Chronologie der Ereignisse wird einem Augenzeugenbericht und dem Auszug aus dem Polizeibericht gegenüber gestellt. Skizzen der Abläufe, Kommentare und eine Auflistung ähnlicher Vorfälle werden in separaten Kästchen aufgegriffen. Durch die Vielfalt an Informationsbausteinen erlaubt es das Feature, einen Sachverhalt oder ein Ereignis von vielen verschiedenen Seiten zu beleuchten. Durch die atmosphärischen Schilderungen des Autors und die verschiedenen Perspektiven und Bilder, die er mit seiner Sprache zeichnet, zieht er seine Leser in die Geschehnisse hinein, lässt sie „hautnah" am Erlebten teilnehmen.

Kommentar

Mit einem Kommentar gibt der Journalist seine persönliche Meinung oder Einschätzung zu einem bestimmten Sachverhalt wieder. Zum Einstieg bietet er dem Leser die für das Verständnis des Kommentars notwendigen Grundinformationen, um dann seine Beurteilung der Sachlage anzuschließen. Der Journalist arbeitet dabei mit subjektiven Schlussfolgerungen, polemischen Meinungsäußerungen, Ermahnungen und Appellen. Stets sollte er jedoch klare, verständliche und sachkundige Gedanken formulieren. Der Kommentar lebt von der Brillanz der Sprache und den nachvollziehbaren, überzeugenden Begründungen. Er soll dem Leser Interpretationshilfen geben und es ihm dadurch erleichtern, seinen eigenen Standpunkt zu finden. Dabei ist zu beachten, dass ein Kommentar nicht die Meinung der gesamten Redaktion widerspiegeln muss.

Glosse

Die Glosse ist die Kurzform des Kommentars – zugespitzt auf einen Sachverhalt, eine Nachricht, ein Zitat. Der Autor verwendet die Stilmittel der Satire, spöttelt, übertreibt und gibt sich ironisch. Oft bieten kleine Randerscheinungen den Anlass zu einer Glosse. Oder es werden typische Verhaltensweisen und Meinungsbilder „aufgespießt". Die Glosse lebt von der genauen Beobachtung von Schwächen, von einer „leichten" Sprache, von überzeugenden Pointen und vom ganz persönlichen Sprachgefühl des Autors. Sie ist eine kommentierende Darstellungsform, der sich nur echte Könner zuwenden sollten.

Rezension und Kritik

Die Rezension oder Kritik ist ein Kommentar zu einem Ereignis des Kulturlebens. Der Leser wird davon unterrichtet, dass ein bestimmtes Ereignis stattgefunden hat – in etwa die Veröffentlichung eines Buches, die Vorführung eines Kinofilms oder die Aufführung eines Theaterstücks. Zudem beurteilt der Journalist das entsprechende Ereignis aus seiner individuellen Sicht. Dabei bedient er sich eines feuilletonistischen Sprachstils und der typischen Stilmittel von Kommentar und Glosse.

Neben diesen grundlegenden Ausdrucksformen des Journalismus gibt es – speziell beim Radio- und Fernsehjournalismus – weitere, medienspezifische Aufbereitungsmöglichkeiten für Informationen. Wenn Sie bei Ihrer PR-Arbeit häufig mit Radio- und Fernsehjournalisten zu tun haben, lohnt es sich, auch deren typische Arbeitsweise näher zu betrachten. Für den Einstieg in die PR und für Ihre erste Kontaktaufnahme mit Journalisten sind Sie jedoch gut vorbereitet, wenn Sie mit den oben aufgeführten journalistischen Textformen vertraut sind. Darüber hinaus sollten Sie zukünftig das von den Medien angebotene Programm genau prüfen:

- In welchen Medien und Beiträgen werden überwiegend informierende, in welchen kommentierende Darstellungsformen verwendet?
- Welche sachliche Information liegt der Veröffentlichung zugrunde und aus welcher Quelle stammt sie?
- Welche Meinung vertritt der Journalist und welchen Sprachstil pflegt er?

Aus der Beantwortung dieser Fragen lassen sich Rückschlüsse ziehen, welche Journalisten für Ihre PR-Arbeit besonders aufgeschlossen sein könnten und in welchem Medium Ihre PR-Informationen besonders vorteilhaft aufbereitet werden. Berücksichtigen Sie dies, wenn Sie Ihren Presseverteiler zusammenstellen!

3.3 Anlässe und Themen für Pressearbeit

Erfolgreiche Pressearbeit lebt davon, den strategisch wichtigen Medien immer wieder interessante, neue Themen mit Nachrichtenwert anbieten zu können. Die Themen und Anlässe Ihrer Pressearbeit sollten dazu geeignet sein, Ihre Kernbotschaften zu transportieren und gleichzeitig das Interesse der Journalisten hervorzurufen. Zu den großen Herausforderungen kontinuierlicher Pressearbeit gehört es, solche Anlässe und thematische Aufhänger zu finden. Dabei ergeben sich viele Anlässe und Themen aus der wirtschaftlichen oder gesellschaftlichen Tätigkeit Ihrer Organisation. Diese müssen jedoch entdeckt und entsprechend aufbereitet werden. Auch wenn Sie die öffentliche Diskussion zu bestimmten, organisationsnahen Themen aufmerksam verfolgen, bieten sich häufig Anknüpfungspunkte für die Platzierung Ihrer Botschaft. Zudem helfen die Erwartungen Ihrer Dialoggruppen dabei, interessante Inhalte für Ihre Pressearbeit zu erarbeiten. Darüber hinaus können Sie selbst kreativ werden und Anlässe schaffen, die geeignet sind, Ihre PR-Botschaften zu transportieren. Im Folgenden erhalten Sie Anregungen, wie Sie attraktive Themen finden und diese als Aufhänger für Ihre PR-Botschaften nutzen.

3.3.1 Der Nachrichtenwert einer Botschaft

Unabhängig davon, welches Thema Sie bearbeiten, Ihre Informationen werden von den Journalisten nur dann beachtet werden, wenn Sie einen hohen Nachrichtenwert bieten und ein Grundbedürfnis der Leser, Seher oder Hörer befriedigen können. Der Nachrichtenwert einer Information wird nach journalistischen Kriterien wie folgt beurteilt: Die Information muss neu und interessant sein und aus einer seriösen Quelle – möglichst aus erster Hand – stammen.

Um neu und interessant zu sein, muss die Nachricht eine oder mehrere der folgenden Eigenschaften aufweisen:

- Aktualität – Etwas, das gerade erst bekannt geworden ist, eine neue Entwicklung, ein neuer Beitrag oder ein neuer Aspekt zu einer bestehenden Diskussion, daraus werden Nachrichten gemacht.
- Folgenschwere – Ein Ereignis, das Auswirkungen auf viele Menschen hat, zählt zu den Top-Nachrichten.
- Nähe – Ein Ereignis hat hohe Bedeutung für Menschen, wenn sie sich örtlich nahe am Geschehen befinden oder sie sich durch gemeinsame Interessen, eine Zugehörigkeit zur gleichen sozialen Gruppe angesprochen fühlen.
- Konflikt – Ein Streit, ob auf politischer, wirtschaftlicher, sportlicher oder privater Ebene, ist für viele „Schaulustige" interessant.
- Fortschritt – Bahnbrechende Erfolge in der medizinischen Forschung, in der Raumfahrttechnik oder in sonstigen Bereichen und ihre Auswirkungen sind gute Nachrichten.
- Dramatik – Die Ereignisse rund um Klimakatastrophen, Terroranschläge, Rettungsaktionen oder dramatische Liebesbeziehungen werden mit Interesse verfolgt.
- Provokation – Menschen und Unternehmen, die gegen die gesellschaftliche Norm oder gegen sonstige Regeln verstoßen, erhalten die Aufmerksamkeit der Medien.
- Emotion und Erotik – Sex, Romantik, kleine Kinder, Tiere oder Todesfälle sprechen die Gefühle der Zielgruppen an und sind für bestimmte Medien attraktiv.
- Prominenz – Ob von den Medien gemacht, ob durch Kompetenz und außerordentliche Leistung in Wissenschaft, Wirtschaft oder Kulturleben erworben, prominente Persönlichkeiten sind immer eine Nachricht wert.
- Spaß und Unterhaltung – Von unterhaltenden, so genannten „soft news" leben viele Medien.
- Kurioses – Humoristisches, Ungewöhnliches und Originelles findet immer Abnehmer auf dem Nachrichtenmarkt.

Darüber hinaus sollten die subjektiven Einstellungen des Journalisten in die Überlegungen mit einbezogen werden. Ist es für den Journalisten einfach, sich mit dem Thema auseinanderzusetzen oder muss er sich in komplexe Vorgänge einarbeiten? Kann er mit der Nachricht an eine aktuelle, öffentliche Diskussion anknüpfen?

Kann er sich selbst mit dem Thema identifizieren oder profilieren? Sind ihm Thema und Absender sympathisch? Manchmal entscheiden diese subjektiven Faktoren darüber, ob eine ansonsten gut aufbereitete Information aufgegriffen wird oder nicht.

Welches menschliche Grundbedürfnis sprechen Sie mit Ihrer Nachricht an?
Wenn Sie den journalistischen Nachrichtenwert Ihres Themas beurteilt haben, sollten Sie auch noch überlegen, welches Grundbedürfnis Ihrer Dialoggruppe Sie mit einem bestimmten Thema ansprechen wollen. Psychologen und Soziologen haben festgestellt, dass alle Menschen bestimmte Grundbedürfnisse haben, die sie zum Handeln motivieren. Dazu gehören:

- Lebenserhaltende Bedürfnisse, wie Schutz vor Hunger, Durst, Kälte, Hitze, Bedrohung, Schmerz, Krankheit;
- Finanzielle Sicherheit, Besitz und Wohlstand mehren, Zeit und Geld sparen, Anstrengungen verhindern;
- Bedürfnis nach gesellschaftlicher Einbindung über Kontakte, Freundschaften, Familie, Liebe, aber auch über die Teilhabe an Ereignissen und Informationen;
- Bedürfnis nach Anerkennung durch Können oder Besitz; Selbstachtung und Selbstvertrauen;
- Bedürfnis nach persönlicher Selbstentfaltung in Freiheit und Unabhängigkeit; lernen und sein Können entwickeln; Sinnsuche;

Es geht also darum, Ihre PR-Botschaften so zu verpacken, dass Sie mindestens eines dieser grundlegenden Bedürfnisse Ihrer Dialoggruppe ansprechen und dabei einen Aufhänger benutzen, der Nachrichtenwert hat. Auf diese Weise werden Sie das berufliche Interesse des Journalisten an Ihrer Information gewinnen, die Chancen einer Veröffentlichung erhöhen und die Aufmerksamkeit Ihrer Dialoggruppe sichern.

3.3.2 Typische Themen und Ereignisse für Pressearbeit

Mit großer Sicherheit gibt es in Ihrem beruflichen Alltag mehr Ereignisse, Vorgänge, Themen und Inhalte, die sich für Pressearbeit eignen, als Ihnen bewusst ist. Oftmals besteht sogar eine Informationspflicht für Unternehmen oder eine Auskunftspflicht für Behörden, die vom PR-Verantwortlichen erfüllt werden muss. Beispielsweise die Veröffentlichung von Bilanzen und Quartalsberichten von börsennotierten Unternehmen.

PR-Profis sind in den internen Informationsfluss eingebunden und beobachten die öffentliche Diskussion
Für den PR-Verantwortlichen ist es wichtig, die für die PR-Arbeit relevanten organisations-spezifischen Ereignisse rechtzeitig zu finden und zu erkennen.

Hierzu müssen Sie in den internen Informationsfluss aktiv eingebunden sein. Sie sollten an allen wichtigen Sitzungen teilnehmen oder zumindest die Protokolle lesen. Sie sollten sich regelmäßig von Ihrem Chef darüber unterrichten lassen, welche neuen Planungen, Strategien und Ziele Ihre Organisation verfolgt und welche Markt- bzw. Branchenentwicklungen die Zukunft der Organisation maßgeblich beeinflussen werden. Sie sollten es so einrichten, dass Sie zu den Bereichsleitern oder wichtigen Projektleitern Ihres Unternehmens intensiven Kontakt halten und über die dortigen Aktivitäten im Vorfeld informiert werden. Zudem sollten Sie sich ein internes Kontaktnetzwerk aufbauen, über das Sie in die informelle Kommunikation innerhalb der Organisation eingebunden sind. Das ermöglicht Ihnen, rechtzeitig Stimmungen, Gerüchte oder Konflikte aufzugreifen. Darüber hinaus ist es unablässig, dass Sie Themenfelder, die für Ihre Organisation bedeutend sind, definieren und die Berichterstattung über diese Themen in den Medien beobachten. Daraus können sich weitere Ideen für Veröffentlichungen ergeben. Auch erkennen Sie dadurch rechtzeitig, ob und wann Sie mit einer Stellungnahme in eine öffentliche Diskussion eingreifen sollten.

In der Fachsprache wird dies „Themen-Management" genannt. Professionelle PR-Arbeiter beobachten kontinuierlich die öffentliche Diskussion zu Themen, die für die Organisation relevant sind oder in Zukunft bedeutend werden könnten. Über dieses „Themen-Monitoring", das in den klassischen Medien, aber auch im Internet durchgeführt wird, werden rechtzeitig gesellschaftliche Entwicklungen und Stimmungsbilder erkannt. Unternehmenskritischen Themen kann auf diese Weise durch geeignete Argumentationsstrategien entgegengetreten werden. Themen, die unternehmerische Ziele fördern, werden aufgegriffen und proaktiv kommuniziert. Das Aufgreifen, Besetzen und öffentliche Diskutieren von Themen, die für das Unternehmen vorteilhaft sind, wird „Agenda Setting" genannt. Durch das Themen-Management können sich viele Botschaften, Argumente und sonstige Inhalte für Ihre PR-Arbeit ergeben – nicht nur für die Pressearbeit, sondern auch für andere Dialogfelder der PR.

PR-Profis finden externe Aufhänger für Ihre Botschaft
Finden Sie keinen internen Anlass, könnten Sie nach einem externen Aufhänger für Ihre Themen suchen. Beispielsweise ist es denkbar, dass sich aus den jahreszeitlich typischen Themen Möglichkeiten für eine Platzierung Ihrer Botschaften ergeben: Haben Sie Tipps für Autofahrer im Winter, für Hausfrauen beim Frühjahrsputz, für Gourmets beim Vorbereiten des Festtagsbratens? Können Sie Urlaubern bei ihren Reisevorbereitungen helfen, Kontaktsuchenden Ausgehtipps für Sommer oder Winter geben? Können Sie Fitness-Begeisterten die besten Sportarten für alle Wetterbedingungen oder zum Abnehmen empfehlen? Diese Beispiele können mit etwas Kreativität beliebig ergänzt werden. Auch gibt es eine Fülle an speziellen Tagen und öffentlichen Ereignissen, die jährlich wiederkehren und einen Aufhänger für Ihre Pressearbeit sein könnten: der Weltfrauentag, das Oktoberfest, die Automesse, bestimmte Gedenktage oder Jubiläen. Denken Sie darüber nach: Gibt es Aspekte

Ihrer Geschäftstätigkeit oder Ihres Anliegens, die einen Bezug zu Jahreszeiten oder jährlich wiederkehrenden Ereignissen haben?

PR-Profis kreieren selbst Anlässe mit Nachrichtenwert

Finden Sie dennoch nicht genug Themen und Anlässe für Ihre Pressearbeit, sollten Sie darüber nachdenken, wie Sie selbst Anlässe schaffen können, die Nachrichten generieren. Ob Sie ein Sponsoring-Projekt in Angriff nehmen, einen Wettbewerb ausschreiben, einen Kunden-Event planen oder ein Forschungsprojekt initiieren – oft sind die PR-Maßnahmen für andere Dialogfelder der PR ein guter Anlass für Ihre Pressearbeit.

Eine Auflistung von typischen Ereignissen, die Anlass für Ihre Pressearbeit sein könnten, sowie weitere Themen und Inhalte für Pressearbeit finden Sie in der folgenden Tabelle 3.4 – lassen Sie sich davon inspirieren!

Tabelle 3.4 Checkliste: Typische Anlässe und Themen für Pressearbeit

Aktuelle Geschäftsentwicklung und Investitionsplanung
- Umsatz, Gewinn, Bilanzen, Jahresabschluss, Geschäftsbericht
- Umsatz nach Produkt-/Dienstleistungsbereichen, Zuwachsraten, Einbußen
- Produktivität, Vertriebszahlen
- Inlands-/Auslandswerte
- Zielvorstellungen, Prognosen

- Wichtige Entscheidungen
- Erweiterung der Produktpalette
- Umstrukturierungen, Verlagerungen
- Investitionspläne
- Finanzierung, Kapitalveränderungen, Kapitalmarktentwicklungen
- Börsengang

Produktion und Ressourcen
- Produktionszahlen, Produktionsrekorde
- Rohstoffgewinnung, Rohstoffmarkt
- Neue Technologien, neue Maschinen, neue Verfahren

- Umwelt und Ressourcen schonende Verfahren, Umweltbilanz
- Qualitätssicherung

Forschung und Entwicklung
- Finanzieller Aufwand
- Problemlösungen
- Forschungsergebnisse

- Patente, Lizenzen
- Entwicklungserfolge, Auszeichnungen, Preise, Ehrungen
- Strategische Optionen, neue Wege

Markt und Wettbewerber
- Perspektiven, Strategien, Ziele (wirtschaftliche Situation, Konjunkturlage)
- Chancen und Marktpotentiale
- Marktstatistiken und -trends,
- Marktanteile im In- und Ausland, Exporterfolge, Entwicklung neuer Märkte
- Neue Geschäftspartner, Kooperationen, Fusionen, Übernahmen

- Teilnahme an Ausschreibungen
- Neue, spektakuläre Aufträge
- Sonderaktionen / Aktionswochen, Mitmachaktionen
- Neue Werbestrategien
- Messeauftritte, Kongresse, Vorträge, Reden von Führungskräften
- Diskussionsveranstaltungen

Tabelle 3.4 (Fortsetzung)

Produkte, Dienstleistungen und Kunden
- Neue Produkte / Dienstleistungen, erneuerte / veränderte Produkte
- Feier anlässlich des x-ten ausgelieferten Produkts, des x-ten Neukunden
- Originelle Produkt-/Verbrauchsstatistiken
- Kundenwünsche und –reaktionen, Erfahrungsberichte von Verwendern, prominente Kunden
- kuriose Angebote / Ereignisse zum Produkt, interessante Einsatzfelder

- Kunden- und Händlerevents
- Slogan-, Gestaltungs- oder Ideenwettbewerbe
- Kundenservice
- Vertriebssystem, Logistik
- Verbraucherbefragungen, Marktforschungsdaten, Psycho-Tests
- Testergebnisse, Auszeichnungen
- Umweltverträglichkeit
- Entsorgungsmanagement

Unternehmen und Corporate Identity
- Unternehmensziele, -Philosophie, ethische Grundsätze
- Positionierung
- Unternehmensgeschichte, Tradition
- Struktur (Organisation, Prozesse, Verantwortlichkeiten), organisatorische Veränderungen

- Beteiligungen, Tochterfirmen, Gründung neuer Tochterfirmen / Standorte / Niederlassungen
- Gesellschaftliches Engagement, Sponsoringprojekte
- Stipendien, Stiftungen, Spenden

Personalentwicklung und Soziales
- Tarife, Personalkosten, Sozialleistungen
- Stellenentwicklung, Mitarbeiterzahl
- Belegschaftsstruktur (soziodemografisch)
- Beschäftigung von Schwerbehinderten, Integration von ausländischen Mitarbeitern
- Qualifikationen der Mitarbeiter
- Ausbildungsplätze und –möglichkeiten
- Weiterbildung und Schulung
- flexible Arbeitszeiten, Teilzeitarbeit, Kurzarbeit, Streiks

- Personalien (neue Personen, veränderte Funktionen und Aufgaben, Jubiläen, Verabschiedungen, Ehrungen von Mitarbeitern oder Pensionären)
- Sicherheit am Arbeitsplatz, Gesundheitsfürsorge, Ergonomie
- Neue Betriebseinrichtungen (z.B. Betriebskindergarten, Kantine), Sozialeinrichtungen (z.B. Sozialberatung)

Veranstaltungen / Ereignisse (auch am Firmenstandort)
- Gebäude-Erweiterungen, neue Gebäude oder Umzug (Grundsteinlegung, Richtfest, Einweihungsfest)
- Einblicke in Produktion und Technik , z.B. Tag der offenen Tür
- Lokale Veranstaltungen, Kunstausstellung, Konzert etc.
- Prominenter Besuch im Werk (Politiker, ausländischer Staatsbesuch, Persönlichkeiten aus dem Wirtschaftsleben, Kunst, Kultur, Gesellschaft)
- Unternehmensjubiläum, Werksjubiläum, Produktjubiläum

- Hauptversammlungen, Mitgliederversammlungen, Mitarbeiterversammlungen, Sitzungen allgemein
- Gruppengespräche, Betriebsversammlungen, Betriebsfeiern, Seminare, Konferenzen
- Pensionärstreffen
- Betriebssport
- Einrichtung eines Firmenmuseums
- Events als gesellschaftliches Ereignis inszenieren

Tabelle 3.4 (Fortsetzung)

Stellungnahmen zu politischen, wirtschaftlichen, rechtlichen und sozialen Entwicklungen und Themen	
• Globalisierung	
• Unternehmensstandort Deutschland	• Bildungschancen
• Gemeinsames Europa	• Umweltschutz
• Wertewandel	• Energieversorgung der Zukunft
• Bevölkerungsentwicklung (Überalterung,	• Qualitätsstandards
Entwicklung der Sozial- und Gesundheitskosten)	• Arbeitgeber-,
• Fitness- und Wellnesstrends, Gewichtsprobleme	Arbeitnehmerinteressen
• Kulturelle Identifikation, Integration,	• Vorhaben für Gesetzesänderungen
multikulturelle Gesellschaft	• Branchen-spezifische juristische
	Fragen und Auseinandersetzungen
Jährlich wiederkehrende oder sonstige externe Anlässe	
• Jahreszeitentypische Ereignisse / Themen (z.b.	
Weihnachten, Winterspeck, Ostern,	• Bekannte Messen (z. B.
Frühjahrsputz, Sommerurlaub,	Automesse, Handwerksmesse,
Herbstspaziergang, Halloween, Martinsgans,	Kunstmesse, Buchmesse, etc.) und
Wintersport etc.)	thematische Messe-Schwerpunkte
• Sonstige Feiertage und Gedenktage (z.b.	(z.b. bestimmte Gastländer)
Weltfrauentag, Weltkindertag, Tag des Buches,	• Gesellschaftliche Events (z.b.
Tag der deutschen Einheit, erster Schultag,	Sport-Ereignisse, Opernball,
Valentinstag, Muttertag, Vatertag, etc.)	Top-Kinofilme, etc.)

PR-Profis selektieren geeignete Anlässe, bei denen PR-Botschaft, Medien und Maßnahmen zusammenpassen

Wenn Sie erst einmal darüber nachdenken, welche Anlässe und Themen für Ihre Pressearbeit geeignet sind, ergeben sich vielfältige Ansatzpunkte innerhalb und außerhalb Ihrer Organisation. Dennoch sollten Sie sich nicht einfach auf diese Möglichkeiten stürzen. Denn entscheidend für Ihren PR-Erfolg ist, dass der Anlass geeignet ist, um Ihre PR-Botschaften zu transportieren. Nur wenn Sie geprüft haben, ob Sie mit den Kommunikationsmaßnahmen zu einem Thema oder Anlass Ihre PR-Ziele erreichen können, sollten Sie aktiv werden. Dann gilt es zu überlegen, welche Maßnahmen der Pressearbeit für die jeweilige Situation angemessen und wirtschaftlich sinnvoll sind. Müssen Sie eine Pressekonferenz einberufen? Reicht die Versendung eines Pressetextes oder eines Pressefotos? Wollen Sie bei einer Redaktion anrufen und den Journalisten in Ihr Unternehmen einladen? Und in welcher Form sollen die PR-Inhalte aufbereitet werden? Spätestens jetzt müssen Sie eine weitere, wichtige Entscheidung treffen: Für welche Medien aus Ihrem Presseverteiler ist das jeweilige Thema oder der Anlass wirklich interessant? Und welche nachrichtlichen Aufhänger benötigen Sie folglich für diese Medien? Sollten Sie sich auf die Zusammenarbeit mit der Lokalpresse beschränken? Ist die Fachpresse Ihr richtiger Ansprechpartner? Oder ist das Ereignis so wichtig, dass sich die überregionale Wirtschaftspresse dafür interessiert? Vermeiden Sie die breite, unreflektierte Informationsstreuung im Einheitslook, sondern nehmen Sie je nach Anlass gezielt mit den richtigen Journalisten Kontakt auf und gestalten Sie Ihre Inhalte medien-individuell!

Haben Sie die für Ihre PR-Strategie richtigen Anlässe herausgefiltert und festgelegt, welche Journalistengruppen Sie bei dieser Gelegenheit auf welche Weise
ansprechen wollen, sollten Sie sich einen Jahresplan für Ihre Pressearbeit erstellen.
Darin verzeichnen Sie alle Themen bzw. Anlässe, Maßnahmen der Pressearbeit und
journalistischen Dialoggruppen mit den entsprechenden Terminen. Selbst wenn im
Laufe des Jahres unvorhergesehene Ereignisse auftreten, haben Sie so einen Fahrplan für Ihre Medienarbeit und damit jederzeit den schnellen Überblick über Ihr
Aufgabenspektrum in diesem Dialogfeld der PR.

3.4 PR-Instrumente für die Pressearbeit

Um Pressearbeit erfolgreich zu gestalten, müssen Sie das Handwerkszeug der
„Media Relations" kennen und die typischen PR-Instrumente dieses Dialogfeldes
professionell einsetzen können. Sie müssen entscheiden können, ob Sie die ausgewählten Journalisten am besten anrufen, ihnen schriftliche Informationen senden,
sie zu einem Gespräch oder einer Veranstaltung einladen oder auf welche andere
Weise Sie in Kontakt treten wollen. Wie und auf welchem Weg Sie Ihre Themen
und Botschaften kommunizieren, sollte dem Anlass angemessen und möglichst
wirkungsvoll sein. Es ist sinnvoll, hierbei zwischen dem schriftlichen und dem
persönlichen Kontakt zu unterscheiden.

Als schriftliche PR-Instrumente werden in diesem Zusammenhang alle Unterlagen und Materialien bezeichnet, in denen Sie PR-Inhalte schriftlich in Textform
aufbereiten und an Journalisten weiterleiten – oft visuell begleitet durch Fotos, Grafiken oder Illustrationen. Obwohl es verschiedene Aufbereitungsarten für
schriftliche PR-Informationen mit entsprechenden Fachbegriffen gibt, werden diese
im allgemeinen Sprachgebrauch häufig unter dem Begriff „Presseinformation" oder
„Pressemitteilung" zusammengefasst. Die Presseinformation ist das am häufigsten
eingesetzte PR-Instrument. PR-Profis nutzen jedoch die ganze Bandbreite an journalistischen Formen und Stilen, um ihre Pressearbeit zu bereichern, für Abwechslung zu sorgen und die Veröffentlichungschancen zu erhöhen. In diesem Kapitel
werden Sie daher nicht nur erfahren, wie Sie Presseinformationen planen und
umsetzen, sondern auch einige weitere Textformen für Ihre Pressearbeit kennen
lernen.

Auch der persönliche Kontakt mit Journalisten kann auf unterschiedliche Weise erfolgen: Vom Telefonat mit der Redaktion, über das formelle oder informelle
Vieraugen-Gespräch, bis hin zu diversen Gruppengesprächen und kleinen wie
großen Veranstaltungen. Wichtig ist, dass Sie den regelmäßigen, persönlichen
Kontakt zum Journalisten suchen und dabei auf seine individuellen Wünsche hinsichtlich Häufigkeit und Art dieses Kontaktes eingehen. Zu den am häufigsten
eingesetzten PR-Instrumenten gehören das Telefonat, das Interview, das informelle
Hintergrundgespräch und die Pressekonferenz sowie deren kleinere Variante, das
Pressegespräch. Zudem werden Journalisten – als Gäste und Berichterstatter
gleichermaßen – zu Veranstaltungen eingeladen, die für andere Dialoggruppen

durchgeführt werden. Dazu gehören beispielsweise der Tag der offenen Tür, ein Fachkongress oder das Firmenjubiläum. In diesem Kapitel werden die Instrumente „Pressekonferenz" und „Interview", einschließlich ihrer Varianten und Abwandlungen, näher vorgestellt. Zudem erhalten Sie einen Überblick über weitere PR-Instrumente, mit denen Sie den persönlichen Kontakt zu Journalisten herstellen und pflegen können.

Grundsätzlich gibt es Inhalte, die sich am besten schriftlich kommunizieren, und solche, die sich wirkungsvoll im persönlichen Gespräch oder in einer Frage-Antwort-Situation vermitteln lassen. Bei der Entscheidung, welches PR-Instrument Sie einsetzen, sind die folgenden Überlegungen hilfreich:
PR-Inhalte sollten dann schriftlich kommuniziert werden,

- wenn alle anderen Wege finanziell und organisatorisch zu aufwändig sind,
- wenn die Informationsübermittlung an eine Vielzahl von Journalisten sehr schnell erfolgen soll,
- wenn Missverständnisse, fehlerhafte Daten oder Zahlen und unterschiedliche Interpretationsmöglichkeiten weitestgehend ausgeschlossen werden sollen,
- wenn sich der Journalist intensiv mit dem Material beschäftigen muss und
- wenn die Informationen möglichst vom Journalisten archiviert werden sollen.

PR-Inhalte sollten dann in einer persönlichen Gesprächssituation oder in einer Veranstaltung vermittelt werden,

- wenn ein Sachverhalt erklärungsbedürftig oder umstritten ist und den Journalisten die Möglichkeit gegeben werden muss, unmittelbar Verständnisfragen zu stellen oder Sachverhalte zu diskutieren,
- wenn Gefühle authentisch und glaubwürdig vermittelt werden sollen,
- wenn ein Thema erst dann leicht verständlich wird, wenn Abläufe, Anwendungen oder Zusammenhänge gezeigt bzw. demonstriert werden können,
- wenn der PR-Verantwortliche die Journalisten persönlich kennen lernen möchte oder
- wenn die große Bedeutung des Anlasses für die Organisation hervorgehoben werden soll.

Es gilt also jeweils abzuwägen, welche Kontaktform zu welchem Inhalt passt und in welcher Kombination die PR-Instrumente zum jeweiligen Anlass eingesetzt werden. Im Folgenden lernen Sie die wichtigsten schriftlichen und gesprächs-basierten PR-Instrumente der Pressearbeit kennen.

3.4.1 Die Presseinformation: Die aktuelle Berichterstattung

Die Presseinformation bietet einen aktuellen Bericht zu einem Thema oder zu einem Ereignis, das mit Ihrer Organisation zusammenhängt. Sie kann zu beinahe jedem

Anlass als Hauptinstrument oder als unterstützende Maßnahme eingesetzt werden. Selbst wenn Sie sich für den persönlichen Kontakt zum Journalisten entschieden haben, sind die Informationen, die Sie dem Journalisten bei dieser Gelegenheit überlassen wollen, häufig in der Form einer Presseinformation verfasst. Zu einer Pressekonferenz, zu einem Redaktionsbesuch oder zu einem Interview werden begleitende Presseinformationen ausgehändigt. Neben aktuell wechselnden Inhalten sollte der PR-Verantwortliche stets eine Sammlung von Basis-Presseinformationen bereithalten, in denen die grundlegenden Daten und Fakten zur Organisation, zu ihren Zielen und ihrer Philosophie, zu den wichtigsten Projekten oder Aktivitäten, sowie zu den Produkten und Dienstleistungen dargestellt werden. Diese stehen bei Bedarf sofort zur Verfügung und geben dem Journalisten einen schnellen Überblick über Ihre Organisation und deren Tätigkeit. Darüber hinaus sind Presseinformationen mit wechselnden, informativen oder service-orientierten Themen ideal dazu geeignet, sich ohne großen wirtschaftlichen Aufwand bei den Journalisten in Erinnerung zu bringen – vorausgesetzt natürlich Sie beachten den Nachrichtenwert Ihrer Informationen.

Die äußere Form der Presseinformation

Bereits mit der äußeren Form Ihrer Presseinformation zeigen Sie, ob Sie ein kompetenter Ansprechpartner für den Journalisten sind. Zudem beeinflussen Sie mit einer professionellen Gestaltung Ihrer Presseinformation den ersten Eindruck, den der Journalist von Ihrem Unternehmen erhält. Die folgenden Standards sollten Sie beachten:

- Für Presseinformationen benutzt man DIN A4 Papier, das einseitig beschrieben wird.
- Eine Presseinformation ist möglichst nur ein bis zwei Seiten, maximal bis zu drei Seiten lang. In besonderen Fällen gelangen zwei Versionen zum Einsatz: die Kurzfassung über eine Seite und die ausführlichere Langfassung.
- Das Titelblatt trägt deutlich sichtbar den Schriftzug „Presseinformation" oder „Pressemitteilung", sowie Logo, Namen und Kontaktdaten Ihrer Organisation als Absender.
- Als Folgeseiten verwenden Sie entweder Blankoseiten oder Seiten, die ebenfalls mit Logo und Schriftzug – jedoch etwas kleiner – bedruckt sind. Mehrere Seiten einer Presseinformation werden zusammengeklammert.
- Der Text für Presseinformationen wird 1,5-zeilig und linksbündig geschrieben. Er sollte an einem Rand mindestens 5 cm Platz für Anmerkungen und Korrekturen des Journalisten frei lassen. Die Schrift sollte gut lesbar und mindestens 11 bis 12 Punkt groß sein.
- Pro Seite sollte nicht mehr Text als ca. 25 Zeilen mit je ca. 40 Zeichen geschrieben werden.
- Strukturieren Sie den Text lesefreundlich, indem Sie Absätze durch Leerzeilen trennen, längere Texte durch Zwischenüberschriften auflockern.
- Vermeiden Sie im Fließtext Fett- oder Kursivschriften, Sperrungen und Unterstreichungen.

Und noch ein Hinweis: Die optische Gestaltung Ihrer Presseinformationen, einschließlich Grafik, Layout und Schriftbild sollten Sie langfristig beibehalten. Nur so stellen Sie sicher, dass sich mit der Zeit ein Wiedererkennungseffekt bei den Journalisten einstellt.

Die inhaltliche Struktur der Presseinformation

Presseinformationen folgen einem ganz spezifischen Textaufbau, der es dem Journalisten erlaubt, schnell die wesentlichen Informationen zu erkennen und in eine Veröffentlichung zu verarbeiten. Die wichtigsten Merkmale im Aufbau des Pressetextes sind:

- An zentraler Stelle der Presseinformation – entweder direkt unter dem Schriftzug „Presseinformation" oder direkt am Anfang des Pressetextes – steht das Herausgabedatum der Information.
- Müssen für die Veröffentlichung vom Journalisten Sperrfristen eingehalten werden, so sollte dieses Datum oben auf der Titelseite an zentraler Stelle möglichst auffällig vermerkt sein. Verwenden Sie hierzu beispielsweise den Wortlaut „Frei zur Veröffentlichung am...". (Vorsicht: Gehen Sie mit solchen Sperrvermerken sparsam um! Wenden Sie sie nur an, wenn es die Sachlage wirklich erfordert; beispielsweise bei der Ankündigung eines neuen Produktes, das erst ab einem bestimmten Zeitpunkt verfügbar ist oder beim Auszug aus einer Rede, die erst in ein paar Tagen gehalten wird.)
- Bei sehr vielen, zeitlich eng beieinander liegenden Presseinformationen oder bei mehreren Presseinformationen zum gleichen Thema ist es sinnvoll, die einzelnen Informationen durchlaufend zu nummerieren.
- Die Presseinformation kann ein bis drei Überschriften haben: Eine Dachzeile gibt den thematischen Rahmen einer Meldung an; die Hauptüberschrift („headline") beinhaltet den Nachrichtenkern und soll für Aufmerksamkeit sorgen; die Unterüberschrift („subline") greift einen besonderen Teilaspekt der Hauptmeldung heraus.
- Die Hauptüberschrift ist ein kurzer Satz – möglichst im Präsens und ohne Hilfsverb –, der die Kernbotschaft wiedergibt.
- Im ersten Absatz werden die W-Fragen der Nachricht beantwortet (Wer? Was? Wo? Wann? Warum? Wie?). Der so genannte „Lead" – der Einstieg in den Text – enthält die Nachricht in Kurzfassung. Wichtig: Der Journalist liest Ihre Überschrift und die Einleitung – und entscheidet dann, ob die Information im Papierkorb landet! Der erste Absatz Ihrer Presseinformation ist also besonders wichtig, um das Interesse des Journalisten zu fesseln und sollte gut durchdacht sein.
- Nach dem Lead sollte die Quelle der Informationen erwähnt werden. Woher kommt die Information? Wer hat das gesagt?
- In den Folgeabsätzen werden einzelne Aspekte der Nachricht aufgegriffen und vertieft; dabei wird das Wichtigste zuerst genannt, die weiteren Fakten in abnehmender Bedeutung behandelt. Der Text sollte jederzeit von hinten gekürzt werden können, ohne dass er an Aussagekraft verliert. In diesem Textteil

werden die W-Fragen ausführlicher beantwortet, mit Zahlen und Daten belegt, mit informativen Zitaten zum Sachverhalt veranschaulicht. Es werden die näheren Umstände der Nachricht aufgegriffen, Hintergründe erläutert, die Vorgeschichte erwähnt, Ursachen erklärt und Zusammenhänge aufgezeigt.

- Zwischenüberschriften im Text beschreiben den Inhalt des folgenden Abschnitts und erlauben so das schnelle Überfliegen der Inhalte.
- Am Ende des Textes wird sein Umfang in Zeichen und Zeilen angegeben. (Früher diente dies dazu, dass Journalist und Setzer beurteilen konnten, wie viel Platz der Artikel im Layout benötigen würde; heute ist diese Information dank der elektronischen Textverarbeitung nicht mehr zwingend notwendig.)
- Am Ende des Textes wird der Presse-Verantwortliche mit allen Kontaktdaten, einschließlich seiner Telefon-Durchwahl, genannt. Dies ist besonders wichtig, da der Journalist auf diese Weise schnell die verantwortliche Person für Rückfragen identifizieren und kontaktieren kann. Natürlich sollte der genannte Ansprechpartner auch die dafür notwendige Kompetenz haben und erreichbar sein!
- Ebenfalls am Ende des Textes sollten Sie einen Hinweis auf Ihre Website geben, wenn dort weitere Informationen und Fotos zum Download für den Journalisten bereitstehen.
- Mit dem Hinweis „Abdruck honorarfrei" am Ende der Presseinformation geben Sie dem Journalisten das Recht zur kostenfreien Veröffentlichung. Auch dieser Hinweis ist heute nicht mehr zwingend. Denn durch die Bezeichnung „Presseinformation" kann der Journalist davon ausgehen, dass er die Inhalte honorarfrei veröffentlichen darf.

Inhaltliche Kriterien und Sprachstil
Ihre Presseinformation sollte klar, verständlich und wahrheitsgetreu sein. Am besten ist es, zu Beginn alle wesentlichen Fakten zusammenzutragen. Beantworten Sie dabei alle W-Fragen. Dann sollten Sie sich überlegen, in welcher Reihenfolge Sie die Fakten nennen wollen. Was hat den größten Nachrichtenwert für die Zielgruppe? Was ist auch noch wichtig? Formulieren Sie den ersten Absatz mit diesem Nachrichtenkern. Im Anschluss gehen Sie auf die W-Fragen detaillierter ein. Sie nennen die weiteren Hintergründe und Zusammenhänge zum Sachverhalt, die es dem Leser ermöglichen, die Nachricht besser zu verstehen und einzuordnen. Was müssen Sie aufführen, um den Sachverhalt verständlich, vollständig, logisch und wahrheitsgetreu darzustellen? Erst zum Schluss verfassen Sie die Überschrift des Textes. Darin fassen Sie das Wichtigste, die Kernbotschaft, mit wenigen Worten zusammen. Wie lautet die Kernbotschaft, die auf jeden Fall vermittelt werden soll? Was ist das Wichtigste Element der Nachricht? Welches Detail fesselt den Leser am meisten?

Wichtig bei der sprachlichen Gestaltung einer Presseinformation ist es, sich den unterschiedlichen Medientypen anzupassen. Richtet sich der Text an die Fachpresse, können andere Elemente der Nachricht wichtig sein als bei einem Text, der in der Publikumspresse erscheinen soll. Die Wirtschaftspresse hat andere Anforderungen an den Inhalt eines Textes als eine Special-Interest-Zeitschrift oder ein Anzeigenblatt. Schreiben Sie also unterschiedliche Versionen Ihrer Presseinformation für verschiedene Medien und wählen Sie bei Bedarf andere Aufhänger, einen anderen Sprachstil und eine andere Detailtiefe.

Wenn Sie die erste Fassung des Textes erstellt haben, sollten Sie überprüfen, ob Sie journalistisch professionell formuliert haben. Achten Sie dabei auf die Kriterien aus Tabelle 3.5.

Wenn Sie Ihre Presseinformation abschließend überprüft haben, sollten Sie sie – falls es die Zeit erlaubt – erst einmal für zwei bis drei Tage zur Seite legen. Dann

Tabelle 3.5 Checkliste: Einige Kriterien für das Schreiben von Presseinformationen

Grundsätzliches

- Schreiben Sie abwechslungsreich, lebendig und unterhaltsam!
- Verfassen Sie die Texte in der 3. Person, ohne „wir", „Sie" oder „unser" zu benutzen!
- Formulieren Sie einfache, kurze Sätze und vermeiden Sie komplizierte Schachtelsätze!
- Beschränken Sie die Inhalte auf Informationen, Daten und Fakten! Nebensächlichkeiten und ausschweifende Erklärungen haben keinen Platz in Presseinformationen.
- Verzichten Sie auf Passivformen und bevorzugen Sie einen aktiven Sprachstil!
- Verwenden Sie Verben statt Substantivierungen!
- Verwenden Sie einfache, treffende Worte und vermeiden Sie Wortwiederholungen!
- Erklären Sie schwierige Sachverhalte verständlich und ohne Fachworte zu benutzen! Falls unbedingt notwendig, sollten Sie Fachworte zuerst allgemein verständlich erklären.
- Bleiben Sie objektiv und verzichten Sie auf Wertungen oder Kommentare!
- Schreiben Sie keine „literarisch wertvollen" Texte oder gestelzte Formulierungen!
- Treffen Sie klare, präzise Aussagen und vermeiden Sie überflüssige Worte oder typische Füllworte!
- Nutzen Sie Bindestriche und Doppelpunkte, um die Lesefreundlichkeit Ihrer Texte zu erhöhen!
- Achten Sie auf die richtigen grammatikalischen Formen und auf die Interpunktion!

Werbliche Sprache vermeiden

- Betreiben Sie keinesfalls werbliche Selbstdarstellung!
- Wiederholen Sie nicht ständig den Namen einer Person, eines Unternehmens oder eines Produktes!
- Heben Sie Unternehmens- oder Produktnamen keinesfalls durch Großbuchstaben oder Fettschriften hervor!
- Verwenden Sie Superlative nur sparsam und nur dann, wenn sie durch Fakten belegt werden!
- Achten Sie auf unnötige Adjektive und benutzen Sie diese nur, wenn sie für die Beschreibung unverzichtbar sind!
- Nutzen Sie möglichst keine Adjektive aus der Werbung!
- Werbesprüche sind in Pressetexten tabu!
- Seien Sie zurückhaltend!

Zitate verwenden

- Fügen Sie Zitate ein, die von neutraler, kompetenter Seite kommen!
- Verzichten Sie auf Zitate mit Eigenlob (von firmeneigenen Personen)!
- Achten Sie darauf, dass Sie mit Zitaten neue Fakten in den Text einbringen und nicht bereits Erwähntes wiederholen!
- Lassen Sie sich Zitate vor der Verwendung vom Zitatgeber genehmigen!

Tabelle 3.5 (Fortsetzung)

Schreibkonventionen einhalten
- Nennen Sie Namen beim ersten Mal im Text stets mit Vorname und Position, niemals jedoch mit „Herr" oder „Frau"! Bei der zweiten Nennung im Text können Sie die Person dann nur mit dem Nachnamen erwähnen oder sie umschreiben („der Professor aus Heidelberg").
- Schreiben Sie Titel von Personen aus – benutzen Sie jedoch nur den ersten oder höchsten Titel der Person („Professor Heinz Brinkmann")!
- Verzichten Sie auf das Wort „man"!
- Verwenden Sie „gestern", „am 5. März" oder am „nächsten Sonntag", statt das Datum „05.02.2006" anzugeben!
- Vermeiden Sie Abkürzungen! Falls dennoch notwendig, sollten Sie den Begriff bei der ersten Nennung im Text ausschreiben und dahinter in Klammern seine Abkürzung hinzufügen.
- Schreiben Sie Zahlen von eins bis zwölf, sowie runde Zahlen (dreißig, hundert oder tausend) aus!
- Nennen Sie bei Zahlen stets die zugehörige Quelle!
- Runden Sie bei Zahlen auf oder ab und nutzen Sie Begriffe wie „rund", „fast" oder „knapp".
- Schreiben Sie „Prozent" und „Euro"!
- Schreiben Sie „drei Millionen Euro" oder „3 Mio. Euro"!
- Vermeiden Sie Abkürzungen, wie ca., u.a., usw., z.B., oder schreiben Sie sie aus („beispielsweise", „circa")!
- Schreiben Sie Firmennamen nicht in Großbuchstaben, auch wenn dies dem Corporate Design entspricht!
- Trennen Sie lange Worte – wo möglich – mit Bindestrichen!

überarbeiten Sie den Text ein zweites Mal nach den obigen Kriterien. Schließlich sollten Sie den Pressetext noch durch eine fachfremde Person gegenlesen lassen.

Organisatorische Abwicklung einer Presseinformation

Wenn Sie eine Presseinformation an Journalisten herausgeben wollen, sollten Sie sich einen genauen Zeitplan für alle notwenigen Einzelschritte erstellen. Aus Ihrem jährlichen Themenplan geht hervor, an welchem Termin die Veröffentlichung stattfinden muss und welche Journalisten angesprochen werden sollen. Ganz wichtig hierbei: Sie müssen nicht nur Ihre organisationsinterne Zeitplanung berücksichtigen, sondern vor allem den Redaktionsschluss der Medien, die Sie ansprechen wollen. So müssen beispielsweise Fachzeitschriften meist mehrere Wochen früher mit Informationen versorgt werden, als Tageszeitungen, der Rundfunk oder Fernsehsender. Auch Special-Interest-Zeitschriften haben nicht selten einen Redaktionsschluss, der zwei Monate oder länger vor der Veröffentlichung liegt. Bei tagesaktuellen Medien wiederum sollten Sie planen, zu welcher Uhrzeit die Presseinformation den Redaktionen vorliegen muss und kann. Sollte sie gleich morgens zum Arbeitsbeginn verfügbar sein? Oder muss sie zeitgleich mit einem bestimmten Ereignis veröffentlicht werden? In vielen Fällen muss also eine stufenweise Ansprache der Redaktionen erfolgen. Insgesamt sollte es Ihr Zeitplan allen Redaktionen ermöglichen, möglichst zeitnah zum Ereignis zu berichten – wobei die tagesaktuellen Medien und Online-Medien aufgrund ihrer Schnelligkeit fast immer einen Informationsvorsprung haben.

Umso wichtiger ist es, dass Sie sich einen detaillierten Aufgabenplan, wer bis wann welche Einzelschritte zu erledigen hat, erstellen, damit Sie alle Termine einhalten können! Denken Sie dabei an die folgenden Arbeitsschritte:

Recherchieren und Texten

Recherchieren Sie rechtzeitig alle notwendigen Fakten für die Presseinformation! Danach texten Sie Ihren Entwurf wie oben beschrieben. Bedenken Sie bei Ihrem Zeitplan, dass Sie Ihren Text noch hausintern abstimmen müssen – beispielsweise mit den betroffenen Fachabteilungen, mit Vorgesetzten oder der Geschäftsleitung. Auch sollten Sie überprüfen, ob Sie den Text rechtlich prüfen lassen müssen. Gibt es Persönlichkeits- oder Veröffentlichungsrechte zu berücksichtigen? Sind alle Aussagen rechtlich haltbar? Und auch daran sollten Sie denken: Müssen Sie die Presseinformation eventuell noch übersetzen lassen? Dann sollten Sie dafür ein entsprechendes Zeitkontingent einplanen.

Presseinformation produzieren

Falls Sie Ihre Presseinformation auf Papier herausgeben, sollten Sie dafür sorgen, dass das notwendige Material für Produktion und Versand in genügender Anzahl bereitsteht. Haben Sie genügend Pressebögen, Umschläge und Etiketten? Steht eine Ersatz-Druckerpatrone für den Notfall bereit? Ist die Frankiermaschine einsatzfähig? Sollten Sie Ihre Presseinformation mit einem Pressefoto, einer Illustration oder einer Grafik ergänzen wollen, so müssen Sie Kontakt mit einem Fotografen oder einem Grafiker aufnehmen und sicherstellen, dass das begleitende Bildmaterial rechtzeitig zur Verfügung steht.

Presseinformation veröffentlichen

Zur Veröffentlichung der Presseinformation können Sie mehrere Wege einschlagen: Der Versand kann per Post, Fax oder E-Mail erfolgen. Zudem können Sie Ihre Nachricht auf Ihrer Website und auf den Internet-Seiten von Online-Portalen für Journalisten veröffentlichen. Stellen Sie sicher, dass die angegebenen Kontaktdaten und Nummern in Ihrem Presseverteiler richtig und vollständig sind! Beim Versand können Sie auf spezielle PR-Dienstleister zurückgreifen, die Ihre Presseinformation per Post, Fax oder E-Mail zum gewünschten Zeitpunkt an die Redaktionen senden – die so genannten „lettershops". Hierzu holen Sie mehrere Angebote ein und entscheiden sich für einen Anbieter. Stellen Sie jedoch sicher, dass Ihr Presseverteiler im richtigen Dateiformat vorliegt, so dass die Daten vom Dienstleister elektronisch verarbeitet werden können!

Wenn Sie eine Presseinformation herausgeben, müssen Sie diese zeitgleich auch in Ihre Website einzustellen. Falls Sie dies nicht selbst machen können, müssen Sie Ihre Internet-Agentur oder einen anderen Verantwortlichen rechtzeitig beauftragen. Grundsätzlich sollten Sie immer eine elektronische Version Ihrer Presseinformation bereithalten. Neben Ihrer eigenen Website gibt es weitere Online-Portale und Dienstleister, die Ihre Presseinformation kostenlos oder gegen Gebühr veröffentlichen. Beispielsweise können Sie die Tochter der Nachrichtenagentur dpa, News Aktuell, beauftragen, Ihren Original-Pressetext online an Redaktionen zu übermitteln. Oder Sie können Ihre Information in einem Presse-Online-Portal hinterlegen. Dort suchen tausende von Journalisten nach Themen für einen Medienbeitrag. Zu den bekannteren Portalen gehören: presseportal.de (Service von news aktuell), businessportal24.com, openpr.de, pressemitteilung24.de, pressemitteilungen.de, pressrelations.de, firmenpresse.de, offenes-presseportal.de, news-ticker.org, presseanzeiger.de, release-net.de.

Medienresonanz kontrollieren

Um zu erfahren, welche Medien das Thema Ihrer Presseinformation tatsächlich aufgegriffen haben, sollten Sie einen Ausschnittdienst beauftragen. Diese PR-Dienstleister beobachten die Medien in Ihrem Auftrag nach bestimmten Stichworten und senden Ihnen die Artikel zu, in denen über Ihr Thema berichtet wurde. Es ist zu empfehlen, dem beauftragten Ausschnittdienst vor der Aussendung der Presseinformation diese zukommen zu lassen, damit die Mitarbeiter gezielter nach dem jeweiligen Thema Ausschau halten können. Mehr über Ausschnittdienste erfahren Sie im Abschn. 3.5 „Dokumentation und Kontrolle". Erstellen Sie circa vier bis sechs Wochen nach der Aussendung Ihrer Presseinformation auf der Basis der gesammelten Artikel eine Medienresonanzanalyse, um den Erfolg der Aktion zu messen (siehe Abschn. 2.4.3 „Medienresonanzanalyse").

Dokumentieren und Archivieren

Zu den Aufgaben des Presse-Verantwortlichen gehört es auch, seine Aktivitäten zu dokumentieren und Pressematerialien zu archivieren. Jeder Pressetext und jedes Pressefoto muss mit dem entsprechenden Presseverteiler, an den die Information gesandt wurde, aufbewahrt werden. Hierfür und für die Presseartikel der Ausschnittdienste sollte ein gut strukturiertes Archiv angelegt werden. Artikel, in denen die Organisation, einzelne Personen oder Aktivitäten der Organisation genannt werden, stellen Sie in einem so genannten „Pressespiegel" zusammen. Grundsätzlich sollten Sie festlegen, wer in Ihrer Organisation wichtige Veröffentlichungen der Medien sofort nach Erscheinen erhalten muss und wer etwas später die Sammlung aller Artikel als Pressespiegel überreicht bekommt. Mehr über die Erstellung von Pressespiegeln erfahren Sie im Abschn. 3.5 „Dokumentation und Kontrolle". Sie sollten auf jeden Fall darauf achten, dass Personen, die Sie bei der Erstellung der Presseinformation unterstützt haben, möglichst zeitnah die Veröffentlichungen von Ihnen erhalten – vielleicht mit einem kleinen Dankeschön?

3.4.2 Das Pressefoto

Oft werden Presseinformationen anschaulicher, wenn sie durch ein Pressefoto ergänzt werden. Es zeigt den Bürgermeister, wie er dem Firmeninhaber zum Jubiläum gratuliert; es wirft einen Blick in die neue Fertigungshalle, in der die Mitarbeiter stolz die neuen Maschinen bedienen; es zeigt Kunden, die ein neues Produkt verwenden und dabei Spaß haben; es fängt die Stimmung einer festlichen Veranstaltung ein, auf der sich die Gäste sichtbar wohl fühlen. Gute Pressefotos zeigen keine leblosen Dinge, sondern in erster Linie Menschen, Situationen, Handlungen und Gefühle. Sie erzählen authentische Geschichten. Ein gut gemachtes, überzeugendes und zum Thema passendes Pressefoto kann die Wahrscheinlichkeit erhöhen, dass die Presseinformation vom Journalisten aufgegriffen wird. Wichtig dabei: Das Foto darf keinen werblichen Charakter haben! Unternehmenslogos sind auf einem Pressefoto nur erlaubt, wenn sie beiläufig und unvermeidbar sind. Dennoch sollten Sie sich möglichst darauf beschränken, den Namen Ihrer Organisation in der abgedruckten Quellenangabe und im Begleittext zum Foto zu erwähnen.

So sehen Pressefotos aus:

Pressefotos sollten mindestens ein Format von 13 × 18 cm, höchstens ein Format von 18 × 24 cm aufweisen, eine hohe Auflösung haben und kontrastreich sein. Sie tragen auf der Rückseite einen Aufkleber mit einem erklärenden Begleittext. In diesem Text wird das dargestellte Ereignis kurz erklärt und alle abgebildeten Personen mit Vor- und Nachname, sowie Funktion genannt. Beantworten Sie die W-Fragen zum gezeigten Anlass kurz in drei bis vier Sätzen. Auch sollten bei Pressefotos die Kontaktdaten des Herausgebers und die Angabe des Fotografen nicht fehlen. Ganz wichtig: Geben Sie den Hinweis „Abdruck honorarfrei" oder „Abdruck honorarfrei mit Quellenangabe"! Dann weiß der Journalist, dass er das Foto kostenfrei veröffentlichen kann und keine Urheberrechte verletzt. Ebenfalls dürfen Sie nicht vergessen: Sie brauchen die Zustimmung aller abgebildeten Personen zu einer Veröffentlichung des Pressefotos! Dank digitaler Bildbearbeitung und moderner Druckverfahren werden die meisten Pressefotos farbig produziert. Um ganz sicher zu gehen, sollten Sie jedoch bei den Redaktionen nachfragen und in Ihrem Presseverteiler festhalten, ob Farb- oder Schwarz-Weiß-Fotos bevorzugt werden. Zusätzlich zum herkömmlichen Abzug auf Fotopapier sollten Sie Pressefotos immer in hoch aufgelöster, digitaler Form bereitstellen (Auflösung mindestens 300 dpi). Viele Journalisten entscheiden zwar aufgrund eines „Papier-Fotos", ob sie die Meldung nutzen werden, fordern aber dann ein Digitalfoto für die Produktion an. Denken Sie also daran, auf Ihrer Website stets aktuelle Pressefotos zum Download anzubieten.

Zudem sollten Sie immer ein gut sortiertes Foto-Archiv unterhalten, so dass Sie spontane Anfragen von Journalisten sofort bedienen können. Dazu gehören Portraitfotos aller verantwortlichen Personen Ihrer Organisation, die in der Öffentlichkeit stehen, ebenso wie Aufnahmen Ihrer Werks- oder Bürogebäude, der wichtigsten Produkte oder historische Motive zu einem Thema.

Das Pressefoto kann auch solo eingesetzt werden

Gibt es zu einem Thema nicht viel mehr zu sagen, als in einem Pressefoto mit Bildunterschrift einzufangen ist, können Sie ein Pressefoto auch solo – ohne Presseinformation – an Journalisten versenden. Das Gruppenbild der stolzen Jubilare, eine Szene aus der Weihnachtsfeier, die Begrüßung eines prominenten Kunden im Werk oder die Übergabe eines Spendenschecks durch den Geschäftsführer bieten vielleicht keine Grundlage für einen ganzen Artikel. Dennoch können solche Fotos mit Bildlegende ein willkommener Blickpunkt auf der Zeitungsseite sein.

Verlage produzieren Pressefotos auch selbst

Darüber hinaus müssen Pressefotos nicht immer vom Presse-Verantwortlichen selbst produziert und herausgegeben werden. Eine weitere Möglichkeit, mit Fotos zu einem Anlass in die Zeitung zu kommen, besteht darin, Foto-Reporter zu einem Fototermin einzuladen. Dann sollten Sie entweder Prominente bieten können oder originelle, ungewöhnliche Situationen inszenieren. Den Foto-Reportern müssen Sie nur mitteilen, welches Ereignis sie wann und wo erwartet. Seien Sie sich jedoch nie sicher, dass die Reporter tatsächlich kommen! Beauftragen Sie lieber zusätzlich einen eigenen Fotografen, um den Anlass im Bild festzuhalten. In der Produkt-PR haben Sie eine weitere Chance, Ihr Produkt auf einem Pressefoto zu platzieren: Bieten Sie den Redaktionen an, dass sie Ihre Produkte als Requisiten für eigene Fotoproduktionen verwenden können. Dies ist beispielsweise in der Modebranche eine gängige Form der Zusammenarbeit mit Redaktionen. Dort werden regelmäßig Modestrecken produziert, für die die Modehersteller ihre Produkte zur Verfügung stellen.

Die Alternative zum Pressefoto: Zeichnungen, Tabellen und Grafiken

Nicht immer muss es das Pressefoto sein, das eine Presseinformation begleitet. Auch Illustrationen, technische Zeichnungen, Tabellen oder Grafiken können eine anschauliche Ergänzung zum Thema sein. Lassen Sie solche Bildmaterialien von professionellen Grafikdesignern entwerfen und druckreif produzieren! Werden in Tabellen oder Grafiken Zahlen verwendet, müssen Sie die Quelle der Daten im Bild nennen. Ansonsten gelten die gleichen Bedingungen wie beim Pressefoto: das Material sollte von hoher Qualität sein, auf der Rückseite eine aussagefähige Beschriftung aufweisen und auf jeden Fall auch in digitaler Form vorliegen. Bevor Sie jedoch viel Aufwand in die Gestaltung und Produktion von Grafiken und Tabellen investieren, sollten Sie prüfen, ob die jeweiligen Redaktionen eigene Design-Vorschriften für solche visuellen Darstellungen haben. Ferner sollten Sie nachfragen, ob die Gestaltung in Schwarz-Weiß oder Farbe bevorzugt wird. Von diesen Einschränkungen einmal abgesehen, werden Ihnen für aussagekräftige Zeichnungen, Tabellen oder Grafiken viele Redaktionen dankbar sein.

3.4.3 Die Pressemappe

Ist ein Thema besonders facettenreich oder gibt es einen speziellen Anlass, bei dem eine Presseinformation allein nicht ausreicht, um den Journalisten ein umfassendes Bild der Sachlage zu vermitteln, kommen Pressemappen zum Einsatz. In Pressemappen werden mehrere Materialien – verschiedene Presseinformationen, Fotos und weitere ergänzenden Informationen – gebündelt an Journalisten überreicht oder versendet. Die Pressemappe besteht aus einer kartonierten Mappe mit

Innenlaschen, sodass Pressematerial im Format DIN A4 oder kleiner eingelegt werden kann. Damit wird verhindert, dass die einzelnen Teile des Informationspakets sich auf dem Schreibtisch des Journalisten verlieren. Die Mappen sind auf der Vorderseite mit dem Logo des Unternehmens und mit dem Schriftzug „Presseinformation" oder „Presse-Service" bedruckt. Auf der Rückseite wird der Herausgeber der Pressemappe mit Adresse genannt. Alternativ können auch Heftordner mit Karton-Umschlag oder Klarsichthüllen verwendet werden. Hauptsache ist, dass die Materialien unversehrt und zusammengefasst beim Journalisten ankommen und ansprechend präsentiert werden.

Pressemappen werden beispielsweise dann zusammengestellt, wenn sich ein Unternehmen auf einer Messe präsentiert, wenn es eine Pressekonferenz organisiert oder wenn eine wichtige Veranstaltung, wie ein Tag der offenen Tür, stattfindet. Zu diesen Anlässen ist es wichtig, dass sich die Organisation in ihrer Gesamtheit darstellt: mit einem Unternehmensportrait, mit einem Überblick über Produkte und Dienstleistungen, mit Informationen zur Geschäftsentwicklung, mit Profilen des Managements und mit Berichten aus der Presse. Darüber hinaus können komplexe Themen eine Pressemappe erfordern, um den Sachverhalt aus mehreren Perspektiven darzustellen. Dann werden aktuelle Pressetexte mit Ergebnissen aus Forschungsstudien, Entwicklungszahlen, Experten-Meinungen, einem Glossar oder Buch- und Link-Tipps verbunden. Findet eine Fachkonferenz oder eine Veranstaltung, wie beispielsweise eine Preisverleihung, statt, könnte die Pressemappe das Programm, Auszüge aus den Reden, den Lebenslauf der wichtigsten Redner oder nähere Informationen zu den ausgezeichneten Personen oder Produkten enthalten.

Das Material einer Pressemappe setzt sich sowohl aus formulierten Pressetexten, als auch aus so genannten „Factsheets" – Faktenblättern – mit stichpunktartigen Aufzählungen von Fakten und Daten zusammen. Sie können beispielsweise entscheiden, ob Sie die wichtigsten Informationen über Ihre Organisation nach einzelnen Stichworten, wie „Mitarbeiterzahl", „Management", „Umsatz", „Produkte" etc., auflisten oder Ihre Organisation in einem kurzen Fließtext vorstellen wollen. Auch bei Lebensläufen, Produkteigenschaften, historischen Entwicklungen, Kernergebnissen aus Studien und vielen ergänzenden Informationen ist es denkbar, diese in der Form von Factsheets aufzubereiten. Achten Sie jedoch darauf, dass die Auflistungen selbst erklärend sind. Dann sind solche Faktenblätter eine schnelle, übersichtliche und sehr praktische Form der Informationsübermittlung an den Journalisten.

Je nach Anlass gibt es viele denkbare Inhalte für Pressemappen. In der folgenden Tabelle 3.6 erhalten Sie Anregungen, die Ihnen bei der Zusammenstellung Ihrer Pressemappe helfen.

Wichtig bei der Zusammenstellung von Pressemappen ist: Auch hierbei sollten Sie die Bedürfnisse der unterschiedlichen Medien berücksichtigen. Oft ist es ratsam, zwei oder drei Versionen der Presseinformation für eine Mappe vorzubereiten: für die Lokalpresse, die Wirtschaftspresse, die Publikumspresse oder die Fachpresse. Dann können die Inhalte je nach Medium zu individuellen Pressemappen zusammengestellt werden. Sie sollten die Pressematerialien in der Pressemappe so anordnen, dass die wichtigsten Informationen oben auf liegen und weitere

Tabelle 3.6 Checkliste: Mögliche Inhalte für Ihre Pressemappe

Presseinformationen
- Pressinformationen zum Anlass in Kurz- und Langfassung
- Presseinformationen zum Anlass für Fachpresse, Wirtschaftspresse, Publikumspresse, Lokalpresse etc. (entweder oder!)

- Kürzlich erschienene Presseinformationen zu verschiedenen Aspekten der Geschäftstätigkeit

Factsheets oder ergänzende Informationstexte
- Portrait des Unternehmens / der Organisation
- Überblick über Produkte, Dienstleistungen, besondere Services
- Bilanz-Kennzahlen oder Geschäftsverlauf
- Lebensläufe des Management
- Historische Entwicklung
- Beschreibung von Anwendungen oder besonderen Methoden
- Fallstudien und Beispiele mit Beispielrechnungen
- Statistiken oder Marktdaten
- Konditionenvergleiche
- Kernergebnisse von Forschungsprojekten, Studien, Umfragen

- Auszüge aus Reden, Vorträgen, Laudatio, Interviews
- Stellungnahmen oder Zitate von Experten, Prominenten
- Ablaufplan, Veranstaltungsprogramm, Tagesordnung
- Teilnehmerlisten von Veranstaltungen
- Ausschnitte aus Presseveröffentlichungen mit und ohne Kommentierung
- Gesetzestexte mit Interpretation
- FAQs
- Literaturhinweise
- Linktipps
- Glossar

Bildmaterial
- Pressefotos zum Anlass
- Fotos des Managements
- Fotos der Redner, Experten, Prominenten und sonstigen beteiligten Personen
- Fotos von Dokumenten, Urkunden, Broschüren etc.
- Tabellen und Grafiken

- Illustrationen
- Cartoons
- Technische Zeichnungen
- Organigramme, Flussdiagramme, Netzpläne

Beilagen und Sonstiges
- Persönlicher Begleitbrief (liegt auf der Pressemappe)
- Inhaltsverzeichnis (liegt bei Bedarf in der Pressemappe oben auf)
- Geschäftsbericht

- Unternehmensbroschüren
- Kleine Geschenke für Journalisten („give-aways")
- Kleine Produktproben

Ergänzungen mit abnehmender Bedeutung oder zunehmender Detailtiefe folgen. Und: Vermeiden Sie es, Ihre Pressemappe mit Informationen zu überladen! Berücksichtigen Sie, dass der Journalist nur wenig Zeit hat, sich mit dem Material zu beschäftigen und schnell wissen muss, welche Informationen die Mappe enthält. Wenn die Pressemappe dennoch umfangreicher ausfällt, können Sie dem Journalisten einen schnellen Überblick verschaffen, indem Sie eine Inhaltsangabe oben auf das Pressematerial legen.

Wenn Pressemappen mit der Post an Journalisten versendet werden, sollte dies nie ohne ein persönliches Anschreiben geschehen. Mit diesem Brief haben Sie die einmalige Chance, dem Journalisten kurz die Bedeutung des beiliegenden

Pressematerials zu erläutern. Denn auch die schönsten Pressemappen können das gleiche Schicksal erleiden wie der Großteil aller Presseinformationen: Wenn Sie nicht in wenigen Sekunden das Interesse des Journalisten wecken, landet Ihre Arbeit im Papierkorb!

Darüber hinaus können Sie Ihre Pressemappe in elektronischer Form aufbereiten und auf Websites und Presse-Portalen hinterlegen (mehr dazu im Kap. 7. „Online-PR").

3.4.4 Weitere Textformen für die Pressearbeit im Überblick

Die klassische Presseinformation ist je nach Anlass und thematischem Aufhänger variabel einsetzbar. Dennoch können einige weitere Textformen für die Pressearbeit hilfreich sein –insbesondere um bestimmte Mediengattungen oder Einzelmedien zielgruppenspezifischer ansprechen zu können. Wiederum andere Textformen werden für bestimmte Aufgaben der Pressearbeit eingesetzt. Im Folgenden erhalten Sie einen kurzen Überblick über diese Formen des schriftlichen Pressekontakts.

Pressemeldung

Die Pressemeldung ist die Kurzform der Presseinformation. Sie beschränkt sich auf die pure Nachricht: Headline, Beantwortung der W-Fragen und Angabe der Nachrichtenquelle. Sie umfasst ca. 10–15 Zeilen á 40 Anschlägen. Pressemeldungen werden für die Zusammenarbeit mit Nachrichtenagenturen und Tageszeitungen genutzt, wenn es darum geht, aktuelle Nachrichten kurz, schnell und präzise zu kommunizieren. Eine Sonderform der Pressemeldung ist die Personalie. Mit diesem Text werden personelle Veränderungen in hochrangigen Positionen kommuniziert.

Presseerklärung, Stellungnahme oder Statement

Die Presseerklärung ist die offizielle Stellungnahme einer Organisation zu einem bestimmten Sachverhalt. Sie ist kurz und beschränkt sich darauf, zu kommunizieren, wer sich zu welchem Sachverhalt in welcher Art äußert. Im Mittelpunkt der Presseerklärung steht das Zitat. Da es hierbei um die Meinung einer Person oder einer Organisation geht, können auch Stilmittel des Kommentars verwendet werden – jedoch sollte auch bei der Presseerklärung die Sachlichkeit der Aussage dominieren. Presseerklärungen werden häufig von Politikern oder Verbänden genutzt, um Stellung zu beziehen. Aber auch Unternehmen können diese Form des Pressetextes einsetzen, um an der öffentlichen Diskussion in den Medien teilzunehmen. Dann äußern sich beispielsweise Konzernchefs zu den Auswirkungen eines bestimmten Gesetzesvorhabens auf die Branche oder auf den Wirtschaftsstandort Deutschland. Oder Unternehmen und Umweltschutzexperten diskutieren über die Chancen und Risiken, die ein bestimmtes technisches Verfahren mit sich bringt. Die Presseerklärung wird auch in Krisenzeiten benötigt, wenn es darum geht, sich gegen öffentliche Kritik oder Anschuldigungen zu wehren. Dabei kann die Presseerklärung auf Initiative der Organisation, aber auch auf Anfrage der Journalisten herausgegeben werden.

Presseeinladung

Die Presseeinladung ist ein persönlicher Brief an den Journalisten, mit dem er zu einer Veranstaltung eingeladen wird. Sie ist maximal eine Seite lang und gibt an, was, wo, wann und warum stattfindet. Insbesondere sollte die Presseinladung kurz erklären, welche Bedeutung der Anlass hat und welche Redner, Gäste oder andere interessante Persönlichkeiten dort anzutreffen sind. Die große Herausforderung einer Presseinladung besteht darin, den Journalisten mit nur wenigen Sätzen davon zu überzeugen, zur Veranstaltung zu kommen.

Presseankündigung

Die Presseankündigung ist eine Pressemeldung, in der eine Veranstaltung für ein breites Zielpublikum angekündigt wird. Anders als mit der Presseeinladung möchte der Herausgeber nicht, dass der Journalist selbst kommt, sondern dass er die Veranstaltung in seinem Medium ankündigt, sodass seine Leser, Seher oder Hörer daran teilnehmen können. Die Presseankündigung beschränkt sich– ganz im Nachrichtenstil – auf die Beantwortung der W-Fragen und weist auf die Besonderheiten des Anlasses für das Zielpublikum hin.

Exklusive Fachartikel und Reportagen

Neben der unaufgeforderten Zusendung von Pressetexten an mehrere Journalisten gibt es die Möglichkeit, mit einer Redaktion eine exklusive Zusammenarbeit zu vereinbaren. So können Sie selbst zum Autor werden und einen Fachartikel für die Fachzeitschrift oder eine Reportage für die Publikumszeitschrift erarbeiten. Dabei kommen die Stilmittel des Berichts und der Reportage zum Einsatz. Teilen Sie das Wissen Ihrer Experten zu einem bestimmten Thema mit den Lesern der Fachzeitschrift oder bieten Sie eine Reportage aus dem Innenleben Ihrer Organisation an! So können Sie die Leser beispielsweise dabei zusehen lassen, wie Ihre Produkte gefertigt werden, wie ein Rohstoff gewonnen wird oder wie der Alltag in Ihrem Unternehmen wirklich aussieht und mit welchen Problemen Ihre Mitarbeiter täglich zu kämpfen haben. Oder Sie zeigen, wie Ihr Produkt oder Ihre Dienstleistung verwendet wird. Dabei müssen Sie die Fachtexte für Autorenartikel nicht unbedingt selbst erarbeiten. Oft können Sie einen Experten aus Ihrem Unternehmen um einen Rohentwurf bitten und den Text dann so redigieren, dass er den journalistischen Kriterien und der Sprache des Zielmediums entspricht. Wichtig dabei: Denken Sie an aussagekräftiges Bildmaterial, an Illustrationen, Fotos, Beispiele und Tabellen, um Ihren Bericht so abwechslungsreich wie möglich zu gestalten! Während Ihr Themen-Jahresplan alle aktuellen Anlässe für Ihre Pressearbeit auflistet, sollten Sie darüber hinaus überlegen, welche Themen Sie für exklusive Autorenartikel aufbereiten könnten. Bieten Sie diese – meist terminunabhängigen – Themen nur ausgewählten Redaktionen an.

Themen-Exposés

Wenn Sie eine Idee für einen Artikel haben und dieses Thema einer oder mehreren Redaktionen anbieten möchten, sollten Sie Ihre Idee kurz skizzieren und an die Redaktionen senden. Solche Themen-Exposés reißen das Thema kurz an, beschreiben seine Bedeutung und geben an, in welcher Form das Thema von Ihnen oder der Redaktion behandelt werden könnte. Dabei können Sie anbieten, den Artikel selbst zu verfassen oder der Redaktion alle dafür notwendigen Informationen, Interviewpartner oder Foto- und Zahlenmaterial zur Verfügung zu stellen. Nachdem Sie Ihr Themen-Exposé versandt haben, rufen Sie den zuständigen Redakteur an und fragen nach, ob er am Themenvorschlag interessiert ist. Eine solche Vorgehensweise hat zwar keine Garantie auf Erfolg, kann jedoch dazu beitragen, dass Sie den einen oder anderen Artikel platzieren können.

Dieser Überblick zeigt, dass es viele schriftliche Wege in die Redaktionen gibt. Welchen Weg Sie im Einzelfall einschlagen, bleibt Ihrem Einfühlungsvermögen und Ihrer Erfahrung überlassen. Ob Brief, Meldung, Erklärung, Bericht oder Reportage – entscheidend ist bei allen Textformen, dass sie zielgruppen- und mediengerecht eingesetzt werden müssen. Und dass sie den professionellen Standards journalistischer Arbeit entsprechen. Für Einsteiger in die Pressearbeit ist es daher unbedingt zu empfehlen, Seminare zum Thema „journalistisches Schreiben" zu belegen. So stärken Sie Ihre schriftliche Ausdruckskraft und verbessern die Chance, dass Ihre Pressetexte veröffentlicht werden.

Aufgabe 2 (Teil I): Erstellen Sie eine Presseinformation!

In dieser Übung werden Sie Ihre erste Presseinformation erstellen und veröffentlichen. Sie werden den gesamten Ablauf einer Presseinformation planen und einen einfachen Pressetext verfassen. Zudem werden Sie überlegen, welche weiteren Pressematerialien für eine Pressemappe aufbereitet werden könnten. Als Fallbeispiel wird die PR-Maßnahme „Plakat-Oscar" aus dem PR-Konzept der Plakat AG dienen, die Sie aus den Aufgaben in Kap. 2 bereits kennen.

1. Schritt: Legen Sie die strategischen Eckdaten für Ihre Presseinformation fest!

Als Vorüberlegung ist es wichtig, dass Sie sich vergegenwärtigen, welche strategische Aufgabe Sie mit Ihrer Presseinformation erfüllen wollen.

- Was möchten Sie mit Ihrer Presseinformation erreichen?
- Welche Dialoggruppe wollen Sie über welche Medien ansprechen?
- Welche Kernbotschaft wollen Sie damit kommunizieren?
- Welchen Nachrichtenwert können Sie den ausgewählten Medien bieten?
- Welches Bedürfnis der Dialoggruppen können Sie befriedigen?
- Welches Budget haben Sie für Ihre Presseinformation zur Verfügung?
- Wann soll die Presseinformation in den Redaktionen vorliegen?
- Wie viele Veröffentlichungen in welchen Medien möchten Sie erreichen?

Formulieren Sie die Antworten auf diese Fragen auf einer Konzept-Seite und stellen Sie sicher, dass Sie sich beim weiteren Vorgehen an diesen strategischen Grundlagen orientieren.

2. Schritt: Erstellen Sie sich eine Checkliste bzw. einen Projektplan!
Jetzt geht es darum, sich einen Überblick über alle anfallenden Tätigkeiten und Termine bei der Erstellung und Verbreitung der Presseinformation zu verschaffen. Da Sie zukünftig wahrscheinlich noch viele weitere Presseinformationen herausgeben werden, empfiehlt es sich, eine allgemeine Checkliste anzulegen.

- Welche Tätigkeiten müssen bei der Erstellung und Veröffentlichung der Presseinformation ausgeführt werden?
- Wie lange brauchen Sie für diese Tätigkeiten?
- Wann muss mit der Tätigkeit begonnen, wann muss sie beendet sein?
- In welcher Reihenfolge müssen die Tätigkeiten ausgeführt werden? Welche terminlichen oder inhaltlichen Abhängigkeiten gibt es?
- Wer ist für jede Tätigkeit verantwortlich bzw. wer führt diese aus?
- Welche Kosten entstehen bei den einzelnen Tätigkeiten?

Orientieren Sie sich bei der Zusammenstellung aller Tätigkeiten am Kapitel „Organisatorische Abwicklung einer Presseinformation". Erfassen Sie alle Tätigkeiten mit den dafür verantwortlichen Personen, Bearbeitungszeiten und Kosten. Stellen Sie die Ergebnisse in einer Tabelle, Checkliste oder einem Balkendiagramm dar (Abb. 3.1).

3. Schritt: Sprechen Sie mit allen Personen, die Ihnen bei der organisatorischen Abwicklung helfen müssen!
Nun müssen Sie sicherstellen, dass alle Personen, die Ihnen bei der Umsetzung Ihrer Presseinformation helfen sollen, informiert sind und ihre Aufgaben erfüllen.

- Sind alle mitwirkenden Personen über ihre Aufgaben und die einzuhaltenden Termine informiert?

Abb. 3.1 Checkliste für eine Presseinformation. (a) Die Checkliste (Fortsetzung nächste Seite) umfasst die typischen Tätigkeiten bei der Planung und Abwicklung einer Presseinformation. Alle Tätigkeiten werden auf einer Zeitachse angeordnet, die entweder in Kalenderwochen oder in Tagen strukturiert sein kann. Zu jeder Tätigkeit werden die verantwortlichen Personen genannt. Auch werden die Kosten der Tätigkeiten vermerkt, sofern solche absehbar sind. Die allgemeine Checkliste kann für jede individuelle Presseinformation angepasst werden. Dann werden auf der Zeitachse konkrete Termine eingetragen. Tätigkeiten, die im Einzelfall nicht nötig sind, werden weggelassen. In diesem Beispiel wurden in der Standard-Tabelle die in diesem Fall unnötigen Aufgaben Hellgrau markiert.

Checkliste für eine Presseinformation

WAS	WER	KW1	KW2	KW3	KW4	KW5	KW6	KW7	KW8	KW9	KW10	KW11	KW12	Kosten (EUR)
Vorbereitung / Planung														
Strategie-Papier erarbeiten	PR													
Projektplan erstellen	PR													
Projekt-Besprechung durchführen	PR, SG, MH,													
Mitarbeiter informieren	PR, TE													
Recherche und Text														
Informationssammlung/ Recherche durchführen	PR, SG, MH													
Textentwurf erstellen	PR													
Textentwurf abstimmen	SG, MH													
Text rechtlich prüfen	PK													
Text freigeben	MH													
Übersetzer beauftragen (Kostenvoranschlag)	PR													
Text übersetzen	TR													
Erstellung zusätzlicher Pressematerialien														
Inhalte für Factsheets / Tabellen recherchieren	PR, SG, MH													
Factsheets erstellen	PR													
Factsheets abstimmen	SG, MH													
Ideen für Fotos, Grafiken, Tabellen, Zeichnungen entwickeln	PR													
Fotograf beauftragen (Kostenvoranschlag)	PR, FO													
In Bild-Archiv recherchieren (Kostenvoranschlag)														
Grafiker beauftragen (Kostenvoranschlag)	PR, GR													
Pressefoto, Grafik, Tabelle, Zeichnung erstellen	FO, GR													
Text f. Bildunterschriften erstellen u. abstimmen	PR, SG, MH													
Produktion / Veröffentlichung / Versand														
Presseverteiler aktualisieren (Dateiformat)	PR, TE													
Auflage u. Form des Pressematerials festlegen	PR, TE													
Anzahl Presseebögen, Pressemappen, Briefumschläge, Adressetiketten, Aufkleber f. Bildunterschriften überprüfen	PR, TE													1,500.00

(Fortsetzung auf nächster Seite)

Abb. 3.1 (Fortsetzung)

Checkliste für eine Presseinformation (Fortsetzung)

WAS	WER	KW1	KW2	KW3	KW4	KW5	KW6	KW7	KW8	KW9	KW10	KW11	KW12	Kosten (EUR)
Drucker (Patronen), Frankiermaschine, Faxgerät bereitstellen	PR, TE													
Druckerei beauftragen (Kostenvoranschlag)				■										
Druck freigeben					■									
Presseinformation produzieren od. kopieren	TE				■									
Factsheets produzieren od. kopieren	TE				■									200,00
Pressefotos, Tabellen, Grafiken, Zeichnungen produzieren (Kostenvoranschlag? Farbe? Auflage?)	PR, FO, GR				■									
Bildunterschriften-Aufkleber produzieren u. konfektionieren	TE				■									
Pressemappen konfektionieren	TE				■									300,00
Presseinformation, Factsheets, Fotos, Grafiken, Tabellen digitalisieren	PC				■									300,00
Digitale Version der Pressemappe auf Website stellen	PC								■					300,00
Lettershop beauftragen (Kostenvoranschlag)	PR			■										
Presseservices beauftragen, z.B. News Aktuell, Presse-Online-Portal u.a. (Kostenvoranschlag)	PR			■										1.000,00
Presseinformation an tagesaktuelle Medien (inkl. News Aktuell u. Online-Portale) versenden	PR, TE								■					100,00
Presseinformation an 14-tägl. erscheinende Medien versenden	PR, TE				■									100,00
Presseinformation an monatl. erscheinende Medien versenden	PR, TE						■							100,00
Nachbereitung														
Medienbeobachtung beauftragen (Kostenvoranschlag, Stichworte)	PR			■										300,00
Veröffentlichungen sammeln	TE											■		
Pressespiegel erstellen	TE											■		
Medienresonanzanalyse durchführen	PR											■		
Presse-Anfragen beantworten	PR, SG, MH									■	■	■		
Fehlerhaften Artikeln nachgehen	PR											■		
Pressematerial u. Veröffentlichungen archivieren	TE													
Ergebnis-Präsentation erarbeiten u. durchführen	PR												■	
Mitarbeiter informieren	PR													
Gesamt-Kosten														3.900,00

Abb. 3.1 (Fortsetzung)

Alle verantwortlichen Personen können Sie Ihrem Projektplan aus Schritt 2 entnehmen. Sprechen Sie die Personen einzeln an oder organisieren Sie eine Projektbesprechung. Dann können Sie nach Plan mit der Umsetzung beginnen.

4. Schritt: Formulieren Sie die W-Fragen für Ihren Pressetext und ordnen Sie Ihre Antworten nach Wichtigkeit!
Ein guter Weg, mit der Arbeit an einem Pressetext zu beginnen, ist es, die W-Fragen zu formulieren und kompakt – möglichst in einem Satz – zu beantworten. Dann sollten Sie die Fakten nach ihrer Bedeutung ordnen, indem Sie mit dem größten Nachrichtenwert beginnen. Erst dann überlegen Sie, welche weiteren Details zur Beantwortung der W-Fragen für die Leser interessant sein könnten. Zum Schluss formulieren Sie die Überschrift mit der Kernaussage des Textes.

- Welche W-Fragen müssen Sie beim Thema Ihrer Presseinformation berücksichtigen?
- Wie beantworten Sie diese W-Fragen in möglichst knappen, fakten-orientierten Sätzen?
- In welcher Reihenfolge wollen Sie diese Fakten nennen? Welche Fakten haben den größten Nachrichtenwert?
- Wie lautet folglich der „Lead" (1. Absatz) Ihrer Presseinformation?
- Welche weiteren Details, Hintergründe, Ursachen oder Zusammenhänge müssen Sie nennen, damit der Leser die Nachricht besser versteht und einordnen kann?
- Wie lautet die Kernaussage und damit die Überschrift Ihres Pressetextes?

Wenn Sie alle Fakten und Details in der richtigen Reihenfolge aufgeführt haben, steht die Rohfassung für Ihren Pressetext (Abb. 3.2).

5. Schritt: Bringen Sie Ihren Pressetext inhaltlich und formal in die richtige Form!
Die Rohfassung Ihres Pressetextes sollten Sie nun nach den professionellen Regeln für Presseinformationen überarbeiten. Orientieren Sie sich dabei an der Tabelle 3.4 „Checkliste: Einige Kriterien für das Schreiben von Presse-informationen". Zuletzt müssen Sie Ihren Text in die richtige Form bringen.

Abb. 3.1 (Fortsetzung) (**b**) In diesem Teil der Checkliste ist zu sehen, dass der Versand der Presseinformation an unterschiedliche Mediengruppen zeitlich gestaffelt erfolgt. Einige Redaktionen haben redaktionelle Vorlaufzeiten von vier bis sechs Wochen und müssen die Information entsprechend früher erhalten. Auch wird deutlich, dass der PR-Verantwortliche während der gesamten Phase der Veröffentlichung, sowie bis ca. 5 Wochen danach mit der Aktion beschäftigt ist. Der Zeitaufwand für Feedback und Nachbereitung einer Presseaktion sollte nicht unterschätzt werden.

W-Fragen zur Presseinformation „Plakat-Oscar"

Was ist der Anlass der Presseinformation? ①

Die Plakat AG schreibt den Plakat-Oscar aus.

Was ist der Plakat-Oscar? ①

Der Plakat-Oscar ist ein Kreativ-Wettbewerb um das beste Plakat des Jahres.

Was können die Teilnehmer gewinnen? ①

Die besten drei Plakate werden mit dem Plakat-Oscar in Gold, Silber und Bronze ausgezeichnet. Das beste Plakatmotiv wird bundesweit 1000-mal kostenlos plakatiert.

Wer ist die Plakat AG? ③

Die Plakat AG ist einer der größten deutschen Plakatanbieter mit Sitz in München. (Details: Angebot, Mitarbeiter, Umsatz etc.)

Wer kann am Wettbewerb teilnehmen? *Factsheet ?* ①

Alle Unternehmen oder Organisationen und ihre Kreativagenturen, die im vergangenen Jahr ein Plakat in Deutschland veröffentlicht haben, können am Wettbewerb teilnehmen.

Wer beurteilt die Einsendungen?

Eine Jury aus Werbeleitern, Art-Direktoren und Fachjournalisten wählt die besten Plakate aus.
(Details: Name, Funktion, Firma) *Factsheet ?* ②

Wie wird die Gestaltung der Plakate beurteilt?

Die Plakate werden nach den folgenden Kriterien beurteilt: Details ④ *Ausschreibung*

Wie läuft der Plakat-Oscar ab?

Unternehmen oder Agenturen senden Ihre Plakatmotive ein, eine Jury Beurteilt sie und wählt die drei besten Plakate aus. Auf einer Siegerehrung werden die Preisträger ausgezeichnet. ④

Wie oft und seit wann findet der Plakat-Oscar statt? ④

Der Plakat-Oscar wird seit 2003 jährlich ausgeschrieben.

Bis wann müssen die Plakate eingesandt werden? ①

Einsendeschluss ist der 31. Januar 2008.

Wann findet die Siegerehrung statt? ⑤

Die Siegerehrung findet am 30. April statt.

Wo findet die Siegerehrung statt? ⑤

Die Siegerehrung findet in München statt.

Wo kann die Ausschreibung angefordert werden?

Die Ausschreibung gibt es bei der Plakat AG unter der Rufnummer 099-999 999-0 oder auf www.plakat-ag.de als Download. ②

Warum wird der Plakat-Oscar veranstaltet?

Die Plakat AG mochte gute Plakagestaltung in Deutschland fordern, indem sie Unternehmen und Agenturen auszeichnet, die das Medium Plakat vorbildlich einsetzen. ③

Abb. 3.2 (Fortsetzung)

Dabei helfen Ihnen die Standards, die im Abschn. 3.4.1 „Presseinformation (. . .)" aufgeführt sind.

- Haben Sie alle Kriterien für journalistisches Schreiben in Ihrem Pressetext beachtet?
- Haben Sie sich für ein professionelles Layout des Textes entschieden?

- Haben Sie an alle zusätzlichen Basisinformationen, wie Datumsangabe, Kontaktdaten des Ansprechpartners, Hinweis auf die Website oder sonstige Veröffentlichungshinweise, gedacht?

Wurde der Pressetext in dieser Weise überarbeitet und in Form gebracht (Abb. 3.3), können Sie mit dem hausinternen Abstimmungsprozess beginnen. Lassen Sie sich jedoch möglichst zu keinen inhaltlichen Änderungen überreden, die den Text-Standards für Presseinformationen widersprechen!

6. Schritt: Ergänzen Sie Ihren Pressetext bei Bedarf durch weitere Pressematerialien!

Bei komplexen Themen können sich aus der Beantwortung der W-Fragen einige Details ergeben, die den Umfang einer ein- bis zweiseitigen Presseinformation sprengen. Bei wiederum anderen Themen ist es schwierig, die Bedeutung der Botschaft zu erfassen, ohne weitere Details zu nennen oder das Geschriebene durch eine visuelle Darstellung zu ergänzen. In diesen Fällen müssen Sie überlegen, ob es sinnvoll ist, weitere Pressematerialien zu erarbeiten und diese gemeinsam mit der Presseinformation in einer Pressemappe zusammenzufassen.

- Gibt es Detail- oder Hintergrundinformationen zu den W-Fragen, die den Umfang der Presseinformation sprengen, aber wichtig für das Verständnis der Botschaft sind? Welche ergänzenden Factsheets könnten Ihre Botschaft besser verständlich machen?
- Gibt es Botschaften, die besser verstanden werden können, wenn sie visuell dargestellt werden? Welche Pressefotos, Tabellen, Grafiken oder Zeichnungen könnten Ihre Botschaft verdeutlichen?

Erstellen Sie bei Bedarf zusätzliches Pressematerial und legen Sie dieses Ihrem Pressetext bei (Abb. 3.4)! Vergessen Sie nicht, auch das begleitende Pressematerial intern abzustimmen und ggf. rechtlich prüfen zu lassen!

Abb. 3.2 Die W-Fragen einer Presseinformation. Zur Vorbereitung der Presseinformation wurden im nebenstehenden Beispiel die W-Fragen zum Plakat-Oscar aufgelistet und in knappen, fakten-orientierten Sätzen beantwortet. Dann wurden die Fakten nach Prioritäten geordnet. Für die Leser besonders wichtige Fakten wurden mit 1, auch noch wichtige Fakten mit 2 und weniger wichtige Fakten mit 3 bewertet. Bei Priorität 4 und 5 handelt es sich um Informationen, die der Vollständigkeit halber erwähnt werden können. Es ist ersichtlich, dass drei W-Fragen nicht zufrieden stellend mit knappen Sätzen beantwortet werden können. Für vertiefende Informationen zur Jury, sowie zur Plakat AG wird deshalb ein ergänzendes Factsheet eingeplant. Die Beurteilungskriterien der Jury sind hingegen der Ausschreibung zum Wettbewerb zu entnehmen. Diese wird der Presseinformation ebenfalls beigelegt.

Plakat AG

Presseinformation

Datum: 15. Januar 2008

Gesucht: Das beste Plakat des Jahres

Plakat AG schreibt Plakat-Oscar 2008 aus

Es ist wieder so weit: Die Suche nach dem besten deutschen Plakat
des Jahres beginnt. Bereits zum fünften Mal schreibt die Plakat AG
den Plakat-Oscar aus. An dem nationalen Kreativ-Wettbewerb
können alle Unternehmen, Organisationen und Agenturen
teilnehmen, die im vergangenen Jahr ein Plakat veröffentlicht haben.
Den besten Plakatmachern winkt der Plakat-Oscar in Gold, Silber
und Bronze sowie eine kostenlose, bundesweite Plakataktion. Noch
bis zum 31. Januar können Interessierte ihre Plakatmotive zum
Wettbewerb einsenden und sich dem Urteil der Jury aus namhaften
Werbeexperten stellen. Wer am Wettbewerb teilnehmen möchte,
kann die Ausschreibung auf der Website www.plakat-ag.de oder
unter der Rufnummer 099-999999-0 anfordern.

Die Plakat AG ist einer der größten deutschen Anbieter von
Plakatwerbeträgern mit Sitz in München. Mit dem Plakat-Oscar
möchte die Plakat AG gute Plakatgestaltung in Deutschland fördern
und diejenigen Plakatmacher auszeichnen, die das Medium
vorbildlich einsetzen. Die Preisträger werden am 30. April dieses
Jahres auf einer festlichen Siegerehrung in München geehrt.

Presse-Kontakt:
Paul Mustermann
Telefon 099-999 999-20
E-Mail: pm@plakat-ag.de

1.178 Zeichen (mit Leerzeichen)

Abdruck honorarfrei

Herausgeber:

Plakat AG
Musterhausstraße 12
D-11223 Ortstadt
Telefon 099 – 999 999 – 0
Fax 099 – 999 999 – 10
www.plakat-ag.de
e-mail: info@plakat-ag.de

Abb. 3.3   (Fortsetzung)

7. Schritt: Veröffentlichen Sie Ihre Presseinformation individuell nach Wunsch!

Ihre Presseinformation muss nun möglichst so veröffentlicht werden, dass alle Journalisten zum gewünschten Zeitpunkt und auf die gewünschte Weise erreicht werden.

- Liegen für alle Medien, die Sie ansprechen wollen, die Kontaktdaten der Journalisten in aktueller Form vor?
- Welche Journalisten wünschen die Übersendung per Post, welche per Fax, welche per E-Mail?
- Welche Journalisten müssen Sie vorab telefonisch informieren?
- Welche Journalisten müssen Ihre Informationen mehrere Wochen früher erhalten, um den Redaktionsschluss einzuhalten?
- Welche Redaktionen können Sie zusätzlich über Presseservices, Materndienste oder das Presseforum auf Ihrer Website erreichen?
- Welche Redaktionen benötigen elektronisch aufbereitete Pressematerialien?
- Welche Redaktionen benötigen Farbabbildungen, welche bevorzugen Schwarz-Weiß-Motive?

Organisieren Sie die Veröffentlichung Ihrer Presseinformation entsprechend dieser Vorgaben!

8. Schritt: Behandeln Sie das Feedback auf Ihre Aktion, dokumentieren Sie Ihre Arbeit und stellen Sie Ihre Ergebnisse dar!

Rechnen Sie damit, dass Sie Feedback auf Ihre Presseinformation bekommen: Journalisten werden vertiefende Fragen stellen; Vorgesetzte, Mitarbeiter aus anderen Abteilungen und Kunden werden Veröffentlichungen kommentieren; manche Veröffentlichungen werden fehlerhaft oder kritisch sein und weiteren Handlungsbedarf erfordern. Ferner dürfen Sie nicht vergessen, Ihre Presseaktivitäten auch für interne Dialoggruppen zu dokumentieren und die Ergebnisse festzuhalten.

Abb. 3.3 Die fertige Presseinformation. Für den fertigen Pressetext werden die Fakten nach den zuvor festgelegten Prioritäten in einen Fließtext umgesetzt. Den Einstieg bilden die Fakten der Priorität 1. Die wichtigste Kernaussage bzw. der für den Leser interessanteste Aspekt wird in der Überschrift formuliert. In diesem Fall wurden Haupt- und Unterüberschrift eingesetzt. Weniger wichtige Aussagen bilden den Schluss der Meldung. Die äußere Form der Presseinformation berücksichtigt die professionellen Standards. Wichtige Informationen, die bei keiner Presseinformation fehlen dürfen, wurden ergänzt: Das Datum, der Ansprechpartner für Rückfragen, der Textumfang in Zeichen und der Hinweis „Abdruck honorarfrei". Der Text wurde auf einen speziell dafür gedruckten Pressebogen kopiert.

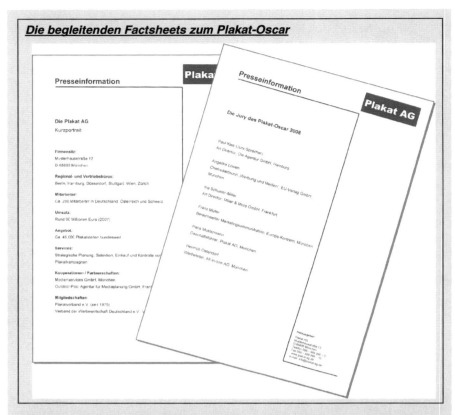

Abb. 3.4 Die begleitenden Factsheets zur Presseinformation. Die detaillierten Informationen zur Jury-Zusammensetzung und die Hintergrundinformationen zur Plakat AG wurden in diesem Beispiel zu zwei Factsheets verarbeitet. Dabei werden die Fakten, die für den Pressetext zu umfangreich wären, in kompakter Form als Aufzählung dargestellt. Die Factsheets werden gemeinsam mit einer Ausschreibung zum Wettbewerb in einer Pressemappe zusammengefasst. Damit sind alle wichtigen Informationen für die Journalisten übersichtlich und vollständig aufbereitet.

- Wer steht für weiterführende Fragen der Journalisten zur Verfügung?
- Wie wird die Presseaktion intern, aber auch gegenüber Geschäftspartnern, Kunden oder Händlern kommuniziert?
- Sammeln Sie die Veröffentlichungen in einem Pressespiegel?
- Wie gehen Sie vor, wenn Veröffentlichungen fehlerhaft oder kritisch ausfallen?
- Erstellen Sie eine Medienresonanzanalyse?
- Wie dokumentieren Sie, welcher Journalist wann welche Pressematerialien von Ihnen erhalten hat?
- Wie archivieren Sie Pressetexte, sonstige Pressematerialien und Veröffentlichungen?

Planen Sie genügend Zeit für die Nachbereitung Ihrer Presseaktion ein! Es ist wichtig, dass Sie Ihre Arbeit jederzeit und gegenüber verschiedenen internen und externen Dialoggruppen vertreten und dokumentieren können!

3.4.5 Das Interview und andere Gesprächssituationen

Das Interview ist ein Gespräch, das im Frage-Antwort-Stil durchgeführt wird und in folgenden Varianten zum klassischen Repertoire der Pressearbeit zählt.

Formelles Interview

Das offizielle Interview ist ein formelles Zweier-Gespräch, in dem der Journalist seine Fragen stellt und der Interviewte darauf antwortet. Es kann in allen Medien veröffentlicht werden – in Zeitungen und Zeitschriften, im Hörfunk, im Fernsehen oder auch im Online-Forum. Je nach Medium kann das Interview telefonisch, per Online-Chat oder als persönliche Begegnung organisiert werden. Für formelle Interviews sollte dem Journalisten möglichst eine medien-erfahrene Person als Gesprächspartner zur Verfügung stehen. Vorteilhaft ist es, wenn diese Person ein Medientraining absolviert hat oder entsprechend rhetorisch geschult ist. Grundsätzlich wird zwischen Sach-, Meinungs- und Persönlichkeitsinterview unterschieden. Dabei steht entweder die Fachkompetenz des Interviewten, seine Meinung zu einem bestimmten Thema oder seine Person im Mittelpunkt des Gesprächs.

„Statement" oder Stellungnahme

Eine Abwandlung des formellen Interviews ist das so genannte „Statement". Hier erwartet der Journalist zu einer Frage eine knappe Stellungnahme des Interviewten zu einem bestimmten Sachverhalt. Typische Situationen für Statement-Interviews ergeben sich beispielsweise, wenn die Bilanzen eines Unternehmens veröffentlicht werden, wenn sich gesetzliche Rahmenbedingungen verändert haben, wenn es neue Entwicklungen im Markt oder in der Branche gibt oder wenn sich die Tarifparteien in der öffentlichen Diskussion gegenüber stehen. Oft wird das Statement vor Mikrofon oder Kamera spontan anlässlich einer Veranstaltung – beispielsweise einer Pressekonferenz – durchgeführt und sofort live oder später im Original-Ton übertragen. Es erfordert vom Interviewten die Fähigkeit, sich knapp, präzise, verständlich und überzeugend zu äußern und stellt daher hohe Anforderungen an seine Rhetorik.

Expertengespräche und Live-Beratung

Expertengespräche und Live-Beratungen sind Medien-Kooperationen – meist in Hörfunk oder Fernsehen -, in denen die Interview-Technik zwischen einem Moderator und einem Fachexperten angewendet wird. Der Interviewte steht entweder alleine oder gemeinsam mit anderen Experten zur Verfügung, um die Fragen des Moderators oder des Publikums zu beantworten, fachliche Einschätzungen und Ratschläge zu erteilen. Es gehört zu den Aufgaben eines PR-Profis, den Redaktionen medien-erfahrene, kompetente Interviewpartner für Expertengespräche anzubieten.

Informelles Interview

Es handelt sich dabei um eine weniger stark formalisierte Frage-Antwort-Situation, die vom Journalisten zur Recherche für einen Beitrag eingesetzt wird. Im informellen Interview will der Journalist von seinem Gesprächspartner die Hintergrundinformationen für seine Story erfahren und gleichzeitig zitierfähige Aussagen für seinen Beitrag erhalten. Auch in diesen informellen Gesprächen, in denen häufig ein freundschaftlicher, legerer Ton gepflegt wird, muss der Befragte jedoch auf seine Wortwahl achten. Da die meisten Journalisten mit Tonbandaufzeichnungen arbeiten, können alle Äußerungen des Gesprächs im Original-Wortlaut zitiert werden.

Hintergrund-, Redaktions- und Kamingespräche

Das sind informelle Gespräche, die zum generellen Austausch von Informationen geeignet sind, ohne dass damit eine konkrete Veröffentlichung verbunden ist. Sie finden oft in der Redaktion, aber auch im Restaurant, Hotel oder anlässlich einer Veranstaltung statt und dienen dazu, den Journalisten über aktuelle Entwicklungen auf dem Laufenden zu halten, eventuell Ideen für Beiträge in den Medien zu entwickeln, sowie den persönlichen Kontakt zu pflegen. Insbesondere bei Redaktionsbesuchen kann der PR-Verantwortliche diese Gespräche nutzen, um Einblick in die Redaktionsarbeit zu erhalten und sich mit der typischen Arbeitsweise des Journalisten vertraut zu machen. Wichtig dabei: Überlegen Sie vorher, welche nützlichen Informationen Sie dem Journalisten mitbringen können! Auch ein Hintergrundgespräch sollte auf keinen Fall die Zeit des Journalisten verschwenden. Auch wenn bei diesen informellen Gesprächen keine offizielle Interview-Situation vorliegt, sollte der Gesprächspartner mit dem Journalisten vorab vereinbaren, ob und wie die Inhalte des Gesprächs vom Journalisten verwendet werden können und ob er zitiert werden kann oder nicht. Hintergrundgespräche werden auch dazu eingesetzt, einen Kreis von Journalisten, zu dem ein besonders vertrauensvolles Verhältnis besteht, vorab über bestimmte Sachverhalte zu informieren. So kann deren Meinung und Empfehlung eingeholt und die Reaktion der Medien auf ein bevorstehendes Ereignis besser eingeschätzt werden. Werden solche vertraulichen Gespräche mit einem oder mehreren Journalisten regelmäßig in stilvollem Ambiente inszeniert, nennt man diese auch „Kamingespräche".

Rahmenbedingungen und Vorbereitung eines Interviews

Als PR-Verantwortlicher geben Sie entweder selbst Interviews oder Sie bereiten Interviews für eine leitende Persönlichkeit Ihrer Organisation vor und begleiten diese. In jedem Fall sollten Sie vor einem Interview mit dem Journalisten die Rahmenbedingungen klären und sich oder den Interviewten entsprechend vorbreiten.

Das folgende sollten Sie in Erfahrung bringen, den Journalisten fragen bzw. mit ihm besprechen und vereinbaren[1]:

- Wer ist der Interviewer oder Moderator? Welches Interesse hat er? Steht er meiner Position kritisch, neutral oder positiv gegenüber? Wie sind bisherige Kontakte zu diesem Journalisten gelaufen?
- Wo, in welchem Medium und in welchem Ressort bzw. in welcher Sendung soll der Beitrag veröffentlicht werden? Speziell für das Fernsehen: Haben Sie sich die Sendung schon einmal angesehen, um sich auf den Stil des Moderators einzustellen?
- Hat der Beitrag unterhaltenden, informativen oder kritischen Charakter?
- Was ist das Thema des Beitrags? Auf welche Inhalte müssen Sie sich vorbereiten?
- Gibt es weitere Gesprächspartner? Werden außer Ihnen überwiegend Kritiker oder Befürworter einer Position befragt?
- Wie lang soll der Beitrag werden?
- Wann soll der Beitrag veröffentlicht werden?
- Wie und wo soll das Gespräch stattfinden? Soll es telefonisch oder persönlich erfolgen? Soll es an einem neutralen Ort, in der Redaktion, in Ihrem Büro oder an einem sonstigen Ort stattfinden?
- Wie lange wird das Gespräch voraussichtlich dauern?
- Wann soll das Interview stattfinden?
- Wie sollen die Informationen aus dem Interview verarbeitet werden? Dient das Gespräch nur dazu, das Hintergrundwissen des Journalisten zu erhöhen? Soll der Interviewte oder seine Organisation portraitiert werden? Soll daraus eine Veröffentlichung im Frage-Antwort-Stil erstellt werden? Sollen für den Beitrag nur einzelne Fakten und Zitate aus dem Gespräch verwendet werden?

Wichtig dabei ist: Der Interviewgeber kann nicht nur entscheiden, ob er überhaupt für ein Interview zur Verfügung steht, sondern vor allem auch maßgeblich mitbestimmen, wo und wann das Gespräch stattfindet und zu welchen Themen er Auskunft geben will oder nicht. Wobei die Verhandlungsposition des PR-Verantwortlichen bei diesen Kriterien umso schwächer ist, je mehr er selbst an der Platzierung des Interviews interessiert ist. Wenn es die Zeit zulässt, kann es sinnvoll sein, dem Journalisten vor einem Interviewtermin Hintergrundinformationen zum Thema zuzusenden. Manchmal werden solche Informationen auch vom Journalisten zur Vorbereitung des Gesprächs erbeten. Eine Unsitte ist es jedoch, sich vom Journalisten die Fragen des Interviews vorab zusenden zu lassen. Denn das kommt

---

[1] Welche Dinge bei der Vorbereitung, Durchführung und Nachbereitung von Interviews zu beachten sind, sind ausführlich dem sehr empfehlenswerten Fachbuch „Interviews meistern" von Viola Falkenberg zu entnehmen (herausgegeben vom F.A.Z.-Institut für Management-, Markt- und Medieninformationen GmbH, Frankfurt 1999). Hier können die wichtigsten Tipps von Falkenberg leider nur stark verkürzt aufgegriffen werden.

einem Misstrauensantrag gegenüber dem Journalisten gleich. Und: Sollte er sich dennoch dazu bereit erklären, muss er sich im Interview nicht an die ursprünglich vorgelegten Fragen halten! Auch hier gilt die Pressefreiheit.

Wenn Sie alle Rahmenbedingungen vereinbart haben, sollten Sie noch einmal überlegen, ob das Interview geeignet ist, Ihre PR-Ziele zu erfüllen. Dazu sollten Sie sich noch einmal über Zielgruppe und Inhalte des Gesprächs Gedanken machen:

- Welche zentralen Botschaften und Argumentationen möchten Sie anlässlich des Themas platzieren? Welche Kompetenzen vermitteln?
- Wie können Sie Ihre Argumente mit Fakten belegen?
- Welche Gegenargumente oder kritischen Fragen sind zum Thema denkbar und wie gehen Sie damit um?
- Was dürfen und können Sie sagen, was nicht?
- Welche Leser, Hörer oder Seher erreichen Sie durch das Interview?
- Ist dieses Publikum wichtig, um Ihre strategischen Ziele zu erreichen?
- Haben Ihre Informationen tatsächlich Nachrichtenwert für den Journalisten und sein Publikum?

Wenn Sie entschieden haben, dass Sie das Interview geben wollen, sollten Sie sich bzw. den Interviewpartner inhaltlich gut auf das Gespräch vorbereiten. Hierzu erstellen Sie einen Frage-Antwort-Katalog, die so genannten „Questions & Answers" (Q&As). Darin werden alle möglichen Fragen zum Thema – vor allem auch kritische und provokante Fragen – aufgeführt und mit sachlich fundierten, verständlichen Antworten versehen. Die Q&As sind sozusagen die allgemeine Sprachregelung zu einem Thema, die für den Interviewten verbindlich ist. Aus den Q&As sollten Ihre Kernbotschaften und Argumente deutlich hervorgehen. Empfehlenswert ist zudem, vor einem wichtigen Interview ein Medientraining zu absolvieren. In einem solchen Training wird geübt, wie der Interviewte auf alle auftretenden Fragen souverän reagiert und dabei seine Kernbotschaften und Positionen überzeugend vermitteln kann. Denn Vorsicht: Nicht jede Führungskraft ist ein geborener Rhetoriker! Als PR-Verantwortlicher sind Sie jedoch in der Pflicht, sicherzustellen, dass der Interviewpartner aus Ihrer Organisation die entsprechenden sprachlichen und argumentativen Fähigkeiten besitzt!

Ablauf und Verhalten im Interview

Eines vorweg: Die zwischenmenschliche Atmosphäre in einem Interview sagt nichts darüber aus, wie die Informationen aus dem Gespräch später vom Journalisten verarbeitet werden! Auch die Informationen aus einem sehr sympathischen, locker geführten Gespräch können in einen tendenziell kritischen Artikel einfließen – und umgekehrt. Üblicherweise beginnt ein Interview mit lockerem Geplauder, um eine persönliche Ebene herzustellen. Dann beginnt der Journalist, mit offenen Fragen die Fakten zum Thema zu sammeln. In dieser Phase lässt er den Interviewten möglichst frei sprechen. Um den Sachverhalt zu präzisieren, werden dann einzelne Aspekte des Gesagten hinterfragt und vertieft. Erst im letzten Teil des Interviews tauchen meist die wirklich kritischen, brisanten Fragen auf.

Jetzt geht es darum, auch provokanten Fragen und den Hinweisen auf scheinbare Widersprüche möglichst überzeugend, kurz und sachlich zu begegnen. Lassen Sie sich auf keinen Fall reizen, emotional aus der Reserve locken oder zu Aussagen provozieren, die Sie besser nicht machen! Sollte sich jedoch der Journalist nicht an die getroffenen Absprachen halten oder die Gesetze der Höflichkeit brechen, dürfen Sie ihn in angemessener Form darauf hinweisen oder – im Ernstfall – sogar das Gespräch abbrechen. Aber keine Angst: Dies wird in der Regel nicht notwendig sein. Hat der Journalist seine Fragen abgearbeitet, ist der richtige Moment gekommen, um ergänzende Informationen anzusprechen oder auf weitere Aspekte des Themas hinzuweisen, die aus Ihrer Sicht wichtig sind. Bei der Verabschiedung wiederum gilt es, die eventuell vorher entstandenen Spannungen abzubauen. Plaudern Sie über Interessantes aus der Branche, fragen Sie nach Hobbies des Journalisten oder nach seiner Arbeit. Kurzum: Machen Sie Smalltalk, um die Atmosphäre aufzulockern!

Insgesamt sollten Sie die folgenden Verhaltensregeln im Interview befolgen:

- Lassen Sie den Journalisten mit seinen Fragen die Führung des Gesprächs übernehmen!
- Haben Sie keine Angst vor Gesprächspausen! Der Journalist braucht manchmal etwas Zeit, um das Gesagte zu notieren, seine Gedanken zu ordnen und die nächste Frage vorzubereiten.
- Versuchen Sie nicht, mit dem Journalisten allzu vertraulich zu werden! Auch wenn sich der Journalist ausgesprochen freundschaftlich gibt, vergessen Sie nicht: Sowohl der Journalist als auch Sie selbst befinden sich in einer reinen Arbeitssituation.
- Wenn der Journalist Sie laufend unterbricht oder auf andere Weise unhöflich wird, dürfen Sie ihn auf sein Fehlverhalten hinweisen.
- Sagen Sie in einem Interview nie mehr, als Sie ursprünglich wollten, mehr als Sie dürfen oder können! Auch wenn der Journalist versucht, solche Betriebsgeheimnisse aus Ihnen herauszulocken, können Sie darauf hinweisen, dass Sie selbstverständlich keine Internas preisgeben. Alles andere wäre – auch aus Sicht des Journalisten – unprofessionell! Wenn Sie etwas nicht wissen – geben Sie es offen zu und versprechen Sie, die entsprechende Information nachzuliefern. Allerdings: Zu häufig sollten Sie von dieser Möglichkeit nicht Gebrauch machen – auch das wirkt sonst unprofessionell.
- Behandeln Sie Journalisten immer als ebenbürtige Gesprächspartner – unabhängig davon, wie jung oder unerfahren sie auch sein mögen! Seien Sie niemals herablassend, belehrend oder arrogant!
- Seien Sie sich in jeder Sekunde des Gesprächs bewusst, dass einmal Gesagtes im Allgemeinen nicht mehr zurückgenommen werden kann. Lassen Sie sich niemals vom flapsigen Ton eines Journalisten dazu verleiten, nicht mehr auf eine zitierfähige Wortwahl und einen angemessenen Tonfall zu achten!
- Halten Sie wichtiges Zahlenmaterial und die wichtigsten Fakten zusätzlich in schriftlicher Form bereit und geben Sie diese dem Journalisten mit! So vermeiden Sie Fehler im fertigen Bericht.

- Bei Telefoninterviews: Lassen Sie sich nicht zu spontanen Stellungnahmen hinreißen, sondern verabreden Sie einen späteren Telefon-Termin und bereiten Sie sich inhaltlich auf das Gespräch vor!
- Bei Funk-Interviews: Achten Sie darauf, alle Hintergrundgeräusche zu vermeiden! Sprechen Sie langsam und ruhig. Halten Sie sich kurz und geben Sie Beispiele statt ausführlicher fachlicher Erklärungen. Wird der Beitrag nicht live gesendet und Sie geraten ins Stocken, können Sie das Interview stoppen und den Satz noch einmal beginnen – der Beitrag wird dann vom Journalisten entsprechend geschnitten.
- Bei Fernseh-Interviews: Achten Sie bei Ihrer Kleidung darauf, keine Muster oder Streifen, sowie weiße oder glänzende Stoffe zu tragen. Lassen Sie sich Ihre Nase und Stirn pudern! Achten Sie unbedingt auf den Bild-Hintergrund! Vermeiden Sie Geräusche jeglicher Art – auch Kleider- oder Papierrascheln! Sehen Sie stets dem Interviewpartner in die Augen und nicht in die Kamera, nach oben oder unten! Vermeiden Sie es, zu zappeln, Ihren Kopf vom Mikrofon wegzubewegen, Ihre Brille zurechtzurücken, mit den Händen zu sprechen, mit den Zehen zu wippen oder im Stehen das Gewicht von einem Bein auf das andere zu verlagern. Sagen Sie das Wichtigste gleich am Anfang! Sprechen Sie in einfachen, kurzen Sätzen! Sprechen Sie auf Ihre natürliche Weise und versuchen Sie keinesfalls, sich zu verstellen! Üben Sie unbedingt vorher mit einer Videokamera – am besten mit einem Medientrainer!

Nach dem Interview

Nach dem Interview sollten Sie kontrollieren, ob Sie alle relevanten Fakten genannt und alle Aussagen korrekt getroffen haben. Allerdings: Nur im Ausnahmefall und mit Einverständnis des Journalisten können Sie nach einem Interview eine Aussage zurückziehen! Bei Funk- und Fernseh-Interviews ist dies ohnehin nicht möglich. Es gilt das gesprochene Wort. Bei Beiträgen für die Print- oder Onlinemedien können Sie Zusatzinformationen nachliefern, wenn Sie etwas vergessen haben. Wenn der Beitrag fertig ist, haben Sie im Normalfall keine Möglichkeit mehr, etwas zu ändern. Auch haben Sie kein Recht, einen Beitrag vor der Veröffentlichung gegenzulesen oder gar zu korrigieren. Einzige Ausnahme: Bei Interviews, die in der Frage-Antwort-Form in Printmedien veröffentlicht werden, können Sie vor Veröffentlichung eine Autorisierung verlangen. Dies müssen Sie jedoch vorab mit dem Journalisten vereinbaren. In diesem Falle ist es üblich, dass im Text lediglich korrigiert wird, was inhaltlich nicht korrekt ist – stilistische Änderungen sind tabu! Dazu müssen Sie wissen, dass der Journalist das Gesagte nicht im Originalton wiedergeben muss. Vielmehr kann er die Inhalte des Gesprächs sinngemäß zitieren. Er kann die Reihenfolge des Gesprächs verändern, Ihren Satzbau korrigieren und große Teile des Interviews einfach weglassen. Nur eines darf er nicht: Er darf Ihre Aussagen inhaltlich nicht verändern oder Nebensätze weglassen, die wichtig für die Interpretation des zuvor Gesagten sind. Alle anderen Möglichkeiten, die Beiträge der Journalisten vor der Veröffentlichung zu sehen, sind vom Entgegenkommen des Journalisten abhängig. Nur in Ausnahmefällen – und auch nur, falls Sie dies vorab so vereinbart haben – wird der Journalist Ihnen die Passagen seines Beitrags, in denen Sie zitiert werden, vorab zur Korrektur senden. Und auch nur in Ausnahme-fällen und bei sehr komplizierten Fachthemen werden Sie in den Genuss kommen, den kompletten Beitrag vor der Veröffentlichung gegenlesen zu können. Also: Ver-lassen Sie sich nie darauf, im Nachhinein Änderungen am Gesagten vornehmen zu können, sondern konzentrieren Sie sich darauf, im Interview vollständige, korrekte und eindeutige Aussagen zu formulieren!

Die folgende Checkliste in Tabelle 3.7 hilft Ihnen dabei, sich optimal auf eine In-terviewsituation vorzubereiten, das Interview professionell durchzuführen und sich auch bei der Nachbereitung des Gesprächs richtig zu verhalten.

Die Erfahrung zeigt, dass Sie im Allgemeinen mit Journalisten angenehme, sachliche Gespräche führen werden, die in den meisten Fällen in zumindest neu-trale, objektive Berichte verarbeitet werden. Je mehr Sie allerdings in das Zentrum

Tabelle 3.7 Checkliste: Interviews vorbereiten, durchführen und nachbereiten

Rahmenbedingungen in Erfahrung bringen und festlegen
* Wer ist der Journalist oder Moderator?
* Welche Position vertritt der Journalist oder Moderator?
* Steht er Ihrer Position kritisch gegenüber?
* Welche Beziehung haben Sie zum Journalisten?
* In welchem Medium und in welchem Ressort bzw. in welcher Sendung soll der Beitrag veröffentlicht werden?
* Kennen Sie die entsprechende Sendung bzw. das redaktionelle Umfeld?
* Hat der Beitrag unterhaltenden, informativen oder kritischen Charakter?
* Was ist das Thema des Beitrags?
* Auf welche Inhalte müssen Sie sich vorbereiten?
* Wer werden die weiteren Informanten sein? Werden außer Ihnen überwiegend Kritiker oder Befürworter einer Position befragt?
* Wie lang soll der Beitrag werden?
* Wann soll der Beitrag veröffentlicht werden?
* Wie und wo soll das Gespräch stattfinden? Soll es telefonisch oder persönlich erfolgen? Soll es an einem neutralen Ort, in der Redaktion, in Ihrem Büro oder an einem sonstigen Ort stattfinden?
* Wie lange wird das Gespräch voraussichtlich dauern?
* Wann soll das Interview stattfinden?
* Wie sollen die Informationen aus dem Interview verarbeitet werden?

Strategische Überlegungen und inhaltliche Vorbereitung
* Welche Leser, Hörer oder Seher erreichen Sie durch das Interview?
* Ist dieses Publikum wichtig, um Ihre strategischen Ziele zu erreichen?
* Haben Ihre Informationen tatsächlich Nachrichtenwert für den Journalisten und sein Publikum?
* Welche zentralen Botschaften und Argumentationen möchten Sie platzieren?
* Wo ist Ihre Organisation besonders kompetent?
* Wo liegen Probleme oder Mängel?
* Wie gehen Sie mit kritischen Fragen um?
* Welche Fakten gehören zum Thema und sollten vermittelt werden?
* Was dürfen und können Sie sagen, was nicht?
* Haben Sie hausinterne Q&As vorbereitet?
* Hat der Interviewpartner ein Medientraining absolviert?

Tabelle 3.7 (Fortsetzung)

- Benötigt der Journalist vorab schriftliche Informationen zum Thema?
- Wichtig: Fordern Sie keinesfalls die Interviewfragen vorab an!
- Kontrollieren Sie Ihre Aussagen! Informieren Sie den Journalisten vorab, ob und warum Sie eine Tonbandaufzeichnung des Gesprächs machen möchten!

Verhalten während des Interviews
- Lassen Sie den Journalisten das Gespräch führen!
- Haben Sie keine Angst vor Gesprächspausen!
- Versuchen Sie nicht, mit dem Journalisten allzu vertraulich zu werden!
- Weisen Sie notfalls auf die Einhaltung der Höflichkeitsformen hin!
- Sagen Sie in einem Interview nie mehr, als Sie ursprünglich wollten, mehr als Sie dürfen oder können!
- Geben Sie offen zu, wenn Sie etwas nicht wissen!
- Lassen Sie sich nicht in eine hitzige Diskussion mit dem Journalisten verwickeln!
- Behandeln Sie alle Journalisten mit gleichem Respekt!
- Achten Sie stets auf eine zitierfähige Wortwahl und einen angemessenen Tonfall!
- Überreichen Sie dem Journalisten wichtiges Zahlenmaterial und die wichtigsten Fakten zusätzlich in schriftlicher Form!

Bei Telefon-Interviews
- Lassen Sie sich nie zu spontanen Äußerungen hinreißen!
- Verabreden Sie einen späteren Telefon-Termin und rufen Sie den Journalisten zurück!
- Durchdenken Sie das Thema vorher intensiv und machen Sie sich Stichpunkte!
- Legen Sie sich Informationsmaterial zum Thema bereit!

Bei Funk-Interviews
- Vermeiden Sie alle Hintergrundgeräusche!
- Sprechen Sie langsam und ruhig!
- Stellen Sie sich einen interessierten Zuhörer vor, dem Sie alles erzählen!
- Halten Sie sich kurz, vermeiden Sie ausführliche Erklärungen und geben Sie stattdessen Beispiele!
- Bei Aufzeichnungen: Wiederholen Sie Sätze, wenn sie Ihnen nicht gut gelungen sind!

Bei Fernseh-Interviews
- Achten Sie auf die Farben und Muster Ihrer Kleidung!
- Lassen Sie sich Ihre Nase und Stirn pudern!
- Achten Sie auf einen angemessenen Bild-Hintergrund!
- Vermeiden Sie Geräusche jeglicher Art!
- Blicken Sie dem Interviewpartner in die Augen!
- Vermeiden Sie es, zu zappeln!
- Sagen Sie das Wichtigste am Anfang!
- Sprechen Sie in einfachen, kurzen Sätzen!
- Sprechen Sie auf Ihre natürliche Weise – auch mit Dialekt!
- Üben Sie Ihre Aussagen mit einem Medientrainer vor der Videokamera!

Nach dem Interview
- Haben Sie alle wichtigen Fakten genannt?
- Müssen Sie Ihre Aussagen ergänzen?
- Müssen Sie versuchen, einzelne Aussagen zurückzuziehen oder zu relativieren?
- Haben Sie die Autorisierung des Interviews vereinbart?
- Haben Sie vereinbart, die Passagen mit Ihren Zitaten vor der Veröffentlichung gegenzulesen?
- Wurde Ihnen vom Journalisten angeboten, den Fachartikel gegenzulesen?
- Haben Sie ggf. nur inhaltliche, keine stilistischen Änderungen am Text vorgeschlagen?

der öffentlichen Aufmerksamkeit kommen, je mehr umstrittene Themen zu Ihrem Arbeitsfeld zählen, werden Sie auch mit kritischen, weniger freundlichen Journalisten konfrontiert werden. Neben einem guten Medientraining benötigen Sie für solche Situationen vor allem die richtige innere Einstellung: Bedenken Sie, dass kritisches – sogar provokantes – Nachfragen nicht Sie persönlich betrifft, sondern zur journalistischen Arbeitsweise gehört. Dass ein Journalist ein gesundes Misstrauen gegenüber seinen Informanten benötigt, um sich gegen die Fülle an einseitigen Beeinflussungs- oder Vertuschungsversuchen und gegen die allgegenwärtige Schönfärberei zu wappnen. Dass auch ein Journalist seine eigene Meinung hat, Sie ihn erst von Ihrem Standpunkt überzeugen müssen und dies – wenn überhaupt – nur langfristig möglich ist. Und dass es zu seiner Pflicht gehört, im Sinne der Objektivität sowohl Befürworter als auch Gegner von Positionen gleichermaßen zu Wort kommen zu lassen. Und sollte ein Interview doch einmal schlecht gelaufen und ein tendenziell negativer Bericht daraus entstanden sein, sollten Sie wissen: Selbst erfahrene Medien-Profis sind davor nicht gefeit! Wie Sie mit falschen oder negativen Veröffentlichungen umgehen, werden Sie im letzten Kapitel dieses Abschnitts erfahren.

3.4.6 Die Pressekonferenz

Die Pressekonferenz ist eine Informationsveranstaltung mit einem oder mehreren Rednern und anschließender Fragerunde, zu der viele Journalisten gleichzeitig eingeladen werden. Da eine Pressekonferenz finanziell und organisatorisch sehr aufwändig ist, sollte dieses PR-Instrument nur für wirklich bedeutende Anlässe mit hohem Nachrichtenwert eingesetzt werden. Neben dem geeigneten Anlass tragen zum Gelingen einer Pressekonferenz vor allem zwei weitere Faktoren bei: Die Redner müssen inhaltlich kompetent und in der Lage sein, überzeugend zu informieren und souverän auf die Fragen der Journalisten zu antworten. Und den Journalisten müssen auf der Pressekonferenz optimale Arbeitsmöglichkeiten geboten werden. Entsprechend gelten für die Vorbereitung, Durchführung und Nachbereitung einer Pressekonferenz die höchsten Ansprüche an die organisatorischen Fähigkeiten und die inhaltliche Kompetenz des PR-Verantwortlichen.

Die organisatorische Vorbereitung einer Pressekonferenz

Im Folgenden werden Sie erfahren, wie Sie Pressekonferenzen im Normalfall organisatorisch vorbereiten. Ausnahmen von dieser Vorgehensweise gibt es jedoch dann, wenn ein unvorhergesehenes Ereignis die sofortige Einberufung einer Pressekonferenz notwendig macht. Dies ist beispielsweise in Krisensituationen der Fall. In Ihrem beruflichen Alltag werden Sie jedoch erfolgreich sein, wenn Sie Folgendes bedenken:

Überlegen Sie sich, für welche Journalisten Ihr Thema relevant ist

Normalerweise werden Sie Ihrem Jahresplan für die Pressearbeit entnehmen können, aus welchem bedeutenden Anlass und für welche Gruppe von Journalisten Sie eine Pressekonferenz veranstalten wollen. Dennoch sollten Sie sich zuvor noch einmal genau vergegenwärtigen, für welche Medien Ihre Informationen geeignet sind und Nachrichtenwert besitzen. Nur diese Journalisten sollten Sie einladen. Wenn Sie sich bei einigen Redaktionen nicht sicher sind, ob Interesse besteht, sollten Sie dort anrufen und den Redakteur fragen. Manchmal ist es sinnvoll, zwei verschiedene Termine anzuberaumen – beispielsweise einen für die Publikumspresse, einen weiteren für die Fachpresse. So können sich die Redner auf den unterschiedlichen Informationsbedarf und die unterschiedliche Informationstiefe dieser Medien einstellen und das Thema mehr oder weniger fachspezifisch aufbereiten. Für die Journalisten der Fachpresse wird die Veranstaltung weniger langweilig, wenn sie nicht warten müssen, bis die allgemeinen Fragen der Publikumspresse beantwortet sind; und für die Publikumspresse sind die hoch spezialisierten Detailfragen Ihrer Kollegen sicherlich nicht von Interesse.

Stimmen Sie den Termin für Ihre Pressekonferenz sorgfältig ab

Bevor Sie den Termin für Ihre Pressekonferenz festlegen, sollten Sie sich vergewissern, dass sich dieser Termin mit keinen anderen wichtigen Presseveranstaltungen überschneidet. Fragen Sie beispielsweise bei Ihren wichtigsten Redaktionen nach, ob diese über konkurrierende Termine verfügen. Oder informieren Sie sich bei Ihrem Fachverband, beim Regionalbüro einer Nachrichtenagentur oder beim Presseclub, welche weiteren Pressekonferenzen anberaumt sind. Falls sie nicht an den Termin eines bestimmten Ereignisses gebunden sind, werden Pressekonferenzen üblicherweise wochentags zwischen 11.00 Uhr und 13.00 Uhr angesetzt. Dieser Termin lässt den Journalisten einerseits Zeit, um an der morgendlichen Redaktionskonferenz teilzunehmen oder zum Termin anzureisen; andererseits haben sie im Anschluss an die Konferenz genug Zeit, um noch bis zum Redaktionsschluss einen Beitrag zu verfassen und abzureisen. Da am Freitag auch viele Journalisten ihren Feierabend genießen möchten, sollten Sie möglichst darauf verzichten, Ihre Pressekonferenz an diesem Tag zu veranstalten.

Erläutern Sie in Ihrer Einladung die Bedeutung des Anlasses

Zur Einladung der Journalisten verfassen Sie einen persönlichen Brief, in dem Sie den Anlass, Ort und Termin der Pressekonferenz, sowie Name und Position der Referenten nennen. Auch sollte der Brief enthalten, wie lange die Pressekonferenz ungefähr dauern wird und ob im Anschluss ein Mittagessen vorgesehen ist. Ganz wichtig: Führen Sie in zwei bis drei Sätzen in das Thema der Pressekonferenz ein und erklären Sie, warum dieses Thema von großer Bedeutung für Ihr Unternehmen, den Markt, weitere Entwicklungen ist oder warum es auf sonstige Weise neu und interessant ist. Bedenken Sie: Sie haben nur diese eine Chance, den Journalisten davon zu überzeugen, zu Ihrer Veranstaltung zu kommen! Trotzdem sollten Sie nie mehr versprechen, als Sie halten können. Denn enttäuschte Journalisten kommen nie wieder auf eine Ihrer Veranstaltungen. Auch sollten Sie vermeiden, den Journalisten vorab die Presseinformation zuzusenden. Dann werden sie kaum zu Ihrer Veranstaltung kommen. Falls es nicht zu vermeiden ist, sollten Sie die Presseinformation mit einem Sperrvermerk versehen, sodass der Journalist zumindest keinen Informationsvorsprung gegenüber seinen Kollegen hat.

Ergänzen Sie Ihre Einladung durch eine Wegbeschreibung und eine Antwortkarte

Ihrer Presseinladung sollten Sie eine Wegbeschreibung beifügen, die Angaben über die Parkplatzmöglichkeiten vor Ort beinhaltet. Auch ein Hinweis auf Reiseverbindungen mit Flugzeug, Bahn und öffentlichem Nahverkehr kann hilfreich sein. Ganz wichtig für Ihre Planung ist es, der Presseeinladung eine Antwortkarte oder ein Antwortfax beizulegen, mit dem sich die Journalisten zur Pressekonferenz anmelden können. Auch die Online-Anmeldung ist eine Option. Nutzen Sie das Antwortformular auch für weitere Informationen: Fragen Sie, ob der Journalist – auch wenn er nicht kommen kann – Ihre Presseinformation zum Anlass erhalten möchte; fragen Sie, ob Sie ihm Ihre Pressematerialien bevorzugt per Post, Fax oder E-Mail übersenden sollen; stellen Sie sicher, dass Sie die richtige Adresse, Redaktion und den richtigen Ansprechpartner erreicht haben und lassen Sie sich ggf. einen Kollegen nennen, der – zusätzlich oder stattdessen – an Ihren Unterlagen interessiert ist. Dennoch dürfen Sie nicht damit rechnen, dass nur diejenigen Journalisten zur Pressekonferenz kommen, die sich angemeldet haben. Oft kommt ein Teil der angemeldeten Journalisten nicht. Im Gegenzug dazu werden Sie sicherlich einige weitere Gäste aus den Redaktionen begrüßen können, mit denen Sie nicht gerechnet haben.

Versenden Sie Ihre Einladung etwa ein bis drei Wochen vor dem Termin

Auch wenn sich Journalisten zu einer Pressekonferenz angemeldet haben, sie entscheiden meist erst am Morgen der Konferenz, ob sie diesen Termin tatsächlich wahrnehmen. Dennoch ist es sinnvoll, die Einladungen zur Pressekonferenz mindestens ein bis drei Wochen vorher zu versenden. Bei besonders wichtigen Anlässen und speziell für die Fachpresse kann der Termin zusätzlich bereits sechs bis acht Wochen vorher angekündigt werden. So können sich die Journalisten das Ereignis in Ihren Termin- und Redaktionsplänen vormerken. Melden sich wichtige Journalisten zur Konferenz nicht an, können Sie wenige Tage vorher in der Redaktion nachfragen und Ihre Einladung notfalls einem anderen verfügbaren Mitarbeiter der Redaktion zukommen lassen. Haben sich Funk- oder Fernsehteams zur PR-Konferenz angemeldet, können Sie vorab telefonisch erfragen, ob sie spezielle Wünsche an Interviewpartner oder Technik haben. Auch können Sie je nach Anzahl der Anmeldungen einen größeren oder kleineren Raum buchen und das Catering sowie andere organisatorische Dinge entsprechend anpassen. Grundsätzlich sollten Sie Ihre Erwartungen an die Gästezahl nicht zu hoch stecken: Eine regionale Pressekonferenz mit 10–15 Teilnehmern ist bereits sehr erfolgreich! Auch sollten Sie bedenken, dass nicht alle interessierten Journalisten den Termin wahrnehmen können. Letztendlich entscheidet nicht die Anzahl der anwesenden Journalisten, sondern die Qualität der anschließenden Berichterstattung über den Erfolg der Pressekonferenz.

Buchen Sie geeignete Räume und ein passendes Catering

Die Räumlichkeiten für eine Pressekonferenz müssen besonderen Anforderungen genügen:

- Der Veranstaltungsort muss zentral gelegen und gut erreichbar sein.
- Es müssen ausreichend Parkplätze verfügbar sein.
- Der Raum muss durch Hinweisschilder vom Parkplatz aus und vom Hauptein-gang des Gebäudes aus leicht zu finden sein.
- Der Raum muss die gewünschten technischen Voraussetzungen besitzen, bei-spielsweise Stromanschlüsse für benötigte Geräte sowie für die Labtops der Jour-nalisten, eine Verstärkeranlage mit Mikrofonen, Verdunkelungsmöglichkeiten, eine Klimaanlage, Leinwände, Beamer und Projektoren oder Flipcharts.
- Der Raum muss eine geeignete Bestuhlung aufweisen, einschließlich eines Podiums für die Redner.
- Der Raum muss für die angestrebte Dekoration geeignet sein.
- Der Raum sollte einige Stunden vor der Veranstaltung bereits frei und zugänglich sein.
- Sie benötigen einen Vorraum, in dem Sie die Journalisten empfangen können.
- Es sollte sich neben dem Veranstaltungsraum ein kleiner, ruhiger Raum für Einzelinterviews befinden.
- Bei großen Pressekonferenzen sollte im Idealfall ein Medienraum mit mehreren internetfähigen PC-Arbeitsplätzen, sowie Telefonanschlüssen und ein Büro-Hilfsdienst zur Verfügung stehen.

Das Catering anlässlich der Pressekonferenz sollte nicht zu luxuriös sein – schließ-lich wollen Sie mit Ihren Informationen überzeugen! Üblich ist es, bei der Ankunft der Journalisten alkoholfreie Getränke, Kaffee, Tee und Gebäck oder Obst und klei-ne Snacks bereitzustellen. Wenn darüber hinaus im Anschluss an die Konferenz ein leichtes Mittagessen gereicht werden soll, muss dieses in der Presseeinla-dung erwähnt werden. So können sich die Journalisten ihre Zeit besser einteilen. Rechnen Sie aber nicht damit, dass alle Journalisten zum Mittagessen bleiben werden.

Denken Sie an Hilfspersonal, Services und sonstige Kleinigkeiten vor Ort

Grundsätzlich gilt: Auf einer Pressekonferenz sollten seitens des Veranstalters nur diejenigen Personen vertreten sein, die eine Funktion erfüllen. Das sind die Redner auf dem Podium, der Moderator, der PR-Verantwortliche und eine kleine-re oder größere Anzahl von Hilfspersonal. Das Hilfspersonal ist beispielsweise für die Registrierung der Journalisten, für die Garderobe, für die Verteilung von Infor-mationsmaterial, für die Dokumentation der Veranstaltung, für die Dekoration der Räume oder für die technische Unterstützung zuständig. Die Journalisten werden vor dem Veranstaltungsraum empfangen und müssen sich in einer dort ausliegenden Liste mit Namen und Redaktion registrieren. Denken Sie daran, auf dieser Teilneh-merliste Freizeilen zu lassen, damit sich auch Journalisten eintragen können, die sich nicht angemeldet haben! Optional erhalten die Journalisten bei ihrer Ankunft ein Namensschild. Für die Redner auf dem Podium und für die Repräsentanten des Veranstalters gehört ein Namensschild zur Pflicht! Die Presseinformationen oder die

Pressemappe werden entweder bei Eintreffen der Journalisten ausgehändigt, liegen an den Plätzen bereit oder werden an einem Tisch am Eingang des Raumes zur Mitnahme ausgelegt. Zudem können Sie überlegen, ob Sie den Journalisten ein kleines Präsent überreichen wollen. Dieses sollte aber unbedingt nützlich, originell, zum Firmenimage passend und nicht zu teuer sein! Haben Sie keine geeignete, wirklich geschmackvolle Geschenkidee, sollten Sie lieber darauf verzichten. Zum Standard gehört es hingegen, auf den Plätzen Blöcke und Stifte auszulegen. Und eine minimale Anforderung für die Dekoration sollten Sie ebenso beachten: Platzieren Sie Ihr Logo oder das zentrale Motto der PR-Konferenz entweder vorne am Rednerpult oder hinter dem Referenten-Podium so, dass es von Fotografen und Kameras automatisch eingefangen wird!

Bereiten Sie die Dokumentation und Kontrolle Ihrer Veranstaltung vor

Wie immer bei der PR-Arbeit müssen Sie auch bei Pressekonferenzen im Vorfeld an die spätere Dokumentation und Erfolgskontrolle Ihrer Arbeit denken. Überlegen Sie, wie Sie den Verlauf der Veranstaltung dokumentieren können: Machen Sie beispielsweise eine Tonbandaufzeichnung, beauftragen Sie einen Fotografen oder veranlassen Sie, dass die Veranstaltung auf Video festgehalten wird. Ein kleiner Tipp: Auch Journalisten freuen sich über Schnappschüsse von der Pressekonferenz, die Sie Ihnen nach der Veranstaltung mit einem kleinen Dankesbrief für Ihr Kommen zusenden! Und die Mitarbeiter Ihrer Organisation werden sich freuen, wenn sie anhand eines Videos, das im Intranet veröffentlicht wird, doch noch indirekt an der Veranstaltung teilhaben können. Neben diesen Extras ist es unbedingt nötig, dass Sie die Resonanz der Pressekonferenz in den Medien überprüfen. Hierzu sollten Sie rechtzeitig vor der Konferenz einen Dienstleiter für Medienbeobachtung beauftragen, der für Sie die Veröffentlichungen zum Anlass sammelt. Übersenden Sie diesem Ausschnittdienst vorab Ihre Pressematerialien zusammen mit dem Presseverteiler, damit er gezielt nach Ihren Veröffentlichungen suchen kann.

Die inhaltliche Vorbereitung und der Ablauf einer Pressekonferenz

Die inhaltliche Vorbereitung einer Pressekonferenz besteht im Wesentlichen aus drei Teilen: Die offiziellen Statements der Referenten und ihre Visualisierung müssen erarbeitet und abgestimmt werden. Die Presseinformation zum Anlass, sowie weitere Materialien für die Pressemappe müssen erstellt werden. Und schließlich gilt es, sich intern auf diesen Anlass vorzubereiten. Dazu gehört es beispielsweise, die Referenten so für die Pressekonferenz fit zu machen, dass sie auf alle potentiellen Fragen der Journalisten souverän reagieren und kompetent antworten können. Zudem sollten die Mitarbeiter rechtzeitig informiert werden, wann, wo und warum eine Pressekonferenz stattfindet.

Überlegen Sie sich, wie Ihre Pressekonferenz ablaufen soll

Um diese Aufgabe zu erfüllen, müssen Sie wissen, wie die Pressekonferenz ablaufen soll und auf welche Situationen Sie sich gefasst machen müssen. Üblicherweise verläuft eine Pressekonferenz wie folgt:

- Wenn die Journalisten eintreffen, werden sie vom PR-Verantwortlichen begrüßt. Sie tragen ihren Namen und ihre Redaktion am Empfang in die Teilnehmerliste ein und erhalten ihr Namensschild und optional bereits hier die Pressemappe zum Anlass, sowie ein kleines Präsent.
- Jetzt können sich die Journalisten an den vorbereiteten Getränken und Snacks bedienen, die entweder an einem Buffet oder bereits am Platz angerichtet sind.
- Alternativ werden sich die Journalisten diejenigen Pressematerialien aussuchen, die auf dem Tisch am Eingang des Raumes für sie ausliegen.
- Sie suchen sich einen Platz oder setzen sich entsprechend der Sitzordnung, falls vorhanden.
- Einige Journalisten werden jetzt in den Unterlagen lesen und anfangen, sich auf die Pressekonferenz vorzubereiten. Wiederum andere werden die Gelegenheit nutzen, Kollegen zu treffen und sich auszutauschen.
- Journalisten von Funk und Fernsehen werden sich mit der Technik auseinandersetzen, einen geeigneten Platz für Mikrofone und Kameras suchen und eventuell mit dem PR-Verantwortlichen über Interviewmöglichkeiten vor oder nach der Pressekonferenz sprechen.
- Der PR-Verantwortliche notiert sich alle Interviewwünsche und koordiniert diese terminlich.
- Der PR-Verantwortliche wird sich eventuell Aufzeichnungen machen, an welchem Platz sich welcher Journalist niedergelassen hat, um später die Journalisten namentlich aufrufen zu können.
- Eine Pressekonferenz beginnt immer pünktlich – die so genannte „akademische Viertelstunde" gilt aus Rücksichtnahme gegenüber den pünktlichen Kollegen nicht.
- Der Moderator der Pressekonferenz – in den meisten Fällen ist dies der Pressesprecher oder PR-Verantwortliche – eröffnet die Konferenz. Er begrüßt die Journalisten, nennt den Anlass der Pressekonferenz, stellt die Referenten auf dem Podium vor und gibt eventuell noch organisatorische Hinweise auf den weiteren Verlauf. Dann übergibt er das Wort an den ersten Referenten.
- Der oder die Referenten – es sollten möglichst nicht mehr als drei Referenten sprechen – tragen ihre offiziellen Statements vor. Dabei sollte ein Statement nicht länger als 5–10 Min. dauern. Nach 30–40 Min. sollten alle Stellungnahmen erfolgt sein.
- Dabei gilt es zu beachten, dass auf Pressekonferenzen stets mindestens ein Mitglied der Geschäftsleitung oder des Vorstands auf dem Podium vertreten sein sollte. Meistens übernimmt der ranghöchste Redner den ersten Vortrag und führt in das Thema ein. Fachspezifische Details werden üblicherweise in den Referaten der Fachbereichsleiter im Anschluss geklärt. Von Fall zu Fall können auch externe Fachexperten als Referenten hinzu gebeten werden.
- Im Anschluss an die Referate bittet der Moderator die Journalisten, ihre Fragen zu stellen und moderiert die Fragerunde. Er sollte dabei ebenso mit störenden Journalisten umgehen können, als auch bei kritischen oder provokanten Fragen die nötige Sachlichkeit und Ruhe ausstrahlen. Sind die Interessen einzelner

Journalisten sehr spezifisch, kann er darauf verweisen, dass diesbezügliche Fragen im Anschluss an die Konferenz im kleinen Kreis geklärt werden. Werden Fragen zu Internas gestellt, müssen diese nicht beantwortet werden.

- In der Fragerunde beantworten diejenigen Referenten die Fragen, deren Vortragsinhalt betroffen ist.

- Wenn sich abzeichnet, dass keine neuen Fragen gestellt werden, schließt der Moderator die Fragerunde ab, verabschiedet sich offiziell von den Journalisten und verweist auf die Möglichkeit zu Einzelgesprächen im Anschluss. Als Faustregel gilt: Eine Pressekonferenz sollte nicht länger als eine bis maximal eineinhalb Stunden dauern.

- Unmittelbar nach dem offiziellen Teil der Konferenz stehen die Referenten den Journalisten für Einzelinterviews zur Verfügung.

- Einige Journalisten werden die Gelegenheit nutzen, informelle Gespräche mit den Referenten und PR-Verantwortlichen zu führen oder sich mit ihren Kollegen zu unterhalten. Und: Einige Journalisten werden sicherlich schon vor oder unmittelbar nach dem offiziellen Ende der Konferenz einfach gegangen sein.

Legen Sie die Redner und einen verbindlichen Ablaufplan fest

Den geplanten Ablauf Ihrer Pressekonferenz sollten Sie in einem Plan festhalten, der mit allen Beteiligten abgesprochen wird und verbindlich ist. Darin halten Sie fest, wer in Ihrer Organisation bis wann welche Aufgabe zu erfüllen hat: Welcher Referent übernimmt welches Statement und wer bereitet diesen Text, sowie begleitende Folien oder Powerpoint-Charts vor? In welcher Reihenfolge werden die Statements erfolgen? Wer bereitet die Referenten inhaltlich auf die möglichen Fragen der Journalisten vor und wer nimmt wann an einem Medientraining teil? Wann findet die Vorbesprechung, wann die Nachbesprechung statt? Wer außer den Referenten nimmt sonst noch an der Pressekonferenz teil? Wer begrüßt die Journalisten am Empfang, wer moderiert die Konferenz? Wer ist für die Erstellung der Pressematerialien zuständig und wann werden diese ausgehändigt? Wer übernimmt die technische Betreuung der Konferenz und welche Personen werden zu welchen Hilfsdiensten eingeteilt? Wer informiert die Mitarbeiter rechtzeitig darüber, dass die Pressekonferenz stattfindet und wie sie gelaufen ist? Zusätzlich zum Ablaufplan wird einige Wochen vor der Pressekonferenz ein detaillierter Projektplan erstellt, in dem alle anfallenden Tätigkeiten zur Vorbereitung, Durchführung und Nachbereitung der Pressekonferenz aufgeführt und mit Terminen und Verantwortlichen notiert sind. Diese beiden Pläne – Ablaufplan und Projektplan – bilden das Grundgerüst für Ihre Arbeit.

Erarbeiten Sie die Statements der Referenten in Wort und Bild

Bevor Sie die Redetexte erarbeiten, müssen Sie mit Vorstand oder Geschäftsleitung, sowie mit den fachlich Verantwortlichen die Kernaussagen und Hauptargumente abstimmen. Erstellen Sie dann einen Rohtext für die Reden und stimmen Sie diese mit den Fachabteilungen, den Vorgesetzten und den einzelnen Referenten ab. Achten Sie darauf, ähnlich wie bei der Presseinformation, kurze, prägnante und überzeugende Sätze zu formulieren. Lockern Sie Ihre Redetexte mit Beispielen auf und überlegen Sie, wie sich der Vortrag visualisieren lässt – beispielsweise mit Charts aus einer Powerpoint-Präsentation, mit einem Kurzfilm, mit einer Zeichnung auf dem Flipchart oder durch eine Live-Demonstration. Bleiben Sie bei den Redeinhalten sachlich und glaubwürdig – ohne Übertreibungen oder Schönfärberei! Versuchen Sie, eventuelle Gegenargumente bereits im Vortrag zu berücksichtigen und sachlich zu entkräften. Abschließend erhält jeder Referent seinen abgestimmten Text. Dieser sollte für den Vortrag in großer Schrift, mit breitem Rand und mit großem Zeilenabstand vorliegen. Die Referenten werden im Normalfall ihre Rede üben und dabei – je nach individueller Gewohnheit – Stichworte hervorheben und sich Zeichen für die Betonung selbst einsetzen.

Bereiten Sie die Referenten auf die Fragen der Journalisten intensiv vor

Wer glaubt, alle Redner auf Pressekonferenzen seien Naturtalente, irrt gewaltig. Denn meist liegt einem guten Referat und einem überzeugenden Auftreten auf einer Pressekonferenz harte Vorbereitungsarbeit zugrunde. Grundlage für dieses Training bildet ein Fragen-Antwort-Katalog – die so genannten „Questions & Answers" (Q&As). In diesem vertraulichen, internen Papier werden vom PR-Verantwortlichen alle möglichen Fragen aufgelistet und im Sinne der gewünschten Positionierung beantwortet. Die Q&As gelten als gemeinsame Sprachregelung und stellen sicher, dass die Fragen der Journalisten von allen Referenten einheitlich und souverän beantwortet werden. Manchmal werden die Antworten auch gemeinsam mit einem Medientrainer entwickelt. Der PR-Verantwortliche muss auf jeden Fall sicherstellen, dass die Referenten sich mediengerecht verhalten können. Es ist zu empfehlen, ein Medientraining zu organisieren, in dem sich die Referenten gezielt auf die Pressekonferenz und ihr Thema vorbereiten können. Einige Unternehmen erarbeiten zudem regelmäßig so genannte „Factbooks" für Führungskräfte, in denen alle wichtigen Daten und Fakten zum Unternehmen zusammengefasst sind. So können die Führungskräfte bei jeder Gelegenheit fachkundig und korrekt Auskunft geben. Es versteht sich von selbst, dass auf einer Pressekonferenz alle wichtigen Zahlen der Organisation auf Nachfrage der Journalisten präsent sein müssen.

Bereiten Sie Presseinformation und Pressemappe zum Anlass vor

Grundsätzlich wird zu jeder Pressekonferenz eine Presseinformation herausgegeben, in der das Thema, die wichtigsten Aspekte des Themas und zentrale Zitate der Referenten aufgeführt sind. Zudem werden meist die folgenden, weiteren Materialien in einer Pressemappe zusammengefasst:

- Dem Programm können die Journalisten noch einmal alle Redner und Programmpunkte entnehmen.
- Die gesamten Vorträge oder Auszüge daraus, denen die Kernthesen zu entnehmen sind, werden bereitgestellt.
- Die Schlüsselbilder der Visualisierung – ob Folien, Tabellen oder Grafiken – werden auf Papier ausgedruckt und in die Pressemappe gelegt.

- Von jedem Referent wird ein kurzer Lebenslauf erstellt und ggf. durch ein Portraitfoto ergänzt.
- Mehrere Hintergundinformationen, wie beispielsweise ein Unternehmens-Kurzportrait, eine Übersicht über Produkte und Dienstleistungen oder die wichtigsten Bilanzkennzahlen, werden vorbereitet.
- Geschäftsberichte, Sozialberichte, Umweltberichte oder Image-Broschüren werden bei Bedarf und je nach Anlass beigefügt.
- Fotomaterial zum Thema wird ausgelegt und kann von den Journalisten je nach Bedarf mitgenommen werden.
- Umfangreichere Studien, Foto- oder Zahlenmaterial kann auf einer CD-ROM zur Verfügung gestellt werden.

Achten Sie darauf, die für die Pressekonferenz benötigten Materialien rechtzeitig zu erstellen und hausintern abzustimmen! Und überlegen Sie, ob Sie diese Informationen für ausländische Journalisten auch in einer anderen Sprache benötigen. Zudem sollten Sie Ihre Website so vorbereiten, dass Sie die Presseinformationen und Pressefotos unmittelbar nach der Pressekonferenz dort zum Download anbieten können! Denken Sie auch über weitere Verbreitungsmöglichkeiten für Ihre Presseinformation nach (siehe Abschn. 3.4.1 „Die Presseinformation...").

Planen Sie die Mitarbeiter-Kommunikation anlässlich der PR-Konferenz

Zur inhaltlichen Vorbereitung einer Pressekonferenz gehört es auch, rechtzeitig sicherzustellen, dass alle Mitarbeiter der Organisation über das anstehende Ereignis informiert werden. Ganz besondere Bedeutung kommt dieser Aufgabe zu, falls die Pressekonferenz in den Räumen Ihrer Organisation stattfindet. Dann müssen – angefangen beim Pförtner, bis hin zum Putzdienst – alle Mitarbeiter am Standort entsprechend vorbereitet sein. Stellen Sie sicher, dass die Mitarbeiter ihrer Repräsentationsaufgabe gerecht werden können. Und klären Sie darüber auf, wer in welchem Umfang befugt ist, den Journalisten Auskunft zu geben bzw. wie sich die Mitarbeiter bei Fragen der Presse zu verhalten haben. Aber auch wenn die Pressekonferenz nicht in Ihren Räumen stattfindet, muss der Termin intern kommuniziert werden. Dann gilt es, die Mitarbeiter zumindest zeitgleich mit den Journalisten über die Inhalte der Pressekonferenz in Kenntnis zu setzen. Planen Sie in Ihren Projektplan eine entsprechende Mitarbeiterinformation ein. Entwerfen Sie bereits im Vorfeld die Texte für die Mitarbeiterzeitung, für einen Rundbrief oder für andere PR-Instrumente der internen Kommunikation, die Sie dafür einsetzen wollen.

Die Nachbereitung der Pressekonferenz

Unmittelbar nach der Pressekonferenz sollten Sie die folgenden Aufgaben einplanen: Gleichen Sie die Teilnehmerliste mit dem Presseverteiler Ihrer Einladungen ab und senden Sie den Journalisten, die nicht anwesend waren, entweder die Presseinformation oder die Pressemappe zu – es sei denn diese haben in Ihrer Antwort ausdrücklich kein Interesse am Thema bekundet. Auch sollten Sie zusätzliche Informationen, die Sie den Journalisten in den Einzelinterviews zugesagt haben, unverzüglich übersenden. Stellen Sie zudem sicher, dass bei Rückfragen der Journalisten das Telefon der Pressestelle vom Nachmittag an und in den nächsten Tagen kompetent besetzt ist. Für solche Anfragen sollten Sie noch genügend Pressemappen vorrätig haben und sicherstellen, dass die Referenten der Pressekonferenz auch in den Tagen danach für Interviews zur Verfügung stehen. Spätestens am Nachmittag der Pressekonferenz sollten Sie auch Ihre Mitarbeiter über die Inhalte und den Verlauf der Pressekonferenz informieren. Zudem ist es ratsam, nach dem Ende der Pressekonferenz ein Feedback-Gespräch mit allen Beteiligten zu organisieren. Darin können Erfolge, ebenso wie Manöverkritik und Verbesserungsvorschläge besprochen werden. In den folgenden Tagen sollten Sie die Dokumentationsunterlagen – Tonbänder, Fotos, Filme – auswerten und eine kleine interne Dokumentation anfertigen. Darüber hinaus können Sie den anwesenden Journalisten – falls vorhanden – einen Schnappschuss zusenden und sich noch einmal für ihre Anwesenheit bedanken.

Vom Medienbeobachtungsdienst werden ab dem Folgetag die Medienberichte bei Ihnen eintreffen. Sammeln Sie diese und stellen Sie einen Pressespiegel zusammen, den alle Beteiligten erhalten und der den Mitarbeitern zugänglich gemacht wird. Überlegen Sie, an wen Sie die Veröffentlichungen nicht erst gesammelt als Pressespiegel, sondern unmittelbar nach Eintreffen weiterleiten müssen – zum Beispiel dem Außendienstleiter und dem Leiter des Kundenservice-Centers. Denn diese müssen ihre Mannschaft darauf vorbereiten, dass sie von den Kunden und Geschäftspartnern auf die Artikel in der Zeitung angesprochen werden. Zudem sollten Sie die Veröffentlichungen sofort analysieren: Sind die Berichte positiv oder haben einige davon negative Tendenzen? Wo sind Fehler in den Berichten aufgetreten? Wurden die Kernbotschaften aufgegriffen? Ergreifen Sie gegebenenfalls die richtigen Maßnahmen, um Negativberichten oder fehlerhaften Artikeln entgegenzutreten (siehe hierzu das Abschn. 3.5.2 „Reaktionen auf fehlerhafte oder negative Berichterstattung"). Nicht zwingend notwendig, aber eine schöne Geste ist es, wenn Sie sich bei Journalisten bedanken, die einen guten Beitrag veröffentlicht haben. Ungefähr vier bis acht Wochen nach der Pressekonferenz können Sie dann eine ausführliche Medienresonanzanalyse durchführen. Erst jetzt werden Sie erkennen können, ob Ihre Pressekonferenz erfolgreich war. Auch hierbei gilt: Qualität ist wichtiger als Quantität!

In der folgenden Checkliste (Tabelle 3.8) ist noch einmal alles zusammengefasst, an was Sie bei Ihrer Pressekonferenz denken sollten.

3.4.7 Weitere Varianten von Presseveranstaltungen

Neben der klassischen Pressekonferenz gibt es einige weitere Veranstaltungen für die Presse, die Sie – je nach Anlass – für Ihre PR-Arbeit einsetzen können.

Fachpressekonferenz
Die Fachpressekonferenz ist eine Pressekonferenz, die speziell für die Fachspezialisten unter den Journalisten organisiert wird. Die Organisation und Vorbereitung orientiert sich an der klassischen Variante. Doch können auf der Fachpressekonferenz auch komplexere Fachthemen angesprochen und diskutiert werden.

Tabelle 3.8 Checkliste: Eine Pressekonferenz vorbereiten, durchführen und nachbereiten

Grundüberlegungen der Planung
- Ist der Anlass dazu geeignet, eine Pressekonferenz anzuberaumen?
- Für welche Journalisten von welchen Medien ist das Thema interessant?
- Haben Sie überprüft, ob das Thema für Ihre wichtigsten Journalisten tatsächlich so interessant ist, dass sie kommen würden?
- Müssen zwei Termine für unterschiedliche Mediengattungen eingeplant werden?
- Wann soll die PR-Konferenz stattfinden?
- Werden Terminüberschneidungen mit anderen wichtigen Presseveranstaltungen vermieden?
- Haben Sie darauf geachtet, Ihre PR-Konferenz zwischen Montag und Donnerstag, und zwischen 11.00 und 13.00 Uhr zu terminieren?

Presseeinladung
- Werden in Ihrem persönlichen Einladungsschreiben der Anlass, Ort und Zeit, sowie die Referenten mit Name und Position erwähnt?
- Machen Sie Angaben zur Dauer der PR-Konferenz und zu weiteren geplanten Programmpunkten, wie beispielsweise ein Mittagessen?
- Liegt Ihrer Einladung eine Wegbeschreibung mit Skizze bei?
- Geben Sie dem Journalisten Hinweise für Parkmöglichkeiten?
- Fügen Sie der Einladung Reisehinweise bei?
- Haben Sie eine Antwortmöglichkeit vorgesehen?
- Erfassen Sie mit Ihrem Antwortformular, ob der Journalist zur PR-Konferenz kommt, ob er Informationsmaterial zur Veranstaltung erhalten möchte, ob er das Pressematerial per Post, Fax oder E-Mail erhalten möchte, ob er einen weiteren interessierten Kollegen benennen kann und ob seine Adressdaten korrekt sind?
- Müssen Sie den Termin der PR-Konferenz sechs Wochen vorher ankündigen?
- Planen Sie die Einladung ein bis drei Wochen vor dem Termin zu versenden?
- Planen Sie einige Tage vor der PR-Konferenz eine telefonische Nachfrage bei den wichtigsten Medien ein?
- Erfragen Sie vorab telefonisch von den angemeldeten Fernseh- und Rundfunkteams spezielle Wünsche?
- Erfassen Sie die Rückmeldungen der Journalisten auf einer Teilnehmerliste?
- Laden Sie ggf. die von den Journalisten zusätzlich genannten, interessierten Kollegen zur PR-Konferenz ein?
- Haben Sie die organisatorischen Vorkehrungen auf die voraussichtliche Teilnehmerzahl abgestimmt?
- Haben Sie ggf. für Übernachtungsmöglichkeiten der Journalisten gesorgt?

Räume und Catering
- Nur bei hausinternen PR-Konferenzen: Steht ein geeigneter Raum im eigenen Unternehmen für die Pressekonferenz zur Verfügung?
- Nur bei hausinternen PR-Konferenzen: Können Sie den Journalisten ggf. etwas Besonderes in Ihrem Unternehmen zeigen? Muss dazu etwas vorbereitet werden?
- Nur bei hausinternen PR-Konferenzen: Sind die Mitarbeiter entsprechend auf den Besuch der Journalisten vorbereitet?
- Ist der Veranstaltungsort zentral gelegen und gut erreichbar?
- Verfügt der Ort über ausreichende Parkplätze?
- Gibt es Hinweisschilder, die den Journalisten vom Parkplatz bzw. vom Haupteingang des Gebäudes zum Veranstaltungsraum leiten?
- Besitzt der Raum die gewünschten technischen Voraussetzungen?
- Welche Stromanschlüsse sind vorhanden (für Geräte, Laptops etc.)? Gibt es Ersatz-Sicherungen?

Tabelle 3.8 (Fortsetzung)

- Gibt es genug Verlängerungskabel?
- Wie ist die Akustik im Raum?
- Ist eine Verstärkeranlage mit Mikrofonen vorhanden?
- Wie ist die Beleuchtung des Raumes? Gibt es eine Verdunkelungsmöglichkeit?
- Ist der Raum ruhig und störungsfrei?
- Hat der Raum eine Klimaanlage mit Heiz- und Kühlfunktion, sowie eine gute Belüftungsmöglichkeit?
- Verfügt der Raum über eine Leinwand?
- Können bei Bedarf ein Video-Beamer, Overhead-Projektoren, Flipcharts und weitere Geräte zur Verfügung gestellt werden?
- Stehen im Notfall genug Ersatzbirnen und sonstiges Ersatzmaterial für die Geräte zur Verfügung (z.B. Papier, Folien, Stifte)?
- Kann der Raum in der gewünschten Weise bestuhlt werden? Gibt es genug Ersatzstühle?
- Kann ein Podium für die Redner oder ein Rednerpult aufgestellt werden?
- Gibt es genügend Platz für Mikrofone und Kameras der Journalisten?
- Welche Dekoration ist für den Raum vorgesehen? Welche Schilder, Wimpel, Aufsteller und sonstiger Schmuck muss vorbereitet und angebracht werden?
- Ist der Raum einige Stunden vor der Veranstaltung für die Vorbereitungen frei und zugänglich?
- Hat der Raum einen Vorraum, in dem Sie die Journalisten empfangen können?
- Steht neben dem Veranstaltungsraum ein kleiner, ruhiger Raum für Einzelinterviews zur Verfügung?
- Steht in der Nähe des Veranstaltungsraums bei Bedarf ein Medienraum zu Verfügung?
- Befinden sich Garderobe und Toiletten in der Nähe?
- Haben Sie zum Empfang der Journalisten für alkoholfreie Getränke, Tee, Kaffee, kleine Snacks, Gebäck und Obst gesorgt?
- Haben Sie nach der Pressekonferenz ein leichtes Mittagessen geordert?

Sonstige organisatorische Details
- Haben Sie eine Teilnehmerliste mit genügend Freizeilen für die Registrierung der Journalisten vorbereitete?
- Haben Sie Namensschilder für die Teilnehmer vorbereitet, sowie einige Leerschilder zur Beschriftung vor Ort?
- Haben Sie Namensschilder für die Referenten auf dem Podium, sowie für die Personen aus Ihrer Organisation und den Hilfsdienst vorbereitet?
- Haben Sie einen Hilfsdienst verpflichtet und in die Aufgaben eingewiesen?
- Stehen genug Personen für den Empfang der Journalisten, für die Garderobe, für die Verteilung bzw. Aushändigung des Pressematerials, für die Bestellung von Taxis und als Springer zur Verfügung?
- Steht am Eingang des Raumes ein Tisch zum Auslegen der Presseinformationen, von Fotos, Broschüren oder Geschäftsberichten bereit?
- Haben Sie an den Plätzen Blöcke und Stifte ausgelegt?
- Haben Sie Ihr Logo „kamera-freundlich" im Raum platziert?
- Haben Sie für die Journalisten ein kleines, originelles Präsent vorbereitet?
- Steht ein Techniker für den Notfall zur Verfügung und wurde eine Person eingeteilt, um die Geräte zur Visualisierung zu bedienen?
- Haben Sie eine „Notausrüstung" zusammengestellt, die Nägel, Schere, Hammer, Klebeband, Stifte, Sicherheitsnadeln und andere nützliche Dinge zum Improvisieren enthält?
- Haben Sie sichergestellt, dass ein Verbandskasten und eine Hausapotheke griffbereit sind?

Tabelle 3.8 (Fortsetzung)

Vorbereitung von Dokumentation und Kontrolle
- Wurde ein Tonbandgerät zur Aufzeichnung der Konferenz bereitgestellt und eine Person eingeteilt, die es bedient?
- Wurde ein Fotograf oder ein Video-Spezialist zur Dokumentation der Veranstaltung beauftragt und eingewiesen?
- Haben Sie einen Medienbeobachtungsdienst beauftragt und ihm die Presseinformation und den Presseverteiler zum Anlass übersandt?

Erarbeitung der Statements und ihrer Visualisierung
- Haben Sie die Kernaussagen der Reden mit den Vorgesetzten und Fachexperten abgestimmt?!
- Haben Sie den Redenentwurf hausintern abgestimmt?
- Ist der Redentext kurz, prägnant formuliert und enthält er anschauliche Beispiele?
- Sind die Reden sachlich korrekt und ohne Übertreibungen oder Schönfärberei?
- Werden die Reden mit einer Powerpoint-Präsentation, mit einem Film, mit Zeichnungen oder Demonstrationen visualisiert?
- Liegt der Redentext in großer Schrift, mit breitem Rand und großem Zeilenabstand vor?
- Haben die Redner ihre Vorträge geübt und den Text individuell für den Vortrag vorbereitet?

Interne Vorbereitung
- Erstellen Sie einen groben Ablaufplan!
- Wer sind die Referenten und in welcher Reihenfolge?
- Wer begrüßt die Journalisten, wer moderiert?
- Wer ist für welche Hilfsdienste eingeteilt?
- Wer übernimmt die technische Betreuung?
- Wer erstellt die Pressematerialien?
- Erstellen Sie einen detaillierten Projektplan mit allen Tätigkeiten, Terminen und Verantwortlichen!
- Machen Sie Termine für eine Vorbesprechung und für die Nachbesprechung der PR-Konferenz!
- Erstellen Sie die Q&As und stimmen Sie sie mit allen Referenten ab!
- Organisieren Sie Medientrainings für die Referenten!
- Liegt das interne „Factbook" in aktueller Fassung vor?
- Sind alle Mitarbeiter über die Pressekonferenz informiert?
- Sind alle Mitarbeiter über ihre Repräsentationspflichten instruiert?
- Wurde kommuniziert, wie sich die Mitarbeiter gegenüber der Presse verhalten sollen?

Vorbereitung der Materialien für die Pressemappe
- Erstellen Sie die Presseinformation zum Anlass!
- Erstellen Sie einen Programm-Überblick!
- Bereiten Sie die Vorträge oder Auszüge daraus für die Presse auf!
- Drucken Sie die Schlüsselbilder der Visualisierung auf Papier aus!
- Verfassen Sie einen kurzen Lebenslauf für jeden Referenten!
- Stellen Sie Portraitfotos der Referenten zur Verfügung!
- Erstellen Sie ein Unternehmens-Kurzportrait, eine Übersicht über Produkte und Dienstleistungen, die wichtigsten Bilanzkennzahlen oder andere Factsheets!
- Sind genügend Geschäftsberichte, Sozialberichte, Umweltberichte oder Image-Broschüren vorhanden?
- Gibt es Pressefotos zum Anlass?
- Haben Sie umfangreichere Studien, Foto- oder Zahlenmaterial auf einer CD-ROM vorbereitet?
- Haben Sie Ihre Website vorbereitet, so dass im Anschluss entsprechende Informationen zum Download bereitstehen?
- Müssen Ihre Pressematerialien auch in andere Sprachen übersetzt werden?
- Haben Sie weitere Verbreitungsmöglichkeiten für Ihre Presseinformation festgelegt?

Tabelle 3.8 (Fortsetzung)

Nachbereitung der Pressekonferenz
- Haben alle nicht anwesenden Journalisten die Presseinformation oder Pressemappe erhalten?
- Wurden die zusätzlichen Informationswünsche der Journalisten berücksichtigt?
- Liegt noch genug Pressematerial vor, um weitere Presseanfragen zu bedienen?
- Stehen die Referenten auch nach der PR-Konferenz für Interview-Wünsche zur Verfügung?
- Wurde sichergestellt, dass das Telefon der Pressestelle kompetent besetzt ist?
- Wurden die Mitarbeiter über den Verlauf der Pressekonferenz informiert?
- Hat ein Feedback-Gespräch mit allen Beteiligten stattgefunden?
- Wurde die Dokumentation erstellt?
- Wurde festgelegt, wer die Veröffentlichungen sofort nach Erscheinen erhalten muss?
- Wurde ein Pressespiegel erstellt und allen Beteiligten übereicht?
- Wurde der Pressespiegel den Mitarbeitern zugänglich gemacht?
- Wurden den Journalisten die Schnappschüsse von der Konferenz mit einem Dankeschön übersandt?
- Haben Journalisten für gute Beiträge einen Dankesbrief erhalten?
- Wurden bei negativen Berichten entsprechende Maßnahmen ergriffen?
- Wurde eine Medienresonanzanalyse erstellt?

Entsprechend sollte die Pressemappe zur Fachpressekonferenz mit größerem Spezialwissen aufwarten. Auch kann es von Fall zu Fall sinnvoll sein, einen neutralen, externen Fachspezialisten als Referenten zur Konferenz einzuladen. Solche Spezialisten sind beispielsweise an Universitäten, wissenschaftlichen Einrichtungen, Forschungsinstituten oder bei Unternehmensberatungen zu finden und können einem thematischen Anliegen zu einer hohen Glaubwürdigkeit verhelfen. Manchmal ist es ratsam, neben einer klassischen Pressekonferenz für die breite Publikumspresse zusätzlich eine kleinere, spezialisierte Fachpressekonferenz einzuberufen, um dem speziellen Informationsbedürfnis der Fachpresse ein entsprechendes Forum zu bieten.

Pressegespräch

Ein Pressegespräch ist die informelle Variante der Pressekonferenz. Da zu einem Pressegespräch nur einige wenige Journalisten eingeladen werden, können diese zwangloser mit den Referenten in den Dialog treten. Zwar wird auch hierbei das Statement der Referenten zu einem bestimmten Thema im Mittelpunkt stehen; die anschließende Frage-Antwort-Runde verläuft jedoch weniger formalisiert in lockerer Gesprächsform. Um der veränderten Dialog-Situation gerecht zu werden, wird für ein Pressegespräch statt Podium und parlamentarischer Bestuhlung meist eine Bestuhlung in U-Form, am runden Tisch oder am Konferenztisch vorgesehen. Auch wird der Termin vorab mit allen eingeladenen Journalisten abgestimmt. Folglich hat die Zusage der Journalisten zu einem Pressegespräch einen verbindlicheren Charakter als bei der Pressekonferenz.

Presse-Präsentation

Die Presse-Präsentation ist eine Pressekonferenz mit Show-Charakter. Entsprechend breiter ist die Dialoggruppe der Presse-Präsentation. Oft sind zusätzlich zu den Referenten Prominente oder Multiplikatoren anzutreffen – beispielsweise, wenn auf Messen Marktneuheiten vorgestellt werden. Im Zentrum der Pressepräsentation steht die medienwirksame Vorstellung eines neuen Produktes, eines neuen Verfahrens, einer neuen Anwendung. Neben Show-Einlagen wird das Thema behandelt, indem – möglichst an Originalschauplätzen – etwas demonstriert, gezeigt oder erprobt wird. Oft können die Journalisten bei dieser Gelegenheit selbst ein Produkt oder eine Dienstleistung ausprobieren und testen – beispielsweise bei der Einführung eines neuen Automodells. Da die Presse-Präsentation einen stärker werblichen Charakter hat als alle anderen Formen der Pressekonferenz, kann im Rahmen der Veranstaltung zusätzlich zur sachlich-informativen Pressemappe auch Werbematerial ausgehändigt werden. Die Organisation einer Presse-Präsentation ist aufwändiger als ihre klassische Variante. Denn die Anforderungen an den Unterhaltungswert und an die erlebnis-orientierte, sinnlich ansprechende Umsetzung des Themas sind hoch.

Presseseminar

Ein Presseseminar wird veranstaltet, um den Journalisten Grundlagen- oder Hintergrundwissen zu einem speziellen Thema zu vermitteln, das für den Veranstalter eine wichtige Rolle spielt. Es ist eine Serviceleistung des Veranstalters für die Journalisten, um diesen durch Fachvorträge die schnelle Einarbeitung in ein komplexes Thema zu ermöglichen. Dadurch stellt der Veranstalter sicher, dass die Journalisten Informationen besser beurteilen und in ihren Berichten kompetent verarbeiten können. Presseseminare werden von den Journalisten dann akzeptiert, wenn die Inhalte vollständig, fachlich fundiert und wertneutral dargeboten werden. Optimal ist es daher, wenn die Informationen von externen Fachspezialisten vermittelt werden. Wie bei anderen Lehrveranstaltungen wird begleitend eine Seminarmappe zusammengestellt, die neben Fachvorträgen, Dossiers und Forschungsergebnissen zum Thema auch Anregungen für weitere Recherchen beinhaltet – beispielsweise Linktipps, Literaturlisten, weitere Studien oder eine Liste mit Fachexperten. Zu Presseseminaren werden rund fünf bis maximal zehn Journalisten eingeladen. Häufig finden die Seminare, die nicht länger als einen halben bis einen ganzen Tag dauern sollten, in den Räumen des Veranstalters statt. Oder an einem Ort, an dem Besichtigungen oder Demonstrationen, die für das Verständnis von Zusammenhängen oder komplizierten Verfahren wesentlich sind, durchgeführt werde können. Erfolgreiche Presseseminare können das Image des Veranstalters bei Journalisten deutlich verbessern. Sie sind wichtige Bausteine, um einen vertrauensvollen, persönlichen Kontakt zu den Journalisten herzustellen und ein Unternehmen oder eine Organisation als kompetente Quelle für die Recherche von Fachthemen zu positionieren.

Pressereise und Pressefahrt

Eine weitere Möglichkeit, den Journalisten Ihre Informationen eindrucksvoll zu präsentieren, ist es, eine Pressereise oder eine Pressefahrt zu organisieren. Laden Sie hierzu möglichst kleine Gruppen von Journalisten mit gleicher Interessenslage ein und zeigen Sie vor Ort die Herstellung oder Nutzung von Produkten, die Rohstoffgewinnung, umweltschonende Verfahren, architektonische Besonderheiten, exotische Kulturen, regionale Besonderheiten oder beeindruckende Projekte. Von einer nahe gelegenen Betriebsbesichtigung, über den Tagesausflug mit ein- bis zweistündiger Anreise bis hin zu mehrtätigen Fernreisen – entscheidend ist, dass sich die Zeit der

Journalisten lohnt und sie mit exklusiven, außergewöhnlichen Eindrücken und Informationen aus erster Hand belohnt werden. Entsprechend dicht sollte das Programm organisiert sein. Neben Besichtigungsterminen mit geeigneten Fotomotiven sollten Gespräche mit interessanten Personen, Diskussionsrunden oder – falls möglich – ein Empfang durch ausländische Delegationen, sowie ein entspannendes Rahmenprogramm vorgesehen werden. Bei der Planung sollte ferner darauf geachtet werden, den Journalisten möglichst optimale Arbeitsbedingungen zu bieten. Denken Sie an Telefonverbindungen, an Internetanschlüsse, an bequeme – und informative – Transferfahrten, an geeignete Filmkulissen, an Interview-Situationen und Dolmetscher. Pressereisen sind organisatorisch und finanziell sehr aufwändig. Sie sollten daher nur bei sehr wichtigen Anlässen eingesetzt und langfristig perfekt geplant werden. Es versteht sich von selbst, dass eine Pressereise vom PR-Verantwortlichen geleitet und von mindestens einem Mitglied der Unternehmensführung begleitet wird. Dabei sollte der PR-Verantwortliche gut abwägen, wen er zu dieser exklusiven Veranstaltung einlädt und es möglichst vermeiden, andere Journalisten vor den Kopf zu stoßen – eine nicht immer einfache Aufgabe. Da sich Journalisten und Mitarbeiter des Unternehmens auf einer Pressereise fast rund um die Uhr begegnen und näher kommen, sollte zudem auf die richtige Balance zwischen professioneller Distanz und freundschaftlicher Vertraulichkeit im Umgang mit den Journalisten geachtet werden. Bedenken Sie: Auch wenn der Journalist an Ihrer Pressereise teilgenommen hat, ist er nicht dazu verpflichtet, darüber positiv – oder überhaupt – zu berichten! Darüber hinaus ist es ohnehin sinnvoll, die Redaktionen vorab zu fragen, ob sie mit der Einladung ihres Redakteurs einverstanden sind – oder ob sie lieber selbst die Reisekosten übernehmen wollen, um in der Verwertung der gebotenen Informationen möglichst frei zu bleiben.

Betriebsbesichtigung

Die Einladung der Journalisten zu einer Betriebsbesichtigung im eigenen Unternehmen ist die kleine Form der Pressefahrt. Auch hierbei sollten Sie auf den hohen Informationswert, auf gute Film- und Fotomöglichkeiten, sowie auf kompetente, hochrangige Betreuung der Gäste achten. Führen Sie die Journalisten in einer kleinen Gruppe auf einer – je nach Interesse der Journalisten – zuvor genau festgelegten Route durch Ihr Unternehmen und stellen Sie sicher, dass an jeder Station kompetente Mitarbeiter für Fragen und Auskünfte zur Verfügung stehen. Im Anschluss besteht die Gelegenheit, die Journalisten zu einem kleinen Mittagessen oder einem Imbiss – möglichst in der eigenen Kantine – zu bitten. So können im lockeren Gespräch weitere Fragen beantwortet oder angesprochene Themen vertiefend diskutiert werden.

3.4.8 Veranstaltungen mit Journalisten als Gästen

Es ist ein Unterschied, ob Sie eine Veranstaltung ausschließlich für die Medien organisieren oder Journalisten zu einer Veranstaltung einladen, die im Schwerpunkt für andere Dialoggruppen Ihrer Organisation gedacht ist. Im ersten Fall können Sie alle Details der Veranstaltung exakt auf die Bedürfnisse der Journalisten ausrichten und externe Einflüsse auf ein Minimum reduzieren. Im zweiten Fall müssen Sie dafür sorgen, dass die Veranstaltung den Bedürfnissen ganz unterschiedlicher Gäste gerecht wird und versuchen, den Kontakt mit den Journalisten möglichst vorteilhaft und fachgerecht in den Ablauf des Events einzubetten. Dabei werden Sie kaum alle externen Faktoren kontrollieren können. Die Journalisten werden sich unter die anderen Gäste mischen, sich mit unterschiedlichen Personen unterhalten und unabhängig von Ihrer Inszenierung eigene Beobachtungen anstellen. Wenn Sie also Journalisten als Gäste zu Ihren Veranstaltungen einladen, sollten Sie sich vergegenwärtigen: Diese Journalisten sind in doppelter Funktion unterwegs – als Gäste, ebenso wie als Berichterstatter vom Ereignis. Die folgenden Veranstaltungen eignen sich besonders gut dazu, Journalisten als Gäste hinzu zu bitten.

Tag der offenen Tür

Der Tag der offenen Tür ist ein beliebtes PR-Instrument für das Dialogfeld der Standort-PR. Er ermöglicht es den Mitarbeitern, ihren Familien, den Nachbarn und den örtlichen Honoratioren, hinter die Kulissen eines Unternehmens oder einer Organisation zu blicken. Neben Betriebsbesichtigungen, Produktvorführungen und Lehrpfaden durch das Unternehmen, wird an Tagen der offenen Tür Unterhaltsames für Groß und Klein geboten. Es bietet sich an, zu dieser Gelegenheit auch Journalisten der Fachmedien und der regionalen oder örtlichen Presse einzuladen. Dann sollten diese Journalisten jedoch auf besondere Weise betreut werden: Richten Sie eine Anlaufstelle speziell für die Presse ein, die ständig von kompetenten Mitarbeitern – im Idealfall ist dies der PR-Verantwortliche selbst – besetzt ist. Bereiten Sie eine Pressemappe vor, die einen Pressetext zum Ereignis, sowie alle wichtigen Informationen zum Unternehmen, seiner Tätigkeit, sowie seiner Bedeutung für die Region und innerhalb der Branche enthält. Zeigen Sie dem Journalisten Ihre Organisation persönlich – möglichst auch solche exklusiven Bereiche, die für das breite Publikum nicht zugänglich sind. Und: Ermöglichen Sie dem Journalisten ein Gespräch mit einem Vertreter der Firmenleitung! Wenn die Journalisten anlässlich Ihres Tages der offenen Tür so individuell und persönlich betreut werden, ist die Wahrscheinlichkeit sehr hoch, dass sie einen guten Bericht über das Ereignis veröffentlichen werden.

Firmenjubiläum

Firmenjubiläen sind immer ein wichtiges PR-Ereignis. Meist wird zu diesem Anlass eine ganze Reihe von unterschiedlichen Maßnahmen ergriffen: Vom Jubiläumsangebot an Kunden, über den Tag der offenen Tür mit Betriebsbesichtigung für das örtliche Publikum, bis hin zu offiziellen Empfängen, Ehrungen, Preisverleihungen und der Einweihung von Stiftungen, modernen Bürogebäuden oder sonstigen neuen Einrichtungen. Welche Aktivitäten auch immer geplant werden, eine begleitende Pressearbeit ist unerlässlich für den Erfolg eines Firmenjubiläums. Die Journalisten müssen zu den wichtigsten und hochrangigsten Events eingeladen werden – beispielsweise zum offiziellen Empfang durch den Bürgermeister, zur Übereichung von Auszeichnungen für den Firmengründer oder zum festlichen Kunden-Ball. Dabei gilt es, nicht nur auf die bisherigen Leistungen des Unternehmens in der Firmengeschichte, sondern vor allem auf die viel versprechende zukünftige Entwicklung der Organisation hinzuweisen. Besonders öffentlichkeitswirksam sind Firmenjubiläen, wenn zeitgleich auf das besondere Engagement des Unternehmens in einem gesellschaftlich relevanten Bereich hingewiesen werden kann – wenn etwa im Rahmen von Sponsoring-Maßnahmen ein neuer Lehrstuhl an der örtlichen Akademie gegründet wird, eine Spende an eine regionale Umweltgruppe überreicht wird oder das Kreiskrankenhaus ein neues Diagnosegerät erhält. Mit solchen Neuigkeiten steigt der Nachrichtenwert des Ereignisses für Journalisten. Dabei ist es von der Größe und Bedeutung der Organisation abhängig, welche Medien im Einzelfall angesprochen werden können. In den meisten Fällen werden zumindest die örtliche, regionale Presse und die Fachpresse über das Firmenjubiläum berichten. Von Fall zu Fall ist ein solches Ereignis auch für die Wirtschaftspresse und die überregionalen Tageszeitungen interessant. Auf jeden Fall sollten für die Journalisten eine Presseinformation zum Anlass, die historische Entwicklung des Unternehmens und ein aktuelles Unternehmensportrait vorbereitet werden. Darüber hinaus sind Festschriften oder Jubiläums-Dokumentationen mit kompakter Information und Auszügen aus den Festreden eine geeignete Informationsquelle für Journalisten.

Fachkonferenz und Podiumsdiskussion

Ein guter Anlass für Pressearbeit sind Fachkonferenzen und Podiumsdiskussionen. Dabei wird ein Thema aus der Branche oder dem organisationsspezifischen Umfeld, eine wirtschaftliche, wissenschaftliche oder gesamtgesellschaftliche Fragestellung behandelt, die das Interesse eines Publikums fesselt. Neben Kunden, Händlern, Multiplikatoren, Verbandsmitgliedern oder sonstigen Geschäftspartnern werden dazu auch Journalisten eingeladen. Dabei ist eine ein- bis zweistündige Podiumsdiskussion weniger aufwändig zu organisieren als eine ein- bis mehrtätige, nationale oder internationale Fachkonferenz. Beide Veranstaltungen leben davon, dass interessante Persönlichkeiten des öffentlichen Lebens, aus Wirtschaft und Politik, aus Wissenschaft, Kultur und Medien über ihre neuesten Erkenntnisse Fachvorträge halten oder mit kontroversen Positionen öffentlich diskutieren. Dem Publikum werden Einsichten in komplexe Themen gewährt und die Bedeutung der behandelten Fragestellung für die Zukunft dargelegt. Anlässlich solcher Fachund Diskussionsveranstaltungen können eingeladene Journalisten eine Fülle an Informationen, Wissen und Kontakte gewinnen. Aufgabe des PR-Verantwortlichen ist es, die Informationen der Veranstaltung mediengerecht zu bündeln, sie in einer Pressemappe verfügbar zu machen, die Journalisten vor Ort zu betreuen und sie mit den wichtigsten Personen des Ereignisses – Rednern ebenso wie Gästen – bekannt zu machen. Zu einer Pressemappe, die anlässlich einer Fachkonferenz oder einer Podiumsdiskussion zusammengestellt wird, gehören beispielsweise die Vorträge, Referate oder eine Zusammenfassung der Kern-Zitate, Fotos und Lebensläufe der Redner, sowie fachliche Dossiers zum diskutierten Thema, einschließlich begleitendem Zahlenmaterial. Auch kann im Anschluss eine Dokumentation der Konferenz in Broschüren- oder Buchform angefertigt werden. Durch die Veranstaltung von Fachkonferenzen und Podiumsdiskussionen zeigt eine Organisation, dass sie sich kompetent mit zukunftsweisenden Entwicklungen auseinandersetzt und an der öffentlichen Diskussion von gesellschaftlich, wirtschaftlich, wissenschaftlich, technologisch oder kulturell bedeutenden Themen teilnimmt.

Fach- und Publikumsmessen

Wenn Unternehmen, Verbände oder andere Organisationen auf einer Messe vertreten sind, bietet sich eine hervorragende Möglichkeit für den Pressekontakt. Denn ein Unternehmen wird sich auf einer Messe stets mit den neuesten Produkten, Erkenntnissen oder technischen Verfahren präsentieren. Und Neuigkeiten besitzen bekanntlich einen hohen Nachrichtenwert für Journalisten. Darüber hinaus sind auf Messen Journalisten berufsbedingt in großer Anzahl vertreten. Denn nirgendwo sonst können sie sich einen so umfangreichen und vollständigen Überblick über ein Thema, eine Branche oder ein Fachgebiet verschaffen. Allerdings gibt es auch einen großen Nachteil: Denn auf Messen ist das Informationsangebot oft sehr groß und auch die Wettbewerber werden alles daransetzen, sich möglichst medienwirksam in Szene zu setzen. So entsteht ein hoher Konkurrenzdruck um die Aufmerksamkeit der Medien. Deshalb ist es für die Messe-PR besonders wichtig, dass die Maßnahmen rechtzeitig vor der Messe vorbereitet, mit den Aktivitäten der Messegesellschaft koordiniert und umsichtig nachbereitet werden. Die folgenden Tipps sollen Ihnen dabei Anregungen geben:

- Laden Sie die Journalisten rechtzeitig vor der Messe an Ihren Messestand ein! Erläutern Sie, welche Besonderheiten und Neuigkeiten sie dort erwarten und welche Persönlichkeiten sie dort treffen können.
- Legen Sie vor Messebeginn mit den Journalisten die Termine für einen Besuch Ihres Messestandes fest und nehmen Sie sich dafür die notwendige Zeit.
- Organisieren Sie bei Bedarf kurz vor der Messe eine Fachpressekonferenz, auf der Sie speziell für diesen Journalistenkreis Ihre Messeneuigkeiten exklusiv vorstellen.
- Halten Sie am Messestand stets Pressemappen bereit. Darin sollten Pressetexte zu Ihren Messeneuheiten ebenso enthalten sein, wie alle Daten und Fakten über Ihr Unternehmen.
- Fragen Sie den Journalisten in Ihrem Messegespräch auch nach den Aktivitäten des Wettbewerbs! Journalisten haben immer einen guten Überblick über das Messegeschehen. So können Sie Ihre eigenen Aktionen besser einschätzen und erfahren, welche Aktivitäten bei Journalisten besonders viel Eindruck hinterlassen.
- Erkundigen Sie sich rechtzeitig bei der Messegesellschaft, welche Services dort für Ihre Medienarbeit angeboten werden und wie Sie diese nutzen können. Wird beispielsweise von der Messegesellschaft ein Presseverteiler zur Verfügung gestellt? Gibt die Messegesellschaft Presseinformationen oder eine Messezeitung heraus, in der auch Ihre Produktneuheiten angekündigt werden können? Weist die Gesellschaft auf die Termine der Pressekonferenzen vor der Messe und auf spezielle Veranstaltungen auf der Messe hin? Gibt die Messegesellschaft den Journalisten Tipps für besonders attraktive Foto-Termine auf der Messe? Kann die Messegesellschaft Ihnen bei der Verbreitung Ihrer Pressematerialien

helfen? Wird beispielsweise ein elektronisches Archiv für Presseinformationen angeboten? Die meisten Messeveranstalter arbeiten intensiv mit tausenden von Journalisten zusammen. Eruieren Sie, wie Sie davon profitieren können! Erkundigen Sie sich auch nach Checklisten, Leitfäden oder Handbüchern für Pressearbeit, die oft als spezieller Service für Messeteilnehmer bereitstehen.

- Senden Sie den Journalisten nach der Messe einen kurzen Pressebericht zu. Erläutern Sie darin den positiven Verlauf und die Highlights der Messe. Ergänzen Sie Ihren Bericht durch ein aussagekräftiges Pressefoto von der Messe.
- Bedanken Sie sich bei den Journalisten schriftlich für ihren Besuch des Messestandes.
- Greifen Sie Themen aus den Messegesprächen mit Journalisten wieder auf und senden Sie den Journalisten – falls vorhanden – ergänzendes Material zum Thema zu.
- Falls vorhanden können Sie den Journalisten auch Foto-Schnappschüsse von ihrem Messebesuch übersenden.
- Fassen Sie nach der Messe alle Veröffentlichungen zu einem Pressespiegel zusammen und übersenden Sie diesen an ausgewählte Journalisten (beachten Sie dabei aber unbedingt die Urheberrechte der Artikel!).

Sicherlich werden Sie in Ihrer Tagesarbeit noch weitere Anlässe finden, bei denen Sie den Kontakt zu Journalisten aufbauen und pflegen können. Die Vielfalt an möglichen PR-Instrumenten für die Pressearbeit, an typischen Veranstaltungen und an sonstigen selbst oder durch Dritte initiierten Ereignissen wird nur durch Ihren Einfallsreichtum begrenzt. Wenn Sie Pressearbeit kreativ betreiben, wird sich immer wieder die Chance bieten, Journalisten Ihr Anliegen näher zu bringen, sie an wichtigen Entwicklungen teilhaben zu lassen und sie von den Zielen und der Kompetenz Ihrer Organisation zu überzeugen.

Aufgabe 2 (Teil II): Führen Sie eine Pressekonferenz durch!

In dieser Übung werden Sie Ihre erste Pressekonferenz planen. Sie werden die Veranstaltung inhaltlich und organisatorisch vorbereiten, geeignete Pressematerialien erstellen und die Nachbereitung der Konferenz gestalten. In unserem Beispiel handelt es sich um eine kleine Pressekonferenz – oder auch Pressegespräch – anlässlich der Siegerehrung zum Plakat-Oscar, einer PR-Maßnahme, die Sie aus Teil I dieser Übung bereits kennen.

1. Schritt: Überlegen Sie sich die strategischen Rahmenbedingungen für Ihre Pressekonferenz!

Auch bei der Planung einer Pressekonferenz sollten Sie sich – ähnlich wie bei der Presseinformation aus Teil I – vorher überlegen, in welchem strategischen Rahmen Sie sich bewegen.

- Was möchten Sie mit Ihrer Pressekonferenz erreichen?
- Welche Dialoggruppe wollen Sie über welche Medien ansprechen?
- Wie lautet Ihre Kernbotschaft und welchen Nachrichtenwert hat sie?
- Sind Sie sicher, dass Ihr Anlass eine Pressekonferenz rechtfertigt?
- Welches Budget haben Sie für Ihre Veranstaltung zur Verfügung?
- Wann sollte bzw. kann die Pressekonferenz frühestens stattfinden? Haben Sie konkurrierende Termine abgeklärt?
- Wo sollte bzw. kann die Pressekonferenz stattfinden?
- Mit wie vielen anwesenden Journalisten rechnen Sie und wie viele Veröffentlichungen insgesamt möchten Sie erreichen?

Erstellen Sie ein kleines Konzeptpapier für diese Maßnahme, an dem Sie sich orientieren können.

2. Schritt: Legen Sie den Ablauf der Pressekonferenz fest!
Überlegen Sie sich nun, wie Ihre Pressekonferenz ablaufen muss, damit Sie Ihre strategischen Ziele erreichen. Orientieren Sie sich dabei an Ihrem Konzeptpapier aus Schritt 1 und an den Ausführungen im Abschn. 3.4.6 „Die Pressekonferenz".

- Welche Inhalte möchten Sie in den Reden vermitteln?
- Welche Redner müssen dazu in welcher Reihenfolge und wie lange sprechen?
- Gibt es weitere Programminhalte, wie Filmvorführungen, Demonstrationen, Tests oder Präsentationen, die Ihre Botschaft verstärken können?
- Gibt es begleitendes Informationsmaterial, das Ihre Botschaft visualisiert?
- Wer begrüßt die Gäste, wer moderiert die Fragerunde?
- Wie können Sie den Journalisten optimale Arbeitsbedingungen liefern?
- Wie werden die Journalisten betreut, empfangen, kulinarisch versorgt?

Fassen Sie den gewünschten Ablauf Ihrer Pressekonferenz in einem Ablaufplan mit Terminen zusammen. Vermerken Sie dabei, wer für einzelne Programmpunkte verantwortlich ist. Ein Beispiel für den Ablaufplan einer Pressekonferenz zeigt Abb. 3.5. Besprechen Sie diesen Ablaufplan mit allen Beteiligten!

3. Schritt: Erstellen Sie sich eine Checkliste, die Sie als Projektplan nutzen!
Für jedes PR -Instrumente, das Sie häufiger einsetzen, sollten Sie sich eine Checkliste anlegen. Diese können Sie auch als einfachen Projektplan einsetzen. Für Ihre Checkliste zur Pressekonferenz können Sie sich an der Tabelle 3.7 „Checkliste: Eine Pressekonferenz vorbereiten, durchführen und nachbereiten" orientieren.

Ablaufplan der Pressekonferenz „Plakat-Oscar"

Datum	WANN	WAS	WER
Freitag, 25. April			
	12:00	Redemanuskripte fertig / Verteilung an Redner; Q&As fertig / Verteilung an Redner	Fr. Paul, Hr. Meister
	16:00	Powerpoint-Präsentation fertig	Hr. Meister
Montag, 28. April			
	16:00	Pressemappen fertig	Fr. Paul
Dienstag, 29. April			
	16:00	Kopie und Konfektionierung Pressemappen fertig; Anschreiben Journalisten fertig	Fr. Thiel, Fr. Schuster
	17:00	Information Medienbeobachtung per E-Mail	Fr. Thiel
Mittwoch, 30. April			
	10:00	Überprüfung Raum, Technik u. Dekoration	Fr. Paul, Hr. Meister
	11:00	Mitarbeiter-Rundmail	Fr. Schuster
	bis 15:00	Teilnehmerliste, Namensschilder fertig	Fr. Thiel
	15:30	Vorbesprechung Teilnehmer	Fr. Paul, Hr. Meister, Hr. Mustermann, Hr. Klee, Fr. Thiel, Fr. Schuster
	bis 16:00	Erfrischungen, Snacks bereitgestellt	Fr. Veith (Bankett)
	16:00	Auslegen der Pressemappen; Verteilung Block u. Stifte; Bereitstellung Give-aways	Fr. Schuster
	16:00	Empfang und Registrierung der Journalisten	Fr. Paul, Fr. Thiel
	17:00	Begrüßung Journalisten	Fr. Paul
	17:05	Referat: Plakatgestaltung als Wirtschaftsfaktor	Hr. Meister
	17:15	Referat: Der Plakat-Oscar	Hr. Mustermann
	17:20	Präsentation: Die Sieger des Plakat-Oscar 2008	Hr. Klee (Jury-Sprecher)
	17:35	Fragerunde	Fr. Paul
	17:50	Ende der Pressekonferenz; Einzelinterviews / -gespräche	Fr. Paul, Hr. Meister, Hr. Mustermann, Hr. Klee
	17:00 bis 17:50	Video-Aufzeichnung Pressekonferenz	Hr. Augenthaler (CAM-ART)
	17:00 bis 17:45	Sektempfang bereitgestellt	Fr. Veith (Bankett)
	17:00 bis 17:45	Versand Pressemappe an nicht Anwesende	Fr. Schuster
	18:30	Sektempfang	Fr. Paul, Hr. Mustermann, Hr. Meister, Hr. Klee
	18:30 bis 24:00	Video-/Foto-Dokumentation Event	Hr. Augenthaler (CAM-ART)
	19:30	Beginn Siegerehrung Plakat-Oscar	Fr. Paul

Abb. 3.5 (Fortsetzung)

- Welche Tätigkeiten müssen ausgeführt werden, damit der Ablaufplan umgesetzt werden kann?
- Welche Tätigkeiten müssen zur Vorbereitung und Nachbereitung der Pressekonferenz eingeplant werden?
- Welche begleitenden Tätigkeiten zur internen Kommunikation müssen bedacht werden?
- Wie wird das Ergebnis der Pressekonferenz gemessen?
- Bis wann müssen die Tätigkeiten ausgeführt werden und von wem?
- Gibt es organisatorische oder inhaltliche Abhängigkeiten, die sich auf die Reihenfolge der Tätigkeiten auswirken?
- Welche Kosten entstehen bei den einzelnen Tätigkeiten?

Erstellen Sie eine Checkliste und entwickeln Sie daraus Ihren detaillierten Projektplan mit allen Terminen, Verantwortlichen und Kosten. Einen beispielhaften Projektplan finden Sie in Abb. 3.6 a, b. Dann beginnen Sie mit der Umsetzung des Plans.

4. Schritt: Klären Sie organisatorische Details und laden Sie die Journalisten zur Pressekonferenz ein!
Erst wenn Sie alle organisatorischen Details – laut Projektplan – geklärt und entsprechende Räume reserviert haben, können Sie die ausgewählten Journalisten zur Pressekonferenz einladen.

- An welchem Ort, in welchem Gebäude, in welchem Raum und zu welcher Uhrzeit findet die Pressekonferenz statt?
- Wurden alle organisatorischen Details bedacht und Räume reserviert?
- Ist der Presseverteiler für die einzuladenden Journalisten aktuell?
- Haben Sie ein persönliches Einladungsschreiben formuliert, aus dem Ort, Zeit, Redner und die Bedeutung des Anlasses hervorgehen?
- Haben Sie eine Antwortkarte oder ein Antwortfax vorbereitet?
- Haben Sie an eine Wegbeschreibung, Reisehinweise und Parkplatzmöglichkeiten gedacht?
- Wann müssen die Presseeinladungen versandt werden?
- Wollen Sie vor der Pressekonferenz einen telefonischen Rundruf starten, um bei Redaktionen, die sich noch nicht angemeldet haben, nachzuhaken?

Abb. 3.5 Ablauf der Pressekonferenz zum Plakat-Oscar. Um eine Pressekonferenz vorzubereiten, sollte ein detaillierter Ablaufplan erstellt werden. Darin sind alle Programmpunkte und die Aufgaben, die zur Vorbereitung des Programms erledigt werden müssen, enthalten. Die genauen Zeitangaben für jede Aufgabe sind für alle Beteiligten verpflichtend und sorgen für einen reibungslosen Ablauf. Die Rollen und Aufgaben des Ablaufplans müssen mit allen Beteiligten besprochen werden.

Projektplan zur Pressekonferenz "Plakat-Oscar"

Was	WER	Kosten
Organisatorische Vorbereitung		
Konzept-Papier entwerfen	PR	
Ablaufplan erstellen u. Rollenverteilung festlegen	PR, MH	
Räume buchen (Kostenvoranschlag): PR-Konf., Sektempfang	PR	500,00
ggf. Zimmer f. Übernachtung optionieren	PR	1.500,00
Technik bestellen (Kostenvoranschlag): Leinwand, Beamer, Beleuchtung/Verdunkelung	PR	500,00
Bestuhlung festlegen: Parlamentarisch, Rednerpodium	PR	
Dekoration bestellen u. vorbereiten: Pflanzen, Plakate, Lichtzeichen	TE	800,00
Hinweisschilder für Raum produzieren und aufteilen	TE	600,00
Catering bestellen (Kostenvoranschlag)	PR	
Hilfsdienst einteilen und einweisen	PR	
Namensschilder f. Journalisten, Referenten u. Hilfsdienst vorbereiten	TE	300,00
Blöcke und Stifte bereitstellen und auslegen	TE	
Give-away f. Journalisten bestellen (Kostenvoranschlag)	PR	
Technische "Notausrüstung" zusammenstellen	HI	
Verbandskasten u. Hausapotheke bereitstellen	HI	
Presseeinladung		
Entwurf Anschreiben	PR	
Entwurf Antwortfax u. Wegbeschreibung	PR	
Abstimmung Presseeinladung	PR, MH	
Presseeinladung ausdrucken / kopieren	TE	
Presseeinladung versenden	TE	300,00
Rückläufe erfassen	TE	
Telefonisch nachhaken	PR	
Teilnehmerzahl mit organisatorischen Details abstimmen	PR	
ggf. Übernachtung f. Journalisten buchen	TE	
Teilnehmerliste erstellen	TE	
Inhaltliche Vorbereitung		
Briefing-Gespräch für Reden durchführen	PR, MH, PK	
Reden-Entwürfe schreiben	PR	
Visualisierung festlegen	PR	
Powerpoint-Präsentation ausarbeiten	TE, SH	
Reden u. Visualisierung abstimmen	PR, MH, PK	
Endfassung der Reden an Referenten weiterleiten	PR	
Medientraining organisieren (Kostenvoranschlag)	PR	3.000,00
Q&As erstellen und abstimmen	PR, MH	
Q&As an Redner weiterleiten	TE	
Factbook erstellen u. abstimmen	TE	
Mitarbeiter-Rundmail erstellen u. versenden	TE	
Vorbesprechung anberaumen	PR	

Die Tabelle enthält zusätzlich eine Zeitleiste (Gantt-Diagramm) mit den Spalten 1 bis 27.

Abb. 3.6 (Fortsetzung)

Erstellen Sie eine professionelle Presseeinladung zum Anlass (siehe Abb. 3.7) und versenden Sie diese – möglichst zwei bis drei Wochen vor der Veranstaltung – an die ausgewählten Journalisten. Erhalten Sie von einigen wichtigen Redaktionen kein Feedback, sollten Sie die entsprechenden Journalisten einige Tage vor dem Event telefonisch kontaktieren.

5. Schritt: Bereiten Sie die Reden und die Pressemappen vor!

In den Reden und dem begleitenden Pressematerial müssen die Kernbotschaften und alle wesentlichen Inhalte – die Beantwortung der W-Fragen – erfasst werden.

- Welche Kernbotschaften und Inhalte sollen die Reden enthalten?
- Bauen die Reden aufeinander auf bzw. ergänzen sie sich?
- Wie sollen die Inhalte visualisiert werden?
- Mit wem müssen Sie die Reden abstimmen?
- Haben Sie darauf geachtet, die Reden klar, präzise und lebendig zu gestalten?
- Welche Inhalte hat die begleitende Pressemappe zum Anlass? Welche Presseinformation, welche Factsheets, welche Pressefotos müssen Sie vorbereiten?
- Haben die Redner genug Zeit, ihre Reden zu proben?

Gehen Sie beim Erstellen der Pressemappe vor, wie im Teil I dieser Übung beschrieben (siehe Abb. 3.8). Denken Sie bei der Erarbeitung der Inhalte auch daran, vorab Briefing-Gespräche mit den Rednern durchzuführen und die Rollenverteilung aus dem Ablaufplan zu besprechen!

6. Schritt: Bereiten Sie sich organisations-intern vor und denken Sie dabei auch an die Nachbereitung der Pressekonferenz!

Um sich intern optimal auf die Pressekonferenz vorzubereiten, müssen Sie nun noch daran denken, die Redner als Gesprächspartner für die Journalisten fit zu machen. Zudem sollten Sie die begleitende interne Kommunikation zum Anlass vorbereiten. Auch müssen Sie einige Dinge vorab organisieren, die für die Nachbereitung eine Rolle spielen.

←————————————————————————————

Abb. 3.6 Projektplan für eine Pressekonferenz. (a) Der Projektplan (Fortsetzung nächste Seite) umfasst die Tätigkeiten, die bei der Vorbereitung, inhaltlichen Ausarbeitung und Nachbereitung einer Pressekonferenz berücksichtig werden müssen. Alle Aufgaben wurden auf einer Zeitachse angeordnet, die in diesem Fall in Arbeitstagen strukturiert ist. Zu jeder Tätigkeit werden die verantwortlichen Personen und die dabei entstehenden Kosten genannt. Für eine konkrete Pressekonferenz wird auf der Zeitachse das Kalenderdatum eingetragen. Tätigkeiten, die am Tag der Pressekonferenz stattfinden, wurden im Beispiel Schwarz markiert.

Was	WER	1	2	3	4	5	6	7	8	9	10	11	12	13	14	15	16	17	18	19	20	21	22	23	24	25	26	27	Kosten
Pressemappe erstellen																													
Presseinformation erstellen	PR																												
Factsheets / ergänzendes Pressematerial erstellen: Auszüge aus Reden, Vita der Referenten, Programm Siegerehrung, Liste Preisträger, Laudatio auf Preisträger, Liste Jury, Unternehmensportrait Pakat AG	PR, TE																												
Beilagen bereitstellen: Unternehmenspräsentation auf CD-ROM	TE																												50,00
Pressefotos produzieren	TE																												300,00
Bildunterschriften schreiben	PR																												
Pressemappe abstimmen	PR, MH																												
Pressemappe produzieren und konfektionieren	TE																												400,00
Pressemappe digitalisieren	HI																												400,00
Veröffentlichung auf Website vorbereiten	HI																												
Medienverteiler für Versand vorbereiten	TE																												
Begleitbrief für Pressemappe erstellen u. abstimmen	PR																												
Begleitbrief drucken	TE																												
Presseinformation für Presseservice schreiben u. abstimmen	PR, MH																												
Pressefoto mit Bildunterschrift (digital) für Presseservice vorbereiten	PR																												
Durchführung																													
Block + Stifte auslegen, Dekoration checken, Namensschilder austellen	TE																												
Pressemappen bereitlegen	TE																												
Journalisten registrieren, Namensschilder u. Give-aways ausgeben	TE, SH																												
Einzel-Interviews organisieren	PR																												
Nachbereitung																													
Versand Pressemappen mit Begleitbrief	TE																												300,00
Versand Presseinformation u. Pressefoto an Presseservice	TE																												1.500,00
Veröffentlichung d. Presseinfo auf Website	HI																												
Medienbeobachtung beauftragen (Kostenvoranschlag)	SH																												400,00
Dokumentation vorbereiten: Fotograf / Videomitschnitt beauftragen (Kostenvoranschlag)	TE																												1.500,00
Presseanfragen bearbeiten	PR																												
Veröffentlichungen sammeln u. weiterleiten	SH																												
Feedback-Gespräch organisieren	PR																												
Fotos auswerten, produzieren	SH																												
Dankesbrief entwerfen u. abstimmen	PR																												50,00
Dankesbrief mit Foto versenden	SH																												60,00
Mitarbeiter-Zeitung redaktionell vorbereiten	SH																												
Sonderausgabe Mitarbeiter-Zeitung herausgeben	SH																												
Pressespiegel erstellen u. verteilen	SH																												
Medienresonanzanalyse erstellen	PR																												
Ergebnis-Präsentation ausarbeiten und präsentieren	PR																												
Foto-/Video-Dokumentation erstellen	TE																												
Texte, Fotos, Videos, Veröffentlichungen archivieren	SH																												
Gesamt																													12.460,00

Abb. 3.6 (Fortsetzung)

- Mit welchen Fragen müssen Sie auf der Pressekonferenz rechnen? Wie wollen Sie diese beantworten? Liegen den Rednern die Q&As vor?
- Ist für die Redner vorab ein Medientraining vorgesehen?
- Gibt es vor der Konferenz eine Vorbesprechung mit allen Beteiligten? Werden Sie nach der Konferenz eine Feedback-Besprechung ansetzen?
- Haben Sie einen Fotografen bzw. einen Videoexperten beauftragt?
- Haben Sie die Pressemappen mit persönlichem Anschreiben vorbereitet, die Sie nach der Pressekonferenz an nicht Anwesende versenden wollen?
- Wie wollen Sie die Mitarbeiter über die Presseinformation informieren?
- Haben Sie einen Medienbeobachtungsdienst beauftragt und ihm die Pressemappe vorab zugeschickt?

Orientieren Sie sich an Ihrer Checkliste, um diese Aufgaben termingerecht zu erledigen!

7. Schritt: Kontrollieren Sie die Anmeldungen und passen Sie letzte organisatorische Details entsprechend an!

Erst wenn Sie ungefähr abschätzen können, wie viele Journalisten zur Pressekonferenz kommen, können Sie die letzten organisatorischen Details umsetzen.

- Haben Sie eine Teilnehmerliste erstellt?
- Passen Teilnehmerzahl, Raumgröße, Bestuhlung, Catering und Betreuungsdienst zusammen?
- Gibt es seitens der Journalisten besondere technische Anforderungen bzw. bestehen besondere Interview-Wünsche?

Gehen Sie noch einmal alle Tätigkeiten Ihrer Checkliste durch und überprüfen Sie, ob sich durch die Anmeldungen neue Aufgaben ergeben! Kurz vor der Pressekonferenz sollten Sie noch einmal Raum, Technik und Informationsmaterial kontrollieren. Und dann geht's los!

Abb. 3.6 (Fortsetzung) (b) Der Projektplan zur Pressekonferenz macht deutlich, dass bereits nach dem Versand der Presseeinladung mit Anfragen der Journalisten gerechnet werden muss. Während dieser Zeit muss der PR-Verantwortliche jedoch auch die Reden, deren Visualisierung und die Pressemappe inhaltlich ausarbeiten. Und er sollte die organisatorischen Details mit den eingehenden Anmeldungen abgleichen. Darüber hinaus sind viele Dinge zu erledigen, die zur internen Kommunikation und zur Nachbereitung der Pressekonferenz dienen. Fazit: Der PR-Verantwortliche und sein Team sind vor, während und nach einer Pressekonferenz extrem gefordert – der Projektplan hilft dabei, die Übersicht zu bewahren.

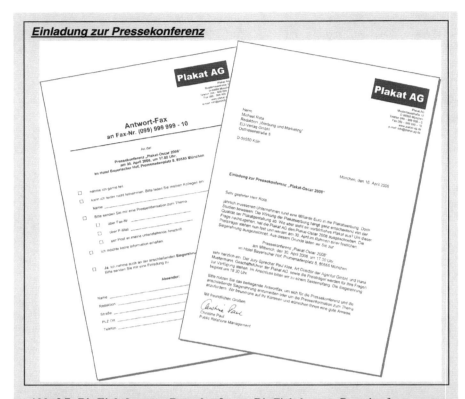

Abb. 3.7 Die Einladung zur Pressekonferenz. Die Einladung zur Pressekonferenz nennt Ort, Zeit und Anlass der Veranstaltung. Zudem wird die Bedeutung des Anlasses erläutert – im Beispiel geschieht dies, indem der Zusammenhang zwischen Plakatgestaltung und Werbeausgaben angesprochen wird. Die Nennung der namhaften Redner unterstreicht ebenfalls die Wichtigkeit der Veranstaltung. Mit dem beiliegenden Antwortfax kann sich der Journalist anmelden oder Presseinformationen abrufen.

8. Schritt: Bereiten Sie die Pressekonferenz nach und halten Sie die Ergebnisse fest!

Unmittelbar nach der Pressekonferenz gilt es, Ihre Botschaft zu vertiefen und noch weiter zu verbreiten. Denken Sie dabei auch an die Personen, die nicht bei Ihrer Pressekonferenz dabei sein konnten: auf die nicht anwesenden Journalisten und die Mitarbeiter. Zudem sollten Sie Ihre Veranstaltung gut dokumentieren und ihre Ergebnisse festhalten.

- Konnten Sie allen anwesenden Journalisten ihre Interview-Wünsche erfüllen?
- Müssen Sie einzelnen Journalisten weiteres Informationsmaterial zusenden?

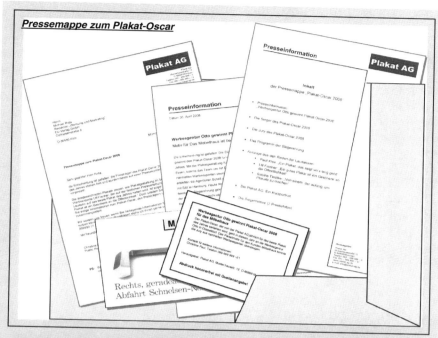

Abb. 3.8 Die Pressemappe zum Plakat-Oscar. Die Pressemappe zum Plakat-Oscar enthält alle relevanten Informationen zum Wettbewerb, zu den Siegermotiven und zur Plakat AG. Eine Presseinformation zum Anlass befindet sich ebenso darunter, wie Auszüge aus den Reden der Laudatoren und die prämierten Plakatmotive als Pressefotos. Da die Mappe recht umfangreich ist, werden die Pressematerialien durch eine Inhaltsangabe ergänzt. Die Pressemappe wird mit einem persönlichen Begleitschreiben versendet.

- Gibt es Fotos der Anwesenden, die Sie ihnen zusenden können?
- Haben Sie an alle eingeladenen Journalisten, die nicht anwesend waren, eine Pressemappe oder eine Presseinformation übersandt?
- Wurden die Mitarbeiter über den Verlauf der Presseinformation informiert?
- Wer erstellt bis wann den Pressespiegel? Wer erhält die Veröffentlichungen und wann?
- Bis wann wird die Medienresonanzanalyse erstellt und von wem?
- Wurde das Budget eingehalten?
- Wie dokumentieren und archivieren Sie die gesamte Aktion?

Erst nach Erledigung dieser Aufgaben können Sie erkennen, ob Ihre Pressekonferenz ein Erfolg war. Vergessen Sie nicht, Ihre positiven Ergebnisse gegenüber internen, aber auch externen Dialoggruppen zu dokumentieren!

3.5 Dokumentation und Kontrolle

Eine wichtige Tätigkeit des PR-Verantwortlichen ist es, seine Pressearbeit zu do-kumentieren und deren Resonanz zu kontrollieren. Ob die Zusammenarbeit mit den Journalisten die in der PR-Strategie festgelegten Ziele erreicht hat, wird in der Medienresonanzanalyse überprüft (siehe Abschn. 2.4.3 „Medienresonanzanaly-se"). Im Evaluierungsplan ihres PR-Konzeptes haben Sie hierzu bereits festgelegt, nach welchen Kriterien Sie die Veröffentlichungen der Medien untersuchen möch-ten und wie Sie die Ergebnisse auswerten wollen. Bevor jedoch die abschließende Beurteilung vorgenommen werden kann, muss der PR-Verantwortliche dafür sor-gen, möglichst alle Veröffentlichungen zu erhalten, diese in einem Pressespiegel zu dokumentieren und zu archivieren. Darüber hinaus sollte er alle Veröffentlichungen sofort nach Erscheinen dahingehend überprüfen, ob sie sachlich richtig und zumin-dest objektiv neutral verfasst sind. Sollte ein Artikel fehlerhaft sein oder den Sach-verhalt für die Organisation einseitig negativ darstellen, hat der PR-Verantwortliche mehrere Möglichkeiten zu reagieren. Wie Sie Veröffentlichungen zusammentra-gen, dokumentieren und Negativ-Berichten nachgehen, erfahren Sie in diesem Kapitel.

3.5.1 Medienbeobachtung und Pressespiegel

Um alle Veröffentlichungen über Ihre Organisation oder Ihr spezielles Anlie-gen zu sammeln, sollten Sie eine Medienbeobachtung durchführen. Hierzu stehen den PR-Verantwortlichen spezielle Dienstleistungsunternehmen, die so genannten „Presseausschnittdienste" oder „Clipping-Dienste", zur Verfügung. Diese Service-agenturen durchsuchen die Medien in Ihrem Auftrag nach bestimmten, individuel-len Stichworten und leiten entsprechende Veröffentlichungen an Sie weiter. Bei den Offline-Diensten ist die Bezahlung wie folgt organisiert: Pro Stichwort wird eine monatliche Grundgebühr erhoben. Wird eine Veröffentlichung mit dem Stichwort gefunden, erhält sie der Auftraggeber und zahlt dafür einen festgelegten Preis. Je nachdem, ob es sich dabei um einen Artikel in der Zeitung, in einer Zeitschrift oder den Mitschnitt einer Radiosendung handelt, werden andere Ausschnittpreise fällig. Das bedeutet, je mehr über Ihre Organisation oder Ihr spezielles Thema berichtet wird, desto mehr Budget werden Sie für die Medienbeobachtung benötigen. Zu-dem gibt es einige Online-Dienste, die andere Gebührenstrukturen haben, welche im Einzelfall recherchiert werden müssen. Lesen Sie hierzu auch den Abschn. 7.5.1 „Pressearbeit im Online-Zeitalter".

Überprüfen Sie, welche Medien der Ausschnittdienst im Programm hat

Wichtig dabei ist, sich das Leseprogramm der einzelnen Ausschnittdienste genau anzusehen und zu kontrollieren, ob alle für Sie relevanten Medien darin enthalten sind. Auch können Sie auswählen, auf welche Mediengruppen sich Ihr Auftrag beziehen soll. Wollen Sie nur regionale und überregionale Tageszeitungen kon-trollieren? Soll nur die Wirtschaftspresse ausgewertet werden? Oder benötigen Sie nur bestimmte Special-Interest- oder Fachzeitschriften? Wie sieht es mit Online-Medien aus? Wenn der Ausschnittdienst nicht alle Medien Ihres Presseverteilers in seinem Leseprogramm abdeckt, müssen Sie jedoch selbst dafür sorgen, diese Zeitschriften zu kaufen und zu kontrollieren. Oft ist dies bei sehr speziellen Branchenblättern oder kleineren Special-Interest-Redaktionen der Fall. Neben den Printmedien werden von den Medienbeobachtungsdiensten elektronische Medien und Online-Medien ausgewertet. Dennoch sollte auch die PR-Abteilung selbst nach thematisch relevanten Veröffentlichungen im Internet recherchieren. Die Aufzeichnungen aus TV-Sendungen oder Rundfunkbeiträgen erhalten Sie mit genauer Angabe von Sender, Sendezeit und Beitragslänge. Sie werden meist nach Beitragslänge bezahlt. Erkundigen Sie sich, in welcher Form diese Mitschnitte geliefert werden – als VHS-Video, als Tonbandaufzeichnung oder als digitale Video- oder Ton-Datei?

Beauftragen Sie bei Bedarf mehrere Ausschnittdienste

Bei großen Pressekampagnen und einem großen Presseverteiler ist zu empfehlen, mindestens zwei Ausschnittdienste gleichzeitig zu beauftragen. Auch wenn sich dadurch viele Doppelungen ergeben, können Sie nur so sicherstellen, fast alle relevanten Veröffentlichungen zu erhalten. Medienbeobachtungsdienste sind beispielsweise: AUSSCHNITT Medienbeobachtung (ausschnitt.de), Pressrelations GmbH (pressrelations.de), die mediaclipping GmbH (mediaclipping.de; speziell für Radio, TV, Web-Videos und Podcasts), das Online-Portal der eClipping Service GmbH (eclipping.at; speziell auch Beiträge aus Communities, Newsgroups, Foren etc.), net-clipping (net-clipping.de), Redaktion24 (pressespiegel24.info), Clip Mediaservice GmbH (clip.at).

Überlegen Sie sich genau, nach welchen Stichworten Sie suchen lassen

Auf jeden Fall sollten Sie gut überlegen, welche Stichworte Sie den Ausschnittdiensten geben. Dabei haben Sie mehrere Möglichkeiten:

- Sie suchen nur Artikel, in denen Ihre Organisation erwähnt wird.
- Sie suchen nach Artikeln, in denen eine bestimmte Aktion Ihrer Organisation aufgegriffen wird. Dies ist ratsam, wenn Sie nur die Resonanz auf eine bestimmte Aktion, Aktivität oder auf ein Ereignis überprüfen möchten.
- Sie suchen zudem Artikel, in denen bestimmte Personen, beispielsweise der Vorstandsvorsitzende oder bestimmte Wissenschaftler oder Politiker, erwähnt werden. Dies ist ratsam, wenn für Ihr Thema eine bestimmte „Galionsfigur" oder bestimmte Multiplikatoren besondere Bedeutung haben.
- Sie suchen Veröffentlichungen, in denen Ihre Wettbewerber erwähnt werden. Das verschafft Ihnen einen guten Überblick über die Aktivitäten der Konkurrenz und eine Vergleichsmöglichkeit, wie Ihre Organisation und Ihre Wettbewerber in den Medien dargestellt werden.
- Sie suchen nach Artikeln über eine bestimmte Produktgruppe oder eine bestimmte Dienstleistung. So erfahren Sie, welche ähnlichen Angebote es gibt, wer diese anbietet und wie diese in der Presse beurteilt werden.

- Sie suchen nach einem bestimmten Thema, das für die Tätigkeit Ihrer Organisation besonders wichtig ist. So können Sie Entwicklungen in diesem Bereich rechtzeitig erfahren und die unterschiedlichen Positionen der damit befassten Personen, Behörden oder Organisationen beobachten. Diese Vorgehensweise ist besonders im Bereich des Themen-Management üblich.

Grundsätzlich müssen Sie entscheiden, ob Sie nur solche Veröffentlichungen erhalten möchten, in denen Ihr eigenes Unternehmen oder Ihre eigenen Aktionen erwähnt werden, oder darüber hinaus auch mehr über Wettbewerber, Markt und verwandte Themen erfahren möchten. Achten Sie in jedem Fall darauf, Ihre Stichworte so präzise wie möglich zu formulieren! Sie erhalten – und bezahlen! – sonst viele Artikel, die Sie für Ihre Arbeit gar nicht benötigen.

Überlegen Sie, wie Sie Ihre Veröffentlichungen archivieren möchten

Entsprechend Ihren Bedürfnissen müssen Sie Ihre Stichwortsuche erweitern oder eingrenzen, Ihr Budget für die Medienbeobachtung entsprechend einplanen und Ihr Archiv für die gelieferten Veröffentlichungen anpassen. Denn es ist nicht nur wichtig, die relevanten Artikel zu erhalten, sondern vor allem auch, sie nach Suchworten so zu archivieren, dass Sie wieder auffindbar und analysierbar sind. Deshalb sollten Sie sich die Art der Archivierung sorgfältig überlegen: Soll ein „Papier"-Archiv mit allen Originalartikeln angelegt werden oder sollen die Artikel elektronisch erfasst und in Datenbanken verwaltet werden? Bedenken Sie: Ein gutes Pressearchiv ist eine wichtige Arbeitsgrundlage für den PR-Profi und oftmals auch eine ausgezeichnete Inspirationsquelle für PR-Themen!

Legen Sie fest, wie die Ausschnitte geliefert werden sollen

Die einzelnen Artikel der Presse werden Ihnen vom Ausschnittdienst auf Wunsch im Original übersandt. Dabei ist am Artikel ein Informationsblatt befestigt, dem Sie das Medium, seine Verbreitung und das Datum der Veröffentlichung entnehmen können. Zudem bieten die meisten Ausschnittdienste die tagesaktuelle elektronische Übersendung der Artikel an. In diesem Fall können häufig die Nutzungsrechte dieser digitalen Artikel mit eingekauft werden. Radiosendungen werden entweder als Aufzeichnung oder als Abschrift übermittelt, TV-Sendungen im gewünschten Filmformat. Darüber hinaus bieten viele Agenturen gegen Gebühr bestimmte Auswertungen der Veröffentlichungen samt repräsentativer, grafischer Darstellung der Ergebnisse an. Überprüfen Sie, ob Inhalt und Art dieser Analysen für Ihre Bedürfnisse angemessen sind. Eine individuelle Medienresonanzanalyse ersetzen diese Auswertungen jedoch nicht.

Dokumentieren Sie Ihre Pressearbeit im Pressespiegel

Wenn Sie die Berichterstattung zu einzelnen Themen, zu einer PR-Aktion oder zu Ihrer Organisation als Ganzes für andere interne und externe Zielgruppen aufbereiten möchten, erstellen Sie einen so genannten Pressespiegel. Ein Pressespiegel im klassischen Sinn ist eine Loseblattsammlung, bestehend aus allen Veröffentlichungen in Kopie und mit einem Deckblatt zusammengeklammert. Dabei werden zu jedem Artikel Angaben über das Medium und das Erscheinungsdatum gemacht. Alternativ kann ein Pressespiegel auch hochwertiger, als gedrucktes Dokument, als Faltblatt oder Broschüre, konzipiert werden. Dann eignet sich ein solcher Pressespiegel auch dazu, ihn an Geschäftspartner, Händler oder Kunden weiterzureichen. Aber Vorsicht: Für die externe Verwendung der Artikel müssen Sie vorab die Genehmigung der jeweiligen Redaktion oder des Autors einholen! Eventuell müssen Sie eine Nutzungsgebühr bei der „Verwertungsgesellschaft Wort"(www.vgwort.de) – das ist sozusagen die GEMA der Autoren – bezahlen. Wollen Sie Ihren Pressespiegel in elektronischer Form auf Ihre Website stellen, benötigen Sie dazu ebenfalls die Nutzungsrechte. Diese können Sie entweder vom Autor, der Redaktion oder vom zuliefernden Ausschnittdienst erhalten. Anders ist dies, wenn Sie nur aus Veröffentlichungen zitieren, beispielsweise in der Mitarbeiter- oder Kundenzeitschrift. Dann genügt es, wenn Sie die Quelle des Zitats benennen. Für interne Dialoggruppen, wie Führungskräfte oder Mitarbeiter, wird der Pressespiegel auch in elektronischer Form im Intranet veröffentlicht. Dies ist in den meisten Fällen unproblematisch. Einzige Ausnahme: Das Presse-Archiv darf zwar nach Stichworten, nicht jedoch mit einer Volltextsuche durchsuchbar sein. In großen Unternehmen ist es üblich, dass ein Mitarbeiter der PR-Abteilung dafür verantwortlich ist, gleich früh morgens den tagesaktuellen Pressespiegel für die Führungskräfte aufzubereiten und ggf. ins Intranet zu stellen. So sind die Top-Manager des Unternehmens bereits am frühen Vormittag über alle wesentlichen Veröffentlichungen des Tages informiert. Überlegen Sie, welchen vorrangigen Zweck Ihr Pressespiegel erfüllen muss: Welche Themen sollen darin aufgegriffen werden? Welche Dialoggruppen sollen ihn erhalten? Ist er Informationsservice für die Führungskräfte? Ist er Repräsentationsmedium für externe Dialoggruppen? Ist er Informationsmedium für die Mitarbeiter? Soll er als Loseblattsammlung, als Drucksache oder als elektronisches Archiv zur Verfügung stehen? Meist werden Sie jedoch mehrere Pressespiegel mit unterschiedlichen Themen und für unterschiedliche Zielgruppen erstellen.

3.5.2 Reaktionen auf fehlerhafte oder negative Berichterstattung

So professionell Ihre Pressearbeit auch sein mag – vor fehlerhaften oder negativen Berichten ist niemand gefeit. Journalisten stehen stark unter Zeitdruck und können nicht fehlerfrei arbeiten. Die Arbeitsteilung in den Redaktionen verläuft nicht immer so, dass Fehler vermieden oder zumindest rechtzeitig erkannt werden. Die Recherchen können nicht immer so umfangreich durchgeführt werden, dass alle Fakten zu einem Thema in gleicher Tiefe behandelt werden können. Der redaktionelle Umfang ist oft nicht ausreichend, um mehrere Facetten eines Themas zu beleuchten. Und zu fast jedem Thema gibt es kontroverse Standpunkte, die – je nach Prägung des Journalisten – mehr oder weniger stark in die Berichterstattung einfließen können. Diese Gegebenheiten gehören zum journalistischen Alltag und können dazu führen, dass fehlerhaft, unvollständig oder tendenziell negativ berichtet wird. Darüber hinaus gibt es durchaus Situationen, in denen bestimmte Sachverhalte herausgegriffen und verfälscht dargestellt werden, um eine möglichst spektakuläre Story zu veröffentlichen. Oder Themen einseitig beurteilt werden, da die Journalisten der Organisation insgesamt kritisch bis feindlich gegenüber stehen. Auch gibt es in der öffentlichen Debatte generelle Meinungstrends, die vom Journalisten entweder bewusst aufgegriffen oder bewusst konterkariert werden – je nachdem, welche grundsätzliche politische Haltung das Medium zeigen will. In diesen Fällen von unfairer Berichterstattung wird auch eine sehr gute Überzeugungsarbeit nur eingeschränkte Wirkung zeigen und Sie müssen sich mit den gelegentlichen Seitenhieben dieser Medien abfinden. Das heißt jedoch nicht, dass Sie alles einfach hinnehmen müssen. Dennoch: Die erste Regel im Umgang mit Negativ-Berichten lautet: Ruhe bewahren, sorgfältig analysieren und in allen Lagen souverän bleiben! Im Einzelfall und nach sorgfältiger Überlegung stehen Ihnen die folgenden Möglichkeiten offen, um auf fehlerhafte, einseitige, negative oder unfaire Berichte zu reagieren:

Sprechen Sie mit dem zuständigen Journalisten

Ist im Bericht ein Fehler aufgetreten, sollten Sie erst einmal die Ursachen dafür klären. Dazu gehört es auch, das eigene Pressematerial zu untersuchen, ob missverständliche Formulierungen zur fehlerhaften Interpretation geführt haben. Auch sollten Sie sich überlegen, ob das Ausmaß des Fehlers wirklich so bedeutend ist, dass Sie weitere Schritte einleiten müssen. Vielleicht genügt es ja, sich für die ansonsten gute Berichterstattung beim Journalisten zu bedanken und ihn lediglich beiläufig auf den kleinen Fehler aufmerksam zu machen? Falls nicht, können Sie den Autor des Artikels anrufen und ihn freundlich auf den Fehler hinweisen. In den meisten Fällen wird der Journalist den Fehler bedauern. Dann gilt es, eine Möglichkeit zu finden, wie der Fehler wieder gut gemacht werden kann. Entweder Sie einigen sich mit dem Journalisten auf eine Berichtigung, die in der nächsten Ausgabe abgedruckt wird. Besser ist es jedoch, wenn Sie das Gespräch zum Anlass nehmen, um auf weitere Aspekte des Themas hinzuweisen. Dann besteht die Chance, dass Sie den Journalisten zu einem weiteren, kleinen Bericht überreden können, in dem auch der fehlerhafte Sachverhalt richtig gestellt wird. Insgesamt sollten Sie Ihre Vorschläge als Bitte formulieren und keinesfalls Druck auf die Redaktion ausüben. Langfristig ist es wichtiger, sich den guten Kontakt zur Redaktion zu erhalten, als auf die Berichtigung eines Fehlers zu beharren.

Eine andere Situation ist gegeben, wenn der Bericht zwar sachlich richtig, aber für Sie negative Tendenzen aufweist. Dann unternehmen Sie bitte nichts! Erst wenn in einer Redaktion ständig negativ über Ihre Organisation berichtet wird, sollten Sie bei Gelegenheit das persönliche Gespräch mit dem Journalisten suchen. Fragen Sie den Journalisten, wie er zu seinen negativen Erkenntnissen gekommen ist. Machen Sie sich vor dem Gespräch fachlich sicher, untersuchen Sie alle im Bericht angeführten kritischen Argumente ehrlich nach ihrem Wahrheitsgehalt und sammeln Sie Gegenargumente. Lassen Sie sich durch einen Fachexperten begleiten und versuchen Sie, den Journalisten im Gespräch von Ihrer Position zu überzeugen. Vielleicht können Sie dadurch bewirken, dass ein nächster Bericht weniger negativ gestaltet wird. Eines sollten Sie auf keinen Fall machen: Der Redaktion mit dem Abbruch der Beziehung drohen. Damit vergeben Sie sich selbst die

Chance, die Beziehung doch noch positiv oder zumindest sachlich-professionell zu gestalten.

Schreiben Sie einen Leserbrief oder einen Brief an die Redaktion

Eine weitere Möglichkeit, auf unvollständige oder einseitige Berichte zu reagieren ist es, einen Brief an die Redaktion zu schreiben. Bleiben Sie darin sachlich, erläutern Sie weitere Aspekte des Themas, die im Bericht leider nicht aufgegriffen wurden und legen Sie Ihre Sichtweise und Argumente zum Berichtsgegenstand dar. Diesen Brief können Sie nur für die Redaktion, oder als Leserbrief verfassen. Die Wahrscheinlichkeit, dass ein Leserbrief veröffentlicht wird, ist hoch. Je informativer, verständlicher, freundlicher und kürzer Ihr Brief ist, desto eher wird er abgedruckt. Damit können Sie nicht nur auf die Meinung des Journalisten, sondern auch auf die Leser Einfluss nehmen.

Formulieren Sie eine Beschwerde über den Journalisten

Von der Möglichkeit, sich schriftlich beim Journalisten oder seinen Vorgesetzten zu beschweren, sollten Sie nur in Ausnahmefällen und nur nach sorgfältiger Überprüfung der Sachlage Gebrauch machen. Eine Beschwerde ist nur dann gerechtfertigt, wenn sich der Journalist nicht an vorherige Absprachen gehalten hat – beispielsweise in der Interview-Situation –, wenn er sich extrem im Tonfall vergriffen hat oder wenn er aus persönlichen Gründen und mit Absicht fehlerhaft oder negativ berichtet hat. Dieses Fehlverhalten sollten Sie jedoch nachweisen können. Bei einer Beschwerde an den Ressortleiter, den Chefredakteur oder gar den Verleger oder Programmdirektor muss der Journalist mit ernsthaften Konsequenzen rechnen. Versuchen Sie deshalb erst, die Angelegenheit persönlich mit dem Journalisten zu klären. Vielleicht sieht er sein Fehlverhalten ein und entschuldigt sich.

Vermeiden Sie Gegendarstellungen oder gerichtliche Auseinandersetzungen

Nur wenn in Beiträgen unwahre Tatsachenbehauptungen angestellt werden und diese schwer ruf- oder geschäftsschädigend sind oder die Persönlichkeitsrechte verletzen, sollten Sie darüber nachdenken, eine Gegendarstellung von der Redaktion einzuklagen. Gegendarstellungen müssen vom Verlag unverzüglich an der gleichen Stelle und in der gleichen Länge abgedruckt werden, wie der ursprünglich falsche Text. Dabei wird jedoch die falsche Behauptung noch einmal angeführt. Auch kann der Verlag nach der Gegendarstellung einen Kommentar hinzufügen, in dem er beispielsweise klarstellt, dass er zu dieser Gegendarstellung gesetzlich gezwungen wurde, jedoch weiterhin die getroffenen Behauptungen für richtig hält. Wiederholt die Redaktion eine falsche Behauptung, kann Unterlassungsklage eingereicht werden. Im Prozess muss jedoch vom Kläger eindeutig bewiesen werden, dass es sich um eine Falschaussage handelt. Verliert der Kläger den Prozess, ist er gegenüber dem Medium schadensersatzpflichtig. Grundsätzlich gilt: Wenn Sie juristisch gegen eine Veröffentlichung vorgehen möchten, sollten Sie sich immer die Unterstützung durch einen Fachanwalt für Medienrecht sichern. Und Sie sollten bedenken: Die Beziehung zur gesamten Redaktion, zum Verlag oder Sender, wird dadurch schwer belastet und auf lange Sicht geschädigt. Es sollte daher immer nur die allerletzte Maßnahme sein, nachdem Sie alle anderen Möglichkeiten ausgeschöpft haben.

Wenden Sie sich an die mediale Öffentlichkeit

Eine weitere Möglichkeit, sich gegen einseitig kritische Veröffentlichungen zur Wehr zu setzen ist es, sich an die Presse und breite Fachöffentlichkeit zu wenden. Statt eines Leserbriefes an eine Redaktion können Sie beispielsweise eine Presseerklärung verfassen und an mehrere Redaktionen versenden. Darin nehmen Sie zu den Vorwürfen des Berichts Stellung, geben Zusatzinformationen, die im Bericht nicht erwähnt wurden, und präsentieren Ihre Argumente zum Sachverhalt. Unterstützend können Sie neutrale Fachexperten bitten, ebenfalls eine entsprechende Stellungnahme gegenüber der Presse abzugeben. Eine solche konzertierte Aktion kann für viele Veröffentlichungen sorgen, in denen Ihre Sichtweise aufgegriffen wird. Der negative Bericht wird dadurch überlagert und seine Wirkung minimiert. Verlangt die Situation nach einer unverzüglichen, öffentlichen und persönlichen Klarstellung, kann eine Pressekonferenz angemessen sein. Insbesondere in Krisensituationen, in denen viele Medien kritisch berichten, ist dies eine Möglichkeit, ungerechtfertigten Vorwürfen entgegenzutreten und Glaubwürdigkeit zu gewinnen. Manchmal erfordert es ein Negativ-Bericht auch, sich nicht nur an die Presse, sondern auch an weitere Multiplikatoren zu wenden. Dann ist ein „offener Brief" das geeignete Mittel zur Aufklärung. In einem offenen Brief können Sie sich von den Inhalten des betreffenden Berichts distanzieren, den tatsächlichen Sachverhalt erklären und Konsequenzen fordern. Alle Adressaten – ob Medien, Politiker, Fachexperten, Behörden oder Verbände – werden im Briefkopf genannt, so dass Tragweite und Bedeutung des Briefes für alle Leser klar sind. Bitten Sie die Medien, den offenen Brief zu veröffentlichen. Alternativ kann ein solcher Brief in Form einer Anzeige in verschiedenen Leitmedien platziert werden, um weitere wichtige Teilöffentlichkeiten anzusprechen.

Last, but not least: Vergessen Sie nicht, Journalisten für gute Arbeit zu loben!

Zuletzt soll noch auf eine weitere Form der Rückmeldung auf Veröffentlichungen in den Medien hingewiesen werden: Schreiben Sie einen Dankesbrief an die Redaktion, wenn ein Bericht besonders gut gelungen ist! Auch Journalisten freuen sich über ein positives Feedback und sie bekommen es viel zu selten! Insgesamt werden Ihnen die vielfältigen Möglichkeiten, mit den Journalisten Kontakt aufzunehmen und auf Berichte der Medien zu reagieren, dabei helfen, die Beziehung zu Journalisten positiv zu gestalten. Die Pressearbeit hat viele Facetten, die sich erst mit zunehmender Erfahrung ganz erschließen lassen. Eines ist jedoch sicher: Wenn Sie beständig und professionell daran arbeiten, Journalisten in die Aktivitäten Ihrer Organisation mit einzubeziehen, wird Ihre Organisation – trotz dem ein oder anderen Rückschlag – langfristig davon profitieren.

Aufgabe 2 (Teil III): Planen Sie eine Pressekampagne!

In dieser Übung werden Sie Ihre erste Pressekampagne planen. Als Grundlage sollten Sie das Kap. 3 „Presse- und Medienarbeit" aufmerksam gelesen und die Teile I und II dieser Aufgabe durchgeführt haben. Um Ihre Presse-kampagne strategisch angemessen zu planen, sollten Sie ferner die Aufgaben im Kap. 2 „Konzeption und Planung von PR" durchgeführt oder zumin-dest durchdacht haben. Normalerweise werden Sie als PR-Verantwortlicher die Grobplanung für Ihre Pressekampagne eigenständig durchführen. Zur Detail- und Projektplanung, sowie zur terminlichen Abstimmung größerer Kampagnen empfiehlt sich die Zusammenarbeit im Team im Rahmen eines Planungs-Workshops.

1. Schritt: Legen Sie die strategischen Dimensionen für Ihre Pressearbeit fest und erstellen Sie einen Themen-Jahresplan!
Um eine Pressekampagne zu planen, sollten Sie sich über die strategischen Vorgaben für Ihre Pressearbeit im Klaren sein. Diese sind im PR-Konzept enthalten und sollten für Ihre spezifische Kampagne noch einmal präzise formuliert werden.

- Welche PR-Ziele wollen Sie mit Ihrer Pressearbeit erreichen?
- Welche Dialoggruppen möchten Sie ansprechen?
- Welche Medien werden von Ihren Dialoggruppen hauptsächlich genutzt, die Sie als Mittler einsetzen können?
- Welche Anlässe für Pressearbeit können Sie identifizieren oder schaffen, die dazu geeignet sind?
- Welche Kernthemen bzw. –botschaften möchten Sie zu diesen Anlässen kommunizieren?
- Welchen Nachrichtenwert können Sie den einzelnen Medien bieten?
- Welche PR-Instrumente der Pressearbeit sind dazu geeignet, um Ihre Botschaften an die einzelnen Medien zu transportieren?
- Welches Budget steht Ihnen für Ihre Pressearbeit zur Verfügung?
- Wie sieht der zeitliche Rahmen für Ihre Pressearbeit aus?
- Wie soll der Erfolg Ihrer Pressearbeit gemessen werden?

Formulieren Sie die Antworten auf diese Fragen – sofern Sie diese Aspekte nicht bereits in Ihrem PR-Konzept erarbeitet haben – in einem kleinen Konzeptpapier für Ihre Pressearbeit. Die Quintessenz Ihrer Überlegungen ver-arbeiten Sie zu einem übersichtlichen Themen-Jahresplan in tabellarischer Form. Darin erfassen Sie die Termine, Themen bzw. Anlässe, Dialoggrup-pen und Medien für Ihre Pressearbeit. Einen solchen Themenplan finden Sie in Abb. 3.9.

2. Schritt: Erarbeiten Sie einen Maßnahmen-Überblick für Ihre spezifi-sche Pressekampagne!
Ergeben sich aus Ihrem Themen-Jahresplan bedeutende Anlässe oder Themen, die mehrere, aufeinander aufbauende oder zusammenhängende

Themen-Jahresplan für die Pressearbeit der Plakat AG

Termin	Anlass/Thema	Dialoggruppen	Medien/Mittler	PR-Instrumente
15. Januar	Plakat-Oscar 2008: Ausschreibung	• Entscheider bei Plakatkunden • Geschäftsführer und Kreative bei Werbeagenturen	• Werbefachpresse	Presseinformation Presseforum Website
3. März	Veröffentlichung Jahresbilanz	• Entscheider in Unternehmen und Agenturen • Branchen- und Wirtschaftsverbände • Politiker und städt. Beamte	• Werbefachpresse • Tageszeitungen lokal, regional u. überregional • Nachrichtenagenturen • News Aktuell	Presseinformation Presse- Grafik Presseforum Website
30. April	Plakat-Oscar 2008: Siegerehrung und Plakataktion Siegermotiv	• Entscheider in Unternehmen und Agenturen • Branchenverbände • Städt. Bevölkerung	• Werbefachpresse • Tageszeitungen lokal, regional u. überregional • Nachrichtenagenturen • News Aktuell • Materndienst • Fachzeitschrift (Branche des Siegermotivs) • IHK-Magazine	Presseeinladung Pressegespräch Pressemappe Presseinformation Pressefoto Autorenartikel Themenexposé Presseforum Website
1. Juli	Start Seminarreihe / Roadshow „Plakat heute"	• Marketing- und Werbeleiter • Mediaplaner • Geschäftsführer, Kreative und Kontakter von Werbeagenturen • Werbefachjournalisten	• Werbefachpresse	Presseankündigung Presseeinladung Presse-Seminar Presseforum Website
15. September	Start Online-Mediaforum	• Werbeleiter • Mediaplaner	• Werbefachpresse	Presseinformation
30. Oktober	Vorstellung Forschungsdaten Plakat	• Werbeleiter • Mediaplaner	• Werbefachpresse	Pressepräsentation Pressemappe Presseforum Website

Abb. 3.9 Themen-Jahresplan für die Pressearbeit der Plakat AG. Der Themen-Jahresplan zeigt, dass die Plakat AG mehrere Anlässe für ihre Pressearbeit nutzen kann. Dabei ist der Wettbewerb „Plakat-Oscar" besonders kommunikations-intensiv. Begleitend zu diesem Anlass kommen mehrere PR-Instrumente für unterschiedliche Medien zum Einsatz. Auch ist ersichtlich, dass die Journalisten der Werbefachpresse in der Pressearbeit der Plakat AG erste Priorität haben. Sie sind Multiplikatoren für die Entscheider der Medienbranche. Tageszeitungen, weitere Fach- und Wirtschaftsmagazine, sowie Presseservices werden von Fall zu Fall flankierend angesprochen, um die jeweilige Kampagne auf eine breitere Basis zu stellen. Damit sollen weitere potentielle Plakatkunden, Politiker und Behörden, sowie das Publikum der Plakatwerbung – die städtische Bevölkerung – erreicht werden.

Maßnahmen der Pressearbeit erfordern, werden diese zu einer Pressekampagne zusammengefasst. Den Ablauf einer solchen Pressekampagne sollten Sie detailliert erarbeiten und übersichtlich darstellen.

- Wann finden die wichtigsten Ereignisse bzw. Meilensteine statt?
- Wann ist der Höhepunkt der Pressekampagne und wann soll sie beendet sein?
- Welche Medien werden im Verlauf der Kampagne angesprochen?
- Mit welchen PR-Instrumenten sprechen Sie diese Medien an?
- Welche redaktionellen Vorlaufzeiten müssen dabei eingeplant werden?
- Welche PR-Instrumente sollen in welcher Reihenfolge bzw. in welcher Kombination eingesetzt werden?

Ordnen Sie die einzelnen PR-Instrumente auf einer Zeitachse an. Geben Sie dabei jeweils an, welche Medien Sie ansprechen. Ein Beispiel für einen Maßnahmenplan für eine Pressekampagne finden Sie in Abb. 3.10.

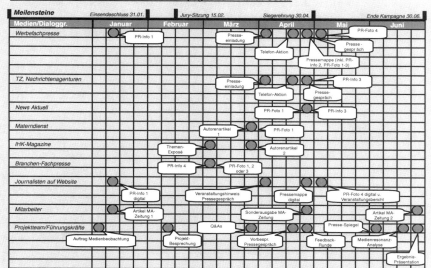

Abb. 3.10 Maßnahmen-Überblick zur Pressekampagne „Plakat-Oscar". Im Maßnahmen-Überblick werden die einzelnen PR-Instrumente auf einer Zeitachse angeordnet. Dabei wird differenziert, welche PR-Instrumente zur Ansprache welcher Medien eingesetzt werden. Beispielsweise erhalten unterschiedliche Medien verschiedene Versionen der Presseinformation (Version 1–4) und eine unterschiedliche Auswahl an Pressefotos (1–4). Wieder anderen Medien werden mit Hilfe eines Themenexposés Autorenartikel angeboten. Ferner ist ersichtlich, dass die Ansprache der Fach- und Wirtschaftsmagazine, sowie einzelner Pressedienste aufgrund der längeren redaktionellen Vorlaufzeiten ein bis zwei Monate vor dem Event erfolgen muss. Ergänzend zeigt der Überblick, welche begleitenden Maßnahmen zur internen Kommunikation und zur Ergebniskontrolle eingeplant sind.

3. Schritt: Stellen Sie den Medienverteiler für Ihre Pressekampagne zusammen!

Nun müssen Sie für jedes PR-Instrument aus Ihrem Maßnahmen-Überblick präzise festlegen, welche Journalisten Sie dabei ansprechen wollen.

- Welche einzelnen Medien innerhalb der Mediengattungen sollen in die Kampagne mit einbezogen werden? Wie lautet die Redaktionsadresse?
- Welches Ressort und welcher Redakteur ist für das Thema zuständig?
- Wann ist der Redaktionsschluss dieses Mediums?
- Welche speziellen Wünsche hat der Journalist an Art, Aufbereitung und Übermittlung der PR-Informationen?
- Gibt es zu den Journalisten eine Kontakthistorie, die berücksichtigt werden muss?

- Welche Journalisten sind für die Kampagnen-Ziele besonders wichtig und haben daher die höchste Priorität?
- Welche sonstigen Dienstleister – Pressebüros, freie Journalisten, Nachrichtenagenturen oder sonstige Presseservices – können zur Vermittlung und Verbreitung der Informationen an die Redaktionen eingesetzt werden?
- Müssen für einzelne Redaktionen oder Presseservices spezielle PR-Instrumente eingesetzt werden?

Fassen Sie diese Informationen in Ihrem Presseverteiler zusammen. Denken Sie daran: Sollten einzelne Medien oder Presseservices eine spezielle Aufbereitungsform für Ihre Presseinformationen benötigen, müssen Sie Ihren Maßnahmen-Überblick aus Schritt 2 entsprechend ergänzen. Das gleiche gilt für spezielle Vorlaufzeiten von bestimmten Medien, die Sie in Ihrem Zeitplan berücksichtigen müssen.

4. Schritt: Erstellen Sie die Projektpläne für die Umsetzung der einzelnen PR-Maßnahmen!
Für jedes eingeplante PR-Instrument Ihrer Pressekampagne muss ein detaillierter Projektplan erstellt werden. Nur so können Sie sicher sein, dass Sie bei der Umsetzung keine wesentlichen Dinge vergessen und das Budget nicht überzogen wird. Bei häufig eingesetzten PR-Instrumenten helfen Checklisten dabei, an alle wichtigen Schritte bei der Umsetzung zu denken.

- Welches sind die typischen Abläufe der Maßnahme?
- Welche einzelnen Tätigkeiten müssen erfolgen, um die geplanten Maßnahmen durchzuführen?
- Wann müssen bzw. können diese Tätigkeiten beginnen, wie viel Zeit benötigen Sie dafür und bis wann müssen sie fertig sein?
- Gibt es Tätigkeiten, die von anderen, zuvor durchzuführenden Aufgaben abhängig sind?
- Wer ist für die Tätigkeit verantwortlich bzw. wer führt die Tätigkeit aus?
- Welches Budget muss für die einzelnen Tätigkeiten zu welchem Zeitpunkt eingeplant werden?

Nutzen Sie zur Veranschaulichung Ihrer Projektpläne die Darstellungsformen, die üblicherweise im Projektmanagement verwendet werden: z.B. Tabellen, Balkendiagramme oder Netzpläne. Beispiele für einfache Projektpläne zur Presseinformation und zur Pressekonferenz finden Sie im Teil I und II dieser Aufgabe. Der PR-Verantwortliche führt alle Projektpläne in einen einzigen Projektplan für die ganze Pressekampagne zusammen und kontrolliert dessen Umsetzung. Dabei muss er besonders darauf achten, welche terminlichen Abhängigkeiten zwischen den einzelnen Maßnahmen vorliegen.

5. Schritt: Bereiten Sie sich intern auf die Pressekampagne vor!
Auch die Maßnahmen, die intern dafür sorgen, dass Ihre Pressekampagne ein Erfolg wird, müssen sorgfältig geplant werden.

- Auf welche Fragen der Presse müssen Sie oder andere Gesprächspartner Ihrer Organisation vorbereitet sein? Wie beantworten Sie diese Fragen gemäß Ihrer PR-Strategie?
- Müssen Sie für die Gesprächspartner der Journalisten ein Medientraining organisieren?
- Müssen Sie mit den an der Kampagne Beteiligten Projektgespräche oder Vorbereitungs-Gespräche durchführen?
- Wie werden die Mitarbeiter auf die Pressekampagne vorbereitet und laufend darüber informiert?

Aus den Antworten auf diese Fragen ergeben sich weitere Maßnahmen, beispielsweise die Erstellung von Q&As oder die Organisation eines Medientrainings, die Sie als Maßnahmen in Ihre Kampagnen- und Projektplanung aufnehmen sollten.

6. Schritt: Denken Sie an die Dokumentation und Erfolgskontrolle Ihrer Kampagne!
Wie bei der Konzeption von PR bereits ausführlich erläutert, sollte die Dokumentation und Kontrolle Ihrer Pressearbeit bereits im Vorfeld eingeplant werden.

- Haben Sie eine Medienbeobachtung beauftragt?
- Welches Leseprogramm wird dort abgedeckt? Welche Medien müssen Sie selbst kontrollieren?
- Nach welchen Stichworten soll in den Medien-Veröffentlichungen gesucht werden?
- Wer erhält die Veröffentlichungen umgehend, wer in Form eines Pressespiegels?
- Wer ist für die Sammlung und Erstellung des Pressespiegels verantwortlich?
- In welcher Form und für welche Dialoggruppen soll ein Pressespiegel erstellt werden?
- Wurden alle rechtlichen Aspekte bei der Erstellung des Pressespiegels beachtet?
- Wie wird der Erfolg der Kampagne definiert?
- Wer wird die Medienresonanzanalyse durchführen? Nach welchen Kriterien soll diese erfolgen? Wer erhält die Ergebnisse der Analyse in welcher Aufbereitung und zu welchem Zweck?
- Mit wem muss nach Ablauf der Kampagne eine Feedback-Besprechung durchgeführt werden? Wer erhält eine Kampagnen-Dokumentation und/oder eine Ergebnis-Präsentation?

Auch bei der Beantwortung dieser Fragen ergeben sich Maßnahmen, Tätigkeiten und Verantwortlichkeiten, die im Maßnahmen-Überblick und in den Projektplänen berücksichtigt werden müssen. Ergänzen Sie Ihre Pläne entsprechend! Bei besonders umfangreichen Pressekampagnen wird ein gesonderter Evaluierungsplan erstellt (siehe dazu auch die Abb. 2.15 in Aufgabe 1, Teil IV). In Abb. 3.11 sehen Sie, wie ein einfacher Pressespiegel aussieht. Haben Sie die Schritte 1–6 sorgfältig bearbeitet, dann ist Ihre Pressekampagne ausreichend vorbereitet und Sie können mit der Umsetzung nach Plan beginnen.

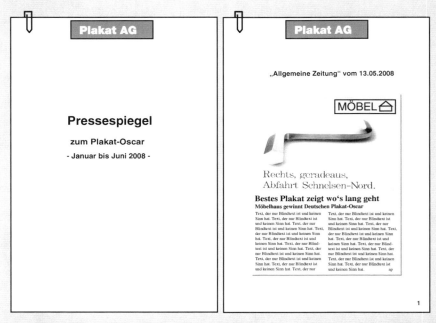

Abb. 3.11 Auszug aus einem Pressespiegel. Die Abbildung zeigt das Deckblatt und einen Auszug aus einem fiktiven Pressespiegel zur Pressekampagne „Plakat-Oscar". Im Pressespiegel werden alle Veröffentlichungen zur Aktion gesammelt. Zu jedem Artikel werden Titel des Mediums und Erscheinungsdatum – manchmal auch Verbreitung und Auflage – angeführt. Pressespiegel für den internen Gebrauch in kleineren Organisationen können als geklammerte Loseblattsammlung oder mit Klebebindung aufbereitet werden. In größeren Unternehmen werden Pressespiegel in elektronischer Form im Intranet veröffentlicht. Nicht vergessen: Wird der Pressespiegel gedruckt und an externe Dialoggruppen ausgehändigt, muss die Genehmigung des Verlags oder des Autors eingeholt werden.

Kapitel 4
Interne Kommunikation

Ein viel zitierter Grundsatz der PR-Arbeit lautet: „Public Relations begin at home." Das bedeutet, dass Öffentlichkeitsarbeit zu Hause, im eigenen Unternehmen, beginnt. Warum ist das so? Weil die Mitarbeiter einer Organisation – die so genannte interne Öffentlichkeit – eine der wichtigsten Dialoggruppen der PR darstellen. Zufriedene Mitarbeiter sind die glaubwürdigsten Multiplikatoren für die Meinungsbildung in der externen Öffentlichkeit. Die Zufriedenheit der Mitarbeiter lässt sich durch Kommunikation entscheidend steigern. Darüber hinaus sind Mitarbeiter, die ihre Fähigkeiten, ihr Wissen und ihre Kreativität in die Organisation einbringen, einer der wichtigsten Produktions- und Erfolgsfaktoren für Unternehmen. Gut informierte Mitarbeiter sind motivierter, engagierter, arbeiten zuverlässiger, sind weniger krank und zeigen ihre Loyalität gegenüber ihrem Arbeitgeber unter anderem dadurch, dass sie weniger oft ihren Arbeitsplatz wechseln. Es lohnt sich also auch aus unternehmerischer Sicht, in interne Kommunikation zu investieren.

Im Folgenden werden Sie kompaktes Grundlagenwissen zur internen Kommunikation – auch „Internal Relations" genannt – erhalten. Sie werden mehr über die Aufgaben der Internal Relations erfahren. Sie werden lernen, wie Sie die Leitlinien und Ziele für Ihre interne Kommunikationsarbeit festlegen. Sie werden sich mit den organisationsinternen Akteuren vertraut machen. Sie werden einen Überblick über typische Themen und PR-Instrumente der Internal Relations erhalten. Einige Gedanken zum Zusammenspiel zwischen den einzelnen internen PR-Instrumenten, aber auch zwischen interner und externer Kommunikation runden Ihr Wissen in diesem Fachbereich ab. Anschließend werden Sie eine interne Kommunikationsstrategie erarbeiten, Ihre erste Mitarbeiterzeitung herausgeben, einen neuen Intranet-Bereich entwickeln und schließlich Ihre interne Kommunikation evaluieren.

4.1 Typische Aufgaben der internen Kommunikation

Die Aufgaben der internen Kommunikation sind vielfältig und anspruchsvoll. Eine Organisation ist ein komplexes Gebilde, mit unterschiedlichen Aufgabenbereichen, zahlreichen Vernetzungen und Interessenslagen. Der Arbeitsalltag in vielen

Organisationen ist vom schnellen Wandel geprägt. Mitarbeiter müssen im globalen Wirtschaftsleben höheren Anforderungen gewachsen sein und können trotz größtem Engagement nicht mehr damit rechnen, dass ihr Arbeitsplatz langfristig sicher ist. Moderne Organisationen sind weniger hierarchisch strukturiert. Immer mehr Aufgaben werden in Projekten und Netzwerken bearbeitet. Für den einzelnen Mitarbeiter bedeutet das, dass er mehr Verantwortung übernehmen, eine große Lernbereitschaft und Teamfähigkeit mitbringen und äußerst flexibel einsetzbar sein muss. Zudem wird es schwerer, sich in dieser komplexen Arbeitswelt zu orientieren. Mitarbeiter möchten wissen, welchen Sinn ihre Tätigkeit hat, in welchem Gesamtzusammenhang sie zu sehen ist und welche individuellen Entfaltungsmöglichkeiten sie ihnen bietet. Sie möchten mit ihren Bedürfnissen und Wünschen ernst genommen, an Zielfindungs-, Planungs- und Entscheidungsprozessen beteiligt werden und sich mit ihrem Unternehmen und seinen Visionen identifizieren.

Diesen Entwicklungen muss die interne Kommunikation Rechnung tragen. Sie muss dafür sorgen, dass sich Mitarbeiter eingebunden, geschätzt, gefördert und gut informiert fühlen. Sie muss die Identifikation der Mitarbeiter mit der Organisation unterstützen und den kontinuierlichen Dialog zwischen Management und Mitarbeitern ermöglichen. Grundvoraussetzung dafür ist allerdings ein moderner, partnerschaftlicher und beteiligender Führungsstil des Managements. Nur wenn die Bedeutung der Mitarbeiterkommunikation von der Unternehmensleitung ernst genommen wird, kann interne Kommunikation erfolgreich sein. Zusammengefasst soll interne Kommunikation das Folgende bewirken oder zumindest fördern:

Informationen und Wissen bedarfsgerecht vermitteln:
Mitarbeiter sollen mit allen wichtigen Informationen über ihre Tätigkeit, den Arbeitsplatz und das Unternehmen versorgt werden. Dazu gehört es, die Unternehmensziele, Visionen und Hintergründe für Entscheidungen aufzuzeigen. Auch gilt es, Gerüchten entgegenzuwirken, die durch die informelle Kommunikation oder durch externe Medien an die Mitarbeiter herangetragen werden. Besonders wichtig in diesem Zusammenhang ist es, neben sachlichen und fachlichen Informationen auch die Rollen, Normen und Werte innerhalb des Unternehmens zu vermitteln. Zudem muss sichergestellt werden, dass das verfügbare Wissen innerhalb des Unternehmens dokumentiert, bedarfsgerecht zur Verfügung gestellt und aktualisiert wird. Hierzu zählt auch die Vermittlung von Fähigkeiten und Fertigkeiten, so dass der Mitarbeiter seine Aufgabe optimal bewältigen kann.

Den Dialog im Unternehmen sicherstellen:
Die interne Kommunikation muss dafür sorgen, dass der Dialog zwischen Unternehmensleitung, Führungskräften und Mitarbeitern, aber auch der Austausch der Mitarbeiter untereinander funktioniert. Dazu müssen geeignete Kommunikationsinstrumente, sowie ein geeignetes Umfeld für formelle und informelle Kommunikation geschaffen werden. Im idealen Fall fördert interne PR den Interessensausgleich zwischen einer Organisation und seinen Mitarbeitern und stellt eine „Win-Win-Situation" her. Das heißt, Unternehmensleitung und Mitarbeiter profitieren gleichermaßen von ihrer guten Beziehung zueinander.

Die Identifikation mit Unternehmen und beruflicher Tätigkeit stärken:

Eine wichtige Aufgabe der Internal Relations ist es, dafür zu sorgen, dass sich die Mitarbeiter mit ihrem Unternehmen und ihrer Tätigkeit identifizieren können. Durch Kommunikation können gemeinsame Ziele und Visionen vermittelt, Orientierung geschaffen und ein Zusammengehörigkeitsgefühl erzeugt werden. Die Folge ist eine größere Loyalität gegenüber dem Unternehmen und die Überzeugung, dass jede einzelne Tätigkeit ihren Sinn hat und zum Unternehmenserfolg beiträgt.

Die Motivation der Mitarbeiter fördern:

Bereits durch die Erfüllung der vorgenannten Punkte lässt sich die Motivation der Mitarbeiter steigern. Zur Aufgabe der internen Kommunikation gehört es, die Motivationsfaktoren und Bedürfnisse der unterschiedlichen internen Bezugsgruppen zu kennen und die verschiedenen Meinungen und Stimmungen einzufangen. Durch gemeinsame Ziele, einen beteiligenden Führungsstil und gegenseitige Wertschätzung kann die Leistungsfähigkeit, das Engagement, die Verantwortungsbereitschaft und die Erfolgsorientierung der Mitarbeiter gestärkt werden.

Verständnis und Akzeptanz herstellen:

Gute Kommunikation bewirkt, dass die Mitarbeiter größeres Verständnis für die Ziele und Entscheidungen der Organisation, sowie für ihre Arbeitswelt entwickeln. Sie sind eher dazu bereit, auch schwierige Entscheidungen und Veränderungen zu akzeptieren. In vielen Unternehmen spielt dabei die Kundenorientierung eine besondere Rolle. Kommunikation kann dazu beitragen, dass Mitarbeiter ihr Verhalten noch besser an den Kundenbedürfnissen ausrichten.

Vertrauen bilden: Glaubwürdige Kommunikation zwischen Führungskräften und Mitarbeitern, sowie ausreichende Information über Markt, Gesellschaft und Unternehmen bauen Vertrauen auf – Vertrauen in die Führungskompetenz der Unternehmensleitung und in die Fähigkeit des Unternehmens, sich den zukünftigen Herausforderungen erfolgreich zu stellen.

Den Wandel kommunikativ begleiten:

Insbesondere in Zeiten des Wandels, wenn Fusionen, Übernahmen, Umstrukturierungen, Rationalisierung oder Expansion anstehen, kommt einem gut funktionierenden, internen Kommunikationsnetz eine entscheidende Rolle zu. Die kommunikative Auseinandersetzung mit Ängsten, Vorbehalten und Kritik kann in diesen Phasen dabei helfen, Ängste abzubauen, Zweifel auszuräumen, neue Visionen zu übernehmen und neue Handlungsmuster zu festigen.

Führungskommunikation unterstützen:

Die Führungskräfte und ihr Kommunikationsverhalten entscheiden maßgeblich darüber, ob das interne Kommunikationsnetz funktioniert. Der Verantwortliche für interne Kommunikation kann die Führungskräfte durch Coaching und Training dabei unterstützen, ihrem Kommunikationsauftrag besser nachzukommen. Zudem hilft der PR-Verantwortliche dabei, dass die Führungskräfte hierzu geeignete Kommunikationsinstrumente und ein geeignetes Kommunikationsumfeld zur Verfügung haben.

Die Erfahrung zeigt: Im Rahmen der internen Kommunikation ist es besonders wichtig, möglichst aktuell, auf dem kürzesten Weg, umfassend, glaubwürdig und bedarfsgerecht zu kommunizieren. Je mehr die Mitarbeiter selbst in den Kommunikationsprozess einbezogen werden und umso mehr sie sich aktiv am Dialog beteiligen, umso zufriedener, engagierter, kundenorientierter und rentabler arbeiten sie. Und umso besser ist das Betriebsklima – auch oder gerade in schwierigen Zeiten.

Damit Sie im sensiblen Bereich der internen Kommunikation erfolgreich arbeiten können, müssen jedoch einige Grundvoraussetzungen gegeben sein:

- Sie brauchen die Unterstützung der Unternehmensleitung. Die Unternehmensleitung muss die Bedeutung der internen Kommunikation anerkennen und die Rollen, Verantwortlichkeiten und Pflichten von Führungskräften und PR-Verantwortlichem in der internen Kommunikation schriftlich fixieren.
- Sie brauchen freien Zugang zu allen betriebsinternen Informationen – auch zu vertraulichen Inhalten.
- Sie brauchen ein unternehmensweites Kontaktnetzwerk, um die Stimmungen, Gerüchte und Meinungen der Belegschaft einfangen und Ihre Arbeit mit anderen Abteilungen gut koordinieren zu können.
- Sie sollten der Unternehmensleitung möglichst direkt unterstellt sein, um die Informations- und Abstimmungsprozesse gestalten zu können, die Sie für ihre Aufgabe brauchen und sich notfalls Rückendeckung zu holen.
- Sie müssen Struktur, Prozesse, Rollen und Verantwortlichkeiten in Ihrer Organisation gut kennen. So können Sie Ihre Möglichkeiten realistischer einschätzen, interne Meinungsführer erkennen und taktisch klüger vorgehen.
- Sie sollten sich darüber im Klaren sein, dass die Kommunikationskultur im Unternehmen maßgeblich Ihren Handlungsspielraum bestimmt. Nur in Unternehmen, in denen offen, fair und kompetent kommuniziert wird, können Sie mit Ihrer Arbeit etwas bewirken. Hier können Sie mit partnerschaftlicher Überzeugungsarbeit, Schnelligkeit und bedarfsgerechter Information punkten.

Die obigen Ausführungen machen deutlich: Nicht nur für die externe, sondern auch für die interne Kommunikation spielen die Unternehmenskultur und das daraus entwickelte Leitbild eine zentrale Rolle. Sie bestimmen wesentlich darüber, auf welche Weise, mit welchen Themen und mit welchen Zielen betriebsintern kommuniziert wird. Lesen Sie hierzu auch den Abschn. 1.3 „Corporate Identity und Corporate Image".

4.2 Das Unternehmensleitbild: Die Orientierungsbasis für alle Mitarbeiter

Das Unternehmensleitbild ist die schriftliche Fassung der Corporate Identity. Im Leitbild werden die übergeordneten Ziele, Visionen, Kernkompetenzen, Werte und Handlungsmaxime eines Unternehmens in prägnanten Leitsätzen niedergeschrieben. Es ist sozusagen das „Grundgesetz" des Unternehmens, nach dem alle intern Beteiligten ihr Denken und Handeln ausrichten sollen. Das Unternehmensleitbild ist nur glaubwürdig, wenn es auf der gelebten Unternehmenskultur aufbaut. Ein Leitbild hilft dabei, dass sich die Organisation darüber im Klaren wird, nach welchen gemeinsamen Wertevorstellungen und Entscheidungsgrundlagen sie handeln möchte. Ein Leitbild gibt den Mitarbeitern ein übergeordnetes, gemeinsames Ziel und stärkt ihre Identifikation mit dem Unternehmen. Es stellt die Verantwortung des Unternehmens und seine Existenzberechtigung heraus und gibt dem Handeln aller Beteiligten einen Sinn. Ein Leitbild sorgt für Orientierung und erleichtert Entscheidungen, indem grundsätzliche Verhaltensrichtlinien und Ziele aufgezeigt werden. Wenn ein Leitbild entwickelt wird, setzt dies einen Diskussions- und Bewusstwerdungsprozess im Unternehmen in Gang, der das ganze Unternehmen erfasst und eine motivierende Wirkung auf alle Beteiligten hat.

Die Quintessenz dieses Bewusstwerdungsprozesses bildet das von allen akzeptierte Unternehmensleitbild. Es umfasst die folgenden Komponenten:

- Mission oder Auftrag: Welcher zentrale Leitgedanke prägt das Unternehmen? Welche Grundidee begründet die Existenzberechtigung der Organisation? Welcher zentrale Nutzen für die Gesellschaft oder für die Bezugsgruppen der Organisation soll geschaffen werden? Die Antwort darauf sollte in einem kurzen, prägnanten Satz festgehalten werden.
- Die Unternehmensleitsätze oder Leitlinien: In weiteren Sätzen werden die Werte, Ziele, Handlungsgrundsätze und die besondere Kompetenz der Organisation dargelegt. Welche Werte bestimmen unsere Ziele und unser Handeln? Welche Erfolgskriterien sind für die Erreichung dieser Ziele entscheidend? Und es wird definiert: Wie will sich die Organisation gegenüber ihren wichtigsten Bezugsgruppen, wie Mitarbeitern oder Kunden, verhalten?
- Das Motto: Das Leitbild kann durch ein kurzes, einprägsames Motto ergänzt werden. Das Motto fasst die zentrale Aussage des Leitbildes in einer verständlichen, motivierenden Formulierung zusammen. Es dient dazu, das Leitbild an Bezugsgruppen zu kommunizieren und wird beispielsweise häufig in der Werbung eingesetzt – aber auch für interne Motivationskampagnen.

Ein Unternehmensleitbild ist eine sehr persönliche, individuelle Angelegenheit. Jedes Unternehmen setzt andere Schwerpunkte, bedient sich einer anderen Sprache und setzt andere Schlüsselbegriffe ein (siehe hierzu Tab. 4.1). In den meisten Fällen werden zur Entwicklung eines Unternehmensleitbildes externe Experten hinzugezogen. Sie leiten als neutrale Moderatoren den unternehmensweiten Diskussionsprozess in Gruppen und Workshops und dienen der Unternehmensleitung, aber auch den Verantwortlichen für interne Kommunikation als Coach und Berater.

Damit das Unternehmensleitbild nicht nur auf dem Papier steht, ist die Abteilung interne Kommunikation besonders gefordert. Sie muss unternehmensweit erklären, warum und wie das Leitbild entstanden ist. Sie muss das Leitbild in den Köpfen der Mitarbeiter lebendig halten: Die einzelnen Leitsätze müssen immer wieder dargestellt, den Mitarbeitern bewusst gemacht und mit vorbildhaften

Tabelle 4.1 Beispiele für Leitsätze aus Unternehmensleitbildern

- Das Unternehmen XY ist ein weltweit führendes Medienunternehmen. Es will in seinen Kernbereichen das Beste sein.
- Wir bieten attraktive Angebote im Bereich der Lebensversicherungen. Wir streben nach wirtschaftlichem Erfolg und Eigenständigkeit.
- Unser Ziel ist es, den Kunden auf dem europäischen Markt innovative Finanzdienstleistungen anzubieten, indem wir Produkt- und Vertriebs-Partnerschaften schließen und einen herausragenden Service bieten.
- Umweltschutz ist Unternehmensziel.
- Das Unternehmen XY ist teamorientiert. Die flache, dezentrale und marktnahe Organisation macht das Unternehmen beweglich, reaktionsschnell und anpassungsfähig.
- Wir schätzen unsere kulturellen Unterschiede, reagieren flexibel im Umgang mit anderen und passen uns anderen kulturellen Gepflogenheiten an.
- Wir sind stets flexibel und zu Veränderungen bereit. Wir passen uns wechselnden Aufgaben an, erwerben neue Fertigkeiten und setzten diese dort ein, wo es die Unternehmenssituation erfordert.
- Der Kundennutzen steht im Mittelpunkt der Arbeit, sei es für den externen oder internen Kunden. Die Ansprüche unserer Kunden bestimmen Ziele und Inhalt der Arbeit.
- Der Kunde ist nicht von uns abhängig, wir hängen von ihm ab. Er ist nicht eine Unterbrechung unserer Arbeit, er ist ihr Zweck. Wir tun ihm keinen Gefallen, indem wir ihn bedienen. Er tut uns einen Gefallen, indem er es uns ermöglicht.
- Das Unternehmen XY kommuniziert offen, ehrlich und kooperativ nach innen und außen.
- Wir pflegen eine vertrauensvolle und ergebnisorientierte Kommunikation untereinander. Unser Umgang miteinander ist offen und fair.
- Das Unternehmen XY stellt hohe Anforderungen an seine Mitarbeiterinnen und Mitarbeiter, erwartet aber auch, dass diese viel Freiraum, Gestaltungsfreiheit sowie ein offenes, innovatives Umfeld einfordern.
- Wir pflegen einen kooperativen Führungsstil, bei dem gegenseitige Fairness, Wertschätzung, Offenheit und Integrität eine bedeutende Rolle spielen. Die Vorbildfunktion von leitenden Mitarbeitern bedeutet für uns, dass ihr Verhalten umkehrbar ist.
- Jeder darf Fehler machen, darf diese jedoch nicht zum Schaden des Unternehmens verschleiern. Statt nach „Schuldigen" zu suchen, suchen wir nach Lösungen für unsere Probleme. Aus Fehlern lernen wir, um sie in Zukunft zu vermeiden.
- Das Unternehmen XY schafft für seine Mitarbeiterinnen und Mitarbeiter ein Arbeitsumfeld, in dem sie unternehmerisch handeln und ihre Persönlichkeit, sowie Fähigkeiten entwickeln und einsetzen können.
- Wir tragen wirtschaftliche und gesellschaftliche Verantwortung.

Beispielen unterlegt werden. Zudem müssen die Verantwortlichen für interne Kommunikation auch für ihren eigenen Aufgabenbereich definieren, wie sie das Leitbild umsetzen können. Sie müssen – genauso wie alle anderen Abteilungen – konkrete Maßnahmen ergreifen, um ihr Verhalten dem Idealzustand anzupassen.

4.3 Kommunikationsleitlinien, -kultur und interne PR-Ziele

Um die konkreten Aufgaben und Ziele für Ihre interne PR-Arbeit zu definieren, müssen Sie die Vorgaben aus dem Unternehmensleitbild mit den tatsächlichen Gegebenheiten der internen Kommunikation vergleichen. Dazu werden in einem ersten Schritt aus dem Unternehmensleitbild die Kommunikationsleitlinien abgeleitet. Die Kommunikationsleitlinien beschreiben den Idealzustand der Kommunikation – konzeptionell gesprochen also die „SOLL-Situation" der Kommunikation. Die zentrale Frage dabei lautet: Wie, nach welchen Regeln, mit welchen Werten und mit welchen Verhaltensgrundsätzen, müssen wir kommunizieren, damit wir den obersten Zielen und Prinzipien unseres unternehmerischen Daseins, so wie sie im Unternehmensleitbild festgelegt sind, gerecht werden können? Es geht also in diesem Arbeitsschritt um die Interpretation und konkrete Ausgestaltung der Leitsätze unter dem besonderen Blickwinkel der internen Kommunikation. Im zweiten Schritt werden diese Kommunikationsleitlinien dann der tatsächlichen Situation, der gelebten Kommunikationskultur oder IST-Situation, gegenübergestellt. Aus diesem IST-SOLL-Vergleich können Sie die Defizite erkennen und wissen, wo Sie mit Ihrer Arbeit ansetzen müssen (siehe auch Abschn. 2.1.3 „IST-SOLL-Vergleich und Aufgabenstellung").

4.3.1 Entwicklung von internen Kommunikationsleitlinien

Bei der Entwicklung von Kommunikationsleitlinien werden – je nach Vorgabe aus dem Leitbild –häufig die folgenden Dimensionen betrachtet:

Wie kann die Zusammenarbeit und das „Wir-Gefühl" über Team-, Bereichs- und Länder-Grenzen hinaus durch interne Kommunikation gefördert werden?
Aus dem Unternehmensleitbild lassen sich die grundsätzlichen Vorgaben für die Zusammenarbeit und das „Wir-Gefühl" entnehmen. Die folgenden Aspekte könnten dabei ein Rolle spielen: Die Mitarbeiter sollen sich gegenseitig vertrauen und respektieren. Sie sollen sich gegenseitig helfen und die Erfolge der anderen – ebenso wie die eigenen Erfolge – anerkennen, sich darüber freuen können. Sie müssen bereit sein, Informationen schnell und offen weiterzugeben. Sie sollten sich für die Arbeit der Anderen interessieren und wissen, wie die eigene Tätigkeit mit der Aufgabe der Anderen zusammenhängt. Sie sollten konstruktiv Kritik üben und gemeinsam nach Problemlösungen suchen. Sie sollten Gelegenheit erhalten, sich auch über das berufliche Anliegen hinaus persönlich kennen zu lernen und ihre sozialen Kontakte zu pflegen. Sie sollten an einem gemeinsamen Ziel arbeiten und dabei die gleichen Werte teilen. Für die interne Kommunikation könnten sich daraus folgende Leitlinien ableiten lassen:

- Die interne Kommunikation fördert die team-, bereichs- und länderübergreifende Zusammenarbeit.
- Die interne Kommunikation hebt einzelne Leistungen und gemeinsame Erfolge von Teams und Abteilungen hervor.
- Die interne Kommunikation stellt sicher, dass alle Mitarbeiter über Struktur, Verantwortlichkeiten und Prozesse im Unternehmen informiert sind, ihre eigene Tätigkeit in den Gesamtzusammenhang einordnen können und für die Bedürfnisse der Anderen Verständnis haben.

- Die interne Kommunikation unterstützt ein Meinungsklima, in dem konstruktive Kritik und die offene Ansprache von Problemen möglich ist.
- Die interne Kommunikation begünstigt den persönlichen, sozialen Kontakt der Mitarbeiter und fördert unternehmensweite soziale Netzwerke.
- Die interne Kommunikation fördert eine gemeinsame Wertebasis und ermöglicht die Orientierung aller Mitarbeiter an den gemeinsamen Zielen des Unternehmens.

Welche Verantwortung, Rechte und Pflichten ergeben sich für den Einzelnen aus dem Leitbild – speziell im Hinblick auf die interne Kommunikation?

Das Leitbild beschreibt die Rechte und Pflichten des Einzelnen beispielsweise wie folgt: Die Mitarbeiter sollen bedarfsgerecht informiert werden. Die Führungskräfte sollen ihren Mitarbeitern alle Informationen zur Verfügung stellen, die sie brauchen. Darüber hinaus hat jeder Mitarbeiter die Pflicht, sich in den zur Verfügung gestellten Medien selbst die benötigten Informationen zu holen. Die Mitarbeiter sollen unternehmerisch und kundenorientiert handeln. Sie sollen die Ziele und Strategien, aber auch die Wünsche der Kunden kennen. Sie haben ein Recht darauf, dass ihnen die Strukturen und Abläufe, sowie Entscheidungen transparent gemacht werden. Die Mitarbeiter sollen ihr Wissen und ihre Fähigkeiten für das Unternehmen einsetzen. Die Führungskräfte müssen dafür sorgen, dass die Mitarbeiter ihre Fähigkeiten erweitern und sich individuell entwickeln können. Führungskräfte sollen kompetent sein, mit ihren Mitarbeitern verbindliche Zielvereinbarungen treffen und delegieren. Fehler sollen zugegeben und Problemlösungen gemeinsam getroffen werden, damit aus den Fehlern gelernt werden kann. Ideen, Vorschläge, aber auch Kritik und Bedenken sollen offen geäußert und ernst genommen werden. Für die interne Kommunikation bedeuten diese Vorgaben aus dem Leitbild beispielsweise:

- Interne Kommunikation stellt geeignete Prozesse, Maßnahmen und Medien zur Verfügung, dass Mitarbeiter zeitnah, umfassend und bedarfsgerecht informiert werden.
- Interne Kommunikation ermöglicht es dem Mitarbeiter, selbst aktiv zu werden und sich den benötigten Informations- und Kenntnisstand anzueignen.
- Die interne Kommunikation macht Ziele, Strategien und Entscheidungen verständlich.
- Die interne Kommunikation macht Strukturen, Abläufe und Entscheidungsprozesse transparent.
- Die interne Kommunikation klärt darüber auf, welche Möglichkeiten das Unternehmen für die persönliche Weiterentwicklung bietet.
- Die interne Kommunikation unterstützt die Führungskräfte, dass sie ihre Kompetenz im Bereich der Führungskommunikation ausbauen können.
- Die interne Kommunikation ist dialog-orientiert und setzt – wo immer möglich -Feedback-Instrumente ein.

Welche Grundsätze ergeben sich für die Führungskommunikation?

Im Unternehmensleitbild könnte beispielsweise gefordert werden: Führungskräfte sollen sich gegenüber Mitarbeitern möglichst so verhalten, dass ihr Verhalten umkehrbar ist. Sie sollen klare Zielvorgaben vereinbaren, die Mitarbeiter in Entscheidungen und Problemlösungen einbeziehen und ihnen die notwendigen

Informationen liefern. Sie sollen Ziele, Strategien und Entscheidungen erklären. Sie sollen den Mitarbeitern wertschätzend gegenübertreten und ihre Leistung anerkennen. Sie sollen wahrheitsgemäß informieren und glaubwürdig auftreten. Sie sollen ihre Mitarbeiter fordern und fördern. Sie sollen auf Vorschläge, Fragen oder Kritik der Mitarbeiter möglichst direkt eingehen und umgehend, vollständig und wahrheitsgemäß antworten. Für die internen Kommunikationsleitlinien könnte das bedeuten:

- Die interne Kommunikation unterstützt den Dialog zwischen Führungskräften und Mitarbeitern und stellt dabei die Wertschätzung und Förderung der Mitarbeiter in den Mittelpunkt.
- Die interne Kommunikation unterstützt die Führungskräfte durch geeignete dialog-orientierte Kommunikationsinstrumente.

Die Vielfalt der möglichen Interpretationen und Ableitungen macht deutlich, dass Sie im Einzelfall Ihre Überlegungen sehr konkret an dem relevanten Unternehmensleitbild und seinen Schwerpunkten ausrichten müssen. Nur auf diese Weise kommen Sie zu individuellen Kommunikationsleitlinien, die für Ihre Organisation gültig sind. In Tabelle 4.2 sind einige Beispiele, wie Kommunikationsleitlinien formuliert werden können, zusammengetragen:

Tabelle 4.2 Beispiele für Kommunikationsleitlinien

- Die interne Kommunikation stellt das Engagement des Unternehmens für die Mitarbeiter dar.
- Die interne Kommunikation stellt die wertschätzende, emotionale Ansprache der Mitarbeiter sicher.
- Die interne Kommunikation stellt für die Mitarbeiter ein breites, funktions- und prozess-orientiertes Informationsangebot zusammen.
- Die interne Kommunikation stellt sicher, dass alle Mitarbeiter die für sie relevanten Informationen zielgruppengerecht und aktuell erhalten.
- Die interne Kommunikation unterstützt die Führungskräfte in ihrer Rolle als aktive, glaubwürdige Kommunikatoren.
- Die interne Kommunikation fördert den offenen Dialog im Unternehmen, an dem sich jeder Mitarbeiter beteiligen kann.
- Die interne Kommunikation fördert die Orientierung innerhalb der Organisation.
- Die interne Kommunikation fördert die bereichs- und gesellschafts-übergreifende Zusammenarbeit.
- Die interne Kommunikation fördert auf der Basis gemeinsamer Werte ein länder-, standort- und abteilungs-übergreifendes Wir-Gefühl.
- Die interne Kommunikation stellt Kommunikationsinstrumente zur Verfügung, die für alle zugänglich und verständlich sind.
- Die Führungskräfte verpflichten sich zur offenen und umfassenden Kommunikation mit Mitarbeitern.
- Die Führungskräfte bekennen sich zur Einheit von Reden und Handeln und schaffen dadurch Glaubwürdigkeit und Vertrauen.
- Die Führungskräfte schaffen eine Interaktions- und Feedback-Kultur.
- Alle Maßnahmen der internen Kommunikation werden auf die Bedürfnisse der internen Zielgruppen zugeschnitten und professionell gestaltet.
- Alle Mitarbeiter und Führungskräfte berücksichtigen in ihrem Denken und Handeln, dass interne Kommunikation ein wichtiger Faktor unseres Unternehmenserfolgs ist.

Vergessen Sie aber keinesfalls: Auch die Kommunikationsleitlinien müssen mit allen Beteiligten – Führungskräften und Mitarbeitern – diskutiert und verbindlich vereinbart werden, wenn sie Bestand haben sollen. Alle müssen sich dazu bekennen: Das ist unser kommunikativer Idealzustand, da wollen wir hin!

4.3.2 Analyse der internen Kommunikationskultur

Mit der Festlegung der Kommunikationsleitlinien haben Sie einen ersten Schritt vollbracht. Sie haben die ideale interne Kommunikation beschrieben. Nun muss der Idealsituation der momentane IST-Zustand gegenüber gestellt werden. Sie müssen eine ausführliche Analyse der bestehenden Kommunikationskultur vornehmen. Um ein möglichst vollständiges Bild der internen Gesamtsituation zu erhalten, können Sie die Aspekte in Tabelle 4.3 in Ihre Analyse einbeziehen.

Tabelle 4.3 Aspekte für die Analyse der internen Kommunikationskultur

Die eigene Tätigkeit:
- Wie viel Spaß macht die Tätigkeit, wie abwechslungsreich ist sie?
- Wie motiviert ist der Mitarbeiter?
- Kennt der Mitarbeiter seine Arbeitsziele?
- Kann der Mitarbeiter seine Fähigkeiten einbringen?
- Hat der Mitarbeiter das Gefühl, zum Erfolg beizutragen?
- Wie selbständig kann der Mitarbeiter seine Tätigkeit ausführen?
- Kann der Mitarbeiter seine persönlichen und beruflichen Ziele im Unternehmen verwirklichen?
- Fühlt er sich ausreichend geschult?
- Ist der Mitarbeiter mit seiner Vergütung, mit sozialen Nebenleistungen und sonstigen Leistungen des Unternehmens für ihn zufrieden?
- Spiegelt die Vergütung seine Leistung wider?
- Fühlt er, dass seine Leistung anerkannt und geschätzt wird?
- Ist der Mitarbeiter mit den Arbeitsmitteln und den Abläufen in seinem Tätigkeitsbereich zufrieden?
- Wie hoch ist die Arbeitsbelastung?
- Wie zufrieden ist der Mitarbeiter insgesamt mit seiner Tätigkeit?
- Wie schätzt der Mitarbeiter die Sicherheit seines Arbeitsplatzes ein?

Zusammenarbeit mit direktem Vorgesetztem
- Wie häufig besteht Kontakt zwischen Mitarbeiter und Vorgesetztem und wie viel Zeit nimmt sich der Vorgesetzte für den Mitarbeiter?
- Ist der Vorgesetzte für den Mitarbeiter leicht zugänglich?
- Werden die Arbeitsziele gemeinsam festgelegt?
- Werden die Leistungen der Mitarbeiter regelmäßig mit dem Vorgesetzten besprochen?
- Hat der Mitarbeiter das Gefühl, dass seine Leistung anerkannt wird?
- Erhält der Mitarbeiter vom Vorgesetzten alle notwendigen Informationen?
- Wie eigenverantwortlich kann der Mitarbeiter arbeiten?
- Wird der Mitarbeiter in Entscheidungen mit einbezogen?
- Kann der Mitarbeiter Eigeninitiative zeigen, Ideen und Vorschläge einbringen?
- Ist der Vorgesetzte offen für Kritik?
- Erhält der Mitarbeiter auf Fragen, Anregungen oder Kritik unverzügliches, umfassendes Feedback?

Tabelle 4.3 (Fortsetzung)

- Wird der Mitarbeiter von seinem Vorgesetzten genug unterstützt und gefördert?
- Trifft der Vorgesetzte effektive Entscheidungen?
- Hat der Mitarbeiter Vertrauen in den Vorgesetzten?

Berufliche Weiterentwicklung und Weiterbildung
- Werden die Mitarbeiter nach ihrem Bedarf weitergebildet?
- Wird die Weiterbildung der Mitarbeiter von ihrem Vorgesetzten gefördert?
- Wird die berufliche Weiterentwicklung durch den Vorgesetzten gefördert?

Information
- Erhält der Mitarbeiter alle für seine Arbeit relevanten Informationen?
- Erhält er diese Informationen rechtzeitig und in verständlicher Form?
- Weiß der Mitarbeiter, woher er benötigte Informationen bekommen kann?
- Stehen dem Mitarbeiter ausreichend Kommunikationsmedien zur Verfügung?
- Welche Kommunikationsmedien werden vom Mitarbeiter bevorzugt und warum?
- Welche Medien werden als glaubwürdig, informativ, bedarfsgerecht beurteilt und warum?
- Wird der Mitarbeiter durch seinen Vorgesetzten ausreichend informiert?
- Gibt es genügend informelle Möglichkeiten zum Austausch mit Kollegen?
- Wie glaubwürdig ist die Information durch Unternehmensleitung und Führungskräfte?

Zusammenarbeit im Team
- Ist das Arbeitsklima im Team gut?
- Unterstützen sich die Teammitglieder gegenseitig?
- Kann Kritik offen angesprochen werden?
- Laufen Besprechungen effizient ab?
- Werden Informationen bereitwillig ausgetauscht?
- Kann der Mitarbeiter auch persönliche, soziale Kontakte pflegen?

Zusammenarbeit mit anderen Unternehmensbereichen
- Wie zufrieden sind die Mitarbeiter mit der bereichs-übergreifenden Zusammenarbeit?
- Kennen die Mitarbeiter die Tätigkeit ihrer Kollegen aus anderen Bereichen?
- Wissen die Mitarbeiter, welche Anforderungen ihre Kollegen aus anderen Bereichen an sie haben?
- Wie beurteilen die Mitarbeiter die Leistungen der anderen Abteilungen?
- Wie benoten die Mitarbeiter die Zusammenarbeit mit bestimmten anderen Bereichen?
- Wie häufig haben die Mitarbeiter Kontakt mit anderen Bereichen?
- Kennen die Mitarbeiter die Kollegen aus anderen Bereichen persönlich?

Kundenorientierung
- Wissen die Mitarbeiter, welche Erwartungen und Wünsche die Kunden haben?
- Wie wird mit Kundenbeschwerden umgegangen?
- Fühlt sich der Mitarbeiter in der Lage, optimalen Kundenservice zu leisten?
- Werden Arbeitsmittel, Prozesse und Entscheidungen nach den Kundenwünschen ausgerichtet?
- Haben die Führungskräfte Vorbildcharakter in Sachen Kundenorientierung?
- Haben die Mitarbeiter das Gefühl, dass ihre Arbeitszufriedenheit von der Kundenzufriedenheit abhängt?

Veränderungsbereitschaft
- Kann der Mitarbeiter zu Veränderungen beitragen?
- Wie schätzen die Mitarbeiter die Veränderungsbereitschaft von Führungskräften und Geschäftsleitung ein?
- Werden Fehler offen besprochen, um durch die Problemlösungen zu lernen?
- Werden die Konsequenzen von Veränderungen für den einzelnen Mitarbeiter ausreichend kommuniziert?

Tabelle 4.3   (Fortsetzung)

Management und Strategie
- Kennen die Mitarbeiter die Ziele und Strategien des Unternehmens?
- Können die Mitarbeiter die Entscheidungen der Führungskräfte verstehen?
- Haben die Mitarbeiter das Gefühl, auf ein gemeinsames Ziel hinzuarbeiten?
- Haben die Mitarbeiter Vertrauen in die Unternehmensführung?

Das Unternehmen, Wir-Gefühl und Identifikation
- Sind die Mitarbeiter auf ihr Unternehmen stolz?
- Sind den Mitarbeitern die Strukturen, Prozesse und Verantwortlichkeiten innerhalb des Unternehmens bekannt?
- Was halten die Mitarbeiter von den Produkten oder Dienstleistungen des Unternehmens?
- Kennen die Mitarbeiter das Unternehmensleitbild, deren Wertesystem und Handlungsmaxime und wie beurteilen sie dieses?
- Wie steht es mit Chancengleichheit und Gleichberechtigung im Unternehmen?
- Wie schätzen die Mitarbeiter die Zukunftschancen des Unternehmens ein?
- Wie ehrlich ist der Umgang miteinander?
- Was halten die Mitarbeiter grundsätzlich von der Kompetenz der Führungskräfte?
- Sind die Mitarbeiter damit einverstanden, wie das Unternehmen seine gesellschaftliche Verantwortung wahrnimmt?
- Sind die Mitarbeiter damit zufrieden, wie ihr Unternehmen in der Öffentlichkeit auftritt und wahrgenommen wird?

Verbesserungsbedarf
- Was würden die Mitarbeiter selbst gerne in der internen Kommunikation verbessern?

Die Analyse ist umfangreich, aber auch eine wichtige Grundlage für Ihre weitere Arbeit. Wie gelangen Sie nun an die oben aufgeführten – teils äußerst sensiblen – Informationen? Im Prinzip haben Sie vier Möglichkeiten:

- Wenn in Ihrer Organisation bereits regelmäßig Mitarbeiterbefragungen durchgeführt werden, können Sie diese Ergebnisse auswerten und mit Ihren SOLL-Vorgaben vergleichen. Sie müssen allerdings sicherstellen, dass die Ergebnisse auch alle von Ihnen benötigten Informationen beinhalten.
- Sie können selbst eine Mitarbeiterbefragung initiieren und alle Sachverhalte erfragen, die Sie interessieren. Bei dieser Gelegenheit sollte die Befragung so konzipiert sein, dass sie in regelmäßigen Abständen mit den gleichen Inhalten wiederholt werden kann. So erhalten Sie ein Kontrollinstrument, mit dem Sie später den Erfolg Ihrer Arbeit messen können (lesen Sie hierzu auch den Abschn. 4.12 „Erfolgskontrolle der internen Kommunikation").
- Sollten Sie nicht über die finanziellen Mittel für eine repräsentativ angelegte Mitarbeiterbefragung verfügen, kann diese durch qualitative Einzelinterviews mit einem Querschnitt der Mitarbeiter ersetzt werden. In solchen Vier-Augen-Gesprächen können Sie auch viel über die Bedürfnisse der unterschiedlichen Mitarbeitergruppen erfahren. Diese Informationen werden Ihnen später bei der Definition Ihrer internen Bezugsgruppen sehr hilfreich sein (siehe hierzu auch den Abschn. 4.5.1 „Strukturierung von internen Bezugsgruppen"). Bereiten Sie hierzu einen kleinen Gesprächsleitfaden vor, in dem Sie die für Sie wichtigen Fragen und Themenbereiche des Gesprächs festhalten. Führen Sie das Gespräch so,

dass der Mitarbeiter möglichst frei sprechen und auch zusätzliche, für ihn bedeutsame Themen einbringen kann. Sprechen Sie Themen an, die mit der bisherigen Kommunikationsarbeit, ihren Vor- und Nachteilen, der Beziehung zu Vorgesetzten und Kollegen, sowie mit der internen Mediennutzung und dem individuellen Informationsbedarf zusammenhängen. Machen Sie sich Gesprächsnotizen. Aber: Werten Sie die Erkenntnisse aus diesen Gesprächen anonym und ausschließlich selbst aus! Keine andere Person, auch nicht der Chef, hat ein Recht darauf, die Aussagen einzelner Mitarbeiter zu erfahren. Dies müssen Sie vorher klarstellen, wenn Sie sich von Ihren Vorgesetzten grünes Licht für solche Gespräche geben lassen. Aus qualitativen Mitarbeitergesprächen können Sie zwar keine repräsentativen Ergebnisse erwarten, Sie können jedoch Arbeitshypothesen – fundierte Vermutungen – erstellen, die Ihnen bei Ihrer Zieldefinition und später bei der Definition Ihrer Bezugsgruppen helfen.

Ihre Ergebnisse sollten Sie – wie immer in der Konzeptionsarbeit – nach sachlichen Kriterien strukturieren und komprimieren. Überprüfen Sie nun: Welche Befunde unterstützen das Unternehmensleitbild und entsprechen den Kommunikationsleitlinien? Welche gelebten Werte, Normen und Verhaltensweisen widersprechen den Kommunikationsleitlinien oder blockieren uns dabei, das Leitbild zu erreichen? Liegen in bestimmten Kommunikationsverhalten sogar Risiken für das Unternehmen? Oder gibt es besondere Stärken im Kommunikationsverhalten, die als Chance genutzt werden können, um den Unternehmenserfolg zu begünstigen? Erstellen Sie eine SWOT-Analyse (SWOT: Strengths, Weaknesses, Opportunities, Threats; deutsch: Stärken, Schwächen, Chancen, Risiken). Stellen Sie Ihre Befunde zur Kommunikationskultur den Kommunikationsleitlinien gegenüber: Beurteilen Sie jeden Befund danach, ob damit die Leitlinien erfüllt werden oder nicht. Fragen Sie sich: Wie müsste die Situation idealerweise aussehen, damit die Kommunikationsleitlinien erfüllt werden? Untersuchen Sie, wo die größten Defizite zwischen IST- und SOLL-Zustand liegen. Orientieren Sie sich dabei an der Vorgehensweise, die im Abschn. 2.1 „Die PR-Analyse" ausführlich beschrieben wird.

4.3.3 Definition von internen PR-Zielen

Wenn Sie Ihre Analyse fundiert durchgeführt und den IST-SOLL-Vergleich erstellt haben, können Sie Ihre internen PR-Ziele definieren. Diese Ziele sollten – wie alle PR-Ziele – präzise formuliert, erreichbar, terminiert und messbar sein.

Ein Beispiel macht dies deutlich: Eine SOLL-Vorgabe für die interne Kommunikation besagt, dass die Mitarbeiter die Ziele und Strategien des Unternehmens kennen und verstehen sollen. Ihre Befunde zeigen jedoch ein anderes Bild: Vielen Mitarbeitern sind die übergeordneten Ziele und Strategien des Unternehmens gar nicht bewusst oder sie verstehen sie nicht. Ein konkretes PR-Ziel für Ihre interne Kommunikation könnte sein: „In einem Jahr kennen 90% der Mitarbeiter unsere Unternehmensziele." Noch besser wäre es, wenn Ihre Analyse erkennen ließe, ob bestimmte Mitarbeitergruppen besonders wenig über die Unternehmensziele wissen. Oft hängen Wissen und Verständnis für Unternehmensziele von der Stellung innerhalb der Unternehmenshierarchie ab. Das Management ist besser über Ziele und Strategien informiert, als Angestellte, Arbeiter oder Auszubildende. Dies hängt mit dem unterschiedlichen Zugang zu Informationen, mit dem Bildungsgrad, mit dem Sprachgebrauch, aber auch mit unterschiedlichen Interessen und Bedürfnissen dieser Gruppen zusammen. Bezieht man solche Erkenntnisse mit ein, könnte Ihr internes PR-Ziel wie folgt lauten: „In einem Jahr kennen und verstehen 80% der Arbeiter in unserer Produktion unsere Unternehmensziele." Für Ihre interne Kommunikation bedeutet das, dass Sie vor allem einen Weg finden müssen, um Mitarbeitern mit geringerem Bildungsgrad und Mitarbeitern mit Migrationshintergrund die Unternehmensziele zu erklären. Sie müssen überdenken, in welcher Sprache und mit welchem Komplexitätsgrad Sie ihre Informationen über die Unternehmensziele aufbereiten. Und Sie müssen einfache Beispiele und Bilder finden, die Ihre Inhalte erklären und dem Erfahrungs- und Interessenshorizont der Bezugsgruppe entsprechen.

Es ist wichtig, dass Sie Ihre PR-Ziele so konkret wie möglich fassen, sie möglichst auf bestimmte Mitarbeitergruppen beziehen. Zudem sollten Sie darauf achten, dass Sie die Erreichung Ihrer Ziele kontrollieren können. Das folgende Kapitel wird Ihnen dabei helfen, Ihre internen Bezugsgruppen zu identifizieren.

4.4 Die organisationsinternen Bezugsgruppen und Akteure

Wie Sie wissen, gib es in der Öffentlichkeitsarbeit viele verschiedene Bezugsgruppen, die unterschiedliche Bedürfnisse und Interessen haben und daher auf unterschiedliche Weise, mit spezifischen Botschaften angesprochen werden müssen. In der internen Kommunikation ist das nicht anders. Im Zuge der Analyse der Kommunikationskultur werden Sie bemerkt haben, dass sich nicht alle Mitarbeiter in gleicher Weise verhalten, dass nicht alle gleich fühlen und denken. Und spätestens wenn Sie Ihre internen PR-Ziele definieren, müssen Sie festlegen, was Sie bei wem erreichen wollen. Im Folgenden werden Sie erfahren, wie Sie aus unterschiedlichen Mitarbeitergruppen interne Bezugsgruppen definieren.

4.4.1 Strukturierung von internen Bezugsgruppen

Wenn Sie sich mit den Personengruppen befassen, deren unterschiedliche Funktionen und Tätigkeiten dazu dienen, den Zweck der Organisation zu erfüllen, werden Sie bemerken: Die Belegschaft besteht aus vielen, heterogenen Gruppen und Einzelpersonen. Zwischen dem Arbeiter in der Produktion und dem Mitarbeiter in der Rechtsabteilung besteht ein ebenso großer Unterschied wie zwischen dem Sachbearbeiter in der Einkaufsabteilung und dem Vertriebsmitarbeiter in der ausländischen Niederlassung oder dem Praktikanten in der Werbeabteilung und dem

Forschungsleiter. Sie unterscheiden sich beispielsweise anhand ihrer Bildung und ihrer Berufserfahrung, ihres Alters, ihrer Interessen und ihrer Vorstellung über ihre weitere berufliche Entwicklung. Zu Beginn Ihrer Arbeit müssen Sie also analysieren, welche unterschiedlichen Bezugsgruppen Sie in Ihrer Organisation vorfinden und was diese Erkenntnis für Ihre Arbeit bedeutet. Müssen Sie einzelne Gruppen anders ansprechen als andere? Benötigen einzelne Gruppen bestimmte Informationen, andere nicht? Wie sind die einzelnen internen Bezugsgruppen erreichbar und welche internen Kommunikationsmedien nutzen sie bevorzugt? Wie groß ist das Interesse, sich am internen Kommunikationsprozess zu beteiligen und wie kann die Einbindung einzelner Gruppen gefördert werden? All das sind Fragen, denen Sie nachgehen sollten, wenn Sie Ihre internen Bezugsgruppen definieren. In der Tabelle 4.4 finden Sie einige typische Kriterien, die Ihnen bei der Differenzierung der Mitarbeiter helfen:

Tabelle 4.4   Kriterien für die Strukturierung interner Bezugsgruppen

- Bereichs- und Abteilungs-Zugehörigkeit
  (Beispiel: Produktion, Forschungsabteilung, Rechtsabteilung, Verwaltung, Personalabteilung, IT-Abteilung etc.)
- Funktion innerhalb der Prozesskette bei der Leistungserbringung
  (Beispiel: Produktentwicklung, Einkauf, Produktion, Marketing/Vertrieb, Kundenservice, Verwaltende Abteilungen, strategische Abteilungen, beratende Funktionen etc.)
- Berufsgruppen
  (Beispiel: Kfz-Mechaniker, technischer Zeichner, Einzelhandelskaufmann, Jurist, Diplom-Betriebswirt etc.)
- Hierarchieebene
  (Beispiel: Vorstand/Geschäftsleitung, Oberer Führungskreis, Abteilungsleiter, Teamleiter, Angestellter, Lehrling/Praktikant/Auszubildender, Facharbeiter, ungelernter Arbeiter etc.)
- Demographische Kriterien
  (Beispiel: Alter, Geschlecht, Nationalität/Sprache, Ausbildungsniveau)
- Dauer der Betriebszugehörigkeit
  (Beispiel: neue Mitarbeiter, Betriebszugehörigkeit 3/5/10 usw. Jahre, Pensionäre, etc.)
- Erreichbarkeit
  (Beispiel: mit vernetztem PC-Arbeitsplatz, Zugang zu Info-Terminal, erhält die Mitarbeiterzeitung und versteht deren Sprache, ist unterwegs über Funk/internetfähiges Handy/Laptop erreichbar etc.)
- Arbeitsort
  (Beispiel: Arbeitsplatz am Unternehmensstandort, in der Niederlassung, im Außendienst, von zu Hause aus, etc.)
- Nutzung und Vorlieben in Bezug auf interne Medien
  (Beispiel: liest Mitarbeiterzeitung, nutzt Intranet, bevorzugt persönliche Information über Vorgesetzten/Kollegen, etc.)
- Bildung und Wissen
  (Beispiel: Spezialist/Generalist, Akademiker/gehobener/mittlerer Schulabschluss, großes/wenig Interesse an Weiterbildung bzw. großer/geringer Bedarf an Weiterbildung, etc.)
- Informationsinteressen
  (Beispiel: an strategischen Informationen sehr/nicht interessiert, an technischen Informationen sehr/nicht interessiert, an Informationen über Kollegen sehr/nicht interessiert, mehr an Austausch über private Themen/über berufliche Themen interessiert, etc.)

Tabelle 4.4 (Fortsetzung)

- Tonalität und Ansprache
  (Beispiel: möchte einfache Erklärungen/möchte komplexe Zusammenhänge und
  Hintergründe verstehen, möchte emotionale Ansprache/möchte sachliche Ansprache, versteht
  einfache Sprache/versteht Fachsprache, etc.)
- Sonstige Interessen, Wünsche, Erwartungen, Einstellungen
  (Beispiel: Veränderungsbereite, aufgeschlossene Mitarbeiter/am Status Quo festhaltende
  Mitarbeiter, spaß-orientierte/karriere-orientierte Mitarbeiter, Mitarbeiter mit
  unternehmenskritischen Ansichten/Mitarbeiter mit unternehmerischer Haltung,
  Teamplayer/Einzelgänger, etc.)

Recherchen und Befragungen helfen bei der sinnvollen Strukturierung von internen Bezugsgruppen

Bei der Definition Ihrer internen Bezugsgruppen werden Sie nicht alle der aufgeführten Kriterien benötigen. Sie müssen jedoch entscheiden, welche dieser Kriterien für Ihre Kommunikationsarbeit relevant sind und die entsprechenden Informationen recherchieren. Viele der benötigten Informationen werden Sie bei den Kollegen zusammentragen können, die für Organisation, Prozesse und Personal zuständig sind. Weitere Informationen liefern die Ergebnisse Ihrer Analyse der Kommunikationskultur (siehe Abschn. 4.4.2 „Analyse der internen Kommunikationskultur"). Im Idealfall haben Sie das notwendige Wissen über Ihre internen Zielgruppen bereits in der Befragung der Mitarbeiter zur Kommunikationskultur gesammelt. Sie sollten diese Befragungen inhaltlich so strukturieren, dass Sie sowohl die Kommunikationskultur analysieren, als auch Erkenntnisse über die Bedürfnisse und Einstellungen verschiedener Mitarbeitergruppen gewinnen können.

Die Ergebnisse der Mitarbeiterbefragung untersuchen Sie danach, ob es zwischen einzelnen Mitarbeitergruppen große Unterschiede gibt. Wie unterscheiden sich beispielsweise die Antworten der leitenden Mitarbeiter von den Arbeitern? Oder sind die Unterschiede größer, wenn man die Betriebszugehörigkeit oder die Nationalität mit einbezieht? Fühlen sich Mitarbeiter in einzelnen Abteilungen schlechter informiert als andere? Haben bestimmte Mitarbeitergruppen das Gefühl, dass sie sich weniger aktiv an der Kommunikation beteiligen können als andere? Nutzen jüngere Mitarbeiter lieber elektronische Medien, während ältere Mitarbeiter diese kaum als Informationsquelle akzeptieren? Diese und mehr Antworten werden Ihnen dabei helfen, die Mitarbeiter in Ihrer Organisation so in Bezugsgruppen zu strukturieren, wie es für Ihre Kommunikationsarbeit sinnvoll ist.

Ziel der Strukturierung sollte es sein, in sich homogene Gruppen zu definieren, die aus Personen bestehen, die den gleichen Kommunikationsbedarf und ein ähnliches Kommunikationsverhalten haben. Diese Mitarbeitergruppen können Sie mit gleichen Inhalten über die gleichen Kanäle und in der gleichen Sprache erreichen – um bestimmte Kommunikationsaufgaben umzusetzen.

4.4.2 Typische interne Akteure

In jeder Organisation gibt es bestimmte Akteure, die die Grundstruktur prägen. Im Folgenden sind diese Hauptgruppen, ihre Funktion innerhalb der internen Kommunikation und ihr grundsätzlicher Kommunikationsbedarf kurz zusammengefasst:

Führungskräfte: Schlüsselfiguren der internen Kommunikation

Die Führungskräfte legen nicht nur die Regeln für die interne Kommunikation fest, sie sind gleichzeitig auch die wichtigsten Kommunikatoren und haben Vorbildfunktion. Ein Teil der Führungsaufgabe besteht darin, den Mitarbeitern die für die Erfüllung ihrer Aufgabe benötigte Information zur Verfügung zu stellen. Und sie müssen Informationen über die unternehmerischen Ziele, Strategien und Entscheidungen von der Unternehmensleitung an die Mitarbeiter kommunizieren. Zudem umfasst der Kommunikationsauftrag der Führungskräfte, dass diese Informationen mit den Mitarbeitern besprochen, deren Meinungen und Vorschläge eingeholt und an die Unternehmensführung weitergeleitet werden. Die Art und Weise, wie die Führungskräfte dieser Aufgabe nachkommen, prägt das Kommunikationsverhalten einer Organisation. Sie müssen mit gutem Beispiel vorangehen, wenn im Unternehmen eine offene, dialog-orientierte und kritikfähige Kommunikationskultur etabliert werden soll. Sie haben eine Schlüsselfunktion, wenn es um den vertikalen Informationsfluss im Unternehmen – „top-down" (deutsch: von oben nach unten) und „bottom-up" (deutsch: von unten nach oben) – geht.

Führungskräfte haben einen ganz spezifischen Kommunikations- und Informationsbedarf. Sie sind an Informationen, Trainings und Hilfsmitteln interessiert, die sie bei ihrer Führungsaufgabe unterstützen. Sie benötigen Methodenwissen, um planen, organisieren, delegieren und kontrollieren zu können. Sie möchten möglichst umfassend über ihr Unternehmen informiert werden, vor allem jedoch über strategisch relevante Sachverhalte. Sie interessieren sich für alles, was ihren Erfolg und die Karriere fördert und suchen den fachlichen Austausch mit Kollegen. Sie wollen Kommunikationsinstrumente, die ihnen komplexe, teils umfangreiche Informationen in ihrer Fachsprache und mit sachlicher Tonalität zur Verfügung stellen. Und sie brauchen geeignete Kommunikationsinstrumente, die sie zur Führungskommunikation einsetzen können.

Die Verantwortlichen für Internal Relations: Förderer von Dialog und gemeinsamer CI

Die Verantwortlichen für interne Kommunikation unterstützen die Führungskräfte bei ihrem Kommunikationsauftrag, indem sie ihnen geeignete Kommunikationsinstrumente zur Verfügung stellen und entsprechende Trainings- und Coaching-Maßnahmen anregen. Aufgabe der Abteilung Internal Relations ist es, ein Konzept für die interne Kommunikation zu erarbeiten und durch geeignete Markt- und Meinungsforschung den Erfolg der internen Kommunikation zu kontrollieren. Die Verantwortlichen müssen das Stimmungs- und Meinungsbild im Unternehmen kennen und dessen Entwicklung kontinuierlich beobachten. Darauf aufbauend beraten sie Unternehmensleitung und Führungskräfte. Sie ergreifen geeignete

Maßnahmen, um den Informationsfluss im Unternehmen bedarfsgerecht zu steuern, den internen Dialog zu fördern und das Betriebsklima zu verbessern.

Eine besondere Aufgabe der internen Kommunikation ist es, die gemeinsame Identität und das Zusammengehörigkeitsgefühl der Mitarbeiter zu stärken. Die Abteilung interne Kommunikation unterstützt den Prozess, wenn im Dialog zwischen Führungskräften und Mitarbeitern ein Unternehmensleitbild entwickelt wird. Die Verantwortlichen arbeiten daran mit, dass die Leitlinien im Unternehmen bekannt sind, dass sie verstanden, akzeptiert und zunehmend auch verwirklicht werden (siehe auch Abschn. 4.3 „Das Unternehmensleitbild...").

Der Verantwortliche für interne Kommunikation benötigt alle Informationen über interne Vorgänge, Stimmungen, Meinungen und Bedürfnisse der einzelnen Bezugsgruppen. Er muss immer am Puls der Mitarbeiter sein und eng mit den Führungskräften aller Abteilungen kooperieren. Gleichzeitig ist er eine wichtige Verbindungsstelle zwischen dem Unternehmensumfeld und der internen Öffentlichkeit. Er kanalisiert externe Informationen so, dass sie bedarfsgerecht im Unternehmen verteilt werden. Dabei ist die Abteilung interne Kommunikation nicht allein für die erfolgreiche Umsetzung aller Aufgaben verantwortlich. Weitere Schlüsselfunktionen, die über gute Zusammenarbeit, Zufriedenheit und Motivation der Mitarbeiter entscheiden, sind neben den Führungskräften insgesamt beispielsweise die Abteilungen, die für Personalentwicklung, Prozess- und Organisationsdesign und die Gestaltung des Arbeitsumfeldes zuständig sind. Der Leiter der internen Kommunikation ist auch für diese Abteilungen beratend tätig und regt geeignete Maßnahmen an, die die interne Kommunikation verbessern.

Die Mitarbeiter: Anspruchsgruppen für Information, Anerkennung und Beteiligung

Die oben aufgeführten Kriterien zur Strukturierung von Mitarbeitern geben Ihnen bereits eine Vorstellung von den unterschiedlichen Motivationslagen, Einstellungen und Wünschen dieser großen Gruppe von internen Akteuren. Trotz aller Unterschiede gibt es ein paar typische Motivationslagen, die vielen Mitarbeitern gemeinsam sind. Hierzu gehören beispielsweise das Streben nach Selbständigkeit, nach Entwicklung der persönlichen Fähigkeiten, nach Anerkennung und Wertschätzung, nach Harmonie im Kollegenteam, nach Erfolgserlebnissen und nach Spaß an der Arbeit. Darüber hinaus möchten viele Mitarbeiter, dass sie in interne Entscheidungsprozesse einbezogen werden und dass sie sich aktiv an der internen Kommunikation beteiligen können. Die Erfahrung zeigt: Es gibt einen engen Zusammenhang zwischen der aktiven Einbindung in interne Kommunikationsprozesse, der Mitarbeiterzufriedenheit und dem Betriebsklima.

Die große Herausforderung für die interne Kommunikation ist es, diese unterschiedlichen Mitarbeitergruppen bedarfsgerecht anzusprechen und einzubeziehen. Sie müssen diejenigen Informationen erhalten, die die Unternehmensleitung für wichtig hält, diejenigen Informationen, die sie für ihre Arbeit brauchen und diejenigen Informationen, die sie selbst gerne erhalten möchten. Sie müssen die Möglichkeit haben, gehört zu werden, sich aktiv zu beteiligen und ihre Kritik, ihre Vorschläge und ihre Meinungen einzubringen. Sie müssen dabei unterstützt werden, ihr Wissen und ihre Fähigkeiten erweitern zu können. Zudem möchten sie Gelegenheit erhalten, sich mit ihren Kollegen über Berufliches und Privates auszutauschen. Letztendlich streben die Mitarbeiter danach, sich mit ihrer beruflichen Aufgabe und ihrer Organisation zu identifizieren und ihre Tätigkeit als sinnvoll zu begreifen.

Der Betriebsrat: Interessenvertretung der Mitarbeiter gegenüber der Unternehmensleitung

Der Betriebsrat – aber auch andere Interessenvertretungen von Berufs- oder Mitarbeitergruppen – übernehmen ebenfalls eine wichtige Funktion in der internen Kommunikation. Der Betriebsrat achtet darauf, dass die Mitbestimmungsrechte der Mitarbeiter von der Unternehmensleitung beachtet und entsprechend umgesetzt werden. Zudem informiert der Betriebsrat die Mitarbeiter – unabhängig von der Abteilung interne Kommunikation – über Entscheidungen und andere betriebliche Vorgänge, die dieses Mitbestimmungsrecht tangieren. Dabei kommt der Interpretation, Erklärung und Kommentierung von innerbetrieblichen Sachverhalten eine besondere Bedeutung zu. Mit eigenen Kommunikationsmedien, wie den Mitteilungsblättern „Aus dem Betriebsrat" oder der Betriebsversammlung, ausgestattet, kann der Betriebsrat das interne Meinungsklima entscheidend mit beeinflussen. Fühlen sich die Mitarbeiter von der Unternehmensleitung gerecht behandelt? Wurden ihre Belange bei unternehmerischen Entscheidungen genügend berücksichtigt? Entsprechen die Arbeitsbedingungen den Anforderungen? Der Betriebsrat möchte eine möglichst einstimmige Haltung der Mitarbeiter zu diesen und weiteren Fragen herstellen.

Die Zusammenarbeit mit dem Betriebsrat ist im Betriebsverfassungsgesetz geregelt. Darüber hinaus sollten jedoch die Verantwortlichen der internen Kommunikation daran interessiert sein, mit den Betriebsräten zu kooperieren. Beispielsweise könnten in der Mitarbeiterzeitung Themen aus dem Betriebsrat diskutiert werden. Wichtig ist, dass auch die Beziehung zum Betriebsrat gepflegt und durch kontinuierlichen Dialog gestärkt wird.

Nur wenn Sie die grundlegenden Akteure in Ihrem Unternehmen kennen und Sie diese Mitarbeitergruppen so strukturieren können, wie es Ihre Aufgabe erfordert, werden Sie mit Ihrer Arbeit in der internen Kommunikation erfolgreich sein. Sie können Ihre internen PR-Ziele präziser formulieren, bedarfsgerechter informieren und zielgruppengerechter agieren.

4.5 Organisationsinterne Themen und Inhalte

Die Themen und Inhalte für interne Kommunikation sind vielfältig und hängen im Einzelfall von der Tätigkeit Ihres Unternehmens, von Ihren individuellen Kommunikationszielen und den Bedürfnissen Ihrer Bezugsgruppen ab. Dennoch gibt es einige grundsätzliche Anforderungen an Inhalte der internen Kommunikation, die für die meisten organisationsspezifischen Situationen gelten:

- Das Informationsangebot sollte möglichst breit sein und alle vorhandenen Funktionen und Prozesse umfassen.

- Die Informationen sollten aktiv und nicht erst auf Nachfrage bereitgestellt werden.
- Jedem Organisationsmitglied müssen diejenigen Informationen zur Verfügung gestellt werden, die es für seine Aufgabe braucht, um ziel- und erfolgsorientiert arbeiten zu können.
- Die Informationen sollten dazu beitragen, dass alle Organisationsmitglieder die Unternehmensentwicklungen und –entscheidungen kennen und verstehen.
- Die Informationen sollten dazu beitragen, Zusammenhänge aufzuzeigen und die Integration zu fördern.
- Die Informationen sollten die Meinungsbildung jedes Einzelnen unterstützen und Meinungsvielfalt zulassen.
- Informationen sollten nicht beschönigend, sondern problemorientiert und durchaus auch kritisch diskutiert dargeboten werden.
- Die Themen und Inhalte sollten – wo immer möglich – so aufbereitet werden, dass nicht nur einseitig informiert, sondern zu Dialog und Diskussion angeregt wird.
- Die Informationen sollten – wo immer möglich – das Engagement des Unternehmens für seine Mitarbeiter verdeutlichen und die Wertschätzung und Anerkennung der Mitarbeiter zum Ausdruck bringen.
- Die Informationen sollten so aufbereitet werden, dass sich die Werte, Normen und Regeln des internen Miteinanders – wie sie im Unternehmensleitbild und den Kommunikationsleitlinien festgelegt wurden – darin widerspiegeln.

Sprache und Tonalität

Ein entscheidender Faktor dafür, ob Inhalte verstanden und akzeptiert werden, ist die Sprache und Tonalität der Botschaften. Häufig genügt es schon, die Mitarbeiter in der Mitarbeiterzeitung mit einem „Wir" einzubeziehen, um ein Stück mehr Integration herzustellen. Auch sollten Sie die Sprache Ihrer internen Kommunikationsmedien danach untersuchen, ob ein nüchterner Nachrichten-Stil oder eine emotionalisierende, herzliche Tonalität überwiegt. Beachten Sie dabei aber auf jeden Fall die bezugsgruppen-spezifischen Vorlieben! Ganz wichtig ist es, sicherzustellen, dass die Inhalte von allen Bezugsgruppen verstanden werden. Seien Sie vorsichtig, wenn Sie Fachworte benutzen und erklären Sie diese lieber zu oft, als zu wenig! Und nutzen Sie Beispiele, eine bildhafte Sprache, motivierende Sprüche und eine ausdrucksstarke Visualisierung, um Ihre Inhalte zu verdeutlichen. Halten Sie sich immer vor Augen: Eine gelungene interne Kommunikation spricht immer Herz und Verstand der Bezugsgruppen gleichermaßen an.

Die Struktur von organisationsinternen Themen und Inhalten

Die Fülle und Verschiedenartigkeit von internen Themen und Inhalten ist enorm. Damit Sie den Überblick behalten, sollten Sie die in Ihrer Organisation vorhandenen Informationstypen und Inhalte sachgemäß strukturieren und klassifizieren. Ziel der Strukturierung ist es, sämtliche Arten von Informationen in Ihrer Organisation zu erfassen und deren Sammlung, Dokumentation, Aktualisierung, Archivierung, Bereitstellung oder Verbreitung im Griff zu behalten. Zudem hilft Ihnen die Klassifizierung der Inhalte im Arbeitsalltag dabei, im Einzelfall neue Informationen zuzuordnen und zu entscheiden, wie Sie mit diesen neuen Informationen umgehen müssen. Ein Beispiel zeigt, dass es ohne entsprechende Struktur der betriebsinternen Informationen schwer wird, komplexe Situationen zu bewältigen:

Beispiel: So hilft die Klassifizierung interner Informationen im PR-Alltag

Der Leiter interne Kommunikation erfährt vom Personalchef, dass die Position des Forschungsleiters neu besetzt wird. Er erkennt sofort: Dies ist eine Nachricht, die für alle Mitarbeiter relevant ist. Zudem stellt er fest, dass diese Information für die Organisation von strategischer Bedeutung und erklärungsbedürftig ist. Die Mitarbeiter müssen davon erfahren, die Hintergründe kennen und wollen wissen, wie es mit einem neuen Forschungsleiter weitergeht. Der Aktualitätsgrad der Information ist hoch. Das bedeutet, sie sollte möglichst bald offiziell intern kommuniziert werden, um dem „Flurfunk" zuvorzukommen und Gerüchten vorzubeugen. Es ist klar, dass diese Information auch für die externe Kommunikation relevant ist und die Kommunikation daher koordiniert erfolgen muss. Angesichts dieser Situation wählt der Verantwortliche für interne Kommunikation zur Verbreitung der Nachricht ein internes Kommunikationsinstrument, das möglichst aktuell ist, eine Erklärung des Sachverhalts ermöglicht und alle Mitarbeiter erreicht – in diesem Fall ein Rundschreiben. Der Termin des Rundschreibens wird mit der Leitung der Pressestelle abgesprochen, so dass der Pressetext mit der Personalie das Haus am gleichen Tag verlässt, an dem das Rundschreiben die Mitarbeiter erreicht. Darüber hinaus ist es angemessen, dass die unmittelbar betroffenen Mitarbeiter des Forschungsleiters die Nachricht möglichst von ihm persönlich und zeitgleich mit dem Rundschreiben erhalten sollten. Hierzu wird ein Abteilungsmeeting angesetzt. Damit ist die Arbeit jedoch noch nicht beendet. Da der Verantwortliche in unserem Beispiel den Überblick hat, weiß er, dass die Personalie auch für weitere interne Kommunikationsmedien eine Rolle spielt: Er veranlasst, dass Organigramme, Mitarbeiterportraits und Telefonlisten im Intranet zum gegebenen Zeitpunkt angepasst werden. Und er merkt sich vor, dass für die Mitarbeiterzeitung zwei Artikel vorbereitet werden: Ein Artikel zum Abschied und zur Würdigung der Erfolge des bisherigen Stelleninhabers und ein Interview mit dem neuen Forschungsleiter. Darin wird der neue Stelleninhaber als Person vorgestellt und zu seinen Vorhaben, seinem Führungsstil und seinen Visionen befragt. Auch könnte ein Verantwortlicher aus der Abteilung Investor Relations die strategischen Auswirkungen des Stellenwechsels für das Unternehmen kommentieren. Darüber hinaus wird der Verantwortliche für Wissensmanagement in den nächsten Monaten ganz besonders darauf achten, dass Prozesse, Arbeitsweisen und Expertenwissen in der Forschungsabteilung vollständig und aktuell dokumentiert sind. Und: Der Notfallplan für das Krisenmanagement des Unternehmens, in dem alle intern Verantwortlichen und deren Rollen im Krisenfall enthalten sind, wird entsprechend aktualisiert und ausgehändigt.

Bei der Einordnung und Beurteilung von Themen, Inhalten oder Informationen
sind die folgenden Kriterien zu beachten:

- Aktualität: Wie aktuell sind die Informationen bzw. wie schnell müssen sie
kommuniziert werden? Wie schnell veraltet die Information?
- Komplexität: Wie komplex oder erklärungsbedürftig sind die Informationen?
Wie umfangreich bzw. kurz sind die Informationen?
- Bedeutung: Welche strategische Bedeutung haben die Informationen? Wie stark
sind die relevanten Mitarbeitergruppen durch die Information persönlich betroffen? Hat die Information Auswirkungen auf das Wissensmanagement des
Unternehmens? Hat die Information Auswirkungen auf das Risikomanagement
des Unternehmens?
- Bezugsgruppenrelevanz: Für welche Mitarbeitergruppen sind die Informationen
relevant? Ist die Information auch für die externe Kommunikation relevant und
müssen Aktivitäten mit anderen Abteilungen koordiniert werden? Gibt es fest-
stehende, interne Prozesse oder Regeln für den Umgang mit dieser Information,
die beachtet werden müssen? Müssen beispielsweise bestimmte Personen sofort
bzw. zuerst informiert werden oder müssen bestimmte Personen zur Abstimmung
und Entscheidung hinzugezogen werden?
- Typ und Ort der Information: Um welchen Informationstyp handelt es sich? Sind
es allgemein relevante Nachrichten und Hintergründe, Arbeitshilfen, Service-
Informationen oder aufgabenbezogene Inhalte? Wie und wo wird diese Art von
Informationen aufbewahrt bzw. wo liegen sie vor und wer arbeitet damit?

Wenn Sie diese Fragen für alle in Ihrer Organisation auftretenden Informationen
beantworten können, werden Sie mit Sicherheit den richtigen Umgang mit Themen
und Inhalten finden. In der Tabelle 4.5 sind typische organisationsinterne Inhalte
aufgelistet. Die Sammlung soll Ihnen helfen, Ihre eigene Struktur zu entwickeln
und ist sicherlich organisationsspezifisch zu verändern und zu ergänzen.
   Die meisten der aufgeführten Informationen entstehen durch die Tätigkeit des
Unternehmens selbst und sind daher bereits im Unternehmen vorhanden. Als Verantwortlicher für interne Kommunikation müssen Sie recherchieren bzw. wissen,
wo sich diese Informationen befinden. Sie sollten darauf achten, dass sie professionell und zielgruppengerecht aufbereitet werden. Sie sollten sicherstellen, dass
den Mitarbeitern bekannt ist, wo die Informationen bereitgestellt werden oder diese
aktiv an relevante interne Bezugsgruppen verbreiten. Um Ihren Informationsstand
aktuell zu halten, sollten Sie alle wichtigen Protokolle erhalten oder auf Wunsch an
Besprechungen in allen Abteilungen teilnehmen können. Pflegen Sie Ihre persönlichen Kontakte zu allen Abteilungen, zu Tochtergesellschaften und zu verschiedenen
Unternehmensstandorten. Bauen Sie sich ein Informanten-Netzwerk quer durch
das ganze Unternehmen auf, um über alle wichtigen Vorgänge, Meinungen und
Stimmungen auf dem Laufenden zu sein. Darüber hinaus müssen Informationen
aus dem Unternehmensumfeld recherchiert werden. Nehmen Sie jede Möglichkeit
war, um mit Kunden, Lieferanten, Kooperationspartnern oder Händlern zu sprechen. Sondieren Sie die externen Medien und den Pressespiegel der Presseabteilung

Tabelle 4.5 Sammlung: Typische organisationsinterne Inhalte

Allgemein relevante Nachrichten und Hintergrundinformationen
- Wirtschaftliche Situation des Unternehmens,
  z.B. Entwicklung der Arbeitsplätze, Umsätze, Aktienkurs und -bewertung
- Gesellschaftliches, soziales, wirtschaftliches und politisches Umfeld des Unternehmens,
  z.B. Anforderungen des Marktes, Aktivitäten der Wettbewerber, rechtliche
  Rahmenbedingungen, gesellschaftliche Trends
- Unternehmensvisionen, -strategien, -ziele und –projekte,
  z.B. Rationalisierung, Umstrukturierung, neue Aufgaben und Märkte, Chancen und Risiken
- Unternehmensleitbild und Image
- Produkte und Services, Kundeninformationen, Qualitätsmanagement
- Menschen im Unternehmen, Abteilungen und Personalien
- Internes Vorschlagswesen

Basisinformationen und Arbeitshilfen
- Zum Unternehmen: Personenportraits, Organigramme, Telefon- und Adressverzeichnisse
- Archive, Bibliotheken, Datenbanken, Glossare, Nachschlagewerke
- Formulare, Standardformate, Gebrauchsanweisungen für technische Hilfsmittel,
  z.B. Musterpräsentationen, Standardbriefe, Meeting-Leitfäden, Protokoll-Vorlagen,
  Bestellformular für Büromaterial, Gebrauchsanweisung für Kopierer, Drucker etc.
- Risiko- und Notfallpläne

Service-Informationen für Mitarbeiter
- Aus der Personalabteilung: Aus- und Weiterbildungsangebote, Stellenausschreibungen, Infos
  für neue Mitarbeiter
- Veranstaltungen, Konferenzen, Meeting-Kalender
- Freizeit- und Kulturangebote: Betriebssport, Vereine, Veranstaltungen
- Allgemeine Tipps und Lebenshilfe: Verpflegung, Kinderbetreuung, Urlaubs-Checklisten

Direkt aufgabenbezogene Inhalte
- Für Mitarbeiter: Dienstpläne, Urlaubspläne, Arbeitszeiterfassung, etc.
- Aufgabenbezogene personal- und tarifpolitische Informationen
- Arbeitsanweisungen, Dienstvorschriften
- Aufgabenbezogene Prozess- und Produktspezifikationen
- Projekt- oder Forschungsdokumentationen

---

nach relevanten Informationen für Mitarbeiter und Manager. Und beobachten Sie
die Aktivitäten des Wettbewerbs. Auf diese Weise werden Sie bald – über die
„Pflicht-Themen" der Unternehmensleitung hinaus – mit einer Fülle an interessanten Themen und Inhalten für Ihre interne Kommunikation aufwarten können. Damit
wird es für Sie leichter, die interne Kommunikation abwechslungsreich, interessant
und zielführend zu gestalten.

4.6 Die Instrumente der internen Kommunikation im Überblick

Für die Umsetzung Ihrer Aufgaben und Ziele der internen Kommunikation steht
Ihnen eine Vielzahl von Instrumenten zur Verfügung. Sie lassen sich in einem ers-
ten Schritt grob in Printmedien, elektronische und audiovisuelle Medien, sowie
Instrumente der persönlichen Kommunikation unterteilen.

Dabei ist zu beachten, dass es in der internen Kommunikation auch Instrumente gibt, die zwar von anderen Abteilungen eingesetzt und verantwortet werden, jedoch für die Umsetzung von Zielen der internen Kommunikation wichtig sind. Beispielsweise werden Veranstaltungen im Bereich der Aus- und Weiterbildung, aber auch im Bereich der Einführung neuer Mitarbeiter vom Personalmanagement verantwortet und durchgeführt. Dennoch spielen die Inhalte, Werte und Normen, die in solchen Veranstaltungen vermittelt werden, eine große Rolle für die interne Kommunikation. Allein schon die Tatsache, dass eine Organisation sich für die Aus- und Weiterbildung seiner Mitarbeiter engagiert und welches Angebot den Mitarbeitern hier zur Verfügung steht, ist eine wichtige Botschaft für die interne Kommunikation. Sie können also das Instrumentarium für interne Kommunikation erst einmal möglichst weit und durchaus abteilungsübergreifend in Ihr konzeptionelles Denken einbeziehen. Erst bei der Umsetzung der einzelnen Instrumente und Maßnahmen gilt es dann, die Verantwortlichkeiten und Kooperationsmöglichkeiten genauer zu definieren.

4.6.1 Die Aufgaben der internen Kommunikationsinstrumente

Für Ihre Arbeit ist es wichtig, dass Sie die unterschiedlichen Instrumente der internen Kommunikation danach beurteilen können, für welche Kommunikationsaufgaben sie sich besonders gut eignen und welche Informationsflüsse sie unterstützen. Deshalb sollten Sie für jedes Instrument der internen Kommunikation die folgenden Überlegungen anstellen:

- Einige Instrumente sind besonders gut für die Information, andere für den Dialog und wiederum weitere für die Motivation und den Wissenstransfer der Mitarbeiter einzusetzen.
- Instrumente können schwerpunktmäßig zur aufgabenbezogenen Kommunikation, zur Vermittlung von allgemeinen Hintergründen und Strategien, für Service-Informationen oder zum Wissensaufbau geeignet sein. Wieder andere Instrumente stärken den informellen, sozialen Kontakt der Mitarbeiter untereinander.
- Instrumente können den vertikalen Kommunikationsprozess zwischen den einzelnen Hierarchieebenen fördern oder den horizontalen Austausch zwischen Mitarbeitern aus unterschiedlichen Teams und Abteilungen unterstützen. Überlegen Sie, ob ein Instrument Informationen von der Unternehmensleitung an die Mitarbeiter kommuniziert, ob es das Feedback der Mitarbeiter – ihre Anregungen, Ideen und Kritik – einholt oder ob es zum Austausch der Mitarbeiter aus unterschiedlichen Teams und Bereichen dient.
- Mit einigen Instrumenten können Sie viele Mitarbeiter gleichzeitig erreichen, andere eignen sich zur individuellen Ansprache oder zum Dialog in einer kleineren Gruppe. Und: Überprüfen Sie, welche Mitarbeiter Sie überhaupt mit einem bestimmten Instrument erreichen können. Welche Voraussetzungen an Technik, Verfügbarkeit, Fähigkeit und Mediennutzungsverhalten sprechen für oder gegen den Einsatz bestimmter Instrumente?

- Einige Instrumente ermöglichen es, aktiv Informationen zu verbreiten – die so genannten „Push"-Medien (englisch: „push"; deutsch: schieben) -, andere verlangen vom Mitarbeiter, sich selbst die benötigten Informationen zu holen – das sind die so genannten „Pull"-Medien (englisch: „pull"; deutsch: ziehen).

Allgemein betrachtet lassen sich für Printmedien, elektronische Medien und die persönliche Kommunikation die folgenden grundsätzlichen Funktionen und Wirkungsweisen festhalten:

Printmedien sorgen für den großen Überblick und für Identifikation

Im Zeitalter der elektronischen Medien mit ihrer Informationsfülle und -detaillierung fällt den internen Printmedien immer mehr die Aufgabe zu, den Blick auf das große Ganze zu lenken. Hier werden grundsätzliche Strategien, Ziele und Visionen behandelt. Strategisch wichtige Themen werden mit Hintergründen und Argumenten versehen, um die Meinungsbildung zu fördern. Grundsätzliche, unternehmens-übergreifende Normen und Werte werden vermittelt, sowie herausragende Erfolge dargestellt. Der Blick über Abteilungs-, Standort- und Unternehmensgrenzen hinaus fördert das Wir-Gefühl und die Identifikation mit dem Unternehmen. Printmedien sind greifbare Wirklichkeit, das „Schwarz auf Weiß" der internen Kommunikation. Die Mitarbeiterzeitung ist ein traditionsreiches Instrument in dieser Kategorie und ein klassisches „Push"-Medium. Mit dem Aufwand, den die Organisation betreibt, um sie zu erstellen, zeigt sie nicht zuletzt ihre Wertschätzung für die Mitarbeiter.

Elektronische Medien ermöglichen Aktualität, Detailinformation und Dialog

Mit keinem anderen Medium können Informationen so umfassend, detailreich, kostengünstig und nahezu in Echtzeit aufbereitet werden, wie in elektronischen Medien. Ob Intranet, E-Mail, Datenbanken oder Computerbasiertes Training – elektronische Medien ermöglichen die Bereitstellung von Informationen und Wissen für alle vernetzten Mitarbeiter in großer Tiefe und Breite. Darüber hinaus leben elektronische Medien von der Interaktion und der Möglichkeit, unternehmensweit und sowohl standort-, zeit-, als auch hierarchie-unabhängig in den Dialog zu treten. Elektronische Medien eigenen sich daher besonders gut als Arbeitshilfe, für den Wissenstransfer und für den betriebsinternen Dialog in aufgaben- und interessensbezogenen Netzwerken. Auch sind sie mittlerweile für die aktuelle Information der Mitarbeiter unerlässlich geworden. Doch Vorsicht: Die meisten elektronischen Instrumente sind nicht allen Mitarbeitern gleichermaßen zugänglich und bestehen überwiegend aus „Pull"-Informationen. Sie müssen also immer sicherstellen, dass die Mitarbeiter fähig, in der Lage und willens sind, sich die bereitgestellten Informationen auch abzuholen und das Angebot zu nutzen!

Persönliche Kommunikation motiviert, klärt auf und verbindet

Die persönliche Kommunikation ist das richtige Instrument, wenn Überzeugungsarbeit geleistet werden muss, wenn Mitarbeiter motiviert und mobilisiert werden sollen und wenn dabei Emotionen im Spiel sind. Die Glaubwürdigkeit der Kommunikatoren und ihre Kommunikationsfähigkeit, sowie ihre soziale

Kompetenz sind dabei ausschlaggebend für Qualität und Erfolg der persönlichen Kommunikation. Im persönlichen Gespräch können auch sensible Themen angesprochen, in Diskussionen erklärungsbedürftige Sachverhalte vermittelt und im Dialog mit Vorgesetzten und Kollegen Probleme angesprochen und gelöst werden. Fragen, Anregungen und kritische Äußerungen können unmittelbar behandelt werden. In der persönlichen Kommunikation kann Vertrauen entstehen, das Wir-Gefühl gestärkt und sogar Zweifel und Widerstände ausgeräumt werden. Die persönliche Kommunikation – ob nun formell oder informell – schafft menschliche Verbindungen und Verbundenheit mit dem Unternehmen.

Für eine professionelle, umfassende und erfolgreiche interne Kommunikation werden Sie in der Regel sowohl schriftliche, als auch mündliche und elektronische Instrumente einbeziehen. Instrumente der persönlichen Kommunikation werden dabei durch Print-Informationen oder Informationen aus dem Intranet ergänzt und verstärken sich wechselseitig. Im Überblick in Tabelle 4.6 wurden die internen Kommunikationsinstrumente nach ihren unterschiedlichen Hauptaufgaben – Information, Dialog, Motivation und Wissenstransfer – gegliedert.

Diese Sammlung von internen PR-Instrumenten ist sicherlich nicht vollständig. In fast jedem Betrieb gibt es individuelle, weitere Instrumente, die vom Verantwortlichen für interne Kommunikation eingesetzt werden, um einer ganz spezifischen innerbetrieblichen Bedarfssituation gerecht zu werden. Auch Sie sollten darüber nachdenken, wie sich die klassischen PR-Instrumente für interne Kommunikation mit etwas Erfindungsgeist so ausgestalten lassen, dass sie zu etwas ganz Besonderem werden.

4.6.2 Grundsätzliche Anforderungen an interne PR-Instrumente

Bei der Umsetzung der internen PR-Instrumente sollten bestimmte Grundsätze beachtet werden, wenn Sie die maximale Wirkung und Akzeptanz Ihrer Arbeit sicherstellen wollen.

- Bei der Anwendung der Kommunikationsinstrumente müssen Sie sich an den Kommunikationsleitlinien orientieren. Dies betrifft sowohl die Themenauswahl, als auch die Sprache und die Ausgestaltung bzw. Organisation der Maßnahmen. Seien Sie in Ihrem Denken, Handeln und Sprechen ein Vorbild für andere und zeigen Sie, dass das Unternehmensleitbild gelebt wird!
- Kommunikationsinstrumente fördern den internen Interessensausgleich und sollen die Meinungsbildung der Mitarbeiter ermöglichen. Dies ist nur möglich, wenn wahrheitsgemäß, glaubwürdig und offen kommuniziert wird. Manipulationen, Schönfärberei und Geheimniskrämerei sind Gift für das Betriebsklima!
- Die Themen und Inhalte, die in den einzelnen Maßnahmen berücksichtigt werden, sollten sich sowohl an den unternehmerischen Anforderungen, als auch an den Bedürfnissen der Mitarbeiter orientieren.

Tabelle 4.6 Instrumente der internen Kommunikation und ihre Hauptfunktionen

Information	Dialog	Motivation	Wissenstransfer
Schriftliche Kommunikation	• Kummerkasten/Briefkasten für Anfragen	• Glückwunschschreiben	• Lehrbücher
• Schwarzes Brett/Aushang/Wandzeitung	• Leserbrief	• Dankschreiben	• Schulungsunterlagen
• Rundschreiben	• Schriftliche Befragung	• Führungskräftebrief	• Anleitungen
• Mitarbeiterzeitung/-zeitschrift/-magazin		• Mitarbeiterbrief	• Benutzerhandbücher
• Newsletter		• Relaunch Mitarbeiterzeitung	• Dokumentation
• Informationsdienste für spezielle Mitarbeitergruppen		• Mailing-Wettbewerbe/Ausschreibung	• Nachschlagewerke
• Broschüren		• Plakate	• Arbeitsanweisungen
• Faltblatt		• Jubiläumsschrift	• Prozessdokumentation (Workflow)
• Infomappe für neue Mitarbeiter			• Forschungsberichte
• Handzettel			
• Chronik			
• Firmenschrift/Druckschrift			
• Dokumentation			
• Geschäftsbericht			
• Brief			
• Pressespiegel			
• Mitarbeiterhandbuch			
• Unternehmensleitbild-Broschüre			
• Führungsrichtlinien			
• Informationstafeln/Hinweisschilder			

Tabelle 4.6 (Fortsetzung)

Information	Dialog	Motivation	Wissenstransfer
Elektronische und audiovisuelle Kommunikation			
• Betriebsfunk	• Video-/Telefon-Konferenz	• Online-Wettbewerbe	• Lehrfilm
• Lautsprecherdurchsagen	• Telefon-Hotline	• Online-Preisausschreiben	• Video-/Audio-Streams
• Diaschau	• E-Mail-Hotline		• CBT (Computer Based Training)
• Film/Video	• Intranet-Live-Chats mit GF/Experten		• Datenbanken
• Business-TV	• Diskussionsforen im Intranet		• Intranet-Bibliothek
• Internet	• Weblogs		• Elektronische Dokumentation
• Info-Terminals	• Online-Befragung		• Experten-Netzwerke
• Intranet			
• E-Mail			
• Video-/Audio-Streams			
• E-Mail-Newsletter			
• Online-Meeting-			
• Kalender/Veranstaltungskalender			
• Elektronische Glossare			
Persönliche Kommunikation			
• Vorträge	• Gespräche	• Events	• Trainings/Schulungen
• Ansprachen	• Besprechungen	• Betriebs-/Bereichsausflug	• Fortbildungsveranstaltung
• Präsentationen	• Zieldialoge	• Exkursionen/Besichtigungen	• Weiterbildung
• Informationsveranstaltungen	• Teamtreffs	• Betriebsfeste/-feiern	• Kongresse
• Ausstellungen	• Workshops	• Weihnachtsfeier	• Seminare
• Führungskräftetagung	• Gruppendiskussionen	• Geburtstagsfeiern	• Betriebsbesichtigung
• Update-Meetings	• Konferenzen	• Get-Together	• Führungskräftetraining/-coaching
• Team-Briefing	• Podiumsdiskussion	• Stammtisch	
• Einführungsveranstaltungen	• (Chef-) Sprechstunde	• Hobbygruppe	

Tabelle 4.6 (Fortsetzung)

Information	Dialog	Motivation	Wissenstransfer
	• Beratungsstellen • „Jour Fixe" • Anhörungen • „Round-table" • Quality Circles • „Management-by-walking-around" • Betriebsversammlung • Lesertreffen • Face-to-face-Befragung	• Kulturveranstaltung • Sportveranstaltung • Motivationstraining • Kick-off-Events für Projekte • Leitbild-Workshops • Tag der offenen Tür • (Jubilar-) Ehrungen	

Sonstige Kommunikationsmaßnahmen
• Schaukasten
• Firmenmuseum
• Interne Info-Messen

| | • Selbsthilfegruppen | • Auszeichnung
• Preisausschreiben
• Wettbewerbe
• Internes Vorschlagswesen
• Incentives
• Sponsoring
• Give-aways | |

- Es ist wichtig, dass nicht nur der Verstand, sondern auch das Gefühl der Mitarbeiter angesprochen wird. Deshalb sollte jedes Instrument kognitive und emotionale Elemente kombinieren. Achten Sie beispielsweise darauf, dass es bei Tagungen und Vorträgen nicht nur etwas zum Nachdenken, sondern auch etwas zum Lachen gibt. Begleiten Sie wichtige Projekte mit einem motivierenden Motto oder einem Maskottchen. Kombinieren Sie Lernen mit Spielen, Ernst mit Humor, Aktivität mit Besinnlichkeit, Konzentration mit Entspannung.

- Um den Dialog im Unternehmen zu fördern, sollte jedes Instrument Feedback-Elemente beinhalten oder zur Interaktion motivieren. Ergänzen Sie beispielsweise Inhalte mit Kontaktdaten, über die weiterführende Informationen abgerufen werden können. Integrieren Sie in Informationsmeetings eine Fragerunde. Lassen Sie Veranstaltungen, Konferenzen oder Workshops von den Teilnehmern beurteilen, um sie noch bedarfsgerechter organisieren zu können. Es finden sich für fast alle Instrumente Möglichkeiten, dialogorientierte Elemente zu integrieren und damit zweiseitige Kommunikationsprozesse im Unternehmen anzustoßen.

- Am höchsten wird die Akzeptanz für Ihre Maßnahmen sein, wenn sich die Mitarbeiter selbst an der Gestaltung der Instrumente beteiligen können. Fördern Sie Autorenartikel in der Mitarbeiterzeitung, Redaktionsbeiräte oder Festausschüsse und Projektgruppen, die Ihnen bei Ihrer Arbeit helfen!

- Beachten Sie bei der Planung und Umsetzung Ihrer Instrumente die professionellen CD- und Qualitätsstandards. Das Corporate Design des Unternehmens muss sich in allen Maßnahmen widerspiegeln – im Layout der Mitarbeiterzeitung, in der Dekoration einer Veranstaltung, bei der Ausgestaltung eines Online-Diskussionsforums. Beim Projektmanagement, bei Meetings, bei Präsentationen oder beim Verfassen von Schriftstücken – zeigen Sie, dass Sie ein Profi sind und arbeiten Sie auf einem hohen Qualitätsstandard. So zeigen Sie am besten Ihre Wertschätzung für Ihre Kollegen.

Aufgabe 3 (Teil I): Erarbeiten Sie eine interne Kommunikationsstrategie mit Maßnahmenplan!

In dieser Übung werden Sie den strategischen Teil eines Konzeptes für die interne Kommunikation erarbeiten. Auch werden Sie erste Ansätze dazu entwickeln, wie Sie Ihre Strategie in interne Kommunikationsmaßnahmen umsetzen können. Sie sollten diese Übung auf ein Unternehmen oder eine Organisation beziehen, die Sie sehr gut kennen. Denn Sie benötigen für die interne Kommunikationsarbeit ein ausgezeichnetes Insiderwissen. Auch müssen Sie Zugang zu internen Daten, beispielsweise aus Mitarbeiterbefragungen und zu strategisch relevanten Informationen, haben.

Die ASSCorp als Beispiel

Damit Sie sehen, wie die Ergebnisse der einzelnen Arbeitsschritte aussehen könnten, wird ein fiktiver – jedoch durchaus realistischer – Beispielfall herangezogen. Für diese Übung ist dies die Assurance Corporation (ASSCorp), eine international tätige Lebensversicherungsgesellschaft mit europäischen Standorten in London, Dublin und Frankfurt. Kernmarkt für das Europageschäft ist Deutschland, Standort der Europazentrale ist London. Die Versicherungsprodukte werden in Teamarbeit zwischen London und Frankfurt entwickelt, in Deutschland über Versicherungsmakler vertrieben und in einem ausgelagerten Profit-Center in Dublin, Irland, verwaltet. Die international zersplitterten internen Prozessketten – in diesem Fall die örtliche Trennung von Produktion, Vertrieb, Service und Verwaltung – und die komplexen Strukturen und Verantwortlichkeiten, die dadurch entstehen, sind typisch für viele international ausgerichtete Unternehmen. Dadurch ergeben sich spezielle Herausforderungen für die interne Kommunikation und Zusammenarbeit. Da ein ausführliches internes Kommunikationskonzept den Rahmen dieses Buches sprengen würde, werden einzelne Aufgaben der internen Kommunikation von ASSCorp exemplarisch herausgegriffen und dazu Lösungswege entwickelt.

1. Schritt: Analysieren Sie die interne Kommunikationskultur!

Im ersten Schritt sollten Sie versuchen, Antworten auf alle Fragen zu finden, die in der Tabelle 4.2 „Aspekte für die Analyse der internen Kommunikationskultur" aufgeführt werden.

- Wie zufrieden sind die Mitarbeiter mit ihrem Arbeitsplatz, ihrer Tätigkeit, mit der Zusammenarbeit im Team oder mit Vorgesetzten?
- Wie gut wird mit anderen Bereichen zusammengearbeitet?
- Wie sieht der Informationsstand und –bedarf der Mitarbeiter aus?
- Welche internen Kommunikationsmaßnahmen werden durchgeführt, wie werden diese genutzt und von wem?
- Sind den Mitarbeitern die übergeordneten Ziele und Strategien, sowie wichtige Entscheidungen bekannt?
- Wie sieht es mit dem Wir-Gefühl, mit Vertrauen zu Führungskräften und mit dem Stolz auf die Unternehmensleistung aus?
- Wo liegen Probleme? Welche Verbesserungsvorschläge haben die Mitarbeiter selbst?
- Gibt es unter den einzelnen Mitarbeitergruppen große Unterschiede bei der Beantwortung der obigen Fragen?

Sollten Ihnen keine Daten aus Mitarbeiterbefragungen vorliegen, können Sie qualitative Einzelgespräche mit einem kleinen Querschnitt der Mitarbeiter durchführen, um diese Fragen zu beantworten. Fassen Sie Ihre Erkenntnisse in kurzen, prägnanten Kernsätzen zusammen und strukturieren Sie diese Kernsätze thematisch sinnvoll (siehe Abb. 4.1.). Wichtig dabei: Halten Sie auch fest, wenn sich Ihre Befunde bei einzelnen Mitarbeitergruppen deutlich unterscheiden!

Kernergebnisse der IST-Analyse der ASSCorp

Unternehmenskultur und Identität:

- Ziele, Strategien, Visionen: Die übergreifenden Zukunftsstrategien sind vielen Mitarbeitern nicht bekannt oder unklar.
- Über die Ländergrenzen hinaus besteht kein Wir-Gefühl.
- Werte und Orientierung: Es gibt zwar ein Leitbild, dieses ist aber nicht in den Köpfen der Mitarbeiter präsent und wird nicht gelebt.
- Kundenorientierung: Die Kundenwünsche und -bedürfnisse sind vielen Mitarbeitern nicht bekannt (speziell Mitarbeiter ohne Kundenkontakt) und fließen nicht in die persönliche Arbeitseinstellung ein.

Organisation und Zusammenarbeit:

- Strukturen, Rollen und Verantwortlichkeiten - speziell an anderen Standorten-sind den Mitarbeitern weitgehend unklar.
- Unklare Zuständigkeiten und länder-übergreifende Projekte produzieren Unsicherheit und einen Mangel an Stabilität.
- Zusammenarbeit: Die Zusammenarbeit zwischen den einzelnen Abteilungen der Wertschöpfungskette – speziell an den Schnittstellen zu anderen Ländern/Standorten - ist mangelhaft.
- Zusammenarbeit: Die Mitarbeiter kennen ihre Kollegen und deren Aufgaben an anderen Standorten zu wenig, würden dies aber gerne ändern.
- Hohe Konfliktbelastung bei Mitarbeitern mit Kundenkontakt: Fehler der Vertragsverwaltung erhöhen den Druck auf Vertriebs- und Serviceabteilungen in Deutschland.

Information und Kommunikation:

- Kommunikationsinstrumente: Es fehlen länderübergreifende Kommunikationsinstrumente für alle Mitarbeiter. Speziell der Informationsfluss zwischen den Standorten ist nicht organisiert.
- Informationsversorgung: Informationen werden überwiegend durch persönliche Beziehungsnetzwerke beschafft – speziell arbeitsrelevante Informationen.
- Führungskommunikation: Entscheidungen werden ungenügend kommuniziert und erklärt.
- Sprache: Einige deutsche Mitarbeiter sprechen zu wenig Englisch, um sich an der länderübergreifenden Kommunikation zu beteiligen.

Leitsätze

„Unser gemeinsames Denken und Handeln ist auf die Wünsche und Bedürfnisse unserer Kunden ausgerichtet."

„Wir verhalten uns gegenüber unseren Kollegen offen, ehrlich, verständnisvoll und hilfsbereit."

„Wir schätzen unsere kulturellen Unterschiede als wertvolle Bereicherung unseres Arbeitsalltags."

„Wir setzen all unsere Fähigkeiten für den gemeinsamen Erfolg ein und teilen unser Wissen gerne mit unseren Kollegen."

Abb. 4.1 (Fortsetzung)

2. Schritt: Leiten Sie aus den strategischen Vorgaben Leitlinien für die interne Kommunikation ab!

Nun sollten Sie alle Informationen sammeln und analysieren, die sich mit strategischen Zielen, Vorgaben, Zukunftsvisionen oder Verhaltensleitlinien beschäftigen.

- Gibt es ein Unternehmensleitbild oder Unterlagen zur Corporate Identity?
- Gibt es strategische Papiere, die Aufschluss über zukünftig erforderliche Kompetenzen oder Verhaltensweisen des Unternehmens geben?
- Gibt es Führungs- oder Kommunikationsleitlinien?

Studieren Sie diese Unterlagen intensiv und stellen Sie die folgenden Fragen:

- Wie muss im Idealfall intern kommuniziert werden, damit die strategischen Vorgaben, das Leitbild oder Zukunftspläne unterstützt werden können?
- Wie sollte im Idealfall intern zusammengearbeitet werden?
- Welche kommunikativen Verhaltensweisen, welche Informations-Rechte und -Pflichten haben Führungskräfte und Mitarbeiter idealerweise?
- Wie sieht die Führungskommunikation im Idealfall aus?

Sammeln Sie alle Vorgaben oder Anforderungen, die für die interne Kommunikation relevant sind. Formulieren Sie aus diesen Vorgaben allgemeingültige Leitlinien, wie dies in der Tabelle 4.1 „Beispiele für Kommunikationsleitlinien" exemplarisch dargestellt wird.

3. Schritt: Legen Sie die Hauptaufgaben für die interne Kommunikation fest!

Jetzt müssen Sie Ihre Erkenntnisse aus Schritt 1 mit den Vorgaben aus Schritt 2 vergleichen und daraus die Aufgaben und Ziele für Ihre interne Kommunikation ableiten.

←————————————————————————————

Abb. 4.1 Kernergebnisse der internen IST-Analyse der ASSCorp. Nebenstehend sehen Sie einen Auszug der Ergebnisse aus qualitativen Mitarbeiter-Interviews, die in der ASSCorp durchgeführt wurden. Sie beschreiben den Status Quo bzw. die interne IST-Situation in den Bereichen Corporate Identity, Zusammenarbeit und Kommunikation. Es zeigt sich, dass insbesondere an den Schnittstellen der Wertschöpfungskette und zwischen den Mitarbeitern der einzelnen Länder Konfliktpotential besteht. Die Zusammenarbeit ist schlecht, es besteht kein Wir-Gefühl und es fehlt ein einheitlicher Orientierungsrahmen. Auch sind keine Instrumente für die länder-übergreifende Kommunikation vorhanden. Diesem Ist-Zustand wurden in einem ersten Schritt Leitsätze gegenübergestellt, die dem Leitbild entnommen wurden und sich mit Kommunikation und Zusammenarbeit beschäftigen.

- Wo liegen die größten Defizite zwischen der analysierten Kommunikationskultur und dem in den Kommunikationsleitlinien definierten Idealzustand?
- Sind die Defizite bei bestimmten internen Bezugsgruppen besonders groß?
- Was kann die interne Kommunikation leisten, um die Defizite zu reduzieren und dem Idealzustand näher zu kommen?
- Wie genau sollte die Situation aussehen, wenn die Defizite beseitigt sind?
- Bis wann und in welchem Maße können die Defizite reduziert oder beseitigt werden?

Stellen Sie jeder Kommunikationsleitlinie die entsprechenden Befunde aus Schritt 1 gegenüber. Formulieren Sie kurz und präzise die Aufgaben, die sich aus den Defiziten ergeben. Leiten Sie davon Ihre konkreten, internen PR-Ziele ab. Vergessen Sie nicht, zu jedem Ziel das Ausmaß, den Zeitpunkt und – falls möglich – die relevante Bezugsgruppe anzugeben (siehe Abb. 4.2.).

4. Schritt: Legen Sie Ihre internen Bezugsgruppen fest!
In diesem Schritt sollten Sie die Mitarbeiter so in einzelne Gruppen aufteilen, dass Sie diese durch die gleichen Instrumente, mit der gleichen Sprache und mit den gleichen Themen ansprechen können. Wichtige Hinweise auf spezielle Bedürfnisse einzelner Mitarbeitergruppen erhalten Sie aus dem Befund aus Schritt 1. Fehlende Informationen müssen Sie hausintern recherchieren, beispielsweise in der Personalabteilung. Nutzen Sie zur Definition der Mitarbeitergruppen die Tabelle 4.3 „Kriterien für die Strukturierung interner Bezugsgruppen".

- Auf welche einzelnen Mitarbeitergruppen beziehen sich Ihre internen PR-Ziele?
- Welche Mitarbeitergruppen weisen besonders große Defizite im IST-SOLL-Vergleich auf?
- Welche Mitarbeitergruppen müssen ihre Einstellung oder ihr Verhalten ändern, damit Sie Ihre internen PR-Ziele erreichen?

Abb. 4.2 Kommunikationsleitlinien, Aufgaben und Ziele der ASSCorp. Aus den Leitsätzen der ASSCorp wurden die Leitlinien für die interne Kommunikation abgeleitet. Diese wurden mit den Ergebnissen der IST-Analyse verglichen. Ausgehend vom IST-SOLL-Vergleich wurden die Kernaufgaben der internen Kommunikation festgelegt. Es gilt, einen einheitlichen Orientierungsrahmen und Transparenz zu schaffen, die länder-übergreifende Zusammenarbeit und das gegenseitige Verständnis für kulturelle Unterschiede zu verbessern und dazu geeignete Kommunikationsinstrumente aufzubauen. Für einige Kommunikationsaufgaben wurden beispielhaft konkrete Ziele formuliert. Die SOLL-Werte (nach der Schulnotenskala) beziehen sich auf eine Mitarbeiterbefragung, die in drei Jahren durchgeführt werden soll. Der Fragebogen wird die entsprechenden Kontrollfragen beinhalten.

Kommunikationsleitlinien der ASSCorp

„Die interne Kommunikation…

… fördert die Kunden- und Serviceorientierung aller Mitarbeiter."

… unterstützt die gemeinsame Orientierung aller Mitarbeiter an Leitbild und Unternehmenszielen."

… fördert das gegenseitige Verständnis der Mitarbeiter – auch über Ländergrenzen hinaus."

… unterstützt die Zusammenarbeit in abteilungs- und länder-übergreifenden Teams."

… sorgt für einen offenen Austausch von Wissen und Information im Unternehmen."

… unterstützt den Aufbau persönlicher, unternehmensweiter Netzwerke."

… betont die Wertschätzung des Engagements der Mitarbeiter und deren Beitrag zum gemeinsamen Erfolg."

Aufgaben und Ziele für die interne Kommunikation

Die interne Kommunikation muss…

- … Informationen über Kundenwünsche und -bedürfnisse allen Mitarbeitern – besonders auch den Mitarbeitern ohne Kundenkontakt – zugänglich machen.
- … vorbildliche Beispiele für Kundenorientierung aufzeigen.
- … die wichtigsten Werte und Handlungsmaxime aus dem Leitbild darstellen und erklären.
- … die Visionen, Ziele und Strategien des Unternehmens, sowie wichtige Entscheidungen bekannt machen und erklären.
- … Sympathie und Verständnis für die unterschiedlichen Kulturen aufbauen.
- … den Teamgeist über Ländergrenzen hinaus fördern.
- … Zusammenarbeit und Problemlösung in bereichs- und länder-übergreifenden Teams – speziell an den Schnittstellen der Wertschöpfungskette-durch geeignete Instrumente unterstützen.
- … Strukturen, Prozesse und Verantwortlichkeiten im Unternehmen transparent machen
- … das persönliche Kennenlernen der Kollegen aus anderen Ländern ermöglichen.
- … Kommunikationsinstrumente schaffen, die den Austausch von Wissen und Informationen unterstützen und die allen Mitarbeitern gleichermaßen zugänglich und verständlich sind.
- … einzelne Leistungen und gemeinsame Erfolge hervorheben.
- … dabei helfen, die sprachlichen Barrieren zwischen den Mitarbeitern abzubauen.

Ziele (Auszug):

- In drei Jahren sind die Mitarbeiter davon überzeugt, dass sie ihre Tätigkeit an den Kundenwünschen ausrichten (gesamt Note < 2,0; Mitarbeiter ohne Kundenkontakt < 2,9).
- In drei Jahren fühlen sich die Mitarbeiter gut über Unternehmensziele, -strategien und Leitlinien informiert (Note <2,5). Sie haben das Gefühl, zusammen mit ihren Kollegen auf ein gemeinsames Ziel zuzuarbeiten (Note <2,5).
- In drei Jahren geben die Mitarbeiter an, dass sie mit Organisation, Prozessen und Verantwortlichkeiten im Unternehmen gut vertraut sind (Note <2,0). Sie kennen die meisten ihrer Kollegen und deren Aufgaben bzw. Arbeitsabläufe (Note <2,9).
- In drei Jahren beurteilen die Mitarbeiter die länder-übergreifende Zusammenarbeit als „gut" (Note <2,5). Sie stimmen der Aussage zu, dass sie den Kontakt zu Kollegen aus anderen Ländern als Bereicherung empfinden („stimme zu">70 %).

Abb. 4.2 (Fortsetzung)

- Nach welchen sinnvollen Kriterien lassen sich diese Mitarbeitergruppen strukturieren?
- Welche Medien bzw. Instrumente der internen Kommunikation nutzen diese Bezugsgruppen? Wie sind sie erreichbar?
- Für welche Themen interessieren sich die Bezugsgruppen, welche spezifischen Bedürfnisse haben sie?
- Welche Sprache sprechen und verstehen sie?
- Wie viele Personen umfasst jede einzelne Bezugsgruppe?

Ihre internen Bezugsgruppen können Sie nach Mengen und Kriterien in Grafiken darstellen. Sie können aber auch bei Bedarf funktions- oder prozess-spezifische Übersichten anfertigen. Beispiele für Dialoggruppen-Darstellungen finden Sie in Abb. 4.3 und 4.4. Auch Bezugsgruppen-Tabellen,

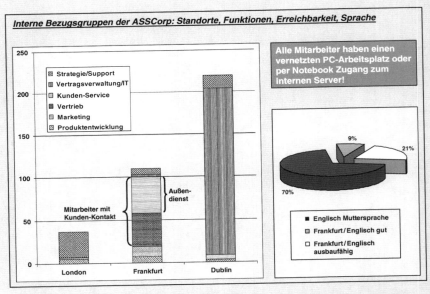

Abb. 4.3 Die internen Bezugsgruppen der ASSCorp (Teil 1). Die Analyse und Aufgabenstellung hat ergeben, dass der Standort und die Funktionen der Mitarbeiter innerhalb der Wertschöpfungskette, sowie deren Kundenorientierung wesentliche Unterscheidungsmerkmale sind, um Mitarbeitergruppen zu definieren. Bei der ASSCorp arbeiten nahezu alle Mitarbeiter mit Kundenkontakt am Standort Frankfurt oder im Außendienst in Deutschland. Die strategischen, verwaltenden und unterstützenden Funktionen hingegen befinden sich überwiegend in London und Dublin. Die Unternehmenssprache ist Englisch, wobei 21% der deutschen Mitarbeiter den sprachlichen Anforderungen nicht ausreichend gewachsen sind. Ein Pluspunkt ist jedoch, dass alle Mitarbeiter der ASSCorp gut mit PCs oder Notebooks vernetzt und damit elektronisch erreichbar sind.

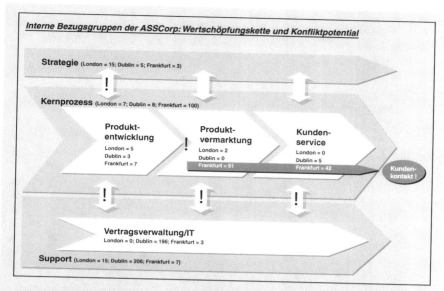

Abb. 4.4   Die internen Bezugsgruppen der ASSCorp (Teil 2). In dieser Übersicht wurden die einzelnen Bereiche des Europa-Geschäfts nach Funktionen innerhalb der Wertschöpfungskette dargestellt. Ergänzend wurde die Anzahl der Mitarbeiter in den einzelnen Bereichen nach Standorten differenziert erfasst. Die Ausrufezeichen markieren das Konfliktpotenzial in der Zusammenarbeit der Bereiche. Bei der Produktentwicklung geraten strategische Interessen mit verwaltungstechnischen Aspekten und der Vertriebssicht aneinander. Die überwiegend deutschen Vermarktungs- und Serviceeinheiten beklagen sich über die mangelnde Kundenorientierung der irischen Kollegen aus der Vertragsverwaltung. Die kulturellen Gegensätze werden durch die funktionsbedingten Interessenkonflikte also noch verschärft.

in denen zu jeder Bezugsgruppe die wichtigsten Beschreibungsmerkmale – z.B. Sprache, Interessen, Standort, Erreichbarkeit – festgehalten werden, sind denkbar. Wichtig bei der Aufbereitung der Daten: Sie müssen einen guten Überblick haben, welche internen Bezugsgruppen Sie in Ihrer Arbeit berücksichtigen müssen, wo Sie diese finden, wie Sie diese erreichen und welche unterschiedlichen Bedürfnisse sie haben.

5. Schritt: Legen Sie Ihre internen Botschaften und Kernthemen fest!

In diesem Schritt müssen Sie erarbeiten, was Ihre Bezugsgruppen wissen, denken und fühlen sollen, wenn Sie Ihre Ziele erreicht haben. Von diesen Kernbotschaften lässt sich ableiten, welche Informationen Sie den Mitarbeitergruppen geben, über welche Themen Sie diskutieren oder welches Wissen und welche Gefühle Sie vermitteln müssen, um Ihre Ziele zu erreichen. Auch sollten Sie sich einen Überblick verschaffen, welche Informationen in Ihrer Organisation wo und in welcher Form vorliegen. So können Sie auf die benötigten Inhalte zugreifen und sie in der gewünschten Weise zur Kommunikation einsetzen (siehe auch Abschn. 4.6 „Organisationsinterne Themen und Inhalte"). Typische Fragestellungen bei diesem Arbeitsschritt sind:

- Welche Einstellungen, welches Wissen und welche Gefühle sollen bei den Bezugsgruppen vorhanden sein, wenn die internen PR-Ziele erreicht sind (Kernbotschaften)?
- Welche Informationen, welche Themen und welches Wissen muss kommuniziert werden, damit sich die Kernbotschaften festsetzen?
- Welche wichtigen Nachrichten und Hintergrundinformationen müssen die Bezugsgruppen erhalten?
- Welche Service- Informationen und Arbeitshilfen brauchen sie?
- Welche Informationen werden für die berufliche Tätigkeit benötigt?
- Liegen ausreichend Informationen zu Organisation, Prozessen und Verantwortlichkeiten vor?
- Gibt es ausreichend Informationen zu Visionen, Zielen und Strategien?
- Sind wichtige Entscheidungen bekannt und werden sie ausreichend erklärt?
- Ist das Leitbild bekannt und wird es verstanden?
- Welche internen Themen werden kontrovers diskutiert und werden hierzu ausreichend Argumente zur Orientierung und Meinungsbildung angeboten?
- Wie drückt das Unternehmen seine Wertschätzung gegenüber den Mitarbeitern aus und ist dies ausreichend?
- In welcher Sprache und mit welcher Tonalität müssen die Bezugsgruppen angesprochen werden? Wie sind sie zu motivieren?
- Wo und in welcher Form liegen die benötigten Informationen im Unternehmen vor?
- Wie ordnen Sie diese Informationen nach Ihrem Kriterienkatalog – Aktualität, Komplexität, Umfang, Bedeutung und Betroffenheit – in verschiedene Informationstypen ein?

Formulieren Sie Ihre Kernbotschaften für jede Bezugsgruppe in ein bis drei Sätzen. Ein Tipp: Im Abschn. 2.2.3 „PR-Botschaften" wird ausführlich beschrieben, wie Botschaften in der Kommunikationsarbeit formuliert werden. Erstellen Sie dann – aufbauend auf den Kernbotschaften – eine Themensammlung für jede Bezugsgruppe. Darin wird aufgeführt, welche Themen und Inhalte Ihre Kommunikation mit jeder Bezugsgruppe prägen sollten, damit diese Mitarbeiter ihre Einstellungen, ihr Wissen und ihre Gefühle im gewünschten Sinne entwickeln können. Legen Sie eine Themen-Bezugsgruppen-Matrix an, in der Sie auch die Informationskriterien festhalten. Einen Auszug aus einer solchen Tabelle sehen Sie in Abb. 4.5.

Kernbotschaften und Themen der internen Kommunikation der ASSCorp (Auszug)

Botschaften / Themen	Bedeutung	Aktualität	Komplexität/Erklärungs-bedarf	Infotyp	Ort/Sprache
Kernbotschaften					
Ich bin Teil eines internationalen, erfolgreichen Teams und trage mit meiner Leistung dazu bei, dass wir unsere Ziele erreichen.					
Aufgaben und Probleme lösen wir gemeinsam und sachlich, um das beste Ergebnis für unsere Kunden zu erzielen.					
Ich interessiere mich für die Tätigkeit meiner Kollegen im In-und Ausland.					
Ich habe Verständnis für die Bedürfnisse und Arbeitsweise meiner Kollegen in anderen Bereichen und Ländern.					
Es macht Spaß, Teil eines internationalen Teams zu sein.					
Ich schätze und respektiere meine Kollegen aus anderen Ländern. Ich empfinde unseren Kontakt als Bereicherung meines beruflichen Lebens.					
Themen					
Übergeordnete Visionen, Ziele, Strategien, wichtige Entscheidungen; Leitbild	++	teils	erklären	allg.	Führung/GB
Geschäftsentwicklung, Erfolge Einzelner, von Teams und insgesamt hervorheben, gemeinsame Feiern, Auszeichnungen	+	teils		allg.	überall/GB+D
Informationen über Markt und Marktforschung, Kundenbedürfnisse und -wünsche, Kundenportraits, Erwartungen an Produkte, Produkteigenschaften, Q&As, relevante Presse-Veröffentlichungen	++	teils	umfang	arbeit	D/D
Best Practices (vorbildliche Beispiele) für Kundenorientierung und Problemlösung	++			arbeit	überall/GB+D
Informationen, Tools und Standards zum Thema Teamarbeit, Konflikt-Management, Meetingorganisation und Projektmanagement	+		umfang	hilfe	überall/GB+D
Unterstützung für (internationale) Zusammenarbeit: Reiseinformationen und -abrechnung, Terminkalender, Agendas, Besprechungsprotokolle, Begleitmaterial		hoch	umfang	hilfe	überall/GB
Organisations-Übersicht (Organigramme, Telefon- und Adressbücher, Mitarbeiter-Portraits etc.), Vorstellung von Abteilungen, Teams, Projektgruppen und Personen mit interessanten Tätigkeiten aus unterschiedlichen Ländern	+		umfang	allg.	überall/GB+D
Vorstellung der Arbeit internationaler Teams und Projektgruppen und deren Erfolge	++		umfang	allg.	überall/GB
Kulturelle Themen: Sprache, Essen, Land und Leute, Hobbies, Reisen, Arbeiten, Feiern etc.	++			allg.+hilfe	überall/GB+D
Menschlich-persönliches: Hobbies / Interessen, Geburtstage, Jubiläen, Feiern, neue Mitarbeiter	+		umfang	allg.	überall/GB+D

Abb. 4.5 (Fortsetzung)

6. Schritt: Legen Sie das grundsätzliche Instrumentarium zur Umsetzung Ihrer Strategie fest!
Nun sollten Sie sich überlegen, mit welchem grundsätzlichen Instrumentarium Sie die strategischen Vorgaben aus Schritt 3–5 umsetzen können.

- Welche typischen Grundfunktionen der schriftlichen, persönlichen und elektronischen Kommunikationsinstrumente können genutzt werden, um die festgelegten Themen bezugsgruppen-gerecht zu transportieren?
- Muss im Zeitverlauf die Gewichtung der Instrumente verändert werden?

Fassen Sie in ein bis drei Sätzen zusammen, welches Hauptinstrumentarium am besten geeignet ist, die strategischen Vorgaben zu erfüllen. Falls nötig, differenzieren Sie dabei nach Zielen, Bezugsgruppen und Inhalten, sowie nach zeitlichen Phasen.

7. Schritt: Entwickeln Sie Ideen für einen angemessenen Maßnahmen-Mix!
In diesem Schritt präzisieren Sie die Grundüberlegungen aus Schritt 6 und überlegen sich, welche konkreten Instrumente Sie für den Dialog mit den unterschiedlichen Bezugsgruppen einsetzen können. Berücksichtigen Sie dabei, dass die Instrumente unterschiedliche Kommunikationsflüsse im Unternehmen unterstützen und dass sie für unterschiedliche Informationstypen geeignet sind. Auch sollten Sie stets für ausreichende Möglichkeiten zu Dialog, Feedback und informeller Kommunikation sorgen. Lassen Sie sich bei der Auswahl von Maßnahmen von der Tabelle 4.5 „Instrumente der internen Kommunikation und ihre Hauptfunktionen" inspirieren.

- Welche schriftlichen, persönlichen oder elektronischen Instrumente sind für die einzelnen kommunikativen Aufgaben besonders geeignet?
- Mit welchen Instrumenten erreichen Sie Ihre Bezugsgruppen?
- Welche Instrumente der internen Kommunikation sind dazu geeignet, um die identifizierten Inhalte und Informationstypen auszutauschen?

◄――――――――――――――――――――――――――――――――――――――

Abb. 4.5 Interne Kernbotschaften und Themen. In der Tabelle wurden die internen Kernbotschaften und Themen identifiziert. Die Themen wurden kategorisiert, so dass ihre wichtigsten Merkmale ersichtlich sind. Die meisten Inhalte müssen im ganzen Unternehmen zusammengetragen werden und liegen in Englisch und Deutsch vor. Allerdings befinden sich die für die Kundenorientierung wichtigen Markt- und Kundeninformationen überwiegend in Deutschland. Nur wenige Inhalte sind sehr aktuell, einige davon jedoch sehr umfangreich, die meisten von großer Bedeutung für die gemeinsame CI. Aus den Themen-Merkmalen ergeben sich wertvolle Hinweise für die strategische Umsetzung: Umfangreiche, arbeitsrelevante Informationen und Hilfsmittel sind für Intranets geeignet. Für die gemeinsame Identitätsbildung und strategische Orientierung könnte ein Mix aus Mitarbeitermagazin und persönlicher Kommunikation eingesetzt werden.

- Welche Instrumente sind für Push-Informationen mit hoher Bedeutung für das Unternehmen, welche für Pull-Informationen mit hohem Bedarf bei den Mitarbeitern einsetzbar?
- Welche Instrumente unterstützen den horizontalen oder vertikalen Dialog und das Feedback der Mitarbeiter?
- Welche Instrumente unterstützen das persönliche Kennenlernen und die informelle Kommunikation?

Sammeln Sie alle Ideen für geeignete Maßnahmen und ordnen Sie die Instrumente den Bezugsgruppen zu. Achten Sie darauf, dass jeder Bezugsgruppe mindestens ein Instrument für Push-Informationen, Dialog und informelle Kommunikation zugeordnet wird. Dann untersuchen Sie die Sammlung nach den folgenden Gesichtspunkten:

- Welche Instrumente sind überflüssig, weil ihre Funktion durch andere Instrumente übernommen werden kann?
- Welche zusätzlichen Instrumente müssen geschaffen werden, um Lücken in der Ansprache einzelner Bezugsgruppen zu schließen?
- Welche der gesammelten Instrumente sind bereits vorhanden, welche müssen ausgebaut oder verändert werden?
- Welche Fähigkeiten und Fertigkeiten müssen entwickelt werden, um die Instrumente einsetzen bzw. nutzen zu können?

Überarbeiten Sie Ihre Maßnahmen-Bezugsgruppen-Matrix entsprechend. Falls Sie spezielle Fertigkeiten und Fähigkeiten aufbauen müssen, erfassen Sie die notwendigen Maßnahmen dafür ebenfalls. Halten Sie für jedes Instrument fest, welche Funktionen es erfüllt, welche Bezugsgruppen es nutzen und welche Inhalte es transportieren sollte. Dieses Kurzprofil für jedes Instrument bildet die Basis für die spätere Detailkonzeption dieses Instruments. In den Abb. 4.6 a, b sehen Sie einen beispielhaften Maßnahmenplan.

Abb. 4.6 Die internen Kommunikationsmaßnahmen der ASSCorp (Teil 1). (a) Die nebenstehende Tabelle zeigt die vorgeschlagenen schriftlichen und elektronischen Maßnahmen zur Umsetzung der internen Kommunikationsstrategie der ASSCorp. Ein neu zu schaffendes, europäisches Mitarbeitermagazin soll als Leitmedium für eine einheitliche Strategie, für Orientierung, ein länder-übergreifendes Wir-Gefühl und Wertschätzung sorgen. Das vorhandene Intranet soll zum zentralen Instrument für arbeitsrelevante Informationen, Hilfsmittel und Zusammenarbeit ausgebaut werden. Dabei wird als Standard-Sprache Englisch festgelegt. Allerdings werden die Inhalte, die von besonders hoher strategischer Bedeutung sind, anfänglich in Deutsch und Englisch zur Verfügung gestellt. Parallel dazu sollen Englisch-Intensiv-Kurse für die deutschsprachigen Mitarbeiter durchgeführt werden (siehe Teil 2 auf der nächsten Seite).

Maßnahmen-Übersicht für die interne Kommunikation der ASSCorp *(Auszug)*

Maßnahmen	Aufgabe/Inhalte	London	Dublin	Frankfurt	Sprache
Schriftlich					
Europäisches Mitarbeiter-Magazin	Leitmedium zur Identitätsbildung; Orientierung; Wertschätzung;				
- Push-Infos - Erklärungsbedürftig - Hohe Bedeutung - Nicht aktuell - Allg. Nachrichten	- Visionen, Ziele, Strategien, Entscheidungen, Leitbild; - gemeinsame Erfolge, Veranstaltungen; - Thema Kundenorientierung, Best Practices; - Internationale Teams und Projekte, - interessante Personenportraits; - Themen aus Kultur, Land und Leute;	Alle	Alle	Alle	GB+D
Elektronisch					
Intranet-Ausbau	Erhöhung der Transparenz; Bereitstellung aktueller Pull-Informationen; Vermittlung arbeitsrelevanter Informationen, Hilfsmittel und Services; Tools und Support für die länder- und bereichs-übergreifende Zusammenarbeit;				
- Pull-Infos - Umfangreich - Aktuelles - Allg. + Hilfsmittel	- Aktueller Nachrichten-Ticker; - Aktuelle Geschäftsentwicklung, Entscheidungen; - Wörterbuch Deutsch-Englisch; - Corporate Directory: Adress- und Telefonverzeichnis, Mitarbeiterportraits, Tätigkeitsprofile, Organigramme;	Alle	Alle	Alle	GB
- Pull-Infos - Umfangreich - Hohe Bedeutung - arbeitsrelevant	- Markt-, Kunden- und Produkt-Datenbank: Forschungsergebnisse, Q&As, Wettbewerbsbeobachtung, Produkt-spezifikationen, Presse-Archiv „Lebensversicherung";	Alle	Teamleitg. Vertragsverwaltg.	Produktentwicklg., -vermarktung, -service	GB+D
- Pull-Infos - Umfangreich - Teilw. Aktuell - Wissen + Hilfsmittel	- Team- und Projektforum: Hilfsmittel und Tools zur Team- und Projektarbeit, Schulungsangebot und – unterlagen, Team- und Projektdokumentationen, Meeting-Kalender, Agenda, Protokolle, Reiseplanung und -abrechnung;	Teams/ Arbeitsgr./ Workshop-Teilnehmer	Teams/ Arbeitsgr./ Workshop-Teilnehmer	Teams/ Arbeitsgr./ Workshop-Teilnehmer	GB

Abb. 4.6 (Fortsetzung)

Maßnahmen	Aufgabe / Inhalte	Persönlich			Sprache
		London	Dublin	Frankfurt	
Interdisziplinäre Workshops „Kundenorientierung" - Push-Infos - Hohe Bedeutung - Arbeitsrelevant - Dialog	Kundenorientierung stärken; Schnittstellen-Probleme lösen; Verständnis- und Vertrauensbildung; persönliches Kennenlernen; - Aufgabenstellung: Problembereiche an Schnittstellen zwischen Produktentwicklung, -vermarktung, -service und -verwaltung bearbeiten, - kundenorientierte Lösungen finden; - Kundenorientiertes Handeln vermitteln und erklären; - standort-übergreifende Teambildung unterstützen;	Produkt-entwicklg.	Teamleitg. Vertrags-verwaltg.	Produktentwicklg., -vermarktung, -service	GB
Mitarbeiter-Kongress - Push-Infos - Hohe Bedeutung - erklärungsbedürftig - Allg. + Wissen - Dialog	Identitätsbildung; Wir-Gefühl stärken; Orientierung; Motivation; länder-übergreifende Teambildung und Netzwerke schaffen; persönliches Kennenlernen; informelle Kommunikation stärken; - Vorträge zu Zielen, Strategien, Leitbild; - Zukunftsvisionen; - Präsentationen von länder-übergreifenden Erfolgen, Projekten, Best Practices; - Auszeichnungen/Incentives; - Vorträge von externen Motivations-Experten; - Spiele/Team-Aufgaben; - Get-Together, Motto-Party;	Alle	Alle	Alle	GB
Länder-Austausch-Programm - Pull-Infos - Wissen/Fähigkeiten - Dialog	Länder-übergreifende Teambildung und Verständnis fördern; persönliches Kennenlernen; sprachliche Bildung. - 1-monatige Hospitanz in Vertragsverwaltung Dublin/beim Kundenservice-Team Frankfurt; - Büroarbeiten + Hilfsdienste;		Vertrags-verwaltg.	Kunden-Service	GB+D
Sprach-Kurse Englisch - Push-Info - Wissen/Fähigkeiten - Dialog	Sprachliche Bildung; Zusammenarbeit und Verständnis verbessern; - Business-Englisch; Fachvokabular; - Konversation;			Mitarbeiter „Englisch ausbaufähig"	GB
Workshop-Serie „Teamarbeit" (interdisziplinär) - Push-Infos - Wissen/Fähigkeiten - Dialog	Einheitliche Standards für die Zusammenarbeit festlegen; länder-übergreifende Teambildung fördern; - Teambildung, - Projektmanagement, - Meeting - Effektivität, - Konfliktmanagement;	Teamleiter	Teamleiter	Teamleiter	GB

Abb. 4.6 (Fortsetzung)

Maßnahmen-Kosten-Zeit-Plan für die interne Kommunikation der ASSCorp (Auszug)

Maßnahmen	Q1	Q2	Q3	Q4	Q1	Q2	Q3	Q4	Budget/Jahr
Budget-Verantwortung: Interne Kommunikation									
Mitarbeiter-Magazin - quartalsweise	[10.000,–]	[10.000,–]	[10.000,–]	[10.000,–]	[10.000;–]	[10.000,–]	[10.000,–]	[10.000,–]	**40.000,–**
Intranet-Ausbau - stufenweise	Design + Software [7.000,–]	Aktuelles + Corporate Directory [2.000,–]	Team- und Projektforum (Teil 1) [5.000,–]	Produkt- u. Forschungs-Datenbank (Teil 1) [10.000,–]	Team- und Projektforum (Teil 2) [10.000,–]	Produkt- u. Forschungs-Datenbank (Teil 2) [10.000,–]	Content-Managmt. [2.000,–]	Content-Managmt. [2.000,–]	**24.000,–**
Workshops „Kundenorientierung" - quartalsweise	[5.000.–]	[5.000,–]	[5.000,–]	[5.000,–]	[5.000,–]	[5.000,–]	[5.000.–]	[5.000,–]	**20.000,–**
Mitarbeiter-Kongress - jedes Jahr (od. alle 2 Jahre)		[80.000,–]				[80.000,–]			**80.000,–**
Budget gesamt	22.000,–	97.000,–	20.000,–	25.000,–	25.000,–	105.000,–	17.000,–	17.000,–	**164.000,–**
Budget-Verantwortung: Personalmanagement (Aus- und Weiterbildung)									
Länder-Austausch-Programm - 6 MA / Jahr, je 1 Monat	[2.000,–]	[1.000,–]	[2.000,–]	[1.000,–]	[2.000,–]	[1.000,–]	[2.000,–]	[1.000,–]	**6.000,–**
Sprachkurse - 2 x pro Jahr pro MA	Grundkurse [5.000,–]	Grundkurse [5.000,–]	Aufbau 1 [5.000,–]	Aufbau 1 [5.000,–]	Aufbau 2 [5.000,–]	Aufbau 2 [5.000,–]	Aufbau 3 [5.000,–]	Aufbau 3 [5.000,–]	**20.000,–**
Team-Workshops - 2 x pro Jahr pro MA	Meeting-Effizienz [12.000,–]		Projekt-Managmt. [12.000,–]		Team-Bildung [12.000,–]		Konflikt-Managmt. [12.000,–]		**24.000,–**
Budget gesamt	19.000,–	6.000,–	19.000,–	6.000,–	19.000,–	6.000,–	19.000,–	6.000,	**50.000,–**

Abb. 4.7 Der Zeit- und Budgetplan für die interne Kommunikation. Aus dieser Übersicht geht hervor, welcher grobe Zeit- und Budget-Plan für die internen Kommunikationsmaßnahmen vorgesehen ist. Dabei wird das Budget für die empfohlenen Schulungsmaßnahmen von der Personalabteilung verantwortet. Für die interne Kommunikation ergibt sich ein Einsparpotential in Höhe von 40.000,- EUR, wenn der Mitarbeiter-Kongress nicht jährlich, sondern alle zwei Jahre stattfindet. Auf die Leitmedien, Mitarbeiter-Magazin und –Kongress, entfallen die höchsten Einzelpositionen des Jahresbudgets. Das Intranet wird – nicht zuletzt aufgrund der erforderlichen personellen Ressourcen – stufenweise ausgebaut. Anfänglich hohe Kosten werden sich später im Rahmen eines kontinuierlichen Content-Managements reduzieren. Das Gleiche gilt für die Schulungen. Nach Aufbau der Grundkenntnisse und Standards können diese Kosten ab dem 3. Jahr reduziert werden. Der dargestellte grobe Budget-Zeit-Plan muss im nächsten Schritt in eine Feinplanung umgesetzt werden.

◄───

Abb. 4.6 (Fortsetzung) (**b**) Der zweite Teil der Tabelle enthält die Maßnahmen der persönlichen Kommunikation. Vorrangig in diesem Bereich ist die Lösung der Schnittstellen-Probleme unter dem Blickwinkel der Kundenorientierung. In interdisziplinären Workshops sollen die verantwortlichen Teamleiter kundenfreundliche Vorgehensweisen erarbeiten. Weitere Instrumente dienen dazu, dass sich die Kollegen der unterschiedlichen Standorte besser kennen lernen, vernetzen und effizienter in Teams zusammenarbeiten. Um Standards für die Zusammenarbeit zu etablieren, wird ein Workshop-Programm ins Leben gerufen, das alle Teamleiter durchlaufen müssen. Austausch-Programme und Sprachkurse sollen für besseres Verständnis sorgen. Ein Kongress für alle Mitarbeiter ist das strategische Leitmedium der persönlichen Kommunikation und soll eine gemeinsame Identität, Motivation und Teamgeist fördern.

8. Schritt: Kalkulieren Sie die Kosten und erstellen Sie einen Zeitplan!
Abschließend sollten Sie die Kosten der wünschenswerten Maßnahmen grob kalkulieren, einen Zeitplan erstellen und den personellen Aufwand einschätzen.

- Welches Budget und welche personellen Ressourcen benötigen Sie wann, um die Instrumente umzusetzen?
- Können einzelne Instrumente stufenweise entwickelt werden?
- Zu welchem Zeitpunkt müssen bzw. können die Instrumente verfügbar sein?
- Welche Maßnahmen sollten regelmäßig und in welchen Zeitabständen durchgeführt werden?
- Ist der Maßnahmenplan realistisch mit den verfügbaren finanziellen und personellen Ressourcen umsetzbar?
- Wo können oder müssen Sie Abstriche machen und welche Auswirkung hat das auf Ihre PR-Ziele?

Erstellen Sie einen ersten, grob kalkulierten Zeit- und Kostenplan (siehe Abb. 4.7). Überlegen Sie gegebenenfalls, wie Sie Ihren Maßnahmenplan auf das Machbare reduzieren können. Verändern Sie notfalls Ihre PR-Ziele und zugehörigen Termine entsprechend.
Sie haben es geschafft! Sie haben Ihr erstes internes Kommunikationskonzept entwickelt. In Teil II und III dieser Aufgabe werden Sie Schritt für Schritt einzelne Instrumente der internen Kommunikation detailliert planen und umsetzen.

4.7 Die Mitarbeiterzeitung und weitere schriftliche Medien

Mitarbeiterzeitungen, Newsletter, Rundschreiben und das Schwarze Brett gehören zur Standard-Ausrüstung der schriftlichen innerbetrieblichen Kommunikation. Dabei unterscheiden sich diese Instrumente im Wesentlichen durch den organisatorischen, gestalterischen und finanziellen Aufwand, der zu ihrer Umsetzung nötig ist und durch ihre Aktualität. Ein gepflegtes Schwarzes Brett, das gut strukturiert und stets auf dem aktuellsten Informationsstand ist, kann in kleineren Unternehmen die Mitarbeiterzeitung ersetzen. Und lebendige, abwechslungsreiche Rundschreiben können die Funktion von Newslettern übernehmen – sie sind ähnlich zeitlich flexibel und gezielt für einzelne Themen oder Mitarbeitergruppen einsetzbar. Bei allen vier Instrumenten finden sich Parallelen, wenn es um die Themenrecherche, -auswahl, -aufbereitung und die organisatorische Umsetzung geht – auch wenn die Entscheidungen hierzu und der Arbeitsaufwand im Einzelfall unterschiedlich ausfallen. Im Folgenden wird die Mitarbeiterzeitung näher behandelt. Viele der Ausführungen lassen sich jedoch problemlos für das Schwarze Brett, das Rundschreiben und den Newsletter adaptieren.

4.7.1 Die Kernaufgaben festlegen

Die Kernaufgaben für Ihre Mitarbeiterzeitung ergeben sich aus Ihren internen PR-Zielen. Welche PR-Ziele sollen mit der Mitarbeiterzeitung erfüllt werden? Dabei sind die typischen Funktionen von schriftlichen Medien der internen Kommunikation zu beachten (siehe Abschn. 4.7.1 „Die Aufgaben der internen Kommunikationsinstrumente"). Mitarbeiterzeitungen gelten als das klassische Push-Instrument – mit dialogorientierten Elementen fördern sie den vertikalen Informationsprozess im Unternehmen. Dabei hängt die Aktualität dieser Maßnahme stark von Erscheinungstermin und –häufigkeit, sowie von der redaktionellen Vorlaufzeit ab. Für Mitarbeiterzeitungen könnte der Kommunikationsauftrag eine oder mehrere der folgenden Funktionen umfassen[1]:

- Einheitliche und zeitgleiche Versorgung mit Informationen über den Arbeitsplatz und das Unternehmen: Die Mitarbeiterzeitung hat den Informationsauftrag, dass Nachrichten und Hintergrundinformationen, die das Unternehmen betreffen und für alle Mitarbeiter gleichermaßen relevant sind, vermittelt werden.
- Entscheidungen der Mitarbeiter erleichtern: Die Mitarbeiterzeitung ist das Medium, mit dem übergeordnete Strategien, Ziele und Visionen dargestellt und erläutert werden. Ihr kommt damit eine wichtige Orientierungsfunktion zu.
- Identifikation mit dem Unternehmen erhöhen: In den Themen und in der Art der Ansprache soll vor allem das Miteinander, die gemeinsamen Werte, Ziele und Erfolge fokussiert werden. Was leisten alle gemeinsam für das gesellschaftliche, wirtschaftliche oder kulturelle Leben? Was leisten wir gemeinsam für unsere Kunden? Und was leistet das Unternehmen für seine Mitarbeiter und umgekehrt? Eine gut gemachte Mitarbeiterzeitung zeigt immer auch die Wertschätzung des Unternehmens für seine Angestellten.
- Mitarbeiter miteinander bekannt machen: Die Mitarbeiterzeitung kann als Forum zum gegenseitigen Kennenlernen genutzt werden. Personen- und Abteilungsportraits, Personalien und Reportagen aus anderen Bereichen oder Ländern sorgen für besseres Verständnis der Mitarbeiter für ihre aufgabenspezifischen Bedürfnisse.
- Dialog zwischen Mitarbeitern, Führungskräften und Geschäftsleitung anregen: Auch die Mitarbeiterzeitung kann mit dialogorientierten Elementen ausgestattet werden. Interviews mit Vorständen oder Bereichsleitern geben der Führungsetage ein menschliches Gesicht. Zu strategisch bedeutsamen Fragen und intern kritisch diskutierten Themen stehen sie Rede und Antwort. Der Redakteur der Mitarbeiterzeitung kann als Moderator zwischen den unterschiedlichen Interessengruppen innerhalb des Unternehmens fungieren.
- Blick über den Tellerrand vermitteln und Transparenz schaffen: Die Mitarbeiterzeitung ist das Medium, um den Blick auf das große Ganze zu lenken.

---

[1]Diese grundsätzlichen Aufgaben einer Mitarbeiterzeitung führt u.a. Dieter Herbst („Public Relations", Berlin 1997) an.

Abteilungs-, standort- und länder-übergreifende Themen zeigen die Vielfalt der unternehmerischen Innenwelt. Der Blick auf Markt und Gesellschaft erweitert den Horizont der Leser.

- Verhindern, dass unternehmensfremde Informationen wirksam werden: Die Mitarbeiterzeitung kann unternehmensrelevante Themen, die in der externen Öffentlichkeit diskutiert werden, aufgreifen und kommentieren. So werden die Mitarbeiter mit Argumenten versorgt, um sich selbst eine Meinung über den Sachverhalt bilden und als Multiplikator für das Unternehmen wirken zu können.

- Anregung und Hilfestellung für die tägliche Arbeit liefern: Die Mitarbeiterzeitung kann echte Helfer-Qualitäten entwickeln, wenn sie typische Problemsituationen der Mitarbeiter aufgreift und ihnen Lösungswege aufzeigt. Wo finde ich bei Bedarf welche Information? Wie verhalte ich mich am besten in der folgenden Situation? Welche Services bietet das Unternehmen für die Mitarbeiter an? Wie machen es andere, die Kollegen, der Wettbewerb? Das sind Fragen, die in der Mitarbeiterzeitung behandelt werden können, die ganz nah am Arbeitsalltag der Leser sind und daher einen hohen Nutzwert haben.

Wichtig: Definieren Sie sehr genau, welche dieser Aufgaben Ihre Mitarbeiterzeitung hauptsächlich übernehmen soll. Ihre Funktion entscheidet maßgeblich darüber, welche Themen darin aufgegriffen werden, wie diese aufbereitet sein sollten und in welcher gestalterischen Form dies geschieht.

4.7.2 Die gestalterischen Rahmendaten festlegen

Im Idealzustand gilt der Leitgedanke: „Form follows function" – die Funktion entscheidet über die Form. Realistisch muss jedoch festgestellt werden: Die finanziellen, personellen und zeitlichen Ressourcen üben meist einen größeren Einfluss auf die konkrete Ausgestaltung der Mitarbeiterzeitung aus. In den meisten Fällen werden Sie also einen Kompromiss zwischen Ihrem Anspruch, dem Notwendigen und dem Machbaren finden müssen. Bezüglich der folgenden gestalterischen Rahmendaten müssen Sie Entscheidungen treffen:

Format

Das Format einer Mitarbeiterzeitung reicht von den gängigen Zeitungsformaten, über typische Magazinformate bis hin zum einfachen DIN A4-Format. Während das Tageszeitungsformat ein abwechslungsreiches Layout ermöglicht, ist es nur wenig flexibel, wenn es um den Gesamtumfang der Inhalte geht. Genau vier, sechs, acht oder mehr ganze Zeitungsseiten zu füllen, erfordert gute inhaltliche Planung. Kurzfristig auftauchende Themen können nur mit Not eingefügt werden. Zu wenige Themen stellen ebenfalls ein Problem dar. Zeitschriften- oder Magazinseiten sind etwas leichter zu verplanen und bestechen durch ihre hochwertigere Optik, sowie durch das angenehme Lese- und Transportformat. Am einfachsten und flexibelsten sind geklammerte oder geklebte DIN A4-Formate, die sich Seite für Seite erweitern lassen, aber eben auch „nur" Newsletter-Anmutung mitbringen.

Umfang

Der Umfang der Mitarbeiterzeitungen ist durch Vier teilbar, da auf den einzelnen Druckbögen jeweils vier Seiten auf einmal gedruckt werden. Ein Umfang zwischen 8 und 24 Seiten über- oder unterfordert keinen Leser und kann in den meisten Fällen auch redaktionell gut betreut werden. Überlegen Sie aber genau, ob Ihr Themenaufkommen und die funktionsbedingten Anforderungen mit dem Umfang und der Erscheinungshäufigkeit Ihrer Zeitung zusammenpassen. Sollte die Mitarbeiterzeitung lieber häufiger mit geringem Umfang erscheinen oder seltener mit größerem Umfang? Wie aktuell und umfangreich müssen, sollten und können Sie informieren?

Erscheinungsweise

Die Erscheinungsweise der Mitarbeiterzeitungen schwankt zwischen wöchentlich und quartalsweise. Größere Zeitabstände erscheinen fragwürdig – nicht zuletzt aufgrund der mangelnden Aktualität der Inhalte. Die meisten Titel werden zwischen sechs und zwölf Mal pro Jahr herausgegeben – also im Turnus von ein bis zwei Monaten. Sie müssen entscheiden, wie wichtig die Aktualität der Themen für die Funktionsfähigkeit Ihre Mitarbeiterzeitung ist. Beachten Sie dabei nicht nur das Erscheinungsdatum, sondern auch die redaktionelle Vorlaufzeit. Der Zeitraum, der zwischen redaktioneller Bearbeitung, Abstimmung, Redaktionsschluss, Layout, Produktion und Auslieferung der Zeitung liegt, belastet die Aktualität der Inhalte. Ein Tipp: Terminieren Sie das Erscheinungsdatum Ihrer Mitarbeiterzeitung so, dass sie kurz nach wichtigen Ereignissen herausgegeben wird. So können Sie zumindest über die großen Anlässe im Firmengeschehen aktuell berichten. Ansonsten: Je nach Funktion Ihrer Mitarbeiterzeitung ist ein quartalsweise erscheinendes Magazin bis hin zum wöchentlichen Zeitungsblatt die adäquate Wahl.

Auflage

Die Auflage Ihrer Mitarbeiterzeitung wird wahrscheinlich größer sein, als die Zahl Ihrer Mitarbeiter. Überlegen Sie genau, wen Sie zusätzlich als Leser Ihrer Zeitung gewinnen wollen: Haben Sie beispielsweise an die Pensionäre gedacht, die sich über ein Lebenszeichen aus ihrer alten Firma freuen? Und an die Kooperationspartner, Berater und Lieferanten? Wie viele Exemplare benötigen Sie für Archivierungs- und Dokumentationszwecke oder als Ansichtsexemplare für die Kommunikationsabteilungen aus anderen Konzernbereichen? Legen Sie sich zudem immer einige Exemplare auf Vorrat, die Sie auf Nachfrage aushändigen können.

Verbreitung

Legen Sie fest, auf welchem Weg Ihre Leser die Mitarbeiterzeitung erhalten sollen. Wollen Sie sie im Betrieb an zentralen Stellen oder in den Aufenthaltsräumen zur Mitnahme auslegen? Wollen Sie sie jedem Mitarbeiter auf seinen Schreibtisch legen? Wollen Sie sie Ihren Lesern per Post senden? Alle Verbreitungsarten haben ihre Vor- und Nachteile. Wenn Sie ganz sicher gehen wollen, dass jeder Mitarbeiter ein Exemplar der Zeitung erhält und wenn Sie es gerne sehen würden, dass auch Freunde und Familie des Mitarbeiters einen Blick in die Zeitung werfen, ist die Versendung an die Privatadressen der Leser die beste – aber auch kostenintensivste – Wahl. In den meisten Fällen werden allerdings mehrere Verteilungsmethoden kombiniert. Denken Sie dabei an die beste Erreichbarkeit der einzelnen Mitarbeitergruppen!

Papierqualität

Mit der Papierqualität können Sie die hochwertige Anmutung Ihrer Mitarbeiterzeitung unterstützen. Der geklammerte DIN A4-Newsletter oder das Magazin im Schwarz-Weiß-Druck kann mit einem hochwertigen Papier zum repräsentativen Druckerzeugnis mutieren. Umgekehrt können das schönste Layout, die farbenprächtigste Darstellung und die beste Bindung durch ein billiges, dünnes Papier an Wertigkeit verlieren. Insbesondere, wenn Sie sich für den Farbdruck entschieden haben, sollten Sie daher nicht an der Papierqualität sparen, denn auf gutem Papier kommt die Farbbrillanz am besten zum Tragen. Zeitungsformate hingegen werden häufiger auf einfachem Zeitungspapier gedruckt. Das Rollendruckverfahren der Zeitung eignet sich besonders für große Auflagen mit hoher Aktualität. Wichtiger als die Papierqualität sind allerdings immer das Layout und der Inhalt der Mitarbeiterzeitung. Prüfen Sie im Einzelfall die Angemessenheit der Papierqualität und die dadurch verursachten Kosten. Bei großen Auflagen und knappem Budget werden Sie Abstriche bei der Papierqualität nicht vermeiden können. Insgesamt darf die Optik einer Mitarbeiterzeitung nicht zu protzig wirken – das könnte von den Mitarbeitern schnell als Geldverschwendung interpretiert werden.

Farbe

Um es vorweg zu nehmen: Der Einsatz von Farbe in der Mitarbeiterzeitung wird meist überschätzt. Schwarz-Weiß-Produkte können mit dem richtigen Layout und Papier eine beachtliche optische Wirkung entfalten. Bevor Sie also Ihre Druckkosten mit Farben in die Höhe schrauben, sollten Sie sich genau überlegen, wofür Sie diese Farben benötigen. Müssen alle Seiten Ihrer Mitarbeiterzeitung im Vierfarbdruck erstellt werden oder reichen Titel und wenige Innenseiten aus, um die Themen ansprechend darzustellen? Könnte auch eine Zusatzfarbe – zum Beispiel Ihre Hausfarbe – ausreichen, um die Aufmerksamkeit des Lesers zu lenken und für Abwechslung zu sorgen? Und welchen Effekt könnten beispielsweise eingefärbte Innenseiten haben? Lassen Sie sich auf jeden Fall unterschiedliche Angebote ausarbeiten!

Bildanteil

Denken Sie bei der Konzeption Ihrer Mitarbeiterzeitung besonders daran, Ihre Themen so viel wie möglich mit visuellen Gestaltungselementen anzureichern. „Ein Bild sagt mehr als tausend Worte" – dieser Leitsatz gilt für Mitarbeiterzeitungen ganz besonders. Ein Bildanteil von 30–50% gilt als optimal. Fotos mit Bildunterschriften, die Menschen – sprich: Mitarbeiter! – zeigen, sind dabei am wertvollsten. Denn sie demonstrieren, wer in Ihrer Mitarbeiterzeitung im Mittelpunkt steht. Aber auch Grafiken, Illustrationen oder Cartoons machen eine Mitarbeiterzeitung abwechslungsreich und attraktiv. Achten Sie grundsätzlich auf die Qualität Ihrer Fotos. Ein Foto für die Mitarbeiterzeitung sollte im Idealfall den gleichen professionellen

Kriterien entsprechen wie ein Pressefoto. Und: Auf jede Seite gehört mindestens ein Foto oder eine Grafik!

Layout

Das Layout wird von einem Grafiker nach Ihren gestalterischen Rahmendaten ausgearbeitet. Hierzu erstellt er verschiedene exemplarische Seiten mit Blindtexten. Sie müssen festlegen, welches Schriftbild Sie wünschen: Welche Schriften in welchen Schriftgrößen sollen für Fließtexte, Überschriften, Vorspanntexte und Bildunterschriften eingesetzt werden? Sollen Fließtexte im Blocksatz oder im Flattersatz erscheinen? Wie viele Textspalten soll die Seite haben? Achten Sie dabei auf die Lesbarkeit der Schrift und darauf, dass Sie bei einer Grundschrift bzw. in einer Schriftfamilie bleiben. Zur Erleichterung des Lesens und zur Hervorhebung von wichtigen Stellen werden Zwischenüberschriften, grafische Elemente, wie Punkte, Pfeile oder Linien, sowie Unterstreichungen, Kursiv- und Fettschriften eingesetzt. Auch können einzelne Textstellen oder Abschnitte farbig hinterlegt und in Kästchen gesetzt werden. Achten Sie darauf, bestimmte wiederkehrende Inhalte – beispielsweise Rubriken – entsprechend zu kennzeichnen und immer an der gleichen Stelle zu platzieren. Das ist wichtig, damit sich der Leser besser orientieren kann. Und vergessen Sie nicht: Sie brauchen auch weiße, freie Flächen auf der Seite, damit sich das Auge ausruhen kann!

Ein guter Grafiker wird es verstehen, durch ein stimmiges Layout den Blick der Leser zu den von Ihnen als besonders wichtig erachteten Stellen der Seite zu lenken. Farben, Kontraste, Bilder und Grafiken helfen dabei, Inhalte zu verdeutlichen. Ein Tipp: Wenn Sie Probleme mit der Qualität des Ihnen vorliegenden Bildmaterials haben, sollten Sie über Zuschnitte, Ausschnitte und Einfärbung nachdenken. Aus vielen Fotos lässt sich mit professioneller Bearbeitung doch noch mehr herausholen. Achten Sie aber darauf, dass die Bilder nicht zu klein sind – das wirkt wenig repräsentativ.

Insgesamt sollte das Layout Ihrer Mitarbeiterzeitung in Nichts einer professionell gestalteten externen Zeitung oder Zeitschrift nachstehen. Scheuen Sie sich nicht davor, sich – je nach Konzept Ihrer Mitarbeiterzeitung – an den Großen der Branche zu orientieren: beispielsweise an der BILD-Zeitung, am Stern oder am Focus. Allerdings sollte die Optik Ihrer Zeitung das Corporate Design Ihrer Organisation widerspiegeln und sofort als Publikation Ihres Hauses erkennbar sein.

Titel

Einen guten Titel für Ihre Mitarbeiterzeitschrift zu finden, ist eine anspruchsvolle Aufgabe. Viele Titel sind austauschbar und wenig unternehmensnah. Überlegen Sie, ob sich der Firmenname, die Marke, ein bestimmtes Produkt, das stellvertretend für die Firma steht oder eine bestimmte Berufsgruppe, eine typische Tätigkeit und eine Region für den Titel eignen könnten. Oder veranstalten Sie einen Ideen-Wettbewerb in Ihrem Unternehmen.[2] Sie sollten auf jeden Fall überprüfen, wie

---

[2]Eine gute Anleitung, wie ein Titel für die Mitarbeiterzeitungen gefunden werden kann, gibt Hansjürgen Meisert in seinem Buch „Mitarbeiter besser informieren" (Frankfurt 1993, Seite

sich der potentielle Titel Ihrer Mitarbeiterzeitung in einem Fließtext liest („Wie xxx berichtete, . . .“; „In der XXX war zu lesen, dass. . .“, „Über die XXX wird viel gesprochen. . .“). Manche Titel hören sich äußerst eigentümlich und wenig lesefreundlich an. Verzichten Sie auf solche Titel! Ergänzen Sie den Titel der Mitarbeiterzeitung durch einen Untertitel, der Zweck und Zielgruppe der Zeitung klarstellt: „Das Magazin für Mitarbeiter der XY-Gesellschaft.“

4.7.3 Themen recherchieren und auswählen

Die Mitarbeiterzeitung beinhaltet eine große Chance, die Mitarbeiter – aber auch weitere, interessierte Leser – an das Unternehmen zu binden und zu motivieren. Ob dieses Potential ausgeschöpft wird, hängt entscheidend von den Inhalten und ihrer Aufbereitung ab. Die große Kunst der Themenauswahl besteht darin, sowohl diejenigen Themen aufzugreifen, mit denen die Funktion der Mitarbeiterzeitung erfüllt wird, als auch diejenigen Themen, die die Leser interessieren. Das bedeutet, dass das richtige Themenspektrum und die attraktive, interessante Aufbereitung der Beiträge für den Erfolg maßgeblich sind.

Der Redaktionsplan ist der Leitfaden für Ihre redaktionelle Arbeit

Erstellen Sie sich für Ihre redaktionelle Arbeit eine Themensammlung und einen Redaktionsplan. Recherchieren Sie, welche Themen grundsätzlich für Ihre Mitarbeiterzeitung in Frage kommen. Orientieren Sie sich hierbei an der Kernfunktion Ihrer Zeitung. Dann überlegen Sie, welche wichtigen Ereignisse in Ihrer Organisation im Jahresverlauf absehbar eintreten werden. Wann wird die Bilanz vorgelegt? Wann werden neue Produkte oder Dienstleitungen in den Markt eingeführt? Wann startet eine neue Werbekampagne? Wann finden wichtige Veranstaltungen, wie Betriebsversammlungen, Messen, Mitarbeiterfeste oder Wettbewerbe statt? Gibt es Firmen- oder Produktjubiläen, die anstehen? Werden wichtige Projekte gestartet oder abgeschlossen? Tragen Sie diese absehbaren Themen in Ihren Redaktions-Jahresplan ein. Nun können Sie Ideen für weitere Themen, die terminunabhängig sind, einplanen. Welche Themen können Sie – beispielsweise als Reportagen oder Features – aufbereiten und dann veröffentlichen, wenn Sie genügend Platz zur Verfügung haben? Nun sollten Sie alle gesammelten Themen so gruppieren, dass sich wiederkehrende Ressorts oder Rubriken abzeichnen. Welche Themenbereiche werden in jeder Ausgabe angesprochen? Wird in jeder Ausgabe über Neues vom Markt und über Produkte berichtet? Wird in jeder Ausgabe aus bestimmten Abteilungen oder über bestimmte Kernfunktionen in Ihrer Organisation berichtet, beispielsweise vom Betriebsrat, aus der Produktion, vom Vertrieb oder aus der Personalabteilung? Werden Projekte und deren Fortgang dargestellt? Wird jedes Mal eine wichtige Person oder Abteilung portraitiert? Werden die Mitarbeiter in jeder Ausgabe zu einem bestimmten Thema befragt? Gibt es thematische Brennpunkte, die immer wieder

82ff). Dieses Buch ist auch sehr zu empfehlen, um in das Thema Mitarbeiterzeitung noch tiefer einzusteigen.

diskutiert werden? Entscheiden Sie, welche wiederkehrenden Themen, Ressorts oder Rubriken Sie vorsehen wollen und wie Sie diese gestalterisch besonders hervorheben können. Nun haben Sie ein Themengerüst, an dem Sie Ihre redaktionelle Arbeit ausrichten können. Überprüfen Sie für jedes Jahr, ob sich neue Themen ergeben und entwickeln Sie neue Ideen für terminunabhängige Beiträge. Und vergessen Sie nicht, die Mitarbeiter regelmäßig nach ihren Themenwünschen zu befragen.

Gestalten Sie das Themenspektrum aktiv, abwechslungsreich und lebendig

Nicht jedes Thema kann in der Mitarbeiterzeitung in der geforderten Tiefe und Breite behandelt werden. Behalten Sie deshalb stets im Auge, wie Sie die Kommunikation zu komplexen, umfassenden Themen mit anderen internen PR-Maßnahmen und Medien ergänzen können und wie Sie Ihre Leser dazu motivieren können, weitere Kommunikationsangebote anzunehmen. Kann eine Veranstaltung zum Thema organisiert werden, über die die Mitarbeiterzeitung berichtet? Können Ergebnisse eines Forschungsprojektes im Detail im Intranet hinterlegt werden, während im Zeitungsbeitrag auf die Kernergebnisse und deren Interpretation eingegangen wird? Wollen Sie ein Lesertreffen zur vertiefenden Diskussion eines Themas ansetzen oder auf ein Diskussionsforum im Intranet verweisen?

Eine interessante Alternative, um die Inhalte der Mitarbeiterzeitung abwechslungsreich und lebendig zu gestalten, sind Mitmach-Aktionen, die von der Redaktion initiiert werden. Starten Sie einen Wettbewerb um den besten Erlebnisbericht aus dem Arbeitsalltag. Rufen Sie ein regelmäßiges Stimmungsbarometer ins Leben, das Ergebnisse von Telefon- oder Intranet-Votings zu bestimmten Fragen zeigt. Denken Sie sich eine Gesundheitsaktion aus, bei der die Mitarbeiter Vorschläge für kleine Fitnessübungen im Büroalltag einbringen und küren Sie die besten Vorschläge auf einem Fitness-Event. Rufen Sie zu einem Cartoon-Wettbewerb auf. Ihren Ideen sind fast keine Grenzen gesetzt, wenn die Aktionen dazu dienen, das Themenspektrum Ihrer Mitarbeiterzeitung zu erweitern, attraktiv zu gestalten und die Leser zu aktivieren.

Die Tabelle 4.7 soll Ihnen Anregungen geben, welche Themen Sie in Ihrer Mitarbeiterzeitung aufgreifen könnten.

Recherchieren Sie sorgfältig und nutzen Sie alle verfügbaren Quellen

Achten Sie bei der Recherche der Themen besonders darauf, dass Sie korrekt und wahrheitsgemäß berichten. Sie müssen sicherstellen, dass die Mitarbeiter den von Ihnen aufbereiteten redaktionellen Inhalten vertrauen können. Zur Informationsgewinnung können Sie alle, Ihnen zugängliche interne und externe Quellen nutzen. Dazu gehören

- persönliche Briefings durch die Geschäftsleitung oder durch die Vorgesetzten der thematisch betroffenen Bereiche,
- organisierte Hintergrundgespräche mit Experten und fachlich versierten Personen aus den Abteilungen, aber auch von Pensionären, Kunden, Händlern, Beratern und Lieferanten,
- die Teilnahme an Sitzungen oder das Lesen von Protokollen,
- Informationsanfragen per Telefon und Mail,

Tabelle 4.7 Themen-Sammlung für die Mitarbeiterzeitung

Der Markt
- Konjunkturelle Entwicklungen
- Branchennachrichten
- Wettbewerbsbeobachtung
- Rohstoffmärkte

- Energiewirtschaft
- Gesellschaftliche Trends
- Gesetzliche Rahmenbedingungen

Das Unternehmen
- Erfolge
- Wirtschaftliche Entwicklung und Investitionsplanung
- Entwicklung der Arbeitsplätze
- Unternehmenspolitik, Strategien, Visionen
- Ziele, Großprojekte, Planungen
- Entscheidungen

- Organisatorische Veränderungen
- Neue Produktionsanlagen oder technische Geräte
- Unternehmensleitbild und Image
- Internes Vorschlagswesen
- Unternehmensrelevante historische Themen
- Umweltschutzmaßnahmen

Wichtige Ereignisse im Firmengeschehen
- Pressekonferenzen/-veröffentlichungen
- Messen
- Events
- Fachkongresse

- Tage der offenen Tür
- Jubiläen
- Auszeichnungen, Ehrungen, Wettbewerbsgewinne
- Sponsoring-Projekte

Produkte und Dienstleistungen
- Überblick über Produktangebot
- Neue Produkte
- Technische Eigenschaften, Qualität und strategische Bedeutung von Produkten und Services

- Marketing und Werbung
- Kundeninformationen

Menschen, Teams, Abteilungen und Bereiche
- Portraits der unterschiedlichen Bereiche, Abteilungen und Teams

- Portraits einzelner Personen, Berufsgruppen oder Tätigkeitsprofile

Themen des Personalmanagements und Sozialleistungen
- Aus- und Weiterbildungsangebote
- Stellenausschreibungen
- Personalien
- Arbeit des Betriebsrates

- Gesundheitsthemen
- Altersvorsorgethemen
- Arbeitssicherheit
- Spezielle soziale Angebote und Einrichtungen des Unternehmens

Dialog-orientierte Elemente
- Leserbriefe
- Umfragen
- Stimmungsbarometer
- Preisausschreiben
- Wettbewerbe

- PRO und CONTRA-Ecke
- Mitmach-Aktionen
- Lesertreffen
- Arbeit des Redaktionsbeirats

Unterhaltung
- Freizeit- und Kulturaktivitäten
- Bericht von Festen, Exkursionen etc.
- Humoristische Artikel

- Cartoons, Witze
- Glossen
- Rätsel

Standards
- Inhaltsverzeichnis
- Editorial

- Impressum

- das informelle Gespräch mit Kollegen,
- das Nutzen von persönlichen Kontakten zu Behörden, Institutionen, zu anderen Organisationen oder zu Journalisten,
- die Recherche im Betrieb vor Ort,
- die Recherche in öffentlichen Datenbanken, Archiven und dem Internet,
- Auswertung von externen Publikationen und dem Pressespiegel und schließlich
- der Aufbau eines eigenen Kontakt- und Korrespondenten-Netzwerks im Unternehmen.

Erschließen Sie sich diejenigen Quellen, die Sie für Ihre Arbeit benötigen!

4.7.4 Themen redaktionell aufbereiten

Wenn Sie die ausgewählten Themen redaktionell aufbereiten, müssen Sie Folgendes beachten:

- Arbeiten Sie auf einem professionellen, journalistischen und optischen Standard. Ihre Leser haben ihre Lesegewohnheiten durch die Nutzung externer Publikationen erworben. Das bedeutet, Sie stehen mit Ihrer Arbeit im unmittelbaren Vergleich mit den Zeitungen und Zeitschriften, die Ihre Kollegen ansonsten lesen. Halten Sie also bei der Recherche und Aufbereitung der Themen die journalistischen Regeln ein.
- Nutzen Sie möglichst viele verschiedene journalistische Darstellungsformen. Schreiben Sie nicht nur Nachrichten und Berichte, sondern auch Interviews, Reportagen, Features, Kommentare und Glossen. Bearbeiten Sie ein einzelnes Thema mit unterschiedlichen stilistischen und gestalterischen Mitteln. Neben dem Erfahrungsbericht eines Betroffenen stehen dann beispielsweise ein Interview mit einem Experten, ein Kästchen mit der zeitlichen Abfolge der Ereignisse und ein Hintergrundtext, der einen einzelnen Aspekt des Themas aufgreift und erklärt. Das macht Ihre Mitarbeiterzeitung lebendig und abwechslungsreich.
- Beziehen Sie Artikel von Mitarbeitern oder externen Gastautoren in Ihr redaktionelles Konzept mit ein. Sie müssen – und sollten – nicht alle Artikel selbst schreiben. Fragen Sie geeignete Mitarbeiter oder auch externe Experten, ob sie einzelne Themen aufbereiten wollen. Das bringt andere Sichtweisen, neue Informationsquellen und einen anderen Schreibstil in Ihre Publikation. Achten Sie beim Redigieren solcher Texte besonders darauf, dass Sie zwar Grammatik und Rechtschreibung korrigieren, deren authentischen Originalton aber belassen. Und beachten Sie, dass die Autoren von Gastbeiträgen die Urheberrechte für ihre Texte besitzen.
- Passen Sie Ihre Sprache dem Leserkreis an. Nutzen Sie Worte und Ausdrücke aus dem allgemeinen Sprachgebrauch im Unternehmen und achten Sie besonders auf die allgemeine Verständlichkeit Ihrer Texte. Übernehmen Sie beim Schreiben die Perspektive Ihrer Leser. Beschreiben Sie die Situationen und Eindrücke aus der Sicht der Mitarbeiter. Fragen Sie sich dabei: Was ist für den Leser das Wichtigste bei diesem Thema? Welches Detail interessiert ihn besonders? Welche

Konsequenzen hat der Sachverhalt für den Leser? Welche Erfahrungen und Gefühle verbindet er mit dem Thema? Welchen Kenntnisstand hat er? Führen Sie – wo immer möglich – Originalzitate von Mitarbeitern an. So wird Ihr Text authentisch und lebensnah. Grundsätzlich gilt dabei: Sie sollten in Ihrer internen Dokumentation die Quelle und das Datum für alle Zitate festhalten, die Sie in Ihren Texten nutzen.

- Arbeiten Sie mit Überschriften wie die Profis. Nutzen Sie Überschriften, um das Interesse des Lesers zu gewinnen. Machen Sie neugierig. Formulieren Sie Titel und Sublines möglichst mit aktiven Sätzen und einem Verb.
- Denken Sie in Bildern. Überlegen Sie, wie sich das Thema mit Fotos, Grafiken, Illustrationen, Cartoons oder grafischen Elementen des Layouts noch aussagekräftiger und verständlicher aufbereiten lässt. Beachten Sie auch hierbei die Urheberrechte an Bildern und Grafiken, sowie das Recht am eigenen Bild, das natürlich auch für abgebildete Mitarbeiter gilt. Lassen Sie sich für alle Fotos eine schriftliche Freigabe von den abgebildeten Personen bzw. eine Nutzungsberechtigung geben.
- Vergessen Sie auf keinen Fall das Impressum Ihrer Mitarbeiterzeitung: In jeder öffentlichen Publikation muss laut Gesetz der Verleger oder Herausgeber mit Adresse, sowie der verantwortliche Redakteur und die Druckerei genannt werden.

Im Grunde arbeiten Sie als Redakteur für die Mitarbeiterzeitung wie ein Journalist. Nur genießen Sie leider nicht die gleiche Pressefreiheit wie Ihre externen Berufskollegen. Denn Ihr gestalterischer Freiraum ist begrenzt. Die Grenzen werden durch die Unternehmensleitung festgelegt, die Ihnen den Kommunikationsauftrag erteilt und maßgeblich das Meinungsklima in der Organisation prägt. Davon hängt ab, wie viel Kritik und Meinungsvielfalt in der Mitarbeiterzeitung zugelassen wird, aber auch wie viel Abstimmungsaufwand betrieben werden muss. Dass sorgfältig ausgearbeitete Artikel in der Schublade verschwinden, da sie politisch nicht erwünscht sind, ist sicherlich kein Einzelfall im Leben eines Betriebsjournalisten. Letztendlich werden Sie sich Ihren redaktionellen Freiraum durch Ihre Vertrauenswürdigkeit, Kompetenz und Überzeugungskraft selbst erarbeiten müssen.

4.7.5 Redaktionelle Abläufe festlegen und Kosten planen

Wenn Sie Ihre Mitarbeiterzeitung umsetzen, sollten Sie die Abläufe und Termine genau planen. Erstellen Sie hierzu einen Netz- bzw. Ablaufplan, in dem die einzelnen Arbeitsschritte und deren Zeitbedarf festgehalten werden. Die folgenden Schritte müssen Sie einplanen:

- Themenfindung und -auswahl: Richten Sie Ihre Arbeit so ein, dass Sie bestimmte Informationsroutinen verfolgen. Sprechen Sie regelmäßig mit allen Bereichsleitern, lassen Sie sich regelmäßig vom Geschäftsführer ein Briefing geben oder tauschen Sie sich regelmäßig mit Ihren Korrespondenten aus anderen Abteilungen aus. Neben den im jährlichen Redaktionsplan festgelegten Themen finden Sie auf diese Weise weitere, aktuelle Ideen für Artikel, die Sie in einem Archiv sammeln.

- Redaktionskonzept: In der Redaktionskonferenz werden alle möglichen Themen besprochen und diejenigen ausgewählt, die in der folgenden Ausgabe bearbeitet werden. Es wird festgelegt, welchen Umfang die Artikel bekommen, wer für die redaktionelle Erarbeitung bis wann und in welcher Form verantwortlich ist und welche visuelle Aufbereitung in Frage kommt.

- Recherchieren: Nun gehen die Redakteure und Autoren daran, die Detailinformationen für ihre Artikel zusammenzutragen. Es müssen Gespräche bzw. Interviews geführt, Datenmaterial recherchiert und Fototermine vereinbart werden. Wichtig dabei: Alle Informationen müssen mit Quelle und Datum dokumentiert werden, um sie bei Bedarf zurückzuverfolgen und eindeutig belegen zu können. Nutzen Sie Gesprächsnotizen und Aufzeichnungsgeräte. Achten Sie darauf, Ihre Recherchematerialien möglichst digital zu erfassen. Das spart später Platz bei der Archivierung. Legen Sie für jeden Artikel eine – virtuelle oder tatsächliche – Archivmappe an, in der alle Materialien gesammelt werden.

- Redaktionelle Aufbereitung: Auf Basis der recherchierten Informationen werden die Artikel verfasst. Foto- oder anderes Bildmaterial wird passend ausgewählt.

- Gegenrecherche und Abstimmung: Die Artikel müssen nun noch einmal kontrolliert werden. Stimmen alle Daten und Zahlen? Wurden alle Namen richtig geschrieben? Stimmen die Hintergründe, Zusammenhänge und Folgerungen so, wie sie dargestellt werden? Wahrscheinlich werden Sie nun die fachlich Verantwortlichen in Ihrer Organisation bitten, den Artikel gegenzulesen. Eine weitere Abstimmung sollte vor allem die Grammatik und Rechtschreibung betreffen.

- Übersetzung: Bei mehrsprachigen Titeln müssen Sie rechtzeitig an die Übersetzung denken. Wann Sie die Übersetzung in Ihren Ablauf einplanen, hängt nicht zuletzt davon ab, wer die Artikel in welcher sprachlichen Fassung abstimmen oder freigeben muss.

- Freigabe: Die fertig abgestimmten Artikel müssen zur Veröffentlichung freigegeben werden. Wer dafür im Einzelfall zuständig ist, muss eindeutig und schriftlich festgelegt sein. Ist es die Unternehmensleitung oder ein bestimmter Vorstand? Ist es ein Redaktionsbeirat, der sich aus Vertretern der Geschäftsleitung und den Mitarbeitern zusammensetzt? Ist es der Herausgeber oder der verantwortliche Redakteur selbst? Legen Sie am besten eine Abstimmungs- und Freigaberoutine fest und stellen Sie sicher, dass die verantwortlichen Personen auch greifbar sind, wenn Sie sie brauchen!

- Layout: Jetzt müssen die Beiträge in die richtige Form gebracht werden. Das macht entweder ein professioneller Layouter oder Sie selbst mit einem DTP-Programm. Prüfen Sie dieses Layout sorgfältig und geben Sie die Druckfreigabe.

- Drucken und Verteilen: Die Druckerei produziert die benötigte Auflage, sortiert und bindet die Zeitung und liefert sie an die angegebene Adresse. Den Drucktermin sollten Sie rechtzeitig mit der Druckerei vereinbaren. Dieser Termin ist Ihr Fixpunkt für den Netz- bzw. Ablaufplan zur Erstellung der einzelnen

Ausgaben. Vom Drucktermin ausgehend sollten Sie alle anderen Termine rückwärts einplanen. Einige Druckereien arbeiten zusätzlich als Lettershop und liefern Ihre Mitarbeiterzeitung direkt an die Adresse Ihrer Leser aus, wenn Sie dies wünschen. Je nach Verteilungsart müssen Sie aktuelle Adressenverteiler zur Verfügung stellen, Personal für das Verteilen am Arbeitsplatz beauftragen oder dafür sorgen, dass die Mitarbeiterzeitung an den üblichen Stellen im Betrieb ausgelegt wird. Achten Sie darauf, mindestens ein Exemplar Ihrer Mitarbeiterzeitung an die Deutsche Bibliothek in Frankfurt am Main zu senden. Dies entspricht den gesetzlichen Auflagen für Mitarbeiterzeitungen, die als Teil des deutschen Schrifttums dort vollständig erfasst werden.

- Resonanz erfassen: Sammeln Sie alle Reaktionen auf Ihre Mitarbeiterzeitung. Gibt es Leserbriefe, Anrufe oder Feedback in persönlichen Gesprächen? Wie viel Rücklauf haben Leserbefragungen oder Mitmach-Aufrufe? Wie hoch ist die Beteiligung an Preisausschreiben? Welche Themen werden kontrovers diskutiert? Zu welchen Themen werden besonders oft vertiefende Informationen abgerufen? Erhalten Sie Themenvorschläge aus dem Mitarbeiterkreis? Wie lange lesen die Mitarbeiter und wann und wo tun sie es vor allem? Aus allen Anzeichen können Sie erkennen, welche Akzeptanz Ihre Mitarbeiterzeitung besitzt – auch wenn dies natürlich keine repräsentative Leserbefragung ersetzt.

- Archivieren: Als Redakteur einer Mitarbeiterzeitung benötigen Sie ein umfangreiches, gut strukturiertes Archiv. Sie müssen festhalten, welche Materialien aus welchen Quellen für welche veröffentlichten Artikel benutzt wurden. Sie brauchen ein Archiv für Themenideen und noch nicht verwendete Informationen, das Sie nach Themenbereichen und Schlagworten durchsuchen können. Sie benötigen ein Foto-Archiv mit Stichwortsuche. Sie brauchen ein Archiv für geplante oder aktuell zu bearbeitende Themen, die einzelnen Ausgaben Ihrer Zeitung zugeordnet sind. Und Sie brauchen Sammelmappen für Informationen, die Sie in den ständigen Rubriken jeder Ausgabe veröffentlichen wollen. Vor Anbruch der digitalen Revolution wurden solche Archive in Hängeregistern geführt. Heute ist eine Zeitungsredaktion ohne digitales Archiv und entsprechender Datensicherungsroutine undenkbar. Das nimmt Ihnen jedoch nicht die Arbeit ab, Ihr Archiv sachgemäß zu strukturieren, zu verschlagworten und zu nummerieren. Ein guter Scanner, der auch größere Formate und Fotos in hoher Auflösung verarbeitet, eine digitale Video- und Fotokamera, sowie ein Aufnahmegerät, das digitale Tondateien aufzeichnet und ein Archivierungsprogramm erleichtern Ihnen die Arbeit.

Testen Sie Abläufe und Konzept mit einer Nullnummer Ihrer Mitarbeiterzeitung

Sie sehen, es gibt eine ganze Menge zu bedenken und zu organisieren, wenn Sie eine Mitarbeiterzeitung erstellen wollen. Am besten, Sie erproben die einzelnen Arbeitsschritte und das Ergebnis, bevor Sie Ihre neue Mitarbeiterzeitung regelmäßig herausgeben. Diese Testphase wird üblicherweise mit einer so genannten „Nullnummer" vollzogen. Dieses besondere Exemplar ist eben nicht die erste Ausgabe Ihrer

Zeitung, sondern die Ausgabe vor der ersten offiziellen Ausgabe. Alle Abläufe werden genauso geplant, wie vorgesehen. Die Nullnummer wird tatsächlich gedruckt und verteilt. Dann jedoch folgt eine Analysephase, in der redaktionelle Abläufe optimiert und die Mitarbeiter um ihre Verbesserungsvorschläge gebeten werden. Notfalls werden Abläufe geändert oder das Konzept der Zeitung überarbeitet – bis der optimale Weg gefunden ist und die erste Ausgabe Ihrer Mitarbeiterzeitung in Angriff genommen werden kann.

Planen Sie die Kosten Ihrer Mitarbeiterzeitung im Jahresbudget ein
Die Kosten für Ihre Mitarbeiterzeitung müssen Sie in Ihr Jahresbudget einplanen. Dazu benötigen Sie die durchschnittlichen Kosten pro Ausgabe und die Anzahl der Ausgaben pro Jahr. Die folgenden Kostenfaktoren könnten – je nach individueller Situation – in Ihre Kalkulation einfließen:

- Sitzungskosten für Redaktionssitzungen (Konferenzraum, Getränke etc.);
- Kosten für Büro und Verwaltung (Telefonate, Faxe, Kopien, Drucksachen, Geräte etc.) – meist als Pauschale anteilig vom Jahresbudget der Abteilung;
- Arbeitszeit der Redakteure und Honorare für Gastautoren;
- Reisekosten für Recherche-Reisen;
- Kosten und Honorare für Fotos, Grafiken, Illustrationen oder Cartoons, falls Sie diese extern beauftragen, bearbeiten lassen oder aus Fotoarchiven beziehen; ansonsten Arbeitszeit der beauftragten Kollegen;
- Ggf. Übersetzungskosten;
- Honorar für Layout (meist pro Seite oder Stunde) und Korrekturen (pro Stunde);
- Kosten für Druckfilme;
- Papierkosten;
- Druckkosten;
- Kosten für die Verarbeitung und Bindung der Zeitung;
- Kosten für Verpackung und Versand;
- Ggf. Kosten für den Lettershop (Material, Porto, Arbeitszeit);
- Archivierungskosten (Materialkosten und Arbeitszeit);

Planen Sie diese Kosten getrennt nach Arbeitszeit der eigenen Mitarbeiter, Verwaltungskosten, Honoraren für extern Beauftragte und Fremd- bzw. Materialkosten. Oft werden bei der Kalkulation der Mitarbeiterzeitung auch nur die Fremdkosten und Honorare angesetzt. Eigenleistungen und Büro- bzw. Verwaltungskosten bleiben dann unberücksichtigt – aus betriebswirtschaftlicher Sicht eigentlich ein Fehler, speziell wenn die Eigenleistungen des Redaktionsteams sehr umfangreich sind. Die voraussichtlichen Arbeitsstunden müssen Sie schätzen und dann während der Arbeit an der Mitarbeiterzeitung eine Stundenerfassung durchführen. Mit der Zeit werden Sie den durchschnittlichen Arbeitsaufwand pro Ausgabe realistisch einschätzen können. Haben Sie ein Jahresbudget für Ihre Mitarbeiterzeitung berechnet, müssen Sie für jede Ausgabe kontrollieren, ob Sie innerhalb Ihrer Budgetgrenzen geblieben sind. Dabei können einzelne umfangreichere Ausgaben durchaus überdurchschnittlich viel kosten, wenn danach wieder eine dünnere, weniger aufwändige Ausgabe folgt.

4.7.6 Schriftliche Medien als Ergänzung und Ersatz für die Mitarbeiterzeitung

Der Aufwand, eine Mitarbeiterzeitung herauszugeben, ist nicht in jeder Organisation sinnvoll. Und selbst wenn eine Mitarbeiterzeitung herausgegeben wird, muss diese in den meisten Fällen durch weitere schriftliche Medien ergänzt werden – vor allem dann, wenn es um aktuelle Inhalte geht und um Themen für spezifische Mitarbeitergruppen. Dann kommen weitere schriftliche Instrumente, wie in etwa das Schwarze Brett, Newsletter und Rundschreiben, zum Einsatz.

Das Schwarze Brett als Wandzeitung

Das Schwarze Brett eignet sich als Ersatz und Ergänzung für die Mitarbeiterzeitung, wenn es als Wandzeitung eingesetzt wird. Dazu gehört, dass es an zentraler Stelle – oder an mehreren zentralen Stellen im Betrieb – eingerichtet wird. Die Informationen darauf sollten klar in Ressorts gegliedert sein. Neben wiederkehrenden Themen vom Betriebsrat oder aus der Personalabteilung finden sich in einer Wandzeitung auch wechselnde, redaktionell aufbereitete Berichte aus dem Unternehmen, vom Markt oder aus dem sonstigen Umfeld. Dazu gibt es Fotos, Grafiken und Illustrationen wie in der Mitarbeiterzeitung. Als Feedback-Element könnte ein Briefkasten für Fragen und Kommentare angebracht werden. Die Behandlung dieser Fragen erfolgt ebenfalls am Schwarzen Brett – zum Beispiel in einer Dialogecke. Der Vorteil des Schwarzen Bretts gegenüber der Mitarbeiterzeitung ist klar: Es können brandaktuelle Informationen nach Bedarf und unabhängig von festgelegten Seitenzahlen oder Erscheinungsterminen veröffentlicht werden. Der Nachteil: Um diesen Vorteil zu nutzen, müssen die Mitarbeiter das Schwarze Brett auch regelmäßig – möglichst täglich – besuchen und in ihre Informationsroutine einbeziehen. Und das wiederum bedeutet: Die Wandzeitung muss fast täglich gepflegt und mit neuen Informationen bestückt werden.

Das Rundschreiben als aktuelles Push-Medium

Das Rundschreiben wird vor allem dann eingesetzt, wenn es um aktuelle, schnelle Informationen geht und der Absender sichergehen möchte, dass die Information alle relevanten Mitarbeiter erreicht. In Rundschreiben können einzelne, wichtige Themen ebenso behandelt werden, wie mehrere Nachrichten aus unterschiedlichen Themenbereichen. Rundschreiben können – ebenso wie Mitarbeiterzeitungen – als regelmäßiger Informationsdienst mit wiederkehrenden Rubriken konzipiert sein oder als schriftliches Instrument, das je nach Bedarf zu unterschiedlichen Terminen, mit unterschiedlichen Themen und für unterschiedliche Empfängerkreise herausgegeben wird. Rundschreiben sind damit zwar eines der flexibelsten, schriftlichen Instrumente, haben aber nur selten Dialog-Charakter. Sie sollten daher angemessen dosiert, sowie mit persönlicher Kommunikation und Feedback-Instrumenten kombiniert werden.

Der Newsletter als „kleine, schnelle Mitarbeiterzeitung"

Der Newsletter ist „der kleine Bruder" der Mitarbeiterzeitung. Da sein Layout einfacher ist und er überwiegend kurze, nachrichtlich aufbereitete Inhalte transportiert, ist er schneller zu erarbeiten und in kürzeren Zeitabständen herauszugeben. Auch sind Druck, Farbe und Bindung weniger aufwändig als bei einer Mitarbeiterzeitung – wenn er nicht sogar überwiegend elektronisch herausgegeben und nur in Einzelfällen auf Papier ausgedruckt wird. Von der redaktionellen und visuellen Aufbereitung der Inhalte, sowie von der Themenauswahl ist es abhängig, wie nahe der Newsletter einer Mitarbeiterzeitung kommt und diese ersetzen kann. Die Übergänge sind fließend. Darüber hinaus werden Newsletter in größeren Organisationen zusätzlich zu Mitarbeiterzeitungen für bestimmte Empfängergruppen eingesetzt, wenn diese Spezialinformationen benötigen, die nicht für alle Mitarbeiter interessant oder verständlich sind. Beispielsweise die Newsletter für Führungskräfte, für technische Mitarbeiter, für Sicherheitsbeauftragte, für das Qualitätsmanagement, für Piloten, Köche oder Kfz-Meister – die Liste ist so vielfältig wie die Bezugsgruppen der internen Kommunikation.

Aufgabe 3 (Teil II): Geben Sie eine Mitarbeiterzeitung heraus!

In dieser Aufgabe werden Sie eine Mitarbeiterzeitung herausgeben. Sie werden Ihre Mitarbeiterzeitung konzeptionell entwickeln, den Redaktionsplan für die erste Ausgabe erstellen und einen Ablaufplan für die Umsetzung erarbeiten. Bedenken Sie dabei: Nur selten wird eine Mitarbeiterzeitung ganz alleine bearbeitet. Sie sollten sich rechtzeitig Gedanken darüber machen, wer an der Mitarbeiterzeitung mitwirkt. Beziehen Sie das Kernteam in die Ausarbeitung der konzeptionellen Details mit ein – beispielsweise indem Sie einen Konzept-Workshop einberufen.

Für unser Praxis-Beispiel werden wir das europäische Mitarbeiter-Magazin der ASSCorp bearbeiten, das in Teil 1 dieser Aufgabe im Maßnahmenplan für die interne Kommunikation des Versicherungsunternehmens vorgeschlagen wurde. Lesen Sie sich hierzu die konzeptionellen Rahmenbedingungen, die wir für dieses Instrument entwickelt hatten, noch einmal durch (siehe Abb. 4.6 a).

1. Schritt: Legen Sie Aufgaben und Bezugsgruppen Ihrer Mitarbeiterzeitung fest!
Jede Mitarbeiterzeitung hat eine bestimmte Grundfunktion im internen Kommunikationsmix. Diese müssen Sie festlegen und Ihre Detailkonzeption für das Medium darauf aufbauen.

- Welche grundlegende, medienspezifische Aufgabe soll Ihre Mitarbeiterzeitung erfüllen?
- Welche konkreten PR-Ziele soll sie unterstützen?
- Lassen sich diese Aufgaben bestimmten Bezugsgruppen zuordnen?

Entnehmen Sie die Antworten auf diese Frage Ihrem internen Kommunikationskonzept aus Teil I dieser Aufgabe. Notieren Sie diese Grundfunktionen und Bezugsgruppen im ersten Abschnitt Ihres Konzept-Steckbriefes für die Mitarbeiterzeitung (siehe Abb. 4.8).

Das Mitarbeiter-Magazin der ASSCorp
- Konzept-Steckbrief -

Aufgabe ▷ Das Mitarbeiter-Magazin der ASSCorp ist das schriftliche Leitmedium für alle europäischen Mitarbeiter zur gemeinsamen Identitätsbildung, strategischen Orientierung und Wertevermittlung. Es soll die Wertschätzung der Mitarbeiter zum Ausdruck bringen. Es fördert die Integration der Mitarbeiter aller Bereiche und Kulturen.

Bezugsgruppen ▷ Alle Mitarbeiter der ASSCorp in London, Dublin und Frankfurt.

Themen ▷ Visionen, Ziele, Strategien, Entscheidungen, Leitbild; Kundenorientierung, Best Practices; internationale Teams und Projekte; Mitarbeiter- und Abteilungs-Portraits; gemeinsame Erfolge, Veranstaltungen; Themen aus Kultur, Land und Leute;

Sprache ▷ Englisch-Deutsch; emotionalisierende Ansprache in „Wir"-Form;

Rahmendaten ▷

Titel:	The European – Das Magazin für Mitarbeiter der ASSCorp Europe.
Erscheinungshäufigkeit:	Quartalsweise
Umfang/Format:	12 bis 20 Seiten, DIN A4;
Auflage:	500 Exemplare
Visuelle Gestaltung:	Magazin-Charakter, Glanzpapier, 4/0-farbig, Heftbindung;
Herausgeber:	Vorstand ASSCorp Europe
Verantwortlich:	Leiter Interne Kommunikation ASSCorp Europe

Budget ▷ 40.000,- EUR/Jahr

Abb. 4.8 Der Konzept-Steckbrief für das Mitarbeiter-Magazin der ASSCorp. In einem Steckbrief wurden die wichtigsten strategischen Vorgaben und Rahmendaten des Mitarbeiter-Magazins festgehalten. Das Magazin hat eine klare strategische Aufgabe, von der sich die Kernthemen und die gestalterischen Rahmendaten ableiten lassen. Das Budget wurde grob kalkuliert und muss erst noch durch eine Feinkalkulation verifiziert werden. Das Heft soll Magazin-Charakter haben, wird jedoch ohne typisches Magazin-Cover produziert. Damit kann eine hochwertige redaktionelle Aufbereitung umgesetzt und dennoch Aufwand und Auflage in einem vernünftigen Verhältnis gehalten werden. Das Objekt wirkt nicht „überdimensioniert" oder „protzig".

2. Schritt: Erarbeiten und strukturieren Sie Ihr Themenspektrum!
Nun sammeln Sie Themen und Inhalte, die die Grundfunktion Ihrer Zeitung
erfüllen und strukturieren diese nach Ressorts und Rubriken.

- Welche Inhalte und Themen unterstützen die Aufgabenstellung Ihrer
  Mitarbeiterzeitung?
- Wie aktuell sind diese Themen?
- Wann und wie häufig fallen sie in Ihrem Unternehmen voraussichtlich an?
- Wie sollten diese Themen im Idealfall aufbereitet werden? Denken Sie
  dabei auch an die optische Umsetzung!
- Mit welcher Sprache und Tonalität wollen Sie die Themen aufbereiten?
- Wie lassen sich die Inhalte thematisch nach Ressorts und Rubriken
  strukturieren?
- Welche Titel könnten die Ressorts und Rubriken tragen?

Am besten veranstalten Sie ein Brainstorming, um mögliche Themen und
Umsetzungsideen zu sammeln. Dann überprüfen Sie, ob und wie sich die
vorgeschlagenen Themen für Ihre Zwecke zeitungsgerecht aufbereiten lassen.
Zum Schluss ordnen Sie die Themen und finden geeignete Überbegriffe für Ihre Themensammlungen. In Abb. 4.9 wird ein einfacher Themen-Strukturplan
vorgestellt. Damit haben Sie die redaktionelle Grundstruktur Ihrer Zeitung
festgelegt. Fassen Sie die Ergebnisse als Ergänzung zu Ihrem Konzept-
Steckbrief zusammen. Sie benötigen diese Themensammlung nicht nur als
Grundlage für den nächsten Schritt, sondern auch später, bei der Erstellung
des Redaktionsplans.

3. Schritt: Legen Sie die gestalterischen Rahmendaten Ihrer Zeitung fest!
Nun leiten Sie von Aufgabe und Inhalten die notwendigen gestalterischen
Rahmendaten für Ihre Mitarbeiterzeitung ab.

- Welches Format, welches Papier und welche Bindung hat Ihre Mitarbei-
  terzeitung idealerweise, damit sie ihre Aufgabe erfüllen und die Inhalte
  transportieren kann?
- Hat sie eher Zeitungs-, Newsletter- oder Magazin-Charakter?
- Welchen Umfang hat sie und wie häufig muss sie in welcher Auflage
  erscheinen?
- Wie aktuell sind die Themen und welche personellen Ressourcen stehen
  Ihnen für die redaktionelle Arbeit zur Verfügung?
- Mit welchem Themen-Umfang rechnen Sie regelmäßig?
- Wie viele Farben braucht Ihre Mitarbeiterzeitung?
- Welches Layout und welche gestalterischen Elemente benötigen Sie zur
  Umsetzung Ihrer Themenideen?
- In welcher Sprache soll die Zeitung erscheinen?

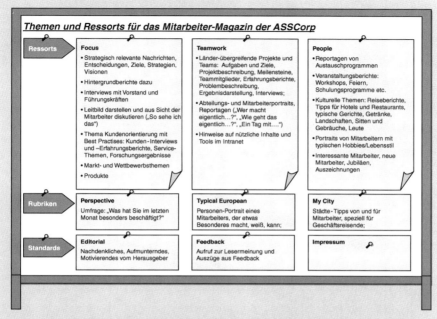

Abb. 4.9 Die Ressorts und Rubriken des Mitarbeiter-Magazins. In einem Work-shop wurden auf der Basis des Konzept-Steckbriefes Ideen für Themen und Inhalte des Mitarbeiter-Magazins gesammelt und strukturiert. Es wurden drei Ressorts mit den Ti-teln „Focus", „Teamwork" und „People" gebildet. Die Rubriken unterstützen die Funktion des Magazins, Menschen, Meinungen und kultur-typische Themen hervorzuheben. Die Standard-Inhalte, wie das Editorial oder ein Bereich, in dem das Feedback der Leser aufgegriffen wird, ergänzen das inhaltliche Konzept

- Welcher Titel beschreibt am besten Aufgabe, Bezugsgruppe oder Inhalt Ihrer Zeitung?
- Wie soll die Zeitung verteilt werden?
- Welche Kosten entstehen und welches Budget steht Ihnen zur Verfügung?

Die Beantwortung dieser Fragen hilft Ihnen, die Rahmendaten Ihrer Mitarbei-terzeitung festzulegen. Planen Sie zuerst den Idealfall und kalkulieren Sie die Kosten dafür. Wenn Sie an Ihre Budgetgrenzen stoßen, überlegen Sie, welche Abstriche Sie machen können: beispielsweise bei Papier und Farbe? Oder bei der Erscheinungshäufigkeit? Halten Sie die Rahmendaten in Ihrem Konzept-Steckbrief fest. Ein einfaches Beispiel für einen Konzept-Steckbrief finden Sie in Abb. 4.8. Auch sollten Sie sich auf der Basis Ihrer konzeptionellen Rahmendaten und Inhalte Vorschläge für ein Layout Ihrer Zeitung erstellen lassen (siehe Abb. 4.10).

Abb. 4.10 Der Layout-Entwurf des Mitarbeiter-Magazins. Das Layout für das Mitarbeiter-Magazin stellt den Magazin-Charakter des Heftes deutlich heraus. Vier Spalten, die bei Einstiegstexten (Leads) auf drei Spalten reduziert werden können, stellen die Lesefreundlichkeit und Flexibilität sicher. Die Art, wie Fotos, Textkasten, Tabellen oder Grafiken eingebunden werden, ergeben einen optisch sehr eleganten und abwechslungsreichen Eindruck. Darüber hinaus werden Hervorhebungen im Text – beispielsweise Zitate –, aber auch Bildunterschriften und Randanmerkungen ästhetisch eingebunden. Ressort-Titel und grafische Elemente, wie Linien und Balken, sorgen für eine klare Struktur und für eine gute Orientierung der Leser.

4. Schritt: Stellen Sie Ihr Redaktionsteam zusammen und machen Sie einen Ablaufplan!

Nun müssen Sie die Organisation, Prozesse und Verantwortlichkeiten für die Umsetzung Ihrer Mitarbeiterzeitung festlegen.

- Wer ist Herausgeber der Mitarbeiterzeitung und wer ist verantwortlicher Redakteur?
- Wer ist im festen Redaktionsteam, wer arbeitet als Korrespondent oder freier Autor mit?
- Wer ist für Fotos, Grafiken oder Illustrationen verantwortlich?
- Wer ist für das Layout verantwortlich?
- Wer redigiert die Texte, wer überprüft sie fachlich, wer erteilt die Freigabe der Texte, wer die Druckfreigabe?
- Wer organisiert die Redaktionskonferenzen und mit welcher Häufigkeit? Wer nimmt daran teil?

- Wer ist für organisatorische Belange, wie Zeiterfassung, Kostenkontrolle, Produktion und Auslieferung zuständig?
- Welche Tätigkeiten müssen hintereinander ausgeführt werden, welche können parallel erfolgen?
- Wie lange benötigen Sie für die einzelnen Tätigkeiten?

Erarbeiten Sie aus den Antworten zu diesen Fragen Ihren Ablaufplan für die Herausgabe der Mitarbeiterzeitung. Legen Sie gemeinsam mit Ihrem Vorgesetzten die Abläufe und Verantwortlichkeiten schriftlich nieder und übernehmen sie die Angaben – soweit gesetzlich vorgeschrieben – auch in Ihr Impressum. Stellen Sie sicher, dass alle Beteiligten ihre Rollen und Verantwortlichkeiten kennen und von ihren jeweiligen Vorgesetzten dazu verpflichtet werden. Einen beispielhaften Ablaufplan sehen Sie in Abb. 4.11.

5. Schritt: Erstellen Sie Ihren Redaktionsplan!

Nun geht es an die redaktionelle Planung Ihrer Mitarbeiterzeitung im Jahresverlauf, aber auch ganz konkret um die Inhalte der ersten Ausgabe. Berufen Sie hierzu Ihre erste Redaktionssitzung ein. Nutzen Sie Ihre Themensammlung aus Schritt 2 als Grundlage. Denken Sie bei der Erstellung des Redaktionsplans sowohl an Themen, die für die Unternehmensleitung wichtig sind, als auch an Themen, die für die Mitarbeiter wichtig sind!

- Welche Ereignisse werden im Jahresverlauf absehbar eintreten und wann? Wann wird die Bilanz veröffentlicht, wann kommen neue Produkte auf den Markt, wann startet eine Werbekampagne, wann werden wichtige Projekte gestartet oder abgeschlossen, wann finden wichtige Veranstaltungen statt, etc.?
- Welche Themen, Probleme oder Ziele dominieren das interne Geschehen oder sind „Dauerbrenner" der internen Diskussion?
- Welche Themen, Geschichten oder Informationen helfen bei der Umsetzung Ihrer PR-Ziele für die Mitarbeiterzeitung?
- Wie können Sie Feedback-Möglichkeiten schaffen oder dialog-orientierte Elemente einbeziehen?
- Wie können Sie die Leser aktivieren?
- Wird eine Leserbefragung geplant?
- Welche Standard-Inhalte, wie Editorial, Leserbriefe oder Impressum, müssen Sie einplanen?
- Wie werden die identifizierten Themen den einzelnen Ressorts oder Rubriken und den einzelnen Ausgaben Ihrer Zeitung zugeordnet?

Erstellen Sie einen Jahres-Themen-Plan, in dem Sie alle Themenideen bestimmten Ausgaben und Ressorts zuordnen – am besten in einer Tabelle. Dann machen Sie mit der konkreten Bearbeitung der ersten Ausgabe wie folgt weiter:

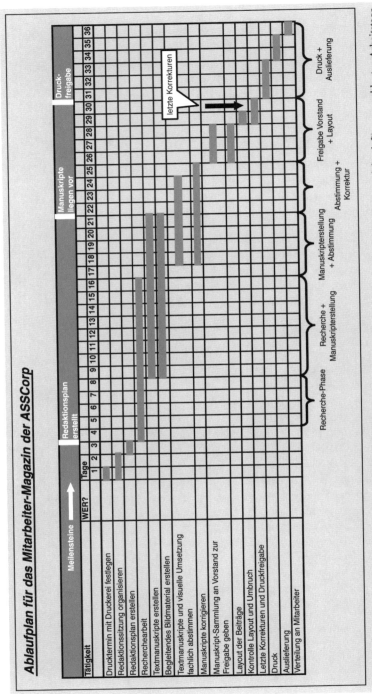

Abb. 4.11 Der Ablaufplan für die Umsetzung des Mitarbeiter-Magazins. Auf Basis der einzelnen Tätigkeiten und der dafür veranschlagten Arbeitstage lässt sich ein einfacher Ablaufplan für die Umsetzung des Mitarbeiter-Magazins erstellen. Das Balkendiagramm macht deutlich, dass es mehrere, überlappende Tätigkeiten bei Redaktion und Abstimmung der Magazin-Inhalte gibt. Recherche, Manuskripterstellung, Visualisierung und Abstimmung gehen Hand in Hand. Eine besonders kritische Zeitphase liegt zwischen der Ablieferung der Manuskripte und der Druckfreigabe. Stellen Sie sicher, dass alle zu Abstimmung, Freigabe und Layout eingebundenen Personen in diesen Tagen greifbar sind!

- Welches Thema oder welche Themen der ersten Ausgabe sind – gemäß Kernfunktion Ihrer Zeitung – besonders wichtig und haben daher Priorität?
- Welches Thema wird Titel-Thema?
- Wer ist für die redaktionelle Aufbereitung der einzelnen Themen verantwortlich?
- In welcher journalistischen Darstellungsform, mit welchem Umfang und an welcher Stelle im Heft soll der Beitrag aufbereitet werden?
- Welche visuelle Umsetzung ist geplant?
- Welche Quellen können genutzt, welche Informanten und Interviewpartner angesprochen werden?
- Bis wann müssen Texte und Bilder abgegeben werden, wann ist Redaktionsschluss, wann Drucktermin?

Halten Sie Ihre Vereinbarungen im Redaktionsplan für Ihre erste Ausgabe fest. In Abb. 4.12 sehen Sie den vereinfachten Auszug aus einem Redaktionsplan. Beachten Sie aber auch, dass es Themen für die nächste oder übernächste Ausgabe Ihrer Mitarbeiterzeitung geben könnte, die eine längere Vorlaufzeit benötigen. Diese müssen Sie ebenfalls bereits jetzt zur Recherche und redaktionellen Bearbeitung an einen Verantwortlichen übergeben. Die Herausforderung besteht darin, sowohl kurzfristig relevante Themen in Ihre Redaktionsarbeit zu integrieren, als auch vorausschauend größere Themen anzugehen.

6. Schritt: Setzen Sie die erste Ausgabe Ihrer Mitarbeiterzeitung um!
Wenn Sie alles gut geplant haben, kann eigentlich nichts mehr schief gehen. Deshalb an dieser Stelle nur noch ein paar Dinge, auf die Sie bei der Umsetzung achten sollten:

- Können die Termine – vor allem Redaktionsschluss und Drucktermin – eingehalten werden? Liegen alle Beiträge und das visuelle Begleitmaterial rechtzeitig vor?
- Wie ist die Qualität des Materials? Wie aufwendig ist die Nachbearbeitung von Texten oder Bildern? Müssen Texte übersetzt werden?
- Ist alles fachlich korrekt, stimmen Daten, Namen und Rechtschreibung?
- Sind zu allen Beiträgen – besonders bei Zitaten – die entsprechenden Quellen belegt? Haben Sie die benötigten Rechte an allen Materialien?
- Ist das Layout und der Umbruch inhaltsgerecht umgesetzt worden?
- Wurden alle Texte und Bilder freigegeben?
- Haben Sie die Auslieferung und Verteilung der Mitarbeiterzeitung organisiert?

Redaktionsplan des Mitarbeiter-Magazins der ASSCorp (Auszug)

The EUROPEAN
Das Mitarbeiter-Magazin der ASSCorp Europe
Ausgabe 1/September 2008

Ressort / Rubrik / Thema	Inhalte / Visualisierung	Autor	Seiten
			2
1) Titel			
Unsere Europa-Strategie	- Erklärung der neuen Strategie	TR	S. 1–2
● Was bedeutet das für die unterschiedlichen Bereiche und Länder?	- Perspektiven: aus Sicht der Länderchefs		
	- Portraitfotos der Länderchefs mit Kurzportrait	GM	
	- Kasten mit Zitat Europa-Vorstand		
	- Europa-Karte, Puzzle-Stücke		
Inhaltsübersicht	-	SG	S. 1
			1
2) Editorial Europa-Vorstand			
● Was haben wir erreicht?	- Foto Europa-Vorstand	GM	S. 3
● Wo stehen wir jetzt?	- Unterschrift		
● Warum jetzt das neue Magazin??	- Kurzprofil		
3) Focus			5
E-Commerce im Versicherungsmarkt	- Foto IT-Leiter und Kurzprofil	BR	S. 4+5
● Was macht der Wettbewerb?	- thematisch passendes Foto zu E-Commerce (PC-Bildschirm mit unserer Website)		
● Wie stellen wir uns auf?			
● Welche Vorteile hat der Kunde dadurch?	- Kasten: Entwicklung von E-Commerce in Stichpunkten		
	- Interview mit Makler: Die Meinung der Makler		
	- Pageview-Daten unserer Website		
Was Kunden heute von Lebensversicherungen erwarten	- Beitrag mit Zitat/Kommentierung des Marketing-Leiters	SG	S. 6+7
● Neue Marktforschungsergebnisse	- Foto und Kurzprofil Marketingleiter		
● Was bedeutet das für uns?	- Grafiken mit Kernergebnissen		
Die neue ASSPlus-Police	- Beitrag vom Produktmanager	SG	S. 8
● Wie passt das neue Produkt in unsere Produktstrategie?	- Foto Produktmanager mit Kurzprofil		
	- Foto Werbekampagne + Produkt-Broschüre		
In Kürze	- Neues von Produkten (mit Umsatzzahlen)	TR, BR	S. 8
	- Geschäftsentwicklung 1. Hj.		
4) Teamwork			4
Das Kommunikationsteam stellt sich vor	- Beitrag über Team und Tätigkeit der Kommunikationsabteilung	SG, GM, TR	S. 9+10
● Wer sind wir?	- Aufhänger-Foto (Comic mit Sprechblase)		
● Was machen wir?			
● Was bringt das den Mitarbeitern?	- Foto Kommunikationsteam mit Kurzprofilen		
	- Kasten mit wichtigen Projekten im Überblick		
	- Zitate von Mitarbeitern: Was bedeutet gute interne Kommunikation für mich?		
	- Kleines Organigramm		

Abb. 4.12 Auszug aus dem Redaktionsplan für das Mitarbeiter-Magazin. Der Redaktionsplan für die erste Ausgabe des Mitarbeiter-Magazins, von dem hier nur ein Auszug abgebildet ist, wurde in der Redaktionssitzung erarbeitet. Jedem Ressort wurden die entsprechenden Beiträge, Seiten und bearbeitenden Autoren zugeordnet. Für die inhaltliche Aufbereitung, die Kernfragen, die beantwortet werden sollen und für die Visualisierung wurden Ideen festgehalten, die von den Autoren im Rahmen ihrer Recherche weiter konkretisiert und ausgearbeitet werden müssen.

7. Schritt: Erfassen Sie die Resonanz und archivieren Sie alle Unterlagen!
Nun geht es um die Schritte, an die Sie bei der Nachbereitung denken sollten. Und – wie immer nach Kommunikationsmaßnahmen – um die Erfolgskontrolle Ihrer Arbeit.

- Haben Sie ein gut strukturiertes Archiv angelegt?
- Können Sie alle veröffentlichten Informationen und Bilder eindeutig auf ihre Quellen zurückführen und diese jederzeit wieder finden?
- Können Sie alle Materialien erfassen und Schlagworten, Ressorts, Rubriken, Ausgaben und Artikeln zuordnen?
- Haben Sie dafür gesorgt, dass alle Reaktionen auf die Zeitung erfasst werden?
- Gibt es Feedback- oder Gesprächserfassungsbögen?
- Haben Sie eine Leserbefragung vorbereitet? Welche Fragen wollen Sie den Lesern stellen?
- Wird die Leserbefragung durch entsprechende Veröffentlichungen in Ihrer Zeitung angekündigt und begleitet?
- Hat sich Ihr redaktioneller Ablaufplan bewährt? Was müssen Sie verbessern?
- Welcher Zeit- und Kostenaufwand entstand? Liegt dieser im vorgesehenen Rahmen?

Legen Sie ein gut strukturiertes Archiv an und legen Sie alle Materialien ab. Halten Sie alle Reaktionen auf Ihre Zeitung in geeigneten Formularen fest, so dass Sie diese bei Bedarf dokumentieren können. Zum Thema Erfolgskontrolle und Leserbefragung erfahren Sie im Abschn. 4.12 „Erfolgskontrolle der internen Kommunikation" mehr. Optimieren Sie Abläufe und Kosten und passen Sie gegebenenfalls Ihren Ablaufplan an. Dann geht es mit Schritt 5 dieser Übung weiter zur redaktionellen Planung der nächsten Ausgabe Ihrer Mitarbeiterzeitung. Weiterhin viel Erfolg!

4.8 Die persönliche Kommunikation im Unternehmen

Persönliche Kommunikation findet überall in einer Organisation statt und macht sie überhaupt erst funktionsfähig. Persönliche Kommunikation erlaubt es den Kommunikationspartnern, im Gespräch direkt auf Fragen, Anregungen oder Kritik einzugehen und Probleme gemeinsam zu lösen. Sie vermittelt neben sachlichen Inhalten auch Emotionen und Authentizität. Persönliche Kommunikation kann Beziehungen festigen, für Zusammenhalt sorgen und Vertrauen herstellen. Leider ist diese Form der internen Kommunikation meist sehr aufwändig. Personen müssen an einem Ort zusammengebracht, Veranstaltungen gut organisiert und Diskussionen exzellent vorbereitet werden, damit die beabsichtigte Wirkung erzielt wird. Persönliche Kommunikation ist aber unerlässlich, wenn Themen angesprochen werden, von denen die Mitarbeiter stark persönlich betroffen sind oder die existentielle Bedeutung für den Unternehmenserfolg haben.

Um sich einen Überblick über die unterschiedlichen Instrumente und Maßnahmen der persönlichen Kommunikation zu verschaffen, ist es sinnvoll, die folgenden Bereiche bzw. Arten von Veranstaltungen zu unterscheiden:

- Arbeitsbezogene Veranstaltungen sorgen dafür, dass Bereiche, Abteilungen und Teams – aber auch Einzelpersonen – ihre fachlichen Aufgaben wahrnehmen können und zusammenarbeiten. In diesen Bereich fallen beispielsweise Arbeitsmeetings, Team-Briefings und Fachtagungen jeglicher Art.
- Veranstaltungen im Bereich der Aus- und Weiterbildung sind notwendig, um Wissen zu vermitteln, die Fähigkeiten von Mitarbeitern und Führungskräften weiterzuentwickeln und neuen Mitarbeitern den Einstieg zu erleichtern. Das Anliegen der internen Kommunikation ist es, dass im gesamten Schulungsangebot Bausteine integriert werden, die die Kommunikationsfähigkeit von Mitarbeitern und Führungskräften verbessern.
- Kommunikationsveranstaltungen werden organisiert, um bestimmte Themen mit den Mitarbeitern zu besprechen, sie zu informieren oder den Dialog zu pflegen. Dies können Vorträge und Präsentationen sein, aber auch interne Messen oder Frage-Stunden mit Führungskräften.
- Unter informellen Veranstaltungen werden alle Maßnahmen verstanden, die das informelle Gespräch der Mitarbeiter untereinander, das menschliche Kennenlernen und das Gemeinschaftsgefühl in den Mittelpunkt stellen. Betriebsfeste, lockere Zusammenkünfte am Rande eines Kongresses oder Aktivitäten des Betriebssports, sowie kulturelle Veranstaltungen gehören in diesen Bereich.

Günstige Rahmenbedingungen fördern persönliche Kommunikation.

Damit die Veranstaltungen und Maßnahmen der persönlichen Kommunikation erfolgreich sein können, müssen jedoch zwei Voraussetzungen gegeben sein: Erstens müssen die Mitarbeiter und Führungskräfte die benötigten Kommunikationsfähigkeiten besitzen; zweitens müssen die Rahmenbedingungen und die unterstützenden Hilfsmittel vorhanden sein, um persönliche Kommunikation zu fördern. Die interne Kommunikation muss also darauf achten,...

- ...dass Grundfähigkeiten und Wissen, beispielsweise über Moderation, Präsentation, Gesprächsführung, Rhetorik, Feedback-Management, Konflikt-Management und Team-Bildung, vorhanden sind oder aufgebaut werden.
- ...dass die Räumlichkeiten, in denen persönliche Kommunikation stattfindet – beispielsweise Aufenthaltsräume und Besprechungsräume – entsprechend ausgestattet sind und die Kommunikation fördern.
- ...dass die Kommunikatoren auf unterstützende Hilfsmittel, wie Checklisten und Anleitungen, für die wichtigsten Instrumente der persönlichen Kommunikation zurückgreifen können.

Unter diesen Bedingungen kann persönliche Kommunikation besser wirken

Die Instrumente der persönlichen Kommunikation werden besonders wirksam, wenn sie darüber hinaus die folgenden Bedingungen erfüllen:

- Die persönliche Information sollte effizient, klar, verständlich und „auf den Punkt" gebracht sein. Der Informationsgeber sollte dabei nicht nur über rhetorische Fähigkeiten und Präsentationserfahrung verfügen, sondern vor allem darauf achten, seine Inhalte ausreichend zu visualisieren.
- Wo immer möglich sollten die Mitarbeiter ihre Arbeitsergebnisse selbst präsentieren. Dies fördert, dass sich die Mitarbeiter verantwortlich, eingebunden und stolz auf ihre Arbeit fühlen.
- Jedes Instrument wird mit dialog-orientierten Elementen angereichert. Das umschließt Frage-Antwort-Runden ebenso, wie Diskussionen und die Möglichkeit, Kritik und Anregungen einzubringen.
- Mitarbeiter sollten – speziell wenn es um strategisch wichtige Themen und Veränderungsprozesse geht – aktiv involviert werden. Sie sollen in Workshops Lösungen für Probleme selbst entwickeln und dazu motiviert werden, ihre Arbeitswelt mit eigenen Ideen zu gestalten.
- In jede Maßnahme zur persönlichen Kommunikation werden Bausteine für informelle Kommunikation integriert. Das kann ein Rahmenprogramm anlässlich eines Fachkongresses sein, ein Aufenthalt in der Mitarbeiter-Lounge während einer Besprechungspause oder die Abschlussfeier eines Projektteams.

Auch persönliche Kommunikation erfüllt unterschiedliche Aufgaben

Eine wichtige Aufgabe der persönlichen Kommunikation ist die Führung der Mitarbeiter. Für die Führungskräfte einer Organisation ist eine aktive, persönliche Kommunikation entscheidend, um glaubwürdig zu sein und das Vertrauen der Mitarbeiter zu gewinnen. Darüber hinaus ist die persönliche Kommunikation dann unentbehrlich, wenn es um grundlegende Strategien und Veränderungsprozesse im Unternehmen geht. Denn persönliche Kommunikation kann erklären, überzeugen, Widerstände ausräumen, motivieren und mobilisieren. Wenn Mitarbeiter für bestimmte Initiativen und Projekte gewonnen werden sollen, wenn sie Veränderungsprozesse aktiv mitgestalten sollen, ist der persönliche Kontakt unverzichtbar. Unterstützend wirkt persönliche Kommunikation zudem im Bereich der Zusammenarbeit und des Wissenstransfers. Es ist immer noch die wirkungsvollste Methode, Wissen und Erfahrungen persönlich weiterzugeben. Und der Wunsch vieler Mitarbeiter, die Kollegen aus anderen Fachbereichen, mit denen sie besonders eng zusammenarbeiten, auch persönlich kennen zu lernen, ist legitim und sollte in der internen Kommunikation berücksichtigt werden.

Es geht also auch im Bereich der persönlichen Kommunikation darum, aus der Fülle möglicher Maßnahmen diejenigen auszuwählen, mit denen Sie Ihre festgelegten internen PR-Ziele am besten erreichen können. Im Folgenden werden ein paar typische Instrumente der persönlichen Kommunikation herausgegriffen und kurz skizziert. Weitere Instrumente für persönliche Kommunikation finden Sie in der Tabelle 4.5 „Instrumente der internen Kommunikation und ihre Hauptfunktionen".

4.8.1 Aufbau einer Team-Briefing-Struktur

Eine funktionierende Team-Briefing-Struktur im Unternehmen sorgt dafür, dass der Austausch von Informationen von der Unternehmensführung über die einzelnen

Ebenen hin zum Mitarbeiter – sie so genannte „Informationskaskade" – funktioniert. Dazu gehört sowohl die Weitergabe von Informationen von „oben nach unten", als auch das Sammeln und Kanalisieren von Fragen, Kritik, Ideen und Anregungen „von unten nach oben". Die Umsetzung der Team-Briefings ist eine klassische Führungsaufgabe und funktioniert nur, wenn alle Mitarbeiter mit leitender Funktion das Konzept mittragen. Für die grundlegende Verpflichtung der Führungskräfte, regelmäßige Team-Briefings durchzuführen, muss die Unternehmensleitung sorgen. Für das Konzept und für die Unterstützung der Führungskräfte mit geeigneten Tools ist die Abteilung interne Kommunikation verantwortlich.

Besprechungs-Standards zur Einführung der Briefing-Struktur

Zur Einrichtung einer Team-Briefing-Struktur gehen Sie folgendermaßen vor: Erarbeiten Sie Standards für team-, abteilungs- und bereichs-bezogene Besprechungen, die mindestens einmal wöchentlich durchgeführt werden. Geben Sie darin eine Anleitung, wie solche Besprechungen vorbereitet, durchgeführt und nachbereitet werden. Wichtig dabei: Die Besprechungen sollten immer in gleicher Weise strukturiert sein. In jeder Besprechung muss sich ein Tagesordnungspunkt finden, der beispielsweise „Bericht des Vorsitzenden", „aktuelle Information aus dem Unternehmen" oder schlicht „Briefing" lauten könnte. Ein weiterer Tagesordnungspunkt, der „Aussprache" oder „Fragerunde" heißen könnte, sollte sich anschließen. Während im ersten Teil der Team-, Abteilungs- oder Bereichsleiter die Möglichkeit hat, allgemein relevante Informationen, wichtige Entscheidungen oder Hintergründe für unternehmerische Strategien zu erläutern, erhalten im zweiten Teil die Besprechungsteilnehmer die Gelegenheit, vertiefende Fragen, Anregungen, Zweifel oder Kritik zu äußern. Der Sitzungsleiter hat die Verpflichtung, auf jeden Beitrag möglichst unmittelbar einzugehen oder – falls er dies nicht kann – das Feedback an seinen Vorgesetzten weiterzuleiten und nachzuverfolgen. Der Sitzungsleiter sollte ferner Ideen und Vorschläge, aber auch Kritik und Widerstände erfassen und seine Vorgesetzten entsprechend informieren. Die Teilnehmer der Besprechung wiederum haben die Aufgabe, das Gehörte und Besprochene ihrerseits innerhalb einer bestimmten Frist an ihr Team oder ihre Abteilung weiterzugeben – ebenfalls in einem Team-Briefing, das dem Standard entspricht. Auf diese Weise können wichtige Informationen relativ zügig mündlich in der Organisation verbreitet, aber auch Stimmungen, Meinungen und Anregungen der Mitarbeiter schnell in die weiteren Überlegungen der Unternehmensleitung einbezogen werden.

Unterstützende Materialien für die Briefinggeber

In einem weiteren Schritt erarbeiten Sie die unterstützenden Materialien, die allen Besprechungsleitern zur Verfügung gestellt werden. Darunter befinden sich beispielsweise...

- ...eine Checkliste zur Planung der Besprechungen,
- ...eine standardisierte Tagesordnung,
- ...Tipps zur inhaltlichen Aufbereitung der Briefings,
- ...eine standardisierte Protokoll-Vorlage,
- ...ein Feedback-Formular und
- ...eine Checkliste zur Nachverfolgung von offenen Punkten.

Wechselnde Briefinginhalte

Wenn Sie die strukturellen Vorbereitungen getroffen haben und alle Verantwortlichen einbezogen wurden, kann der Prozess des organisationsweiten Team-Briefings beginnen. Ihre Aufgabe dabei ist es, die Kerninhalte der jeweiligen Briefings, die mit der Unternehmensleitung festgelegt werden, schriftlich festzuhalten und an die erste Ebene der Führungskräfte weiterzuleiten. Ständig wiederkehrende Inhalte könnten beispielsweise sein:

- Fortschritt: Wie geht es mit den Unternehmenszielen voran?
- Strategie: Was passiert gerade und warum?
- Personen: Wer kommt, geht, macht etwas Besonderes?
- Pläne: Was wird bald geschehen?
- Sonstiges: Wem wird besonders gedankt? An was muss erinnert werden? Gibt es Feedback zu offenen Punkten aus dem letzten Briefing?

Feedback-Behandlung und Coaching der Briefinggeber

Je nach individuellem Konzept könnte es eine weitere Aufgabe der internen Kommunikation sein, das Feedback der Briefings zentral zu sammeln, es für die Unternehmensleitung zusammenzufassen und die weitere Behandlung von Feedback zu verfolgen.

In diesem Fall sollten Sie auf Feedback-Formulare zurückgreifen. Ein solches Formular könnte folgendermaßen aussehen:

Feedback für Ihr Team-Briefing					
Datum:					
Ort:					
Briefinggeber:					
	Ich stimme absolut nicht zu.	Ich stimme eher nicht zu.	Ich bin unentschieden.	Ich stimme eher zu.	Ich stimme voll und ganz zu.
• Das Briefing war informativ.					
• Das Briefing enthielt Informationen, die wichtig für mich sind.					
• Das Briefing war wertvoll und lohnte sich.					
• Der Briefinggeber sprach klar, präzise und verständlich.					
• Ich bin zuversichtlich, dass meine Vorschläge und Kommentare weiterverfolgt werden.					
Bitte notieren Sie hier Ihre Fragen oder Anmerkungen:					
Sollten Sie persönliches Feedback auf Ihre Fragen und Anmerkungen wünschen, notieren Sie bitte hier Ihren Namen und Ihre Telefon-Durchwahl:					
Name:			Telefon:		

Bis die Informationskaskade relativ reibungslos funktioniert, sollte der Verantwortliche für interne Kommunikation den Prozess eng begleiten – beispielsweise als Coach und Berater der Briefing-Leiter. Optimal wäre es, wenn für alle leitenden Mitarbeiter eine Schulung zur Briefing-Struktur durchgeführt wird. In dieser Schulung lassen sich nicht nur die benötigten Fähigkeiten zum Durchführen der Briefings vermitteln, sondern vor allem auch Überzeugungsarbeit leisten, dass die Briefing-Struktur für alle Mitarbeiter Vorteile bringt. Denn letztendlich geht es dabei weniger um einseitige Information, als vielmehr um Einbeziehung, Mitsprache und Wertschätzung der Mitarbeiter.

4.8.2 Dialogveranstaltungen, Fachtagungen und Präsentationen

Unter den Begriffen „Dialogveranstaltung" und „Fachtagung" können sich – je nach Zielsetzung, Bezugsgruppen, Thema und konkreten Ausgestaltung der Veranstaltung – eine Vielzahl von unterschiedlichen Veranstaltungen der internen Kommunikation verbergen. Dialog-orientierte Veranstaltungen können von der abteilungsinternen Aussprache, über Diskussionsforen bis hin zum unternehmensweiten Strategie- und Zukunftskongress reichen. Bei letzterem wird ein umfangreiches Programm aus Vorträgen, Workshops, Messeständen und Vorführungen umgesetzt. Fachtagungen wiederum können wie fachbezogene Workshops im überschaubaren Kreis oder wie internationale, wissenschaftliche Symposien – auch mit externen Experten – aufgebaut sein. Präsentationen wiederum können als Programmelemente in beiden Veranstaltungsarten vorkommen, aber auch als selbständiges Instrument mit einer anschließenden Frage- oder Diskussionsrunde eingesetzt werden. Die Bandbreite und Kombination dieser Instrumente ist vielfältig. Allein von Ihren konkreten internen PR-Zielen und Ihrer PR-Strategie hängt es ab, wie viele Personen zu welchem Programm und mit welchem organisatorischen und zeitlichen Aufwand bei Ihrer Veranstaltung zusammenkommen.

Die Aufgaben: Mobilisierung, Motivation oder Wissenstransfer
Dabei haben Dialogveranstaltungen und Fachtagungen zwei grundsätzlich unterschiedliche Funktionen: Dialogveranstaltungen wollen in erster Linie Teilnehmer mobilisieren und motivieren. Sie wollen die Teilnehmer im Dialog überzeugen, mit ihnen gemeinsam Strategien diskutieren oder diese erklären. Sie wollen die Teilnehmer für die Mitarbeit an Projekten oder Zielen gewinnen oder deren Verständnis für Entscheidungen erlangen. Und sie wollen Mitarbeiter in Veränderungsprozesse einbeziehen. Im Gegensatz dazu werden Fachtagungen eingesetzt, um Wissen zu erlangen, zu aktualisieren, auszutauschen oder zu verbreiten. Expertenwissen, neue technische Verfahren und Prozesse oder wissenschaftliche Erkenntnisse werden vorgestellt, diskutiert und Möglichkeiten für deren Anwendung im Unternehmen untersucht. Oder es werden gemeinsam fachspezifische Ziele und Strategien erarbeitet und Prozesse, ebenso wie Organisationsstrukturen optimiert. Beide Instrumente enthalten auch informative Elemente – beispielsweise einen Expertenvortrag, ein Statement des Vorstands, eine Präsentation oder die Demonstration einer neuen Maschine. Diese dienen jedoch nur als Ausgangspunkt für den weiteren Dialog oder

die weitere fachliche Arbeit. Auch sollten beide Instrumente durch Elemente der informellen Kommunikation ergänzt werden. Denn – wie bereits bei den grundlegenden Anforderungen an die persönliche Kommunikation dargelegt – es sollte ein wichtiges Unterziel aller Veranstaltungen für Mitarbeiter sein, das persönliche Kennenlernen der Teilnehmer untereinander und unternehmensweite soziale Netzwerke zu fördern.

Die Dialogveranstaltung: Präsentation und Diskussion

Der Kern der Dialogveranstaltung besteht aus der Darstellung eines Themas zu Beginn, einer Frage-Antwort-Runde bzw. einer Diskussion und einer Zusammenfassung der Ergebnisse am Ende. Dazwischen können – je nach Umfang und Dauer der Veranstaltung – Arbeitsgruppen zur Behandlung spezifischer Unterthemen, Ergebnispräsentationen, Infostände oder Vorführungen organisiert werden. Ein Rahmenprogramm ergänzt den Ablauf. Dies kann eine Besichtigung oder eine Showeinlage ebenso sein, wie ein lockeres Get-Together mit Getränken und Snacks. Ein Tipp: Wenn Sie eine Dialogveranstaltung organisieren, stellen Sie sich vor, es wäre eine interne Pressekonferenz! Die Vorbereitungen, die im Abschn. 3.4.6 „Die Pressekonferenz" ausführlich dargestellt wurden, lassen sich fast eins zu eins auf eine einfache interne Dialogveranstaltung übertragen. Nur dass Sie Ihre Veranstaltung statt für Journalisten nun für Ihre internen Bezugsgruppen organisieren. Inhaltlich sollten Sie Ihre Redner ebenso gründlich auf alle möglichen Szenarien und kritische Fragestellungen vorbereiten. Und auch bei der Erarbeitung von begleitendem Informationsmaterial und bei der Nachbereitung lassen sich Parallelen zur Pressekonferenz finden.

Ein Beispiel macht dies deutlich: Im Folgenden wird exemplarisch eine Dialogveranstaltung beschrieben, die im Rahmen der Umstrukturierung einer Lebensversicherung durchgeführt wird.

Beispiel: Dialogveranstaltung zur Umstrukturierung einer Versicherung

Eine europäische Lebensversicherung will ihre gesamte EDV-gestützte Vertragsverwaltung in eine eigene Tochtergesellschaft nach Irland ausgliedern. Den rund 150 Mitarbeitern der deutschen Niederlassung soll dieses Vorhaben und seine Konsequenzen in einer Dialogveranstaltung erklärt werden. Ziel ist es, dass die Mitarbeiter die grundlegende Notwendigkeit der Maßnahme und ihre Konsequenzen verstehen. Darüber hinaus sollen sie über den Ablauf des Umstrukturierungsprozesses aufgeklärt werden und welche Unterstützung sie dabei erhalten werden. Die Dialogveranstaltung ist Auftakt eines Maßnahmenpakets, das die Bereitschaft der Mitarbeiter erhöhen soll, die Veränderung aktiv mitzugestalten und die teilweise geänderten Abläufe und Tätigkeitsprofile zu akzeptieren. Die Dialogveranstaltung soll an einem Donnerstag, ab 14.00 Uhr in einem Kongresshotel stattfinden. Die Mitarbeiter werden dazu per Brief vom Geschäftsführer eingeladen.

Der Ablauf wird wie folgt geplant:

- Ab 14:00 Uhr – Eintreffen der Teilnehmer (Getränke, Früchte, belegte Brötchen stehen bereit);
- 15:00 Uhr – Begrüßung durch den deutschen Geschäftsführer;
- 15:05 Uhr – Einspielung einer Video-Botschaft des Europa-Vorstandes: Warum sind wir heute hier? Welche Bedeutung hat das Thema für uns? Bitte um Interesse, aktive Teilnahme und um eigene Gedanken und Ideen;
- 15:10 Uhr – Der Geschäftsführer gibt eine kurze Einführung in das Thema „Verwaltungskompetenz als Wettbewerbsfaktor": Warum ist die neue, zentrale Verwaltungseinheit notwendig, damit wir im Wettbewerb bestehen (einschließlich Pro und Contra der strategischen Entscheidung)?
- 15:20 Uhr – Der Leiter Organisationsentwicklung zeigt auf: Wie sehen die neue Organisationsstruktur, Prozesse und Tätigkeitsfelder nach der Veränderung aus? Wie werden wir mit unseren irischen Kollegen zusammenarbeiten?
- 15:40 Uhr – Erste Aussprache: Gibt es Fragen oder Gesprächsbedarf zur Entscheidung und zur neuen Organisationsstruktur?
- 16:00 Uhr – Kaffeepause
- 16:30 Uhr – Der Leiter Organisationsentwicklung präsentiert die 5 Meilensteine des Umstrukturierungsprojektes: Wie werden wir die Umstrukturierung Schritt für Schritt umsetzen?
- 16:50 Uhr – Der Personalchef erklärt, wie die Mitarbeiter mit Workshops, Seminaren und Auslandsaufenthalten in Irland bei der Umstellung mit einbezogen und unterstützt werden: Wie kann ich bei der Veränderung mitwirken? Wie kann ich mir die Fähigkeiten und Fertigkeiten aneignen, die mein Tätigkeitsbereich zukünftig erfordert?
- 17:10 Uhr – Zweite Aussprache: Gibt es Fragen zum Umstrukturierungsprozess und zu einzelnen Tätigkeitsbereichen?
- 17:30 Uhr – Zusammenfassung, Dankeschön und Schlusswort durch den Geschäftsführer: An wen können wir uns wenden, wenn weiterer, individueller Gesprächsbedarf besteht? Warum können wir die Veränderung zuversichtlich angehen?
- 17:40 Uhr – Get-Together (Getränke und Fingerfood)

Als begleitendes Material für die Mitarbeiter wird Folgendes vorbereitet:

- An jedem Sitzplatz liegt ein Feedbackformular aus, das die Mitarbeiter ausfüllen und in eine Box einwerfen können. Darin werden sie befragt, wie sie die Veranstaltung bewerten. Die Fragebögen werden ausgewertet, um einen ersten Eindruck von der Wirkung der Veranstaltung und den Einstellungen der Mitarbeiter zur Umstrukturierung zu erhalten.

- Begleitend zum Umstrukturierungsprozess wird ein Projekt-Newsletter herausgegeben. Die erste Ausgabe des Newsletters liegt für die Mitarbeiter zur Mitnahme aus. Darin sind enthalten: Eine Beschreibung des Projektes, der wichtigsten Projekt-Schritte und eine Darstellung der neuen Organisationsstruktur; die Mitglieder der Projektgruppe mit Kurz-Portraits; Informationsstellen für weitere Fragen und Gespräche;
- Im unternehmensweiten Intranet wird eine Website mit aktuellen Informationen und einem Dialogforum rund um das Umstrukturierungsprojekt eingestellt.
- Jeder Mitarbeiter erhält nach der Veranstaltung ein persönliches Schreiben des verantwortlichen Europa-Vorstandes, in dem sich dieser für die bisherige engagierte Mitarbeit und das Interesse an der Veranstaltung bedankt und darum bittet, der Mitarbeiter möge am wichtigen Veränderungsprozess aktiv mitwirken.
- In der nächsten Ausgabe der europäischen Mitarbeiterzeitung wird ein Artikel über die Veranstaltung (mit Fotos) erscheinen.

Das obige Beispiel macht das Prinzip interner Dialogveranstaltungen deutlich. Wichtig dabei: Denken Sie bei der konkreten Ausgestaltung der Veranstaltung auch an kleine Details, wie beispielsweise die Dekoration der Räume, das Auslegen von Stiften und Papier auf den Plätzen, die überlegte Zusammenstellung von Speisen und Getränken oder ein passendes Give-away als kleines Dankeschön für die Mitarbeiter. Oft machen erst diese kleinen, liebevollen und sorgfältig überlegten Details das Instrument Dialogveranstaltung zu einer besonderen PR-Maßnahme. Denken Sie daran: Nur Ihre PR-Ziele und die individuellen Notwendigkeiten in Ihrer Organisation entscheiden über die konkrete Ausgestaltung der Veranstaltung. Werden Sie also kreativ und machen Sie Ihre Dialogveranstaltung unverwechselbar und unvergesslich!

Fachtagung und Workshop: Mit Moderations- und Fachkompetenz zum Erfolg

Das Entscheidende für den Erfolg einer Fachtagung ist, dass alle Teilnehmer einen kompetenten, fachlichen Beitrag leisten können. Dabei kann ein versierter Moderator oder Teamleiter die Qualität der Beiträge und das Ergebnis des fachlichen Denkprozesses deutlich positiv beeinflussen. Ziel kann es sein, gemeinsam ein Problem zu lösen, eine Entscheidung zu treffen, eine Konzeption zu erarbeiten, sich Fachwissen anzueignen und Wege zu erarbeiten, wie das neu gewonnene Know-how für die eigene Tätigkeit anwendbar ist, oder schlichtweg den fachlichen und persönlichen Erfahrungsaustausch zu fördern. Je einseitiger die fachlichen Beiträge von nur wenigen Teilnehmern oder Referenten eingebracht werden, desto mehr nähert sich die Fachveranstaltung der Schulung an. Fachtagungen können sich auf komplexe Themen beziehen und – wie Fach-Symposien – über mehrere Tage, mit einem umfangreichen Programm aus Expertenvorträgen, Arbeitsgruppen,

Ergebnispräsentationen, Diskussionen und wiederkehrenden Aussprachen im Plenum organisiert werden. Ein einfaches Konzept für eine Fachtagung ist beispielsweise ein Workshop, der entweder für einen halben oder einen ganzen Tag terminiert ist.

Besonders wichtig ist es, den Workshop inhaltlich perfekt vorzubereiten, den richtigen Teilnehmerkreis zusammenzustellen und einen versierten Moderator einzusetzen. Sehr oft werden Sie in einem Workshop die folgenden Phasen einplanen:

- Rechtzeitig vor dem Workshop klärt der Moderator mit allen Teilnehmern und Fachreferenten ab, wie sie sich inhaltlich vorbereiten sollten.
- Nach einer Einführung durch den Moderator folgt die Phase, in der allen Teilnehmern das notwendige Fach bzw. Expertenwissen erläutert wird. So werden alle Teilnehmer auf einen gemeinsamen Wissensstand gebracht. Dies kann durch Präsentationen, Experteninterviews oder gemeinsame Stoffsammlungen erfolgen.
- Sind alle auf das Thema eingestimmt, werden die Ziele des Workshops gemeinsam festgelegt.
- Es folgt eine Phase der gemeinsamen inhaltlichen Arbeit – inhaltliche Ideen, spontane Problemlösungsvorschläge, Einflussfaktoren oder Argumente für eine Entscheidung werden gesammelt und strukturiert.
- Einzelne Unterthemen der Sammlung werden in Arbeitsgruppen vertiefend behandelt.
- Jede Arbeitsgruppe präsentiert ihr Ergebnis, das im Plenum diskutiert wird. Danach kann – je nach Bedarf – eine weitere Runde der Gruppenarbeit und Ergebnispräsentation folgen.
- Gemeinsam werden schließlich die unterschiedlichen Arbeitsergebnisse bewertet und favorisiert. Soll eine Entscheidung getroffen werden, ist nun der richtige Zeitpunkt dazu gekommen.
- Schlusspunkt bildet der Maßnahmenplan, der auf Basis des Workshop-Ergebnisses gemeinsam festgelegt wird. Darin werden die weiteren Maßnahmen, die dafür verantwortlichen Personen und Termine festgeschrieben. Legen Sie hierbei auch fest, dass der Workshop selbst dokumentiert wird und wer im Nachgang zum Workshop die Umsetzung des Maßnahmenkatalogs kontrolliert!

Je nach Aufgabe, die durch die Tagung, den Workshop oder die Sitzung erfüllt werden soll, werden Sie eine andere Kombination von Elementen und Phasen benötigen. Sorgen Sie auch bei fachlicher Arbeit dafür, dass Phasen der Konzentration durch Phasen der Entspannung und des persönlichen Austauschs abgelöst werden. Denken Sie doch einmal darüber nach, wie sich Arbeitspausen beispielsweise durch Spiel und Bewegung, Ausflüge und Besichtigungen sinnvoll gestalten lassen!

Präsentationen: Mehr Akzeptanz durch Infotainment

In der internen Kommunikation sind Präsentationen und Vorträge ein häufig angewandtes Instrument. Sie werden genutzt, um in Schulungen Wissen zu vermitteln, um in Dialogveranstaltungen Sachverhalte darzulegen und zu erklären oder um Arbeitsergebnisse vorzustellen. In den unterschiedlichen Einsatzgebieten und Ausgangssituationen werden Präsentationen mehr informativen oder mehr unterhaltenden Charakter aufweisen. Die launige Präsentation der Jahres-Highlights des Mitarbeiter-Fußballteams auf dem Betriebsfest wird sicherlich anders ausfallen, als die Präsentation eines Marketingkonzeptes vor dem Bereichsvorstand. Dennoch spielt bei rhetorisch versierten Rednern das „Infotainment" immer eine Rolle – wenn diese Disziplin bedeutet, dass die maximale Aufmerksamkeit der Zuhörer erzielt wird. Doch wie kann dies erreicht werden? Die Antwort lautet: Gute Präsentatoren vermitteln nicht nur Inhalte, sondern aktivieren ihre Zuhörer. Sie stellen – teils rhetorische – Fragen, beziehen die Teilnehmer in eine tatsächliche oder gedankliche Diskussion mit ein, lassen sie in verschiedene Rollen schlüpfen, Übungen absolvieren oder bringen sie auf andere Weise (geistig oder körperlich) in Bewegung. Auch stellen sie ihre Präsentationsinhalte so zusammen, dass die Teilnehmer weder unter- noch überfordert werden. Und sie bereiten sich intensiv auf die Erwartungen der Zuhörer vor. Die folgenden Tipps werden Ihnen helfen, Ihre Präsentationen positiv zu gestalten:

- Legen Sie die Ziele der Präsentation klar fest: Was wollen Sie bei wem erreichen? Was möchte der Zuhörer? Welchen Nutzen sollte er haben?
- Planen Sie die Inhalte der Präsentation: Welchen Wissensstand haben die Zuhörer? Welche Gefühle und welche Erfahrungen verbinden die Zuhörer mit dem Thema? Was sollen die Zuhörer erfahren, lernen, denken oder fühlen? Welche Inhalte müssen, welche sollten und welche könnten einbezogen werden?
- Unterstreichen Sie Ihre Worte mit weiteren Ausdrucksmitteln: Visualisieren Sie Ihre Inhalte mit Bildern, Fotos, Grafiken, Illustrationen; untermalen Sie das Gesagte mit Musik, zeigen Sie Gegenstände im Original oder schreiben Sie Schlüsselworte auf Tafeln, Folien oder Flipcharts. Vergessen Sie nicht, Ihre Stimme, Mimik und Gestik passend einzusetzen!
- Bereiten Sie Begleitmaterial vor: Überreichen Sie den Teilnehmern Manuskripte und Bildmaterial zu Ihrer Präsentation zur Nachlese.
- Erarbeiten Sie sich eine klare Zeitstruktur mit eigenständigen, abgeschlossenen Präsentationsphasen und proben Sie den zeitlichen Ablauf.
- Sorgen Sie für einen professionellen Aufbau Ihrer Präsentation: Beginnen Sie Ihren Vortrag mit einem so genannten „Teaser", der die Neugier und das Interesse Ihrer Zuhörer weckt. Machen Sie den Zuhörern die inhaltliche Gliederung Ihrer Präsentation transparent und halten Sie sich an diese Reihenfolge. Schließen Sie Ihre Präsentation mit einer kurzen Zusammenfassung bzw. einem Fazit und einem Dankeschön für die Aufmerksamkeit. Bitten Sie die Zuhörer im Anschluss, ihre Fragen und Gedanken einzubringen oder mit Ihnen die zentralen Thesen zu diskutieren. Beenden Sie die Diskussionsphase und verabschieden Sie sich.
- Nehmen Sie die Reaktionen und Anregungen der Teilnehmer ernst und überarbeiten Sie Ihre Präsentation entsprechend. Offene Fragen sollten Sie umgehend beantworten.

Neben diesen grundlegenden Empfehlungen können Sie Ihre Präsentationen für die interne Kommunikation individuell nach Anlass, Ziel und Teilnehmer konzipieren. Achten Sie auf die organisatorischen Details ebenso, wie auf die Einbettung Ihrer Präsentationen in ein ansprechendes Rahmenprogramm. Überlegen Sie, wie Sie die Stimmung vor einer Präsentation, zum Beispiel durch den besonderen Veranstaltungsort, bei der Ankunft oder beim Empfang der Teilnehmer, positiv gestalten können. Achten Sie darauf, dass alle Zuhörer angenehme Sitzplätze, einen guten Blick auf den Referenten und optimale akustische Bedingungen vorfinden. Beziehen Sie – vorausgesetzt der Anlass eignet sich dazu – auflockernde Elemente, wie Rätsel, Witze oder Anekdoten, in den Ablauf der Präsentation ein. Sorgen Sie dafür, dass alle Teilnehmer auch nach der offiziellen Präsentation die Möglichkeit haben, sich in einem kommunikativen Ambiente informell auszutauschen. Gibt es beispielsweise einen Aufenthaltsraum, eine Lounge oder eine Bar, in dem bequeme Sessel und Getränke zum „Cool-down" einladen? Und wie kann die Beleuchtung und Musik für die Stimmung der Teilnehmer eingesetzt werden? Dies sind nur einige Anregungen, die Ihnen zeigen sollen, dass auch eine Präsentation immer nur das Instrument ist, das Sie daraus machen. Es liegt an Ihnen, Ihre Präsentationen zu einem Event werden zu lassen.

Als Verantwortlicher für interne Kommunikation sollten Sie darüber hinaus darauf achten, dass sich in Ihrer Organisation ein professioneller Präsentations-Standard etabliert. Am besten ist dies mit Schulungen und schriftlichen Leitfäden zu erzielen. Sorgen Sie dafür, dass diejenigen Personen in Ihrer Organisation, die häufig Präsentationen halten müssen, ein entsprechendes Training erhalten. Und fassen Sie das in diesen Trainings vermittelte Know-how in einem Präsentations-Leitfaden zusammen. Dieses Hilfsmittel können Sie als Papier-Handout oder im Intranet gemeinsam mit standardisierten Vorlagen für Präsentationsfolien allen Mitarbeitern zur Verfügung stellen. Ein wichtiges Standard-Element von Präsentationen kennen Sie bereits und sollte für alle Vorträge verpflichtend eingesetzt werden: das Feedback-Formular für Teilnehmer. So können Sie als Organisator – aber auch als Redner – Qualität und Erfolg der Präsentationen noch besser beurteilen und immer besser werden.

4.8.3 Feste für Mitarbeiter

Wo gearbeitet wird, kann auch gefeiert werden! Das sollte der Grundtenor für Ihre Betriebsfeste, Projektfeiern oder Ehrungen sein. Dabei können diese internen Events weit mehr, als für Ausgelassenheit und Entspannung sorgen: Sie können motivieren, die Identifikation mit dem Unternehmen stärken, die Wertschätzung der Unternehmensleitung für die Leistung der Mitarbeiter verdeutlichen, den Teamgeist stärken und wichtige Kernbotschaften transportieren. Dazu sind ein gutes Konzept, ein überzeugendes Motto und ein passendes Programm nötig. In Tabelle 4.8 sind die wichtigsten Schritte bei der Planung und Umsetzung einer Mitarbeiterfeier zusammengefasst.

Je nach Größenordnung Ihrer Feier werden Sie nicht immer alle dargestellten Einzelschritte benötigen. Sollte Ihr Mitarbeiterfest jedoch zum Großevent werden, sollten Sie diesen Maßnahmenplan noch deutlich detaillierter ausarbeiten und sich professionelle Partner aus dem Eventmanagement suchen!

Tabelle 4.8 Übersicht: Schritt für Schritt zum Mitarbeiterfest

- Entscheidung für ein Fest treffen und Grobkonzept festlegen: Ziele, Dialoggruppen, Kernbotschaften, Terminfenster und -zeitpunkte, Art und organisatorischer Rahmen der Veranstaltung, Budget
- Projektgruppe aus Mitarbeitern zusammenstellen
- Detailkonzept für das Fest ausarbeiten: Motto, Programm, Redner, Teilnehmer/Gäste, Termin, Lokalität, Kostenkalkulation
- Maßnahmenplan erstellen und einzelne Aufgaben an die Mitglieder der Projektgruppe übertragen
- Räume reservieren und Ausstattung sicherstellen: Technik, Heizung, Belüftung, Verdunkelung/Beleuchtung, Beschallung, Dekoration/Tischschmuck, Beschilderung, Bestuhlung/Einrichtung, Bar/Lounge-Bereich, Empfangsraum, Garderobe, Toiletten; Wegbeschreibung vorbereiten
- Programm festlegen und buchen/Personen engagieren: Redner, Ehrungen, Prämierungen, Auftritte, Tanz- und Musikeinlagen, DJ, Besichtigungen, Demonstrationen, Filmvorführungen, Multimedia- oder Lichtshows, Artisten, Zauberer, Karikaturisten, Gaukler, Sketche, Theatervorführung etc.; detaillierte technische Anforderungen für Programmpunkte erfassen und umsetzen (siehe auch Raumausstattung), z.B. Bühne, Tanzfläche, Umkleidekabinen, Rednerpult, Theke, Wasser- und Stromanschlüsse etc.
- Speisen und Getränke festlegen und bestellen, ggf. Catering-Service engagieren
- Rechtliche und sicherheitstechnische Auflagen prüfen und erfüllen (Gastronomie, Rettungsdienst, Feuerwehr, Sicherheitstechnik und –dienste, Werkschutz etc.); ggf. in Büroräumen und Werkshallen: Rauchen und Kerzenlicht mit Brandmeldeanlage vereinbar? Konflikte mit Einbruchssicherung? Sicherheit von Menschen, Arbeitsmaterial und Maschinen gewährleistet? Haftpflicht- und sonstige Versicherungen vorhanden?
- Übernachtungsmöglichkeiten anbieten: Hotelzimmer optionieren, Wegbeschreibung vorbereiten
- Gästeliste zusammenstellen
- Einladungen mit Rückantwortmöglichkeit gestalten, drucken und versenden (Alternativ: Ankündigung durch Aushang, Rundschreiben, Brief, Mitarbeiterzeitung, Intranet etc.); Wegbeschreibungen für Lokalität und Hotels beifügen
- Anmeldungsliste führen (ggf. Organisation für voraussichtliche Gästezahl modifizieren), Anreise klären und ggf. Übernachtungswünsche umsetzen
- Reden, Vorträge, Ehrungen inhaltlich vorbereiten und mit den Rednern abstimmen; ggf. für die Redner Reden-Briefings erstellen; alle Informationen über Redner, auftretende Personen und Redeninhalte bzw. Auftritte sammeln und zusammenstellen; Vorab-Besprechung für alle Redner und Auftretende durchführen
- Programmheft oder –überblick erstellen; ggf. Festschrift oder Festzeitung erstellen
- Dokumentation des Festes sicherstellen: Fotograf engagieren und briefen; ggf. Videoaufzeichnung veranlassen
- Transport- und Fahrservices organisieren
- Hilfsdienste engagieren und briefen: technischer Betreuer, Empfang, Garderobe, Catering-Service, Barkeeper, Sanitäter/Ersthelfer, Feuerwehr, ggf. Assistenten für spezielle Programmpunkte, Transporthelfer, Reinigungskräfte etc.
- Tischkarten, Menükarten, Namensschilder erstellen; ggf. Sitzordnung erstellen
- Geschenke/Blumen für Gäste, Redner, Geehrte, sonstige Beteiligte und Helfer festlegen und besorgen; ggf. Urkunden oder Dokumente vorbereiten (für Ehrungen, Wettbewerbsprämierungen, Ausbildungsabschluss etc.)
- Vor der Veranstaltung prüfen: Raum, Dekoration, Technik, Material; Vorab-Besprechung der beteiligten Personen organisieren
- Kurz nach dem Fest: Abrechnung mit Catering-Service, Hilfskräften, Musik, Rednern und sonstigen engagierten Personen; Abrechnung der Räume, Hotelzimmer, Fahrservice

Tabelle 4.8 (Fortsetzung)

- Abbau, Abtransport, ggf. Einlagerung von Gegenständen, Endreinigung organisieren
- Danksagung an alle Beteiligten, Feedback-Runde mit Projektgruppe und internen Helfern
- Erfassung der Anrufe, Briefe, persönlichen Kommentare zum Fest; Auswertung der Fotos und Filmaufnahmen
- Dokumentation der Feier und Veröffentlichung (Mitarbeiterzeitung, Intranet, Rundschreiben, schwarzes Brett etc.)
- Endabrechung und zusammengefasster Bericht an den Vorgesetzten; interne Abschlussfeier und Auflösung der Projektgruppe

---

4.9 Das Intranet und weitere audiovisuelle und elektronische Medien

Im Bereich der elektronischen Medien hat sich in den letzten zehn Jahren eine Revolution ereignet. Die Möglichkeiten der elektronischen Kommunikation haben sich weit über E-Mails, elektronische Newsletter und Datenbanken hinaus entwickelt. Heute bieten Organisationen ihren Mitarbeitern Newsfeeds in Echtzeit, Chat- und Diskussionsforen, virtuelle Konferenzräume, Computer Based Trainings (CBT), Mitarbeiter-Blogs und Live-Audio- und Video-Streams an. Diese und mehr Anwendungsmöglichkeiten werden in einem umfassend konzipierten Intranet integriert und machen dieses Instrument zum zentralen Informations-, Dialog- und Wissens-Tool.

Das allumfassende Intranet ließ andere, klassische audiovisuelle Instrumente der internen Kommunikation in den Hintergrund treten. Dennoch sollte man nicht vergessen, dass Filmvorführungen, unternehmenseigene TV- oder Radiosendungen, Lautsprecherdurchsagen und Telefon-Hotlines nach wie vor für viele Mitarbeiter ohne Intranet-Zugang und ohne PC-Erfahrung eine tragende Rolle spielen. Wenn Ihr Unternehmen über eine große Anzahl von Mitarbeitern verfügt, die beispielsweise in der Produktion tätig sind, im Außendienst ohne Intranetzugang unterwegs sind oder nicht über die notwendigen PC-Kenntnisse verfügen, sollten Sie sich mit den klassischen audiovisuellen Medien auseinandersetzen. Dann kann Ihre interne Kommunikation zum Beispiel durch Filmvorführungen, Info-TV-Bildschirme in Aufenthaltsräumen und telefonische Beratungsdienste bereichert werden. Auch sollten Sie diese Bezugsgruppen verstärkt in die persönliche Kommunikation einbeziehen und sie ausreichend mit Printmedien versorgen.

Für alle anderen gilt: Ein attraktives Intranet, das von den Mitarbeitern akzeptiert und routinemäßig genutzt wird, ist für die interne Kommunikation unersetzlich. Durch Info-Terminals im Unternehmen, durch Intranet-Zugänge in Aufenthaltsräumen oder in der Kantine und durch Intranet-Cafés für Mitarbeiter lässt sich oft die vorhandene Zugangslücke schließen. Deshalb werden sich die folgenden Ausführungen auf das Intranet konzentrieren. Sie erhalten Anregungen, wie Sie das Intranet für Ihre interne Kommunikation einsetzen können, welche Inhalte dieses bieten könnte und wie Sie ein funktionsfähiges internes Netzwerk mit hoher Akzeptanz aufbauen.

4.9.1 Mögliche Aufgaben für ein Intranet

Die Aufgaben, die das Intranet in einer Organisation übernehmen kann, sind vielfältig. Wenn Sie Ihr Intranet neu konzipieren oder ein vorhandenes Netz überarbeiten wollen, müssen Sie sich als erstes fragen: Welche Funktionen soll das Intranet vor allem übernehmen? Statt alle technischen Möglichkeiten auszuschöpfen, sollten Sie bewusst auf überflüssige Spielereien verzichten und sich auf diese Kernfunktionen konzentrieren. Folgende Aufgaben kann ein Intranet erfüllen:

Schnelle Information und Zugang zu Wissen für alle ermöglichen: Einer der größten Vorteile des Intranets ist es, dass Informationen nahezu in Echtzeit, rund um die Uhr, in großem Detailumfang und großer Detailtiefe und von allen vernetzten Mitarbeitern gleichzeitig empfangen, ausgetauscht oder nachgefragt werden können. Durch diese Möglichkeit, die in der Fachliteratur auch als „Just-in-time-Kommunikation" oder „Just-in-time-information-on-demand" bezeichnet wird, kann in einer Organisation ein hohes Informations- und Wissensniveau hergestellt werden. Insbesondere in Krisen, kann das Intranet durch seine schnelle Information einen Gegenpol zur externen Medienberichterstattung bilden. Einzige Voraussetzung, um diese Vorteile ausschöpfen zu können: Die Mitarbeiter nutzen das Angebot freiwillig, regelmäßig und intensiv. Denn das Intranet ist in weiten Teilen ein Pull-Instrument und kein Push-Instrument. Es verlangt von den Mitarbeitern ein großes Maß an Initiative, Motivation und Eigenverantwortlichkeit – insbesondere dann, wenn die Inhalte weitgehend von den Mitarbeitern selbst eingestellt und gepflegt werden.

Hilfsmittel und Services für den Alltag bereitstellen: Das Intranet kann dazu genutzt werden, die Mitarbeiter in ihrem Arbeitsalltag mit den notwendigen Informationen und Hilfsmitteln zu versorgen. Handbücher, Arbeitsanweisungen, Checklisten, Datenbanken, das Firmen-Telefonbuch, Terminplaner, Büromaterial-Bestellservice, Kunden-Kontakt-Archive, Frage-Antwort-Kataloge, Glossare, sowie standardisierte Vorlagen für Briefe, Präsentationen und Protokolle haben einen hohen Nutzwert für alle Mitarbeiter. Oft sind es gerade diese praktischen Erwägungen, die erste interne Netzwerke entstehen lassen. Die elektronische Erfassung und regelmäßige Aktualisierung dieser Hilfsmittel macht Arbeitsabläufe effizienter und steigert die Qualität der Arbeitsergebnisse. Darüber hinaus kann das Unternehmen seinen Mitarbeitern vielfältige Services über das Intranet anbieten: Beispielsweise eine interne Stellenbörse, Angebote für die Aus- und Weiterbildung, Programme für die außerbetrieblichen Aktivitäten der Mitarbeiter, wie Sprachkurse, Sportgruppen, Kulturkreise oder Stammtisch-Treffen, bis hin zu einem Forum für Urlaubs- oder Gesundheitstipps. Dabei entscheidet in erster Linie die Nachfrage der Mitarbeiter, welche Service-Inhalte sinnvoll sind. Das Unternehmen zeigt mit solchen nutzerorientierten Services seine Wertschätzung gegenüber den Mitarbeitern, bietet Lebenshilfe und fördert den persönlichen Austausch der Mitarbeiter über den Berufsalltag hinaus.

Mitarbeiter, Standorte und Länder verbinden: Durch das Intranet finden auch weit verzweigte, komplexe Konzerne zu einer gemeinsamen, virtuellen Welt zusammen. Grenzen zwischen den Mitarbeitern, die durch unterschiedliche Standorte,

Niederlassungen oder Länder – aber auch durch Hierarchien, unterschiedliche Arbeitsumfelder oder Bildungsniveaus – entstehen, werden unbedeutend oder lösen sich auf. Gut gemachte Intranets sorgen für transparente Organisationsstrukturen, Verantwortlichkeiten und Prozesse. Sie ermöglichen den Mitarbeitern den Überblick über Aufgaben, Funktionen und Vorgänge im Unternehmen und regen ihn zum vernetzten Denken an. Durch die im Intranet verankerten Dialogmöglichkeiten werden Kontaktnetzwerke erleichtert und gefördert. Sachliche, fachliche Aufgaben und persönliche Interessen entscheiden darüber, mit wem, wann und in welcher Form der Kontakt aufgenommen, gepflegt und vertieft wird. Die Mitarbeiter erleben eine offene, für alle zugängliche, von Hilfsbereitschaft geprägte und einheitlich gestaltete Welt, mit der sie sich leicht identifizieren können. So kann ein Intranet die Corporate Identity stärken und eine offene, demokratische und dialog-orientierte Kommunikationskultur fördern.

Dialog und Zusammenarbeit fördern: Ein weiterer Vorteil des Intranets ist es, dass es vielfältige Dialog- und Feedback-Möglichkeiten in einem Instrument zusammenführt. Je nach Variante des Dialog-Tools kann dadurch der vertikale Dialog zwischen Unternehmensleitung, Führungskräften und Mitarbeitern, oder der horizontale Austausch zwischen einzelnen Mitarbeitern unterstützt werden. Denken Sie beispielsweise an den Online-Chat mit dem Vorstand, an Online-Umfragen zu bestimmten Themen oder an einfache Feedback-Buttons, mit denen via E-Mail Rückfragen direkt an den inhaltlich verantwortlichen Kollegen gestellt werden können. Dazu kommen Tools, die die Zusammenarbeit von Projektgruppen, Forschungsteams oder Experten-Netzwerken erleichtern, beispielsweise virtuelle Konferenzräume, Projektforen, virtuelle Schwarze Bretter oder Präsentationsräume. So können sich Mitarbeiter schnell und einfach über fachliche Probleme austauschen, gemeinsam nach Lösungen suchen oder sich gegenseitig helfen. In vielen Unternehmen ist eine Zusammenarbeit ohne diese Angebote im Intranet gar nicht mehr denkbar – insbesondere wenn die Reisekosten in die Betrachtung einfließen, die ansonsten für die Zusammenarbeit einkalkuliert werden müssten.

4.9.2 Nutzer und Nutzungsbedingungen für Intranets

Wollen Sie eine oder mehrere dieser Funktionen mit Ihrem Intranet erfüllen, sollten Sie entscheiden, für welche internen Bezugsgruppen Sie einzelne Funktionen vor allem nutzbar machen wollen. Auch sollten Sie sich darüber im Klaren sein, wie sich die Kommunikationsregeln in Ihrem Unternehmen durch das Intranet verändern. Wichtige Fragen dabei sind:

- Welche Bezugsgruppen sollen welche Funktionen vor allem nutzen?
- Sind diese Bezugsgruppen alle gleichermaßen fähig und willens, das Angebot zu nutzen?
- Wie verändern sich Kommunikationsverhalten und -kultur durch das Intranet?

- Welche neuen Verantwortlichkeiten, Rechte und Pflichten ergeben sich für Unternehmensleitung, Führungskräfte, die Abteilung interne Kommunikation und Mitarbeiter?
- Wie können Sie Mitarbeiter zur Nutzung des Intranets motivieren und wie können Sie ihnen die Nutzung erleichtern?

Inhaltliche Notwendigkeiten spezieller Nutzergruppen

Intranets sind vor allem dann von größtem Nutzen, wenn sie möglichst alle Funktionen für möglichst alle Mitarbeiter zugänglich machen. Dennoch kann es sinnvoll sein, sensible Informationen oder sehr fachspezifische Tools nur ausgewählten Nutzergruppen verfügbar zu machen. Einige Organisationen entschließen sich beispielsweise dazu, für Führungskräfte ein eigenes „Executive-Net" zu schaffen. Darin finden sich strategisch relevante Informationen, wie betriebswirtschaftliche Statistiken und Auswertungen, oder Tools, die für Planung, Führung und Kontrolle einsetzbar sind. Weitere Bereiche, die aus sicherheitstechnischen Gründen oder aufgrund von Persönlichkeitsrechten passwort-geschützte Intranet-Sites benötigen könnten, sind beispielsweise die Personal- und die Forschungsabteilung. Darüber hinaus sollten Sie sich überlegen, ob Teilbereiche Ihres Intranets vor allem von bestimmten „Heavy Usern" – also Personen, die das Intranet besondern intensiv nutzen – benötigt werden. Dann sollten Informationsaufbereitung und Dialogmöglichkeiten in diesen Bereichen auf den Sprachgebrauch und die Notwendigkeiten vor allem dieser Kernnutzer zugeschnitten sein.

Unterschiedliche Fähigkeiten der Nutzergruppen

Ferner müssen Sie – speziell bei Einführung eines Intranets – verhindern, dass sich eine Zwei-Klassen-Gesellschaft bildet: internet-erfahrene Mitarbeiter, die das neue Medium ohne Berührungsängste sofort umfassend nutzen können, und Mitarbeiter, die aufgrund ihrer mangelnden Erfahrung hohe Widerstände haben, das Intranet zu nutzen. Für letztere Personengruppe sollten Sie rechtzeitig Schulungen und Workshops anbieten. Auch sollten Sie in der Einführungsphase Printmedien einsetzen, um Anwendungsbeispiele für das Intranet oder neue Inhalte aufzuzeigen, sowie Nutzer-Hotlines einrichten. Ferner können Wettbewerbe, Preisausschreiben und Online-Umfragen gerade in der Startphase dafür sorgen, möglichst viele Mitarbeiter ins Netz zu locken. Darüber hinaus müssen Sie allen Mitarbeitern den Umgang mit dem Intranet möglichst einfach machen. Das erreichen Sie durch eine übersichtliche Navigationsstruktur, durch benutzerfreundliche Suchfunktionen und durch Online-Hilfen.

Verändertes Kommunikationsverhalten von Chefs und Mitarbeitern

Mit der Einführung eines Intranets können sich die Macht- und Kommunikationsverhältnisse im Unternehmen verschieben: Aus der Bringschuld der Führungskräfte, die Mitarbeiter mit Informationen zu versorgen, entwickelt sich eine Holschuld der Mitarbeiter, sich die benötigten Informationen selbst aus dem Netz zu ziehen. Im Sinne von „Wissen ist Macht" werden Mitarbeiter informierter und damit anspruchsvoller – insbesondere was die Führungskommunikation angeht.

Denn die Führungskräfte erhalten mehr und mehr die Aufgabe, mit Zielen und Strategien für Orientierung zu sorgen, sowie Inhalte zu erklären und zu interpretieren. Von den Mitarbeitern hingegen wird verlangt, dass sie sich eigenverantwortlich ihr benötigtes Wissen aneignen, eine Intranet-Nutzungsroutine entwickeln und das Instrument Intranet durch eigene Inhalte bereichern.

Regeln und Verantwortlichkeiten für das Intranet

Als Verantwortlicher für interne Kommunikation müssen Sie sicherstellen, dass Nutzungsregeln für das Intranet erstellt und allen bekannt gemacht werden. Welche Inhalte sollen in welchen Bereichen des Intranets, von wem und für wen eingestellt werden? Wer ist für welche Netz-Inhalte verantwortlich? Wer sorgt dafür, dass die Inhalte aktuell und korrekt sind? Wer entscheidet über Netz-Struktur und Navigationselemente? Wer stellt sicher, dass die Verlinkung der Seiten angemessen und sinnvoll ist? Wer erstellt Design-Vorlagen für Websites und wer überprüft deren Einhaltung? Wer legt Nutzungsberechtigungen für passwort-geschützte Bereiche fest? Und – vielleicht eine der wesentlichsten Fragen: Haben die jeweils verantwortlichen Mitarbeiter die Zeitreserven, um ihrer zusätzlichen Aufgabe gerecht zu werden? Bei der Konzeption eines Intranets gibt es einige Vorüberlegungen, die den Umfang und die Ausgestaltung des Intranets mitentscheiden. Dies führt uns zum Ausgangspunkt dieses Kapitels zurück: Welche internen PR-Ziele wollen Sie mit dem Intranet erreichen und für welche internen Bezugsgruppen setzen Sie dieses Instrument hauptsächlich ein? Es ist höchstwahrscheinlich, dass Sie sich für eine stufenweise erweiterbare Version des Intranets entscheiden werden. Und dass Sie für einige Aufgaben – zumindest vorübergehend – externe Spezialisten hinzuziehen müssen. Berücksichtigen Sie dies bei Ihren konzeptionellen Überlegungen!

4.9.3 Inhalte und Struktur von Intranets

Je nach Funktion und identifizierten Nutzergruppen sind für Intranets viele verschiedene Inhalte denkbar. Dabei sind Inhalte und technische Möglichkeiten bzw. Tools eng verknüpft. Beispielsweise lässt sich ein computer-basiertes Trainingsprogramm für Piloten nur sinnvoll gestalten, wenn die entsprechenden Tools, wie Flugsimulator oder virtuelle Lernprogramme vorhanden sind. Der Online-Chat mit dem Vorstand ist nur mit entsprechenden Tools für Chats umsetzbar. Und für die Live-Übertragung eines Expertenvortrags benötigen Sie eine Video-Streaming-Technologie. In der folgenden Übersicht wurde darauf verzichtet, nach Inhalten und Anwendungen bzw. Software zu unterscheiden. Betrachten Sie die folgende Tabelle 4.9 als Stoffsammlung, aus der Sie sich die Inhalte und Tools für Ihr individuelles Intranet zusammenstellen können und besprechen Sie die technischen Notwendigkeiten mit Ihrem IT-Profi!

Wenn Sie Ihre Inhalte für das Intranet auswählen und aufbereiten, sollten Sie die folgenden Erfolgsfaktoren berücksichtigen[3]:

---

[3]Diese Erfolgsfaktoren für das Intranet werden von Nicola Sauvant in ihrem Buch „Professionelle Online-PR" (Campus-Verlag, Frankfurt 2002) aufgeführt und hier sinngemäß und verkürzt dargestellt. Für vertiefende Informationen zum Thema ist dieses Buch sehr zu empfehlen!

Tabelle 4.9   Sammlung: Mögliche Inhalte von Intranets

Basics

- Unternehmensdaten zu Personal, Struktur, Geschäftsverlauf
- Geschäftsberichte, Umweltberichte, Sozialberichte
- Leitbild
- Produkt- und Dienstleistungsinformationen
- Vorstellung und Dokumentation von Sponsoringprojekten
- Standort-Portraits
- Personen- und Abteilungsportraits
- Unternehmensgeschichte
- Aktuelle Unternehmensnachrichten/Newsticker/Motto des Tages
- RSS-Newsfeeds zu unternehmensnahen Themen, Markt, Wettbewerb, Gesellschaft und Recht
- Pressemitteilungen

- Veröffentlichungen der Medien/elektronischer Pressespiegel
- E-Magazin und elektronische Newsletter für Mitarbeiter
- Rundschreiben der Geschäftsleitung
- Video-Dateien oder Video-Streams von Pressekonferenzen, Vorträgen und Hauptversammlungen
- Audio-Streams oder Podcasts von Vorträgen
- Internes Vorschlagswesen: Beschreibung, Online-Formulare zur Ideeneinreichung, Prämierungen, Ideen-Archiv
- Suchmaschine (möglichst mit Volltextsuche)
- Sitemap
- Online-Hilfe für Intranet-Nutzer

Arbeitshilfen und Services

- Internes Telefon-, Adressen- und Mail-Verzeichnis (Corporate Directory)
- Gelbe Seiten
- Handbücher, Nachschlagewerke
- Datenbanken
- Glossare
- Linktipps für weiterführende Informationen im Internet
- Soft- und Hardware-Informationen mit Anwenderunterstützung
- Intranet-Bibliothek
- Statistiken
- Portraits von Kunden und Zulieferern
- Regelwerke
- Sicherheitsvorschriften
- Best-Practice-Beispiele
- Checklisten
- Dokumentvorlagen
- Musterbriefe
- Präsentationsvorlagen und –module
- Gemeinsam genutzte Dokumente, Grafiken, Fotos
- Formulare
- Veranstaltungskalender
- Meeting-Kalender

- Terminkalender-Services und –Abgleiche für einzelne Personen
- Bestellung von Arbeitsmaterial und –mitteln
- Werbemittelbestellung
- Reiseinformationen
- Abwicklung der Reisekostenabrechnung
- Urlaubsplanung, Urlaubsanträge
- Interne Stellenausschreibungen
- Angebot für Aus- und Weiterbildung/Anmeldemöglichkeit
- Schulungsunterlagen
- E-Learning-Kurse
- Computer Based Training (CBT)
- Betriebliches Freizeitprogramm, z.B. Sport, Sprachkurse, Kulturprogramm, Stammtisch
- Tarifverträge
- Betriebsvereinbarungen
- Infos zur Altersvorsorge, zum Sozialversicherungs- und Steuerrecht
- Infos über Betriebsärzte, soziale Einrichtungen
- Gesundheitstipps
- Speiseplan der Kantine

Abteilungs- und fachspezifische Inhalte

- Forschungsprojekte und –ergebnisse
- Forschungsdatenbank
- Ergebnisse von Kundenbefragungen

- Markt- und Wettbewerbs-Informationen
- Aufgabenlisten
- Dokumentationen
- Archive

Tabelle 4.9 (Fortsetzung)

• Ergebnisse von Mitarbeiterbefragungen	• Arbeitsanweisungen
• Informationen aus Marketing und Vertrieb	• Produkt- und Prozessbeschreibungen
• Frage-Antwort-Kataloge für Kundenservice und Außendienst	• Informationen zur Arbeitssicherheit
• Projektbeschreibungen, Vorstellung von Projektteams, Projektkalkulationen	• Qualitätsmanagement

Dialog-fördernde Inhalte

• E-Mail-Verlinkung des internen Telefonbuches	• Gästebuch
• E-Mail-Links zu inhaltlich Verantwortlichen der Seiten und zu Projektverantwortlichen	• Diskussionsforen, Expertennetzwerke
	• Newsgroups und virtuelle schwarze Bretter
• Homepages für Mitarbeiter	• Online-Mitarbeiterbefragungen
• Thematische Weblogs für Mitarbeiter	• Online-Wettbewerbe
• Vorstellung neuer Mitarbeiter	• Online-Preisausschreiben
• Chats mit Vorständen, Führungskräften, Experten	• Projektbearbeitungs-Tools
	• Virtuelle Meetings in Chaträumen
	• Virtuelle Konferenzen (auch mit Avataren)

Inhalte für Führungskräfte

• Tools für Führung, Planung und Kontrolle	• Risikomanagement-Konzepte
• Führungsleitlinien	• Krisenpläne
• Beurteilungsbögen für Mitarbeiter	• Angebot von Management-Seminaren und –Coaching
• Arbeitshilfen für Mitarbeitergespräche	
• Informationen zur Prozesssteuerung	• Dokumentation von Führungsseminaren
• Betriebswirtschaftliche Auswertungen	• Terminkoordination, fachliche Vorbereitung und Protokolle von Führungstagungen
• Controlling-Daten	
• strategie-relevante Informationen	
• Argumentationsleitfäden für strategisch relevante Themen	• Literaturtipps mit Zusammenfassungen von Fachbüchern (Abstracts)
• Corporate Wording Regeln	

- **Aktualität:** Wenn Sie möchten, dass die Mitarbeiter das Intranet immer wieder aufsuchen, müssen Sie dafür sorgen, dass die Inhalte ständig verändert und aktualisiert werden.

- **Dialog und Interaktivität:** Ihr Intranet wird umso attraktiver, wenn Sie möglichst viel Dialog und Interaktivität zulassen. Das müssen Sie nicht nur ermöglichen, sondern auch wollen. Fordern Sie die Mitarbeiter durch Newsletter, Umfragen und Diskussionsforen dazu auf, sich aktiv zu beteiligen!

- **Benutzerführung und Übersichtlichkeit:** Achten Sie darauf, dass die Mitarbeiter schnell und mit möglichst wenig Klicks zu den gewünschten Informationen gelangen! Das bedeutet, dass Ihr Intranet über logische, gut strukturierte Benutzerpfade verfügen sollte. Übersichtlichkeit wird erzielt, indem sich die Informationsebenen und Verzweigungen in Grenzen halten, indem die Navigationsleiste einheitlich strukturiert und platziert wird, indem Sie Sitemaps anbieten und indem Quick Links auf der Einstiegsseite direkt zu wichtigen oder aktuellen Kernthemen führen.

- Zurückhaltende Gestaltung: Reduzieren Sie die Gestaltungselemente zugunsten von mehr Übersichtlichkeit. Auch erleichtern Sie damit das Update Ihrer Sites.
- Mehrsprachigkeit: Insbesondere wenn Ihr Intranet als internationales Arbeits- und Dialoginstrument genutzt werden soll, müssen Sie sicherstellen, dass alle Nutzer die Inhalte verstehen können!

4.9.4 Aufbau und Einführung eines Intranets

Wenn Sie in Ihrer Organisation ein Intranet aufbauen möchten, können Sie wie folgt vorgehen:

- Bestands- bzw. IST-Analyse: Recherchieren Sie, welche Informationen bereits in elektronischer Form gespeichert vorliegen und von wem diese auf welche Art und wie häufig genutzt werden. Auch sollten Sie prüfen, welcher technische Standard in Ihrer Organisation besteht. Recherchieren Sie ferner, welcher Bedarf bei den Mitarbeitern der einzelnen Abteilungen und Teams besteht. Welche Alltagspro- bleme ließen sich mit einem Intranet lösen? Welche Wünsche und Notwendigkeit stellen die Mitarbeiter an elektronische Dialogmöglichkeiten? Welche unterneh- mensnahen Themen interessieren sie besonders, welche Informationen und Tools wären hilfreich für ihre Tätigkeit? Ebenfalls von Bedeutung ist die derzeitige in- terne Mediennutzung der Mitarbeiter. Welche Instrumente nutzen sie am liebsten, um sich zu informieren und den Dialog zu pflegen? Könnte das Intranet beste- hende Instrumente zumindest teilweise ersetzen oder ergänzen? Wie sieht es mit der PC-Erfahrung der Mitarbeiter aus und wie bereit sind sie, sich neuen Medien zu öffnen? Welche Sprache verstehen und sprechen die unterschiedlichen Mitar- beitergruppen? Aus den Antworten auf diese Fragen können Sie unterschiedliche potentielle Nutzergruppen mit ihrem jeweiligen Nutzerprofil herausarbeiten.
- Festlegung der PR-Ziele für Ihr Intranet: Betrachten Sie nun Ihre übergeordne- ten internen PR-Ziele und die jeweiligen Dialoggruppen. Welche der PR-Ziele könnten Sie mit einem Intranet erreichen? Für welche Nutzergruppen müssten Sie welche Inhalte und Anwendungsmöglichkeiten schaffen, um diese Ziele zu erreichen? Welche technischen Voraussetzungen brauchen Sie dazu? Vergleichen Sie nun den in Ihrer IST-Analyse ermittelten Bedarf der Mitarbeiter mit Ihren PR-Zielen: Wo gibt es Überschneidungen? Wo decken sich die Anforderungen der internen Kommunikation mit dem Bedarf der Mitarbeiter? Fangen Sie an, Ihr Intranet um diese Kernbereiche herum zu entwickeln! Überlegen Sie dann, welche zusätzlichen Inhalte und Funktionen denkbar sind, um weitere interne PR-Ziele und weitere Informations- und Dialogwünsche der Mitarbeiter einzu- arbeiten. Beachten Sie dabei auch, welche Inhalte sich relativ leicht und ohne größere Investitionen umsetzen ließen und mit welchen Inhalten Sie von Beginn an eine hohe Akzeptanz des Intranets sicherstellen können.
- Erstes Grobkonzept: Sie haben jetzt die wichtigsten Inhalte und Nutzergruppen für Ihr Intranet identifiziert. Halten Sie Ihre PR-Ziele, die einzelnen Nutzer- gruppen und die jeweiligen Inhalte, sowie die technischen Voraussetzungen in einem Grobkonzept fest. Unterscheiden Sie dabei nach Kernbereichen und

ausbaufähigen Bereichen. In welchen zeitlichen Entwicklungsschritten und mit welchem Budget ist das Intranet realistisch aufzubauen? Notieren Sie den voraussichtlichen Budget- und Zeitrahmen in Ihrem Grobkonzept.

- Optik und Struktur: Lassen Sie nun das Design der Intranet-Seiten von einem Webdesigner entwerfen. Achten Sie vor allem auf die einheitliche Navigationsleiste, auf einheitliche Navigationselemente auf allen Seiten und die Einhaltung der Corporate Design-Richtlinien. Entwickeln Sie eine erste, grobe Inhaltsstruktur: Welche Einstiegsseiten, welche Unterverzweigungen, wie viele inhaltliche Ebenen und welche öffentlichen bzw. passwort-geschützten Bereiche benötigen Sie zur Umsetzung der Inhalte? Wie lassen sich die Inhalte logisch strukturieren und verlinken?

- Intranet-Projekt-Gruppe und Detailkonzept: Spätestens wenn Ihr Grobkonzept steht und dieses von Ihren Vorgesetzten als Rahmen akzeptiert wurde, brauchen Sie Hilfe. Sie benötigen einen IT-Spezialisten, einen Webdesigner und interneterfahrene Mitarbeiter aus denjenigen Abteilungen und Fachbereichen, die Sie als zukünftige Kernnutzer identifiziert haben. Gemeinsam mit dieser Projektgruppe überdenken, detaillieren und optimieren sie Ihr Grobkonzept. Welche Inhalte und Funktionen genau müssen in jedem Teilbereich Ihres Intranets aufgebaut werden? Welche Navigationsstruktur genau ist dafür am besten geeignet und am nutzerfreundlichsten? Was kostet die Umsetzung genau? Und in welchem Zeitrahmen sind die einzelnen Ausbaustufen wirklich zu schaffen? Halten Sie die Arbeitsergebnisse der Projektgruppen in einem Detailkonzept fest.

- Projektkommunikation: Es ist wichtig, dass Sie rechtzeitig mit der internen Kommunikation zum Intranet-Projekt beginnen und diese während des gesamten Entwicklungsprozesses, sowie in der Einführungsphase fortsetzen. Berichten Sie beispielsweise in Ihren Printmedien oder bei internen Veranstaltungen von dem gemeinsamen Vorhaben. Zeigen Sie auf, wer am Projekt mitarbeitet, welcher Nutzen für die Mitarbeiter durch das Intranet entsteht und welche Vorzüge es bieten wird. Organisieren Sie einen Kick-off-Event für den Start des Intranets. So können sich die Mitarbeiter auf das kommende Medium einstellen und sie werden es leichter akzeptieren.

- Intranet-Regelwerk und Styleguides: Nun müssen Sie gemeinsam mit der Projektgruppe festlegen, wer zukünftig welche Rechte und Pflichten hat, um die Inhalte einzustellen und zu pflegen. Benennen Sie für jeden Fachbereich bzw. für jeden Intranet-Seitenbereich einen verantwortlichen Content Manager. Dieser stellt für seine Seiten sicher, dass die Inhalte korrekt, aktuell, vollständig und nutzergerecht sind. Auch macht er Vorschläge für neue Inhalte und stellt diese ins Netz. Legen Sie fest, in welchem Turnus die Inhalte überprüft und erneuert werden sollten. Auch sollten Sie definieren, welche Inhalte hohe, welche geringere Priorität haben und entsprechend in der obersten Inhaltsebene oder auf einer nachrangigen Ebene platziert werden müssen. Legen Sie die Beschlüsse schriftlich nieder. Auch die Regeln für die Seitengestaltung werden schriftlich fixiert und Templates (Vorlagen) für alle Standardseiten erstellt. Jeder Content Manager erhält das Regelwerk, den Styleguide samt Templates, sowie die Redaktionssoftware zum Eingeben der Inhalte als Arbeitshilfe. Zudem wird ein IT-Experte benannt, der für die technische Funktionsfähigkeit des Intranets und für die Online-Nutzer-Hilfe verantwortlich zeichnet. Stellen Sie ein Intranet-Forum zusammen, das die inhaltliche und gestalterische Weiterentwicklung des Intranets steuert. Das Forum sollte regelmäßig zu Sitzungen zusammenkommen, sowohl den IT-Experten als auch alle Content Manager umfassen und vom Verantwortlichen für interne Kommunikation geleitet werden. Legen Sie fest, wer die Einhaltung von inhaltlichen und gestalterischen Regeln kontrollieren soll. Üblicherweise ist dies ebenfalls der Verantwortliche für interne Kommunikation oder ein von ihm delegierter Mitarbeiter.

- Schulungen für Content Manager: Falls notwendig, sollten Sie alle Content Manager in Workshops so schulen, dass sie ihre Aufgabe optimal erfüllen können.
- Technische Voraussetzungen: Während Sie an den Regelwerken, den Designvorgaben und den Schulungen arbeiten, sollten die IT-Verantwortlichen dafür sorgen, dass der benötigte, einheitliche technische Standard für das Intranet hergestellt wird.
- Einstellung von Inhalten und Navigationshilfen: In dieser Phase bereiten alle Content Manager die entsprechenden Inhalte für das Intranet auf oder konvertieren bereits vorhandene elektronische Informationen in das neue Format. Erstellen Sie nun die gewünschte Verlinkung der Inhalte, die Suchmaschine, Online-Hilfe und eine Sitemap für die erste Kernversion des Intranets.
- Funktionstest: Testen Sie die erste Version des Intranets ausführlich und optimieren Sie gegebenenfalls Navigationsstruktur und Benutzerführung. Setzen Sie dabei Mitarbeiter als Testpersonen ein. Denken Sie ggf. auch an eine rechtliche Prüfung der Inhalte.
- Freischaltung des Intranets: Machen Sie die Freischaltung des Intranets zum Mitarbeiter-Event. Starten Sie mit einem Preisausschreiben oder einem anderen Online-Wettbewerb und testen Sie in Mitarbeiter-Umfragen die Akzeptanz Ihres neuen Kommunikationsinstruments.
- Schulung der Mitarbeiter: Organisieren Sie zeitgleich zur Einführung des Intranets Workshops für Mitarbeiter, die entsprechende Unterstützung benötigen.
- Stufenweise Weiterentwicklung: Arbeiten Sie nun mit dem Intranet-Forum gemäß Ihrem Detailkonzept kontinuierlich an der Weiterentwicklung des Intranets. Lassen Sie dabei die Ergebnisse von Mitarbeiter-Umfragen einfließen und kontrollieren Sie regelmäßig Nutzungsart und –intensität des Intranets.

Die Einführung eines Intranets wird Auswirkungen auf die Nutzung der anderen Instrumente der internen Kommunikation haben. Beobachten Sie diese Entwicklungen genau. Es ist wahrscheinlich, dass Sie mit zunehmend routinierter Intranet-Nutzung der Mitarbeiter das interne Instrumente-Portfolio überdenken müssen. Schriftliche Medien werden zugunsten des elektronischen Dialogs an Bedeutung verlieren. Achten Sie jedoch darauf, dass Sie Instrumente mit hoher Akzeptanz nicht vorzeitig abschaffen. Und unterschätzen Sie nicht die Notwendigkeit, auch weiterhin für ein ausreichendes Maß an persönlicher Kommunikation zu sorgen. Eine erfolgreiche interne Kommunikationsarbeit benötigt fast immer die Funktionen und Vorteile aller drei Kommunikationsarten – ob schriftlich, persönlich oder elektronisch.

Aufgabe 3 (Teil III): Bauen Sie einen neuen Intranet-Bereich auf!

Im dritten Teil der Aufgaben zur internen Kommunikation werden Sie einen neuen Intranet-Bereich aufbauen. Da bei der Umsetzung von Intranets meist mehrere Personen aus fast allen Bereichen der Organisation, sowie externe Dienstleister eingebunden sind, wird es Ihre Hauptaufgabe sein, die strategischen Vorgaben zu entwickeln und die Umsetzung im Sinne eines Projektmanagements zu steuern. Die Einführung, Neugestaltung oder der Ausbau von Intranets ist immer Teamarbeit. Falls in Ihrer Organisation noch kein Projektteam „Intranet" existiert, müssen Sie ein geeignetes Team zusammenstellen, mit dem Sie die folgenden Arbeitsschritte gemeinsam planen und umsetzen. In diesem Team sollte ein IT-Experte, ein Webdesigner und Repräsentanten der zukünftigen Hauptnutzer vertreten sein.

In unserem begleitenden Beispiel werden wir zeigen, wie der Intranet-Bereich der ASSCorp, der im Teil I der Aufgabe als Maßnahme vorgeschlagen wurde, eingerichtet wird. Die Darstellung des Projektes ist jedoch nur vereinfacht und auszugsweise möglich. Lesen Sie zur Vorbereitung den ersten Teil der Aufgabe 3 und machen Sie sich mit den strategischen Grundlagen dieser Maßnahme vertraut.

1. Schritt: Legen Sie die Aufgaben für den neuen Intranet-Bereich fest!
Machen Sie sich noch einmal klar, welche Grundfunktionen Ihr neuer Intranet-Bereich erfüllen soll.

* Welche Grundfunktion soll der neue Intranet-Bereich erfüllen?
* Soll er den schnellen Zugang zu Informationen und Wissen ermöglichen?
* Soll er Hilfsmittel für die tägliche Arbeit und bestimmte Services verfügbar machen?
* Soll er unterschiedliche Standorte, Teams oder Projektgruppen verbinden?
* Soll er Dialog und Zusammenarbeit ermöglichen oder unterstützen?
* Welche internen PR-Ziele wollen Sie damit erreichen?

Halten Sie die Grundfunktionen in einem Konzept-Steckbrief fest.

2. Schritt: Definieren Sie die Hauptnutzer des Intranet-Bereichs!
Jetzt müssen Sie genau untersuchen, welche Benutzergruppen welche Funktionen Ihres Intranet-Bereichs hauptsächlich nutzen sollen und ob sie dies auch wollen und können.

* Welche Benutzergruppen genau sollen den Intranet-Bereich nutzen?
* Wer ist mit dem Intranet erreichbar und wer hat Zugang zum Bereich?

- Wer sind die „heavy user" des Intranets, wer nutzt es auch noch?
- Auf welche Bezugsgruppen genau beziehen sich Ihre PR-Ziele, die Sie mit dem Intranet erreichen wollen?
- Welche Hauptanforderungen haben die identifizierten Nutzer an Inhalte und Funktion des Intranets?
- Haben alle Nutzer die notwendigen Fähigkeiten zur Nutzung?
- Wissen die Nutzer, dass sie das Intranet verstärkt nutzen sollen und welche Funktionen sie dort vorfinden (Pull-Infos/Hol-Pflicht)?

Halten Sie die einzelnen Funktionen, die jeweiligen Kernnutzer und deren Bedürfnisse, Wissen und Fähigkeiten in Bezug auf das Intranet im Konzept-Steckbrief fest. Ein Beispiel für einen Konzept-Streckbrief zum Intranet sehen Sie in Abb. 4.13.

3. Schritt: Legen Sie die Inhalte und Tools, sowie deren Aufbereitung fest!

Ausgehend von Funktion, Kernnutzer und Bedarf müssen Sie nun geeignete Inhalte und Tools entwickeln, diese sinnvoll strukturieren und überlegen, wie diese mediengerecht aufbereitet werden könnten.

- Welche Inhalte und Tools werden zur Umsetzung der Kernaufgaben benötigt?
- Welche Basisinformationen, welche Arbeitshilfen, welche Services und welche abteilungs- und fachspezifischen Inhalte müssen verfügbar sein?
- Welche Tools zur Zusammenarbeit und zum Dialog werden benötigt?
- Wie kann das Intranet andere Instrumente (schriftlich/persönlich) unterstützen?
- Welche Inhalte sind aktualitätsgebunden bzw. welche Inhalte müssen in welchem Rhythmus aktualisiert werden?
- Wie können die Inhalte logisch strukturiert und vernetzt werden?
- Wie kann die Benutzerfreundlichkeit und –führung optimiert werden?
- In welcher Sprache müssen die Inhalte vorliegen?
- Wie könnten die Inhalte für die Website aufbereitet werden?

Erstellen Sie eine Tabelle, in der Sie alle Inhalte und Tools eintragen. Halten Sie wichtige Kriterien, wie Aktualität bzw. Aktualisierungsrhythmus, Sprache und Ideen für die Aufbereitung in der Tabelle fest. Eine Beispieltabelle finden Sie in Abb. 4.14. Erfassen Sie die Kerninhalte im Konzept-Steckbrief und legen Sie die ausführliche Tabelle dem Steckbrief bei. Die grundlegende Struktur und Vernetzung der Inhalte erfassen Sie in einer vereinfachten Sitemap-Darstellung, wie sie in Abb. 4.15 zu sehen ist.

Das Intranet der ASSCorp
- Konzept-Steckbrief -

Aufgabe ⟩

Erhöhung der Transparenz von Organisation, Verantwortlichkeiten und Prozessen;

Bereitstellung aktueller Pull-Informationen;
Vermittlung arbeitsrelevanter Informationen, Hilfsmittel und Services;
Tools und Support für die länder- und bereichs-übergreifende Zusammenarbeit;

Bezugsgruppen ⟩

Alle Mitarbeiter der ASSCorp Europe (Corporate Directory, Wörterbuch, aktuelle Nachrichten): alle PC-erfahren;

Mitarbeiter in Produktentwicklung, -vermarktung, -service und Teamleiter Vertragsverwaltung (Datenbank „Markt, Kunden, Produkt"): alle PC-erfahren, brauchen schnellen Zugriff auf Markt- und Produktdaten für tägliche Arbeit und Entscheidungsfindung; deutsches Datenmaterial muss für englischsprachige Kollegen übersetzt werden!

Mitarbeiter in bereichs- und länder-übergreifenden Teams, Arbeits- und Projektgruppen, Workshop-Teilnehmer, Teamleiter (Team- und Projektforum, Meeting-Kalender, Reiseplanung): alle PC-erfahren, gutes Englisch; brauchen Tools, um die Zusammenarbeit schneller, effizienter, strukturierter zu gestalten.

Themen/Inhalte ⟩

Basics: Aktuelle Nachrichten, Entscheidungen, Geschäftsentwicklung; Wörterbuch Deutsch - Englisch; Animierte Organigramme, Adressen, Telefonnummern, E-Mail-Links, Mitarbeiter- und Abteilungsportraits, Unternehmenspräsentationen;

Markt- und Produkt-Datenbank: Ergebnisse aus Marktforschung, Produktspezifikationen und -präsentationen, Wettbewerbsinfos, Q&As, Presseartikel;

Team- und Projektforum: Virtuelle Projekträume, Projektdokumentationen, Schulungsprogramm und –unterlagen, Standards und Tools für Team- und Projektarbeit; Meeting-Kalender, Agenden- und Protokoll-Archiv, virtuelle Formulare und Infos zur Reisekostenabrechnung, Links zu Flug- und Hotelbuchung (Corporate Rates);

Sprache ⟩

Englisch; Markt-, Produkt- und Kundendatenbank Englisch und Deutsch;

Budget ⟩

24.000,- EUR/Jahr (Aufbauphase)

Abb. 4.13   Der Konzept-Steckbrief für den neuen Intranet-Bereich der ASSCorp. Im Konzept-Steckbrief werden die strategischen Vorgaben, wie Aufgabe, Bezugsgruppen und Inhalte des neuen Intranet-Bereichs, festgehalten. Laut internem Kommunikationskonzept soll der neue Intranet-Bereich der ASSCorp allen Mitarbeitern dabei helfen, sich im Unternehmen zu orientieren und schnell die für bestimmte Aufgaben zuständigen Kollegen zu identifizieren. Zudem ist eine umfangreiche Datenbank mit Informationen zu Markt,

4. Schritt: Prüfen Sie den Bestand an Inhalten, Hard- und Software!

Nun müssen Sie prüfen, welche der Inhalte bereits in elektronischer Form vorliegen und welche Voraussetzungen für Hard- und Software in Ihrem Intranet bereits gegeben sind.

- Welche der notwendigen Inhalte liegen bereits in elektronischer Form vor, in welcher Sprache und in welchem Format?
- Welche zusätzlichen Inhalte müssten erfasst und aufbereitet werden?
- Welche Hard- und Software-Voraussetzungen finden sich im Unternehmen?
- Sind die Hard- und Software-Voraussetzungen geeignet und ausreichend für die neuen Inhalte und Tools?
- Welche zusätzlichen Hardware-Anforderungen müssten erfüllt, welche zusätzliche Software angeschafft werden?
- Ist dies finanziell möglich und in welchem Zeitrahmen?

Besprechen Sie diese Fragen mit Ihrem IT-Experten und mit den inhaltlich Verantwortlichen der einzelnen Bereiche – die im Idealfall bereits an Ihrer Intranet-Projektgruppe beteiligt sind. Schätzen Sie den Kosten- und Zeitaufwand ein, mit dem bestehende Inhalte konvertiert, neue Inhalte elektronisch erfasst, Übersetzungen angefertigt, Hardware aufgebaut und Software installiert werden könnte. Erfassen Sie diese Details in Ihrer Inhalte-Tabelle aus Schritt 3 (siehe Abb. 4.14). Ändern Sie Ihre konzeptionellen Vorgaben – falls nötig – oder erarbeiten Sie einen Stufenplan für den Ausbau des Intranet-Bereichs.

5. Schritt: Planen Sie die begleitenden Maßnahmen zur Einführung des Intranets!

Für den Erfolg Ihres Intranets ist es wichtig, dass die zukünftigen Nutzer informiert, befähigt und motiviert werden. Die begleitenden Kommunikations-, Schulungs- und Motivierungsmaßnahmen sollten Sie deshalb rechtzeitig einplanen.

←————————————————————————————

Abb. 4.13 (Fortsetzung) Kunden und Produkten geplant. Diese soll auch von verwaltenden Bereichen dazu genutzt werden, ihre Tätigkeit besser an Markt und Kunden auszurichten. Als zentraler Bereich für die länder- und bereichs-übergreifende Zusammenarbeit soll ein Team- und Projektforum eingerichtet werden. Dort können sich alle Teams und Projektgruppen virtuelle Arbeitsräume einrichten und finden vielfältige Hilfsmittel, die die Teamarbeit unterstützen. Während die einheitliche Sprache für die interne Zusammenarbeit Englisch ist, soll die Markt- und Produktdatenbank zweisprachig aufgebaut werden. Denn gerade dieser Bereich stellt für die überwiegend deutschsprachigen Kollegen aus Kundenservice und Vertrieb essenzielle, arbeitsrelevante Informationen zur Verfügung. Da für den Aufbau des Intranet-Bereichs ein größerer personeller Aufwand geschätzt wird, werden die Inhalte in drei Ausbaustufen über eineinhalb Jahre hinweg geplant. Das führt auch zu einer Entlastung des Budgets.

Inhalte und Tools für das Intranet der ASSCorp *(Auszug)*

Inhalte / Tools	Aktualität	Sprache	Gestaltung / Aufbereitung	Inhalte IST	Inhalte zusätzlich	Hard-/Software	(EUR/Tage)
Basics							
Aktuelle Nachrichten	hoch /mind. wöchentl.	GB	News-Ticker mit Links zu Kurznachricht; Nachrichten mit Datum, Uhrzeit, Headline im Archiv;	Teilw. digital in E-Mail-Rundschreiben vorhanden;	Archiv für 3 Monate aufbauen; aktuelle News bei Bedarf aktualisieren;	o.k.	[-] / 5
Wörterbuch Deutsch-Englisch	einmalig	GB + D	Tabelle mit Suchfunktion; in jedem Intranet-Dokument kann Wort markiert und im Wörterbuch gesucht werden.		Digitales Wörterbuch kaufen, Suchfunktion verlinken;	Wörterbuch-Software (Gruppen-Lizenz)	[3.000,-] / 2
Corporate Directory	mittel / monatl.	GB	Animiertes Organigramm + Liste mit Suchfunktion; bei Klick Abteilungs- oder Mitarbeiter-Kurzprofil mit Foto;	Liste mit Suchfunktion o.k.	Verlinktes Organigramm; Abteilungs- und Mitarbeiterprofile;	o.k.	[-] / 20
Unternehmenspräsentationen, Präsentationsvorlagen	mittel / quartalsw.	GB	Präsentationen zum Download + als Slideshow, Templates zum Download;	In D + GB als Power-point-Präsentationen; Templates o.k.	Deutsche Präsentationen übersetzen;	o.k.	[-] / 5
Markt-, Produkt- und kunden - Datenbank							
Marktforschungsergebnisse	mittel / bei Bedarf	GB + D	Untersuchungs-Steckbriefe mit Suchfunktion; Forschungs-dokumentation zum Online-Blättern und Download;	Teilw. Papierform, teilw. Powerpoint-Präsentation, teilw. Word-Dokumente; deutsch oder englisch;	Deutsche Dokumente übersetzen; Papierdokumente scannen; alle Dokumente in pdf-Format konvertieren; Untersuchungs-Steckbriefe mit Suchfunktion anfertigen;	o.k.	[-] / 20
Produktspezifikationen und -präsentationen	niedrig / bei Bedarf	GB + D	Produktspezifikationen mit Suchfunktion nach Produkten, Typ, Eigenschaften; Versicherungsverträge + Formularen;	Spezifikationen in Word-Dateien in Englisch o.k.; Präsentationen in D; Verträge in D o.k.; Formulare in Deutsch o.k.	Verlinktes Archiv mit Suchfunktion anlegen; Produktpräsentationen übersetzen;	o.k.	[-] / 5

Abb. 4.14 Inhalte und Tools für das Intranet der ASSCorp (Auszug). Bei der Festlegung der Inhalte und Tools für den neuen Intranet-Bereich der ASSCorp wird eine Tabelle angelegt, in der die einzelnen Elemente aufgeführt sind. Jedes inhaltliche Element wird danach untersucht, wie häufig es aktualisiert werden muss, in welcher Sprache die Informationen vorliegen müssen und wie die Aufbereitung der Inhalte aussehen könnte. Dann wird festgehalten, welche Inhalte bereits in welcher Form vorhanden sind und welche weitere Bearbeitung bzw. welche zusätzliche Hard- und Software zur

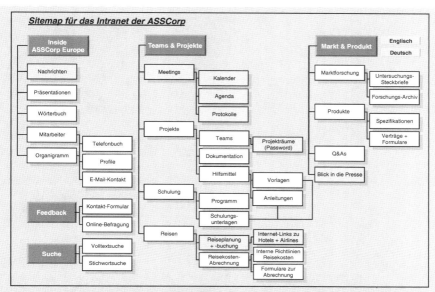

Abb. 4.15   Die Sitemap für den neuen Intranet-Bereich. In einer vereinfachten Sitemap-Darstellung werden die grundsätzliche Struktur der neuen Intranet-Bereiche und einige Hauptverknüpfungen festgehalten. Die grauen Felder zeigen die Bereiche mit hoher Aktualität an. In diesen Bereichen wird ständig gearbeitet oder müssen mindestens wöchentlich neue Inhalte eingestellt werden. Eine wichtige Aufgabe besitzt die Suche-Funktion. Hier kann – je nach zu durchsuchendem Bereich – eine Volltextsuche oder eine Stichwort- bzw. Schlagwortsuche durchgeführt werden. Im Feedback-Bereich werden alle Fragen, Anregungen oder Meinungen direkt an die verantwortlichen Redakteure weitergeleitet. Auch können hier Online-Nutzerbefragungen durchgeführt werden.

- Mit welchen Kommunikationsmaßnahmen wollen Sie das Intranet im Unternehmen bekannt machen?
- Welche Maßnahmen ergreifen Sie in der Entwicklungsphase, wie begleiten Sie die Einführung und was passiert bei der Umsetzung von weiteren Entwicklungsstufen?
- Müssen Verantwortliche und Nutzer speziell für Ihre Aufgaben geschult werden?
- Mit welchen Maßnahmen wollen Sie sicherstellen, dass die Nutzer kontinuierlich zur Nutzung des Intranets motiviert werden?
- Was kosten diese Maßnahmen?
- Wer ist für diese Maßnahmen verantwortlich?
- Wann müssen diese Maßnahmen durchgeführt werden?

Legen Sie einen kleinen Maßnahmenplan an, in dem Sie Ihre begleitende Projektkommunikation und weitere Maßnahmen zur Einführung Ihres Intranet-Bereichs zusammenfassen. Legen Sie auch Termine, Verantwortliche und Budget für die Maßnahmen fest. Ein Beispiel dafür finden Sie in Abb. 4.16.

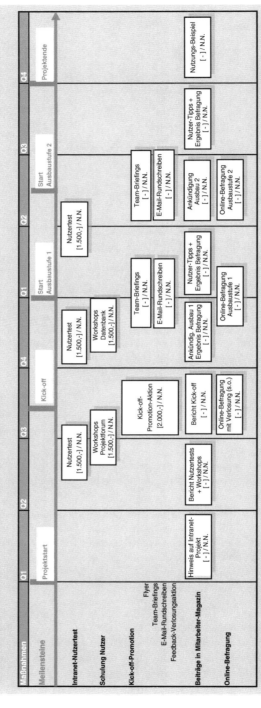

Abb. 4.16 Begleitende Maßnahmen zur Einführung des Intranets. Der Maßnahmen-Überblick zeigt, dass begleitend zur Einführung des neuen Intranet-Bereichs einige Aktivitäten erfolgen. Die Nutzer werden vorab geschult. Das gesamte Projekt wird durch Artikel im Mitarbeiter-Magazin begleitet. Zur Einführung wird ein kleines Promotion-Paket aus Flyer, Verlosung, E-Mail-Rundschreiben und mündlicher Information vorbereitet. Die Erfolgskontrolle wird über Nutzertests und Online-Befragungen sichergestellt.

6. Schritt: Schaffen Sie die organisatorischen Voraussetzungen für Ihr Intranet!

Nun müssen Sie eine geeignete organisatorische Aufhängung, sowie Regeln und Prozesse für den Intranet-Bereich entwickeln, festlegen und sich Unterstützung bei der Umsetzung sichern. Spätestens jetzt tritt Ihr Projekt aus dem Kreis der Projektgruppe heraus und muss einem erweiterten Kreis an zukünftig Mitwirkenden vorgestellt werden.

- Wer ist für die Inhalte, die IT-Betreuung und das Webdesign konzeptionell verantwortlich?
- Muss ein Intranet-Steuerungsforum eingerichtet werden?
- Wer erarbeitet die Inhalte, wer bereitet sie auf, wer stellt sie ein, wer kontrolliert und aktualisiert sie?
- Welche grundsätzlichen Regeln und Vorgaben gibt es für die inhaltliche und gestalterische Umsetzung?
- Welche Rechte und Pflichten gelten für die Nutzer?
- Welche Abstimmungs- und Entscheidungsprozesse müssen etabliert werden?
- Wie oft soll welcher Kreis tagen und welche Entscheidungen müssen von wem und wann getroffen werden?
- Wie wollen Sie alle Mitwirkenden informieren und zur Mitarbeit motivieren?
- Wie können Sie sicherstellen, dass die Mitwirkenden von ihren jeweiligen Vorgesetzten unterstützt werden?

Erstellen Sie entsprechende Regelwerke für Content Manager, Nutzer und Steuerungsgremium, sowie Styleguides. Halten Sie die organisatorische Grundstruktur in einem Organigramm und/oder einem Prozessdiagramm mit Aufgaben und Verantwortlichkeiten fest. Eine vereinfachte Darstellung finden Sie in Abb. 4.17. Besprechen Sie die Organisation mit den Vorgesetzten der Mitwirkenden und stellen Sie sicher, dass diese das Vorhaben unterstützen. Idealerweise verfügt Ihre Projektgruppe über einflussreiche „Sponsoren", die hier ihren Einfluss geltend machen. Laden Sie alle an der Umsetzung beteiligten Personen zu einer Präsentations- und Dialogveranstaltung ein, um das Projekt, Verantwortlichkeiten und Abläufe, sowie begleitende Maßnahmen vorzustellen, zu diskutieren und alle zur Mitarbeit zu motivieren.

7. Schritt: Machen Sie einen Umsetzungsplan und legen Sie los!

Erarbeiten Sie nun Stück für Stück den vorgesehenen Intranet-Bereich. Gehen Sie dabei geplant vor und beziehen Sie alle Mitwirkenden mit ihren jeweiligen Aufgaben und Verantwortlichkeiten mit ein.

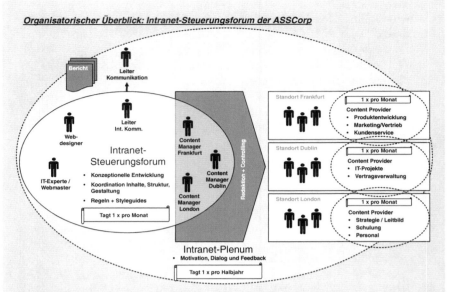

Abb. 4.17 Organisatorische Aufhängung des Intranet-Steuerungsforums. Zur konzeptionellen Weiterentwicklung, zur Koordination aller Maßnahmen, zur Festlegung und Kontrolle der Regeln wird ein Intranet-Steuerungsforum gebildet. Es wird vom Leiter interne Kommunikation moderiert, tagt ein Mal pro Monat und berichtet an den Leiter Unternehmenskommunikation. Für jeden Standort wird ein verantwortlicher Content Manager berufen, der gemeinsam mit den Content Providern aus allen Bereichen für die Redaktion, die vorschriftsmäßige Einstellung und Pflege der Inhalte zuständig ist. Auch für die Content Provider werden monatliche Sitzungen unter Leitung der jeweiligen Content Manager vorgesehen. Alle Beteiligten kommen halbjährlich in einem Intranet-Plenum zusammen, um im erweiterten Dialog Probleme zu lösen und alle Mitwirkenden zu motivieren.

- Welche einzelnen Tätigkeiten müssen nun nacheinander oder parallel durchgeführt werden?
- Wer macht was bis wann?
- Welche wichtigen Termine und Meilensteine müssen eingehalten werden?
- Liegen die Kosten und personellen Ressourcen im Rahmen?

Um bei der Umsetzung alles im Griff zu haben, ist eine Checkliste oder ein ausführlicher Projektplan notwendig. Diesen sollten Sie mit dem Projektteam erstellen und während der gesamten Umsetzungsphase laufend kontrollieren. Ein Beispiel für einen einfachen Projektplan finden Sie in der Aufgabe 3, Teil II „Projektplan zur Pressekonferenz" in Abb. 3.6 a, b. Im Gegensatz dazu führen professionelle Projektpläne nicht nur die einzelnen Tätigkeiten auf, sondern machen auch die terminlichen Abhängigkeiten der einzelnen Tätigkeiten untereinander deutlich.

8. Schritt: Messen Sie den Erfolg Ihres Intranets!

Wie immer sollten Sie sich rechtzeitig vor der Umsetzung damit beschäftigen, wie Sie später den Erfolg Ihrer Maßnahme messen und darstellen können.

- Was und zu welchem Zweck soll gemessen bzw. kontrolliert werden?
- Wie wollen Sie die Akzeptanz und Nutzung des Intranets kontrollieren?
- Welche Methoden wollen Sie einsetzen?
- Wann wollen Sie die Erfolgskontrolle einplanen?
- Wie soll ausgewertet werden und von wem?
- Wie, wann und vor wem sollen die Ergebnisse präsentiert werden?

Ergänzen Sie Ihre Maßnahmenplanung bei Schritt 5 (Abb. 4.16) und Ihren Projektplan von Schritt 7 entsprechend. Bei aufwändigen Erfolgskontrollen können Sie einen separaten Evaluierungsplan erstellen. In Teil IV dieser Aufgabe (siehe Abb. 4.20) sehen Sie einen Evaluierungsplan, in den die Intranet-Erfolgskontrolle eingearbeitet wurde. Setzen Sie Ihre Erfolgskontrolle wie vorgesehen um.

- Was lernen Sie aus den Ergebnissen?
- Müssen Sie Ihre Prozesse und Abläufe verändern?
- Stimmen Inhalte und Tools mit den Bedürfnissen der Nutzergruppen überein?
- Wie können Sie Akzeptanz und Nutzung Ihres Intranets weiter erhöhen?

Lassen Sie die Erkenntnisse aus den Erfolgskontrollen in die Arbeit des Intranet-Steuerungsforums einfließen und werden Sie immer besser! Denken Sie daran: Das Intranet ist ein „gelebtes" Instrument – es verändert sich durch die Nutzer. Und es sollte kontinuierlich an veränderte Anforderungen, Bedürfnisse und strategische Vorgaben angepasst werden.

4.10 Das Zusammenspiel interner Kommunikationsinstrumente

Wer auf der Klaviatur der internen Kommunikationsinstrumente spielen möchte, muss sich Gedanken darüber machen, wie alle Maßnahmen am besten zusammenwirken. Nachdem Sie in Ihrem Konzept für die interne Kommunikation die Ziele und Bezugsgruppen definiert und sich für ein bestimmtes Instrumente-Portfolio entschieden und dieses umgesetzt haben, müssen Sie sich ein paar grundsätzliche Gedanken über Ihr Informationsmanagement machen. Wie entscheiden Sie, welche Inhalte oder Themen Sie über welche Instrumente oder Medien an die verschiedenen Mitarbeitergruppen kommunizieren?

4.10.1 Internes Informationsmanagement

Das interne Informationsmanagement sorgt für die bedarfsgerechte Verteilung der Informationen über die richtigen Kanäle. Stellen Sie sich einen großen Trichter vor, in den täglich die unterschiedlichsten Informationen, Daten und Themen fließen. Sie müssen dafür sorgen, dass die Inhalte in der richtigen Aufbereitung, zum richtigen Zeitpunkt bei den richtigen Empfängern ankommen bzw. mit diesen diskutiert werden. Der folgende Ablauf wäre denkbar, sobald Sie von einer Informationsquelle Informationen erhalten:

- Sie prüfen den Inhalt der Information und ordnen sie einer Informationsart zu: Sind es allgemein relevante Nachrichten oder Hintergrundinformationen? Sind es Basisinformationen oder Arbeitshilfen? Sind es Service-Informationen? Oder sind es arbeits- bzw. aufgabenbezogene Informationen?
- Sie legen fest, für welche internen Bezugsgruppen die Information relevant ist.
- Sie überprüfen, welche Kriterien auf die Information zutreffen: Wie hoch ist ihr Aktualitätsgrad? Wie komplex oder erklärungsbedürftig ist die Information? Wie hoch ist ihre Bedeutung für das Unternehmen? Wie stark sind die einzelnen Bezugsgruppen von der Information persönlich betroffen?
- Sie entscheiden anhand der vorliegenden Kriterien, auf welche Kommunikationsart – schriftlich, persönlich oder elektronisch – und über welches konkrete Instrument die Information kommuniziert werden muss. Beachten Sie dabei die typischen Funktionen der Instrumente und die Erreichbarkeit der Mitarbeiter.
- Sie bereiten die Information medien- und zielgruppen-gerecht auf und setzen das entsprechende Instrument um.

Dabei sollten Sie bedenken, dass Sie unter Umständen unterschiedliche Bezugsgruppen auf unterschiedliche Art und mit anderen Instrumenten ansprechen müssen. Es hilft Ihnen, wenn Sie sich eine Matrix anlegen, in der jeder Bezugsgruppe diejenigen Instrumente zugeordnet sind, mit der sie auf schriftlichem oder elektronischem Wege, sowie persönlich erreichbar ist. Notieren Sie dazu jeweils, in welchen zeitlichen Intervallen sie mit dem jeweiligen Instrument angesprochen werden kann. Für jede Bezugsgruppe sollte es mindestens ein Instrument für die schnelle Information, ein Instrument für die erklärungsbedürftige Information und ein Instrument für Themen mit hoher Bedeutung für das Unternehmen oder hoher Betroffenheit des Mitarbeiters geben. Mit der Zeit werden sich für bestimmte Inhalte typische Prozesse der Weiterverarbeitung und Weiterleitung einspielen.

4.10.2 Cross Communications

Mit der Vernetzung Ihres Instrumente-Portfolios können Sie dafür sorgen, dass neue Instrumente der internen Kommunikation sich bei den Mitarbeitern etablieren, akzeptiert und regelmäßig genutzt werden. Das funktioniert ähnlich wie beim so genannten „Cross Selling": Die Kunden eines Unternehmenszweiges werden als Kunden für weitere Produkte oder Services aus anderen Bereichen des Unternehmens gewonnen. In der Kommunikationsarbeit wird dieser Effekt „Cross Communications" genannt: In einem Medium, das die Zielgruppe intensiv nutzt, wird ein Thema angesprochen und auf ein anderes Medium verwiesen, in dem ausführlichere oder weitere Informationen zum Thema zu finden sind. So werden die Nutzer eines Mediums zu einem anderen Instrument gelockt. Diese Vorgehensweise hat Vorteile: Neue Medien können etabliert werden, indem bestehende Instrumente auf die dort vorliegenden attraktiven Inhalte hinweisen. Die Bezugsgruppen, die beide Medien nutzen, werden doppelt erreicht, wodurch sich die Informationen verfestigen. Auch kann sichergestellt werden, dass die Information wirklich bei allen identifizierten Mitarbeitern ankommt – unabhängig davon welches Medium sie bevorzugt nutzen. Die Informationen können ferner in unterschiedlicher Aufbereitungsart, Sprache und Detailtiefe geliefert werden – je nach den Bedürfnissen und Vorlieben der Bezugsgruppen. In Tabelle 4.10 werden einige Beispiele für Cross Communications aufgeführt.

Die Beispiele machen deutlich, wie wichtig vernetztes Denken für die erfolgreiche Gestaltung der internen Kommunikation ist. Bei aller Vielfalt der Möglichkeiten und Kombinationen sollten Sie jedoch stets bedenken: Es ist nicht entscheidend, was alles machbar ist, sondern was Sie unbedingt machen müssen, um Ihre PR-Ziele zu erreichen.

4.10.3 Zusammenwirken von interner und externer Kommunikation

Es gehört zum „kleinen Einmaleins" der Öffentlichkeitsarbeit, dass interne Kommunikation und externe Kommunikation eng zusammenwirken. Je zufriedener und informierter die Mitarbeiter sind, desto mehr strahlen sie dies gegenüber ihren Familien, Freunden, Kunden, Lieferanten und sonstigen Bezugsgruppen aus. Sie sind glaubwürdige Multiplikatoren und können das Image eines Unternehmens deutlich positiv beeinflussen. Umgekehrt beeinflusst das Image und die Anerkennung der Leistung eines Unternehmens durch externe Bezugsgruppen auch die Loyalität und Motivation der Mitarbeiter. Im Zusammenspiel zwischen interner Kommunikation und den für externe Kommunikationsarbeit verantwortlichen Funktionen wird der Informationsfluss von innen nach außen und umgekehrt organisiert. Dabei definiert jedes Unternehmen durch seine Kommunikationskultur, wie durchlässig es für Informationen, Stimmungen und Meinungen nach außen ist. Das Einwirken äußerer Gegebenheiten auf die Mitarbeiter können Sie jedoch nie vermeiden.

Priorität der Mitarbeiter-Information

Eine Grundregel der internen Kommunikation dabei ist es, dass Mitarbeiter immer vor der externen Öffentlichkeit informiert werden müssen. Sie dürfen Nachrichten über ihr Unternehmen nicht erst aus der Presse erfahren. Einzige Ausnahme: Bei börsennotierten Unternehmen muss die Öffentlichkeit zuerst durch so genannte

Tabelle 4.10 So funktioniert Cross Communications

Dieses Instrument fördert/unterstützt…	… Print-Instrumente	… elektronische Instrumente	… persönliche Kommunikation
Print-Instrument	• Ankündigung der neuen Broschüre für Auszubildende in der Mitarbeiterzeitung. • Hinweis im Führungskräftebrief auf einen Artikel in der Mitarbeiterzeitung. • Aufruf der Mitarbeiter zur Teilnahme an der Leserbefragung in der Mitarbeiterzeitung.	• Werbung für das Intranet in der Mitarbeiterzeitung und Anleitungen zur Nutzung des Intranets. • Verweis in einem Artikel des Newsletters auf Detail- oder Hintergrundinformationen, die im Intranet hinterlegt sind. • Verweis im Bericht der Mitarbeiterzeitung auf ein Dialogforum zum Thema oder auf einen Chat mit dem Vorstand. • Rubrik in der Mitarbeiterzeitung: „Neu im Intranet".	• Veranstaltungskalender in der Mitarbeiterzeitung. • Schriftliche Einladung zu Vorträgen per Rundbrief oder Newsletter. • Ankündigung von Dialogveranstaltungen in der Mitarbeiterzeitung. • Berichte über Veranstaltungen und ihre Ergebnisse in der Mitarbeiterzeitung
Elektronisches Instrument	• Intranet bietet ergänzende Hintergrundinformationen oder Dialogforen zur kurzen Print-Nachricht. • Im Intranet können Broschüren bestellt werden. • Im Intranet werden Zeitungen, Broschüren oder Texte archiviert und mit Volltextsuche recherchierbar gemacht.	• Im Intranet werden Online-Nutzerbefragungen zu den Inhalten und dem Design der Websites durchgeführt. • In E-Mail-Rundschreiben wird auf Neues im Intranet hingewiesen. • Im Intranet wird ein CBT zum Umgang mit elektronischen Medien angeboten. • In einem Dialogforum werden Verbesserungsvorschläge für das Intranet diskutiert.	• Im Intranet wird ein ausführlicher Veranstaltungskalender mit Detail-Infos zu Fachtagungen angeboten. • Im Intranet sind Video-Mitschnitte oder Live-Schaltungen von Veranstaltungen integriert. • Im Intranet werden die Programminhalte, Ergebnisse und Fotos von Veranstaltungen hinterlegt. • Im Intranet finden sich Checklisten, Vorlagen und Formulare für die persönliche Kommunikation, z.B. für Team-Briefings, Besprechungen, Workshops etc.

Tabelle 4.10   (Fortsetzung)

Dieses Instrument fördert/unterstützt……	… Print-Instrumente	… elektronische Instrumente	… persönliche Kommunikation
Instrument der persönlichen Kommunikation	• Die Redaktion der Mitarbeiterzeitung veranstaltet Lesertreffen oder Leser-Aktionen. • Die Redaktion der Mitarbeiterzeitung organisiert eine Promotionaktion im Betrieb zur Gewinnung neuer Leser. • Es werden Redaktionsbeiratssitzungen organisiert.	• Es werden Promotionaktionen bzw. Nutzer-Workshops organisiert, um das Intranet einzuführen und dessen Nutzungsintensität zu erhöhen. • In Veranstaltungen der Aus- und Weiterbildung wird ein Info-Modul „Arbeiten mit elektronischen Medien" integriert. • Im Team-Briefing wird auf neue Inhalte im Intranet hingewiesen.	• Im Intranet werden die Schulungsunterlagen von Seminaren zum Download angeboten. • In elektronischen Feedback-Formularen können Mitarbeiter Veranstaltungen direkt am PC beurteilen. • Im Team-Briefing wird für die Teilnahme an einer internen Diskussionsveranstaltung geworben. • In Abteilungsmeetings wird auf die Möglichkeit zur Mitwirkung in einer Projektgruppe aufmerksam gemacht.

„ad-hoc-Meldungen" über kursrelevante Neuigkeiten informiert werden. Ansonsten gilt: Ob Pressekonferenz, Kunden-Newsletter oder Werbekampagne – die Mitarbeiter müssen von den Neuigkeiten zuerst oder zumindest zeitgleich erfahren. Dabei müssen Aussagen und Interpretationen nach innen und außen identisch sein, damit Glaubwürdigkeit entsteht.

Ehrlichkeit und gute Argumente in Krisenzeiten

Von besonderer Bedeutung ist dieses Verhalten, wenn das Unternehmen in eine Krise gerät. Durch die massive Berichterstattung der externen Medien kann das Vertrauen der Mitarbeiter in ihr Unternehmen erschüttert werden. Interne Kommunikation muss in dieser Situation vor allem eins: Ehrlich aufklären, die Ursachen und Auswirkungen der Krise auf das Unternehmen und seine Mitarbeiter offen darstellen und Mitarbeitern glaubwürdige Argumente liefern, die sie nicht nur für ihre eigene Meinungsbildung benötigen, sondern auch gegenüber Familie und Freunden einsetzen können.

Unterstützung für internes Chancen- und Risiko-Management

Besser ist es jedoch, Krisen erst gar nicht entstehen zu lassen oder ihre Wahrscheinlichkeit zu reduzieren. Dies wird über ein internes Risikomanagement erzielt. Vereinfacht funktioniert das folgendermaßen: In allen Abteilungen einer Organisation werden mögliche Risikoszenarien gesammelt. Diese werden danach beurteilt, wie wahrscheinlich sie eintreten und welchen Schaden sie verursachen könnten. Risiken, die sehr wahrscheinlich eintreten können und deren Schaden groß wäre, sind besonders gefährlich und erhalten erste Priorität bei der weiteren Bearbeitung. Während unwahrscheinliche Risiken mit geringfügigen Konsequenzen meist nicht weiter behandelt werden. Für alle anderen identifizierten Risiken werden Maßnahmen entwickelt, wie die Risiken vermieden oder minimiert werden können und Verantwortliche für die Umsetzung der Maßnahmen benannt. Für jedes Risiko wird ein „Risk Owner" ernannt, der das Risiko weiter beobachtet und für das Controlling verantwortlich ist. Wie kann nun die interne Kommunikation bei diesem Prozess unterstützend aktiv werden?

- Sie kann geeignete Instrumente schaffen, die es den Mitarbeitern ermöglichen, ihre Bedenken oder vermeintlich erkannte Risiken schnell an ihre Vorgesetzten oder die entsprechenden „Risk Owner" weiterzuleiten.
- Sie kann helfen, die Mitarbeiter zum Mitdenken zu motivieren, sie für bestimmte Themen zu sensibilisieren und so ein aktives internes Frühwarnsystem aufzubauen.
- Sie kann – gemeinsam mit den für externe Kommunikation Verantwortlichen – dafür sorgen, dass Mitarbeiter das notwendige Hintergrundwissen haben, um potentielle Risiken besser erkennen und beurteilen zu können.
- Sie kann den Kollegen der externen PR dabei helfen, ein funktionierendes Themen-Management umzusetzen. Dabei geht es darum, Themen, die in den externen Medien oder in anderen Bereichen der externen Öffentlichkeit diskutiert werden, zu beobachten und danach zu beurteilen, ob diese Themen ein Risiko oder eine Chance für das Unternehmen darstellen. Je frühzeitiger Themen mit

Krisenpotential erkannt werden, desto eher kann in die Diskussion eingegriffen bzw. diese zugunsten des Unternehmens gelenkt werden. Auch Zukunftschancen werden so früher erkannt und können einen Wettbewerbsvorteil mit sich bringen. Der Verantwortliche für interne Kommunikation achtet darauf, dass die identifizierten Themen und ergänzendes Hintergrundwissen intern an die richtigen Bezugsgruppen weitergeleitet werden und dass geeignete Möglichkeiten zur Diskussion dieser Entwicklungen vorhanden sind.

Eine exzellente Koordination von interner und externer Kommunikationsarbeit kann für Organisationen existentielle Bedeutung erlangen. Je aufgabengerechter und professioneller die organisationsübergreifenden Informationsflüsse gestaltet werden, desto besser kann das Krisenpotential eines Unternehmens kontrolliert werden und desto besser kann das Unternehmen seine Chancen nutzen.

4.11   Erfolgskontrolle der internen Kommunikation

Wie bei allen anderen PR-Aufgaben sollten Sie auch den Erfolg Ihrer internen Kommunikation überprüfen. Dabei gelten die Grundlagen der Erfolgskontrolle, wie sie im Abschn. 2.4 „Die Erfolgskontrolle" umfassend dargestellt sind. Legen Sie bereits bei der Konzeption und Planung Ihrer Aktivitäten fest, wie Sie die Qualität und den Erfolg Ihrer internen Kommunikationsarbeit messen wollen. Es stehen Ihnen vielfältige Methoden zur Evaluierung zur Verfügung. Die folgenden Ausführungen beschränken sich auf die am häufigsten eingesetzten Instrumente der internen Kommunikation und die Messverfahren bzw. Erhebungskriterien, die zur Kontrolle dieser Instrumente typischerweise herangezogen werden.

4.11.1   So überprüfen Sie Akzeptanz und Qualität Ihrer Mitarbeiterzeitung

Grundsätzlich stehen Ihnen – wie bei allen Evaluierungsverfahren – zwei Messmethoden zur Verfügung: Die Beobachtung und persönliche Beurteilung oder die wissenschaftliche Befragung.

Aufschlussreiche Beobachtungen
   Die ersten Anzeichen für die Akzeptanz Ihrer Mitarbeiterzeitung erhalten Sie bereits durch genaue Beobachtung:

- Werden die Zeitungen aktiv nachgefragt?
- Werden sie mit nach Hause genommen?
- Wie lange und intensiv lesen die Mitarbeiter die Zeitung?
- Stürzen sie sich auf jede neue Ausgabe?
- Erhalten Sie viele Leserbriefe, Anregungen oder andere Arten von Reaktionen?
- Wird über die Themen der Mitarbeiterzeitung in der Kaffeeküche oder auf dem Flur gesprochen?

Diese und weitere Anzeichen geben Ihnen erste Hinweise, wie wichtig den Mitarbeitern ihre Zeitung ist. Finden Sie einen Weg, Ihre Beobachtungen – beispielsweise in Beobachtungsprotokollen – systematisch zu erfassen.

Beurteilung nach professionellen Qualitätskriterien

Darüber hinaus können Sie selbst professionelle Qualitätskriterien festlegen, nach denen Sie, ein Kollege oder ein externer Experte die Mitarbeiterzeitung beurteilt:

- Wie verständlich und abwechslungsreich sind die Texte geschrieben?
- Wie sieht es mit der Tonalität der Ansprache aus?
- Wie setzt sich das Themenspektrum zusammen?
- Welche Qualität haben die Fotos und Grafiken?
- Wie ausgewogen berichtet die Zeitung über kontroverse Themen?
- Werden Feedback-Elemente ausreichend eingesetzt?
- Wie ansprechend ist das Layout?

Der Kriterienkatalog wäre – je nach Ihren individuellen Messvorgaben – fast beliebig erweiterbar. Erfinden Sie eine Punkte- oder Notenskala zur Bewertung und tragen Sie Ihre Beurteilungsergebnisse ein.

Die Inhaltsanalyse der Mitarbeiterzeitung

Eine besondere Form der Beurteilung von Mitarbeiterzeitungen – die auch auf andere Druckerzeugnisse angewendet werden kann – ist die Content-Analyse. Dabei werden speziell die Themen, Themenkategorien, deren journalistische Aufbereitung und der Schreibstil der Mitarbeiterzeitung eingehend untersucht. Aus einer größeren Anzahl von Ausgaben werden alle Artikel mit den zutreffenden Kriterien erfasst:

- Wie groß ist der Umfang des Artikels?
- Welches Thema wird behandelt?
- Welcher Themenkategorie ist dieses Thema zuzuordnen?
- Welche journalistische Textform wird eingesetzt? Ist der Text nachrichtlich objektiv oder kommentierend?
- Werden neben der sachlichen Ansprache auch emotionalisierende Elemente eingesetzt?
- Erfolgt die Ansprache des Lesers im Wir-Stil, mit „Sie" oder überhaupt nicht direkt?
- Wird der Text durch Bildobjekte ergänzt?
- In welchem Verhältnis stehen Text und Bild?
- Wird auf weitere Quellen oder Informationsmöglichkeiten hingewiesen?
- Enthält der Text Feedback-Elemente oder einen Aufruf zum Feedback?

Diese und weitere mögliche Fragen geben Aufschluss darüber, wie die Mitarbeiterzeitung mit ihren Lesern kommuniziert und ob professionelle Gestaltungskriterien eingehalten werden. Auch können bestimmte Themenschwerpunkte der

Berichterstattung mit den strategischen Vorgaben – Aufgabe, Zielsetzung, Bezugsgruppen und deren Interessen – verglichen werden.

Leserbefragungen

Schließlich können Sie auch die Leser in einer Leserbefragung direkt um ihr Urteil bitten. Dabei müssen Sie entscheiden, welche Informationen Sie von Ihren Lesern erhalten möchten:

- Was müssen Sie fragen, um zu erfahren, wie die Mitarbeiter die Qualität der Zeitung beurteilen?
- Was müssen Sie fragen, um die Bedürfnisse der Mitarbeiter und deren Anforderungen an die Zeitung noch besser verstehen zu können?
- Wie erfahren Sie, welche Faktoren für Akzeptanz und Nutzung der Zeitung ausschlaggebend sind?
- Wie glaubwürdig werden die Informationen der Mitarbeiterzeitung eingeschätzt?

Überlegen Sie, welche Fragen Sie stellen müssten, um die gewünschten Erkenntnisse zu gewinnen. Achten Sie aber darauf, bei der Formulierung der konkreten Fragen, sowie bei Auswahl der Stichprobe die professionellen Standards für wissenschaftliche Befragungen einzuhalten. Und versuchen Sie keinesfalls, die Antworten zu beeinflussen! Auch müssen Sie entscheiden, auf welchem Wege Sie die Leserbefragung durchführen wollen:

- Soll der Fragebogen der Mitarbeiterzeitung beigelegt werden?
- Soll er den Mitarbeitern zugesandt werden?
- Soll die Befragung persönlich durch einen Interviewer erfolgen?
- Soll eine Online-Befragung im Intranet oder via E-Mail erfolgen?

Überlegen Sie, wie Sie die Mitarbeiter am besten dazu motivieren können, sich an der Leserbefragung zu beteiligen. Wollen Sie unter allen Rückläufern eine Verlosung organisieren? Ebenfalls sinnvoll ist es, wenn Sie die Leserbefragung durch geeignete Berichterstattung in der Mitarbeiterzeitung begleiten. Rufen Sie die Mitarbeiter auf, sich an der Befragung zu beteiligen und erklären Sie den Nutzen der Aktion. Berichten Sie die Kernergebnisse und verdeutlichen Sie, wie die Mitarbeiter selbst auf diese Weise dazu beitragen, die Zeitung nach ihren Wünschen auszurichten. Bereits mit diesen Maßnahmen werden Sie die Akzeptanz der Mitarbeiterzeitung steigern können.

Gruppendiskussionen und Lesertreffen

Ist der Aufwand für eine Leserbefragung zu groß, könnte diese auch durch eine moderierte Gruppendiskussion bei einem Lesertreffen ersetzt werden. In diesem Falle müssten die Fragen mit den Teilnehmern diskutiert und ihre Meinung, sowie Empfehlungen eingeholt werden. Die Diskussionsinhalte und Anregungen können protokolliert und ausgewertet werden.

Die Übersicht in Tabelle 4.11 umfasst typische Messkriterien und Inhalte für Leserbefragungen, Beobachtungen und Beurteilungen. Neben den einzelnen Kriterien wird angegeben, ob sie durch Beobachtung (B), durch Beurteilung (U) oder durch Befragung (F) erhoben werden können. Stellen Sie sich aus dieser Liste Ihr eigenes Messinstrumentarium, beispielsweise einen Fragebogen für die Leserbefragung, ein Beurteilungsformular oder ein Beobachtungsprotokoll, zusammen.

Tabelle 4.11 Typische Kriterien für die Evaluierung von Mitarbeiterzeitungen

	B	U	F
Nutzung, Informationsinteresse und Aktivierung			
• Wie stark interessieren sich die Mitarbeiter für das innerbetriebliche Geschehen?			F
• Fühlen sich die Mitarbeiter gut informiert?			F
• Woher beziehen die Mitarbeiter Informationen zur Arbeit, zum Arbeitsplatz, über das Unternehmen? Und woher hätten sie die Information am liebsten?			F
• Wird die Zeitung regelmäßig gelesen?			F
• Was müsste passieren, damit die Zeitung häufiger oder intensiver genutzt würde?			F
• Wo wird die Zeitung gelesen?	B		F
• Wird die Zeitung mit nach Hause genommen?	B		F
• Wir die Zeitung auch von Familienmitgliedern oder Freunden gelesen?			F
• Stürzen sie sich auf jede neue Ausgabe? Wird diese sofort gelesen?	B		
• Wie lange lesen die Mitarbeiter die Zeitung?	B		F
• Blättern sie die Zeitung nur durch oder lesen sie intensiv?	B		
• Wie viele Artikel lesen die Mitarbeiter normalerweise? Lesen sie alles, nur die Hälfte oder nur einzelne Artikel?			F
• Welche Inhalte werden von den Mitarbeitern vor allem gelesen?			F
• Erhalten Sie viele Leserbriefe, Anregungen oder andere Arten von Reaktionen?	B		
• Erhalten Sie Angebote zur redaktionellen Mitarbeit?	B		
• Wie viel Feedback erhalten Sie auf Wettbewerbe, Preisausschreiben und vertiefende Informationsangebote?	B		
• Wie hoch ist die Beteiligung an der Leserbefragung?	B		
• Wird über die Themen in der Mitarbeiterzeitung in der Kaffeeküche oder auf dem Flur gesprochen?	B		F
• Wird über die Inhalte der Mitarbeiterzeitung im Online-Chat oder in Diskussionsforen diskutiert? Werden Intranetseiten häufiger besucht, wenn in der Zeitung auf sie hingewiesen wurde?	B		
Redaktionelle Aufbereitung			
• Welche journalistischen Darstellungsformen werden eingesetzt? Wird variantenreich geschrieben?		U	
• Wie groß ist der Anteil an nachrichtlich informativen Artikeln?		U	
• Wie groß ist der Anteil an kommentierenden Textformen?		U	
• Wie groß ist der Anteil an unterhaltenden Inhalten?		U	
• Wie verständlich sind die Texte geschrieben?		U	F
• Wie lebendig und abwechslungsreich ist die Schreibweise?		U	F
• Wie sieht es mit der Tonalität der Ansprache aus? Erfolgt die Ansprache des Lesers im Wir-Stil, mit „Sie" oder überhaupt nicht direkt?		U	
• Werden neben der sachlichen Ansprache auch emotionalisierende Elemente eingesetzt?		U	
• Werden Fakten korrekt recherchiert und mit journalistischer Sorgfaltspflicht wiedergegeben?		U	
• Wie aktuell sind die Inhalte? Ist das ausreichend?		U	F

Tabelle 4.11   (Fortsetzung)

• Wie häufig wird die Zeitung herausgegeben? Ist das ausreichend?	U	F
• Wie groß ist der Umfang der Artikel? Überwiegend ausführlich oder Kurznachrichten?	U	
• Welchen Umfang hat die Zeitung insgesamt? Ist das ausreichend, zu viel oder zu wenig?	U	F
• Wie setzt sich das Themenspektrum zusammen?	U	
• Welche Themen werden behandelt und welchen Themenkategorien sind diese zuzuordnen?	U	
• Wird bei der Themenauswahl auf die Interessen der Leser geachtet?	U	F
• Werden regelmäßig bestimmte Rubriken veröffentlicht?	U	
• Werden regelmäßig externe Autoren oder Autoren aus dem Mitarbeiterkreis für Artikel gewonnen?	U	
• Wie ausgewogen berichtet die Zeitung über kontroverse Themen? Wird Meinungsvielfalt zugelassen?	U	
• Wie stark werden die Inhalte von der Geschäftsleitung oder anderen fachlich Verantwortlichen zensiert?	U	
• Werden auch Negativmeldungen zugelassen?	U	
• Halten die Mitarbeiter die Artikel für geschönt oder realistisch und glaubwürdig?		F
• Halten sie die Berichterstattung für einseitig oder ausgewogen?		F
• Welche Interessen vertritt nach Meinung der Mitarbeiter die Redaktion vor allem – die der Geschäftsleitung, des Betriebsrates oder der Mitarbeiter?		F
• Wird auf weitere Quellen oder Informationsmöglichkeiten hingewiesen?	U	
• Werden Feedback-Elemente ausreichend eingesetzt? Wie viele Artikel enthalten Feedback-Elemente oder einen Aufruf zum Feedback?	U	
• Wie ansprechend oder passend ist der Titel der Zeitung?	U	F
• Gibt es ein Impressum, das den gesetzlichen Anforderungen entspricht?	U	

Themenzusammensetzung und Funktion

• In welchem Umfang wird über aktuelle und wichtige Geschehnisse aus dem Unternehmen berichtet? Ist das ausreichend?	U	F
• In welchem Umfang wird über Themen aus dem Unternehmensumfeld berichtet (Politik, Wirtschaft, Gesellschaft)? Ist das ausreichend?	U	F
• Tragen die Themen dazu bei, dass Organisation, Prozesse und Verantwortlichkeiten transparenter werden?		F
• Tragen die Inhalte dazu bei, dass Ziele und Strategien klarer und Entscheidungen verständlicher werden?		F
• Informieren die Inhalte ausreichend über die wirtschaftliche Situation des Unternehmens?		F
• Gehen die Inhalte auf interne oder externe Gerüchte oder Diskussionen ein und erhält der Leser eine ausreichende Argumentationshilfe?		F
• Erfährt der Mitarbeiter alles über seinen Arbeitsplatz und die Sozialleistungen des Unternehmens?		F
• Werden Möglichkeiten zur persönlichen Aus- und Weiterbildung in ausreichendem Maße dargestellt?		F
• Erhält der Leser durch die Inhalte der Zeitung Unterstützung bei der täglichen Arbeit?		F
• Ist für ausreichende humorige Beiträge gesorgt?		F
• Welche Informationen vermissen die Mitarbeiter in der Zeitung?		F

Tabelle 4.11 (Fortsetzung)

Gestaltung		
• Wird jeder Artikel visualisiert?	U	
• In welchem Verhältnis stehen Text und Bild? Ist das ausreichend?	U	F
• Welche Qualität haben die Fotos und Grafiken?	U	F
• Sind Fotos, Grafiken und Illustrationen informativ?	U	F
• Werden die Bildobjekte professionell aufbereitet und positioniert?	U	
• Sind genug Menschen auf den Fotos zu sehen?	U	
• Wie ansprechend ist das Layout?	U	F
• Wie wird Farbe eingesetzt? Wird ausreichend mit Farbe gearbeitet?	U	F
• Sind die Schriften gut lesbar und passen sie zusammen? Ist das Schriftbild ansprechend?	U	F
• Welche grafischen Elemente zur Leserorientierung und zur besseren Übersicht werden eingesetzt? Kann sich der Leser gut orientieren?	U	F
• Werden Zusammenfassungen für Schnellleser geboten?	U	
• Ist ein Inhaltsverzeichnis vorhanden?	U	
• Wie attraktiv und modern ist die Titelseite?	U	F
• Wie gut ist die Druckqualität?	U	
Gesamturteil		
• Welches Gesamturteil (Schulnoten) würden die Mitarbeiter der Zeitung geben und warum?		F

Wie Sie anhand der Tabelle sehen, können einige Erhebungskriterien sowohl durch Beurteilung, als auch durch Befragung der Leser erhoben werden. Dann müssen unterschiedliche Fragestellungen und Erfassungsmöglichkeiten erarbeitet werden. Durch ausgefeilte Kontrollinstrumente erhalten Sie ein klares Bild, wie hoch die Akzeptanz und der Nutzwert Ihrer Mitarbeiterzeitung wirklich sind.

Prozessoptimierung der redaktionellen Arbeit

Zusätzlich zur Beurteilung Ihrer Mitarbeiterzeitung können Sie auch evaluieren, wie gut Ihre Abläufe bei der Umsetzung dieses Instrumentes sind. Können Sie Ihre Zeitpläne bei Redaktion und Produktion einhalten? Bleiben Sie im Kostenrahmen? Wie viele Arbeitsstunden benötigen Sie für die Herausgabe einer Ausgabe? Und liegt die Arbeitszeit im geplanten Bereich? Wie reibungslos funktionieren Recherche und Abstimmung? Wie motiviert ist Ihr Redaktionsteam und wie gut arbeiten alle Beteiligten zusammen? Diese und weitere Faktoren können Sie in Ihre Bewertung mit einfließen lassen. Eine Prozessevaluation dieser Art ist besonders bei der Herausgabe von Null-Nummern zu empfehlen. So können Sie Ihre Prozesse noch vor dem regulären Start der Mitarbeiterzeitung optimieren.

4.11.2 Erfolgsmessung für Veranstaltungen und Intranet-Angebote

Auch für Veranstaltungen und Intranet-Angebote gibt es typische Verfahren der Erfolgsmessung. Insbesondere bei größeren Veranstaltungen, die aufwändig zu organisieren sind, und bei der relativ komplexen Aufgabe, ein Intranet neu zu gestalten, sollten Sie zusätzlich zur instrumentellen Kontrolle eine Prozessevaluation ins Auge fassen. Es ist wichtig, dass Organisation und Abläufe gut durchdacht und optimiert werden, da sie für die Qualität dieser Instrumente so entscheidend sind. Grundsätzlich lassen sich Qualität, Nutzung und Wirkung dieser Instrumente durch das folgende methodische Vorgehen erfassen:

Feedback-Elemente für Mitarbeiter-Veranstaltungen

Die einfachste Methode, Mitarbeiterveranstaltungen zu beurteilen, ist ein Feedback-Formular, wie es bereits im Rahmen der Ausführungen zum Team-Briefing vorgestellt wurde (siehe Abschn. 4.9.1 „Aufbau einer Team-Briefing-Struktur"). In diesem Formular können die Teilnehmer an einem Meeting, einer Fachveranstaltung, einer Diskussionsrunde oder eines Workshops unmittelbar nach der Veranstaltung ihre Meinungen und Einstellungen zu Papier bringen. Typische, einfache Fragestellungen für Feedback-Formulare sind beispielsweise:

- Wurden die Inhalte verständlich präsentiert?
- War der Redner/Moderator fachlich kompetent?
- Waren die Erklärungen/Argumentationen aufschlussreich und überzeugend?
- Wurden die Inhalte ausreichend/aussagekräftig visualisiert?
- Waren die Inhalte für Sie Informativ und hilfreich?
- Können Sie das Gelernte in Ihrer täglichen Arbeit einsetzen?
- Hat sich Ihre Einstellung zum Thema durch die Veranstaltung geändert? In welcher Weise?
- Konnten Sie Fragen, Kritik oder Anregungen einbringen?
- Wurden Ihre Fragen, Ihre Kritik oder Ihre Anregungen sofort und ausreichend behandelt?
- Welche weiteren Fragen, Anregungen oder Kritik haben Sie?
- Wie waren Sie mit der Organisation der Veranstaltung zufrieden (Raum/Location, Catering, Musik etc.)?
- Welche Verbesserungsvorschläge haben Sie zur Organisation der Veranstaltung?
- Wie beurteilen Sie das Programm/die Inhalte der Veranstaltung?
- Welche Verbesserungsvorschläge haben Sie zum Programm/zum Inhalt der Veranstaltung?

Systematische Beobachtung von Veranstaltungen

Darüber hinaus können Sie die üblichen Beobachtungen und Beurteilungen anwenden, die auch für externe Veranstaltungen gültig sind. Dazu gehören:

- Wie viele Teilnehmer wurden eingeladen? Wie viele davon haben geantwortet und wie viele davon sind erschienen?
- Wie war die Zusammensetzung der Teilnehmer?
- Wie war die Stimmung bzw. Atmosphäre der Veranstaltung? Wurde viel gelacht, kommuniziert, getanzt, intensiv gearbeitet, viel notiert etc.?
- War es während der Vorträge ruhig im Saal oder wurde getuschelt?
- Gab es viele aktive Beiträge der Teilnehmer?
- Fanden viele Gespräche mit den Teilnehmern oder untereinander statt?

- Welche Fragen wurden gestellt?
- Welches Begleitmaterial wurde mitgenommen?
- Welche Reaktionen gab es nach der Veranstaltung (Lob, Kritik)?
- War der zeitliche Ablauf angemessen?
- Gab es organisatorische Pannen oder Engpässe?
- Standen alle Hilfsmittel und technisches Equipment wie geplant zur Verfügung?
- Waren alle Beteiligten und Helfer ausreichend informiert und instruiert?
- Wie gut war die Zusammenarbeit im Organisationsteam und mit externen Dienstleistern?
- Wie zufrieden sind die Teammitglieder mit ihrer Leistung und Anerkennung?
- Liegen der zeitliche und finanzielle Aufwand im Rahmen der Planwerte?
- Welche Kosten (Catering, Personal, Produktion, Raum, Reisen/Hotels etc.) liegen nicht im SOLL und warum?
- Wurde das Projekt wie geplant und mit allen Meilensteinen umgesetzt?

Es gibt umfangreiche Hinweise darauf, ob eine Mitarbeiterveranstaltung als Erfolg einzuschätzen ist. Unterscheiden Sie aber ihre eigene Bewertung und die Beurteilung durch die Teilnehmer sorgfältig. Eine perfekt organisierte und durchgeführte Mitarbeiterveranstaltung ist noch kein Garant dafür, dass Sie Ihre Kommunikationsziele bei den Mitarbeitern auch erreicht haben. Das Feedback der Mitarbeiter bleibt der wirklich wichtige Maßstab.

Anwender-Tests und Nutzer-Beobachtung für Intranets

Die beste Methode, um einen ersten Eindruck von Nutzwert und Benutzerfreundlichkeit des Intranets zu erhalten, sind Anwendertests. Diese sollten Sie durchführen, bevor Sie die Intranet-Seiten freigeben. Stellen Sie hierzu eine Gruppe von Testanwendern aus allen Bereichen zusammen, die das Intranet später nutzen sollen. Stellen Sie dieser Gruppe verschiedene Arbeitsaufgaben und beobachten Sie, wie diese gelöst werden. Anschließend befragen Sie die Tester und diskutieren gemeinsam die einzelnen Verbesserungsvorschläge.

- Wie schnell finden die Tester die benötigten Informationen?
- Fällt es ihnen leicht, die angebotenen Tools zu benutzen?
- Welchen Eindruck haben die Tester von den Intranet-Angeboten?
- Halten sie sie für nützlich?
- Sind sie mit der Verlinkung der Inhalte zufrieden?
- Wie beurteilen sie die Struktur der Informationen?
- Wie gefallen ihnen Design und Anordnung der grafischen Elemente und Links?
- Wie beurteilen sie die Texte und Grafiken?
- Welche zusätzlichen Anwendungen/Inhalte vermissen sie oder wären hilfreich?

Sie erhalten durch diesen Anwendertest Hinweise auf das Verbesserungs- und Ausbaupotential der Intranet-Seiten. Auch werden Ihnen die Tester gut schildern können, wie intensiv sie welche Seiten voraussichtlich nutzen werden. Zudem können Sie nun besser entscheiden, ob sie zur Einführung der Intranet-Seiten spezielle Nutzer-Schulungen anbieten müssen, oder ob Ihre Intranet-Seiten selbsterklärend sind. Dennoch sollten Sie nach Einführung eines Intranets genau untersuchen, wie sich die Nutzer verhalten. Überprüfen sie, wie viele Visits und Page Views erzielt werden, wie hoch die Verweildauer auf den einzelnen Seiten ist und welche Seiten davon hauptsächlich profitieren. Beobachten Sie die Diskussion in Foren und Chatrooms. Überprüfen Sie die Anzahl der Downloads und die Bewegungen in Projekträumen. Oder zählen Sie die Anzahl der elektronischen Bestellungen und weiterer Transaktionen. Lassen Sie sich vom IT-Verantwortlichen rechtzeitig darüber aufklären, welche aussagekräftigen, elektronischen Prüf- und Beobachtungsmöglichkeiten Sie haben.

Online-Intranet-Befragung

Auch für das Intranet können Sie Feedback-Formulare entwerfen. Vorzugsweise bereiten Sie diese elektronisch auf. Kurze, spontane Umfragen können Sie als Pop-up-Fenster umsetzen. Ausführlichere Befragungen könnten per E-Mail erfolgen. Als Standard-Instrument sollten Sie eine Online-Intranet-Befragung der Nutzer auf der Einstiegsseite etablieren. Auch ein Feedback-Link für alle möglichen, individuellen Anregungen, Fragen und Meinungen darf nicht fehlen. Bedenken Sie aber, dass Sie mit diesen Maßnahmen lediglich diejenigen Mitarbeiter ansprechen und um ihre Meinung bitten, die das Intranet bereits nutzen. Interessant könnte jedoch für Sie sein, warum andere Mitarbeiter es noch nicht tun. Und was passieren müsste, damit Sie weitere Mitarbeiter ins Intranet locken. Überlegen Sie, wie Sie die Meinung der intranet-abstinenten Kollegen in Ihre Bewertung einbeziehen können. Denken Sie dabei auch an die Möglichkeit, eine breit angelegte Mitarbeiterbefragung durchzuführen, wie sie im folgenden Kapitel beschrieben wird.

4.11.3 Mitarbeiterbefragungen

Die beste Möglichkeit, die Wirkung Ihrer Kommunikationsarbeit zu messen, ist eine nach wissenschaftlichen Kriterien durchgeführte Mitarbeiterbefragung. Bereits an mehreren Stellen dieses Kapitels wurde darauf hingewiesen, wie wichtig die Befragung der Mitarbeiter für Ihre Arbeit ist. Die Mitarbeiterbefragung ist eine gute Methode, …

- … um die Unternehmens- und Kommunikationskultur abzubilden,
- … um wichtige Faktoren der Corporate Identity zu ergründen,
- … um relevante interne Bezugsgruppen zu definieren,
- … um die unterschiedlichen Meinungen und Bedürfnisse der Bezugsgruppen herauszufinden,
- … um die Wirkung einzelner interner Kommunikationsmaßnahmen zu messen und
- … um die Wirkung der gesamten Kommunikationsaktivitäten darzustellen.

Eine breit angelegte, repräsentative und in regelmäßigen Abständen durchgeführte Mitarbeiterbefragung kann alle oben aufgeführten Aufgaben erfüllen. Die Ergebnisse bilden die Grundlage, um interne PR-Ziele festzulegen, um eine interne PR-Strategie zu entwerfen, um einzelne Instrumente zu optimieren und um die Wirkung der Maßnahmen zu kontrollieren.

Untersuchungs-Design

Die wichtigste Grundüberlegung, die Sie anstellen sollten, ist die Zielsetzung Ihrer Mitarbeiterbefragung. Welche oben aufgeführten Aufgaben soll sie erfüllen? Welche Erkenntnisse wollen Sie erlangen? Halten Sie Ziel und Zweck in einem klaren Statement fest. Dann müssen Sie Entscheidungen zur Untersuchungsanlage der Befragung treffen:

- Wie wählen Sie die Stichprobe der Befragten aus? Soll die Befragung repräsentativ sein? Wie stellen Sie das sicher?
- Wie wollen Sie die Befragung durchführen? Schriftlich, persönlich, telefonisch oder elektronisch bzw. online?
- Wann soll die Befragung stattfinden? In welchen Zeitabständen ist eine Wiederholung der Befragung vorgesehen?
- Wer soll den Fragenkatalog erarbeiten?
- Wer soll die Durchführung der Befragung, wer die Erfassung und Auswertung der Daten vornehmen?
- Welche konkreten Daten wollen und müssen Sie erfassen, um die gewünschten Erkenntnisse zu erlangen?
- Wie sollen die Datensätze erfasst werden und welche Auswertungsmöglichkeiten brauchen Sie?

In der Praxis hat es sich bewährt, für eine groß angelegte Mitarbeiterbefragung externe Forschungsexperten hinzuzuziehen. Diese können Sie in Sachen Repräsentativität, aber auch bei der Fragebogengestaltung, der Erfassung und Auswertung der Daten unterstützen. Meist wird die beste Repräsentativität erzielt, wenn der schriftliche Fragebogen mit einem personifizierten Begleitschreiben vom Vorstand oder Geschäftsführer an die Mitarbeiter versandt wird. Das unterstreicht die hohe Bedeutung der Befragung für die Organisation. Anhand der Rücklaufquote und der Zusammensetzung der Rückläufer lässt sich gut erkennen, wie repräsentativ die Befragungsergebnisse sind. Überprüfen Sie beispielsweise, wie sich die Altersverteilung der Rückläufer-Stichprobe mit der tatsächlichen Altersverteilung in Ihrem Unternehmen deckt. Oder ob die unterschiedlichen Unternehmensbereiche in der Stichprobe in dem Maße vertreten sind, wie dies der tatsächlichen Situation entspricht. Auch können Sie die Rückläufe nach Hierarchiestufen differenzieren und diese Zusammensetzung mit der Realität vergleichen. Legen Sie fest, welche Anforderungen Sie an die Stichprobe stellen, damit Sie die Ergebnisse als realistisches Abbild der Gegebenheiten betrachten können. Fragen Sie notfalls die Experten, ob sie mit einer unterschiedlichen Gewichtung der Daten die Ergebnisse repräsentativer machen können.

Erstellung des Fragenkatalogs

Sehr große Sorgfalt sollten Sie darauf verwenden, geeignete Fragen und Antwortkategorien für Ihre Studie festzulegen. Dabei sollten Sie inhaltliche Fragen und Fragen zur Person des Befragten unterscheiden: Die inhaltlichen Fragen beziehen sich auf die Themen, Instrumente, Einstellungen oder das Verhalten, das Sie untersuchen möchten. Grundsätzlich werden in Mitarbeiterbefragungen die folgenden Themenbereiche erfasst:

- Die Beziehungen der einzelnen Mitarbeitergruppen untereinander und zu anderen Gruppen,
- die Einstellungen der Mitarbeiter zu bestimmten betrieblichen Themen,
- die Einstellungen und Meinungen der Mitarbeiter zu Kollegen, Vorgesetzten, Unternehmensleitung, Führungskräften allgemein oder zum Unternehmen als Ganzes und
- die Beurteilung des eigenen Wissensstandes und des individuellen Informationsbedarfs hinsichtlich bestimmter Themen, Inhalte und Instrumente.

Eine gute Sammlung der zu untersuchenden Inhalte finden Sie in Tabelle 4.2 „Aspekte für die Analyse der internen Kommunikationskultur". Benutzen Sie diese Übersicht als Anregung für Ihre eigenen Fragestellungen. Dabei lassen sich insbesondere die Fragen zum Wissensstand und Informationsbedarf der Mitarbeiter weiter präzisieren. Auch sollten Sie ergänzende Fragen zur Mediennutzung oder zu einzelnen internen Kommunikationsinstrumenten mit einbeziehen.

Im Gegensatz dazu ermöglichen die Fragen zur Person später die Auswertung der Inhalte nach unterschiedlichen Mitarbeitergruppen. Wird in etwa Alter, Geschlecht, Betriebszugehörigkeit, hierarchische Zuordnung, Ausbildungsniveau oder Bereichszugehörigkeit der befragten Person erfasst, lassen sich später die Ergebnisse getrennt nach diesen Gruppen darstellen. So können Sie beispielsweise vergleichen, wie gut sich Führungskräfte, Angestellte, Arbeiter und Auszubildende über die Ziele des Unternehmens informiert fühlen. Oder Sie können untersuchen, wie sich die Mediennutzung von Mitarbeitern unterschiedlicher Altersgruppen unterscheidet. Interessant könnte es auch sein, festzustellen, ob sich langjährige Mitarbeiter stärker mit dem Unternehmen identifizieren als Mitarbeiter, die erst seit Kurzem für das Unternehmen tätig sind. Und ob sich die Zufriedenheit der Mitarbeiter mit ihrem Arbeitsplatz oder mit der Zusammenarbeit im Team in bestimmten Unternehmensbereichen als besonders hoch oder niedrig herausstellt. Es ist nicht nur wichtig, was Sie fragen wollen, sondern mindestens genauso bedeutsam, nach welchen Kriterien Sie die Antworten auswerten und differenzieren wollen. Zur Auswahl der persönlichen Informationen, die Sie in Ihrer Befragung erfassen wollen, können Sie Tabelle 4.3 „Kriterien für die Strukturierung interner Bezugsgruppen" verwenden. Bedenken Sie: Nur wenn Sie neben inhaltlichen Fragen auch die späteren Auswertungskriterien berücksichtigen, können Sie das Erkenntnispotential einer Mitarbeiterbefragung voll ausnutzen.

Null-Messung und regelmäßige Befragungen

Wenn Sie später den Erfolg Ihrer Arbeit messen wollen, benötigen Sie einen Ausgangspunkt als Vergleichsbasis. Daher ist es wichtig, vor Beginn Ihrer Arbeit eine Null-Messung vorzunehmen. Verwenden Sie dazu das gleiche Mess-Instrumentarium, das Sie später – in regelmäßigen Abständen von zwei bis drei

Jahren – zur Kontrolle Ihrer Arbeit einsetzen möchten. So können Sie die Entwicklung einzelner Fragestellungen direkt vergleichen. Wie fühlten sich die Mitarbeiter über die Ziele und Strategien des Unternehmens informiert, als Sie mit Ihrer Arbeit anfingen? Wie war die Situation zwei Jahre später? Und wie wird diese Frage nach vier, fünf oder sechs Jahren beantwortet? Haben sich die Werte in bestimmten Mitarbeitergruppen im Verlauf der Jahre überdurchschnittlich verbessert? Bei welchen Mitarbeitergruppen haben Sie Ihre Ziele erreicht, um welche Bezugsgruppen müssen Sie sich intensiver kümmern? Hat sich die Führungskommunikation kontinuierlich verbessert? Fühlen sich die Mitarbeiter besser in Entscheidungen einbezogen und sind sie zufriedener? Auch wenn Sie von Fall zu Fall zusätzliche Fragen in Ihre Mitarbeiterbefragung integrieren – beispielsweise, wenn sich neue, wichtige betriebsinterne Themen ergeben oder wenn Sie ein neues Kommunikationsinstrument testen möchten –, sollten Sie den Kern des Fragenkatalogs über Jahre beibehalten.

Aktivierung und Glaubwürdigkeit durch begleitende Kommunikation

Begleitende Kommunikation zur Mitarbeiterbefragung erhöht die Glaubwürdigkeit der Aktion und motiviert die Mitarbeiter dazu, sich zu beteiligen. Begleiten Sie Ihre Mitarbeiterbefragung beispielsweise durch Berichte in der Mitarbeiterzeitung. Starten Sie E-Mail-Aufrufe an die Mitarbeiter, sich zu beteiligen. Organisieren Sie eine Verlosung unter allen Rückläufern und machen Sie die Ergebnisse im Intranet zugänglich! Diskutieren Sie die Ergebnisse offen und ehrlich mit den Mitarbeitern und stellen Sie dar, wie die Ergebnisse der Befragung in konkrete Verbesserungsmaßnahmen münden. Machen Sie sich bewusst: Wie mit den Ergebnissen aus Mitarbeiterbefragungen betriebsintern umgegangen wird, sagt viel über die Kommunikationskultur und die Glaubwürdigkeit der Kommunikationsverantwortlichen aus!

Insgesamt werden Ihnen die vielfältigen Evaluierungsmethoden ausreichend Möglichkeit geben, die Qualität und den Erfolg Ihrer internen Kommunikationsarbeit zu messen. Vergessen Sie dabei nicht, dass Ihre erfolgreiche Arbeit über Jahre hinweg die Kommunikationskultur Ihrer Organisation verändern wird. Überprüfen Sie von Zeit zu Zeit, ob die Erkenntnisse aus der internen PR-Analyse, die Grundlage für Ihr internes Kommunikationskonzept waren, noch gültig sind. Und scheuen Sie sich nicht, Ihre interne Kommunikationsstrategie bei Bedarf neu zu erfinden!

Aufgabe 3 (Teil IV): Erstellen Sie einen Evaluierungsplan für Ihre internen Kommunikationsmaßnahmen!

Im letzten Teil der Aufgaben zur internen Kommunikation werden Sie einen kleinen Evaluierungsplan für Ihre internen Kommunikationsmaßnahmen erstellen. Sie werden sich überlegen, was Sie bewerten möchten, welche Evaluierungs-Instrumente Sie einsetzen möchten und wann die Messung erfolgen soll. Das notwendige Grundlagenwissen, sowie eine ausführliche

Beschreibung, wie die Evaluierung von PR-Arbeit grundsätzlich erfolgt, erhalten Sie im Abschn. 2.4 „Die Erfolgskontrolle". Als Beispielfall werden wir die bisherigen Ausarbeitungen für die ASSCorp verwenden und darstellen, wie das Versicherungsunternehmen seine internen Kommunikationsaktivitäten kontrollieren möchte.

1. Schritt: Legen Sie die Ziele Ihrer Evaluierung fest!
Wie immer sollten Sie sich erst darüber im Klaren sein, welche Ziele Sie mit Ihrer Erfolgskontrolle umsetzen wollen.

- Wollen Sie die Qualität und Wirkung einzelner Instrumente der internen Kommunikation kontrollieren?
- Wollen Sie überprüfen, wie gut die organisatorischen Abläufe und die Zusammenarbeit im Kommunikationsteam funktionieren?
- Wollen Sie die Wirkung der gesamten internen Kommunikationsaktivitäten auf die Mitarbeiter erfassen?
- Welche Erkenntnisse wollen Sie gewinnen?
- Wie sollen die Ergebnisse eingesetzt werden? Welche Entscheidungen sollen auf der Basis der Ergebnisse getroffen werden?

Halten Sie diese grundlegenden Ziele, den Zweck und die spätere Nutzung der Ergebnisse im Evaluierungs-Steckbrief kurz fest.

2. Schritt: Entscheiden Sie sich für geeignete Messmethoden und -kriterien!
Jetzt müssen Sie geeignete Messmethoden für die unterschiedlichen Ziele Ihrer Evaluierung festlegen und konkrete Fragebögen oder andere Erfassungsinstrumente ausarbeiten.

- Welche Instrumente zur Erfolgskontrolle wollen Sie für die einzelnen Evaluierungsziele anwenden?
- Welche Kommunikationsmaßnahmen sind mit welcher Methode zu messen?
- Welche Messkriterien müssen Sie dabei einsetzen?
- Beinhalten die zu überprüfenden Kommunikationsmaßnahmen Feedback-Möglichkeiten, die genutzt werden könnten? Wenn ja, welche?
- Was können Sie durch Beobachtung, was durch Beurteilung und was durch Befragung erfassen?
- Welche Fragen wollen Sie zu Inhalten, Struktur, Verständlichkeit und Visualisierung der Mitarbeiterzeitung stellen?
- Wie könnte eine Mitarbeiterbefragung aufgebaut sein? Welche Fragen wollen Sie den Mitarbeitern stellen?
- Nach welchen Kriterien wollen Sie die Daten auswerten?

Stellen Sie alle Messmethoden und die zugehörigen Messkriterien zusammen. Nutzen Sie dazu auch die Übersichten in Tabelle 4.10 „Typische

Kriterien für die Evaluation von Mitarbeiterzeitungen" und Tabelle 4.2 „Aspekte für die Analyse der internen Kommunikationskultur". Überlegen Sie, wie Sie die erhobenen Daten auswerten wollen – beispielsweise mit einem Noten- oder Punktesystem. Erarbeiten Sie auf dieser Grundlage die Beurteilungsbögen, Feedback-Formulare, Beobachtungsprotokolle und Fragebögen. Ein Beispiel für eine Leserbefragung finden Sie in Abb. 4.18, die Abb. 4.19 zeigt den Auszug aus einer Mitarbeiterbefragung.

3. Schritt: Legen Sie Zeitpunkt, Kosten und Verantwortliche für Ihre Evaluierungsmaßnahmen fest!
Jetzt stellen Sie alle ausgearbeiteten Messinstrumente mit Termin, Kosten und Verantwortlichen übersichtlich in einem Evaluierungsplan zusammen.

- Wann wollen Sie welche Messung vornehmen und in welchem Rhythmus?
- Bis wann müssen die Messinstrumente fertig ausgearbeitet sein?
- Bis wann sollen die Daten ausgewertet sein?
- Wann sollen die Ergebnisse vor wem präsentiert werden?
- Wer ist für die Erstellung der Messinstrumente, für die Durchführung der Evaluierung, für die Auswertung der Daten und für die Ergebnispräsentation verantwortlich?
- Was kosten die einzelnen Evaluierungsmaßnahmen und welche personellen Ressourcen benötigen Sie?

Gestalten Sie Ihren internen Evaluierungsplan nach dem Vorbild, das Sie in Aufgabe 1, Teil IV, in der Abb. 2.15 finden. Dabei werden die einzelnen Evaluierungsmaßnahmen auf einem Zeitstrahl angeordnet. In unserem Beispiel wird der Evaluierungsplan für interne Kommunikation in Abb. 4.20 dargestellt. Nun können Sie Ihre Erfolgskontrolle parallel zur Durchführung ihrer internen Kommunikationsmaßnahmen umsetzen. Bedenken Sie bei der Beurteilung Ihrer Arbeit aber auch Folgendes: Die meisten Mitarbeiter bewerten die interne Kommunikation ihres Unternehmens lediglich mit „Befriedigend" (Notendurchschnitt 3). Liegen Sie darüber, können Sie schon sehr zufrieden sein!

Abb. 4.18 Fragebogen für die Leserbefragung zum Mitarbeiter-Magazin der ASSCorp (Auszug). Um das Verbesserungspotential für das Mitarbeiter-Magazin der ASSCorp zu eruieren, soll eine Leserbefragung durchgeführt werden. Darin soll untersucht werden, wie sehr sich die Leser allgemein für bestimmte Themen interessieren und wie sie die erste Ausgabe des Magazins grundsätzlich beurteilen. In dieser ersten Leserbefragung wird besonderer Wert auf offene Fragen gelegt. So sollen vor allem die Vorschläge der Leser für gestalterische und redaktionelle Verbesserungen gesammelt werden. Der Fragebogen wird der ersten Ausgabe des Mitarbeiter-Magazins beigelegt. Im Magazin erscheint gleichzeitig ein Aufruf zur Teilnahme an der Befragung. Die Ergebnisse werden in einem Artikel der Folgeausgabe aufbereitet.

Leserbefragung für das Mitarbeiter-Magazin der ASSCorp (Auszug)

The European
Das Magazin für Mitarbeiter der ASSCorp Europe

Leserbefragung

Lieber Leser unseres Mitarbeiter-Magazins „The European"!

„The European" ist unser neues Mitarbeiter-Magazin, das Sie nun erstmals in Händen halten. Wir möchten Sie mit unserem Magazin über die wichtigen Vorgänge bei ASSCorp Europe auf dem Laufenden halten und Ihnen ein interessantes Themenspektrum aufbereiten. Um das Magazin noch besser auf Ihre Wünsche ausrichten zu können, benötigen wir Ihre Hilfe. Bitte füllen Sie diesen Fragebogen aus und senden Sie ihn an unsere Redaktion. Vielen Dank für Ihre Mithilfe!

Ihr Redaktionsteam

---

1 Wie stark interessieren Sie sich für die innerbetrieblichen Geschehnisse bei der ASSCorp Europe?

sehr stark	stark	nicht so sehr	nur wenig	ziemlich egal

---

2 Über welche der unten aufgelisteten Themen fühlen Sie sich gut oder weniger gut informiert?

	sehr gut	befriedigend	ausreichend	weniger gut	ungenügend
2.1. Unternehmensziele der ASSCorp					
2.2. Strategien und wichtige Entscheidungen					
2.3. Aktuelle Nachrichten					
2.4. Informationen, die ich für meine Arbeit brauche					
2.5. Tipps, wie ich noch effektiver arbeiten kann					
2.6. Informationen über die Arbeit anderer Abteilungen und Kollegen					
2.7. Informationen über Veranstaltungen, Schulungen, Meetings etc.					
2.8. Informationen über die Menschen bei uns					
2.9. Informationen über Markt, Produkte und Kunden					
2.10. Informationen darüber, für welche Werte die ASSCorp steht und welche Regeln für unsere Zusammenarbeit gelten.					

---

3 Wie stark interessieren Sie sich für das Magazin „The European"?

sehr interessiert	interessiert	durchschnittlich	weniger interessiert	gar nicht interessiert

---

4 Wie beurteilen Sie Gestaltung und Design des Magazins „The European"?

gefällt mir sehr gut	finde ich gut	finde ich durchschnittlich	gefällt mir weniger	gefällt mir gar nicht

4.1. Was würden Sie verbessern?

---

5 Wie beurteilen Sie die redaktionelle Aufbereitung der Themen, beispielsweise den Umfang und die Verständlichkeit der Texte?

finde ich sehr gut gemacht	finde ich ganz gut.	finde ich durchschnittlich	finde ich weniger gut	finde ich gar nicht gut.

5.1. Was würden Sie anders oder besser machen?

Abb. 4.18   (Fortsetzung)

Fragebogen für die Mitarbeiterbefragung der ASSCorp (Auszug)

ASS View
Die Mitarbeiterbefragung der ASSCorp Europe

Nr.	Frage	Stimme voll und ganz zu	Stimme eher zu	Bin unentschieden	Stimmer eher nicht zu	Stimme ganz und gar nicht zu
		5	4	3	2	1
1	Ich bin mit meiner Tätigkeit zufrieden.					
2	Ich kenne die Ziele meiner Tätigkeit genau.					
3	Ich finde meine Tätigkeit interessant und abwechslungsreich.					
4	Ich fühle mich motiviert, meine Arbeit so gut wie möglich zu machen.					
5	Ich kann meine Tätigkeit weitgehend selbstverantwortlich durchführen.					
6	Ich kann meine Kenntnisse und Fähigkeiten bei meiner Arbeit gut einsetzen.					
7	Ich erhalte alle notwendigen Informationen für meine Tätigkeit.					
8	Meine beruflichen Entwicklungsmöglichkeiten sind gut.					
9	Meine Arbeit wird anerkannt und geschätzt.					
10	Meine Kollegen helfen mir, wenn ich sie brauche.					
11	Mir ist klar, wie meine Tätigkeit zum Unternehmenserfolg beiträgt.					
12	Ich arbeite in einem effektiven, kompetenten Team.					
13	Ich fühle mich in meinem Team wohl.					
14	Mein Vorgesetzter ist kompetent.					
15	Mein Vorgesetzter führt regelmäßig Beurteilungsgespräche mit mir durch.					
16	Ich denke, dass meine Leistung von meinem Vorgesetzten angemessen beurteilt wird.					
17	Mein Vorgesetzter unterstützt mich dabei, meine Ziele zu erreichen.					
18	Mein Vorgesetzter ist für meine Anregungen, Vorschläge und Ideen aufgeschlossen.					
19	Mein Vorgesetzter kommuniziert effektiv.					
20	Ich vertraue meinem Vorgesetzten.					
21	Ich kenne und verstehe die Ziele der ASSCorp Europe.					
22	Ich verstehe die Vorgehensweise, wie die ASSCorp Europe ihre Ziele erreichen will.					
23	Alle Abteilungen arbeiten gut zusammen, um unsere Ziele zu erreichen.					
24	Mein Team kooperiert gut mit den anderen Bereichen.					
25	Die ASSCorp informiert ihre Mitarbeiter gut über alle Themen, die sie betreffen.					
26	Ich denke, die Mitarbeiterkommunikation der ASSCorp ist glaubwürdig.					
27	Die ASSCorp schafft ausreichend Möglichkeiten, dass ich meine Kollegen persönlich kennen lernen kann.					
28	Es macht Spaß, hier zu arbeiten.					
29	Die ASSCorp schafft ein Arbeitsumfeld, in dem unsere persönlichen und kulturellen Unterschiede geschätzt werden.					
30	Die Bedürfnisse unserer Kunden sind mir völlig klar.					
31	In meinem Team orientieren wir uns ausschließlich an den Bedürfnissen unserer Kunden.					

Abb. 4.19   (Fortsetzung)

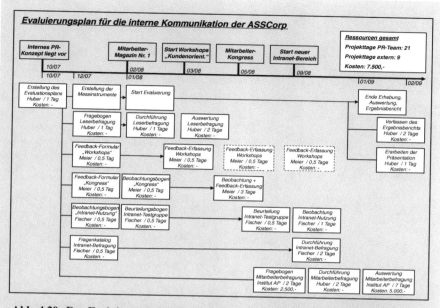

Abb. 4.20 Der Evaluierungsplan für die interne Kommunikation der ASSCorp. Der Evaluierungsplan der ASSCorp umfasst – neben einer breit angelegten Mitarbeiterbefragung – hauptsächlich Instrumente für die Wirkungskontrolle einzelner Maßnahmen der internen Kommunikation. Das Mitarbeiter-Magazin soll mit einer Leserbefragung kontrolliert werden. Die interdisziplinären Workshops zur Kundenorientierung werden mithilfe von Feedback-Formularen durch die Teilnehmer beurteilt. Der Mitarbeiterkongress wird zum einen aufmerksam beobachtet, zum anderen ebenfalls durch die Teilnehmer selbst bewertet. Zur Einführung des neuen Intranet-Bereichs werden drei Evaluierungsinstrumente kombiniert: Ein Anwendertest vor dem Start, eine Nutzer-Online-Befragung nach dem Start und die Beobachtung der Nutzer-Zugriffe. Insgesamt werden hauptsächlich die Mitarbeiter des Kommunikationsteams mit Aufgaben der Evaluierung betreut sein. Externe Experten unterstützen das Team an 9 Tagen und kosten 7.500,- EUR Honorar.

◀───

Abb. 4.19 Fragebogen für die Mitarbeiterbefragung der ASSCorp (Auszug). Die ASSCorp führt alle zwei Jahre eine Mitarbeiterbefragung durch. Darin sollen die Einstellung der Mitarbeiter zu ihrer Tätigkeit und zum Unternehmen allgemein, das Verhältnis zu Vorgesetzten, die Zusammenarbeit im Team und mit anderen Bereichen, sowie Informationsstand und –bedarf zu Kernthemen kontrolliert werden. Veränderungen in diesen Bereichen sollen die Wirkung der internen Kommunikationsmaßnahmen insgesamt dokumentieren. Der Fragebogen, von dem nebenstehend nur ein Auszug zu sehen ist, wurde von einem Forschungsinstitut ausgearbeitet und wird mit einem persönlichen Schreiben des Europa-Vorstandes per Post an alle Mitarbeiter gesandt. Auch die Auswertung der Daten erfolgt durch die externen Experten. Die ganze Aktion wird durch Artikel im Mitarbeiter-Magazin begleitet. Dort werden die Kernergebnisse interpretiert und kommentiert. Die Detailergebnisse werden im Intranet unter „aktuelle Nachrichten" für alle Mitarbeiter einsehbar.

Kapitel 5
Standort-PR

In diesem Kapitel werden Sie einen kleinen Einblick in das Dialogfeld „Standort-PR" erhalten. Bei der Standort-PR geht es darum, die Beziehung zu Dialoggruppen aus dem unmittelbaren lokalen Umfeld Ihrer Organisation positiv zu gestalten. Sie werden einen Überblick über die wichtigsten PR-Aufgaben, Bezugsgruppen, Themen und Instrumente der Standort-PR erhalten. Am Ende dieses Kapitels werden Sie erfahren, wie Sie Sponsoring-Projekte für Ihre strategischen Ziele in diesem Dialogfeld der PR einsetzen können.

Gerade am Unternehmens- oder Produktionsstandort steht Ihre Organisation in einem sehr engen, von gegenseitigen Interessen geprägten Beziehungsgeflecht. Die Infrastruktur am Unternehmensstandort, aber auch die Gebühren- und Abgabenpolitik und das bildungspolitische Umfeld werden maßgeblich von den Entscheidungsträgern aus Politik und Verwaltung in Ihrer Region beeinflusst. In Ihrer direkten Nachbarschaft leben diejenigen Menschen, auf die Ihr Betrieb die größten Auswirkungen hat: Die Anwohner leiden am meisten unter Lärm- und Verkehrsbelastungen, aber auch unter Sicherheitsrisiken. An Ihrem Standort leben die meisten Ihrer Mitarbeiter mit ihren Familien, kaufen ein und verbringen ihre Freizeit. In den nahe liegenden Schulen und Universitäten werden gerade Ihre zukünftigen Mitarbeiter ausgebildet. Und viele weitere Familien und Geschäfte am Ort sind indirekt davon abhängig, dass es Ihrem Unternehmen wirtschaftlich gut geht und Sie möglichst viele Arbeits- und Ausbildungsplätze schaffen können. Ganz zu schweigen von der Stadtkasse, die durch Ihre Steuern gefüllt wird.

Das macht deutlich: Gerade am Unternehmensstandort besteht für Sie ein großes Interesse und auch eine Pflicht, mit den richtigen Personen den Kontakt herzustellen und den Dialog zu pflegen. Gute Öffentlichkeitsarbeit schafft eine enge Verbundenheit zwischen dem Unternehmen und den Dialoggruppen am Standort. Gerade wenn das ethisch-moralische Verhalten von Unternehmen ebenso in der öffentlichen Diskussion steht, wie ihr wirtschaftlicher Erfolg, tut jede Organisation gut daran, sich wie ein verantwortungsvoller „Bürger" zu verhalten und ihr Image entsprechend aufzubauen. Wo könnte man ein solches Verhalten glaubwürdiger demonstrieren – und beurteilen! – als in nächster Nähe?

S. Grupe, *Public Relations*, DOI 10.1007/978-3-642-17827-6_5,
© Springer-Verlag Berlin Heidelberg 2011

5.1 Wichtige Aufgaben und Bezugsgruppen am Standort

Die Aufgaben der Standort-PR und die Bezugsgruppen am Standort sind vielfältig. Welche Schwerpunkte Sie dabei setzen wollen, hängt von Ihrer PR-Strategie und von den individuellen Voraussetzungen in Ihrem Fall ab. Ein Blick auf das typische Interessengeflecht am Unternehmensstandort kann Ihnen Hinweise geben, wo Sie mit Ihrer Arbeit ansetzen können.

Für einen reibungslosen Geschäftsbetrieb sorgen und Unterstützung für Unternehmensziele sichern

Zum Interesse des Unternehmens zählt es, seinen Betrieb aufrechtzuerhalten und möglichst wenig bei der Ausübung seiner Geschäftätigkeit behindert zu werden. Oder im Idealfall: möglichst optimale Unterstützung für seine Ziele zu erhalten. Es braucht gut qualifizierte und motivierte Arbeitskräfte, einen guten Zugang zu Rohstoffen, eine gute Anbindung an Lieferanten, eine Infrastruktur, die den günstigen Transport von Personen und Gütern gewährleistet, eine zuverlässige Energieversorgung, vorteilhafte Rahmenbedingungen für eine umweltschonende Produktion und Entsorgung, eine geringe Kostenbelastung durch Steuern und Abgaben und schnelle Entscheidungen von Verwaltung und Politik, die für das Unternehmen günstig sind. Hierzu benötigt das Unternehmen ein wohlwollendes Umfeld, in dem es als wichtiger Arbeitgeber und verantwortungsvoller Mitstreiter im Gemeinwesen wahrgenommen wird. Es braucht die Akzeptanz, das Verständnis und das Vertrauen seines Umfeldes. Die Mitarbeiter sollten sich nicht nur mit ihrem Unternehmen, sondern auch mit ihrem Standort identifizieren und sich dort wohl fühlen. Die Meinungsbildner am Ort müssen die Ziele des Unternehmens und seine Standpunkte akzeptieren und als legitim betrachten. Die Anwohner müssen Verständnis für eventuelle, unvermeidbare Belastungen oder unternehmerische Maßnahmen zeigen. Die Bürger einer Gemeinde müssen das Vertrauen besitzen, dass sich das Unternehmen auch in Krisenzeiten als verlässlicher Partner erweist.

Sich als verantwortungsvoller „Bürger" der Gemeinschaft beweisen

Im Gegenzug dazu erwarten die Dialoggruppen am Ort nicht weniger, als dass sich das Unternehmen als guter „Bürger" sozial, ökologisch und wirtschaftlich verantwortlich für seine Umgebung zeigt. In diesem Zusammenhang wird auch von „Corporate Social Responsibility" (CSR) gesprochen. Dieser Begriff beschreibt die unternehmerische Verantwortung, das Handeln nicht nur nach wirtschaftlichen, sondern auch nach sozialen und ökologischen Aspekten strategisch auszurichten, um nachhaltige Werte zu schaffen. CSR ist damit zwar keine auf den Standort beschränkte Forderung. Sie wird aber gerade am Standort besonders nah erlebbar und überprüfbar. Somit ist der Standort die Keimzelle, in der sich CSR entwickelt und auch als erstes eingefordert wird, bevor sich das Unternehmen auf nationalem oder internationalem Terrain beweist. Auch hier gilt der Grundsatz: „Public Relations begin at home!"

Im diesem Sinne erwartet eine Gemeinde heute von einem Unternehmen, dass es sich umweltgerecht verhält, gute Arbeitsbedingungen schafft, in den Standort investiert und im Rahmen seiner Möglichkeiten zu den Einnahmen der Stadt, aber auch zur sozialen, ökologischen und kulturellen Stadtentwicklung beiträgt. Die Bürger und potentiellen Mitarbeiter am Standort sind daran interessiert, ein breites Spektrum an Ausbildungs- und Arbeitsplätzen vorzufinden, gute Sozialleistungen und Aufstiegsmöglichkeiten. Die Arbeitsplätze sollen zur Konsum- und Wirtschaftskraft der Region beitragen. Sie wollen über die Tätigkeiten, Ziele und Vorhaben des Unternehmens offen informiert und keinen Risiken ausgesetzt werden. Darüber hinaus erwarten sie, dass ihre Anregungen, ihre Kritik und ihre Ängste ernst genommen und beim unternehmerischen Handeln berücksichtigt werden.

Standpunkte klären und ein Kontaktnetzwerk aufbauen

Die Kommunikationsarbeit muss diesen Interessen nachkommen und einen Dialog pflegen, der das Unternehmen als wichtigen Teil der Gesellschaft positioniert und ein enges lokales Kontaktnetzwerk etabliert. Die Standort-PR muss dafür sorgen, dass mögliche Konflikte mit der Nachbarschaft oder der Gemeinde offen diskutiert und rechtzeitig ausgeräumt werden.

Um diese Kommunikationsaufgaben zu erfüllen, können Sie mit den folgenden Dialoggruppen am Standort den Kontakt aufnehmen (siehe Tab. 5.1):

Tabelle 5.1 Bezugsgruppen der Standort-PR

Politik und Verwaltung
- Bürgermeister
- Landrat
- Gemeinderatsmitglieder
- Behördenleiter
- Örtliche Landtags- oder Bundestags-Abgeordnete
- Verantwortliche für Stadtmarketing

Wirtschaft und Finanzen
- Gewerkschaftsfunktionäre
- Industrie- und Handelskammern
- Gewerbeverein / Wirtschaftsverbände
- Zulieferer am Ort
- Weiterverarbeitende Betriebe am Ort
- Kunden und Händler am Ort
- Dienstleister (z.B. Unternehmens-, Wirtschafts-, Steuer- und Kommunikations-Berater, Rechtsanwälte am Ort)
- Direktoren und Niederlassungsleiter der Banken vor Ort

Medien
- Journalisten und Redakteure der lokalen Medien
- Lokalzeitung
- Stadtmagazin
- Anzeigenblätter
- Heimatzeitungen
- Kirchenzeitung
- Lokalradio
- Regionales TV-Programm
- Online-Portale

Wissenschaft und Bildung
- Schuldirektoren und Lehrer
- Elternbeiräte
- Universitätsleitung, Professoren, Dozenten
- Schüler und Studenten
- Leiter von wissenschaftlichen Instituten oder Forschungsstellen

Nachbarschaft und Bürger
- Familie und Freunde der Mitarbeiter
- Anwohner
- Interessierte Bürger
- Vorstände von Verbänden und Vereinen im Bereich Sport, Soziales und Kultur
- Kirchengemeindevorsteher
- Leiter/Mitglieder von Bürgerinitiativen

Wie immer in der Öffentlichkeitsarbeit gilt auch für den Umgang mit diesen Dialoggruppen: Reden Sie miteinander, seien Sie ehrlich und offen, zeigen Sie Bereitschaft, auf die Argumente der Gesprächspartner einzugehen und versuchen Sie, einen Interessenausgleich herzustellen!

5.2 Typische Themen der Standort-PR

In Abhängigkeit vom oben beschriebenen Interessengeflecht werden in der Standort-PR verschiedene typische Themenfelder angesprochen:

Corporate Identity: Ziele, Tätigkeit und Interesse der Organisation

Eine vorrangige Aufgabe ist es, Ihre Organisation für die lokalen Dialoggruppen begreifbar und verstehbar zu machen. Das bedeutet, dass Sie Ihre Organisation erklären müssen: Wer sind Sie? Was machen Sie? Welche Motive treiben Sie an? Welche Ziele, Vorstellungen, Werte und Notwendigkeiten prägen Ihre unternehmerische Tätigkeit? Dabei könnten Sie auch darstellen, welche Bedeutung Ihr Unternehmen innerhalb der Branche hat und wie Ihre Produkte oder Services im nationalen oder internationalen Vergleich einzuordnen sind. Denn jede Stadt ist stolz darauf, wenn sie ein national oder international führendes Unternehmen beherbergt. Zudem spielt die Tradition Ihres Unternehmens am Standort eine große Rolle: Wie lange ist Ihre Organisation bereits ein wichtiger Teil der Gemeinde? Wurde es unter Umständen von einem einheimischen Unternehmer gegründet? In der wievielten Generation wird es geführt? Wie hat sich Ihr Unternehmen in dieser Zeit entwickelt? Hat es entscheidend zur Stadtentwicklung beigetragen? In diesem Zusammenhang sind vor allem Firmenjubiläen wichtige Ereignisse für den Standort, die Sie zur Kommunikation nutzen sollten.

Vorteile für den Standort

Ein weiterer Themenkreis beschäftigt sich mit den Vorteilen, die Ihre Organisation für den Standort bringt. Sprechen Sie darüber, wie viele Arbeitsplätze Ihr Unternehmen schafft, dass Sie gute Arbeitsbedingungen bieten, dass Sie sich für die Ausbildung junger Nachwuchskräfte engagieren. Erklären Sie, wie Ihr Unternehmen in seinem Handeln den Umweltschutz und das Sicherheitsbedürfnis der Nachbarn berücksichtigt. Beziehen Sie Ihr Umfeld in Ihre Zukunftsplanung mit ein. Weisen Sie auf die Steuereinnahmen der Stadt durch Ihre Geschäftstätigkeit hin. Und zeigen Sie auf, wie Ihr Unternehmen Soziales, Sport oder Kultur am Ort fördert.

Anregungen, Ängste und Kritik der Anwohner

Darüber hinaus sollten Sie die Anregungen, Erwartungen, Wünsche, Ängste und Kritik Ihrer Dialogpartner ernst nehmen und in der Kommunikation aufgreifen. Sprechen Sie mögliche Konflikte rechtzeitig an und überzeugen Sie die maßgeblichen Personenkreise in einem konstruktiven, offenen Dialog. Haben Ihre Nachbarn Bedenken, weil die Zubringerstraße zu Ihrem Werk ausgebaut werden soll? Wissen alle Nachbarn, dass die Emissionen aus Ihren Schloten streng kontrolliert werden und völlig unbedenklich sind? Sind die Anwohner in der Lage, die Vor- und

Nachteile des neuen Hochlagers für den Standort richtig einzuschätzen? Dies sind nur einige Beispiele für eine Vielzahl an möglichen Themen, die sich aus den Interessen Ihrer Dialoggruppen ergeben und denen Sie unbedingt nachgehen sollten.

Öffentlich relevante Diskussionsthemen

Grundsätzlich sind in der Standort-PR alle Themen denkbar, die auch in der öffentlichen Diskussion relevant sind. Denn jedes Unternehmen oder jede Produktionsstätte ist ein Mikrokosmos, der die Gesellschaft widerspiegelt. Ob Lohnpolitik, Frauenförderung, Integration von Ausländern, Umweltthemen oder allgemeine wirtschaftliche Entwicklungen – Sie werden in der Standort-PR gefordert sein, den Standpunkt Ihres Unternehmens zu vermitteln und das Handeln Ihres Unternehmens in diesen Bereichen gegenüber den Dialoggruppen am Standort zu legitimieren.

5.3 Typische Instrumente der Standort-PR

Wie in den anderen Dialogfeldern der PR gibt es auch für die Standort-PR eine Fülle an Instrumenten, die geeignet sind, einen zielgerichteten Dialog zu führen und aus denen Sie Ihr individuelles Maßnahmen-Bündel zusammenstellen können. Die Tabelle 5.2 zeigt die wichtigsten Instrumente im Überblick.

Im Folgenden werden die Basis-Instrumente der Standort-PR kurz vorgestellt.

Umwelt-, Sozial- und Nachhaltigkeitsberichte

Bei größeren Produktionsbetrieben sind es die Umwelt-, Sozial- oder Nachhaltigkeitsberichte, die – eigentlich für das Dialogfeld Investor Relations produziert – auch für die Kommunikation im lokalen Umfeld an Bedeutung zunehmen. In

Tabelle 5.2 Instrumente für die Standort-PR (Auswahl)

Schriftliche Instrumente	Persönliche Kommunikation und Veranstaltungen
• Flugblätter	• Tag der offenen Tür
• Broschüren	• Werksführungen/Betriebsbesichtigungen
• Nachbarschaftsbriefe	• Feierlichkeiten zum Firmenjubiläum
• Nachbarschaftszeitung	• Round Table mit Meinungsbildnern
• Umweltbericht	• Podiumsdiskussionen
• Sozialbericht	• Straßenfeste
• Nachhaltigkeitsbericht	• Bürger-Informationsveranstaltungen
Aktionen und Sonstiges	**Lokale Pressearbeit**
• Sponsoring und Spenden	• Presseinformationen
• Anwohner-Befragungen durchführen	• Pressegespräche
• Bürger-Beiräte bilden	• Einladung zur Firmenbesichtigung, Tag der
• Interessengemeinschaften mit anderen Gewerbetreibenden bilden	offenen Tür, Jubiläumsfeier (mit VIP-Betreuung)
• Websites mit lokalen Themen in Ihre eigene Homepage oder Ihren Unternehmens-Link auf andere lokale Websites integrieren	• Journalisten-Stammtisch
	• Angebot von Werksreportagen

diesen Veröffentlichungen wird der Wertschöpfungsprozess eines Unternehmens mit seinen umweltrelevanten Folgen durchleuchtet, das soziale Engagement des Unternehmens für Mitarbeiter und Gesellschaft dargestellt oder insgesamt alle unternehmerischen Maßnahmen für einen nachhaltigen Geschäftserfolg umfassend erklärt. Solche Berichte sind entweder in den Geschäftsbericht integriert oder ergänzen diesen in regelmäßigen Abständen.

Nachbarschaftszeitung

Um eine Nachbarschaftszeitung herauszugeben, können Sie sich an der Vorgehensweise orientieren, die Sie im Abschn. 4.8. „Die Mitarbeiterzeitung (...)" kennengelernt haben. Überdenken Sie jedoch Ihr Themenspektrum im Hinblick auf Ihre Zielsetzung und die Interessen des veränderten Empfängerkreises. Dieser kann von Mitarbeitern, deren Familien, über Ihre Nachbarn bis hin zu lokalen Politikern und Behördenleitern reichen. Auch können Sie darüber nachdenken, ob Sie Anzeigen in Ihrer Nachbarschaftszeitung zulassen und wenn ja, welche Branchen Sie akzeptieren oder ausschließen wollen. Je nachdem, welches Budget Sie zur Verfügung haben, kann die Umsetzung Ihrer Zeitung einfacher oder aufwändiger ausfallen. Wenn Sie nicht die Ressourcen haben, eine regelmäßige Veröffentlichung umzusetzen, kann auch ein anlassbezogener Nachbarschaftsbrief als Briefkasten-Einwurf der angemessene Kommunikationsweg für Sie sein.

Betriebsbesichtigungen

Bei Betriebsbesichtigungen ist eine kompetente Führung entscheidend. Zeigen Sie nur die wichtigsten, interessantesten Teilbereiche Ihres Unternehmens und achten Sie darauf, dass auch die besuchten Mitarbeiter fachkundige Ausführungen über ihren Arbeitsplatz oder ihre Tätigkeiten machen können. Dass Sie auf die Sicherheit Ihrer Besucher achten und entsprechende Schutzkleidung oder –Brillen bereithalten, ist selbstverständlich. Im Anschluss sollten Sie eine Fragerunde veranstalten und einen kleinen Imbiss oder Kaffee und Kuchen bieten – wenn möglich in der eigenen Kantine. Zum Einstieg eignet sich ein Unternehmensfilm oder eine kleine Präsentation.

Effizienz-Steigerung durch Kooperationen am Ort

Wie immer in der Öffentlichkeitsarbeit gilt: Wenn Sie Ihre Aktionen durch geeignete Partnerschaften wirkungsvoller und kostengünstiger gestalten können, sollten Sie eine Kooperation prüfen. Gelegenheiten für ein gemeinschaftliches Vorgehen bieten vor allem örtliche Gewerbevereine oder andere Interessenverbände der Wirtschaft vor Ort. Zu diesen sollten Sie einen guten Kontakt pflegen und bei Bedarf geeignete Aktionen vorschlagen. Viele Straßenfeste, aber auch Bürger-Befragungen und Gesprächsrunden mit Meinungsbildnern werden auf diese Weise effizienter umsetzbar.

Persönliche Beziehungspflege zu Lokalredakteuren

Für die lokale Zusammenarbeit mit den Medien gilt: Nichts geht über den persönlichen Kontakt zu Journalisten. Sie sollten den Lokalreporter möglichst zu allen Aktivitäten im Bereich der Standort-PR einladen und besonders persönlich betreuen. Der Lokalreporter möchte einen persönlichen Eindruck der Sachlage vor Ort und einen Blick hinter die Kulissen. Er möchte die Menschen hinter den Firmenmauern kennen lernen, allen voran natürlich den Chef. Menschen sind für ihn oder sie die eigentlichen Nachrichten. Denn gerade im lokalen Umfeld besteht eine große Neugier am Nachbarn – nicht nur die Leser der Lokalzeitung, sondern auch der Journalist selbst zählt zu dieser Gruppe. Mit großer Wahrscheinlichkeit ist er kein Spezialist für Ihre Themen. Umso wichtiger ist es, dass Sie sich die Zeit nehmen, ihm oder ihr im Gespräch das wichtigste Hintergrundwissen in Kürze zu vermitteln. Kompakte schriftliche Unterlagen ergänzen das Gespräch und helfen, sachliche Fehler in der Berichterstattung zu vermeiden.

Und noch ein Tipp für wirkungsvolle Standort-PR: Lassen Sie Ihre Dialoggruppen möglichst nah an sich heran! Nutzen Sie – wo immer möglich – ihre eigenen Räumlichkeiten: Die Diskussion mit Meinungsbildnern findet in Ihrem Konferenzraum statt. Der Empfang anlässlich Ihres Firmenjubiläums könnte vielleicht in Ihrem Foyer, das Bürgerfest in einer alten Werkshalle organisiert werden. Die Ausstellung des von Ihnen geförderten Künstlers wird in Ihren Geschäftsräumen aufgebaut. Lassen Sie Ihre Besucher die spezielle Atmosphäre in Ihrem Haus schnuppern und einen ganz persönlichen Eindruck von Ihrer Firmenpersönlichkeit bekommen!

5.3.1 Tag der offenen Tür: Der Blick hinter die Kulissen

Der Tag der offenen Tür ist der Klassiker unter den PR-Instrumenten für die lokale Kommunikation. Er bietet die optimale Gelegenheit, um der lokalen Öffentlichkeit die speziellen Leistungen, Produkte oder Entwicklungen Ihres Unternehmens – und natürlich die besonderen Menschen bei Ihnen – zu präsentieren. Geeignete Anlässe für einen Tag der offenen Tür bieten vor allem Jubiläen und Jahrestage. Aber auch eine neue Fabrikhalle, ein Erweiterungsbau oder eine Renovierung, eine neue Maschine oder ein neues Produktionsverfahren und eine besondere Auszeichnung sind ein Anlass zum gemeinsamen Feiern. Darüber hinaus können Ereignisse im öffentlichen Terminkalender, die thematisch zu Ihrem Unternehmen passen, der Grund für eine solche Veranstaltung sein. Am Tag der Literatur öffnet ein Verlag seine Pforten, beim Quellenfest der Stadt zeigen sich die Mineralbrunnen von ihrer besten Seite, den politischen Bildungsgipfel nutzen Universitäten oder Schulen für einen tieferen Einblick in Ihren Alltag.

Bei der Planung und Umsetzung eines Tags der offenen Tür sind drei Dinge von zentraler Bedeutung: Sie brauchen ein unverwechselbares, nicht alltägliches Programm, das Ihre Botschaften kommuniziert. Sie müssen diesen Event perfekt organisieren. Und Sie müssen Ihren Tag der offenen Tür so bewerben, dass die von Ihnen identifizierten Wunsch-Gäste auch tatsächlich kommen.

Das Programm

Im Rahmen eines Tags der offenen Tür können ganz unterschiedliche Programme organisiert werden. Je nachdem welche Stimmung Sie erzielen, welche Gäste Sie empfangen und welche Inhalte Sie kommunizieren möchten, sind beispielsweise die folgenden Programmpunkte denkbar:

- Filmvorführung
- Betriebsbesichtigung
- Besichtigungs-Parcour bzw. Besucher-Route durch das Unternehmen mit einzelnen Stationen
- Ralley oder Schnitzeljagd
- Informations-Stände
- Ausstellungen
- Vorträge
- Podiumsdiskussionen mit Politikern, Umweltexperten oder Wissenschaftlern
- Interview mit prominenten Kunden
- Produkt- oder Maschinenvorführungen
- Experimentier- oder Kreativ-Ecken
- Geschicklichkeits-Wettbewerbe, z.B. Roller-Rennen oder Jonglier-Aufgaben
- Lesung
- Theateraufführung oder Kabarett
- Filmvorführung
- Preisausschreiben oder Gewinnspiele
- Live-Musik
- Karaoke
- Clowns und Zauberer
- Kinder-Schminkschule
- Kinder-Spielplatz mit Hüpfburg, Karussell und Catcar-Bahn
- Biergarten oder andere gemütliche Sitzecken
- Kulinarische Verpflegung vom Eis-, Crepe- oder Zuckerwatte-Stand bis hin zu Currywurst mit Fassbier oder Ochs am Spieß;

Denken Sie bei der Zusammenstellung Ihres individuellen Programms daran, wen Sie einladen wollen und welche Erwartungen und Interessen Ihre unterschiedlichen Gäste haben. Zu einem Tag der offenen Tür werden üblicherweise einige oder alle der folgenden Dialoggruppen eingeladen: Mitarbeiter und deren Familien; Entscheidungsträger aus Politik, Verwaltung und befreundeten Unternehmen am Ort; Journalisten der lokalen Medien und eventuell auch der Fachmedien; Vereinsvorstände; Schul- oder Universitätsleitung; Künstler; Lieferanten, Händler und wichtige Kunden am Ort; Berater, Dienstleister des Unternehmens und leitende Angestellte der Hausbank. Für die VIPs aus diesen Personengruppen sollten Sie einen eigenen, abgegrenzten Bereich und eine entsprechende Sonderbetreuung mit exklusiven Führungen und Gesprächen mit dem Chef vorsehen. Denken Sie auch an geeignetes Informationsmaterial für die einzelnen Dialoggruppen, beispielsweise eine Pressemappe für die Journalisten, einen Sozialbericht für Repräsentanten der Stadt oder ein Faltblatt über Ausbildungsmöglichkeiten in Ihrem Unternehmen für jugendliche Besucher. Und klären Sie, ob Sie Ihren Gästen zur Erinnerung ein kleines Gastgeschenk überreichen können.

Werbung für Ihren Tag der offenen Tür

Darüber hinaus ist es wichtig, sich rechtzeitig Gedanken darüber zu machen, wie Sie Ihre Dialoggruppen am besten mit Ihrer Einladung zum Tag der offen Tür erreichen. Wollen Sie Anzeigen in der Lokalzeitung oder Plakate schalten? Wollen Sie Flugblätter verteilen oder eine Postwurfsendung an Ihre Nachbarn machen? Wen müssen Sie mit einem persönlichen Einladungsschreiben ansprechen? Informieren Sie die Journalisten vorab mit einer Presseinformation? Laden Sie die Journalisten zu einem exklusiven Vorab-Gespräch in Ihr Unternehmen ein?

Organisatorische Vorbereitungen für den Besucheransturm

Außerordentlich wichtig ist es, für den Besucheransturm gerüstet zu sein und alle Sicherheitsauflagen für Veranstaltungen Ihrer Größenordnung zu erfüllen. Überlegen Sie beispielsweise, wie die Besucher zu Ihrer Firma kommen, wo sie parken, wie sie den Weg finden, ob genügend Toiletten vorhanden sind, ob Sie Sicherheitspersonal benötigen, welche polizeilichen Auflagen Sie erfüllen müssen und wie Sie die Abfallentsorgung und Reinigung organisieren. Es gibt viele Dinge, an die Sie bei der Organisation denken müssen. Zur Planung, Organisation und Umsetzung sollten Sie einen Arbeitskreis oder einen Mitarbeiter-Beirat initiieren. Alle Aufgaben müssen verteilt und ein ausführlicher Projektplan erstellt werden, dem die notwendigen Arbeitsschritte, Verantwortlichkeiten und Termine zu entnehmen sind. Die nachfolgende Checkliste in Tabelle 5.3 bietet Ihnen eine erste Orientierung, an was Sie bei der Organisation Ihres Tags der offenen Tür denken sollten.

Tabelle 5.3 Checkliste für Ihren Tag der offenen Tür

Konzeptionelle Phase

- Ziele der Veranstaltung festlegen: z.B. Steigerung des Bekanntheitsgrads, Verbesserung/Stärkung des Firmenimages, Motivation der Mitarbeiter, Erhöhung der Kundenbindung
- Lokale/regionale Dialoggruppen festlegen: Anwohner, Mitbürger, Geschäftspartner, Mitarbeiter und Familien, Kunden, Honoratioren der Gemeinde, im Ort ansässige Landes- und Bundespolitiker, Vereinsvorsitzende, Lieferanten, Händler, Journalisten, Künstler etc.
- Erwartete Anzahl der Besucher festlegen
- Terminfenster festlegen, mit ggf. konkurrierenden Terminen koordinieren

- Wichtige Programmpunkte festlegen: z.B. Besichtigungen, Live-Musik, Wettbewerbe, Vorträge, Filme, Bewirtung etc.
- Auflagen für Sicherheitsmaßnahmen klären, Sicherheitsbeauftragten festlegen
- Kostenrahmen definieren
- Zeitaufwand für Mitarbeiter kalkulieren
- Ggf. Entscheidung über externe PR-Agentur treffen
- Projektteam zusammenstellen, Projektplanung machen

Detailplanung

- Termine und Meilensteine festlegen; Projektplan mit Checklisten und Controlling-Instrumenten erstellen
- Räume und Locations auswählen und vorbereiten: ggf. Festzelt beauftragen, Toiletten, Garderoben, Event-Zonen, VIP-Areale, Kinderbetreuungszonen, Verpflegungs-Stationen, Besichtigungsstationen etc.

- Programmpunkte detailliert planen und organisieren: z.B. Besichtigungsstationen festlegen, Wettbewerbe/Gewinnspiele ausgestalten, Künstlerprogramm und notwendige Technik festlegen, ggf. Künstlergarderoben einrichten, Reden, Vorträge, Präsentationen, Ausstellungen, Filmvorführungen organisieren, Programm für Kinder und Familien festlegen etc.

Tabelle 5.3   (Fortsetzung)

- Beschaffenheit und Infrastruktur der Räume festlegen und sicherstellen: z.b. Bestuhlung, Beschallung, Heizung/Lüftung, technische Geräte, Beleuchtung/Verdunkelung etc.
- Einladungen vorbereiten, Gäste-Listen erstellen, Versand organisieren, persönliche Einladungen mit Anfahrtsskizzen, Parkgenehmigung etc., Handzettel verteilen, Plakate/Anzeigen schalten, Presseankündigung schreiben, Postwurfsendungen umsetzen etc., dabei gewünschte Besucherzahl beachten
- Anfahrt zum Event planen und organisieren: z.b. ÖPNV, Parkplätze, Anfahrtsskizzen, Beschilderung
- Fahrdienste, Parkplätze, Garderobe, Toiletten, Reinigungsdienste organisieren
- Beschilderungen: Hinweis- und Anfahrtsschilder, ggf. Platzkarten, Ausschilderung von Garderobe, Toiletten, VIP- und Presseräumen, Info- und Treffpunkten, Hinweise auf Besichtigungen und Programmpunkte, Ein- und Ausgänge, Namensschilder, Hilfsdienst-Erkennung (T-Shirts? Buttons?) etc.
- Informationsmaterial bereitstellen: Plakate, Broschüren, Faltblätter, evtl. Gastgeschenke, Programme, Menükarten, Preislisten für Speisen und Getränke etc.
- Reden und Vorträge ausarbeiten und proben
- Erfolgskontrolle festlegen und vorbereiten: z.B. Besucherbefragung, Kriterien der Erfolgsmessung und deren Erfassung festlegen
- Journalisten einladen und Pressematerial vorbereiten: Einladung, Pressegespräch, Presseraum, Pressemappe, Bildmaterial, Begrüßung und Betreuung festlegen, ggf. Sonderführungen einrichten, Chef-Interviews organisieren etc.

Ablauf
- Test und Überprüfung von Aufbau, Technik und Sicherheitsmaßnahmen
- Öffnung des Firmenareals bzw. der Räume
- Individuelle Begrüßung der Gäste und VIPs
- Offizielle Begrüßung des Geschäftsführers/Vorstandsvorsitzenden
- Ankündigung von besonderen Programmpunkten

- Musik und sonstige Künstler buchen
- Verpflegung/Catering beauftragen und organisieren: z.b. Art der Verpflegung, Ort, Anlieferung, Versorgungsleitungen/Logistik, Entsorgungsmöglichkeiten, gemütliche Sitzgelegenheiten etc.
- Dokumentation sicherstellen: Fotograf, Videoaufnahmen beauftragen, evtl. Ausschnittdienst für Presseveröffentlichungen beauftragen
- Rückmeldungen der Gäste auswerten und Organisation anpassen: z.b. Begrüßung und (VIP-) Betreuung festlegen, Anzahl Sitzgelegenheiten verändern, mehr/weniger Führungen ansetzen etc.
- Alle Mitarbeiter informieren und vorbereiten
- Personal bzw. Helfer einweisen/schulen etc.
- Sicherheitsmaßnahmen planen und umsetzen: z.b. Absperrungen, Feuerwehr, Rotes Kreuz und Ersthelfer, medizinische Versorgung, Ordnungskräfte, Versicherungen etc.
- Schlecht-Wetter- und Notfall-Pläne erstellen: z.b. Kommunikationszentrale für Notfälle einrichten

- Offizielles Schlusswort
- Individuelle Verabschiedung von Gästen
- Abbau und Reinigung
- Dank bei allen Mitarbeitern und Helfern
- Erstes Feedback einholen: Mitarbeiter, Helfer

Tabelle 5.3 (Fortsetzung)

Nachbereitung	
• Nicht erschienene Presse informieren: Presseinformation mit Foto und Besucherdaten • Mitarbeiter informieren: Mitarbeiterzeitung-Bericht, Intranet-Bericht, Info am Schwarzen Brett etc. • Erfasste Kontakte in Dateien aufnehmen • Zugesagte Informationen versenden • Dankschreiben an besondere Gäste, Helfer, Künstler, Mitarbeiter etc.	• Auswertung des Erfolgs: Vergleich geplante/tatsächliche Gästezahl, Befragung der Besucher auswerten, Presseveröffentlichungen sichten etc. • Kostenaufstellung und -kontrolle • Dokumentation der Veranstaltung • Abschluss-Treffen mit allen Beteiligten: Feiern und Manöverkritik

Beim detaillierten Management Ihrer Veranstaltung hilft Ihnen auch der Beitrag im Abschn. 6.3.3 „Veranstaltungen und Events planen und organisieren". Dort finden Sie eine ausführliche Checkliste für Veranstaltungen jeglicher Art, der Sie weitere, eventuell für Ihre Veranstaltung relevante Punkte entnehmen können.

5.3.2 Das Firmenjubiläum

Oft wird ein Tag der offenen Tür auch anlässlich des Firmenjubiläums organisiert. Dann ist diese Veranstaltung nur Teil eines größeren Maßnahmen-Pakets, das einen Tag, einen Monat oder sogar ein ganzes Jahr mit Jubiläums-Höhepunkten umfasst. Auch wenn Firmenjubiläen durchaus auf nationaler oder internationaler Ebene gefeiert werden können, so sind sie doch häufig von lokalem oder regionalem Charakter geprägt. Denn die Feierlichkeiten werden vor allem im Stammhaus und an den wichtigsten Firmen-Niederlassungen begangen. Die einzelnen Maßnahmen eines Jubiläums, deren Umfang und Ausgestaltung sollten von der Größe Ihres Unternehmens und von Ihrer PR-Strategie abhängen. Zu diesem Anlass können Sie beispielsweise die folgenden Jubiläums-Maßnahmen ergreifen:

• Jubiläumsfest, -Gala oder –Party für verschiedene Dialoggruppen
• Empfang mit Ehrungen (z.B. Überreichung von Ehrennadeln, Auszeichnungen etc. an den Firmengründer)
• Tag der offen Tür
• (Wander-)Ausstellungen (z.B. von historischen Produkten oder thematisch passenden Kunstwerken etc.)
• Podiumsdiskussion, Vorträge, Präsentationen
• Festschriften / Jubiläumsbroschüre
• Sondereditionen von Kalendern, Spielen
• Jubiläums-Leitidee auf allen Drucksachen des Hauses
• Jubiläumsprodukte oder -preise, Jubiläumsverkäufe
• Unternehmensfilm oder -dokumentation

- Unternehmensbuch mit Historie
- Jubiläumskonzerte oder Theaterstücke
- Multimedia- oder Lichtshow, Feuerwerk
- Musik-, Show-, Bühnendarbietungen aller Art
- Besondere Spenden- oder Sponsoring-Aktionen
- Einrichtung einer Stiftung, eines Stipendiums oder eines Firmenmuseums
- Gewinnspiele, Wettbewerbe, Preisausschreiben, Ralleys

Sicherlich fallen Ihnen noch weitere Maßnahmen ein, die zu Ihrem Firmenjubiläum passen. Für Ihre Arbeit ist es wichtig, dass Sie auch begleitende Kommunikationsmaßnahmen rechtzeitig planen, beispielsweise die Pressearbeit zu den einzelnen Programmpunkten oder spezielle Drucksachen. Auch müssen Sie darauf achten, die Jubiläumsaktionen mit Ihrem bestehenden PR-Instrumentarium zu verknüpfen. Denken Sie beispielsweise an begleitende Artikel in Ihrer Kundenzeitschrift und in der Mitarbeiterzeitung. Oder an die Einrichtung einer Jubiläums-Website auf Ihrer Homepage. Müssen Sie für den besonders großen Kommunikationsaufwand, der im Jubiläumsjahr auf Sie zukommt, eine externe PR-Agentur in Anspruch nehmen?

Zur Vorbereitung eines Firmenjubiläums sollten Sie mindestens ein Jahr einplanen. Sie benötigen dazu ein eigenes Kommunikationskonzept mit einem abgestimmten Maßnahmen-, Zeit- und Budgetplan, sowie einen ausführlichen, detaillierten Projektplan. Bei der Organisation und Umsetzung von Veranstaltungen im Rahmen des Firmenjubiläums können Sie auf die Event-Checklisten in Abschn. 6.3.3 zurückgreifen.

5.3.3 Sponsoring und Spenden: Das Unternehmen als „guter Bürger"

Ein Baustein der Unternehmenskommunikation, der sich gerade für die Standort-PR sehr effizient als Instrument einsetzen lässt, ist Sponsoring. Oft können durch gezieltes Sponsoring gleich mehrere Aufgaben der Standort-PR wahrgenommen und ein exzellentes Kontaktnetzwerk zu Meinungsbildnern am Unternehmensstandort aufgebaut werden. Gerade als Spender oder Sponsor kann sich ein Unternehmen als verantwortungsvoller „Bürger" erweisen, der sich für das Gemeinwohl engagiert. Dabei ist Sponsoring ein Instrument, das regional, national und international eingesetzt wird. Häufig engagieren sich aber gerade Mittelständler aufgrund ihrer finanziellen Möglichkeiten und aufgrund ihrer besonderen Verbundenheit mit einem Ort oder einer Region für lokale Projekte.

Das Prinzip von Leistung und Gegenleistung

Eine Definition für Sponsoring lautet: „Unter Sponsoring wird üblicherweise die Gewährung von Geld oder geldwerten Vorteilen durch Unternehmen zur Förderung von Personen, Gruppen und/oder Organisationen in sportlichen, kulturellen, kirchlichen, wissenschaftlichen, sozialen, ökologischen oder ähnlich bedeutsamen gesellschaftspolitischen Bereichen verstanden, mit der regelmäßig auch eigene unternehmensbezogene Ziele der Werbung oder Öffentlichkeitsarbeit verfolgt werden."[1] Wichtig ist das Grundprinzip des Sponsoring: Der Leistung des Sponsors steht immer auch eine genau definierte Gegenleistung des Gesponserten gegenüber. Diese Leistungspakete werden vertraglich vereinbart. Der Sponsor fördert die Aktivitäten des Gesponserten, der dafür beispielsweise exklusive werbliche Nutzungsrechte einräumt oder den Sponsor durch andere Aktivitäten bei seiner Werbung, Marketing oder Öffentlichkeitsarbeit unterstützt.

Der Unterschied zwischen Spenden und Sponsoring

Hier unterscheidet sich das Sponsoring deutlich von der Spende. Die Spende ist eine freiwillige und unentgeltliche Leistung, bestehend aus Geld oder Sachleistung, die fließt, ohne dafür vom Empfänger eine Gegenleistung zu erwarten oder gar zu vereinbaren. Steuerlich werden daher Sponsoring-Leistungen und Spenden völlig anders behandelt. Während Spenden vom Unternehmen nur bis zu einer bestimmten Höchstgrenze steuerlich abzugsfähig sind, können Sponsoring-Aufwendungen, die Werbezwecken dienen, wie andere Betriebsausgaben in vollem Umfang von der Steuer abgesetzt werden. Bei der Ausgestaltung von Spenden oder Sponsoring-Projekten sollten Sie unbedingt einen Steuerberater hinzuziehen!

Der Sponsoring-Vertrag: Schriftlich vereinbarte Leistungspakete

Die Zuwendungen, die im Rahmen eines Sponsoringprojektes vereinbart werden, sind vielseitig: Neben Geldbeträgen können Sachleistungen, wie beispielsweise Fahrzeuge, Computer oder Sportausrüstungen gesponsert werden. Es kann Kleidung gestellt oder die Verpflegung auf einer Veranstaltung übernommen werden. Es können Mitarbeiter des Unternehmens freigestellt werden, um an einem Projekt unentgeltlich mitzuarbeiten oder um kostenlose Beratungsleistungen zu erbringen. Der Gesponserte kann Namen und Logo seines Geldgebers, beispielsweise auf Plakaten, Trikots, Fahrzeugen, Broschüren, Flaggen und anderen Werbematerialien, darstellen. Er kann aber auch dem Sponsor die werbliche Nutzung seines Logos gestatten. Der Gesponserte kann sich verpflichten, auf Veranstaltungen, Reden, bei Interviews und Pressekonferenzen auf den Sponsor und seine Produkte hinzuweisen. Er kann zulassen, dass der Sponsor sich im vereinbarten Umfang auf seinen Veranstaltungen darstellt, beispielsweise durch Informationsstände, VIP-Lounges oder Produktplatzierungen. Und er kann den Sponsor bei seiner Öffentlichkeitsarbeit unterstützen, wie in etwa exklusive Ausstellungsführungen oder Vorträge durchführen, Autogrammstunden organisieren, den Lehrplan nach den Bedürfnissen des Sponsors ergänzen oder thematisch passende Workshops durchführen. Beide Vertragspartner müssen sich also im Vorfeld genau überlegen, welche Leistungen sie in welchem Umfang dem jeweils anderen anbieten können und wollen. Dabei

---

[1] Diese Definition wurde dem Anwendungserlass zur Abgabenordnung, AEAO zu §64, Nr. 7 Satz 1, entnommen. Dieser Anwendungserlass beschäftigt sich mit der steuerlichen Behandlung von Sponsorengeldern.

gibt es sowohl exklusive Sponsoring-Konzepte, als auch offene Ansätze, in denen mehreren Sponsoren eines Projektes genau definierte Leistungspakete angeboten werden.

Damit keine Missverständnisse aufkommen, sollten Sie Ihre Sponsoring-Vereinbarungen immer schriftlich fixieren. In einem Sponsoring-Vertrag werden üblicherweise die folgenden wichtigen Details geregelt:

- Nennung von Sponsor, Gesponsertem;
- Beginn und Dauer des Sponsorings;
- Genaue Beschreibung der betroffenen Aktivitäten;
- Genaue Beschreibung der Leistungen des Sponsors (inkl. Ausmaß, Umfang, terminliche Aspekte etc.);
- Genaue Beschreibung der Leistungen des Gesponserten;
- Benennung von Verantwortlichen, Festlegung von Unterrichtungs- und Abstimmungsklauseln;
- Design-Richtlinien des gemeinsamen Auftritts;
- Ausfallentschädigung, Salvatorische Klausel;
- Ort, Datum, Unterschriften

Unabhängig davon sollten Sie sich beim Abschluss eines Sponsoring-Vertrags immer sowohl von einem spezialisierten Anwalt, als auch von einem Steuerberater beraten lassen!

Sponsoring-Ziele: Kontaktpflege und mehr

In Ihrer PR-Strategie können Sie Sponsoring für vielfältige Ziele einsetzen: Sie positionieren Ihr Unternehmen als verantwortungsbewusst und gesellschaftlich engagiert. Sie können mit Ihrem Engagement ein bestimmtes, angestrebtes Image fördern. Sie können eine höhere Bekanntheit bei Ihren Dialoggruppen erzielen. Sie können ein Sponsoringprojekt dazu nutzen, den Kontakt mit wichtigen Meinungsbildnern und Entscheidern herzustellen oder den bestehenden Kontakt zu pflegen. Sie können ein Sponsoring-Projekt aber auch dazu nutzen, die Corporate Identity Ihrer Mitarbeiter zu stärken. Diese Ziele können Sie in einem internationalen, nationalen oder lokalen Rahmen verwirklichen – je nachdem für welches konkrete Engagement Sie sich entscheiden wollen und welche Ressourcen Ihnen dabei zur Verfügung stehen.

Ein glaubwürdiger Bezug als Wirkungsfaktor

Wichtig dabei ist, dass das Sponsoring in Ihre Kommunikationsstrategie passt und ein glaubwürdiger Bezug zwischen dem gesponserten Projekt oder Organisation und Ihrem Unternehmen, seiner Tätigkeit oder seiner Philosophie besteht. Ein glaubwürdiger Bezug entsteht beispielsweise dann, . . .

- . . . wenn Sie Ihre Produkte für die Aktivitäten des Gesponserten zur Verfügung stellen,
- . . . wenn Sie die gleichen Bezugsgruppen ansprechen wie der Gesponserte,
- . . . wenn Sie Ihre besondere Kompetenz in die Aktivitäten einbringen können,

- ... wenn Ihre thematischen Schwerpunkte mit den gesponserten Aktivitäten übereinstimmen,
- ... wenn Ihre Unternehmenskultur zur gesponserten Aktivität passt oder
- ... wenn sich durch Ihr Engagement ein interessanter Gegenbezug, mit völlig neuen Facetten für Ihr Image ergibt.

Cross Communications als Wirkungsfaktor

Grundsätzlich sollte Ihr Sponsoring-Engagement langfristig angelegt sein. Es muss in Ihrem PR-Konzept verankert und – im Sinne der „Cross Communications" – mit allen anderen Kommunikationsinstrumenten sinnvoll vernetzt werden. Nur so können Sie alle Möglichkeiten ausschöpfen, im Rahmen des Sponsorings mit Ihren verschiedenen Dialoggruppen in Kontakt zu treten. Beziehen Sie Ihre Mitarbeiter aktiv in das Sponsoring mit ein und nutzen Sie Ihr Engagement dafür, Ihre Mitarbeiter noch enger an das Unternehmen zu binden. Berichten Sie Ihren Kunden von Ihren Aktivitäten und lassen Sie sie so viel wie möglich daran teilhaben – mit VIP-Lounges bei gesponserten Veranstaltungen, speziellen Werbematerialien oder exklusiven Zusammentreffen mit den beteiligten prominenten Personen. Laden Sie die Journalisten zu besonderen Aktivitäten ein, die mit dem Sponsoring verbunden sind – sei es zu einem Oldtimer-Rennen, einem Promi-Fußballspiel oder einer Vernissage. Sie werden sicherlich noch viele weitere Ideen entwickeln, wie Sie ein Sponsoring-Projekt mit begleitenden Kommunikationsmaßnahmen noch wirkungsvoller gestalten.

Sponsoring-Bereiche: Sport-, Kultur-, Öko- und Sozial-Sponsoring

Wenn Sie sich überlegen, welches Engagement zu Ihrem Unternehmen passen könnte, können Sie unter vielen verschiedenen Formen des Sponsorings wählen:

- Sportsponsoring: Wählen Sie unter den verschiedenen Disziplinen entweder einzelne Sportler, Mannschaften oder Sport-Veranstaltungen aus, die Sie sponsern möchten. Wenn Sie Sport sponsern, sollten Begriffe wie „jung, dynamisch oder leistungsbezogen" zu Ihrem Image passen. Natürlich können Sie auch den Breitensport unterstützen, sich als besonders volksnah und gesundheitsfördernd präsentieren.
- Kultursponsoring: Alle „schönen Künste" – ob Musik, Literatur, Theater, bildende Kunst – sind ein beliebtes Feld, um sich als Sponsor zu betätigen. Sie können Geldgeber für Museen, Ausstellungen, Galerien, Theater oder Film werden; Sie können einzelne Künstler fördern, Wettbewerbe in den unterschiedlichen künstlerischen Disziplinen ausschreiben oder sich im Trachten-, Musik oder Denkmalpflege-Verein besonders für die Erhaltung und Pflege des regionalen Kulturguts einsetzen. Wichtig ist, dass das ausgewählte Thema und das Image des Gesponserten zu Ihrer Unternehmenskultur passen. Auch die Förderung von Bildung und Wissenschaft gehört zum Kultursponsoring. Sie können sich für Schulen, Universitäten oder andere Bildungseinrichtungen stark machen, als Sponsor für Lehrmaterial, Forschungsprojekte oder wissenschaftliche Institute fungieren oder beispielsweise ein Stipendium für besonders Begabte einrichten.

- Umweltsponsoring: Wenn Sie sich für den Umweltschutz einsetzen wollen, sollten Sie Ihr Engagement besonders kritisch prüfen. Denn von Sponsoren in diesem Bereich erwartet das öffentliche Umfeld, dass sie sich selbst vorbildlich verhalten. Sich beispielsweise für den Naturschutzverein vor Ort, für eine Aufforstung oder für die Einrichtung eines Naturschutzgebietes einzusetzen, ist jedoch für eine passende Organisation eine gute Möglichkeit, ihr ernst gemeintes Interesse an einer gesunden, lebenswerten Umwelt zu demonstrieren.

- Social Sponsoring: Sich im sozialen Bereich für die Schwächeren in unserer Gesellschaft einzusetzen, ist ebenfalls ein weites Feld für Sponsoring. So können Sie beispielsweise Einrichtungen oder gemeinnützige Organisationen unterstützen, die sich um Kinder, Frauen, Senioren, Kranke, Behinderte, Obdachlose oder andere hilfsbedürftige Gruppen kümmern und wichtige soziale Dienste anbieten. Darunter befinden sich namhafte, nationale Wohltätigkeitsorganisationen ebenso wie kleine Vereine, die sich spezieller lokaler Probleme annehmen. Auch immer mehr öffentliche Einrichtungen, wie Krankenhäuser, Kindergärten, Seniorentreffs oder Mutter-Kind-Häuser sind auf Gelder der Privatwirtschaft angewiesen.

Wenn Sie sich mit Sponsoring beschäftigen, werden Ihnen auch die folgenden, englischen Fachbegriffe immer wieder begegnen: Mit „Corporate Citizenship" wird das Engagement von Unternehmen bezeichnet, wenn sie sich als „guter Bürger" für das Gemeinwohl einsetzen. In diesem Rahmen hilft das Unternehmen mit Geld, Sachmitteln, Know-how oder ehrenamtlicher Tätigkeit seiner Mitarbeiter dabei, gesellschaftliche Probleme am Standort zu lösen. Mit der „Public Private Partnership" wird eine Kooperation zwischen öffentlich finanzierten Einrichtungen und der Privatwirtschaft bezeichnet. Da die finanziellen Mittel von Kommunen, Ländern und dem Bund für bestimmte öffentliche Aufgaben kontinuierlich zurückgehen, eröffnet sich hier ein immer größerer Spielraum für engagierte Unternehmen, sich langfristig beispielsweise als Partner für Schulen, Universitäten, städtische Bühnen oder Krankenhäuser einzubringen. Das so genannte „Corporate Volunteering" wird eingesetzt, wenn ein Unternehmen seine Mitarbeiter für freiwillige, ehrenamtliche oder gemeinnützige Arbeiten freistellt und sie beispielsweise durch Geld und Sachmittel bei ihrer Aufgabe unterstützt. Unter „Corporate Giving" werden alle Zuwendungen eines Unternehmens für einen wohltätigen oder gemeinnützigen Zweck verstanden. Werden in diesem Zusammenhang einer gesponserten Organisation die Produkte des Unternehmens überlassen, spricht man von „Endorsement".

Diese Ausführungen machen deutlich: Sponsoring ist ein weites Feld, das der Öffentlichkeitsarbeit vielfältige Ansatzpunkte bietet, um Kommunikationsstrategien wirkungsvoll umzusetzen und dabei Gutes zu tun. Neben der passenden Auswahl eines geeigneten Sponsoring-Projektes und der genauen Definition von Leistung und Gegenleistung ist es aber in erster Linie die intensive Kontaktpflege durch begleitende Kommunikationsmaßnahmen, die eine Sponsoring-Aktivität – insbesondere für die Standort-PR – so wertvoll macht.

Aufgabe 4: Entwickeln Sie ein Sponsoring-Projekt für Standort-PR!

In dieser Übung werden Sie auf der Basis der konzeptionellen Grundlagen Ihrer Standort-PR ein geeignetes Sponsoring-Projekt entwickeln. Sie werden sich überlegen, welche Aufgaben Ihr Sponsoring-Projekt innerhalb Ihrer Unternehmenskommunikation übernehmen soll, für welche Themen sich Ihr Unternehmen glaubwürdig einsetzen kann und welche Dialoggruppen Sie im Rahmen der Aktion ansprechen können. Sie werden sich über die Leistungen und Gegenleistungen im Rahmen Ihrer Sponsoring-Aktivität Gedanken machen und diese wie ein Projekt planen. Auch werden Sie begleitende Kommunikationsmaßnahmen ergreifen, um die Wirkung der Aktion zu vergrößern.

Als Beispiel für die Umsetzung der einzelnen Schritte dient wieder die Plakat AG, die Sie bereits aus den Aufgaben in Kap. 2 und 3 kennen. Diese ist an Ihrem Hauptsitz in der Universitätsstadt Bad Bergen mit einem Firmengebäude, einem zentralen Plakatlager und rund 200 festen und freien Mitarbeitern ein wichtiges Mitglied des örtlichen Unternehmerkreises.

1. Schritt (optional): Überlegen Sie sich die konzeptionellen Grundlagen für Ihre Standort-PR!

Im Idealfall haben Sie die Rahmenbedingungen für Ihre Kommunikation am Standort bereits in Ihrem PR-Konzept erarbeitet, so wie dies im Kap. 2 „Konzeption und Planung von PR" beschrieben wird. Falls nicht, sollten Sie die folgenden Fragen beantworten, bevor Sie ein lokales Sponsoring-Projekt in Betracht ziehen:

- Welche Hauptaufgaben hat Ihre Kommunikationsarbeit am Unternehmensstandort?
- Mit welchen Dialoggruppen am Standort wollen Sie den Kontakt aufnehmen und pflegen?
- Welche Kernbotschaften wollen Sie dabei vermitteln?
- Welche Facetten Ihrer Corporate Identity wollen Sie aus nächster Nähe sichtbar und begreifbar machen?
- Mit welcher Tonalität und in welchem thematischen Umfeld wollen Sie sich präsentieren?

Fassen Sie Ihre Erkenntnisse in einem kleinen Strategie-Papier für die Standort-PR zusammen. Ein Beispiel dafür finden Sie in Abb. 5.1. Alle weiteren Maßnahmen sollten sich an diesen übergeordneten, strategischen Rahmenbedingungen orientieren.

Plakat AG

Standort-PR für die Plakat AG
- Strategie-Papier -

Aufgaben:

- Plakat AG bei Bad Bergener Bürgern als offenes, sympathisches, modernes und erfolgreiches Unternehmen, sowie als attraktiven Arbeitgeber positionieren
- Plakatwerbung als junges, kreatives Medium darstellen, mit dem man sich gerne beschäftigt
- Persönlichen Kontakt zu Vertretern aus Politik und Verwaltung, sowie zu weiteren Meinungsbildnern in Bad Bergen aufbauen
- Vorteile aufzeigen, die Bad Bergen durch die Plakat AG hat
- Zeigen, dass die Plakat AG bereit ist, sich im Rahmen ihrer Möglichkeiten für die Stadt und die Bürger von Bad Bergen einzusetzen
- Kontakt zu Entscheidern bei regionalen Werbeagenturen und werbungtreibenden Unternehmen pflegen

Dialoggruppen:

- Nachbarn und Einwohner von Bad Bergen, speziell junge, plakat-begeisterte Menschen in Schulen und an Universitäten
- Mitarbeiter, deren Familien und Freunde
- Entscheider in Politik, Verwaltung und öffentlichen Einrichtungen von Bad Bergen
- Namhafte Vertreter des örtlichen Wirtschaftslebens, wie Bankdirektoren, Unternehmer, Wirtschaftsprüfer, Steuerberater etc.
- Entscheider bei Werbeagenturen und werbungtreibenden Unternehmen im Wirtschaftsraum Bad Bergen
- Multiplikatoren 1: Vorstände und Geschäftsführer von Wirtschaftsverbänden, wie IHK oder Gewerbering
- Multiplikatoren 2: Dozenten und Professoren von Universitäten, sowie Schulleiter und Lehrer an weiterführenden Schulen
- Multiplikatoren 3: Journalisten der regionalen Medien

Kernbotschaften:

- Die Plakat AG ist ein offenes, sympathisches, modernes und erfolgreiches Unternehmen.
- Die Plakat AG ist ein Marktführer der deutschen Plakatbranche und bietet sichere Arbeitsplätze in der Region.
- Die Plakat AG ist ein zuverlässiger Partner für Politik, Behörden und Verbände am Ort.
- Die Plakat AG setzt sich für die Menschen in Bad Bergen ein.
- Plakate sind ein junges, kreatives Medium und machen Spaß.

Strategische Umsetzung:

Hauptinstrument der Kommunikation ist die persönliche Beziehungspflege, das heißt das persönliche Kennenlernen und das Gespräch mit Multiplikatoren und Vertretern der einzelnen Dialoggruppen im Rahmen von thematisch geeigneten Veranstaltungen und Events.

Solche geeignete Veranstaltungen und Events müssen identifiziert oder initiiert werden.

Abb. 5.1 (Fortsetzung)

2. Schritt (optional): Sammeln und bewerten Sie unterschiedliche Kommunikationsmaßnahmen zur Umsetzung Ihrer Standort-PR!
In diesem Schritt geht es darum, herauszufinden, ob Sponsoring wirklich das geeignete Instrument für Ihre Standort-PR ist. Oder ob es unter Umständen andere Möglichkeiten gibt, das gleiche Ziel effizienter und wirkungsvoller zu erreichen. Das machen Sie am besten in einem kleinen Workshop zur Standort-PR.

- Welche PR-Instrumente wären grundsätzlich dazu geeignet, um die strategischen Vorgaben aus Schritt 1 zu erfüllen?
- Welche Dialoggruppen könnten im Rahmen dieser Maßnahmen in welcher Anzahl kommunikativ eingebunden werden?
- Wie intensiv können Sie den Kontakt zu diesen Personen pflegen?
- Welche Maßnahmen sind wirtschaftlich sinnvoll und für Ihr Unternehmen umsetzbar?
- In welchem zeitlichen Rahmen würden sich die Maßnahmen bewegen?
- Welche weiteren Kriterien sind für die Beurteilung Ihrer Maßnahmen-Sammlung wichtig?
- Wie wollen Sie diese Kriterien zur Bewertung der Maßnahmen gewichten? Welche Kriterien sind Ihnen am wichtigsten?

Sammeln Sie alle denkbaren Maßnahmen für Ihre Standort-PR. Legen Sie fest, nach welchen Kriterien Sie die Maßnahmen beurteilen möchten, beispielsweise nach Reichweite und Intensität des Dialoggruppenkontakts oder nach Kosten (wie in Abb. 5.2). Dann müssen Sie diese Kriterien gewichten: Welches ist das wichtigste Kriterium für Ihre lokale PR-Arbeit? Im Anschluss findet eine Bewertungsrunde statt, in der beispielsweise Punkte vergeben werden. Erst wenn die Idee für ein Sponsoring-Projekt die beste Alternative darstellt und die meisten Punkte erhält, sollten Sie dort ansetzen und Ihre Idee weiterentwickeln.

Abb. 5.1 Strategie-Papier für die Standort-PR der Plakat AG. Die Kommunikation der Plakat AG am Unternehmensstandort hat mehrere Aufgaben. Neben Grundaufgaben der Öffentlichkeitsarbeit, wie ein bestimmtes Image und Bekanntheit aufzubauen, will sich die Plakat AG vor allem als verantwortungsvolles Mitglied der örtlichen Gemeinschaft positionieren und persönliche Kontakte mit Multiplikatoren knüpfen. Hierzu müssen verschiedene Dialoggruppen angesprochen werden. Thematisch will die Plakat AG möglichst nahe an ihrem Kerngeschäft, der Plakatwerbung als jungem, kreativem Medium, bleiben. Zur persönlichen Ansprache von Multiplikatoren sollen geeignete Gelegenheiten, wie Veranstaltungen und Events, genutzt werden.

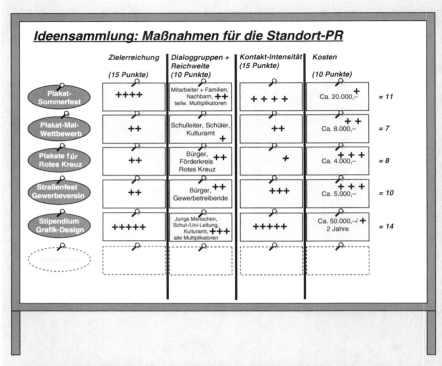

Abb. 5.2 Ideen-Sammlung für Maßnahmen der Standort-PR. In einer kleinen Arbeitsgruppe hat die Plakat AG mehrere Ideen gesammelt, mit welchen PR-Maßnahmen die strategischen Ziele am Standort umgesetzt werden könnten. Bei der Bewertung der einzelnen Maßnahmen waren die Zielerreichung und die Kontaktintensität die am stärksten gewichteten Entscheidungskriterien. Das Ergebnis zeigt, dass die Idee, an der örtlichen Kunsthochschule ein Stipendium für Grafik-Design einzurichten, die höchste Punktezahl erreichte. Im nächsten Schritt muss nun überprüft werden, ob diese Idee auch tatsächlich die beste Alternative für ein lokales Sponsoring-Projekt ist. Vielleicht gibt es auch noch andere Möglichkeiten, sich am Ort im jungen, kreativen und plakat-affinen Bereich zu engagieren.

3. Schritt: Wählen Sie einen passenden Sponsoring-Bereich und mögliche förderungswürdige Einrichtungen aus!

Im Idealfall können Sie Ihr passendes Sponsoring-Projekt bereits aus den konzeptionellen Vorgaben aus Schritt 1 und 2 bzw. aus Ihrem PR-Konzept konsequent ableiten. Auch wird Ihnen an diesem Punkt Ihrer Arbeit bereits relativ klar sein, in welchem Bereich Sie Ihr Unternehmen glaubwürdig einbringen können. Bevor Sie sich jedoch auf eine bestimmte Sponsoring-Idee festlegen, sollten Sie unterschiedliche Ansätze und Möglichkeiten prüfen.

- Welche Hauptaufgabe oder –aufgaben soll Ihr Sponsoring-Projekt erfüllen?
- Welche Themen oder Aktionen im gesellschaftlichen, wirtschaftlichen, sozialen oder kulturellen Bereich könnten von Ihrem Unternehmen glaubwürdig unterstützt werden?
- Wo könnten Sie Ihre Produkte, Ihre Dienstleitungen, Ihr Know-how einsetzen?
- Wo gibt es Überschneidungen der Bezugsgruppen?
- Welche Aktivität oder welches Thema passt zu Ihrer Unternehmenskultur?
- Welche förderungswürdigen Einrichtungen oder Veranstaltungen gibt es in diesem identifizierten Bereich bei Ihnen am Ort oder in der Region?
- Wer sind die bestehenden Förderer, Mitarbeiter, ehrenamtlich Tätigen, Schirmherren oder Träger aus Politik und Verwaltung bei dieser Einrichtung oder Veranstaltung?
- Welche Dialoggruppen könnten im Rahmen von gemeinsamen Aktionen mit dieser Einrichtung bzw. im Rahmen der Veranstaltung erreicht werden?
- Welche gesellschaftliche, wirtschaftliche oder politische Bedeutung hat die Einrichtung/Veranstaltung an Ihrem Standort? Welchen Ruf hat sie?

Um passende förderungswürdige Einrichtungen oder Veranstaltungen zu finden, müssen Sie viele Informationen zusammentragen. Erst nach eingehender Prüfung aller Möglichkeiten, sollten Sie sich für eine passende Einrichtung oder Veranstaltung entscheiden – oder eine engere Auswahl für ein Sponsoring-Projekt treffen.

4. Schritt: Erarbeiten Sie ein Ideenpapier, wie ein mögliches Sponsoring-Projekt mit der identifizierten Einrichtung konkret aussehen könnte!
Jetzt sollten Sie Ihre Wünsche und Ideen für ein Sponsoring-Projekt mit der identifizierten Einrichtung konkretisieren. Entweder die Einrichtung bietet bereits fertig geschnürte Pakete für die Einbindung möglicher Sponsoren an. Dann müssen Sie prüfen, ob diese für Ihre Ziele in Frage kommen oder ob Sie noch Verhandlungsspielraum für eine individuelle Anpassung haben. Besser ist es oft, eigene Ideen für eine mögliche Kooperation zu entwerfen und diese Ideen den Gesponserten vorzuschlagen. Dann ergeben sich mehr Chancen, ein einzigartiges, individuelles und unverwechselbares Projekt zu initiieren.

- Welche Form der Förderung der identifizierten Einrichtung oder Veranstaltung ist überhaupt denkbar oder finanziell machbar?
- Welche Form der Förderung wäre für Ihre PR-Ziele optimal?
- Wie könnte ein ideales Sponsoring-Projekt konkret aussehen?

- Welche begleitenden PR-Maßnahmen wären in diesem Rahmen denkbar, um den Kommunikationseffekt zu vergrößern?
- Welche Dialoggruppen könnten mit diesen begleitenden PR-Maßnahmen erreicht werden?
- Welche Leistungen und Gegenleistungen des Gesponserten wären für Ihr ideales Sponsoring-Projekt notwendig?
- Welche Vorteile hätte der Gesponserte von Ihrem Engagement?
- Ist ein exklusives Projekt angedacht oder können weitere Kooperationspartner oder Förderer eingebunden werden?
- Sehen Sie eine Möglichkeit, im Rahmen des Sponsoring-Projektes auch unternehmenseigene Locations zu nutzen bzw. als Gastgeber aufzutreten?

Entwickeln Sie eine genaue Vorstellung von Ihrem idealen Sponsoring-Projekt, das Sie mit der identifizierten Einrichtung umsetzen könnten. Formulieren Sie ein kompaktes Ideenpapier, das Sie als Gesprächsgrundlage einsetzen können, wenn Sie mit der Einrichtung Kontakt aufnehmen (siehe Abb. 5.3).

5. Schritt: Nehmen Sie Kontakt auf, verhandeln Sie Ihre Wünsche und treffen Sie eine Vereinbarung mit Ihrem Sponsoring-Partner!
Nachdem Sie wissen, was Sie wollen und eine präzise Vorstellung davon haben, wie beide Seiten – Sponsor und Gesponserter – von Ihrer Idee profitieren können, sollten Sie den Kontakt aufnehmen und in gemeinsamen Gesprächen das Machbare abklären.

- Welche Personen sind die Entscheidungsträger in der identifizierten Einrichtung und wie sind diese ansprechbar?
- Wie kann der Kontakt hergestellt und eine vorteilhafte Gesprächsführung vorbereitet werden?
- Welche Interessen haben Ihre Gesprächspartner und was können Sie diesen anbieten?
- Welche Leistungen kann und will die gesponserte Organisation erbringen? Welche Leistungen können Sie als Sponsor erbringen?
- Wie lange könnte eine Zusammenarbeit dauern? Ist sie einmalig, dauerhaft oder in regelmäßigen Abständen geplant?
- Wie sieht der gemeinsame öffentliche Auftritt der Sponsoring-Partner aus? Gibt es Regeln für das Corporate Design des Projektes?
- Wer wird personell auf beiden Seiten eingebunden, wer trifft die Entscheidungen und wie kann die Abstimmung zwischen Sponsor und Gesponsertem organisiert werden?
- Wie sehen die Konditionen eines Sponsoring-Vertrags konkret aus?
- Muss der Vertrag nach rechtlichen und steuerlichen Kriterien geprüft werden und von wem?

**Stipendium „Plakat"
für die Kunsthochschule Bad Bergen**

Ein Vorschlag zur
Kooperation mit der
Plakat AG

Plakat AG

**Die Idee: Die Plakat AG fördert junge
Grafik-Designer aus Bad Bergen**

- Die Plakat AG stellt einem Grafik-Design-Studenten an der Hochschule Bad Bergen ein Stipendium zur Verfügung.
- Das Stipendium ist mit 500,- pro Monat über 2 Jahre hinweg dotiert und wird alle zwei Jahre vergeben.
- Abiturienten und Studierende des 1. und 2. Semesters mit Wohnsitz in Bad Bergen können sich bewerben.
- Die Bewerbungsmappe umfasst u.a. ein Plakatmotiv zu einem vorgegebenen Thema.
- Eine Jury, bestehend aus Vertretern der Universität, des Kulturamts, der Plakat AG und aus der Werbebranche, wählt den Stipendiaten aus.

Plakat AG

Leistungen der Plakat AG

- Stipendium in Höhe von 6.000,- € pro Jahr
- Produktion der Ausschreibungsunterlagen und Plakate für den Aushang in Schulen und Universität
- Jury-Sitzung mit Catering und Dinner (inkl. Anreise u. Übernachtung)
- Ausstellung der Bewerber-Arbeiten mit Vernissage im Foyer der Plakat AG (inkl. Catering, Rahmenprogramm)
- Plakatierung des Siegermotivs in Bad Bergen zur Bewerbung der Ausstellung
- Pressearbeit

Plakat AG

**Vorschlag: Leistungen der
Kunsthochschule Bad Bergen**

- Verbreitung der Ausschreibungsunterlagen innerhalb der Universität und an Gymnasien
- Organisation und Abwicklung der Stipendiums-Vergabe
- Fachliche Betreuung, z.B. in Form von Drucksachen und Ausstellungsführungen
- Gemeinsamer Auftritt bei Veranstaltungen im Rahmen des Stipendiums
- Vermittlung von Kontakten zu Politik, Behörden und Ministerien zur Umsetzung des Stipendiums
- Abdruck des Universitätslogos in Drucksachen der Plakat AG („Förderer der Kunsthochschule Bad Bergen")
- Aufnahme des Schwerpunktes „Plakatgestaltung"in den Lehrplan
- Vorlesung „Plakatwirtschaft in Deutschland"durch die Plakat AG (2 Std., 1. Semester)

Plakat AG

Vorteile einer Kooperation

- Für die Plakat AG
  - Verbesserung von Bekanntheit und Image bei jungen, plakataffinen Zielgruppen
  - Positionierung als Förderer junger Menschen der Region
  - Anlass zur Kontaktpflege mit lokalen Multiplikatoren und für weitere Maßnahmen im Bereich der Öffentlichkeitsarbeit
- Für die Kunsthochschule Bad Bergen
  - Attraktives Angebot für Studierende
  - Steigerung der Bekanntheit von Universität, Dozenten und Lehrangebot
  - Anlass zur Kontaktpflege mit Politik, Verwaltung, Wirtschaft am Ort
  - Bereicherung des Lehrplans durch Praxiswissen

Plakat AG

Nächste Schritte

(1) Entscheidungsfindung, ob grundsätzlich Interesse an der Kooperations-Idee vorhanden ist
(2) Bildung einer gemeinsamen Arbeitsgruppe, um das Projekt zu präzisieren
(3) Einholung aller behördlicher Genehmigungen (falls notwendig)
(4) Abschluss eines Sponsoring-Vertrags

Plakat AG

Abb. 5.3 Die Ideen-Präsentation für ein Stipendium der Plakat AG. Nachdem die Plakat AG einen strategisch geeigneten Bereich identifiziert hat, in dem sie sich engagieren möchte, wurde die Idee zu einem Stipendium „Plakat" an der örtlichen Kunsthochschule entwickelt. Die ideale Ausgestaltung dieses Sponsoring-Projektes mit den wünschenswerten Leistungen und Gegenleistungen hält die Plakat AG in einer Ideen-Präsentation fest. Diese Idee bildet die Gesprächsgrundlage, um mit dem möglichen Kooperationspartner, der Kunsthochschule Bad Bergen, in Verhandlung zu treten. Neben den einzelnen, denkbaren Leistungspaketen und weiteren möglichen Details der Projektumsetzung werden dabei vor allem die Vorteile beider Kooperationspartner durch das gemeinsame Projekt hervorgehoben.

Am Ende Ihrer Verhandlungen steht ein Sponsoring-Vertrag, den beide Seiten unterzeichnen. Sie sollten diesen unbedingt rechtlich und steuerlich prüfen lassen!

6. Schritt: Arbeiten Sie einen präzisen Projektplan aus!
Nun sollten Sie daran gehen, das Sponsoring-Projekt präzise, mit allen Maßnahmen, Verantwortlichkeiten, Terminen und Kosten, zu planen. Auch sollten Sie sich überlegen, wie Sie die Zusammenarbeit aller Beteiligten organisieren wollen.

- Welche Maßnahmen sind notwendig, um das Sponsoring-Projekt wie geplant umzusetzen?
- Bei welchen Gelegenheiten treffen Sie die von Ihnen definierten örtlichen Meinungsbildner und VIPs?
- Welche weiteren, begleitenden PR-Maßnahmen wollen Sie durchführen?
- Welche weiteren Dialoggruppen werden damit angesprochen?
- Wie sieht Ihre Pressearbeit aus?
- Wie binden Sie Ihre Mitarbeiter, Kunden und Geschäftspartner in das Projekt mit ein?
- Welche Events, Werbemaßnahmen, Drucksachen oder Websites müssen geplant und umgesetzt werden?
- Welche Tätigkeiten genau müssen von wem, bis wann und mit welchen Kosten umgesetzt werden?
- Wie wollen Sie die kontinuierliche Projekt-Kommunikation unter allen beteiligten Personen organisieren? Gibt es regelmäßige Treffen einer Projektgruppe? Gibt es einen Projektordner mit allen Kontaktdaten, Protokollen und Gesprächsnotizen? Gibt es ein virtuelles, internetbasiertes Projekt-Forum?

Halten Sie alle Maßnahmen und Tätigkeiten in einem Projektplan fest. Dies ist so zu sagen Ihr „Fahrplan" durch das gesamte Sponsoring-Projekt. Nutzen Sie dazu die übersichtlichen Darstellungsmöglichkeiten von Balkendiagrammen, Netzplänen und Organigrammen. Ein einfaches Beispiel bietet Abb. 5.4.

7. Schritt: Überlegen Sie, wie Sie den Erfolg Ihres Sponsoring-Projektes messen wollen und an welche Nacharbeiten Sie denken müssen!
Wie immer in der PR sollten Sie bereits im Vorfeld darüber nachdenken, wie Sie den Erfolg Ihrer Maßnahmen messen. Und: Sie sollten die Nacharbeit zu Ihrem Projekt nicht vergessen. Die Grundlagen der Erfolgsmessung können Sie im Abschn. 2.4 „Die Erfolgskontrolle" nachlesen.

Maßnahmen-Überblick „Stipendium Plakat"

Maßnahmen	10	11	12	01	02	03	04	05	06	07	08	09
Stipendium Plakat												
Ausschreibungsunterlagen				■	■							
Poster-Aushang									■			
Jury-Sitzung							■					
Verleihung Stipendium mit Feier/Vernissage (geladene Gäste)									■	■		
Ausstellung der Bewerber (öffentl.)										■		
Plakatierung Siegermotiv (Einladung zur Ausstellung)									■			
Begleitende Pressearbeit												
Presseinformation zur Ausschreibung						■						
Presse-Einladung zur Verleihung									■			
Pressemappe zur Verleihung									■			
Pressegespräch und Exklusiv-Führung (vor Verleihung)							■					
Begleitende Mitarbeiter-Kommunikation												
Ankündigung in MA-Newsletter	■											
Bericht in MA-Newsletter									■	■		
Einladung Führungskräfte mit Partner zur Verleihung									■			
Exklusiv-Führungen für Mitarbeiter								■				
Sonstige begleitende Kommunikation												
Bericht in Kunden-Zeitung	■											
Einladung regionaler VIP-Kunden zur Verleihung									■			
Begleitung des Projektes auf der Website	■	■	■	■	■	■	■	■	■	■	■	■
Integration Förder-Logo in alle Drucksachen	■											
Dokumentation und Kontrolle												
Bildkatalog zur Ausstellung										■		
Video-/Foto-Dokumentation von Verleihung									■	■		
Pressespiegel		■										
Zählung Abforderung Ausschreibungsunterlagen						■						
Zählung der Bewerber						■						
Kontrolle Gästeliste und Stimmung der Verleihung									■	■		
Zählung Besucher der Ausstellung											■	
Feedback-Runde der Beteiligten											■	
Abschluss-Essen der Kooperationspartner											■	■

Abb. 5.4 (Fortsetzung)

- Welche Kriterien entscheiden über den Erfolg oder Misserfolg des Sponsoring-Projektes?
- Welche und wie viele Teilnehmer, Besucher, persönliche Kontaktgespräche oder Presseartikel erwarten Sie?
- Wie kann der Erfolg von einzelnen Maßnahmen, wie Veranstaltungen, Aktionen oder anderen Kommunikationsmaßnahmen im Rahmen des Sponsoring-Projektes gemessen werden?
- Wie wird das Projekt dokumentiert (Foto- und Videoaufzeichnungen, Pressespiegel, Abschrift von Reden und Vorträgen, Drucksachen wie Broschüren oder Bildbände, elektronisches Archiv, Website etc.)?
- Wird eine Feedback-Runde mit allen Beteiligten organisiert?
- Wird ein gemeinsames Abschlussfest oder –Essen mit allen Kooperationspartnern, Beteiligten und Helfern stattfinden?
- Gibt es ein Dankeschön für alle Helfer?

Nehmen Sie auch Ihre Maßnahmen zur Erfolgskontrolle und ihre Nacharbeit in Ihrem Projektplan auf (siehe Abb. 5.4). Überlegen Sie dabei noch einmal ganz genau, was Sie dafür tun können, um den Erfolg Ihres Projektes sicherzustellen. Nach dieser guten Vorbereitung kann eigentlich nichts mehr schief gehen. Also: Legen Sie los!

◄─────────────────────

Abb. 5.4 Überblick der Kommunikationsmaßnahmen im Rahmen des Stipendiums „Plakat". Der Überblick über die Kommunikationsmaßnahmen zeigt, dass im Rahmen des Stipendiums „Plakat" einige weitere Dialoggruppen eingebunden werden können. Sowohl für die lokale Presse, als auch für die Mitarbeiter, ihre Familien und Freunde, sowie für wichtige Kunden der Region sind entsprechende PR-Aktivitäten vorgesehen. Die Bürger von Bad Bergen – vor allem Schulklassen und Nachbarn – werden über eine Plakatkampagne eingeladen, die öffentliche Ausstellung im Foyer der Plakat AG zu besuchen. Weitere, auch nationale Dialoggruppen können über die Website der Plakat AG sowie über begleitende Drucksachen zum Projekt erreicht werden. Zur Dokumentation und Kontrolle der Aktion werden ebenfalls verschiedene Maßnahmen geplant.

Kapitel 6
Consumer Relations

Customer Relations oder auch Consumer Relations bezeichnet das Dialogfeld in der Öffentlichkeitsarbeit, in dem die Beziehung zu Verbrauchern, Kunden und Händlern aufgebaut und gepflegt wird. In Märkten, in denen sich Produkte und Dienstleistungen zunehmend ähnlicher werden und der Kunde nicht mehr auf den ersten Blick die Unterschiede der Produkte erkennen kann, werden Unternehmensimage, Marken- und Produktwelten immer wichtiger. Die Kunden müssen durch den Dialog an diese Welten herangeführt und dort eingebunden werden. Gelingt dies, so werden mehr Kunden gewonnen und diese stärker an das Angebot des Unternehmens gebunden. Im optimalen Fall bleiben sie dem Produkt lange treu, empfehlen es weiter und nehmen auch andere Angebote aus dem gleichen Haus wahr. Dabei müssen alle Kommunikationsinstrumente einer Organisation – Werbung, Verkaufsförderung und Public Relations – aufeinander abgestimmt werden. Zur Aufgabe der Customer Relations gehört es vor allem, Produkte, Dienstleistungen und die ganze Unternehmenswelt darzustellen, zu erklären und das Vertrauen von Kunden, potentiellen Kunden und Händlern zu gewinnen. Dies geschieht in der PR nicht durch eine werbliche, verkaufsorientierte Ansprache der Zielgruppen, sondern durch nutzerorientierte Information, Argumentation und Überzeugung im Dialog.

In diesem Kapitel werden Sie die Aufgaben und Bezugsgruppen der Customer Relations kennenlernen. Auch werden Sie einen Überblick über die wichtigsten Themenbereiche und Maßnahmen für die Beziehungspflege zum Kunden erhalten. Schließlich werden Sie im Aufgabenteil Ihren eigenen Kunden-Event planen.

6.1 Aufgaben und Bezugsgruppen der Consumer Relations

Kernaufgabe der Consumer Relations ist es, das Unternehmensimage und die Marken- wie Produktwelt bei Kunden und potentiellen Kunden so zu präsentieren, dass sich die gewünschten, positiven Einstellungen zum Unternehmen auf das Produkt oder die Dienstleistungen Ihrer Organisation übertragen. Damit unterstützen Consumer Relations bestimmte Marketing-Aufgaben, beispielsweise...

S. Grupe, *Public Relations*, DOI 10.1007/978-3-642-17827-6_6,
© Springer-Verlag Berlin Heidelberg 2011

- ... die Kunden zum Kauf oder zur Nutzung Ihres Angebots zu motivieren,
- ... die Kunden nach dem Kauf in ihrer Wahl zu bestätigen,
- ... die Kunden auch zum Kauf weiterer Produkte Ihres Hauses zu animieren,
- ... die Nutzungshäufigkeit und –intensität der Kunden zu erhöhen,
- ... die Anwendungsgewohnheiten des Kunden zu verändern,
- ... die Kunden möglichst lange an Ihr Haus zu binden,
- ... den Kunden vom Wechsel zu anderen Angeboten abzuhalten,
- ... den Kunden zur Weiterempfehlung des Produktes zu motivieren,
- ... bei Kunden eine bestimmte Einstellung zum Produkt aufzubauen,
- ... die Identifikation der Kunden mit den Produkten zu erhöhen,
- ... den subjektiven Produktwert hinsichtlich Qualität und Prestige beim Kunden zu erhöhen,
- ... Ängste und Kaufwiderstände beim Kunden abzubauen,
- ... beim Kunden Bekanntheit, Sympathie und Vertrauen zum Produkt aufzubauen.

Die Bezugsgruppe „Kunde" oder „Verbraucher"

Diese oben erwähnten „Kunden" lassen sich in einem ersten Schritt in verschiedene größere Segmente aufteilen: Neben den ehemaligen, derzeitigen und zukünftigen Kunden gehören dazu im weiteren Sinn auch verbrauchernahe Organisationen, Händler und Handelspartner, Vertriebs-Organisationen, Zwischenhändler und – ganz wichtig – die so genannten „Opinion Leader", die als Meinungsführer viele der anderen genannten Bezugsgruppen in ihrer Haltung beeinflussen können.

In einem zweiten Schritt sollten Sie jedoch genauer hinsehen: Mit dem Hilfsmittel der Marktforschung lassen sich die genannten Bezugsgruppen weiter segmentieren. Wie im Marketing üblich werden sie in Gruppen mit unterschiedlichen psychosozialen Kriterien eingeteilt, beispielsweise nach Alter, Geschlecht, sozialen Milieus, Wünschen, Vorlieben und Einstellungen, Charakter, Lebensart und Konsumverhalten. Für die Consumer Relations sind ferner weitere Kriterien von Bedeutung:

- Wie oft und intensiv nutzen die Käufer das Produkt?
- Wie häufig wechseln sie die Marke?
- Welche Motive oder Grundbedürfnisse führen zum Kauf bzw. zur Nutzung des Produktes?
- Wie aufgeschlossen sind die Käufer gegenüber einem neuen Angebot?
- Was wissen die Kunden bereits über Ihr Produkt?
- Wie groß ist ihr Interesse an Ihrem Produkt?

Lassen sich die Kunden, potentiellen Kunden und weiteren Bezugsgruppen in dieser Art und Weise zu genau definierten Dialoggruppen zusammenfassen, kann gezielter und bedarfsgerechter kommuniziert werden. Erst wenn Sie die Motive, Bedürfnisse und Verhaltensweisen Ihrer Kundengruppe genau kennen, können Sie eine Argumentationsstrategie entwickeln, die wirkt. Dann können Sie entweder mit Innovationen glänzen, mit Lifestyle-Argumenten überzeugen, mit Service-Unterstützung punkten oder mit Testberichten letzte Zweifel ausräumen. Um diese Informationen zu erhalten, können Sie auf die Ergebnisse der Markt- und Zielgruppenforschung zurückgreifen, die in den Marketingabteilungen vorliegen. Für den besseren Überblick können Sie eine Matrix erstellen, in der die wichtigsten Bezugsgruppen, die Hauptaufgaben Ihrer Kommunikation bei diesen Gruppen und deren bevorzugter Argumentationsstil festgehalten werden.

6.2 Themen für die Beziehungspflege zum Kunden

Neben imagebildenden und vertrauensfördernden Maßnahmen für das gesamte Unternehmen steht das Produkt oder die Dienstleistung als zentrales Thema im Mittelpunkt der Kommunikation. Dabei ist die so genannte Produkt-PR – die Kommunikation rund um das Produkt – nur ein Teilbereich der Consumer Relations. Dieser wird aber immer wichtiger, je erklärungsbedürftiger ein Produkt oder ein Angebot ist und je höher das öffentliche Interesse daran ist. Im Dialogfeld Customer oder Consumer Relations werden um das Angebot herum mit Hilfe einer Vielfalt an Kommunikationsmaßnahmen und -kanälen Markenwelten aufgebaut. Ob mit Pressearbeit, Sponsoring-Projekten, aufwändigen Events oder Online-Communities – es gilt, den Kunden rational zu überzeugen und gleichzeitig mit allen Sinnen an der Unternehmens- und Produktwelt teilhaben zu lassen. Dazu müssen Sie in Ihrer Kommunikation herausarbeiten, ...

- ... was Ihr Unternehmen oder Ihre Organisation besonders gut kann,
- ... welche Überzeugungen und Werte den Kern Ihres Unternehmens, Ihrer Marke und Ihrer Produkte bilden,
- ... was Ihre Unternehmen macht, um den Wünschen und Bedürfnissen der Kunden gerecht zu werden,
- ... warum Ihre Produkte einzigartig und unverwechselbar sind,
- ... welche Qualität Ihre Produkte haben,
- ... welchen besonderen Nutzen Ihre Produkte oder Dienstleistungen für den Kunden oder die Gesellschaft haben,
- ... wie Ihre Produkte hergestellt, gewartet und entsorgt werden,
- ... wie sicher, umweltfreundlich oder gesund Ihr Produkt ist,
- ... welche sinnvollen Einsatzmöglichkeiten Ihre Produkte haben,
- ... wie der Kunde Ihre Produkte anwenden kann,
- ... welche weiteren Angebote und besondere Serviceleistungen Ihr Unternehmen anbietet,
- ... wie das perfekte Umfeld für Ihre Produkte aussieht,
- ... wie Sie die Welt sehen, in der Ihre Produkte und Dienstleistungen bedeutend sind und
- ... wie Sie diese Welt mitgestalten und darin Verantwortung übernehmen.

Die Themen, die Sie im Dialog mit den unterschiedlichen Kundengruppen ansprechen wollen, richten sich nach den zuvor definierten Bezugsgruppen und ihren
Bedürfnissen. Die Auswahl und Aufbereitung von Themen, sowie deren Platzierung in den Medien – das so genannte „Themen-Setting" oder „Agenda Setting" –
spielt eine wichtige Rolle, wenn Produkt- und Markenwelten überzeugend präsentiert werden sollen. Zum einen müssen die Themen dazu geeignet sein, Ihre
Kernbotschaften zu transportieren und die gewünschten Images und Einstellungen
aufzubauen. Zum anderen müssen sie den Bedürfnissen der einzelnen Dialoggruppen entsprechen, damit sich diese für Ihre Botschaften interessieren und überzeugt
werden können. Nicht zuletzt müssen Ihre Themen auch Nachrichtenwert aufweisen, wenn Sie diese über Pressearbeit in den Medien platzieren möchten. Das
bedeutet, Sie benötigen für Ihre Botschaften den richtigen Aufhänger, um in die Medien zu kommen, Sie müssen das richtige Bedürfnis Ihrer Dialoggruppe ansprechen
und den richtigen Argumentationsstil wählen.

Bedürfnisse und Argumentationsstil

Die grundsätzlichen Bedürfnisse[1] der Menschen lassen sich in nachfolgende
Klassen einteilen.

- Behauptung – „Leben ohne Angst": Schutz vor Hunger, Durst, Kälte, Hitze,
  Bedrohung, Schmerz, Krankheit; Bedürfnis nach finanzieller und beruflicher
  Sicherheit, Besitz/Wohlstand mehren, Zeit/Geld sparen, Mühe verhindern;
- Teilhaben – „Dazugehören": Bedürfnis nach Kontakt, Gesellschaft, Freundschaft,
  Liebe, Teilhaben an Menschen, Ereignissen, Informationen;
- Anerkennung – „Etwas besonderes sein": Bedürfnis nach Anerkennung, Können,
  Selbstvertrauen, besonders Ausgefallenes zu besitzen, vor anderen gut dastehen;
- Entfaltung – „Sich frei entwickeln": Bedürfnis nach Entfaltung, Freiheit, Un-
  abhängigkeit, Selbständigkeit, Suche nach Zusammenhängen, mehr wissen als
  andere, eine Sache wirklich gut machen;

Überlegen Sie, welches oder welche der oben aufgeführten Bedürfnisse Sie mit
Ihrer Botschaft aufgreifen wollen. Entscheiden Sie sich dann für eine geeignete
Aufbereitungsart. Dabei werden die folgenden Argumentationsstile unterschieden:

- Wissenschaftliche Argumentation, beispielsweise Forschungsergebnisse, Gutachten oder Testergebnisse, Auszeichnungen und Patente anführen;
- Sachliche Argumentation, beispielsweise Produkteigenschaften, wie Material,
  Verarbeitung, Lebensdauer, Einsatzmöglichkeiten, Besonderheiten bei der Herstellung, in den Mittelpunkt stellen;

---

[1]Die Aufzählung basiert auf der Bedürfnispyramide nach Abraham Maslow. Diese ist ein psy-
chologisches Modell, um die Motivationen der Menschen zu beschreiben und wird auch in der
Wirtschaftswissenschaft dafür genutzt, um den Bedarf der Menschen zu definieren.

- Nutzenorientierte Argumentation, beispielsweise darstellen, welche Aufgabe mit dem Produkt besser oder schneller erledigt werden kann oder welche Resultate damit zu erzielen sind, wie exklusiv und neu das Produkt ist;
- Erzählende Argumentation, beispielsweise Erfahrungen von Anwendern zitieren oder Fallbeispiele darstellen;
- Gefühlsbetonte Argumentation, beispielsweise Assoziationen wie Freiheit, Spaß, Sinnlichkeit mit der Produktnutzung verbinden;
- Empfehlende Argumentation, beispielsweise Prominente oder Opinion Leader aus der entsprechenden Gruppe als Fürsprecher gewinnen;

Sie müssen also Ihre Kernbotschaften zu Unternehmen, Marke und Produkt so zu Themen aufbereiten, dass eines oder mehrere der obigen Bedürfnisse angesprochen und ein passender Argumentationsstil umgesetzt werden kann. Und dies sollte individuell für jede definierte Kundengruppe erfolgen.

Der Aufhänger für Ihre Botschaft

Wenn Sie dabei zudem einen Nachrichtenwert schaffen, der nicht nur bei Ihren Kundengruppen, sondern auch bei Journalisten das Interesse an Ihren Themen weckt, haben Sie die besten Voraussetzungen für einen Kommunikationserfolg geschaffen. Welche Kriterien eine Nachricht erfüllen sollte, damit sie eine Chance hat, in den Medien redaktionell berücksichtigt zu werden, haben Sie bereits im Abschn. 3.3.1 „Der Nachrichtenwert einer Botschaft" erfahren. Doch wie wird das konkret umgesetzt? Gern benutzte Aufhänger für die Pressearbeit im Bereich der Consumer Relations sind beispielsweise:

- Statistiken über Ihren Produktbereich, die Nutzung Ihrer Produkte oder die typischen Nutzer erheben;
- Forschungs- oder Studienergebnisse veröffentlichen;
- Umfrage-Ergebnisse von Prominenten darstellen;
- So genannte People-Stories schreiben, also sehr persönliche Reportagen über typische Nutzer Ihres Produktes;
- Psycho-Tests unter dem Motto „Was sagt die Nutzung von Produkt XY über Ihre Persönlichkeit aus?" oder „Welcher XY-Produkt-Typ sind Sie?";
- Geschichten zur Produktentwicklung erzählen, Designer und Techniker zur Wort kommen lassen, den Blick hinter die Kulissen zulassen;
- Wettbewerbe und Ausschreibungen aller Art ins Leben rufen;
- Eigene Produkte an aktuelle Trends anhängen, beispielsweise die Fitness-Welle, bestimmte Reise-Trends, Energiesparaktionen und vieles mehr;
- Tipps für alle Lebenslagen geben oder zu einem Themenbereich Ratgeberfunktion einnehmen;
- Originelle Einsatzfelder des Produktes zeigen;
- Außergewöhnliche Serviceleistungen oder Fallbeispiele aufzeigen;
- Sponsoring-Projekte initiieren, die in engem Zusammenhang mit Ihrer Produkt- und Markenwelt stehen;
- Besondere Events oder Mitmach-Aktionen ins Leben rufen, die die Marken- und Produktwelt oder eine passende Lebenseinstellung widerspiegeln;

Sie werden sicherlich noch weitere Möglichkeiten finden, wie Sie Interesse für Ihre Themen generieren können. Das Grundwissen über Ihre verschiedenen Kundengruppen, deren Bedürfnisse und bevorzugte Ansprache bildet dabei den Ausgangspunkt. Sie an Ihre Unternehmens-, Marken- und Produktwelt heranzuführen, ist Ihre Aufgabe. Dabei die richtige Themenauswahl und –aufbereitung zu finden, ist nicht einfach, aber machbar, wenn Sie die oben dargestellten, grundsätzlichen Bedürfnisstrukturen und Anforderungen berücksichtigen.

6.3 Maßnahmen der Consumer Relations

Die Pressearbeit und damit ein gelungenes „Themen-Setting" zählt zu den Kern-Instrumenten der Consumer Relations. Dabei stehen diejenigen Medien im Vordergrund, die Ihre Kunden, Händler oder Verbraucher nutzen und in denen üblicherweise Produktinformationen gegeben werden. Dazu zählen die Fachpresse, Special Interest Zeitschriften und Verbrauchermagazine. Darüber hinaus sind entsprechende Sendungen in Rundfunk und Fernsehen, sowie thematisch passende Online-Portale bei der Medienarbeit zu berücksichtigen.

Neben diesem Haupt-Instrumentarium gibt es viele weitere Maßnahmen, die Sie im Bereich der Consumer Relations ergreifen können, um Ihre Themen darzustellen und zu diskutieren. Die Tabelle 6.1 zeigt einen Überblick mit häufig eingesetzten PR-Instrumenten.

Besonders Sponsoring-Aktionen eignen sich hervorragend dazu, einem breiteren Publikum die Grundwerte, besonderen Kompetenzen und hochwertigen Produkte Ihres Hauses bekannt zu machen. Sponsoring-Projekte lassen sich ausgezeichnet mit Pressearbeit, Events und anderen PR-Instrumenten verknüpfen, um Ihre Botschaften auf verschiedenen Kanälen zu kommunizieren und dabei Ihre unterschiedlichen Bezugsgruppen einzubinden. Mehr über Sponsoring erfahren Sie im Abschn. 5.3.3 „Sponsoring und Spenden (...)". In den letzten zehn Jahren haben darüber hinaus Online-Portale eine wichtige Aufgabe im Dialogfeld Consumer Relations übernommen. Mit den Möglichkeiten der virtuellen Welt ist es gelungen, über alle Distanzen hinweg den direkten, zeitnahen Dialog mit Kunden zu pflegen und gleichzeitig eine informative Detailtiefe zu erreichen, die sich am individuellen Interesse jedes einzelnen Internetnutzers ausrichten lässt. Mehr dazu erfahren Sie im Kap. 7 „Online-PR".

Im Folgenden werden einige weitere Instrumente der Customer Relations herausgegriffen und kurz vorgestellt.

6.3.1 Instrumente der Pressearbeit für die Produkt-PR

Bei der Pressearbeit im Dialogfeld Customer Relations nutzen Sie alle Instrumente der Pressearbeit, die Sie bereits im Abschn. 3.4 „PR-Instrumente für die Pressearbeit" ausführlich kennen gelernt haben. Besonders die folgenden Instrumente werden häufig eingesetzt:

Tabelle 6.1 Instrumente für die Customer Relations im Überblick

Für die Journalisten	Für Händler
• Presseinformationen, Pressemappen • Pressefoto, Presse-Informationsgrafik • Fachartikel • Interviews • Angebot von Reportagen, z.b. Kundenportraits, Einsatzberichte, Langzeittests • Testimonials • Pressekonferenz, -gespräch, -Roundtable, -Präsentation • Journalisten-Workshop • Journalisten-Reise • Betriebsbesichtigung • Presse-Geschenke, Produkt-Proben • Medienkooperationen, z.b. Fragestunden mit Experten, Umfragen bei Lesern, Wettbewerbe mit Lesern/Hörern/Sehern • Aktionen auf Fach-, Branchen-, Verbrauchermessen • Online-Portale für Journalisten	• Pressearbeit in Händler-Medien, Fachmedien • Unterstützung der Händler bei regionaler Pressearbeit, z.B. durch Presseverteiler, Pressetexte etc. • Nachdrucke von Presseartikeln, Pressespiegel • Newsletter für Händler, Händlermagazin • Videos mit Produktpräsentationen, Einsatzbereichen, Nutzungshinweisen • Händler-Präsentationen oder –Tagungen • Messen, Ausstellungen • Produktdemonstrationen • Seminare, Schulungen • Wettbewerbe • Online-Portale für Händler
Für Kunden • Broschüren, Faltblätter • Geschäftsbericht, Umwelt-, Sozial- oder Nachhaltigkeitsbericht • Beilagen in Tageszeitungen • Umfragen, Statistiken, Forschungsberichte • Kundenzeitschrift • Ratgeber • Unternehmens-, Produkt- oder Comic-Bücher • Videos für Anwender/Nutzer • Anwenderberichte	• Online-Portale für Kunden/Verbraucher • Info-, Service-, Hilfe-Hotlines • Symposien, Diskussionsveranstaltungen • Festivals, Events, Mitmach-Aktionen • Leistungs-, Ideen-, Design-Wettbewerbe • Sponsoring-Projekte, Sponsoring-Events • Aktionen und Events auf Verbrauchermessen • Fragebogenaktionen • Gewinnspiele • Alle obigen Aktionen sind auch auf Online-Portalen umsetzbar bzw. zu begleiten!

Presseinformation und Pressefoto

In Ihrer Presseinformation berichten Sie sachlich, objektiv über die Eigenschaften Ihres Produktes. Das geschieht, ohne die werbliche Sprache zu nutzen und ohne auf Superlative zurückzugreifen. Beschränken Sie sich auf eine präzise, allgemein verständliche Beschreibung Ihres Produktes, seiner besonderen Leistung und Anwendbarkeit. Ein technisches Datenblatt, das so genannte „Factsheet", ergänzt weitere Details in Kurzform. Dazu eignet sich ein Pressefoto, auf dem das Produkt in seiner natürlichen Umgebung oder bei seiner Anwendung deutlich gezeigt wird. Sollte die Marke oder der Produktname auf dem Foto zu sehen sein, sollte dies jedoch in einer dezenten Weise und keinesfalls aufdringlich geschehen. Ist Ihr Produkt oder Ihre Dienstleistung nicht bildlich darzustellen, könnte eine Infografik für die Presse erstellt werden. Dort können beispielsweise Prozesse, Daten und Zusammenhänge in gefälliger und aussagekräftiger Weise dargestellt werden. Neben Produktneuheiten kann eine Presseinformation beispielsweise auch herausgegeben werden, wenn Sie einen neuen, interessanten Kunden gewonnen, Ihr Händlernetz erweitert, neue Kooperationspartner überzeugt oder neue Vertriebswege erschlossen haben. Oder wenn Sie Ihren Produktionsprozess noch umweltfreundlicher, sicherer und sozialverträglicher gestaltet haben. Denn auch das „Wohlverhalten" eines Unternehmens ist eine wichtige Information, die für immer mehr Verbraucher mit entscheidet, welches Angebot sie annehmen.

Fachartikel

Wenn Sie mit einer Redaktion vereinbart haben, dass Ihre Organisation einen redaktionellen Fachartikel zuliefert, sollten Sie sich glücklich schätzen – aber keinesfalls der Versuchung erliegen, Ihren Firmen-, Marken- oder Produktnamen häufig darin zu nennen. Im Gegenteil: Je weniger der Artikel unternehmensspezifisch aufgebaut ist, und je mehr er grundsätzliche Themen, die für Sie und Ihre Bezugsgruppe relevant sind, anspricht und diese verständlich, präzise und überzeugend darstellt, desto mehr können Sie Ihre Kompetenz unter Beweis stellen. Und desto höher ist die Wahrscheinlichkeit, dass die Redaktion einmal wieder bei Ihnen anfragt. Arbeiten Sie mit aussagekräftigen Fotos, Grafiken und Tabellen, um Ihr Thema zu verdeutlichen und den Text aufzulockern. Bei fachlich anspruchsvollen Texten wird meist ein Rohtext vom Spezialisten Ihres Hauses erstellt. Dieser sollte aber unbedingt hinsichtlich PR-fachlicher Kriterien von Ihnen überarbeitet werden! Wer letztendlich als Autor angeführt wird, muss im Einzelfall entschieden werden: Wenn Ihr hausinterner Spezialist in der Branche bekannt und angesehen ist und die Glaubwürdigkeit des Artikels dadurch erhöht werden kann, sollten Sie den Spezialisten Ihres Hauses als Autor nennen. Grundsätzlich wichtig ist es, sich bei der Erstellung des Fachartikels präzise an die Vorgaben der Redaktion zu halten. Dazu müssen Sie vorab mit dem Redakteur vereinbaren, welche Inhalte, Schwerpunkte, Länge und fachliche Komplexität der Artikel aufweisen soll.

Journalisten-Seminar oder -Workshop

Bei manchen Produkten und Märkten schreitet die Entwicklung so schnell voran, dass selbst Fachjournalisten nicht immer über alle Trends auf dem Laufenden bleiben können. Oder die Komplexität der Produkte, Märkte und Themen ist so hoch, dass es schwer ist, alle spezifischen Details zu überblicken. Zudem gibt es in den Redaktionen immer eine Fluktuation, so dass neue Journalisten, die sich erst in eine Branche oder ein Thema einarbeiten müssen, an der Tagesordnung sind. In solchen Fällen eignet sich ein Journalistenseminar hervorragend, um Fachjournalisten mit einem soliden, umfassenden Grundwissen auszustatten – und dabei die

Bindung der Journalisten an Ihre Organisation zu erhöhen. Geben Sie in Ihrer Veranstaltung einen Überblick über die Branche, den Markt und die Produkte, zeigen sie vergangene, derzeitige und zukünftige Trends auf und machen Sie deutlich, wie sich Ihre Organisation auf die neuen Herausforderungen einstellt. Greifen Sie dabei auf kompetente Redner zurück – sowohl aus Ihrem Unternehmen, als auch von angesehenen Fach-Instituten oder von Branchenverbänden. Lassen Sie die Beteiligten über Ihr Thema diskutieren und hören Sie genau zu, wenn Fragen, Einwände, vielleicht sogar Zweifel oder Kritik auftauchen. Das können wichtige Ansatzpunkte für Ihre spätere Pressearbeit sein!

Presse-Event oder Presse-Präsentation

Gerade wenn Sie ein neues Produkt vorstellen möchten, das am meisten überzeugt, wenn man es selbst ausprobieren kann, sollten Sie einen speziellen Event für Journalisten planen, die so genannte „Presse-Präsentation". Dieser sollte den Journalisten tief in die Unternehmens- und Produktwelt eintauchen lassen und für alle Sinne etwas bieten. Lesen Sie hierzu auch den nachfolgenden Abschn. 6.3.3 „Veranstaltungen und Events planen und organisieren". Überlegen Sie genau: In welchem Umfeld, unter welchen Bedingungen und mit welchen Menschen möchten Sie Ihr Produkt platzieren? Welche Eindrücke und Botschaften wollen Sie den Journalisten vermitteln? Ob Sie eine Autoralley in der Wüste mit Ihrem neuesten Geländewagen, eine Hundeschlittenfahrt in Norwegen mit der neuesten Hightech-Winterkleidung, einen Koch-Wettbewerb mit Starköchen und Ihren Küchengeräten organisieren wollen – gestalten Sie eine Atmosphäre, die bleibende Eindrücke schafft. Vergessen Sie nicht: Auch Journalisten sind letztendlich potentielle Kunden, die es zu überzeugen gilt!

PR-Arbeit auf Messen und Ausstellungen

Die Betreuung der Journalisten, Händler und Verbraucher auf Messen spielt in der Consumer Relations eine große Rolle. Nirgendwo sonst finden Sie diejenigen Bezugsgruppen, die sich besonders für Ihr Produkt oder Ihre Branche interessieren, in dieser großen Anzahl an einem Ort. Messen und Ausstellungen sind Ereignisse, bei denen sich die ganze Fachwelt trifft. Neben Händlern und Einkäufern sind dies vor allem die Fachjournalisten. Zudem wenden sich Verbrauchermessen direkt an den Kunden oder potentiellen Kunden. Natürlich präsentieren dort alle Aussteller ihre Produktneuheiten und der Wettbewerb ist groß. Deshalb ist es umso wichtiger, alle Möglichkeiten der messebegleitenden Kommunikation auszuschöpfen. Als PR-Verantwortlicher sollten Sie folgende Tipps beachten oder zumindest prüfen, ob sie in Ihrem Fall sinnvoll sind:

- Finden Sie eine überzeugende Leitidee für Ihren Messestand!
- Zeigen Sie nicht nur Ihre tollen Produkte, sondern auch Ihren umweltschonenden Herstellungsprozess, Ihren verantwortungsvollen Umgang mit Mitarbeitern, Zulieferern und Partnern, sowie Ihr gesellschaftliches Engagement!
- Begleiten Sie Ihren Messeauftritt mit passenden Events, Fachveranstaltungen, Symposien, Kongressen, Präsentationen oder Demonstrationen, so dass die Medien auf Sie aufmerksam werden! Buchen Sie dazu rechtzeitig entsprechende Räume auf dem Messegelände oder richten Sie ein Internet-Portal ein!

- Laden Sie prominente Gäste zum Ausprobieren, zum Gespräch oder für einen Vortrag an Ihren Stand ein!
- Überlegen Sie sich, welches attraktive Foto- oder Filmmotiv sich an Ihrem Stand inszenieren ließe, so dass sich Medien dafür interessieren! Und kommunizieren Sie dieses Highlight auch an die Messegesellschaft zur Empfehlung für Journalisten!
- Achten Sie darauf, dass immer ein interessanter, kompetenter Interviewpartner für Journalisten an Ihrem Stand ist!
- Gestalten Sie eine spezielle Ecke oder Raum, in dem Sie sich in Ruhe den Journalisten widmen können!
- Sprechen Sie die wichtigsten Journalisten vor der Messe an, verweisen Sie auf Ihr interessantes Messeprogramm und laden Sie sie an Ihren Stand ein!
- Halten Sie alle relevanten Presseinformationen in einer aussagefähigen Pressemappe bereit! Achten Sie darauf, dass für den Journalisten mit wenig Zeit auch wichtige Branchendaten und allgemeine Trendberichte von der Messe dabei sind.
- Bieten Sie Sonderdrucke von Fachartikeln oder einen Pressespiegel auf dem Messestand an!
- Kündigen Sie Ihre Messethemen vorab in den Fachmedien an – entweder über ein Fachpressegespräch oder über eine Nachricht in der redaktionellen Messevorschau, die einige Medien standardmäßig aufbereiten!
- Überlegen Sie, ob sich die Herausgabe einer eigenen Messezeitung für Sie lohnt oder ob Sie einen Artikel über Ihre Highlights in der Messezeitung der Messegesellschaft platzieren können!
- Richten Sie ein Pressefach im Pressezentrum der Messegesellschaft ein! Gibt es auch ein elektronisches Pressefach der Messegesellschaft, das Sie nutzen können?
- Nutzen Sie die Presseverteiler der Messegesellschaft für Ihre Informationen!
- Achten Sie darauf, dass Sie als Ansprechpartner für die Presse im Ausstellerkatalog und/oder im PR-Führer der Messe genannt werden!
- Senden Sie den Journalisten nach der Messe eine Presseinformation zu, in der Sie von den Highlights und Erfolgen Ihres Messeauftritts berichten!
- Bearbeiten Sie Informationsanfragen von der Messe umgehend und nehmen Sie neue Kontakte in Ihren Presseverteiler auf!

Wenn Sie diese Empfehlungen berücksichtigen, werden Sie sicherlich eine positive Resonanz auf Ihre Kommunikationsarbeit am Messestand erhalten.

6.3.2 Das Kundenmagazin

Der Klassiker unter den PR-Instrumenten für Customer Relations ist die Kundenzeitschrift. Eine exzellent gemachte Kundenzeitschrift ist ein hochwertiges Produkt, das die Wertschätzung einer Organisation für Ihre Kunden vermittelt. Die Wirkung von gut gemachten Kundenmagazinen ist nicht zu unterschätzen: Sie können das

Image einer Organisation im gewünschten Sinne beeinflussen, zur Kundenbindung beitragen, Vertrauen zur Organisation und seinen Produkten aufbauen, die Identifikation der Kunden mit Unternehmen und Produkten stärken, das eigene Angebot von Wettbewerbern abgrenzen und Werbemaßnahmen unterstützen. Mit entsprechend integrierten Dialogelementen pflegen sie zudem die Beziehung zum Kunden und lassen ihn an der Unternehmenswelt aktiv teilhaben.

Dabei ist die konkrete Umsetzung und Ausgestaltung von Kundenzeitschriften so vielfältig wie das Angebot an Fachzeitschriften und Verbrauchermagazinen am Kiosk. Mit diesen müssen sich Kundenmagazine messen. Der Kundennutzen ist die oberste Messlatte, die über die Akzeptanz einer Kundenzeitschrift entscheidet. Egal ob Sie also ein Image bildendes Hochglanzmagazin oder ein zweckmäßiges Info-Blättchen planen – Hauptsache der Leser fühlt sich adäquat angesprochen, informiert und geschätzt. Der Themenauswahl und –aufbereitung kommt dabei eine zentrale Bedeutung zu. Der große Vorteil einer Kundenzeitschrift liegt darin, dass sie ein Eigenmedium ist und Sie somit alle Informationen ungefiltert und ungekürzt im Unternehmensinteresse umsetzen können. Dennoch sollte ein Kundenmagazin nur dann herausgegeben werden, wenn es in die Kommunikationsstrategie passt und dadurch eine klar definierte Kommunikationsaufgabe besser erreicht werden kann als mit anderen Instrumenten. Denn ein Kundenmagazin herauszugeben ist nicht nur zeit- und kosten-aufwändig, es ist auch die Aufgabe von Profis. Daher werden die meisten Titel nicht mehr von den herausgebenden Organisationen selbst umgesetzt, sondern über spezialisierte Redaktionsservices realisiert.

Wenn Sie dennoch einmal in die Situation kommen sollten, einen Kunden-Newsletter selbst zu gestalten und zu verantworten, können Sie sich an der Vorgehensweise orientieren, wie sie im Abschn. 4.8 „Die Mitarbeiterzeitung und weitere schriftliche Medien" ausführlich beschrieben wird. Die meisten grundsätzlichen Angaben, die dort zu gestalterischen Rahmendaten, Themenaufbereitung, sowie redaktionellen Abläufen einer Mitarbeiterzeitung gemacht werden, können auf ein Kundenmagazin übertragen werden. Achten Sie jedoch bei der Umsetzung einer Kundenzeitschrift besonders auf Folgendes:

- Die Kernaufgabe Ihrer Kundenzeitschrift und die Kundengruppe, die in erster Linie angesprochen werden soll, müssen klar definiert sein. Dies sollte sich aus Ihrem PR-Konzept ergeben.
- Das gewählte Layout und die gestalterischen Hilfsmittel sollten Ihr Corporate Design widerspiegeln, übersichtlich, leserfreundlich und gegenüber vergleichbaren Heften am Kiosk qualitativ gleichwertig sein.
- Die Kundenzeitschrift sollte monatlich, mindestens jedoch quartalsweise erscheinen.
- Die Verbreitung sollte im optimalen Fall durch persönliche Ansprache – beispielsweise über den Versand per Post oder durch persönliche Übergabe am Point of Sale – erfolgen.
- Das Themenspektrum sollte sowohl unterhaltenden, als auch informierenden Charakter haben.

- Die journalistische Aufbereitung der Inhalte muss hohen fachlichen Anforderungen genügen. Es sollten alle journalistischen Textformen – von der Reportage, über Interviews bis hin zum Kommentar – eingesetzt werden. Auch ist es für die Glaubwürdigkeit der Inhalte wichtig, wo immer möglich die Quellen der Informationen anzugeben.
- Auf Schönfärberei sollten Sie unbedingt verzichten – die Kunden haben ein sehr feines Gespür für Glaubwürdigkeit und Authentizität!
- Gliedern Sie Ihre Themen übersichtlich in Ressorts und Rubriken – dies entspricht den Lesegewohnheiten der Nutzer und gibt Orientierung.
- Falls der von Ihnen gewählte formale Rahmen es zulässt: Achten Sie auf einen großen Bildanteil! Die Texte müssen – wo immer möglich – mit hochwertigen Fotos, Grafiken oder Illustrationen ergänzt werden. Vergessen Sie niemals, dass gerade die Bildsprache für das Image, das Sie erzielen wollen, entscheidend ist.
- Integrieren Sie aktivierende Dialog-Elemente, beispielsweise Hinweise auf Telefon-Hotlines, Internet-Beratungs-Services oder Veranstaltungen des Kundenclubs und motivieren Sie die Teilnahme an exklusiven Kunden-Events.

Da die Themen von Kundenzeitungen sehr individuell von den definierten Kernaufgaben, den Bezugsgruppen und der Tätigkeit Ihrer Organisation abhängen, ist es schwer, allgemein gültige Empfehlungen zu geben. Dennoch finden Sie in Tabelle 6.2 einige Hinweise und Anregungen, die Ihnen bei der Zusammenstellung Ihres Redaktionskonzeptes helfen können.

Oftmals sind die Anforderungen verschiedener Kundengruppen allerdings so unterschiedlich, dass mehr als nur eine Kundenzeitschrift herausgegeben werden muss. Beispielsweise könnten jugendliche Kundengruppen über ein trendiges Szene-Journal erreicht werden, während sich ältere, konservative Kundengruppen durch ein exklusives Lifestyle-Magazin stärker angesprochen fühlen. Um diesen unterschiedlichen Themen-Wünschen – aber auch der geänderten Mediennutzung gerade junger Zielgruppen – gerecht zu werden, weichen viele Unternehmen in die virtuelle Welt des World Wide Web aus. Dort bauen sie für die unterschiedlichen Interessen Ihrer Kundengruppen Online-Communities auf, schaffen informative Online-Portale zu verschiedenen Themenbereichen und schneiden ihr Informationsangebot mit Newsletter on Demand, RSS-Feeds, Twitter und SMS-Nachrichten auf die individuellen Vorlieben Ihrer Klientel zu. Die wahre Kunst der Consumer Relations besteht heute darin, verschiedene Kommunikationsinstrumente – online und offline – sinnvoll zu verknüpfen, um den Zugang zur Unternehmens-, Marken- und Produktwelt für alle Kundengruppen typgerecht und attraktiv zu gestalten.

6.3.3 Veranstaltungen und Events planen und organisieren

Die Bedeutung von Veranstaltungen im Bereich der Consumer Relations ist hoch. Wenn Sie es erreichen, mit einem außergewöhnlichen Ereignis alle Sinne Ihrer

Tabelle 6.2 Sammlung: Themen für die Kundenzeitschrift

Markt und Gesellschaft
- Wissenschaftliche, soziokulturelle, wirtschaftliche Trends und Visionen
- Branchennachrichten, -entwicklungen
- Rohstoff- und Energiemärkte der Zukunft
- Verbraucher-relevante gesetzliche Rahmenbedingungen
- Unternehmensleistung im Zusammenhang mit gesellschaftlichen oder technischen Entwicklungen

Unternehmen
- Umweltschutzmaßnahmen
- Unternehmensrelevante historische Themen
- Erfolge, große, image-fördernde Projekte und Investitionen mit Auswirkung auf die Verbraucher
- Arbeitswelt, Zusammenarbeit und Atmosphäre in Ihrer Unternehmenswelt, die Menschen hinter dem Produkt
- Wichtige Entscheidungen für neue Produkte, Produktionsverfahren, Techniken der Zukunft
- Zusammenarbeit mit wichtigen Partnern oder prominenten Persönlichkeiten, wie Designern, Experten, Wissenschaftlern, Instituten, Universitäten etc.
- Besondere Auszeichnungen, Testurteile, Gutachten, Wettbewerbsgewinne

Veranstaltungen, Aktionen und Events
- Berichte von Messen, Fachkongressen
- Events, Jubiläen, Tage der offenen Tür und Mitmach-Aktionen ankündigen, dazu einladen und davon berichten
- Sponsoring-Projekte begleiten

Produkte und Dienstleistungen
- Neue Produkte, Innovationen, neue Designs, neue Produktionsverfahren, erweiterte Anwendungsbereiche
- Technische Eigenschaften, Qualität und gesellschaftliche Bedeutung von Produkten und Services
- Besondere Marketing-, Werbe- oder Vertriebskampagnen, Sonderangebote, exklusive Angebote
- Besondere Kunden, Erfahrungsberichte, Fallbeispiele
- Statistiken, Umfrage-Ergebnisse, wissenschaftliche Ergebnisse
- Expertenmeinungen
- Trendberichte

Dialog-orientierte und unterhaltende Elemente
- People-Stories
- Interviews mit berühmten Nutzern
- Lifestyle-Reportagen aus der weiter gefassten Produkt- und Markenwelt
- Urlaubs-, Gesundheits-, Finanz-, Fernseh-, Film-, Veranstaltungstipps
- Leserbriefe
- Einladung zu Produkttests
- Einladung zu Internet-Diskussionsforen oder Online-Chats
- Ratgeber-Ecke mit E-Mail-Beratung
- Gewinnspiele und Preisausschreiben
- Psycho-Tests
- Witze, Cartoons
- Denkaufgaben, Rätsel, knifflige Fragen, Preisausschreiben
- Leser-Umfragen
- Einladung zu Lesertreffen und Mitarbeit in Leser-Beiräten

Standards
- Inhaltsverzeichnis
- Editorial
- Impressum

Gäste anzusprechen und sie in das Geschehen mit einzubeziehen, können Sie eine nachhaltige, positive Wirkung erreichen. Mit dem geeigneten Anlass und einer guten Event-Idee können Sie Aufmerksamkeit erzielen, ihre Produkt- oder Markenwelt zum Leben erwecken und damit bleibenden Eindruck hinterlassen. Die Fachwelt spricht bei einer Veranstaltung von einem Event, wenn sie…

- …an einem bestimmten Termin, mit einer bestimmten Dauer stattfindet,
- …Erlebnischarakter besitzt,
- …etwas Einmaliges mit hohem Nutzwert für die Besucher bietet,
- …dabei die Besucher selbst aktiv werden können oder in das Geschehen eingebunden werden und
- …dabei die Besucher mit allen Sinnen – vor allem auch emotional – angesprochen werden.

Es gibt viele Formen und unterschiedliche Arten von Veranstaltungen und Events. Diese lassen sich anhand ihrer unterschiedlichen Ziele, der verschiedenen Bezugsgruppen und der vielfältigen Anlässe weiter differenzieren.

Die Wirkung von Events

Ein Event wirkt, indem sich die positiven Erlebnisse und Gefühle der Besucher auf das veranstaltende Unternehmen, die Marke, das Produkt oder ein bestimmtes Anliegen übertragen. Die Folge eines gut inszenierten Events sind Sympathie, Vertrauen, Vertrautheit und eine positive Einstellung gegenüber dem Gastgeber und seinen Aktivitäten. Bei der Überzeugungsarbeit im PR-Bereich können Events dazu beitragen, Meinungen zu bilden und Menschen zu motivieren. Gerade bei Kommunikationsthemen, bei denen nicht nur eine vernunftbasierte, sondern eine emotionale Ansprache der Dialoggruppen gefordert ist, sind Events von unschätzbarem Wert. Denken Sie dabei beispielsweise an Aufrufe zu Spendenaktionen, zu einem gesunden Lebensstil oder an Aufgaben wie Aidsprävention. Gelungene Events sind darüber hinaus dazu geeignet, die Aufmerksamkeit der Medien auf sich zu lenken und das „Themen Setting" zu unterstützen. Sie stellen Publizität für Organisationen und ihre Anliegen her, schaffen größere Bekanntheit und können Botschaften vermitteln.

Wichtige Indizien für einen gelungenen Event sind die Teilnehmerzahl und die Zusammensetzung der Teilnehmer, der Aktivierungsgrad der Besucher, die Besucherzufriedenheit, die beobachtbare Atmosphäre des Events und – falls dies für den Event wichtig ist – die erzielte Medienpräsenz.

Bezugsgruppen für Veranstaltungen und Evens

Das Instrument „Veranstaltung" oder „Event" ist nicht nur für Kunden, Händler und weitere Bezugsgruppen der Consumer Relations geeignet. Auch im Bereich der internen Kommunikation und der Standort-PR, sowie in weiteren Dialogfeldern der PR leisten Veranstaltungen einen wichtigen Beitrag zur Erreichung von Kommunikationszielen. Je nach Einsatzgebiet können sich Veranstaltungen an Mitarbeiter, Nachbarn, wichtige „Stakeholder" und weitere Bezugsgruppen der PR richten. Achten Sie jedoch bei Ihrem Event stets darauf, dass – ähnlich wie bei

Sponsoring-Projekten – Ihr Engagement glaubwürdig ist, professionell umgesetzt wird und Sie den Nutzen für die Bezugsgruppen im Auge behalten.

Anlässe und Veranstaltungsarten

Ähnlich wie die Bezugsgruppen, können auch die Anlässe und Arten von Veranstaltungen vielfältig sein: In der internen Kommunikation und in der Standort-PR gehören Mitarbeiterfeste, Feiern anlässlich von Projektstarts und –abschlüssen oder Jubiläen, der Tag der offenen Tür, die Festlichkeiten anlässlich von Gebäudeeinweihungen und Grundsteinlegungen, Vorträge, Präsentationen, öffentliche Diskussionen und Stadtfeste zu den häufigen Veranstaltungen. Darüber hinaus können zu Tagungen, Messen, Kongressen, Ausstellungen, Kunstaktionen, Sponsoringprojekten, Produkt-Neueinführungen oder Auszeichnungen und Preisverleihungen entsprechende Events für unterschiedliche Bezugsgruppen organisiert werden. Im Grunde lässt sich jede PR-Veranstaltung mit etwas Kreativität und guten Ideen in einen Event umwandeln und damit zum besonderen Erlebnis umgestalten. Das jeweilige Programm und die Inszenierung hängen davon ab, welches Kommunikationsziel bei welchen Dialoggruppen erreicht werden soll. Neben informativen Elementen sollten emotionalisierende und auflockernde Programmpunkte in der jeweils strategisch angemessenen Dosierung einbezogen werden. Auch sollten Sie sich überlegen, auf welche Art Sie die Teilnehmer aktiv in das Geschehen mit einbeziehen können.

Projektmanagement für Events

Um gute, erfolgreiche Events auf die Beine zu stellen, benötigen Sie ein professionelles Handwerkszeug. Am besten betrachten Sie Ihren Event wie ein Projekt und planen ihn entsprechend.[2] Das bedeutet:

- Sie sollten festlegen, wie Ihr Projekt organisiert wird, wer es leitet und wer für einzelne Teilaufgaben die Verantwortung übernimmt.
- Sie sollten Ihr Projekt strukturieren, indem Sie die typischen, unterschiedlichen Aufgabenbereiche Ihres Projektes festlegen und in Arbeitspakete mit Teilaufgaben untergliedern.
- Sie sollten Ihr Projekt in zeitliche bzw. inhaltliche Phasen mit festen Anfangs- und Endpunkten (den so genannten „Meilensteinen") aufgliedern, so dass Sie den Verlauf des Projektes in jeder Phase verfolgen und kontrollieren können.
- Sie sollten entsprechende Managementtechniken und –Hilfsmittel einsetzen, die Ihnen bei Organisation, Planung und Kontrolle Ihres Projektes helfen.

---

[2] Ausführliche Informationen, Checklisten und Beispiele zum Thema „Eventmanagement" finden Sie im gleichnamigen Buch von Ulrich Holzbauer u.a. (Springer-Verlag, Berlin 2005). In den folgenden Ausführungen wird die Sichtweise der Autoren aufgegriffen, dass Events wie Produkte konzipiert und vermarktet, sowie wie Projekte gemanagt werden sollten. Das Standardwerk bietet eine Fülle an detaillierten Hinweisen zur Konzipierung, Ausgestaltung und zum Projektmanagement von Events, die nur in sehr eingeschränktem Maße und in stark verkürzter Form in den folgenden Ausführungen berücksichtigt werden konnten. Lesern, die vertiefend in das Thema einsteigen möchten, ist das Buch „Eventmanagement" unbedingt zu empfehlen!

Die typischen Aufgabenpakete für Veranstaltungen bestehen aus den folgenden Arbeitsbereichen, für die Sie jeweils einen Verantwortlichen und bei größeren Events ein eigenes Team festlegen sollten:

- Event- Konzept festlegen: Um eine Strategie für Ihren Event zu entwickeln, müssen Sie Ihre Kommunikationsziele klar definieren. Sie müssen festlegen, welche Dialoggruppen Sie mit dem Event ansprechen wollen und welche Teilnehmerzahl Sie erwarten. Sie brauchen eine Vorstellung von Ihrem idealen Veranstaltungsort, dem passenden Termin und einem angemessenen Zeitrahmen. Sie müssen eine Idee davon entwickeln, welchen Event genau, mit welchen Kernbotschaften, Aktionen oder Programmpunkten Sie anbieten wollen. Sie müssen festlegen, wie Ihr Event beworben werden soll und welche begleitenden Kommunikationsmaßnahmen Sie im Sinne einer integrierten Unternehmenskommunikation durchführen wollen. Schließlich sollten Sie Ihre Ideen auch finanzieren können. Klären Sie möglichst frühzeitig, welches Budget Ihnen zur Verfügung steht und richten Sie Ihr Veranstaltungskonzept darauf aus. Denken Sie dabei auch an mögliche Sponsoren oder Kooperationspartner.
- Logistische Details planen und organisieren: In diesem Aufgabenbereich gilt es, eine Vielzahl von Details festzulegen, die den Fluss von Menschen und Material regeln, den ein Event mit sich bringt. Dazu gehört beispielsweise die Organisation des Catering und die Planung einer Infrastruktur, die für den Besucherstrom und den Programmablauf angemessen ist. Darüber hinaus müssen eventuell Helfer zur Verfügung gestellt, informiert, geschult und eingesetzt werden. Je größer Ihr Event, desto wichtiger und umfangreicher wird es, eine professionelle Logistik sicherzustellen.
- Rechtliche Situation, Sicherheitsaspekte und wirtschaftliche Vorgaben berücksichtigen: Neben der juristisch einwandfreien Gestaltung von unterschiedlichsten Verträgen für Künstler, Zulieferer, Hilfsdienste, Kooperationspartner oder Sponsoren, müssen einige versicherungstechnische Fragen geklärt werden. Und schließlich ist es wichtig, an die behördlichen Sicherheitsvorschriften zu denken. Dazu kommt die Berücksichtigung von steuerrechtlichen, personalpolitischen und wirtschaftlichen Aspekten. Dabei spielt die Kostenkontrolle eine nicht unwesentliche Rolle.
- Das Projekt „Event" professionell managen: Auch das Management Ihres Projektes selbst ist ein eigener Arbeitsbereich. Hierbei gilt es, die obigen Aufgabenbereiche und Verantwortlichkeiten festzulegen, die Phasen des Projektes und seine Meilensteine zu definieren, die Projektpläne zu erstellen, die Umsetzung dieser Pläne laufend zu kontrollieren und alles zu dokumentieren.

Im Folgenden werden einige typische Aufgaben bei der Organisation und Planung von Events detaillierter betrachtet. Dazu gehören die Erarbeitung eines Event-Konzeptes, die Vermarktung des Events, die logistischen Überlegungen, sowie die Kostenplanung und das Controlling einer Veranstaltung. Die wichtigsten Fragen, die Sie dabei beantworten müssen, werden in Checklisten zusammengefasst.

Das Event-Konzept

Der erste Schritt bei der Entwicklung eines Event-Konzeptes ist es, das Ziel, den Nutzen, die Inhalte und die Positionierung dieser Veranstaltung zu definieren. Welchen Namen und welches Logo soll Ihr Event haben? Welches Programm stellen Sie zusammen? Was ist das Besondere, Einzigartige an Ihrem Event? Wer ist Veranstalter und welche weiteren Möglichkeiten, Partner in das Veranstaltungskonzept mit einzubeziehen, soll es geben? Dann sollten Sie sich genauer mit den potentiellen Teilnehmern Ihres Events befassen: Welche Bezugsgruppen definieren Sie? Welche Bedürfnisse oder spezielle Anforderungen haben diese? Müssen Sie spezielle Programmpunkte, Services oder eine spezielle Infrastruktur umsetzen, um den Erfordernissen oder Interessen bestimmter Besuchergruppen gerecht zu werden? Wie wollen Sie Ihren Event bei den Teilnehmern bewerben? Machen Sie sich Gedanken über die Größe Ihrer Veranstaltung: Wie viele Gäste erwarten Sie? Wie stellen Sie sicher, dass für Ihre Veranstaltungsgröße genügend potentielle Besucher angesprochen werden? Klopfen Sie weitere grundlegende Details Ihrer Veranstaltung fest: Welchen Termin und welche Veranstaltungsdauer können Sie einplanen? Welche Locations kommen in Frage? Welche logistischen Voraussetzungen müssen Sie schaffen? Welche Infrastruktur benötigen Sie? Welches Budget steht Ihnen zur Verfügung? Die Antworten auf diese Fragen werden in einem Event-Konzept zusammengefasst. Dieses wird den Entscheidern vorgelegt, die darüber befinden, ob die Veranstaltungsidee weiter verfolgt werden soll.

Die Fragen in Tabelle 6.3 helfen Ihnen dabei, die Inhalte Ihres Event-Konzeptes zu entwickeln.

Bei der Entwicklung und Optimierung Ihres Konzeptes sollten Sie berücksichtigen, dass jede Entscheidung in dieser Phase bereits erhebliche finanzielle Auswirkungen hat!

Die Event-Vermarktung und Kontrolle

Bei der Event-Vermarktung geht es darum, die genaue Ausgestaltung des Events den Erfordernissen der Bezugsgruppen anzupassen und sicherzustellen, dass die richtigen Gäste in der gewünschten Anzahl zum Event erscheinen. Vor allem muss in diesem Schritt also die Bewerbung des Events geplant werden. Zudem muss geprüft werden, welche Auswirkungen die detaillierte Ausgestaltung des Events nach den Erfordernissen der Gäste auf die Kosten hat und wie sichergestellt werden kann, dass das Budget eingehalten wird. Darüber hinaus muss der Event so geplant und organisiert werden, dass eine Kontrolle des Event-Verlaufs zu jedem Zeitpunkt möglich ist. Bei Vermarktung und Kontrolle Ihres Events sollten Sie die Fragen in Tabelle 6.4 mit einbeziehen.

Nicht alle hier aufgeworfenen Fragen werden für Ihren Event relevant sein. Die Checkliste wird Ihnen jedoch dabei helfen, keine wichtigen Arbeitsschritte zu übersehen und für alle Eventualitäten gewappnet zu sein.

Die logistische Planung

Bei der logistischen Detailplanung eines Events geht es darum, Material, Personen, Dienstleistungen und Informationen zum richtigen Zeitpunkt in der richtigen Menge und Qualität am richtigen Ort verfügbar zu machen. Zudem sollte das Ganze

Tabelle 6.3 Checkliste: Fragen zur Entwicklung Ihres Event-Konzeptes

---

Art und Positionierung des Events
- Welchen Namen hat Ihr Event? Gibt es ein Event-Logo?
- Welches Ziel hat Ihr Event?
- Welchen besonderen Zusatznutzen können Sie den Besuchern bieten?
- Gibt es vergleichbare oder konkurrierende Veranstaltungen und wie setzen Sie sich von diesen ab? Was macht Ihren Event einzigartig, neu, besser?
- Welche Botschaften wollen Sie vermitteln?
- Welchen Inhalt hat Ihr Event? Welches Programm wollen Sie bieten? Welche Verpflegung sollen die Gäste erhalten?
- Wer ist Träger Ihrer Veranstaltung?
- Wollen Sie zusätzliche Kooperationspartner oder Sponsoren mit einbeziehen? Welche Voraussetzungen sollte ein Kooperationspartner oder Sponsor mitbringen? Welche Leistungen und Gegenleistungen können Sie einem möglichen Sponsor anbieten?

Bezugsgruppen
- An welche Bezugsgruppen richtet sich Ihr Event?
- Welche Interessen und Bedürfnisse haben diese Bezugsgruppen?
- Gibt es Besuchergruppen, die besondere Anforderungen an das Programm, die Services, die Bewirtung oder die Infrastruktur stellen? (Denken Sie beispielsweise an Kinder, Jugendliche, VIPs, Behinderte, Senioren, Nutzer des öffentlichen Personennahverkehrs, Pkw-Fahrer, Besucher mit speziellen Sicherheitsanforderungen etc.)
- Wie viele Gäste erwarten Sie? Wie stellen Sie sicher, dass Sie die geplante Gästezahl erreichen? Werden Veranstaltungskarten verkauft? Werden Einladungskarten mit Rückantwort versandt? Müssen sich Teilnehmer vorab registrieren oder anmelden? Ist die Teilnehmerzahl begrenzt? Gibt es Erfahrungswerte für ähnliche Veranstaltungen?
- Welche Auswirkungen hat die Größe Ihrer Veranstaltung auf die Infrastruktur, die Logistik, das Risikomanagement und sonstige Sicherheitsaspekte?
- Wie informieren Sie die potentiellen Teilnehmer über Ihren Event? Welche Werbemaßnahmen sind für Ihren Event geeignet? Welche begleitende Kommunikation ist denkbar?

Veranstaltungstermin, -ort und -dauer
- Wie lange soll Ihre Veranstaltung dauern?
- Welche Terminfenster kommen für die Veranstaltung in Frage? Gibt es Termine, die für Ihre Bezugsgruppe besonders günstig sind? Gibt es konkurrierende Termine?
- Haben Sie genügend Vorbereitungszeit zur Einhaltung des Termins? Ist zum Termin Ihr Wunschprogramm umsetzbar?
- Welche Orte kommen als Veranstaltungsort in Frage? Sind sie zum Wunschtermin buchbar?
- Welche Infrastruktur, welche Ausstattung und welche logistischen Voraussetzungen haben diese Orte? Was müsste angeliefert, aufgebaut und wieder abtransportiert werden?

Budget, Kosten und Ressourcen
- Welches Budget haben Sie für die Veranstaltung? Welche Kosten müssen Sie für Ihren Wunsch-Event einplanen?
- Welche Ressourcen an Zeit und Personal benötigen Sie zur Planung und Umsetzung Ihres Events? Welche Hilfsmittel oder Geräte benötigten Sie zur Umsetzung?
- Welche Qualifizierung des Personals ist notwendig? Wie viel geeignetes Personal steht zur Verfügung? Welche Dienstleistungen können oder müssen – zu welchen Kosten – extern eingekauft werden?
- Welches Kosten-Nutzen-Verhältnis (für den Veranstalter) wollen Sie erzielen? Ist dies auch aus der Sicht der Gäste realistisch? Welche kostenmäßige Eigenbeteiligung der Gäste wäre denkbar und in welcher Höhe?

Tabelle 6.4   Checkliste: Fragen zur Vermarktung und Kontrolle Ihres Events

---

Wie muss Ihr Event konkret ausgestaltet werden?

- Welches Programm müssen/sollen/können Sie bieten, um Ihre Ziele zu erreichen, die Bedürfnissen der Gäste zu erfüllen und Ihr Budget einzuhalten? Wie sieht dieses Programm genau aus?
- Welchen besonderen Service oder besonderen Nutzen können Sie den Gästen bieten?
- Wie soll die Verpflegung bzw. das Catering aussehen und organisiert werden? Gibt es Selbstbedienung oder Service am Tisch?
- Ist der Veranstaltungsort bekannt? Kann man ihn leicht erreichen? Welche Zugangswege gibt es? Wie viele Parkplätze werden benötigt?
- Welchen Rahmen benötigen Sie für den Event? Benötigen Sie einen Außenbereich? Wie muss dieser gestaltet werden? Wie sehen der Eingang und das Foyer aus? Wo sind die Garderobe, die Bühne, der Gastronomiebereich, die Toiletten, der VIP-Bereich, Umkleideräume, Küche etc. und wie werden diese gestaltet? Welche Dekoration oder Ausstattung braucht der Veranstaltungsort? Wie sollte die Bestuhlung bzw. Einrichtung aussehen?
- Benötigen Sie Absperrungen, Hinweisschilder, Gabelstapler, einen Kran oder sonstige Hilfsmittel und Maschinen?
- Welche und wie viele Hilfskräfte brauchen Sie? Wie sollen Hilfs- und Servicekräfte als solche erkannt werden?
- Gibt es Einschränkungen bei schlechtem Wetter? Welchen Alternativplan haben Sie?

Wie können Sie ein akzeptables Preis-Leistungs-Verhältnis für den Event herstellen?

- Wer trägt die Kosten Ihrer Veranstaltung?
- Kann die Veranstaltung ganz oder teilweise durch kostenpflichtige Angebote/Services finanziert werden (z.B. durch Eintrittsgelder, Preise für Speisen und Getränke, Losverkauf etc.)? Wer kontrolliert in diesem Fall den Kartenverkauf, den Einlass, die Getränke- und Speisenabgabe? Und wie wird das organisiert? Gibt es Sonderkonditionen für besondere Personengruppen, z.B. VIPs? Welche Kosten und Erlöse werden bei verschiedenen Besucherzahlen und mit verschiedenen Szenarien erzielt?
- Können die Kosten durch einen passenden Kooperationspartner verringert werden? Würde ein Kooperationspartner das Image und die Wirkung des Events beeinflussen?
- Kann der Event durch Sponsorengelder oder gespendete Sachleistungen teilweise oder ganz finanziert werden? Welche Auswirkungen hätte dies auf das Image und die Glaubwürdigkeit des Events?

Wie erfahren die Besucher von Ihrem Event und welche begleitenden Kommunikationsmaßnahmen sind notwendig?

- Wie erfahren die Bezugsgruppen von Ihrer Veranstaltung?
- Wie wird die Verbreitung der Einladungen oder der Verkauf der Eintrittskarten organisiert?
- Wie sieht Ihre Werbekampagne für den Event aus? Welches Budget für Werbemaßnahmen haben Sie? Welche Zielgruppen in welchem Gebiet wollen Sie erreichen? In welchen Medien und in welchem Umfang wollen Sie Ihre Werbung schalten (z.B. Anzeigen, Plakate, Werbespots in TV und Funk, Beilagen)? Wie lautet Ihre Werbebotschaft? Welche Werbegestaltung stellen Sie sich vor?
- Welche weiteren Werbemittel planen Sie? Planen Sie Direktmailings oder persönliche Einladungsschreiben? Gestalten Sie ein Programmheft? Verteilen Sie Handzettel? Wollen Sie eine eigene Website zu Ihrer Veranstaltung erstellen oder auf anderen Online-Plattformen für Ihre Veranstaltung werben?
- Welche begleitende Pressearbeit planen Sie? Gibt es eine Presseankündigung oder eine Pressekonferenz zu Ihrer Veranstaltung? Planen Sie spezielle PR-Aktionen, um die Aufmerksamkeit der Medien auf Ihren Event zu lenken? Könnten Sie mit einem Medienpartner exklusiv zusammenarbeiten, um die Publizität für Ihren Event zu erhöhen? Wie betreuen Sie die Journalisten vor, während und nach dem Event?

Tabelle 6.4 (Fortsetzung)

- Wie betreuen Sie VIPs oder besondere Künstler vor, während und nach der Veranstaltung?
- Welche begleitenden Kommunikationsmaßnahmen sind notwendig? Wie bereiten Sie die Anwohner auf Ihren Event vor? Wie kommunizieren Sie Ihren Event gegenüber den Mitarbeitern Ihrer Organisation? Wie bereiten Sie die Mitarbeiter, Dienstleister und das Hilfspersonal auf die Veranstaltung vor? Müssen diese spezielle geschult oder angeleitet werden? Wie wollen Sie den Teilnehmern, Helfern, Dienstleistern und Organisatoren nach der Veranstaltung danken?

Welche Kosten fallen an und wie behalten Sie die Kontrolle über den Event?
- Haben Sie alle anfallenden Kosten berücksichtigt (z.B. für Organisation, Einladung, Public Relations, Werbung, Reisen, Kartenverkauf, Logistik, Infrastruktur, Ver-/Entsorgung, Geräte und Hilfsmittel, Dekoration, Personal für Auf-/Abbau, Sicherheitspersonal, technisches Personal, sonstige Hilfskräfte, Verpflegung, Raummiete, Akteure/Künstlergagen, GEMA-Gebühren, Bühnentechnik, sonstige Gebühren, Versicherungen und Steuern)?
- Personalkosten: Wissen Sie, wie viel und welche Art von Personal Sie brauchen? Müssen Sie das Personal einweisen oder schulen? Müssen Sie externes Personal einkaufen? Haben Sie für jeden Arbeitsvorgang das entsprechend qualifizierte Personal, die benötigten Geräte und Sachmittel, sowie das nötige Geld einkalkuliert?
- Kostenkontrolle: Haben Sie die Kosten zeitlich so verteilt, dass Sie wissen, zu welchem Zeitpunkt welche Kosten anfallen? Können Sie zu jedem Zeitpunkt des Projektverlaufs feststellen, wie viele Kosten bereits angefallen sind und welche Kosten noch kommen werden?
- Einnahmen: Haben Sie alle möglichen Einnahmequellen berücksichtigt (z.B. Eintrittspreise, Spenden und Sponsorengelder, Sachspenden, Fördermittel, freiwillige Mitarbeiter, verschiedene Budgets, etc.)?
- Haben Sie alle möglichen Einnahmen-Ausgaben-Szenarien durchgespielt?
- Laufendes Controlling: Können Sie in jeder Projektphase bzw. nach jedem Meilenstein kontrollieren, ob der Event wie geplant läuft? Erhalten Sie vor der Veranstaltung entsprechende Hinweise auf einen Erfolg (z.B. über Vorverkaufszahlen, Rückantworten, telefonische Nachfrage, etc.)? Haben Sie einen Verantwortlichen, der während der Veranstaltung eventuelle Fehlentwicklungen erfasst und gegenlenken kann (z.B. Parkplatz ist voll; Toiletten funktionieren nicht; Technik ist ausgefallen; etc.)?
- Organisation und Abstimmung: Sind alle Abstimmungsprozesse und Entscheidungskompetenzen klar geregelt? Sind regelmäßige Besprechungen angesetzt? Verfügen alle Beteiligten über einen Notfallplan und die benötigten Kontaktdaten? Haben Sie kontrolliert, ob Polizei, Feuerwehr und Rettungsdienste für den Notfall einsatzbereit sind?
- Dokumentation: Werden alle Dokumente (Verträge, Aufträge, Angebote, Rechnungen, Quittungen, Protokolle, Schriftverkehr, wichtige Kontaktdaten, Projektorganisation, Projektpläne, Checklisten, Formulare, Kommunikationsmaßnahmen etc.) gesammelt und übersichtlich in einem Projektordner erfasst? Wird die Dokumentation der Veranstaltung in Wort und Schrift, Ton, Bild und/oder Video sichergestellt?
- Nachbereitung und Ergebniskontrolle: Haben Sie eine Feedbackrunde mit allen Beteiligten eingeplant? Wie messen Sie den Erfolg Ihrer Veranstaltung? Werden die Presseveröffentlichungen ausgewertet? Wie halten Sie das wirtschaftliche Ergebnis fest? Wie werden die Erkenntnisse Ihrer Erfolgsmessung aufbereitet und weiter genutzt?

---

zu den eingeplanten Kosten geschehen, sauber und sicher sein. Der logistische Aufwand hängt im Einzelfall von der Art und Ausgestaltung Ihres Events, der Anzahl von Besuchern und den Ansprüchen Ihrer Gäste ab. Mithilfe der folgenden Fragen in Tabelle 6.5 können Sie die logistischen Anforderungen Ihres Events planen:

Tabelle 6.5 Checkliste: Fragen zur Planung Ihrer Event-Logistik

Wie soll die Verpflegung auf Ihrem Event konkret aussehen?
- Welche Ansprüche haben Veranstalter und die Besucher des Events? Ist das Catering ein entscheidender Erlebnisfaktor für Ihren Event? Wird das Catering mit Bedienung oder mit Selbstbedienung geplant? Gibt es für VIPs ein besonderes Catering?
- Welche Auswahl an Speisen wollen Sie bieten (z.B. qualitative Aspekte, lokale/regionale/ internationale Küche, vegetarische Gerichte, Fertigware, frisch zubereitete Ware etc.) und welche Utensilien brauchen Sie für Aufbewahrung, Ausgabe und Verzehr (z.B. Servietten, Besteck, Gläser, Kühlschränke, etc.)?
- Welche Auswahl an Getränken wollen Sie bieten (z.B. alkoholfreie/alkoholhaltige, einfache/hochwertige, Mixgetränke, Cocktails etc.) und welche Hilfsmittel benötigen Sie dafür (z.B. Flaschenöffner, Zapfanlage, Kühlraum, Kühlgeräte, Eismaschine, Tresen etc.)?
- Wollen Sie für Gläser, Teller, Besteck etc. ein Pfandsystem einführen und wie soll dieses organisiert werden? Gibt es für Teilbereiche ein gesetzlich vorgeschriebenes Pflichtpfand?
- Welche Mengen an Speisen und Getränken benötigen Sie voraussichtlich? Haben Sie alle Einflüsse, die sich auf die benötigte Speisen- und Getränke-Menge auswirken können, berücksichtigt (z.B. Anzahl der Besucher, typische Verhaltensweisen der Besucher, Temperaturen, Tageszeit etc.)?
- Wollen Sie das Catering selbst organisieren oder auf professionelle Dienstleistungsfirmen zurückgreifen? Wie wirkt sich die Fremdvergabe auf Ihre Kosten aus? Welche Auswahl an potentiellen Catering-Dienstleistern gibt es? Wie sieht Ihre Vertragsgestaltung mit dem Catering-Dienstleister konkret aus (Speisenangebot und Qualität bzw. Marke, Getränkeauswahl, Anzahl und Bekleidung der Servicekräfte, Haftung/Verantwortung, Rücknahme-Verpflichtung, Nachlieferungen etc.)?
- Wie und wann sollen die Bewirtungsbereiche wieder abgebaut werden? Was machen Sie mit den übrig gebliebenen Speisen und Getränken?
- Wie wird während und nach der Veranstaltung die Beseitigung des Abfalls und die Reinigung geregelt?

Wie halten Sie bei der Verpflegung Ihrer Gäste die gesetzlichen Vorschriften ein und wie behalten Sie die Kontrolle?
- Kennen Sie die Lebensmittelvorschriften und werden diese eingehalten? Wie wird sichergestellt, dass die Kühlkette der Lebensmittel eingehalten wird? Wie werden fachgerechter Transport und Lagerung sichergestellt?
- Werden die Hygienevorschriften eingehalten?
- Wie wird sichergestellt, dass an Jugendliche kein Alkohol ausgeschenkt wird?
- Wurden die Verträge für Zulieferer und Catering-Dienstleister entsprechend überprüft?
- Wurden alle Verkaufsstände, Bewirtungszonen, Sitz- und Stehmöglichkeiten gut platziert, haben diese ausreichende Strom- und Wasserversorgung und werden sie rechtzeitig fertig?
- Wie wird die Qualität der Speisen und Getränke, die Freundlichkeit und korrekte Arbeitsweise des Personals kontrolliert? Wie wird sichergestellt, dass das nötige Personal in der richtigen Anzahl, zur richtigen Zeit, am richtigen Ort ist?

Was müssen Sie bei der Auswahl des Veranstaltungsorts für einen Event berücksichtigen?
- Grundsätzliches: Welche Rahmenkriterien soll Ihr Veranstaltungsort aufweisen (z.B. Kapazität, besondere Infrastruktur, Ausstattung etc.)? Hat der Veranstaltungsort das richtige Ambiente, den richtigen Stil für Ihre Veranstaltung?
- Konditionen: Wie ist das Preis-Leistungs-Verhältnis des Veranstaltungsortes? Welche Zahlungs- und Stornobedingungen gibt es?
- Termin: Zu welchen Terminen ist Ihr Wunschort frei? Wie lange kann der Ort/Raum reserviert bzw. optioniert werden? Wie lange vor und nach der Veranstaltung steht der Raum/Ort zur Verfügung?

Tabelle 6.5 (Fortsetzung)

- Erreichbarkeit und Zugang: Wie sieht die Erreichbarkeit des Veranstaltungsortes aus? Muss für die Zufahrt zum Veranstaltungsort eine Straßensperrung oder Kontrolle erfolgen? Müssen Besonderheiten bei den Zugangswegen und Räumen berücksichtigt werden (z.b. Barrierefreiheit)? Gibt es Zugangsbeschränkungen für die Veranstaltungsräume oder speziell abzusperrende Teilbereiche (z.b. VIP-Areale, Backstage etc.) und wie wird der Zugang organisiert? Welche Beschilderung muss am Veranstaltungsort aufgebaut werden, um die Besucherströme zu lenken?
- Ausstattung: Welche Stationen mit welcher Ausstattung und Kapazität müssen Sie am Veranstaltungsort berücksichtigen (z.b. Verkaufsstände, Bewirtungsareale, Bühne, Toiletten, Wickelräume, Garderobe, VIP-Räume, Aktionsflächen, Raucher-/Nichtraucherzonen, etc.)? Welche Ausstattungsgegenstände müssen antransportiert, aufgebaut und/oder abgebaut werden? Gibt es ausreichend sanitäre Anlagen und wie sind diese ausgerüstet? Gibt es ausreichend Wasser- und Stromanschlüsse und an welchen Stellen sind diese in welcher technischen Ausstattung verfügbar?

Wie können Sie die Sicherheit und Sauberkeit am Veranstaltungsort gewährleisten?
- Gibt es Notausgänge mit entsprechender Beschilderung, die den Vorschriften entsprechen?
- Wird für besondere Gäste, Künstler oder VIPs Personenschutz notwendig sein?
- Müssen Feuerwehr, Polizei, Ersthelfer vor Ort sein und wenn ja in welcher personellen Anzahl, für welche Aufgaben und mit welcher Ausrüstung? Müssen spezielle Bereiche oder Parkverbotszonen für Rettungsdienste u.a. eingerichtet werden?
- Haben Sie Notfallpläne für Unfälle und andere unerwartete Ereignisse? Gibt es auch Notfallpläne für Seh-, Gehör- und Gehbehinderte? Sind Ihre Notfallpläne mit der Polizei, der Feuerwehr, dem Sanitätsdienst abgestimmt? Haben Sie auch an die Kommunikationswege im Notfall gedacht? Wer übernimmt die Leitung, wer muss wann und wie sofort informiert werden? Wer informiert auf welche Weise die Besucher, ggf. Angehörige und ggf. die Medien?
- Haben Sie alle notwendigen Versicherungen abgeschlossen (z.B. Veranstalter-Haftpflichtversicherung, Mietsachenschadenversicherung, Ausfallversicherung etc.)?
- Wie werden die sanitären Anlagen sauber gehalten und regelmäßig mit dem notwendigen Material ausgestattet?
- Durch welche Maßnahmen kann auf dem Event Müll vermieden werden? Welches Müllaufkommen wird erwartet und welche Ansprüche haben die Besucher an die Sauberkeit des Veranstaltungsortes? Wo werden Müllbehälter aufgestellt? Wie oft werden die Behälter geleert und gesäubert?

Wie organisieren Sie Anreise, Abreise und Besucherströme auf dem Event?
- Anfahrt: Wie ist der Veranstaltungsort erreichbar? Wie wird die An- und Abreise der Besucher organisiert? Wie kann die Anreise der Gäste besonders angenehm gestaltet werden? Muss ein Shuttle-Service organisiert werden? Wie werden die Besucher zu den Parkplätzen gelotst und wie werden diese Parkplätze organisiert und bewacht? Muss der Anfahrtsweg besonders ausgeschildert werden und wie sollte dies geschehen? Gibt es Anfahrtsskizzen? Müssen weitere Parkplätze erschlossen werden?
- Zugang und Gästeaufkommen: Wie wird der Zugang, die Zugangskontrolle (auch zu abgesperrten Bereichen) und die Bewegung der Besucher am Veranstaltungsort organisiert? Kommen alle Gäste auf einmal oder zeitlich versetzt? Wie gehen Sie mit zu wenigen oder zu vielen Gästen um?
- Aufenthalt: Wann müssen die Hotelzimmer reserviert werden, in welchen Mengen und in welcher Ausstattung? Wie erfolgt der Transfer vom Hotel zum Veranstaltungsort und zurück (z.B. für VIP-Gäste, Künstler etc.)? Wie wird sichergestellt, dass alle Akteure des Events zur richtigen Zeit am richtigen Ort sind?
- Personal: Welche Hilfsdienste werden benötigt (z.B. Handwerker, IT-Spezialisten, Bühnentechniker, Catering-Mitarbeiter, Servicekräfte, Beratungs- und Informationsdienste etc.) und wo werden diese in welcher Anzahl eingesetzt?

Tabelle 6.5 (Fortsetzung)

Wer braucht welche Informationen und wann?

- Projekt-Kommunikation: Wie sind die Informationsflüsse zwischen Event-Team, Projektmanagement, Veranstalter, Sponsoren, Kooperationspartner, Ämtern, Rettungs- und Sicherheitsdiensten, Anwohnern, Dienstleistern, Caterern und sonstigen Geschäftspartnern organisiert? Hat jeder Mitarbeiter alle relevanten Telefonnummern und ein Handy oder Funkgerät? Gibt es eine elektronische Projektplattform, einen E-Mail-Verteiler, regelmäßige Besprechungen oder Briefings?
- Besucher-Kommunikation: Wie ist die Kommunikation mit den Besuchern organisiert (auch im Notfall)? Wie erfahren die Besucher von den Anreise- und Übernachtungsmöglichkeiten, von den Konditionen und Inhalten des Events?
- Notfall-Kommunikation: Gibt es Alarm- und Notfallpläne?
- Presse-Kontakt: Wer ist autorisiert, mit der Presse zu sprechen? Gibt es einheitliche Sprachregelungen?
- Cross-Communications: Haben Sie auch an begleitende Information und Einbindung von Mitarbeitern, Kunden, Geschäftspartnern und weiteren PR-Bezugsgruppen gedacht?

Risikomanagement, behördliche Auflagen und Dokumentation des Events

Obwohl bereits viele Details zum Risiko-Management in den obigen Checklisten enthalten sind, sollten Sie sich noch einmal gründlich mit allen relevanten Risiken, sowie mit behördlichen Auflagen beschäftigen.

Beim Risikomanagement geht es darum, die bestehenden Risiken zu identifizieren, zu bewerten und möglichst zu bewältigen oder gering zu halten. Sie müssen sich überlegen: Was kann schief gehen? Wie wahrscheinlich tritt dieser Fall ein? Welche Folgen hätte das? Wie kann das verhindert werden? Wie kann die Wahrscheinlichkeit, dass dieser Fall eintritt minimiert werden? Wie können die Folgen des Risikofalls möglichst gering gehalten werden? Im Allgemeinen besteht bei Veranstaltungen ein Finanzrisiko, das durch die Berechnung aller möglichen Einnahmen-Ausgaben-Szenarien minimiert werden kann. Zudem besteht ein Betriebsrisiko, dass beispielsweise Nahrungsmittel verdorben sind, das Personal folgenreiche Fehler macht, ein Unfall passiert oder ein Hauptdarsteller ausfällt. Diese Risiken können Sie meist durch geeignete Vorsichtsmaßnahmen, Kontrollen oder durch entsprechende Versicherungen und Verträge in den Griff bekommen. Darüber hinaus sollte man das so genannte Rechtsrisiko bedenken, falls es zu Vertragsstreitigkeiten kommt.

Bei den behördlichen Auflagen und Gesetzen sollten Sie vor allem an folgende Bereiche denken:

- Versammlungsstättenverordnung: Darin werden Auflagen, wie Flucht- und Rettungswege, die Bestuhlung, Notausgänge, Brandschutzeinrichtungen und Anforderungen an die Unfallverhütung erfasst.
- Jugendschutzgesetz: Dort ist beispielsweise die Alkoholabgabe an Jugendliche geregelt oder die Altersbeschränkungen für Veranstaltungen.
- Verkehrsrechtliche Anordnungen: Beim Ordnungsamt müssen unter Umständen Genehmigungen für Absperrungen, veränderte Verkehrsführungen etc. eingeholt werden.

- Für Musik und Künstler: Achten Sie darauf, dass bei öffentlicher Musik-Vorführung GEMA-Gebühren anfallen und dass Künstler eine Künstlersozial-versicherung benötigen!
- Lebensmittelhygiene-Vorschriften: In diesem Bereich dürfen Sie keine Risiken eingehen!
- Steuern und Abgaben: Lassen Sie von einem Steuerberater prüfen, wie die Einnahmen aus Ihrem Event steuerlich behandelt werden und welche Nachweise Sie aufbewahren müssen. Und: Beachten Sie bei innerbetrieblichen Veranstaltungen die Grenzen für den steuerfreien „geldwerten Vorteil" der Mitarbeiter!

Achten Sie darauf, dass Sie Organisation, Planung und alle Vorgänge sorgfältig dokumentieren. In einem echten oder virtuellen Projektordner sollten zumindest die folgenden Unterlagen gesammelt und in aktueller Version aufbewahrt werden:

- Veranstaltungskonzept
- Projektorganisation (Aufgabenbereiche mit Verantwortlichen und Kontaktdaten)
- Telefonlisten für Organisation, Abstimmung und Notfallpläne
- Projektstruktur (Meilensteine, Aufgabenstruktur, Aufgabenablauf, Verantwortlichkeiten)
- Terminpläne, Kapazitäts-/Personalpläne, Kostenpläne
- Projekt-Detailplan mit aktuellem Projektstatus
- Protokolle und Gesprächsnotizen
- Checklisten, Netzpläne etc.
- Controlling-Unterlagen
- Verträge und Versicherungspolicen
- Schriftverkehr
- Rechnungen und Quittungen

Falls Ihr individueller Event weitere Materialien zur Dokumentation benötigt, müssen Sie Ihren Projektordner entsprechend ergänzen. Beispielsweise könnten auch Filmaufnahmen, digitales Material, Skizzen oder Fotos für Ihren Event wichtig sein, die Sie entsprechend aufbewahren und verfügbar halten müssen. Ferner sollten Sie – wie immer in der PR – bereits bei der Planung daran denken, wie Sie den Erfolg Ihres Events messen wollen. Lesen Sie hierzu auch den Abschn. 2.4 „Die Erfolgskontrolle". Davon ausgehend werden Sie weitere Materialien in Ihrem Projektordner sammeln müssen, mit denen Sie die Erfolgsmessung durchführen und auswerten.

Die Ausführungen in diesem Kapitel machen deutlich, dass eine Veranstaltung mit zu den aufwändigsten PR-Instrumenten zählt. Falls Sie noch wenig Erfahrung in diesem Bereich haben, sollten Sie entweder mit kleineren, übersichtlichen Events beginnen. Oder Sie wenden sich an eine professionelle Event-Agentur, die Sie bei dieser Aufgabe unterstützen kann. Sie werden jedoch in jedem Fall dafür verantwortlich sein, dass Ihr Event zu Ihrer PR-Strategie passt, eine überzeugende Kernidee hat und dass Sie den Erfolg Ihrer Veranstaltung kontrollieren und dokumentieren können. Dabei werden Ihnen die ausführlichen Checklisten sicherlich sehr hilfreich sein. Also: Versuchen Sie es doch einfach und gestalten Sie Ihren eigenen PR-Event! Viel Erfolg dabei!

Aufgabe 5: Planen Sie einen Kunden-Event!

In dieser Übung werden Sie Schritt für Schritt einen Kunden-Event konzipieren und planen. Sie werden eine Event-Idee entwickeln, diese zu einem Konzept ausarbeiten und konkret ausgestalten. Darüber hinaus werden Sie erfahren, wie Sie die Methoden und Instrumente des Projektmanagement auf Ihren Event anwenden, um diesen erfolgreich organisieren, planen, umsetzen und kontrollieren zu können. Schließlich werden Sie sich auch über die begleitenden Kommunikationsmaßnahmen zu Ihrem Event Gedanken machen.

Als Anschauungsbeispiel für einen Kunden-Event wird die Siegerehrung zum Plakat-Oscar dienen – einem Kreativ-Wettbewerb um das beste Plakat des Jahres, der von der Plakat AG ausgeschrieben wird. Diese PR-Maßnahme kennen Sie bereits aus Aufgabe 1 und 2. Am besten, Sie lesen sich diese Aufgaben noch einmal kurz durch, um den Anschluss zur jetzigen Aufgabe leichter zu finden.

1. Schritt: Machen Sie eine Voranalyse zu Ihrer Event-Idee!
Im ersten Schritt müssen Sie die konzeptionellen Grundlagen für Ihre Event-Idee zusammentragen und prüfen, ob, wann, wo, wie und für wen Ihr Kunden-Event sinnvoll durchzuführen wäre.

- Was ist der Anlass für Ihre Veranstaltung?
- Welche Kundengruppen wollen Sie ansprechen?
- Welche Kommunikationsziele wollen Sie mit Ihrer Kundenveranstaltung bei der Kernzielgruppe erreichen? Gibt es weitere, untergeordnete Kommunikationsziele für weitere Bezugsgruppen der PR?
- Wie viele Teilnehmer soll Ihre Veranstaltung voraussichtlich haben?
- Gibt es ähnliche oder konkurrierende Veranstaltungen dieser Art, die die gleiche Kundengruppe ansprechen? Wo, wann und mit welcher Ausgestaltung finden diese statt?
- Wo liegt das Besondere Ihres Events im Vergleich zu den bestehenden? Wie wollen Sie sich abgrenzen?
- Wie schätzen Sie die Akzeptanz Ihrer Veranstaltung bei der Kundengruppe ein? Und wie könnten Sie diese erhöhen?
- Welcher Ort und Zeitraum wäre für Ihre Veranstaltung sinnvoll? Was wäre für Ihre Kundengruppe adäquat?
- Welches Budget benötigen Sie, um die Grundvoraussetzungen an Personenanzahl, Ausgestaltung, Ort und Termin zu erfüllen?

Halten Sie die wesentlichen Erkenntnisse Ihrer Vorüberlegungen in einer kurzen Ideen-Skizze fest.

2. Schritt: Definieren Sie die Kundengruppen für Ihren Event!
Jetzt müssen Sie sich näher mit Ihren Kundengruppen und deren Bedürfnissen auseinandersetzen. So können Sie klären, welche konzeptionellen Details Ihr Event aufweisen muss, um akzeptiert und erfolgreich zu sein.

- Lässt sich die oben identifizierte Kundengruppe weiter differenzieren und nach welchen Kriterien?
- Was wissen diese Kundengruppen über Ihr Produkt, Ihr Unternehmen oder Ihre Markenwelt und welche Einstellungen haben sie dazu?
- Welche besonderen Bedürfnisse, Interessen und Vorlieben haben diese Kundengruppen in Bezug auf Ihr Unternehmen oder seine Produkte?
- Welche Anforderungen haben diese Kundengruppen grundsätzlich an Veranstaltungen der von Ihnen geplanten Art?
- Wie viele Personen sind in dieser Kundengruppe, für die der Event sinnvoll, geeignet und wirtschaftlich durchführbar ist?
- Welche weiteren Gästegruppen müssen oder wollen Sie berücksichtigen und in welcher Anzahl?

Machen Sie eine Aufstellung, welche Gästegruppen Sie auf Ihrer Veranstaltung begrüßen möchten, welches Anforderungsprofil diese haben und welche Kommunikationsziele Sie jeweils erzielen wollen (siehe Abb. 6.1).

3. Schritt: Gestalten Sie die Botschaften und Inhalte Ihrer Veranstaltung!
Aufbauend auf Ihrer Gästeliste, deren Bedürfnissen und den Zielen des Events können Sie nun die Kernbotschaften festlegen und einen ersten Entwurf für Programm, besondere Aktionen und Ablauf des Events machen.

- Welches Bedürfnis der verschiedenen Teilnehmergruppen befriedigen Sie?
- Welche Kernbotschaften wollen Sie vermitteln? Welchen Argumentationsstil wollen Sie für die Vermittlung der Botschaften verwenden?
- Welches Programm oder welche Aktionen vermitteln Ihre Kernbotschaften?

▶

Abb. 6.1 Die Vorüberlegungen der Plakat AG zu den Anforderungen der Event-Gäste. Die Plakat AG hat ihre Vorüberlegungen zu den potentiellen Gästen ihres Events in einer Tabelle festgehalten. Darin sind vor allem die Anforderungen dieser unterschiedlichen Gäste- und Kundengruppen an die geplante Siegerehrung zusammengefasst. Auch wurde so das Gästepotential ermittelt und die Größe der Veranstaltung eingegrenzt. Es wurde festgestellt, dass ein Teil der jüngeren Dialoggruppen Party-Atmosphäre bevorzugt, während für die etablierten Kundengruppen ein gesprächsfreundliches Ambiente geschaffen werden sollte. Auch wurden Gästegruppen festgestellt, die besondere Anforderungen an die persönliche Betreuung stellen. Zudem wurden grundsätzliche Erkenntnisse zur Ausgestaltung des Events gewonnen.

Siegerehrung zum „Plakat Oscar"

Kundengruppen, Gäste und weitere Bezugsgruppen

Kundengruppen / Gäste	Bedürfnisse /Anforderungsprofil	Anzahl (ca. Potential)
Sieger: Werbeleiter / Marketingleiter der Auftraggeber	Anerkennung für berufliche Leistung; VIP-Betreuung; exklusive Einsichten in das Medium Plakat; Informationen für die Optimierung ihrer beruflichen Aufgabe; Kontakt zu Gleichgesinnten, „Dazugehören"; Medienpräsenz; exklusives, gepflegtes Ambiente; qualitativ hochwertige Verpflegung u. kompetenter Service;	6
Sieger: Geschäftsführer, Art Direktoren, Kontakter, Kreativ-Team der Werbeagenturen	Etablierte: s. o.; Jüngere bzw. Nachwuchs: Berufliche Profilierung / Aufstiegsmöglichkeit; Bekanntheit gewinnen und Medienpräsenz, „Dazugehören", Kontakt mit Etablierten; lockere Party-Stimmung, ausgelassen feiern; szeniges, trendy Ambiente; keine gesetzte, förmliche Veranstaltung;	24
Teilnehmer am Plakat Oscar: Werbeleiter / Marketingleiter der Auftraggeber	Neugier (Was machen die anderen?), exklusive Einsichten in das Medium Plakat; Informationen für die Optimierung ihrer beruflichen Aufgabe; Kontakt zu Gleichgesinnten, „Dazugehören"; exklusives, gepflegtes Ambiente; qualitativ hochwertige Verpflegung u. kompetenter Service;	300
Teilnehmer am Plakat Oscar: Kreativ-Teams der Werbeagenturen	Geschäftsführer/Art Direktoren: s.o. Nachwuchs-Kreative: Neugier (Was machen die anderen?), „Dazugehören", Kontakt mit Etablierten; lockere Party-Stimmung, ausgelassen feiern; szeniges, trendy Ambiente; keine gesetzte, förmliche Veranstaltung;	900
Jury-Mitglieder	exklusive Einsichten in das Medium Plakat; Medienpräsenz; VIP-Betreuung; Kontakt zu Gleichgesinnten, „Dazugehören"; exklusives, gepflegtes Ambiente; qualitativ hochwertige Verpflegung u. kompetenter Service;	9
Werbeleiter der TOP-30 Werbungtreibenden	Neugier (Was machen die anderen? Was läuft da?); Interesse für das Medium Plakat; persönliche Kontaktaufnahme zu Vertretern der Plakat AG; VIP-Behandlung; exklusives, gepflegtes Ambiente; qualitativ hochwertige Verpflegung u. kompetenter Service;	30
Art Direktoren der Top-30 Kreativagenturen	s.o.	30
Geschäftsführer von TOP-10 Plakat-Einkaufsagenturen (Großhändler)	Kontaktmöglichkeit mit potentiellen Auftraggebern und Führungskräften der Plakat AG; „Dazugehören" zur Branche; Beobachten der Ereignisse; Themen als Aufhänger für Gespräche; positive, lockere, kontaktoffene Stimmung.	10
Vorstände / Geschäftsführer von Branchenverbänden (ZAW, ADC, GWA, FAW)	Kontaktmöglichkeit mit VIPs aus allen obigen Gruppen; Neugier (Was passiert in der Branche?); VIP-Betreuung; exklusives, gepflegtes Ambiente; qualitativ hochwertige Verpflegung u. kompetenter Service;	8
Journalisten / Redakteure der Medien	Kontakte zu Branchen-VIPs und Siegern herstellen; Themen recherchieren; Stimmung des Events aufnehmen; Interviews führen; Pressefotos machen; Pressemappen, Pressebetreuung; gute Arbeitsbedingungen;	30
Gäste des Kooperationspartners = Werbefachzeitschrift (Verlagsleitung, Objektleitung, Anzeigenleitung, Redakteure)	Redakteure: Themen recherchieren; Stimmung des Events aufnehmen; Interviews führen; Pressefotos machen; Pressematerial, Pressebetreuung; gute Arbeitsbedingungen; Führungskräfte: Gastgeber-Rolle ausüben; Kontaktgespräche mit VIPs aus der Werbebranche; Image und Bekanntheit der Zeitschrift festigen; gesprächsfreundliches, gepflegtes Ambiente; Themen als Aufhänger für Gespräche; positive, lockere, kontaktoffene Stimmung;	5
Führungskräfte der Plakat AG und Vertriebsleiter	Gastgeber-Rolle ausüben; Kontaktmöglichkeit mit bestehenden und potentiellen Auftraggebern; Motivierung zu mediengerechter Plakatgestaltung; Image des Plakats verbessern; Medienpräsenz der Plakat AG; gesprächs freundliches, gepflegtes Ambiente; Themen als Aufhänger für Gespräche; positive, lockere, kontaktoffene Stimmung;	7
GESAMT Gäste-Potential		**1.359**
Erwartete Zusagen (ca. 20 %)		271

Abb. 6.1 (Fortsetzung)

- Welche Programmpunkte, Aktionen oder spezielle Ausgestaltung des Events benötigen Sie, um den Anforderungen der Teilnehmergruppen gerecht zu werden? Benötigen Ihre Gäste eine spezielle Betreuung?
- Welche Atmosphäre und Stimmung wollen Sie auf Ihrer Veranstaltung erzeugen und wie wollen Sie das erreichen?
- Was sollen die Gäste auf Ihrer Veranstaltung – mit allen Sinnen – erleben? Wie sollen die Gäste in den Event aktiv mit einbezogen werden?
- Wie soll Ihre Produkt- und Markenwelt auf dem Event präsentiert werden?
- Wie sollen Titel oder übergreifendes Motto Ihres Events lauten?

Ergänzen und präzisieren Sie Ihre Ideen-Skizze mit den entsprechenden Erkenntnissen zu Titel, Kernbotschaften, Programm, speziellen Aktionspunkten und Atmosphäre. Eine Ideen-Skizze zum Plakat-Oscar finden Sie in Abb. 6.2.

4. Schritt: Überlegen Sie, welche begleitenden Maßnahmen Sie zu Ihrem Event benötigen!
Zur weiteren Ausgestaltung Ihres Events müssen Sie sich nun überlegen, welche begleitenden Kommunikationsmaßnahmen sinnvoll wären, um die Kommunikationswirkung des Events zu maximieren.

- Wie müssen Sie Ihren Event bewerben, damit die gewünschten Teilnehmer in der gewünschten Anzahl zu Ihrem Event kommen?
- Welche Maßnahmen müssen Sie für Ihre Gäste ergreifen, um diese optimal zu betreuen (Denken Sie dabei beispielsweise an Einladung, Anmeldung, Wegbeschreibung, Shuttle-Service, persönliche Begrüßung, Informationsunterlagen/Programm, Gastgeschenk, Nachbetreuung, etc.)?
- Welche „Story" könnten Sie für die Medienarbeit als Aufhänger nutzen? Brauchen Sie unterschiedliche „Aufhänger" für unterschiedliche Medien?
- Welche Journalisten sind für die begleitende Pressearbeit relevant?
- Mit welchen Instrumenten der Pressearbeit begleiten Sie Ihren Event?

Abb. 6.2 Die Ideen-Skizze zur Siegerehrung des Plakat Oscars. Alle Überlegungen der Plakat AG zu Aufgabe, Dialoggruppen, Botschaften und Ausgestaltung der Siegerehrung zum Plakat Oscar wurden in einer Ideen-Skizze verarbeitet. Darin eingeflossen sind neben den Zielen und Bedürfnissen der Plakat AG vor allem die Vorüberlegungen zu den Anforderungen der unterschiedlichen Gästegruppen und deren Einbindung. Sowohl der Programm-Entwurf, als auch der Ablauf des Events und Ideen für begleitende Maßnahmen wurden auf dieser Basis entwickelt. Auch wurden Termin, Vorgaben für den Veranstaltungsort und Kosten des Events näher eingegrenzt. Die Ideen-Skizze und eine darauf aufbauende Konzept-Präsentation bilden die Grundlage für die Ansprache von möglichen Kooperationspartnern oder Sponsoren. Auch werden auf dieser Basis die Entscheidungen für die Durchführung des Events und für das Event-Budget getroffen.

Plakat AG

Siegerehrung zum Plakat Oscar
-Ideen-Skizze-

Anlass: Überreichung der Urkunden für die besten Plakate des Jahres an die kreativen Macher und Auftraggeber;

Kommunikationsaufgaben: Image des Mediums Plakat als jung, modern, trendy und kreativ stärken; Qualität der Plakatgestaltung verbessern; Sympathie- und Spaßfaktor des Mediums Plakat erhöhen und Plakat positiv emotionalisieren. Zusätzlich: Medienpräsenz des Mediums Plakat erhöhen.

Kernzielgruppen: Sieger und Teilnehmer am Kreativ-Wettbewerb „Plakat Oscar" (Marketing- oder Werbeleiter der Auftraggeber, Kreativ-Team der umsetzenden Werbeagenturen); zusätzlich: Werbeleiter und Art Direktoren der Top-30 Werbungtreibenden und Top-30 Kreativagenturen;

Weitere Bezugsgruppen: Verbandsvorstände aus Branchenverbänden; Geschäftsführer der Top-10 Einkaufsagenturen; Nachwuchs-Kreative; Journalisten der Werbefachmedien, Wirtschafts-/IHK-Magazine, TZ;

USP: Einziger Kreativ-Wettbewerb für das Medium Plakat; exklusive, aber spaß-orientierte und lockere Party-Stimmung; VIP-Feeling der Preisträger und Ehrengäste; auch Nachwuchs kann sich profilieren; Veranstaltungsort ist ein angesagter VIP- oder Szeneclub mit Zugangsbeschränkungen;

Motto: Plakat macht Party!

Kernbotschaften: Plakate sind ein junges, modernes Medium, das Spaß macht. Gute Plakate zu gestalten bringt beruflichen Erfolg und Anerkennung. Gute Plakate sind reduziert, prägnant und originell. Gute Plakate helfen, das Markenimage zu stärken. Die Plakat AG ist ein führender Plakatspezialist.

Argumentationsstil: gefühlsbetont: gemeinsam Erfolge feiern; stolz sein auf öffentliche Anerkennung; Spaß haben, sich amüsieren; erzählend: Erfahrungen miteinander teilen, positive Fallbeispiele zeigen;

Atmosphäre/Stimmung: ausgelassen, locker, lustig; Infotainment in einer exklusiven Szeneclub-Atmosphäre;

Kernnutzen Gäste: Das Bedürfnis nach Anerkennung, Entfaltung, „Dazugehören", Teilhaben und „Etwas besser machen als andere" soll erfüllt werden.

Erlebniswerte/Aktionen: Öffentliches Lob und Anerkennung auf der Bühne (Überreichung der Preise, Bühnen-Interviews, Pressegespräche); VIP-Behandlung für Sieger („Star-Feeling"); Live-Musik (mit Musik-Wünschen der Gäste), leckere Trend-Food-/-Drinks, humorvolle Reden/Laudatios/Präsentationen (Redner sind Experten, bekannte Persönlichkeiten aus der Kernzielgruppe und Nachwuchs-Kreative), originelle Plakat-Motive sehen, wichtige Kontakte aufbauen; gemeinsam Feiern, Lachen und Tanzen;

Abb. 6.2 (Fortsetzung)

Plakat AG

Programm/Ablauf:
Warm-up mit Live-Bar-Musik nach Wahl (Blues/Soul/Rock-Balladen), Begrüßung durch Gastgeber/Kooperationspartner; Moderation (Top-Kreativer aus Branchenverband, Jury-Vorsitzender?), Vortrag zu Erfahrungen aus der Plakatmotiv-Forschung (Experte), "Die etwas andere Sicht auf Plakate": Vortrag mit hohem Spaß-Faktor (Comedian?); Siegerehrung: humorige Laudatio (Text/Präsentation durch kreativen Nachwuchs), Motiv-Projektion und Preis-Überreichung zu jeder Auszeichnung, Bühnen-Auftritt mit Interview für Sieger-Teams; Live-Musik mit Tanz oder Gespräche in der Lounge;

Rahmen/Betreuung:
VIP-Service (Ehrengäste, Sieger, Redner, Moderatoren): Hotelreservierung, Shuttle- u. Parkservice, persönl. Begrüßung, Tisch-Reservierungen in Bühnennähe, Service am Tisch und persönl. Betreuung (Hostessen?); alle: exklusiver Zutritt mit Einlasskontrolle, kein Eintrittsentgelt, Aufenthalt flexibel stehend/sitzend ohne feste Platzordnung; hochwertiges Flying Buffet, Marken-Getränke; persönliche Begrüßung und Verabschiedung; Gastgeschenk, Sonderdrucke zur Mitnahme; Pressebetreuung: Vermittlung von Interviewpartnern, Pressemappe, ruhiger Gesprächs-Bereich; Show-/Tanzbereich: Bühne, Tanzfläche, Sitzgelegenheiten; Bar-/Lounge-Bereich: ruhigere Gesprächszone für Kontaktgespräche, ggf. mit Video-Übertragung der Bühnen-Show;

Produkt- und Markenwelt:
Ausstellung der Sieger-Motive auf Original-Werbeträgern im Eingangsbereich der Location; Banner/Schilder mit Logo, Projektionen von Plakatmotiven im Innenraum, Gastgeschenk (mit Bezug zur Plakatwerbung+Logo); Sonderdrucke mit Berichten zum Plakat Oscar und Plakat AG;

Ort:
Exklusiver VIP-/Szeneclub in einer Agenturstadt mit zwei Aktionsbereichen (jeweils mit Steh- und Sitzgelegenheit): Bühnen-, Musik- und Tanzbereich, Bar-/ Lounge-Bereich (schall-gedämpft);

Termin/Dauer:
April/Mai, zeitgleich zu einer Werbemesse oder einem Werbekongress; ca. 19.30 (Einlass) bis 24.00 Uhr (Ende Einladung, Einlass Club-Besucher; Drinks kostenpflichtig) / Open End (individuell weiterfeiern);

Teilnehmeranzahl:
200 bis 300 Personen;

Budget:
ca.70.000,- €

Kooperationspartner:
Werbefachzeitschrift (Publizität, Wertigkeit, Glaubwürdigkeit, Werbung, Drucksachen, Kostenbeteiligung);

Begl. Kommunikation:
Mitarbeiterzeitung (Sonderausgabe), Team-Briefings, Pressespiegel für Mitarbeiter der Plakat AG; Versand Sonderdruck, Bericht in Kundenzeitung, Website mit Event-Reportage für Kunden der Plakat AG; Nutzung Social Communities für Kreativ-Nachwuchs (über news aktuell);

Abb. 6.2 (Fortsetzung)

- Welche weiteren Bezugsgruppen Ihrer PR-Arbeit möchten Sie einladen oder über den Event informieren (z.B. weitere Kundengruppen, Händler, Vertriebspartner, Mitarbeiter, Opinion Leader, Branchenverbände, Nachwuchs)?
- Mit welchen Maßnahmen beziehen Sie diese weiteren Bezugsgruppen ein (z.B. über die Website, das Kundenmagazin, den Mitarbeiter-Newsletter)?
- Können Sie einzelne Repräsentanten oder Opinion Leader der weiteren Bezugsgruppen in das Event-Programm oder Aktionen mit einbeziehen?
- Können Sie sich Sponsoren oder Kooperationspartner für Ihren Event vorstellen? Für welche Bereiche und mit welchen Leistungen und Gegenleistungen?
- Wer könnte das sein? Wie würde sich das auf Ihren Event auswirken (Kosten, Ziele, Gäste, Botschaften, Wirkung, Glaubwürdigkeit etc.)?

Halten Sie fest, welche weiteren Bezugsgruppen Sie im Rahmen Ihres Events auf welche Weise einbeziehen möchten. Einige der obigen Überlegungen, wie beispielsweise mögliche Kooperationspartner, haben Auswirkungen auf die konkrete Ausgestaltung Ihrer Event-Idee und sollten daher in die Ideen-Skizze aufgenommen werden. Ergänzen Sie ferner Ihre Gästeliste aus Schritt 2 um die zusätzlich identifizierten Bezugsgruppen und die Maßnahmen, die Sie für diese planen. Diese Überlegungen müssen später in die Detailplanung aufgenommen werden. Ein Beispiel für die erweiterte Dialoggruppen-Liste finden Sie in Abb. 6.3.

5. Schritt: Erstellen Sie ein Event-Konzept zur Entscheidungsvorlage!
Jetzt sollten Sie die Vorüberlegungen aus Ihrer Ideen-Skizze zu einem Event-Konzept aufbereiten, das Sie dann einem Entscheidungsträger und möglichen Sponsoren oder Kooperationspartnern vorlegen können.

- Welchen Titel, welches Thema oder welches Motto hat Ihr Event?
- Welches Kernziel und ggf. weitere PR-Ziele hat Ihr Event?
- Welchen Hauptnutzen wollen Sie für Ihre Organisation und für Ihre Event-Teilnehmer erzielen?
- Welche Kernzielgruppen hat Ihr Event und wie viele Teilnehmer?
- Welche Kernbotschaften wollen Sie vermitteln?

Abb. 6.3   Überlegungen zur Gäste-Betreuung und zu weiteren Kommunikationsmaßnahmen In einer weitere Tabelle erfasst die Plakat AG nicht nur die Gäste des Events, sondern auch Dialoggruppen, die über begleitende Kommunikationsmaßnahmen in das Event-Geschehen eingebunden werden sollen. Dazu zählen vor allem die Journalisten, die Mitarbeiter der Plakat AG und die Kunden, die nicht am Event teilnehmen. Aber auch der kreative Werbenachwuchs sollte angesprochen werden. Alle geplanten Betreuungs-, Einbindungs- und Kommunikationsmaßnahmen werden festgehalten. Die aufgeführten Maßnahmen müssen bei der Detail-Planung des Events berücksichtigt werden.

Gäste / weitere Bezugsgruppen	Einbindung, Betreuung und Kommunikationsmaßnahmen	Anzahl (ca. Potential)
Sieger-Teams von Agentur und Kunde	Persönlicher Brief, mündliche Einladung (Telefonat), Einladungskarte mit Angebot für Shuttle-Service und Hotelreservierung, evtl. organisatorische Absprachen (z.B. Urkunden-Nennung), persönliche Begrüßung und Platzierung, persönliche Betreuung inkl. Begleitung für Bühnenauftritt und Pressearbeit, persönliche Verabschiedung, Übergabe Sonderdruck u. Gastgeschenk, Brief mit Fotos der Veranstaltung und Pressespiegel, Website mit Foto-Reportage / Video-Stream;	30
Vorstände von Branchenverbänden als Gast/Redner/Moderator	Einbindung als Moderatoren/Redner für Siegerehrung; persönliche Kontaktaufnahme (Telefonat), Einladungs-Brief als Bestätigung und mit organisatorischen Details, organisatorisches/inhaltliches Briefing (persönl.), Angebot für Shuttle-Service und Hotelreservierung , persönliche Betreuung vor Ort (für Bühne/Pressearbeit);persönliche Verabschiedung, Übergabe Sonderduck + Gastgeschenk, Dankesbrief mit Foto, Pressespiegel;	2
Weitere Redner	Persönliche Ansprache, Einladungsschreiben, Briefing, organisatorische Absprachen,Angebot für Shuttle-Service und Hotelreservierung, persönliche Begrüßung und Platzierung, persönliche Betreuung inkl. Begleitung für Bühnenauftritt und Pressearbeit, persönliche Verabschiedung, Übergabe Sonderdruck u. Gastgeschenk, Dankesbrief mit Fotos, Pressespiegel; Website mit Foto-Reportage / Video-Stream;	2
Sonstige Gäste aus Agenturen, Werbung treibenden Unternehmen, Verbänden, Einkaufsagenturen	Einladungskarte mit Rückantwort, Empfang,Auslegen des Sonderducks u. Übergabe des Gastgeschenks bei Verlassen d. Events, Website mit Foto-Reportage / Video-Stream, ggf. einzelne, persönliche Briefe mit Fotos; Versand der Kundenzeitung mit Event-Bericht;	1.260
Journalisten als Gäste	Presseeinladung, persönliche Begrüßung, Pressegespräch, Pressemappe, Begleitung bei Interview- oder Foto-Wünschen; ggf. Brief mit Fotos, Website mit Event-Reportage / Video-Stream im Presseforum;	Ca. 6
Eingeladene, aber nicht anwesende Journalisten	Presseeinladung, Versand Pressemappe mit Presse-Bericht, Pressefotos mit BU vom Event, Website mit Event-Reportage / Video-Stream im Presseforum, Pressespiegel auf Website; Nutzung von ots- und otb-Services; Nutzung von virtuellen Presseportalen / Social Communities;	Ca. 24
Weitere Journalisten (Standort- u. Branchenpresse)	Presseeinladung, Presseinformation mit Pressefoto und BU (individuell auf einzelne Sieger –Branchen und Sieger-Standorte bezogen);	12
Weitere Journalisten ohne Einladung	Presseinfo und Pressefoto über ots- und otb-Service; Artikel für Materndienst der Lokalpresse; Nutzung von virtuellen Presseportalen;	Ca. 2.000
Gäste des Kooperationspartners	Briefing zur Absprache Aufgaben + Verantwortung (z.B. Begrüßungsrede); VIP-Liste; Q&As, Feedback-Runde; Kostenaufstellung; Pressespiegel, ggf. einzelne Erfolgskennwerte;	5
Führungskräfte Plakat AG (Gastgeber)	Briefing Gästebetreuung, VIP-Liste; Q & As; Feedback-Runde; Pressespiegel, Auswertung Erfolgsmessung, Kosten-Nutzen-Analyse;	7
Mitarbeiter Plakat AG (nicht anwesend)	Aufnahme des Themas in Team-Briefing-Gespräche; Ankündigung und Bericht in Mitarbeiterzeitung/Sonderausgabe, Website im Intranet; Pressespiegel auslegen;	200
Kunden der Plakat AG (nicht anwesend)	Versand des Sonderdrucks, Bericht in Kundenzeitung; Website mit Event-Reportage / Video-Streams;	1.000
Kreativer Nachwuchs (teilw. als Gast/Redner)	Einbindung von Nachwuchs-Texten in Gestaltung der Laudatio; Vermittlung über Kreativ-Verband oder Universitätsdozent; persönliche Ansprache, persönliches Einladungsschreiben, Briefing, ggf. organisatorische Absprachen,Angebot für Hotelreservierung, persönliche Betreuung vor Ort (Bühnenauftritt), Dankesbrief mit Fotos, Pressespiegel; für nicht anwesende: Website mit Foto-Reportage / Video-Stream; ggf. Nutzung von Social Communities;	6 + ca. 6.000
GESAMT Bezugsgruppenpotential		10.554

Abb. 6.3 (Fortsetzung)

- Wie sehen Ihr Programm, der Ablauf, die Veranstaltungsdauer und die Ausgestaltung Ihres Events konkret aus?
- Welches Terminfenster und welche Location stellen Sie sich vor?
- Wie regeln Sie Besucherzahl, Zugang, Betreuung und Nachbereitung?
- Welche Werbe-Maßnahmen und begleitende PR-Maßnahmen für welche Bezugsgruppen sind geplant?
- Welche Sponsoren möchten Sie mit einbeziehen? Welche Kooperationspartner möchten Sie gewinnen? Und zu welchen Konditionen?
- Welches Budget benötigen Sie für Event und begleitende PR-Maßnahmen?
- Welche personellen Ressourcen, welchen zeitlichen Vorlauf benötigen Sie?
- Sind externe Dienstleister hinzuzuziehen?

Das Event-Konzept mit diesen Inhalten können Sie entweder als Konzeptpapier (Textdokument) oder als Konzept-Präsentation (Präsentationssoftware) aufbereiten. Jetzt müssen Sie Ihre Entscheider und Geldgeber von Ihrer Idee überzeugen!

6. Schritt: Machen Sie aus Ihrem Event-Konzept ein erfolgreiches Projekt!

Sie haben grünes Licht für Ihre Event-Idee erhalten? Dann nichts wie los: Werden Sie zum Projektmanager Ihres Events und beginnen Sie mit der Detailplanung! Bei der detaillierten Planung Ihres Events helfen Ihnen die Checklisten, die Sie in 6.3.3 „Veranstaltungen und Events planen und organisieren" finden.

- Wie soll Ihr Event-Team organisiert werden? Wer soll im Team mitarbeiten? Wer leitet das Team? Welche internen oder externen Experten benötigen Sie? Wer ist Teammitglied, wer hilft bei Bedarf mit?
- Wer ist für welche Aufgaben verantwortlich?
- Wie stimmt sich das Event-Team untereinander und mit den Entscheidern ab?
- Wie gestalten Sie die projektbegleitende Kommunikation? Gibt es einen vorbereitenden Workshop, ein Kick-off-Meeting, regelmäßige Projektbesprechungen oder sonstige regelmäßige Abstimmungsroutinen?
- Welche Meilensteine gibt es in Ihrem Projekt und wie werden diese definiert?
- Welche Aufgabenpakete, Teilaufgaben und Einzelaufgaben müssen durchgeführt werden, um den Event vorzubereiten, durchzuführen, nachzubereiten und zu kontrollieren?
- Wie müssen diese Aufgaben nacheinander erledigt werden, von wem und welcher Zeitaufwand ist dazu nötig?

- Welches Personal mit welcher Qualifizierung benötigen Sie dafür?
- Wie sieht der Zeitplan aus?
- Welche Kosten entstehen im Zeitverlauf und insgesamt (Personalkosten, Sachkosten, Betriebsmittel etc.)?
- Welche Risiken bestehen und wie können diese vermieden, abgesichert oder minimiert werden?
- Welche rechtlichen, steuerlichen, sicherheitstechnischen und behördlichen Vorgaben müssen Sie beachten?
- Welche Verträge müssen geschlossen werden und mit welchen Konditionen?
- Wie stellen Sie sicher, dass die Kosten, Termine und die Qualität des Events eingehalten werden? Welche Kontrollmaßnahmen sind dafür durchzuführen?
- Wie dokumentieren Sie den Event und wie messen Sie dessen Erfolg?
- Wie sieht Ihr Projektordner aus und was wird darin gesammelt?

Die obigen Fragen helfen Ihnen dabei, Ihre Projektpläne zu entwerfen. Sie können einen Projekt-Organisationsplan, einen Aufgaben-Strukturplan, einen Aufgaben-Ablaufplan, einen Terminplan, einen Kapazitätsplan, einen Kostenplan, sowie einen Plan für die Erfolgskontrolle erstellen. Auch Checklisten für jeden Aufgabenbereich sind denkbar. Alle Materialien sammeln Sie in Ihrem Projektordner, der in Papierform oder virtuell zur Verfügung steht. Beispiele für verschiedene Arten von Projektplänen finden Sie in den Abb. 6.4, 6.5, 6.6 und 6.7.

7. Schritt: Realisieren Sie Ihren Event und schließen Sie Ihr Projekt ab!
Bei der Umsetzung Ihres Projektplans müssen Sie darauf achten, dass der Plan eingehalten wird und Fehlentwicklungen, wie Terminverschiebungen, Mehrkosten oder mehr Personalbedarf, rechtzeitig erkannt werden. So können Sie bei Bedarf Maßnahmen einleiten, um den Fehlentwicklungen gegenzusteuern. Auch sollten Sie für einen klaren Abschluss Ihres Projektes sorgen.

- Welche Meilensteine wurden bereits erreicht, welche müssen noch folgen?
- Liegen Sie mit Ihren Kosten-, Personal- und Zeitplanungen im vorgegebenen Rahmen?
- Kann der Event in der vorgesehenen Qualität umgesetzt werden?
- Arbeitet das Projektteam in der gewünschten Weise zusammen?
- Welche Maßnahmen stehen Ihnen zur Steuerung von Fehlentwicklungen zur Verfügung und welche Auswirkungen haben diese auf andere Erfolgsfaktoren des Events?
- Wie bereiten Sie die Dokumentation und die Ergebnisse der Erfolgskontrolle auf? Wer erhält diese zu welchem Zweck?

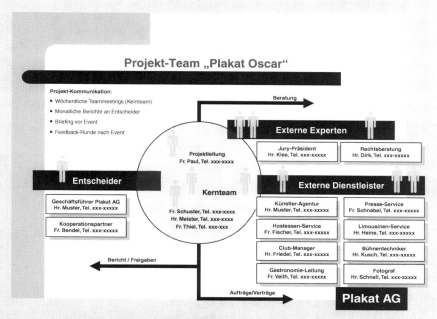

Abb. 6.4 Das Projekt-Team für den Plakat Oscar Das Projekt „Plakat Oscar" wird von einem Kernteam der Plakat AG organisiert und durchgeführt. Darüber hinaus spielen die Entscheider bei der Plakat AG und beim Kooperationspartner – die Gastgeber des Events – eine wichtige Rolle. Sie geben dem Team seinen Projektauftrag, verfolgen und kontrollieren den Fortgang und genehmigen die benötigten Gelder. Mehrere externe Dienstleister, wie beispielsweise ein Presse-Service, diverse Hilfsdienste, sowie ein Bühnentechniker und ein Fotograf, müssen hinzugezogen werden. Sie sind wichtige Vertragspartner für den Erfolg des Events. Aber auch externe Experten stehen zur Beratung des Kernteams zur Verfügung. Während der Jury-Vorsitzende seine Erfahrungen bei der Ausgestaltung des Programms einbringt, ist es die Aufgabe des Rechtsanwalts, die Verträge mit den diversen Dienstleistern zu prüfen. Die Übersicht des Projektteams benennt alle beteiligten Personen und gibt deren Kontaktdaten an. Auch wurde darin kurz festgehalten, wie sich das Team abstimmen möchte.

- Gibt es eine abschließende Feedbackrunde oder eine Team-Feier?
- Wann ist das Projekt abgeschlossen und wann wird das Team aus seiner Verpflichtung entlassen?

Wie immer ist es vorteilhaft, sich bereits im Vorfeld des Events über diese Aspekte Klarheit zu verschaffen und sie als Aufgaben in Ihre Projektpläne zu integrieren. Dann werden Sie im Verlauf der Umsetzung auch mit unvorhersehbaren Ereignissen gut umgehen können. Und diese sind erfahrungsgemäß – auch bei der sorgfältigsten Planung – bei Veranstaltungen fast unvermeidlich!

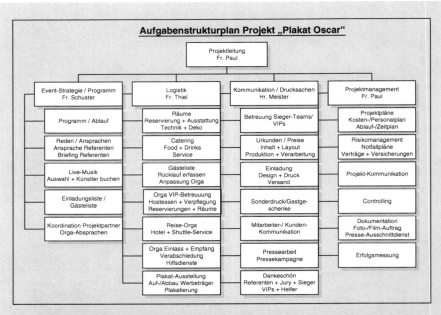

Aufgabenstrukturplan Projekt „Plakat Oscar"

Abb. 6.5 Der Aufgaben-Strukturplan für das Projekt „Plakat Oscar" Um die Fülle an verschiedenen Aufgaben übersichtlich zu strukturieren und einzelnen Verantwortlichen zuzuordnen, hat der Projektleiter einen Projekt-Strukturplan angefertigt. In einem ersten Schritt enthält dieser die Haupt-Aufgabenpakete, die anlässlich der Siegerehrung zum Plakat Oscar erledigt werden müssen. In diesem Stadium wird noch keine zeitliche Abfolge der einzelnen Tätigkeiten festgelegt. Es handelt sich lediglich um eine strukturierte Sammlung aller notwendigen Arbeitsbereiche zur Planung, Umsetzung und Kontrolle des Events. In einem nächsten Schritt muss jede einzelne Tätigkeit, die bei der Umsetzung der angegebenen Arbeitspakete durchgeführt werden muss, aufgelistet werden.

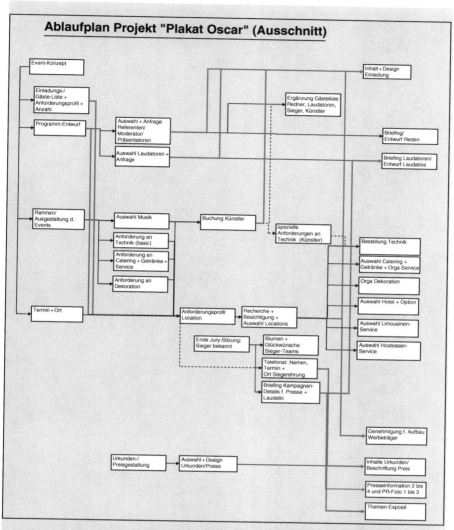

Abb. 6.6 Ein Ausschnitt vom Projekt-Ablaufplan zum Plakat Oscar. Wenn alle Detail-Aufgaben aller Arbeitspakete und aller Aufgabenbereiche gesammelt wurden, können diese in einem Ablaufplan in zeitlicher Abfolge dargestellt werden. Dabei muss für jede Detailaufgabe festgestellt werden, welche Aufgaben vorher durchgeführt werden müssen und welche Aufgaben erst anschließend erledigt werden können. Dabei ergibt sich ein komplexes Geflecht gegenseitiger Abhängigkeiten. Beispielsweise ist die Gestaltung der Einladungen davon abhängig, dass das Programm mit allen Rednern und Künstlern feststeht und der Veranstaltungsort zum Wunschtermin reserviert wurde. Viele der inhaltlichen Arbeiten, wie beispielsweise die Pressearbeit oder das Briefing für die Laudatio, können erst erfolgen, sobald die Sieger bekannt sind. In einem nächsten Schritt muss der Zeitaufwand für jede einzelne Tätigkeit erfasst und alle Detailaufgaben einem Verantwortlichen zugeordnet werden.

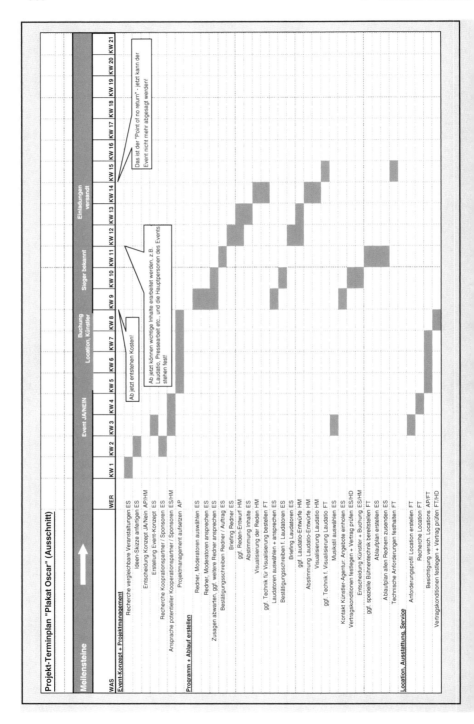

Abb. 6.7 Ein Ausschnitt aus dem Terminplan zum Event „Plakat Oscar". Der Projekt-leiter hat alle Detailaufgaben, die bereits im Ablaufplan erfasst wurden, in einen Terminplan eingetragen. Jetzt liegen die Tätigkeiten auf einem Zeitstrahl, auf dem auch die Meilen-steine – die wichtigsten Zeitpunkte eines Projektes – zu ersehen sind. Ergänzt wird das Balkendiagramm durch Spalten, in denen den einzelnen Tätigkeiten ein Verantwortlicher, der jeweilige Zeitaufwand und die Kosten zugeordnet werden. Im Terminplan ist klar zu erkennen, welche Tätigkeiten parallel und welche nacheinander ausgeführt werden. Diese Informationen stammen aus dem vorherigen Ablaufplan. Alternativ – bei kleineren Events – könnte auch mit Checklisten gearbeitet werden, in denen bei jeder Tätigkeit Anfangs- und Endtermin angegeben werden. Ebenfalls denkbar ist es, die Kosten zusätzlich im Zeit-verlauf anzugeben. Dann würde erkennbar werden, wann die Kosten anfallen und ob die Kosten sich im Zeitverlauf nach Plan entwickeln. Dies wäre eine gute Maßnahme zur Kostenkontrolle größerer Events.

Kapitel 7
Online-PR

Die Online-Kommunikation ist für Public Relations zu einem unverzichtbaren Instrument geworden. Die Medien- und Kommunikationswelt ändert sich rasant – und damit auch die Arbeitswelt für viele PR-Verantwortliche. Im World Wide Web hat sich ein völlig neuer Kommunikationsraum entwickelt, der neue Kommunikatoren, neue Kommunikationskanäle, -instrumente und ein verändertes Kommunikationsverhalten mit sich bringt. Die Beziehungspflege mit unterschiedlichen Dialoggruppen in dieser virtuellen Welt und die Instrumente, die dabei zur Anwendung kommen, können mit dem Begriff „Online-PR" oder „Online Relations" zusammengefasst werden. Für den PR-Verantwortlichen ist es essentiell, die neuen Formen der Internet-Kommunikation zu kennen, zu wissen, wie und wofür diese eingesetzt werden und deren Chancen und Risiken einzuschätzen. Denn in fast allen Dialogfeldern und Aufgabenbereichen der PR gehören inzwischen Online-Instrumente und –Anwendungen zum Standard.

Im folgenden Kapitel werden Sie einen Schnell-Einstieg in die faszinierende Welt der Websites, virtuellen Pressemappen, E-Mail-Newsletter, Podcasts, Blogs und Communities finden. Sie werden erfahren, für welche typischen PR-Aufgaben und -Ziele Ihnen welche Möglichkeiten der Online-PR zur Verfügung stehen und einige Tipps erhalten, worauf Sie bei der Nutzung und Umsetzung dieser Instrumente achten müssen. Dabei werden die drei „Basics" – also diejenigen Anwendungen, die zum heutigen Kommunikationsstandard gehören – näher beleuchtet. Sie werden lernen, wie Sie Ihre Pressearbeit durch Online Relations effizienter gestalten können, wie Sie E-Mail-Newsletter für die Beziehungspflege einsetzen und wie Sie Ihre Website optimieren. Dabei wird ein besonderer Schwerpunkt darauf liegen, wie sich diese Instrumente strategisch-konzeptionell in Ihre Gesamtkommunikation einbinden lassen. Denn die Vielfalt an Kommunikationsmöglichkeiten in den neuen Medien verlangt bei der Auswahl und Umsetzung bestimmter Instrumente nach einer konsequenten Orientierung an den Grundpfeilern Ihres PR-Konzeptes.

7.1 Typisch Online: Der neue Kommunikationsraum für PR

Wie funktioniert die Kommunikation im Internet? Was macht die Besonderheit dieser Kommunikationsform aus und welche Regeln gibt es zu beachten? Bevor Sie in die virtuelle Welt tiefer eintauchen, sollten Sie sich mit den wichtigsten Merkmalen

S. Grupe, *Public Relations*, DOI 10.1007/978-3-642-17827-6_7,
© Springer-Verlag Berlin Heidelberg 2011

vertraut machen, die diese Welt prägen. In Kürze könnte man dies so beschreiben: Im Internet kommuniziert potentiell jeder mit jedem über die Inhalte, die ihn interessieren – und das zu jeder Uhrzeit und an jedem Ort der Welt. Wer mit diesem Tempo mithalten kann, wer sich auf den echten, direkten Dialog einlassen will, wer kontinuierlich nützliche, interessante oder unterhaltsame Themen beisteuern kann, findet im World Wide Web viele Chancen für erfolgreiches Beziehungsmanagement. Wer das nicht kann oder will, wird – im besten Fall – durch Nichtbeachtung gestraft oder läuft das Risiko, sein Image negativ zu beeinflussen.

Dialog, Interaktion und Vernetzung

In den neuen Medien ist jeder Empfänger und Sender zugleich und jeder mit jedem vernetzt. Jeder Kontakt im Internet kann in Echtzeit in einen individuellen Dialog oder in unmittelbare Interaktion münden. Ob dies per E-Mail, in einem Diskussionsforum, als Kommentar zu einem Blog oder in einer Online-Community geschieht, ist nebensächlich. Jede Aktion kann eine Reaktion hervorrufen – ob diese Reaktion nur von einer Person oder von vielen vernetzten Personen erfolgt, kann niemand mit Sicherheit vorhersagen. Zudem können sich die Inhalte dieses Dialogs, jede Information, Meinungsäußerung oder sonstige Aktionen fast unkontrolliert im Web verbreiten. Durch die technisch einfache Vernetzung und die ausgeprägte Mund-zu-Mund-Propaganda in der Online-Gemeinschaft können sich Themen schnell verbreiten, hohe Aufmerksamkeit erlangen, heiß diskutiert werden und wieder abklingen. Dieser Verlauf wird auch „Themenkarriere" genannt. Ob positive Reaktionen oder Kritik – die Interpretations- und Meinungsmacht liegt bei den untereinander vernetzten Dialogpartnern. Je nachdem, wie überzeugend, ehrlich, glaubwürdig, authentisch und kritikfähig Sie sich im Web zeigen und je nachdem auf welche Dialogpartner Sie treffen, kann Ihr Verhalten positiv oder negativ bewertet werden.

Wenn Sie also online aktiv werden möchten, sollten Sie sich dessen bewusst sein: Von Ihren Kommunikationspartnern wird erwartet, dass Sie zu jeder Zeit bereit sind, in den unmittelbaren, direkten und auch teils kritischen Dialog mit ihnen einzutreten. Und: Hinter jedem Dialogpartner steht ein Netzwerk weiterer potentieller Empfänger, Sender und Interpreten Ihrer Informationen. Dies können Sie als Chance für Ihre Kommunikation nutzen. Sie können Themen selbst aktiv in die virtuelle Diskussion einbringen – das so genannte „Themen-Setting" oder „Agenda Setting" wird über das Web schneller und flexibler umsetzbar. Und Sie können den Dialog mit Ihren wichtigsten Anspruchsgruppen persönlicher und direkter gestalten, um diese noch enger an Ihre Organisation zu binden. Dabei gilt es jedoch das Risiko der Negativ-Propaganda zu minimieren. Online aktiv zu sein, bedeutet also vor allem auch, genau zu beobachten, wie sich Ihre Themen im Internet entwickeln, notfalls korrigierend einzugreifen und eventueller Kritik rechtzeitig, offen und überzeugend entgegenzutreten. Dennoch können Sie die „Themenkarrieren" Ihrer Inhalte nur in eingeschränktem Maße kontrollieren. Ob Sie wollen oder nicht, Sie und Ihre Dialogpartner werden im Internet Spuren hinterlassen. Machen Sie sich bewusst: Das Internet vergisst nie!

Nützliche, unterhaltsame und auffindbare inhaltliche Angebote

Egal auf welche Weise Sie Inhalte in das Web einbringen und diskutieren möchten – ob auf Ihrer Website, in Ihrer Business-Community oder in Ihrem Blog – auf Resonanz stoßen Sie damit nur, wenn diese Inhalte den Erwartungen und Interessen der Internet-Nutzer entsprechen. Denn diese haben im Netz die endgültige Entscheidungsmacht darüber gewonnen, wann sie welche Inhalte auf welche Weise und in welcher Informationstiefe nutzen möchten. Werden in vielen Offline-Medien Inhalte von Unternehmen oder Organisationen an ausgewählte Dialoggruppen gesendet – man spricht von „push"-Kommunikation (englisch: push; deutsch: schieben) – so werden in der Online-Welt die bereitgestellten Informationen und Interaktionsmöglichkeiten vom User nach seinem persönlichen Bedarf abgezogen oder genutzt – das nennt man „pull"-Kommunikation (englisch: pull; deutsch: ziehen). Dazu muss der potentielle Nutzer jedoch erst einmal wissen, dass es diese für ihn interessanten Angebote gibt. Dabei gibt es im Prinzip vier Möglichkeiten: Der Nutzer erfährt von Ihnen selbst von Ihrem Angebot, der Nutzer stößt beim Surfen zufällig auf Ihr Angebot, er wird von seinem Netzwerk auf Ihr Angebot aufmerksam gemacht oder er sucht in Suchmaschinen und virtuellen Listen gezielt nach Angeboten aus Ihrem Bereich. Ist er einmal auf Ihre Inhalte aufmerksam geworden, gibt es zwei weitere Hürden zu überwinden: Er sollte nicht gleich weiterklicken, sondern sich möglichst lange mit Ihren Inhalten beschäftigen und er sollte wiederkommen – im Idealfall regelmäßig.

Diese Erkenntnisse bedeuten für Ihre Online-Kommunikation folgendes: Die Inhalte und Angebote müssen eine so hohe Bedeutung bzw. einen auf den ersten Blick verständlichen Nutzwert für den User haben, dass er sie freiwillig (auf-)sucht und intensiv nutzt. Die Inhalte müssen in schnell erfassbaren Häppchen und in unterschiedlicher, individuell wählbarer Detailtiefe aufbereitet werden, so dass sich jeder User nach seinem Bedarf aus dem Angebot bedienen kann. Die Inhalte müssen so häufig aktualisiert werden, dass der Nutzer immer wieder kommt. Zudem müssen Sie alle Möglichkeiten ausschöpfen, Ihr Internet-Angebot offline und online bei Ihren Dialoggruppen bekannt zu machen. Dazu können Sie Ihre potentiellen Nutzer direkt ansprechen. Sie können aber auch darauf setzen, Ihr Angebot in der vernetzten Internet-Welt so intelligent zu verlinken, dass Sie sich eine hohe Präsenz im jeweiligen Themenumfeld sichern. Damit können Sie die Wahrscheinlichkeit erhöhen, dass die gewünschte Dialoggruppe zufällig beim Surfen auf Ihr Angebot trifft oder es empfohlen wird. Zudem sollten Sie Ihr Angebot in Suchmaschinen und Listen platzieren, dass es bei entsprechendem Interesse vom Nutzer gefunden wird. Bei der zunehmenden Anzahl und Unübersichtlichkeit von Web-Inhalten ist dies keine leichte Aufgabe.

Ungefilterte Inhalte von Amateur-Publizisten rund um die Uhr

Im Internet – speziell im Web 2.0 – kann jeder ganz leicht und schnell an der Kommunikation teilnehmen und eigene Inhalte einstellen. Er kann eine eigene Website einrichten, einen Blog eröffnen, Video- und Audio-Beiträge produzieren und auf Portalen veröffentlichen, seine eigene Web-Zeitung herausgeben oder seine Dokumentationen im Social Network für andere sichtbar machen. Das bedeutet: Die Aufgabe, Nachrichten und Informationen zu recherchieren, aufzubereiten und zu verbreiten, bleibt nicht mehr den Verlagen mit ihren Medien vorbehalten, sondern kann im Internet von jedem Amateur-Publizisten übernommen werden. In weiten Teilen des Internet entfällt damit die klassische Funktion der Journalisten, als so genannte „Gatekeeper" (deutsch: Torwächter) aus der Fülle der Informationen die für ihre Leser, Seher und Hörer relevanten Nachrichten und Themen herauszufiltern. Da jeder ungehindert – und damit auch ungeprüft – seine Inhalte und Meinungen ins Netz einstellen und dort den Dialog führen kann, gelangen die meisten Informationen völlig ungefiltert ins Web. Auch sind damit die Zeiten vorbei, in denen einige, wenige Profis bestimmten, welche Informationen überhaupt an verschiedene Zielgruppen vermittelt werden. Das Prinzip, dass Einer zu Vielen spricht („one-to-many"-Kommunikation) weicht im Internet der Realität, dass Viele mit Vielen sprechen („many-to-many"-Kommunikation). Auf diese Weise entsteht ein höchst komplexes, nicht lineares Geflecht aus professionellen, semi-professionellen, amateurhaften und privaten Kommunikatoren, in dem überprüfbare, glaubwürdige, authentische Inhalte direkt neben subjektiven, unwahren, einseitigen und teilweise manipulierten Informationen stehen können.

Auch bilden sich in diesem Netzwerk völlig neue Meinungsführer heraus, die bestimmte Interessengruppen an sich binden oder auf ihren Portalen eine große User-Anzahl bündeln. Dies erfolgt beispielsweise über gut gepflegte Themen-Portale, hoch frequentierte Communities oder beliebte Blogs. Da diese neuen Kommunikatoren im Internet rund um die Uhr aktiv sind, kann sich jede Nachricht fast in Echtzeit rund um den Globus verbreiten. Ein Augenzeuge in Peking kann sein Amateur-Video in Sekundenschnelle versenden oder ins Netz stellen und so für Millionen von Usern zugänglich machen, noch bevor der Korrespondent des TV-Senders vor Ort ist oder die erste Tageszeitung erscheint. Um dennoch möglichst zeitnah auf aktuelle Ereignisse reagieren zu können, greifen viele TV-Sender, Radio-Redaktionen und Zeitungen mittlerweile ebenfalls auf das verfügbare Online-Material zurück und verarbeiten es in ihren eigenen redaktionellen Berichten. Es ist unschwer zu erkennen, dass sich damit die Bedeutung des Redaktionsschlusses grundsätzlich verändert hat. Das Internet ist ein „Just-in-Time" – oder Echtzeit-Medium und schläft nie! Da auch die Journalisten der klassischen Medien online recherchieren und sich der Zeitdruck in den Redaktionen deutlich erhöht hat, finden immer mehr Inhalte von Amateur-Publizisten den Weg aus dem Internet in die Offline-Berichterstattung.

Die Folgen aus diesen Entwicklungen sind vielfältig: Viele Offline-Medien haben zwischenzeitlich eine Online-Präsenz entwickelt, um mehr Aktualität sicherzustellen, neue Nutzergruppen zu erschließen und die öffentliche Diskussion im Web mit zu prägen. Weitere Medien haben sich als Informationsquelle für bestimmte Themen ausschließlich im Internet etabliert. Wenn Sie sich im Internet bewegen, müssen Sie die für Ihr Thema und Anliegen relevanten Medien und Meinungsführer – ob Profis oder Amateur-Publizisten – erkennen. Sie müssen das Verhalten Ihrer Dialoggruppe genau studieren und analysieren, wo diese sich aus welchen Gründen vermehrt im Netz aufhält und welchen Quellen sie vertraut. Sie müssen Ihre Informationen so kompetent, authentisch und glaubwürdig wie möglich präsentieren, um sich von anderen Angeboten abzusetzen und zu überzeugen. Und Sie müssen die höchstmögliche Aktualität und Reaktionszeit auf Entwicklungen sicherstellen. Zudem bekommt die zeitliche Planung und Strategie für die Veröffentlichung von Inhalten eine völlig neue Dimension – speziell wenn Sie den Zeitpunkt für Ihre Kommunikationsmaßnahmen mit den unterschiedlichen Bedürfnissen von Online- und Offline-Medien koordinieren müssen.

Multimediale Inhalte fast ohne technische, örtliche und abteilungsspezifische Grenzen

Das Internet ist das Medium der Verknüpfung und der Grenzenlosigkeit. Und das ist sowohl hinsichtlich der Gestaltungsmöglichkeiten von Inhalten, der kommunikativen Aufgaben dieser Inhalte, als auch hinsichtlich der örtlichen und technischen Zugänglichkeit von Inhalten der Fall. Zum einen werden im multimedialen Zeitalter die ursprünglich getrennt voneinander existierenden Formen von Text, Bild, Video und Audio-Material miteinander verlinkt, um eine ganzheitliche, mit mehreren Sinnen erfahrbare und interaktiv steuerbare Informationsaufbereitung zu ermöglichen. In Texten werden Links zu Bildern, Audio- oder Video-Dateien gesetzt. Ein Film wird mit Hintergrundmaterial aus vertiefenden Daten und Fakten ergänzt. Zu einem Hörbeitrag wird ein Foto-Tagebuch mitgeliefert. Zusätzlich stehen Ihnen Live-Kommunikationskanäle zur Verfügung, die Echtzeit-Videoaufnahmen mit gesprochenem Wort und Text-Dokumenten verbinden.

Diese multimedial aufbereiteten und vernetzten Inhalte können sich nebeneinander auf derselben Online-Plattform befinden – beispielsweise auf einer Website – und dabei völlig unterschiedlichen Aufgaben dienen. Der Video-Podcast zeigt den Einsatz eines Produktes, um potentielle Käufer anzulocken, der Entwicklungsleiter schreibt ein öffentliches Tagebuch über die Entwicklung des Produktes. Im Audio-Beitrag erklärt der Vorstandsvorsitzende den Anlegern, welche Marktstrategie das Unternehmen auch in den nächsten Jahren erfolgreich machen wird. Dieser ist natürlich auch von unterwegs als Audio-Podcast auf dem iPhone oder Blackberry abzurufen. Die virtuelle Pressemappe beschäftigt sich mit Ihrem neuen Sponsoring-Projekt und bietet Journalisten dank unterschiedlicher Formate den direkten Download in ihr Redaktionssystem oder unterwegs auf das Notebook. Per RSS-Feed lässt sich auf Knopfdruck ein interaktiver E-Mail-Newsletter bestellen, der Ihre Nachbarn auf dem heimischen PC mit den interessantesten Neuigkeiten vom Unternehmensstandort versorgt. Dazu gibt es Online-Schulungen für Händler, einen Bestellshop und ein sympathisches, kleines Computerspiel, das natürlich zum Download auf das Handy angeboten wird. Ganz zu schweigen vom Online-Job-Forum, in dem sich Bewerber über neue Stellenausschreibungen informieren, Tipps für die richtige Bewerbung holen und sich online bewerben können. Das bedeutet: Im Internet stehen auf nur einem Portal die Kommunikationsmaßnahmen verschiedener Abteilungen nebeneinander oder werden über ein Hyperlink-System von verschiedenen Orten des Web aus miteinander vernetzt: Die Werbeabteilung schaltet werbliche Informationen, während die Verkaufsförderung mit Gewinnspielen und Händlerbetreuung punktet. Die Personalabteilung betreut potentielle Bewerber und die PR-Abteilung sucht den Kontakt zu Journalisten, Nachbarn oder anderen Anspruchsgruppen. Dabei sind Formate, Kanäle und Ausgabegeräte so flexibel, dass fast jeder Kommunikationsteilnehmer auf fast jede erdenkliche Art Informationen abrufen bzw. empfangen und darauf reagieren kann. Und das von fast jedem Ort der Welt aus.

Das bedeutet: Bei der Umsetzung Ihrer Online-Aktivitäten können Sie aus einer großen Vielfalt an multimedialen Aufbereitungsarten und Interaktionsfunktionen schöpfen und diese miteinander verbinden. Sie können Ihre Inhalte durch Links und Hyperlinks verknüpfen, um eine unterschiedliche Detailtiefe zu erlangen, aber auch um eine Vernetzung mit anderen Angeboten im Web herzustellen. Dabei stehen PR-Informationen im Web oft in direktem Umfeld von werblicher und verkaufsfördernder Kommunikation oder von Online-Shops. Sie können die Anwendungen und Kommunikationsinstrumente der PR mit den Kommunikationsmaßnahmen anderer Funktionen Ihrer Organisation auf einer Plattform bündeln. Und Sie sollten die Nutzungsgewohnheiten und technischen Voraussetzungen Ihrer Dialoggruppe kennen, um für jeden Bedarf geeignete Formate und Ausgabekanäle bereitzuhalten. Das Problem dabei: Grenzenlosigkeit bedeutet leider auch oft Orientierungslosigkeit. Es gehört jedoch zu Ihrer Aufgabe, die PR-Ziele Ihrer Online-Aktivitäten genau zu definieren und mit den anderen Kommunikationsfunktionen in Ihrem Hause abzustimmen. Es liegt an Ihnen zu entscheiden, welche Anwendungen und welche Aufbereitungsform Sie für Ihre Inhalte wählen – Sie müssen nicht alle Möglichkeiten ausschöpfen, sondern nur zielführende Optionen berücksichtigen. Und schließlich: Auch der User erwartet von Ihnen Orientierung. Er erwartet, dass Sie ihm einen schnellen Überblick über Ihr Angebot liefern und ihn im Web-Dschungel zügig und sicher zu den von ihm gewünschten Informationen führen – wann und auf welchem Weg auch immer er dies möchte.

Die Betrachtung der typischen Merkmale der Online-Kommunikation macht deutlich, dass dieser neue Kommunikationsraum die Arbeitsweise des PR-Verantwortlichen auf vielfältige Weise beeinflusst, verändert und erweitert. Auf der einen Seite eröffnen sich neue Chancen für die Kontaktaufnahme mit alten und neuen Bezugsgruppen und der stärkeren Bindung dieser Gruppen an die Organisation. Auf der anderen Seite entstehen in der virtuellen Wirklichkeit auch neue Risiken, die wohl vor allem mit Kontrollverlust und dezentraler Interpretationsmacht zu beschreiben sind. Obwohl bestimmte Online-Instrumente heute aus einer professionellen Kommunikation nicht mehr wegzudenken sind, sollte der PR-Verantwortliche seine Schritte im Web sorgfältig abwägen und nur solche Aktivitäten vornehmen, die angesichts seiner individuellen Rahmenbedingungen zielführend, ohne großes Risiko durchführbar und medienadäquat umsetzbar sind. Auch wenn Sie sich gegen die aktive Beteiligung am virtuellen Meinungsmarkt entscheiden sollten, werden Sie nicht umhinkommen, diesen Kommunikationsraum im Rahmen Ihres Themen-Monitoring höchst aufmerksam zu verfolgen. Denn die Auswirkungen der virtuellen Wirklichkeit auf die Offline-Welt sind vielfältig, nicht aufzuhalten und werden früher oder später Ihre PR-Arbeit beeinflussen.

7.2 Strategischer Einsatz von Online-PR

Die Instrumente und Anwendungen der Online-PR bieten in allen Dialogfeldern und Aufgabenbereichen der PR interessante, neue Einsatzfelder. Media Relations sind ohne Online-Kommunikation fast nicht mehr denkbar. In der internen Kommunikation haben Intranet und E-Mail längst einige traditionelle Offline-Instrumente ersetzt. Im Bereich der Consumer Relations sind virtuelle Unternehmenswelten, Online-Events und individuelle Online-Kundenbetreuung an der Tagesordnung. Für die Investor Relations gehört es zum Standard, Wirtschaftsdaten im Internet aktuell und umfassend anzubieten. Das Themen-Monitoring und -management hat sich von den klassischen Medien auf den virtuellen Meinungsmarkt ausgeweitet. Und in der PR-Krise haben sich die schnellen, vernetzten Kommunikationskanäle des Internet bewährt.

Grundsätzlich gibt es verschiedene Aufgabenbereiche der PR, bei denen Online-PR zum Einsatz kommt: Sie können Online-PR zur Recherche, zur Beobachtung oder zur aktiven Kommunikation mit unterschiedlichen Dialoggruppen nutzen. Zudem gibt es vielfältige Online-PR-Dienstleister, auf die Sie bei Bedarf zurückgreifen können. Werden die Anwendungen der Online-PR für die aktive Kommunikation eingesetzt, so können Sie entscheiden, ob Sie eine eigene Online-Präsenz aufbauen wollen oder bereits bestehende Plattformen für den Dialog nutzen möchten. Und Sie müssen entscheiden, welchen Grad an Dialogfähigkeit Sie grundsätzlich herstellen wollen und können. Vom aktiven Echtzeit-Blog bis hin zum monatlichen E-Mail-Newsletter ist alles möglich.

Konzeptionelle Integration der Online-PR

Die neuen Kommunikationswege und –instrumente, sowie Arbeitsweisen müssen in das bestehende PR-Gesamtkonzept, sowie in die übergreifende Strategie der Corporate Communications integriert werden. Sie müssen die Aufgaben und Ziele Ihrer Online-Aktivitäten genau definieren, die dafür geeigneten Dialoggruppen identifizieren und die Themen und Inhalte für Ihre Online-Kommunikation festlegen. Dabei hilft Ihnen die klassische PR-Konzeptionslehre, wie sie im Kap. 2 beschrieben wird. Zudem benötigen Sie einen guten Überblick, welche weiteren PR-Instrumente und Kommunikationskanäle Ihnen in der Online-PR zur Verfügung stehen und wie sich diese strategisch sinnvoll und wirtschaftlich in Ihren bestehenden Maßnahmen-Mix integrieren lassen. Schließlich ist eine mittel- bis langfristige Strategie auch für Online-PR unabdingbar. Da die Umsetzung von Online-PR-Instrumenten ein großes Maß an Aktualität, Dialogbereitschaft und ständiger Verfügbarkeit verlangt, sollten Sie Ihre Instrumente mit Bedacht, Schritt für Schritt aufbauen. Auch sollten Sie berücksichtigen, dass die meisten Online-Instrumente eine gewisse Zeit benötigen, bis sie die notwendige Präsenz und Akzeptanz bei den Nutzern entwickelt haben.

Zu den konzeptionellen Vorüberlegungen gehört es vor allem, sich Gedanken darüber zu machen, warum Sie überhaupt in die Online-Kommunikation einsteigen bzw. diese verstärken wollen und welche Aktivitäten und Inhalte dafür in Frage kommen. Wichtige Fragestellungen dabei sind:

- Welche bestehenden oder neuen Aufgaben soll die Online-PR übernehmen?
- Welche Ziele wollen Sie damit erreichen?
- Wollen Sie klassische Kommunikationswege unterstützen, ergänzen oder ersetzen?
- Wollen Sie neue Dialoggruppen erreichen oder bestehende Dialoggruppen intensiver betreuen?
- Welche für Ihre PR-Arbeit bedeutsamen Dialoggruppen sind überhaupt im Web erreichbar?
- Welche Inhalte und Themen sind für die Online-Kommunikation geeignet und welcher Aufwand ist mit der Aufbereitung und Pflege dieser Inhalte verbunden?
- Wollen Sie das Internet einsetzen, um Offline-Inhalte zu vertiefen, insgesamt ein breiteres Themenspektrum anzubieten oder exklusive Informationen zu liefern?
- Wie dialog-intensiv wollen und können Sie im Internet präsent sein und welche Online-Instrumente wollen Sie dafür mit welchen personellen und finanziellen Ressourcen einsetzen?
- Wie wollen Sie Ihre Offline-Aktivitäten mit den Online-Instrumenten verknüpfen und Ihre Online-Angebote innerhalb der Web-Gemeinschaft vernetzen?
- Welche Online-Dienste in den Bereichen Recherche, Monitoring, Informationsverbreitung und Erfolgskontrolle wollen Sie in Ihre Arbeitsroutinen aufnehmen?

Typische PR-Aufgaben der Online-PR als Kommunikationsmedium

Typische Aufgaben der Online-PR als Kommunikationsmedium sind beispielsweise:

- Neue Medien zur Imagebildung nutzen: Wenn Innovation und moderne Technologie zu Ihren Kernthemen gehören, können Sie auf eine professionelle Online-Präsenz kaum verzichten. Denn wer neue Medien kompetent einsetzt, kann sein Image als zukunftsfähiges Unternehmen stärken. Aber auch Unternehmen, die sich bei Ihren Dialoggruppen als modern, jung und zeitgeistig präsentieren wollen, profitieren vom zeitgemäßen Online-Auftritt. Wenn online authentische und glaubwürdige Unternehmenswelten aufgebaut werden, so beeinflusst das die Sichtweise wichtiger Dialoggruppen auf Ihr Unternehmen. Dies ist vor allem im Bereich der Consumer Relations wichtig, wenn Unternehmens- und Markenwelten für viele erlebbar sein sollen, um die Kundenbindung zu erhöhen. Es liegt am PR-Verantwortlichen, welche Komponenten der Corporate Identity eine Organisation im Web sichtbar macht und welches Image damit erzielt werden soll. Dabei sind nicht nur die Auswahl der Inhalte und ihre Aufbereitung, sondern vor allem das Verhalten der Organisation insgesamt im Web mit entscheidend. Nur wenn Sie schnell reagieren, dialogbereit und authentisch auftreten, können Sie Image-Pluspunkte im Netz erzielen.
- Den Dialog mit wichtigen Bezugsgruppen intensivieren, individualisieren, erweitern und beschleunigen: Der große Vorteil der neuen Medien liegt in ihrer unmittelbaren Interaktions- und Dialogfähigkeit in Echtzeit. Dazu kommt die Tatsache, dass sich große Informationsmengen multimedial und verlinkt so

flexibel aufbereiten lassen, dass sie vom User einfach nach seinen individuellen Wünschen abgerufen werden können. Durch diese Funktionalität macht es Online-Kommunikation leicht, den Dialog mit unterschiedlichen Nutzergruppen – unabhängig von Zeit und Ort – zu führen und diese an die Organisation zu binden. Der intensive, kontinuierliche Austausch von Informationen, Gedanken, Wünschen, Anregungen und Meinungen ist über das Netz schnell und relativ kostengünstig herstellbar. Online-PR kann die Offline-Beziehung zu wichtigen Bezugsgruppen und Opinion Leadern unterstützen und vertiefen. Sie kann aber auch weitere Personen der bestehenden Dialoggruppe ansprechen, die offline nicht oder nur schwer erreichbar wären oder neue Bezugsgruppen in den kontinuierlichen Dialog mit einbinden, deren Betreuung offline zu aufwändig wäre. Last but not least: Online-Kommunikation kann Ihre Kommunikationsprozesse derart beschleunigen, dass Sie mit Ihrer Information Ihre Dialoggruppen als Erster erreichen – noch vor anderen Medien. Damit liefern Ihnen Online-PR nicht nur die Möglichkeit, Ihre Kommunikation zu intensivieren und zu erweitern, sondern vor allem auch, Ihre Kommunikationsprozesse deutlich zu beschleunigen.

- Eine Beziehung zu Dialoggruppen aufbauen, die fast nur oder am besten online erreichbar sind: Die einen sprechen von der „Generation Internet", die anderen von internet-affinen, jungen Zielgruppen. Fakt ist, dass sich viele jüngere Menschen zwischen 14 und 39 Jahren täglich im Internet bewegen und immer mehr Jugendliche über klassische Medien gar nicht mehr zu erreichen sind. Um bei diesen Dialoggruppen bekannt zu werden oder mit ihnen eine Beziehung aufzubauen, führt kein Weg am Internet vorbei. Sollte diese Personengruppe heute oder in Zukunft bei Ihrer PR-Arbeit eine bedeutende Rolle spielen, sollten Sie deren Nutzungsverhalten und deren Interessen analysieren und bezugsgruppen-gerechte Online-Angebote in entsprechenden Themenfeldern platzieren. Zudem haben sich im Internet neue Opinion Leader etabliert, die erfolgreich Foren, Blogs oder Online-Medien betreiben. Diese können Sie ebenfalls am besten online ansprechen. Neben diesen „heavy usern" gibt es weitere Intensivnutzer des Internet, die sich fast ausschließlich über elektronische Medien erreichen lassen. Dazu gehört beispielsweise eine große Anzahl von Journalisten, Bürgeraktivisten, Fachexperten und wissenschaftlich Tätigen auf der ganzen Welt. Für diese zählt der Online-Kontakt schon lange zur Kommunikations-Routine, mit der sich Daten und Meinungen austauschen, Aktionen koordinieren und Kontakte über Landesgrenzen hinaus pflegen lassen. Da in dieser Gruppe zudem besonders viele Opinion Leader anzutreffen sind, sollten Sie sie in Ihre Online-Überlegungen mit einbeziehen.

- Aktualität der Informationen erhöhen oder Echtzeit-Kommunikation herstellen: Das Internet ist das schnellste Medium. Wenn für Ihre PR-Arbeit eine besonders zeitnahe Vermittlung von Informationen oder die möglichst schnelle Dialogmöglichkeit mit bestimmten Bezugsgruppen wichtig ist, sollten Sie auf die elektronischen Kommunikationswege zurückgreifen. Die Aktualisierbarkeit von Inhalten rund um die Uhr spielt vor allem in Krisenzeiten – aber auch bei sonstigen für die Organisation wichtigen Events – eine wesentliche Rolle.

Neue Erkenntnisse und Entwicklungen zu einem von der Öffentlichkeit intensiv beobachteten Ereignis können auf diese Weise in Echtzeit vermittelt werden.
Der Dialog mit Augenzeugen, Betroffenen oder Interessierten kann unmittelbar
erfolgen. Wenn Sie also bei Ihrer PR-Arbeit Anlässe betreuen, die von Ihren
Dialoggruppen intensiv verfolgt werden und daher ein großes Maß an Aktualität erfordern, sollten Sie entsprechende Maßnahmen der Online-PR in Ihren
Kommunikationsmix einplanen.

• Interne Kommunikation effizienter gestalten: Die oben genannten Aufgaben der
  Online-PR bei Imagebildung, Intensivierung, Erweiterung und Beschleunigung
  der Kommunikation lassen sich auch auf den internen Dialog mit Mitarbeitern
  übertragen. Innerhalb der Unternehmenswelt spielt die aktuelle, umfassende, vernetzte und dialogorientierte Mitarbeiterkommunikation eine ganz wesentliche
  Rolle. Nur so kann ein schneller Wissenstransfer, eine reibungslose Zusammenarbeit über Team-, Abteilungs- oder Ländergrenzen hinweg und eine schnelle
  Anpassung an Marktgegebenheiten sichergestellt werden. Ob E-Mail, Intranet
  oder Online-Projektforen – elektronische Medien sind eine kosten- und zeit-
  sparende Methode der internen, kommunikativen Vernetzung. Wie Sie einen
  Intranet-Bereich konzipieren und aufbauen, haben Sie bereits im Abschn. 4.10
  „Das Intranet und weitere audiovisuelle und elektronische Medien" erfahren.
  Nutzen Sie die in diesem Kapitel vorgestellten Instrumente und Anwendungen
  der Online-PR bei Bedarf, um Ihr Intranet zu erweitern und den Dialog mit
  Mitarbeitern zu intensivieren.

Koordination von Online- und Offline-Maßnahmen

Online-PR können Ihre bestehenden Offline-Kommunikationsmaßnahmen unterstützen, ergänzen oder ersetzen. Sie können beispielsweise ein Seminar oder
einen Fachkongress veranstalten und gleichzeitig vertiefende Inhalte, Studien, Dokumentationen, Fotos, Grafiken und Videos auf Ihrer Website bereitstellen. Sie
können in einem Mailing einen Wettbewerb offiziell ausschreiben und zusätzlich
im Web alle relevanten Ausschreibungsunterlagen hinterlegen, sowie eine Online-
Teilnahme ermöglichen. Sie können einen Kunden-Newsletter statt auf Papier in
digitaler Aufbereitung als E-Mail-Newsletter versenden. Oder sogar ganze Veranstaltungen, wie Weiterbildungsseminare, als Online-Training ins Internet verlegen.
Welche Inhalte und Funktionen Sie ganz, teilweise oder vertiefend ins Web einbringen, hängt von Ihrer PR-Strategie ab und vom Zusatznutzen, den Sie dadurch
schaffen können. Sie sollten jedoch bedenken, dass sich nicht alle PR-Instrumente
und Maßnahmen einfach und ohne Wirkungsverlust ins Web verlegen lassen. Denn
die grundsätzlichen Funktionen von Printmedien und persönlicher Kommunikation lassen sich nicht so leicht ersetzen. So bleibt beispielsweise die Wertigkeit,
Bedeutung und Imagewirkung eines hochwertigen Print-Produktes für bestimmte Bezugsgruppen ebenso bestehen, wie die Überzeugungskraft eines persönlichen
Gesprächs und die emotionale Wirkung des persönlichen Erlebens unübertroffen
bleiben.

Vernetzung von Online-Aktivitäten untereinander und mit Offline-Maßnahmen

Wie immer müssen Sie bei Ihrer strategischen Planung darauf achten, alle Maß-nahmen im Sinne einer Cross Communications untereinander zu verknüpfen, um den maximalen Wirkungskreis zu erreichen. Neue Online-Präsenzen müssen in den klassischen Medienformen kontinuierlich beworben werden, um User für Ihre Online-Angebote zu generieren. Beispielsweise sollten Sie in allen Broschüren, auf dem Briefpapier und in sonstigen Printmedien auf Ihre Website hinweisen. Oder Sie können in einer Fußnote, die jedem E-Mail-Schriftverkehr aus Ihrem Hause automatisch angehängt wird, auf Ihren neuen Blog oder Ihre Community-Adresse verweisen. Aber auch im Internet selbst sollten Sie auf eine ausreichende Vernet-zung achten. Hierzu können Sie organisationsfremde Online-Plattformen und Such-maschinen in Ihre Strategie mit einbeziehen und dort auf eigene Online-Aktivitäten aufmerksam machen. Durch intelligente Verlinkung – beispielsweise Links in re-levanten Blogs, Bannerwerbung und Linktausch-Angebote mit themenverwandten Websites– sowie mit einem attraktiven Belohnungssystem für Empfehlungen oder Weiterleitungen können neue Nutzergruppen auf Ihre Websites gezogen werden. Mit dem Begriff „Viral Marketing" wird eine Art von virtuellem Schneeballsys-tem bezeichnet, in dem sich Webinhalte innerhalb der vernetzten Web-Community durch Verlinkungen und Weiterleitungen selbständig verbreiten. Auch darüber gilt es nachzudenken. Die Vernetzung von Maßnahmen und Inhalten ist also nicht nur für Ihre Offline-Kommunikation notwendig, sondern bezieht sich auch auf Ih-re Online-Aktivitäten und sollte ein wesentlicher Bestandteil Ihrer übergreifenden Kommunikationsstrategie sein.

Recherche, Themen-Management und Agenda-Setting mit Online-PR

Zur Recherche im Rahmen Ihrer konzeptionellen Arbeit steht Ihnen im Inter-net ein weltweit verfügbarer Informationspool zur Verfügung. Für die PR-Analyse finden Sie dort beispielsweise Daten und Fakten zu Märkten und Branchen, interes-sante Hinweise auf relevante Meinungsumfelder für Ihre Organisation und Informa-tionen, die Sie zur Identifikation von bedeutenden Dialoggruppen benötigen. Nutzen Sie Spezialdatenbanken, Suchmaschinen, Pressedatenbanken, Archive der Medi-en, Blog-Listen und Newsgroup-Verzeichnisse, um Ihre Recherche durchzuführen. Und durchsuchen Sie die Websites von Unternehmen, Verbänden, Institutionen und wissenschaftlichen Einrichtungen, um Ihr Wissen zu vervollständigen.

Wollen Sie das Internet für Ihr Themen-Management und Agenda Setting einsetzen, sollten Sie die Diskussionen in den für Sie relevanten Foren, Chats, Communities und Blogs, sowie thematisch bedeutsame Online-Medien aufmerk-sam beobachten und analysieren. Sie können durch das so genannte „Themen-Monitoring" zukunftsrelevante Themen ausmachen, noch bevor diese Einzug in eine breite, öffentliche Diskussion gefunden haben. Dies spielt besonders bei der Krisen-Prävention eine bedeutende Rolle. Dabei geht es im Wesentlichen darum, Kommunikationsprobleme rechtzeitig zu erkennen, sich argumentativ entsprechend vorzubereiten und rechtzeitig in die Diskussion einzugreifen. Aber auch beim so genannten „Agenda Setting" ist eine Beobachtung der virtuellen Öffentlichkeit sinnvoll. Durch entsprechende Beobachtung können Sie zukunftsrelevante Themen finden, diese in die öffentliche Diskussion einbringen und besetzen – oder zumindest in Ihrem Sinne steuern. Nutzen Sie dazu die praktischen RSS-Feeds, mit denen Sie neue Inhalte auf den thematisch relevanten Websites abonnieren und so Diskussionen im Web bequem verfolgen können. Oder registrieren Sie sich für relevante E-Mail-Newsletter, um diese regelmäßig zu beziehen. Zudem können Sie eine Online-Medienbeobachtung beauftragen, das Web für Sie nach bestimmten Stichworten zu durchsuchen und Ihnen entsprechende Veröffentlichungen zuzusenden. Auch Online-Monitoring-Dienste, die die Entwicklung von Themen im Internet verfolgen, sind nutzbar.

Online-Dienste als Arbeitsunterstützung für PR

Darüber hinaus bietet das Internet eine Vielzahl an sinnvollen, kostenlosen und kostenpflichtigen Dienstleistungen für PR-Arbeiter. So werden beispielsweise Dienste angeboten, die Ihnen bei der Verbreitung Ihrer Presseinformationen an Journalisten helfen und Ihre virtuelle Pressemappe auf Portalen anbieten oder Ihre Texte, Fotos, Audio- und Video-Beiträge an Redaktionen versenden (zum Beispiel presseportal.de von news aktuell, businesswire.com, pressrelations.de). Einige dieser Portale bieten zudem einen guten Überblick über redaktionelle Terminpläne und Pressetermine. Auch werden alle Nachschlagewerke für Journalisten-Adressen als Online-Datenbank angeboten. Diese können Sie zur Zusammenstellung Ihres Presseverteilers und zur Aktualisierung dieser Daten nutzen (zum Beispiel STAMM Verlag, Z-Data, Zimpel Online oder MEDIAtlas). Schließlich unterstützen Sie weitere Online-PR-Dienste bei der Erfolgskontrolle Ihrer Arbeit, indem sie Veröffentlichungen der Medien sammeln und digital verfügbar machen (zum Beispiel ausschnitt.de, businesswire.com, medien-tenor.de und pressrelations.de). Wieder andere Online-Dienste halten Instrumente bereit, mit denen Sie die Resonanz auf Ihre Online-Aktivitäten überprüfen und wichtige Informationen über das User-Verhalten gewinnen können. Insgesamt haben sich einige dieser Dienste zum höchst nützlichen Branchen-Standard gemausert.

Erfolgskontrolle für Online-Aktivitäten

Achten Sie darauf, bei Ihren Online-Aktivitäten funktionierende Wirkungskontrollen einzubauen. Beispielsweise gibt es für die Medienarbeit im Netz zahlreiche Online-Dienste zur Überwachung der Resonanz. Und auch die Nutzung von E-Mail-Newslettern lässt sich mit Registrierungszahlen, Teilnehmerzahlen von Gewinnspielen oder über die Öffnungs- und Klickrate gut erfassen. Für das Monitoring, das heißt für die Beobachtung von bestimmten Themenkarrieren, eignet sich die Analyse von relevanten Blogs. Dazu werden im Internet ebenfalls entsprechende PR-Dienste angeboten, die beispielsweise die Sichtbarkeit von Themen, deren Verlauf und deren Verlinkungs-Intensität überwachen (Beispiele: technorati.com, blogpulse.com, marketleap.com). Auch die Wirkung von Kampagnen des Viral Marketing lässt sich über Online-Dienste messen, die über Reichweiten und Aufmerksamkeit bestimmter Themen Auskunft geben. Darüber hinaus gibt es Möglichkeiten, das User-Verhalten über Visits, Verweildauer, Registrierungsdaten und Download-Raten zu erfassen. Online-Umfragen bei Usern oder

Offline-Befragungen von Bezugsgruppen liefern weitere Anhaltspunkte zur Erfolgskontrolle. So lassen sich beispielsweise die Nutzungsmotive, die Zufriedenheit mit den Angeboten und das Image, das durch den Online-Auftritt entsteht, vertiefend untersuchen.

7.3 Die typischen Nutzergruppen von Online-PR

Bevor Sie Online-Aktivitäten planen, sollten Sie untersuchen, welche Nutzergruppen Sie damit überhaupt erreichen können und wollen. Insbesondere müssen Sie wissen, ob, wie intensiv und wie versiert Ihre bestehenden Bezugsgruppen das Internet nutzen. Dann sollten Sie untersuchen, welche Inhalte, Angebote und Anwendungen von den online aktiven Dialoggruppen vor allem nachgefragt und für glaubwürdig befunden werden. Welche potentiellen Intensiv-Nutzer können Sie identifizieren? Wo halten diese sich vor allem im Netz auf? Welchen Aktivierungsgrad weisen sie auf? Sind sie überwiegend passive Empfänger von Informationen, sind sie aktives Mitglied einer Community oder produzieren sie sogar selbst Online-Content? Und welche attraktiven Angebote könnte Ihre Organisation diesen Usern bieten? Grundsätzlich lassen sich die folgenden User-Gruppen im Web ansprechen:

Junge, internet-affine Nutzer
Internet-affine Nutzer halten sich gerne in Social Networks und Communities auf, um sich – überwiegend über private Interessen – auszutauschen und Freundschaften zu pflegen. Sie stellen Fotos und private Tagebücher online, tauschen Musik und Videos aus oder geben entsprechende Empfehlungen über Favoriten-Listen. Ob Twitter oder Facebook, YouTube oder Flickr – diese Nutzergruppen suchen überwiegend nach unterhaltsamen Angeboten auf den entsprechenden Portalen und nach einer Möglichkeit zum Austausch mit Gleichgesinnten. Wollen Sie diese User erreichen, sollten Sie über eine eigene Präsenz in den relevanten Communities nachdenken. Auch freut sich dieser Nutzergruppe über Computerspiele, Gewinnspiele und kleine Geschenke aus Ihrem Haus.

Journalisten und Redakteure von Offline- und Online-Medien
Die Berufsgruppe der Journalisten ist eine äußerst aktive und interessante Usergruppe für Ihre PR-Arbeit im Netz. Sowohl die Redakteure der klassischen Medien, als auch die Online-Journalisten sind versierte und intensive Nutzer des Internets, wenn es um die Themen-Recherche geht. Zudem steuern Online-Redakeure einen großen Teil der Internet-Inhalte bei – entweder über ihre Online-Medien oder über Aktivitäten als Blogger und Betreiber von Online-Themenportalen. Online-Journalisten gehören zu den aktiven Usern und sind äußerst gut vernetzte Multiplikatoren. Journalisten suchen im Netz nach kompetenten Fachinformationen, exklusiven Inhalten und ungefilterten, authentischen Meinungen, sowie Stimmungsbildern. Diese nutzen sie für ihre Berichterstattung oder als Anregung für Veröffentlichungen in Medien und Blogs. Bei Journalisten punkten Sie mit einer übersichtlich strukturierten, leicht navigierbaren und schnell durchsuchbaren Web-Präsenz Ihrer Organisation, mit verlässlichen Hintergrundinformationen zu

Unternehmen, Produkten und Branche, sowie mit hoher Fachkompetenz und Expertenwissen in Diskussionen und Blogs. Wenn Sie darüber hinaus noch ständig wechselnde, interessante Themen bieten können und schnell auf Journalisten-Anfragen reagieren, stehen die Chancen gut, in die Informations-Routinen dieser Intensiv-Nutzer aufgenommen zu werden und sich als glaubwürdiger, ernst zu nehmender Gesprächspartner zu positionieren.

Betreiber von beliebten Foren, Newsgroups und Blogs

Diese Usergruppe gehört zu den neuen Opinion Leadern im Netz. Insbesondere Blogger nehmen eine immer wichtigere Rolle beim Agenda Setting wahr. Sie entscheiden, welche Themen sie in ihren Blog aufnehmen und wie sie diese Themen interpretieren oder bewerten. Ist der Blog beliebt oder gilt er als besonders kompetent und glaubwürdig, beeinflussen Blogger die Meinung vieler weiterer User des relevanten Netzwerks. Aber auch innerhalb von Diskussionsforen und Newsgroups kann es einzelne User geben, die sich besonders intensiv oder mit besonderer Fachkompetenz am dortigen Dialog beteiligen und so großen Einfluss gewinnen. Grundsätzlich gibt es für Unternehmen zwei verschiedene Möglichkeiten, mit solchen Meinungsführern umzugehen: Entweder ein kompetenter und geeigneter Mitarbeiter nimmt kontinuierlich und aktiv an den Online-Diskussionen teil, versucht dabei auf eigene Webinhalte und Positionen hinzuweisen und die Diskussion so zu lenken, dass die Beobachter vom Standpunkt des Unternehmens überzeugt werden. Oder das Unternehmen unterstützt den Blogger durch Hintergrundwissen und finanzielle Zuwendungen in Form von Sponsoring und Online-Werbung. Eine weitere Möglichkeit: Versuchen Sie, besonders wichtige Opinion Leader im Web auch einmal persönlich kennen zu lernen und binden Sie sie in Ihre Offline-Maßnahmen ein – beispielsweise über die Einladung zu Events.

Fachexperten und Professionals

In diese Nutzergruppe fallen viele verschiedene Dialoggruppen, die sich im Einzelfall hinsichtlich ihrer Nutzungsintensität und –kompetenz sehr stark unterscheiden. Zum einen befinden sich viele Multiplikatoren für PR in dieser Gruppe: beispielsweise Branchen- und Fachexperten von Verbänden, wissenschaftlichen Instituten, politischen Organisationen, Regierungsstellen, NGOs („Non Governmental Organisations"; deutsch: „Nichtregierungsorganisationen", beispielsweise Bürgerinitiativen), Bildungs- und Kultureinrichtungen, sowie institutionelle Anleger. Zum anderen finden Sie in dieser Gruppe zwischenzeitlich fast alle beruflich Engagierten – ob Unternehmer, Manager, Angestellte, Freiberufler oder Personen in Ausbildung. In dieser Gruppe geht es vorrangig um den Austausch von Fachinformationen und Erfahrungen, um Anwendungen, die die berufliche Aufgabe unterstützen, um Wissensvermittlung und um die Bildung von beruflichen oder fachlichen Kontakt-Netzwerken. Für die Ansprache dieser Usergruppen ist es entscheidend zu wissen, welche Informationsroutinen, berufliche Abläufe, Vorkenntnisse und technischen Voraussetzungen in den einzelnen Teilgruppen vorliegen. Und auf welchen Portalen sie sich zu relevanten Netzwerken zusammengeschlossen haben. Bieten Sie den von Ihnen identifizierten Teilgruppen – ob Händlern, Investoren oder Geschäftspartnern – Informationen mit hohem, beruflichen Nutzwert und hervorragender „Usability" (deutsch: „Nutzbarkeit"). Das bedeutet, dass Sie Ihre Inhalte nutzerfreundlich, leicht auffindbar und zugänglich, sowie übersichtlich und mit optimaler Navigierbarkeit anbieten. Seien Sie in den Online-Netzwerken Ihrer professionellen Bezugsgruppen präsent. Oder rufen Sie auf Ihrer Online-Präsenz ein eigenes Themen- und Netzwerk-Portal ins Leben und bauen dieses zur Drehscheibe für Ihr Spezialgebiet auf. Extranets können eine ähnliche Funktion übernehmen, wenn Sie dort registrierten Nutzern exklusive Inhalte und Anwendungen mit hohem Nutzwert bieten können.

Der „Public Surfer" und aufgeklärte Verbraucher

Für Neugierige, Wissensdurstige und aufgeklärte Verbraucher gibt es im Netz viel Interessantes zu entdecken. Es gibt Unterhaltsames, Spiele und Rätsel, Wissenswertes aus der ganzen Welt und aus allen Bereichen des Lebens, sowie unzählige Informationen über Produkte und Dienstleistungen abzurufen. Aus welchen Motiven genau der „Public Surfer" online geht, ist im Einzelfall zu untersuchen. Es gilt jedoch festzuhalten, dass es für wirklich jedes Interesse entsprechende Angebote im Internet gibt. Der PR-Verantwortliche muss herausfinden, auf welchen beliebten Plattformen sich diejenigen Themen und Nutzer zusammenfinden, die für die eigene PR-Arbeit relevant sind. Im Bereich der Verbraucherinformation sind es vor allem Plattformen, die Preise vergleichen, Verbrauchertipps geben, Produkttests oder aktuelle Forschungsergebnisse veröffentlichen, Anwenderberichte liefern und Nutzer-Bewertungen sammeln, die eine wichtige Orientierungsfunktion einnehmen. Dazu kommen praktische Online-Shops mit umfangreichen Serviceleistungen und Ratgeber-Portale zum Abrufen von Expertentipps. Können Sie hier glaubwürdige Informationen aus erster Hand beisteuern, können Sie das Wohlwollen des Public Surfers erringen, Ihre Kunden an sich binden oder neue Kundenpotentiale erschließen.

7.4   Anforderungen an die Inhalte der Online-Kommunikation

Die Themen und Inhalte, die Sie online aufbereiten können, sind äußerst vielfältig. Welche Inhalte Sie in welcher Aufbereitung, mit welchem Argumentationsstil und mit welchem Gestaltungskonzept tatsächlich online vermitteln wollen, hängt zum einen von den Kernbotschaften Ihres PR-Konzeptes, zum anderen von den Interessen, Bedürfnissen und Nutzungsgewohnheiten Ihrer Dialoggruppe ab. Darüber hinaus müssen Sie strategisch entscheiden, wie oft Sie Ihre Inhalte und Themen aktualisieren oder erneuern können und wollen. Und wie intensiv Sie mit den verfügbaren personellen, zeitlichen und finanziellen Ressourcen von den direkten Dialogmöglichkeiten im Netz Gebrauch machen können. Grundsätzlich gelten für Informationen, die online angeboten werden, die folgenden Anforderungen:

Größere Informationstiefe, -breite oder –exklusivität und Mehrwert

Ihre Inhalte im Web müssen „added value" – Zusatznutzen oder Mehrwert – für Ihre Dialoggruppe aufweisen. Dies erreichen Sie, indem Sie im Internet vertiefende Details zu Ihren Themen anbieten, eine größere Bandbreite an Themen und Inhalten liefern oder bestimmte Informationen ausschließlich im Internet verfügbar machen. Auch Inhalte, die durch ihr Design oder die Art der Interaktion einen besonderen ästhetischen, emotionalen oder spielerischen Genuss versprechen oder

Inhalte, die eine Kostenersparnis oder einen materiellen, wie immateriellen Gewinn versprechen, werden angenommen. Insgesamt ist es vorteilhaft, wenn Sie informierende und unterhaltende Elemente mit Serviceangeboten verbinden. Bieten Sie umfassendere, kompetentere, glaubwürdigere Informationen, setzen Sie auf unterhaltsamere Themen und Aufbereitungsarten oder machen Sie Ihren Service im Netz unschlagbar, um sich vom Wettbewerb abzusetzen! Und achten Sie darauf, dass Sie online immer die aktuellsten, verfügbaren Informationen bieten.

Multimediale Darstellungsformen

Zwar bilden Texte immer noch bei vielen Online-Angeboten den Schwerpunkt der Informationsaufbereitung. Dennoch sollten Sie darüber nachdenken, wie Sie Ihre Inhalte durch die Vielfalt der multimedialen Darstellungsformen informativer, interessanter und verständlicher machen können. Nutzen Sie beispielsweise aussagefähige Fotos, Schaubilder oder Tabellen – die Sie online auch interaktiv aufbereiten können –, um Ihre Kernbotschaften zu verdeutlichen. In kleinen Computerspielen lassen sich ebenfalls wichtige Botschaften vermitteln. Eine kostengünstige Variante sind Audio-Inhalte, die mit geringem technischen Aufwand produziert werden können. So können Sie Ihre Inhalte mit Kommentaren, Reportagen, Interviews, Vorträgen, Lesungen oder Hörspielen anreichern. Auch Wort-Bild-Kombinationen und mit Ton unterlegte Präsentationen sind denkbar und weniger aufwändig zu produzieren als Video-Streams. Sollten Sie dennoch auf Videos nicht verzichten wollen, sollten Sie auf eine professionelle Umsetzung achten. Die aufwändigste und auch risikoreichste Darstellungsvariante ist die Live-Video-Übertragung, die bei Live-Web-Events zum Einsatz kommt. Für die Übertragung eines Fachkongresses, einer Pressekonferenz oder einer Podiumsdiskussion benötigen Sie einen verlässlichen, erfahrenen Technik-Dienstleister und professionelle Moderatoren. Oft macht es mehr Sinn, das Videomaterial nachzubearbeiten und zeitlich versetzt ins Netz zu stellen.

Schnell verfügbare und schnell erfassbare Informationen

Zwar lassen multimediale Darstellungsmöglichkeiten keine Wünsche offen, um Ihre Informationen aufmerksamkeitsstark und eindringlich aufzubereiten. Sie dürfen aber nur diejenigen Gestaltungsmittel nutzen, die für Ihre Dialoggruppen schnell verfügbar und schnell erfassbar sind. Das gilt beispielsweise für Lade- und Download-Zeiten. Ebenso ist es entscheidend, dass Sie die Zeitspanne, die der User braucht, um Ihr Angebot zu überblicken und seinen persönlichen Nutzen darin zu erkennen, möglichst kurz halten. Das bedeutet, dass Sie Ihre Inhalte in kurze, kompakte Textportionen mit vertiefenden Text-, Bild-, Audio- oder Video-Links strukturieren müssen und alle Inhalte mit wenigen Klicks erreichbar sein sollten. Der Surfer ist ein flüchtiges Wesen, das gerne schnell über die (Informations-) Wellen gleitet und nur an der Oberfläche bleibt – sofern Sie ihm keinen Anreiz geben, tiefer einzutauchen. Unterstützen Sie diese Nutzungsgewohnheit, indem Sie ihm das Überfliegen Ihrer Inhalte erleichtern und ihn mit besonders hervorgehobenen Bildern und interessanten Text-Aufhängern zu Ihren Kernbotschaften locken! Setzen Sie das Wesentliche Ihrer Aussagen an den Anfang, schreiben Sie kurze, verständliche Sätze und benutzen Sie schnell erfassbare Schlüsselworte – auch, oder besonders für die Bezeichnung Ihrer Links.

Orientierungsfunktionen für die Informationsfülle im Netz

Inhalte müssen im Web so strukturiert und aufbereitet werden, dass der User immer weiß, wo sich welche Informationen befinden und wo er sich gerade aufhält. Dies wird auch als „Usability" bezeichnet. Bei der Orientierung im Web-Dschungel helfen klar beschriftete, logisch aufgebaute Navigationsleisten ebenso, wie übersichtliche Einstiegsseiten, eine gute Suchfunktion und eine Sitemap. Eine besondere Funktion kommt dabei den Links zu. Eine intelligente, userfreundliche Verlinkung von Inhalten verzichtet auf zu viele Unterseiten und beachtet sowohl die vertikale, als auch die horizontale Verknüpfung von Inhalten. Ferner sind die Links aussagekräftig benannt und verfügen über eine zusätzliche Kurzbeschreibung des Linkinhalts, wenn die Maus darüber gleitet. Vorteilhaft ist ein dynamisches Navigationssystem, das dem User jederzeit zeigt, wo er gerade ist und welche Inhalte er bereits gesehen hat. Die Architektur eines Online-Angebotes, die richtige Dosierung und Verknüpfung der Inhalte nach sachlogischen oder zielgruppen-orientierten Kriterien und eine in Seiten und Unterseiten gestaffelte Angebotstiefe gehören zu den wichtigsten Überlegungen bei der Konzeption von Online-Inhalten.

Text-Architektur und Corporate Design

Online-Texte müssen deutlich kürzer sein als gedruckte Texte, da sie am Bildschirm schwerer lesbar sind. Sinnvoll ist daher eine Text-Architektur aus kurzen, mit Überschriften versehenen Textportionen, die miteinander verlinkt sind. Dabei kommen sowohl nachrichtliche, wie kommentierende Textformen, Reportagen, Features und Interviews zum Einsatz. Bei längeren Texten sollten die wesentlichen Inhalte am Anfang oder im Inhaltsverzeichnis genannt und mit Links ansteuerbar sein. Erläuternde Hintergründe, Vorgeschichten, Glossare, Statistiken, Personenportraits, Fotos, Grafiken, Tabellen, Video- und Tonmaterial werden mit Links innerhalb oder am Ende des Textes verankert und können zur Vertiefung des Themas herangezogen werden. Ausführlichen Themen können Teaser – kurze Themenfeatures – vorangestellt werden, die auf den Inhalt neugierig machen. Längere Texte sollten mit Zwischenüberschriften in kleinere Nachrichtenhäppchen strukturiert werden. Und noch ein Tipp: Achten Sie beim Texten von verlinkten Überschriften darauf, Schlüsselwörter des jeweiligen Themas zu verwenden, um in den Suchmaschinen gefunden zu werden!

Die grafische Aufbereitung Ihrer Inhalte sollte sich strikt an Ihrem Corporate Design ausrichten – und vor allem auch passende Bilderwelten bieten. Für mehr Lesefreundlichkeit sollten Sie auf einen hohen Kontrast zwischen Schrift- und Hintergrundfarbe setzen – möglichst eine dunkle, prägnante Schrift auf hellem Grund. Um die Übersichtlichkeit Ihres Angebots zu erhöhen, muss das Design möglichst reduziert und klar sein und das Seiten-Layout auf allen Seiten gleich bleiben. Auch sollten die Navigationselemente eine einheitliche Optik aufweisen. Wenn Sie nun Ihre Inhalte noch so aufbereiten, dass der User möglichst wenig scrollen muss, haben Sie schon fast alles richtig gemacht!

7.5 Instrumente und Anwendungen der Online-PR

In der Online-PR stehen Ihnen mehrere Kommunikationswege, –ansätze und –instrumente zur Verfügung. Diese unterscheiden sich grob hinsichtlich folgender Kriterien:

- „One-to-many", „One-to-one" oder „Many-to-many": Mit manchen Online-Instrumenten können Sie als Sender einen großen Kreis an Empfängern ansprechen, beispielsweise mit einem E-Mail-Newsletter. Wieder andere Instrumente unterstützen den Dialog zwischen zwei einzelnen Personen, beispielsweise die E-Mail-Kommunikation oder ein privater Chat. Neuere Formen der Online-PR unterstützen jedoch den Austausch von vielen Menschen mit vielen Menschen, wie dies beim Bloggen oder in Communities der Fall ist.
- Push- und Pull-Instrumente: E-Mail-Newsletter, E-Mail-Rundschreiben und E-Mail-Pressemitteilungen gehören zu den Push-Instrumenten der Online-PR. Grundsätzlich herrscht im Internet das Prinzip, dass der Nutzer entscheidet, welche Inhalte er abruft bzw. „abzieht". Dabei ist zu beachten: Auch für Push-Instrumente muss der User erst seine Einwilligung geben oder sich registrieren, bevor Sie ihm übersandt werden dürfen!
- Synchrone und asynchrone Kommunikation: Durch einige Instrumente wird Kommunikation in Echtzeit hergestellt, bei anderen Instrumenten erfolgt der Dialog zeitversetzt. Ein Live-Blog oder ein Live-Chat ermöglichen den direkten, unmittelbaren Austausch, während E-Mail-Anfragen innerhalb von 24 Stunden beantwortet werden sollten und Podcasts eine Aufzeichnung zeitlich völlig unabhängig abrufbar machen.
- Interaktionsgrad der Instrumente: Manche Instrumente der Online-PR lassen nur einen geringen Grad der Interaktion zwischen Nutzer und Inhalt zu. Dann erschöpft sich dieser aktive Austausch im Anklicken von Links, um eine individuelle Informationsbreite und –tiefe auszuwählen. Eine größere Aktivierung wird beispielsweise bei interaktiven Schaubildern, Online-Umfragen, beim Online-Learning oder bei Computerspielen erreicht.
- Dialog-Orientierung und inhaltliche Mitarbeit: Manche Instrumente fordern den User auf, seine eigenen Kommentare, Meinungen und Inhalte einzubringen, bei manchen Instrumenten ist die standardisierte Feedback-Funktion die einzige Möglichkeit zur Reaktion. In Foren, Blogs, Communities und Wikis liefern die User den Inhalt selbst und werden zu aktiven Kommunikatoren, im E-Mail-Newsletter kann der Rezipient nur durch sein Klickverhalten, den Kontakt-Link oder den Empfehlungs-Link Einfluss nehmen.

Nach den oben dargestellten Kriterien kann jedes Online-Instrument und jede Anwendung beurteilt und eingestuft werden. Innerhalb der vielfältigen und sich schnell entwickelnden Online-Welt sind vor allem die folgenden Instrumente und Anwendungen für die Öffentlichkeitsarbeit im Web relevant geworden[1]:

---

[1]In seinem Buch „Online Relations" (Schäffer-Poeschel Verlag, Stuttgart 2007) stellt Dominik Ruisinger einige der hier aufgeführten Online-PR-Instrumente und –Anwendungen ausführlich

Das E-Mail: Die schnelle, flexible und kostengünstige Verbindung zum Dialogpartner

Vorbild für die inhaltliche Gestaltung eines E-Mails ist der Geschäftsbrief. Gleiche sprachliche Regeln und die Sorgfalt im Ausdruck Ihrer Geschäftspost sollten auch für E-Mails gelten. Dennoch müssen Sie einige Besonderheiten der elektronischen Post beachten: Am sichersten kommen E-Mails beim Empfänger an, wenn sie im Nur-Text-Format geschrieben sind und ohne Anhang versandt werden. Dann passieren sie mit der höchsten Wahrscheinlichkeit eventuell eingeschaltete Spam-Filter und Firewalls. Ein eindeutiger Absender und eine aussagekräftige Betreffzeile, die den Nutzen für den Empfänger klar herausstellt, sind ausschlaggebend dafür, dass Ihre Mails geöffnet werden. Wenn sich Ihre E-Mail an mehrere Adressaten richtet, sollten Sie diese im „bcc"-Feld eintragen, so dass der Empfänger sie nicht sehen kann. Als Alternative zu Mail-Anhängen haben sich Links bewährt, die in den Mail-Text eingefügt werden und den Empfänger auf ergänzende Inhalte auf eine Unterseite Ihrer Website weiterleiten. Im Web hat sich die Regel etabliert, dass kein Mail länger als 24 Stunden unbeantwortet bleiben sollte. Das bedeutet, dass Sie Anfragern unter Umständen einen Zwischenbescheid zukommen lassen müssen, falls die endgültige Bearbeitung der Angelegenheit nicht innerhalb dieser Frist erfolgen kann.

Die Website: Ausgangsbasis für viele Online-Aktivitäten

Für viele PR-Verantwortliche ist die unternehmenseigene Website die Ausgangsbasis für Ihre Online-Aktivitäten. Zum einen lässt sich auf der Website eine Vielzahl weiterer Online-Instrumente einbinden und miteinander verknüpfen. Zum anderen ist dort der virtuelle Pressebereich angesiedelt, der zu den Basisinstrumenten der Pressearbeit gehört. Vertiefende Informationen dazu erhalten Sie in Abschn. 7.5.3 „Die eigene Website".

Das Intranet: Interne Kommunikation und Support für Arbeitsprozesse

Ohne die Unterstützung eines elektronisch vernetzten Kommunikationsraumes innerhalb einer Organisation ist heute die professionelle interne PR-Arbeit nicht mehr denkbar. Dieses Instrument wird ausführlich im Abschn. 4.10 „Das Intranet (. . .)" vorgestellt. Ein Intranet kann mit allen hier aufgeführten Online-Instrumenten und -Anwendungen für den internen Gebrauch angereichert werden.

Der virtuelle Pressebereich: Kontaktpflege zu Journalisten

Ein Pressebereich auf der eigenen Website, eine virtuelle Pressemappe in der eigenen Web-Präsenz oder auf fremden Web-Portalen und die Pressemitteilung per E-Mail sind die Standard-Instrumente der Online-Pressearbeit. Mit diesem Dialogfeld beschäftigt sich der nachfolgende Abschn. 7.5.1 „Pressearbeit im Online-Zeitalter".

RSS-Feeds: Einfaches Verteilen und Beobachten von Web-Inhalten

„Really Simple Syndication" – das heißt übersetzt sinngemäß „wirklich einfache Verbreitung". RSS-Feeds sind Abonnements, mit denen die User einer

---

vor. Dabei geht er umfassend auf aktuelle Entwicklungen, sowie auf die Möglichkeiten der Resonanzkontrolle ein und führt viele, weiterführende Links zum Thema an. Dies kann im Rahmen dieses Buches leider nicht in gleicher Ausführlichkeit geleistet werden. Interessenten, die tiefer in das Thema einsteigen wollen, ist das Buch von Ruisinger sehr zu empfehlen!

Website bestimmte Inhalte der Site bestellen können und diese bei Aktualisierungen automatisch zugesandt bekommen. Der User wird sozusagen mit Nachrichten gefüttert. Diese Nachrichten sind mit einem Feed-Reader – einem Leseprogramm – zu lesen. RSS-Feeds werden auf Websites mit einem Symbol in der Farbe Orange angeboten und sind eine praktische Einrichtung, mit der Interessierte an die Inhalte eines Angebots gebunden werden können. Zudem sind sie ein hilfreiches Instrument, um bestimmte Themen und Inhalte kontinuierlich beobachten zu können. Wenn Sie in Ihrem Online-Auftritt häufig aktualisierte Themen oder Neuigkeiten anzubieten haben, können Sie den Usern, die diese Themen verfolgen möchten, ein RSS-Feed anbieten. Für das Themen-Monitoring im Web sollten Sie selbst ebenfalls die relevanten RSS-Feeds zu Ihrem Thema abonnieren.

E-Mail-Newsletter: Basis-Instrument zur Bindung wichtiger Dialoggruppen

E-Mail-Newsletter können für Information, Wissenstransfer, Dialog und Verkauf eingesetzt werden und erhöhen die Bindung bestimmter Empfängergruppen an den Herausgeber. In der Online-PR werden E-Mail-Newsletter für ganz verschiedene Dialoggruppen herausgegeben, beispielsweise für Mitarbeitergruppen, Kunden, Nutzer oder Anwender, Investoren, Geschäftspartner, Mitarbeiter in Politik und Verbänden, sowie fachlich bzw. thematisch interessierte User. Auf welche Details Sie bei der Umsetzung von E-Mail-Newslettern achten sollten, erfahren Sie in Abschn. 7.5.2 „Der E-Mail-Newsletter".

Chats: Interaktive Fragestunden und Online-Dialog in Echtzeit

Mithilfe von Chatrooms – virtuellen Gesprächsräumen – können User untereinander den direkten Dialog pflegen. Die Möglichkeit, mit Gleichgesinnten zu chatten ist ein wesentlicher Bestandteil von Online-Communities, Social Networks und Webforen. Sie können aber auch auf der eigenen Website einen Chatroom für Interessierte einrichten. Chats können live zu bestimmten Terminen durchgeführt werden, beispielsweise wenn Fragestunden mit dem Management oder mit Experten als Web-Event organisiert werden. Oft werden Chats auch begleitend zu Online-Videokonferenzen, beispielsweise bei der Online-Pressekonferenz, eingesetzt.

Webforen und Newsgroups: Kritische Auseinandersetzung mit Themen und Wissenstransfer

Während moderierte Webforen bevorzugt dazu dienen, Fachdiskussionen online zu ermöglichen, findet man in Newsgroups – den Schwarzen Brettern des Internet – zu fast jedem privaten oder beruflichen Thema einen Raum zur kontroversen und kritischen Diskussion. Beliebte Newsgroups mit großen Nutzerkreisen können das Stimmungs- und Meinungsbild zu einem Thema entscheidend mitprägen. Newsgroups sind über Suchmaschinen, wie groups.google.com und groups.yahoo.com, zu finden. Auch für PR-Experten gibt es entsprechende Foren und Newsgroups, um sich fachlich auszutauschen, beispielsweise unter public-relations-forum.de. Der PR-Verantwortliche kann Foren und Newsgroups auf drei mögliche Weisen nutzen: Er kann ein eigenes Webforum oder eine eigene Newsgroup aufbauen – dies ist äußerst aufwändig und angesichts der großen Konkurrenz, sowie der Notwendigkeit eine kritische Masse an Nutzern zu generieren, sehr schwierig. Er kann an der Diskussion in relevanten Foren und Newsgroups teilnehmen – dann könnte er Produktwissen, Meinungen und neue Ideen einbringen. Oder er zieht sich beim Web-Monitoring auf einen beobachtenden Posten zurück, um die Foren und Newsgroups danach auszuwerten, welche Interessen, Bedürfnisse, Meinungen und Kritik in der Diskussion sichtbar werden. In jedem Fall sollten Sie sich überlegen, welche Webforen und Newsgroups für Ihr spezielles Thema oder ihre Produkte relevant sind und recherchieren, welche Nutzer sich dort aufhalten. Nur mit einem klaren PR-Ziel, mit für Ihr Haus sehr wichtigen Anspruchsgruppen und zu sehr wichtigen Themen, sowie mit einem Top-Moderator zur Betreuung des Forums und genügend zeitlichen, wie finanziellen und personellen Ressourcen sollten Sie ein eigenes Forum in Betracht ziehen.

Communities und Social Networks: Die neue Meinungsmacht

Ob Facebook, StudiVZ, Twitter, YouTube oder Xing – für fast jeden Internet-Nutzer finden sich geeignete Online-Gemeinschaften oder soziale Netzwerke, die seinen Interessen und Bedürfnissen entsprechen. Dort werden eigene Inhalte eingestellt, ausgetauscht und Freundschaften gepflegt. Es wird gechattet, getwittert und gebloggt. Die Mitglieder können eigene Podcasts einstellen oder fremden Content bewerten. Die Entwicklung ist rasant, täglich gewinnen die einschlägigen Portale tausende von Nutzern hinzu. Communities haben eine enorme Meinungsmacht entwickelt. Das gemeinsame, vernetzte Wissen einer Gemeinschaft und die schnelle Weiterleitung von Informationen und Meinungen im Netzwerk sind dafür entscheidend.

Möchte ein Unternehmen rund um seine Produkte und Dienstleistungen oder – rund um sein Kernthema – eine eigene Community aufbauen, kann dies zur Kundenbindung beitragen und ein gutes Vertrauensverhältnis zum Unternehmen oder der Marke herstellen. Denn die aktiven Mitglieder eines solchen Netzwerks haben erwiesenermaßen großes Interesse am Unternehmen oder Produkt. Dieses gemeinsame Interesse und die entsprechenden potentiellen Mitglieder gilt es genau zu definieren, um die Inhalte und Online-Anwendungen darauf aufzubauen. In Anbetracht der Vielzahl an Web-Communities und damit des hohen Wettbewerbs sollten Sie mindestens ein Bedürfnis Ihrer Mitglieder exklusiv besetzen können. Dabei sollte Ihnen bewusst sein: Wenn Sie planen, selbst eine Community aufzubauen, ist dies sehr aufwändig. Sie benötigen ein PR-Team, das ständig aktualisierte Inhalte einstellt, den Online-Dialog pflegt, die Aktivitäten und Bewegungen in der Community beobachtet und notfalls eingreift, sowie die technische Umsetzung betreut. Auch muss eine Community intensiv beworben werden, beispielsweise durch entsprechende Hinweise und Links oder Gewinnspiele auf der eigenen Website, in E-Mail-Newslettern, anderen Online-Publikationen, Blogs und fremden Communities. Effizienter ist es häufig, in bestehenden Communities eine eigene Gruppe aufzubauen und möglichst viele User des Netzwerks mit wertvollen Informationen, Unterhaltung und exklusiven Service- oder Produktangeboten zu locken. Auch können Sie die Mitglieder zu Ihren Ideen befragen, diese diskutieren lassen oder sie um Anregungen für Ihr Thema bitten. Des weiteren können Sie so genannte „Community-Manager" beschäftigen, die fremde Netzwerke beobachten und sich gegebenenfalls mit geeigneten Informationen und in der typischen

Community-Sprache am Dialog beteiligen. Diese Firmensprecher sollten sich jedoch immer deutlich zu erkennen geben. Falls sie verdeckt agieren und dies in
der Community bekannt wird, ist der Vertrauens- und Imageverlust vorprogram-
miert. Schließlich können Sie als PR-Verantwortlicher auch selbst Mitglied in einer
Fach-Community werden, um sich mit Berufskollegen auszutauschen, gemeinsam
fachliche Probleme zu lösen oder neue berufliche Kontakte zu knüpfen. Insgesamt
gilt es, die weitere Entwicklung von Social Networks und Communities, sowie deren Nutzer genau zu beobachten und eine PR-strategische Antwort auf die neuen
Meinungsmärkte zu finden.

Blogger: Die neuen Opinion Leader im Web
   Blogs sind Online-Tagebücher, die jeder User mit wenig Aufwand betreiben kann
und auf deren Inhalte jeder interessierte User mit Kommentaren direkt reagieren
kann. So entsteht ein dynamisches Dialog-System, an dem sich jeder Beteiligte als
Anbieter, Produzent und Nutzer betätigen kann. Ein Blogger hat im Prinzip zwei
Möglichkeiten, einen eigenen Blog aufzubauen: Er kann dazu die vorbereitete Software auf entsprechenden Online-Portalen nutzen oder er kauft sich die Software
und betreibt seinen Blog auf der eigenen Website. Im ersten Fall hat der Blogger
keine eigene Domain für sein Tagebuch und das Design des Blogs ist weitestgehend
vorgegeben. Dafür kann er schnell und kostengünstig online aktiv werden. Im zweiten Fall kann der Blogger seinen Blog völlig frei gestalten und auf seiner eigenen
Domain anbieten. Dafür ist die Einrichtung kosten- und zeitaufwändiger. Für den
PR-Verantwortlichen spielt die Blogger-Szene – die so genannte „Blogosphäre" –
eine besondere Bedeutung, da sich hier wichtige Multiplikatoren zusammenfinden und sich eng vernetzen. Dafür sorgt ein ausgefeiltes Verlinkungssystem, das
Verbindungen zwischen verschiedenen Bloggern, Kommentatoren und von Bloggern empfohlenen weiteren Blogs oder Websites herstellt. Besonders erfolgreiche
Blogger – die so genannten „A-Blogger" – haben große Fangemeinden und gelten als Opinion Leader im Netz. Nicht selten werden Veröffentlichungen dieser
Autoren auch in den Offline-Medien aufgegriffen, denn Journalisten nutzen Blogs,
um nach neuesten Nachrichten, Skandalen oder authentischen Meinungsbildern zu
recherchieren. Blogger können also durchaus Themen setzen, die dann in der öffentlichen Diskussion eine Rolle spielen. Zudem sind es viele Journalisten selbst,
die zur virtuellen Feder greifen und zum Blogger werden. Darüber hinaus zählen
zu den A-Bloggern zunehmend Amateur-Publizisten, die sich in ihrem Fach- oder
Interessengebiet durch besondere Kompetenz, Erfahrung oder Authentizität einen
Namen machen.
   Der PR-Verantwortliche muss entscheiden, wie er mit Blogs umgeht. Wieder
gibt es verschiedene Möglichkeiten: Sie können die relevanten Blogs beobachten,
um auf dem Laufenden zu bleiben, welches Stimmungsbild sich im Netz zu bestimmten Themen abzeichnet. Dazu eignen sich RSS-Feeds. Sie können aktiv als
Kommentator am Dialog mit relevanten Bloggern und anderen Kommentatoren
teilnehmen, um Themen mit zu gestalten. Sie können selbstverständlich auch als
PR-Experte einen eigenen Blog führen und sich mit anderen Fachleuten austauschen. Oder Sie können für Ihre Organisation ein eigenes Blog ins Leben rufen.
Dieses „Corporate Blog" kann von verschiedenen Personen Ihres Hauses oder von

externen Experten im Auftrag Ihres Hauses geführt werden und sich an verschiedene interne, wie externe Dialoggruppen richten: Der CEO Ihres Unternehmens spricht über Unternehmensstrategien und nimmt gegenüber Mitarbeitern, aber auch gegenüber Investoren und Geschäftspartnern zu aktuellen Unternehmens-, Branchen- und Marktentwicklungen Stellung. Mitarbeiter bloggen über ihre Erfahrungen bei der Umsetzung von Projekten, diskutieren mit ihren Kollegen Verbesserungsvorschläge oder tauschen ihr Wissen und Hintergrundinformationen aus. Der Entwicklungschef oder der Produktmanager könnten mit Kunden und Verbrauchern über die Produkte, den Service und die besonderen Kundenbedürfnisse sprechen. Interne wie externe Experten könnten die Entwicklung in bestimmten Fachbereichen für das interessierte Fachpublikum kommentieren. Und PR-Verantwortliche könnten Informationen aus erster Hand zu organisations-internen Themen und Ereignissen liefern, die von bestimmten Anspruchsgruppen oder Journalisten aufmerksam verfolgt werden. Wer auch immer einen Blog im Auftrag Ihrer Organisation führt, er sollte von Ihnen eindeutige Richtlinien an die Hand bekommen, zu welchen Themen, mit welcher Tendenz, in welcher Tonalität und wie oft er bloggen sollte. Blogs müssen ständig – möglichst täglich, aber zumindest wöchentlich – aktualisiert werden und Antworten auf Kommentare sollten unverzüglich stattfinden. Dabei hilft es, dass Blogs sowohl vom PC, als auch vom Handy aus geschrieben werden können. Blogs müssen kompakt, auf den Punkt und lebhaft formuliert sein. Bieten Sie exklusive Einblicke, Expertenwissen oder ehrliche Meinungen. Zeigen Sie den Menschen hinter dem Blog und nutzen Sie die Möglichkeit, Ihre Blogs mit weiterführenden Links auf Ihre Website zu verknüpfen. Auch sollten Sie die rechtlichen Bestimmungen, beispielsweise die Impressumspflicht und die Urheberrechte anderer Autoren, beachten (siehe hierzu auch die Checkliste für Blogs in Tabelle 7.1).

Der Vorteil von Blogs für die Unternehmenskommunikation liegt vor allem darin, dass Blogs die schnellste, ungefilterte und daher höchst authentische Form des Dialogs darstellen. Die Subjektivität der Inhalte ist zwar hoch, die Glaubwürdigkeit aber ebenfalls. Blogs stellen den Dialog auf Augenhöhe her und liefern Ihnen ungefiltertes Feedback. Kompetente, offene und kritisch aufgeschlossene Blogger fördern den Image- und Vertrauensaufbau. Mit Blogs können Sie selbst im Rahmen des Agenda Setting Themen platzieren oder die Meinung zu Themen und Ideen testen. Den Respekt innerhalb der Blogosphäre müssen Sie sich allerdings mühsam und über längere Zeit hinweg erwerben. Dass Ihre Blogs von der Online-Community überhaupt aufgespürt werden, dabei helfen Ihnen – neben Ihren eigenen Vermarktungs-Aktivitäten – Suchmaschinen und Weblog-Listen (beispielsweise topblogs.de oder blogsearch.google.com).

Podcasts: Ihr eigener Radio- oder TV-Sender

Podcasts sind Audio- oder Videodateien, die für das Web produziert werden und auf mobile Abspielgeräte herunter geladen werden können. Podcasts können auf der eigenen Website, auf fremden Portalen oder im eigenen Blog integriert und per RSS-Feed abonniert werden. Mithilfe von regelmäßigen Audio- und Video-Podcasts (die auch „Vodcasts" genannt werden) kann jeder User zum Medienproduzenten werden und seine eigene Radio- oder Video-Sendung gestalten. Die Produktionskosten dafür sinken laufend. Daher haben sich auch in der so genannten „Podosphäre"

Tabelle 7.1 Checkliste: Das sollten Sie beim Bloggen beachten

---

Strategische Vorüberlegungen
- Passt ein Blog in Ihre PR-Strategie?
- Welches PR-Ziel wollen Sie mit dem Blog erreichen?
- Mit welchen Dialoggruppen wollen Sie den Dialog herstellen?
- Nutzt diese Dialoggruppe Blogs und wenn ja, für welche Blogs interessiert sie sich?
- Welche Inhalte und Themen wollen/können Sie ansprechen?
- Sind diese Themen für einen Blog geeignet, sind sie authentisch, aktuell und interessant?
- Interessiert sich Ihre Dialoggruppe für diese Themen?
- Soll das Blog bestehende PR-Maßnahmen unterstützen, ergänzen oder ersetzen?
- Welche Maßnahmen zur Erfolgskontrolle Ihres Blogs wollen Sie ergreifen?

Autor, Thema und Verhalten
- Welche bestehenden Blogs zu gleichen oder ähnlichen Themen gibt es?
- Haben Sie diese Blogs bereits über einen längeren Zeitraum beobachtet?
- Wer in Ihrem Hause sollte den Blog als Autor verantwortlich führen?
- Wie oft könnten neue Blogs verfasst werden?
- Wie viel Zeit hat der Blogger für diese Aufgabe zur Verfügung?
- Wie schnell könnte auf Kommentare reagiert werden?
- Wie offen wird in Ihrer Organisation kommuniziert?
- Welche Themen sollen nicht, welche sollten angesprochen werden?
- Wie wollen Sie mit kritischen Anmerkungen umgehen?
- Mit welchem Sprachstil und in welcher Tonalität soll der Blog verfasst werden?
- Erhält der Autor klare Richtlinien für seine Blog-Aktivitäten?
- Gibt es für Autor und Dialogpartner Ihres Blogs bestimmte Verhaltensregeln?

Technik, Design und Vermarktung
- Welche Technik und Software wollen Sie für den Blog einsetzen?
- Welche grafische Gestaltung soll der Blog haben?
- Wie wollen Sie den Autor vorstellen?
- Wie wollen Sie Ihren Blog veröffentlichen und verlinken?
- Richten Sie eine eigene Domain für Ihren Blog ein?
- Integrieren Sie Ihren Blog in die eigene Website?
- Nutzen Sie fremde Online-Portale für den Blog?
- Wie wollen Sie Ihren Blog offline und online bewerben?
- Werden Sie einen RSS-Feed anbieten?
- Werden Sie in Ihrem Blog weitere, fremde Blogs empfehlen und wenn ja, welche?

Blog-Monitoring
- Wollen Sie thematisch relevante, fremde Blogs beobachten?
- Wer ist für das Blog-Monitoring zuständig?
- Werden Sie auch in fremden Blogs Kommentare einbringen?
- Welche Blogs wollen/müssen Sie per RSS-Feeds kontinuierlich beobachten?
- Welche Suchmaschinen wollen Sie für Blogs nutzen?
- Nach welchen Stichworten, Personen oder Unternehmen wollen Sie suchen?
- Hält sich Ihre Interessenten-Gruppe auch in Social Networks auf und in welchen?
- Welche relevanten Communities wollen Sie beobachten?

---

bereits einige Amateur-Medienmacher zu Opinion Leadern gemausert. Mithilfe von Podcasts kann nicht nur jeder User zum Medienmacher werden, sondern sich jeder Surfer sein individuelles Radio- und Fernsehprogramm per RSS-Feeds zusammenstellen. Einen Überblick über verfügbare Podcasts findet der Interessierte in Podcast-Verzeichnissen, wie beispielsweise podster.de.

Für Unternehmen eröffnet sich mit Podcasts die Chance, ihre eigenen Medien-inhalte ungefiltert durch die journalistische, externe Bearbeitung in der Online-Community zu verbreiten. Dazu können auf der eigenen Website in regelmäßigen Abständen Sendungen online und per RSS-Feed abonnierbar eingestellt werden. Zudem können die firmeneigenen Blogger über Links auf dieses Material verwei-sen. Oder das Unternehmen setzt auf das virale Online-Marketing ihrer Vodcasts durch einschlägige Portale, wie YouTube, MyVideo oder Clipfish. Diese Portale ermöglichen es den Usern, die Videodateien zu bewerten, zu empfehlen, herun-ter zu laden, weiterzuleiten, in die eigene Website zu integrieren oder im eigenen Blog einzufügen. Damit können sich diese Medienclips schneeballartig im Web verbreiten. Mit Podcasts können Informationen ausführlicher, emotionaler und un-terhaltender aufbereitet und räumlich, wie zeitlich unabhängig konsumiert werden. Da Podcasts freiwillig und regelmäßig vom User abgerufen werden, ist die Ak-zeptanz dieser Inhalte groß und zwischen Medienmacher und -konsument wird eine enge Bindung aufgebaut. Die Streuverluste bei Podcast-Abonnenten sind ge-ring. Durch den kombinierten Einsatz von Wort, Ton und bewegtem Bild sind Produkt-, Marken- und Unternehmenswelten eindringlich zu vermitteln. Wichtig ist allerdings die konzeptionelle Einbindung in Ihre PR-Strategie – besonders die Auseinandersetzung mit dem tatsächlichen Bedarf. Und Sie sollten ehrlich beurtei-len: Mit welchen interessanten, unterhaltsamen, originellen und medienadäquaten Inhalten könnten Sie regelmäßig in der Podcast-Welt aufwarten? Haben Sie regel-mäßig wichtige Nachrichten aus Ihrer Unternehmenswelt zu vermitteln? Wollen Sie Ereignisse oder Entwicklungen aus Ihrem Unternehmen, der Branche oder der Gesellschaft kommentieren? Wollen Sie Ihre Produkte vorstellen und erklä-ren? Können Sie auf Mitschnitte von Experten-Interviews, Pressekonferenzen oder Events zurückgreifen? Haben Sie regelmäßig Anwender-Tipps oder Produktemp-fehlungen? Gibt es interessante Exklusiv-Reportagen aus Ihrem Unternehmen? Podcasts müssen authentisch, spannend und qualitativ hochwertig sein, sowie regel-mäßig herausgegeben werden, damit sie beim Wunsch-Publikum ankommen. Dann haben sie die Chance, Ihre Unternehmenskommunikation um eine wertvolle Facette zu bereichern.

Mobile Dienste: Ortsunabhängige Webinhalte

Die Instrumente der Online-PR werden Dank mobiler Dienste, die das Handy mit dem Internet verbinden, vermehrt auch von unterwegs aus einsetzbar und nutz-bar. So lassen sich Podcasts auf das Handy laden, Blogs und Twitter auf dem Handy schreiben und empfangen, sowie RSS-Feeds auf dem Handy einrichten. Interessante neue Möglichkeiten ergeben sich dabei vor allem durch eine Verknüpfung von Web-Inhalten und Dialog-Instrumenten mit der Verortung des Handys über GPS-Daten. So kann der User über sein Handy Web-Inhalte über Geschäfte, Museen, Restau-rants, Bars oder Hotels in seiner Nähe direkt erhalten. Auch kann er mit Bekannten und Freunden aus seinem sozialen Netzwerk, die sich in seinem Umfeld befinden, sofort Kontakt aufnehmen und sich eventuell sogar persönlich treffen. Die weitere Entwicklung dieser mobilen Dienste und die Möglichkeiten, die sich daraus für die strategische PR-Arbeit ergeben, sind zu beobachten.

Die Vielfalt an Online-Instrumenten und Anwendungen liefern dem PR-Verantwortlichen eine Fülle an neuen Möglichkeiten, mit unterschiedlichen Dialoggruppen den Kontakt aufzubauen und diesen zu pflegen. Welche Instrumente er dabei tatsächlich einsetzen sollte, entscheidet ausschließlich sein PR-Konzept. Dieses muss jedoch hinsichtlich der Nutzbarkeit neuer Medien durchleuchtet und eventuell um neue strategische Ansätze erweitert werden. Der Überblick über die neuen Kommunikationsformen des Internets macht deutlich, dass sich mit Online-PR zudem das Beobachtungsfeld des PR-Verantwortlichen im Bereich des Themen-Managements entscheidend erweitert hat. Um die öffentliche Diskussion über Themen, die für Ihre Organisation relevant sind oder werden könnten, zu verfolgen, müssen Sie heute neben den klassischen Medien vor allem den virtuellen Kommunikationsraum eingehend durchforsten. Das Erfreuliche dabei: Das Internet liefert Ihnen die geeigneten Analyse- und Recherche-Instrumente gleich mit!

7.5.1 Pressearbeit im Online-Zeitalter

Die Pressearbeit im Online-Zeitalter verändert sich in mehrfacher Hinsicht. Für den PR-Verantwortlichen wird der Kreis der journalistisch arbeitenden Multiplikatoren durch Online-Medien, Blogs und Podcasts erheblich erweitert. Gleichzeitig entfällt im Internet der Redaktionsschluss. Für die Journalisten bedeutet der Zuwachs an Amateur-Publizisten einen verschärften Wettbewerb um die aktuellere, glaubwürdigere Nachricht und um die Interpretationsmacht. Sie erschließen sich im Internet aber auch zusätzliche Quellen für ihre Themenrecherche, als Anregung für Veröffentlichungen oder für redaktionelles Material. Auch hat das Internet die Arbeitsweise der Journalisten verändert. Viele von ihnen arbeiten heute nicht mehr ausschließlich für ein Medium, sondern müssen mehrere Redaktionen und Instrumente gleichzeitig bedienen: die klassische Redaktion ebenso wie das Online-Portal und Journalisten-Blogs.

Die Pressearbeit muss sich auf diese neuen Bedingungen einstellen. So hat sich zwischenzeitlich für den Kontakt mit Journalisten neben der klassischen Papierwelt eine elektronische Parallelwelt herausgebildet. Auch wenn die meisten Journalisten noch nicht ganz auf das haptische Papier-Erlebnis verzichten möchten, so gehören doch E-Mail-Pressemitteilungen, virtuelle Pressemappen und der Pressebereich auf der Website zu den Standard-Instrumenten der Pressearbeit. Diese müssen aber bedarfsgerecht umgesetzt werden. Die folgenden Ausführungen zeigen Ihnen, auf was Sie dabei achten müssen. Lesen Sie dazu auch die Grundlagen der Pressearbeit in Kap. 3 „Presse- und Medienarbeit".

Die Pressemitteilung per E-Mail: Fax- und Brief-Ersatz

Die Mehrheit der Journalisten bevorzugt inzwischen den Versand von Pressemitteilungen per E-Mail. Beachten Sie aber unbedingt, dass der Journalist zuerst einwilligen muss, bevor er die erste E-Mail-Post von Ihnen erhält. Sonst könnte ihre Sendung als unerlaubtes Spam eingeordnet werden und damit rechtswidrig sein!

Bei der Umsetzung von Presseinformationen per E-Mail sollten Sie auf Folgendes achten:

- Der Absender Ihrer Mail sollte im Mailprogramm des Empfängers möglichst eindeutig sein. Benutzen Sie also für Ihre Pressearbeit einen aussagekräftigen E-Mail-Account und wechseln Sie diesen nicht.
- Sprechen Sie den Journalisten möglichst persönlich an, senden Sie aber gleichzeitig eine Mail an die Redaktionsadresse, falls der Journalist im Urlaub sein sollte.
- Senden Sie Ihre Pressemitteilung gleichzeitig an mehrere Journalisten, fügen Sie die Empfänger-Adressen in das Feld „BCC" ein, damit die weiteren Empfänger für den Journalisten nicht sichtbar sind.
- Nutzen Sie die Betreffzeile, um möglichst kompakt das Unternehmen, den Anlass und das Datum anzugeben. Sie haben unter Umständen nur diese eine Chance, den Journalisten für Ihre Kernbotschaft zu interessieren.
- Fragen Sie beim Journalisten nach, in welchem Textformat er seine Mails bevorzugt. Im Zweifelsfall nutzen Sie das Tur-Text-Format und nicht das HTML-Format. Dieses kann von allen Mailprogrammen gelesen werden und wird am wenigsten durch Spamfilter blockiert. Auch können die Texte direkt durch die Funktionen Kopieren und Einfügen in ein Redaktionssystem übertragen werden.
- Verzichten Sie auf Anhänge zu Ihrer Mail. Auch diese könnten als Spam klassifiziert werden. Zudem benötigt der Journalist einen Arbeitsgang mehr, um Ihre Anhänge zu öffnen. Besser ist es, die Pressemitteilung direkt als Text in die Mail zu schreiben und am Ende der Mail – im so genannten „Footer" – mit Links auf ergänzende Informationen auf Ihrer Website zu verweisen. Bezeichnen Sie diese Links aussagekräftig, so dass der Journalist genau weiß, was ihn dort erwartet. Und noch ein Tipp: Platzieren Sie diese ergänzenden Informationen auf entsprechenden Unterseiten Ihres Pressebereichs, so dass Sie die Zugriffe auf dieses Material später zählen können!
- Arbeiten Sie im Footer nicht nur mit Links zu weiteren Texten, sondern nutzen Sie das ganze Spektrum der multimedialen Darstellungs- und Vernetzungsformen. Verweisen Sie auch auf begleitendes Fotomaterial, Podcasts oder themen-relevante Blogs, falls verfügbar.
- Wenn Sie begleitendes Fotomaterial anbieten, sollten die Fotos auf der verlinkten Website als übersichtliche Mini-Formate – als so genannte „Thumbnails" (deutsch: Daumennagel) – abgebildet sein. Erst bei Auswahl durch den Journalisten sollte hinter dem Thumbnail ein Pressefoto mit einer Auflösung von mindestens 300 dpi zum Download hinterlegt sein.
- Sollte der Journalist ausdrücklich einen Anhang zur Mail erlauben, sollten Sie das angehängte Dokument ebenfalls aussagekräftig bezeichnen. Von welchem Unternehmen befinden sich welche Informationen in welchem Dateiformat und in welcher Größe im Anhang?
- Fügen Sie am Anfang der Mail eine kleine Einleitung in das Thema ein. Beschreiben Sie – wie in einem Feature – kurz das Thema der nachfolgenden

Pressemitteilung und seine Bedeutung. Dabei können Sie für verschiedene Medien unterschiedliche Aufhänger nutzen.

- Am Ende der Mail müssen Sie alle Kontaktangaben machen, die der Journalist für Rückfragen benötigen könnte. Wichtig: Der dort genannte Ansprechpartner muss auch erreichbar sein und innerhalb von maximal zwei Stunden auf Journalistenanfragen reagieren!
- Senden Sie Ihre Presseinformation nicht nur als E-Mail, sondern veröffentlichen Sie sie gleichzeitig auch im Pressebereich Ihrer Website. Nutzen Sie zudem spezielle – teils kostenpflichtige, teils kostenlose – Presseportale zur Veröffentlichung oder zum Versand Ihrer Presseinformation (beispielsweise pressrelations.de, openpr.de, firmenpresse.de). Einen sehr umfangreichen Service bietet News Aktuell. Über die dpa-Tochter können Sie Ihr Pressematerial – ob Text, Foto, Audio- oder Videomaterial und Grafiken – an tausende Redaktionen verbreiten und in das Presseportal, sowie in Online-Communities einstellen lassen (Informationen dazu finden Sie unter presseportal.de).
- Nutzen Sie die Chance, Ihre Presseinformationen auf Ihrer Website auch als RSS-Feed anzubieten. Dann kann der Journalist selbst entscheiden, ob er stets aktuellste Informationen aus Ihrem Haus erhalten möchte.

Der Pressebereich Ihrer Website: Wichtige Recherchequelle für Journalisten
Die Websites von Unternehmen, Organisationen, Verbänden, Instituten und wissenschaftlichen Einrichtungen sind wichtige Recherchequellen für Journalisten – aber nur, wenn diese den Anforderungen der Journalisten entsprechen. Achten Sie bei der Einrichtung Ihres Online-Pressebereichs auf die folgenden Kriterien:

- Der Pressebereich muss auf der Startseite Ihrer Website deutlich erkennbar und direkt anklickbar sein.
- Im Pressebereich sollten die dort hinterlegten Inhalte klar strukturiert und deutlich bezeichnet sein. Beispielsweise geben Navigationselemente mit Beschriftungen, wie „Pressemitteilungen", „Pressekontakt", „Pressefotos" oder „Unternehmensdaten" klare Hinweise, welche Informationen sich dort befinden. Achten Sie auch auf ein übersichtliches Webdesign.
- Integrieren Sie eine leistungsfähige Volltextsuche in Ihren Pressebereich.
- Verzichten Sie möglichst auf eine Registrierungspflicht der Journalisten. Bieten Sie stattdessen an, Ihre Presseinformationen per RSS-Feed zu erhalten. Oder integrieren Sie einen freiwillig auszufüllenden Fragebogen in Ihren Pressebereich, in dem der Journalist besondere Wünsche an die Aufbereitung und Übersendung seines Pressematerials angeben kann.
- Bieten Sie alle Informationen auch zum Download an. Geben Sie dazu jeweils die Formatierung und die Größe der Datei an.
- Mit Druckfunktionen für wichtige Dokumente erleichtern Sie dem Journalisten das Arbeiten und Archivieren in Papierform.
- Bereiten Sie Ihre Inhalte möglichst medienadäquat – multimedial und vernetzt – auf, aber achten Sie dabei auf die Datenmengen. Weniger ist mehr!
- Ihre Informationen müssen stets fehlerlos sein! Alle Links müssen einwandfrei funktionieren!

- Aktualität ist das oberste Gebot im Pressebereich (wie auch insgesamt auf Ihrer Website!). Damit verbunden ist die regelmäßige Kontrolle, ob alle Inhalte noch aktuell sind oder in ein Archiv verschoben werden müssen. Alle Presseinformationen müssen zeitgleich mit deren Versand oder mit einer Presseveranstaltung online gestellt werden.

- Falls Sie auch ausländische Journalisten mit Ihren Informationen versorgen wollen, ist eine mindestens zweisprachige Pressesite in Deutsch und Englisch Pflicht!

- Der Link zum Pressekontakt muss auf allen Seiten des Pressebereichs als konstantes Navigationselement vorhanden sein.

Die folgende Sammlung in Tabelle 7.2 soll Ihnen Anregungen geben, welche Informationen und Inhalte Sie im Pressebereich Ihrer Website anbieten können. Die mit einem Stern (*) gekennzeichneten Inhalte gehören zu den Standards der Pressearbeit.

Ein gut sortierter Pressebereich auf der Website gehört zu den Basisinstrumenten der Öffentlichkeitsarbeit. Im Einzelfall müssen Sie entscheiden, ob Sie zum Hintergrundmaterial aus dem Pressebereich heraus quer verlinken, oder ob Sie diese Materialien speziell für die Journalisten in kompakter Form aufbereiten und direkt im Pressebereich platzieren. Ein guter Service für Journalisten wäre es, kompakte Übersichten anzufertigen und diese mit Links zu den Gesamttexten zu versehen. So kann jeder Journalist die angebotenen Dokumente in der von ihm benötigten Detailtiefe abrufen.

Anhand der Klickraten können Sie verfolgen, welche Materialien von den Journalisten bevorzugt genutzt werden. Dies ist auch eine geeignete Erfolgskontrolle, wenn Sie die Resonanz auf Ihre E-Mail-Pressemitteilung testen wollen. Haben Sie in der Pressemitteilung Links im Footer platziert, die auf Unterseiten in Ihrem Pressebereich verweisen, so können Sie auswerten, welche dieser Unterseiten von den Journalisten am meisten besucht werden. Zudem sollten Sie einen Medienbeobachtungsdienst einschalten. Dieser sollte nicht nur Offline-Medien, sondern auch Online-Inhalte nach Stichpunkten durchforsten und Ihnen digitale Belege der Veröffentlichungen zukommen lassen. Versäumen Sie nicht, sich auch die Rechte an diesen digitalen Artikeln für Ihren Pressespiegel zu sichern!

7.5.2 Der E-Mail-Newsletter

Für immer mehr online erreichbare Bezugsgruppen der PR werden herkömmliche Papier-Newsletter durch elektronische Varianten ersetzt. Dies spart Druck- und Versandkosten und macht es dem Empfänger leichter, auf die Nachrichten direkt zu reagieren. Auch ist die Erfolgskontrolle von E-Mail-Newslettern sehr einfach, da sich die Öffnungs- und Klickraten nach Themenakzeptanz und -vorlieben auswerten lassen. Es ist also nicht verwunderlich, dass E-Mail-Newsletter für viele

Tabelle 7.2 Mögliche Inhalte für den Pressebereich Ihrer Website

Pressemitteilungen
- Aktuelle Presseinformationen*: chronologisch geordnet, die aktuellste PR-Information ganz oben (in der Liste aufgeführt werden Datum, Titel, Untertitel, Einführung, verlinkt mit dem Gesamttext)
- Archiv für Pressemitteilungen*: chronologisch aufgebaut, für alle begleitenden Pressematerialien, mit Download-Funktion;
- Für jede Presseinformation: Verlinkung der Pressetexte im Footer oder über Navigationselemente auf der Site zu weiterführenden Informationen (z.b. Pressetext als pdf-Download, Druckfunktion, Bilddatenbanken, Präsentationen, Stellungnahmen, Reden, Zahlen-/Hintergrundmaterial, Forschungsergebnisse, Interviews als Video-/Audio-Material etc.)
- RSS-Feed für Presseinformationen

Virtuelle Pressemappe (als Alternative zu Pressemitteilungen, s.o.)
- Link „Pressemappe" im Presseforum: Leitseite und Link-Sammlung (Inhaltsübersicht der Pressemappe)
- Inhalt: Basis-Informationen, wie aktuelle Pressemitteilungen, Fotos, Logos, Unternehmensportraits, Leitbilder, Umsätze/Marktdaten, Geschäftsberichte, Statements des Managements etc. (siehe Inhalte bei „Pressemitteilungen)

Unternehmensinformationen
- Kurzportrait des Unternehmens*: das Unternehmen in Zahlen, Daten und Fakten
- Top-Management*: Vita, Zuständigkeit, Portraitfotos
- Produkte und Dienstleistungen*: Kompakter Überblick, speziell für die Presse
- Geschäftsbericht*: Kernzahlen-Überblick, Gesamttext als pdf-Dokument zum Download oder über Links navigierbar
- Umsatz-, Markt- und Branchenentwicklung
- Kurzinformationen zur letzten Hauptversammlung: Video-/Audio-Material, Statements des Podiums, Beschlüsse
- Sozial-, Umweltbericht, Nachhaltigkeitsreport, ggf. als Zusammenfassung
- Unternehmensleitbild, -philosophie, Kernkompetenzen
- Visionen, Strategien, Unternehmensziele
- Wichtige Kunden und Referenzen

Pressefotos und Medienarchiv
- Aktuelle Pressefotos*: Logo, inszenierte Produkte, Portraits der Manager, imagefördernde Gebäude-, Skyline-, Stadtansichten, besondere Verfahren, Prozesse, Menschen (im Überblick als „Thumbnail" anzeigen, im Web mit 72 dpi anzeigen, zum Download mit mindestens 300 dpi Auflösung, TIFF- oder JPG-Format, mit Kurzbeschreibung, Nennung von Quelle, Unternehmen, Fotograf, Datum, Dateigröße, Fotorechte)
- Schaubilder und Grafiken: in Farb- und S/W-Version, Angabe von Format und Dateigröße
- Bilddatenbank: übersichtliche, thematische Struktur!
- Mediendatenbank: selbst produzierte Audio- und Videodateien, Reden-/Interview-/Event-Mitschnitte, Präsentationen, Unternehmenspublikationen, wie Newsletter/Magazine, Broschüren zum Download

Pressespiegel
- Veröffentlichungen aus Zeitungen, Zeitschriften, Radio, TV und Online-Medien: chronologisch und/oder sachlich geordnet (nur mit schriftlicher Genehmigung des Autors/Urhebers/der Redaktion, oder Rechte über digitalen Ausschnittdienst einkaufen)
- Zitate aus Medien: nach Datum und Thema sortiert (mit exakter Quellenangabe!)

Tabelle 7.2 (Fortsetzung)

Kontaktinformationen

- Ansprechpartner für Presse*: Titel, Vor-, Zuname, Zuständigkeit/Funktion, Telefon-Durchwahl, Handy-Nummer, Fax-Durchwahl, persönliche E-Mail-Adresse (verlinkt mit Mail-Formular), Foto
- Anfahrtsskizze/Wegbeschreibung, Routenplaner

Termine

- Terminübersicht/-planer bzw. Veranstaltungskalender: Rubrik, Titel, Datum/Uhrzeit, Ort, Kurzbeschreibung, Link zur Entsprechenden Website (immer aktuell!)
- Presseveranstaltungen*: PR-Konferenzen und –Gespräche, Online-Pressekonferenzen, Chats/Fragestunden
- Branchenveranstaltungen: Kongresse, Fachdiskussionen, Messen, Schulungen, Seminare
- Unternehmensveranstaltungen: Jahreshauptversammlung, Tag der offenen Tür, Jubiläumsfeste, Produktpräsentationen, Experten-Chats, Manager-Chats
- Sonstige Termine: z.B. Herausgabetermine von Quartalsberichten, Magazinen, Newsletter, Geschäftsberichten, Dokumentationen, Podcasts etc.
- Einladungs-/Terminmanagement: Anforderung von Einladungen, Benachrichtigung bei neuen Terminen, Online-Anmeldung für Veranstaltungen, Abonnement von Podcasts, Newslettern, Presseinformationen etc.

Hintergrund-Informationen zur Recherche

- Organigramm
- Faktenblätter
- Historische Meilensteine
- Vorgeschichten zu aktuellen Ereignissen
- Gesellschafter, Kooperationspartner, Referenzen
- Reden, Vorträge, Präsentationen, Interviews zum Download als pdf-Dokument oder als Audio-/Video-Datei
- Statement-Sammlungen/Unternehmensstandpunkt zu verschiedenen Themen
- Angebot von Chats mit Vorständen, Management, Experten
- Live-Pressekonferenzen oder Aufzeichnungen davon
- Einsatzgebiete, Anwendungsbeispiele/Fallbeispiele/Testergebnisse für Produkte/Dienstleistungen
- Einladung zu Produkttests, Angebot von Journalisten-Rabatten
- Wettbewerbs-Vergleiche
- Unternehmenspublikationen zum Download
- Kundenmagazin, Mitarbeiter-Zeitung oder weitere Themen-Newsletter zum Download
- Forschungsergebnisse, Studien, Projektdokumentationen
- Checklisten
- Themen-Dossiers
- Lexikon und Glossar
- Linkliste für weiterführende Infos, Blogliste, Webforen-Verzeichnis
- Fach-Bibliothek: Fachliteratur, Veröffentlichungen, Literaturlisten

---

verschiedene Dialoggruppen und Themen eingesetzt werden. Sie dienen zur Kundenbindung, zur Beschreibung neuer Angebote und zum Verkauf. Sie können zum wichtigen Informationsinstrument für Mitarbeiter, Geschäfts- und Kooperationspartner werden. Sie können das Vertrauen von Händlern, Investoren und weiteren Anspruchsgruppen in das Unternehmen stärken. Sie können vertiefendes Produkt-,

Experten- oder Branchenwissen an Interessenten vermitteln. Und sie können dabei helfen, Aufmerksamkeit für Themen zu erzeugen, die für das Geschäftsfeld einer Organisation wichtig sind. Einzige Voraussetzung dafür, dass sie ihre Funktion erfüllen können: Sie müssen echten Mehrwert oder Zusatznutzen für den Empfängerkreis bieten. Denn der Empfänger muss dem Erhalt des Newsletters ausdrücklich und nachweisbar zustimmen und kann sich jederzeit wieder abmelden, falls das Nutzenversprechen nicht eingehalten wird.

Wenn Sie einen E-Mail-Newsletter herausgeben wollen, müssen Sie ein passendes Konzept erstellen, überlegen, wie der Newsletter inhaltlich aufgebaut werden soll, in welchem Format er erscheint und wie Sie einen Interessentenkreis generieren können.

Ein schlüssiges Konzept für Ihren Newsletter
Wichtige Fragen und Überlegungen bei der Konzeption eines E-Mail-Newsletters sind beispielsweise:

- Welche Kernaufgabe soll der Newsletter erfüllen? Newsletter können primär den Verkauf unterstützen, informieren, aufklären, Wissen vermitteln, bestimmte Einstellungen verstärken, die Beziehung zur Dialoggruppe intensivieren, bestimmte Handlungen oder ein bestimmtes Verhalten fördern.
- Soll der Newsletter bestehende PR-Maßnahmen unterstützen, verstärken oder ersetzen? Denken Sie auch an die Möglichkeit, dass es eine Übergangsphase gibt, in der Ihr Newsletter sowohl auf Papier, als auch elektronisch erscheint.
- Welche Inhalte sollte er aufgrund seiner Kernfunktion aufweisen? Ihr Newsletter könnte beispielsweise in erster Linie Produktinformationen liefern, Markt-, Branchen- oder Spezialwissen anbieten oder bestimmte Services verfügbar machen.
- Für welche Kernzielgruppen wird er herausgegeben? Ihr Newsletter könnte den Dialog zu bestehenden Bezugsgruppen intensivieren, diesen Kreis erweitern oder neue Dialoggruppen erschließen.
- Welche besonderen Erwartungen oder Themenwünsche hat die Kernzielgruppe und welche Inhalte lassen sich davon ableiten? Stellen Sie sicher, dass Sie in diesem Bereich mit Ihrem Newsletter regelmäßig Mehrwert beisteuern können!
- Wer soll die Redaktion übernehmen? Welcher Aufwand ist für die redaktionelle Arbeit, für die Gestaltung und technische Umsetzung notwendig? Vergessen Sie dabei nicht, dass die Redaktion auch Zeit für die Bearbeitung von Leserreaktionen benötigt!
- Wie oft soll der Newsletter erscheinen? Die meisten E-Mail-Newsletter erscheinen zwischen ein Mal pro Woche und alle zwei Monate. Mit welcher Erscheinungsweise kann der Newsletter seine Funktion tatsächlich erfüllen? Und was ist machbar?
- Welchen Namen soll der Newsletter erhalten? Zusätzlich zu einem prägnanten Namen ist es wichtig, dass Ihr Newsletter eine eindeutige Absender-Mail-Adresse besitzt. Ein guter Name für den E-Mail-Versender ist beispielsweise

„newsletter(at)meinunternehmen.de". Neben dem Absender ist die Betreffzeile dafür ausschlaggebend, ob der Empfänger Ihre Mail öffnet. Daher sollte in der Betreffzeile ein Kernnutzen für den Leser klar ersichtlich sein. Auch sollten Sie festlegen, zu welchem E-Mail-Konto die Leser-Anfragen geleitet werden.

- Welche gestalterischen Mittel wollen bzw. müssen Sie einsetzen? Denken Sie dabei besonders auch an die Funktion Ihres Newsletters, an Lese- und Sehgewohnheiten Ihrer potentiellen Leser, an ihre technischen Möglichkeiten und an ihre Empfangsgeräte! Ist eine ansprechende Aufbereitung Ihrer Inhalte mit Bildern und Grafiken für die Image-Wirkung notwendig? Vorteilhaft ist es, einen ersten Test-Newsletter zu planen, um das Layout und das Ausgabeformat in unterschiedlichen Mailprogrammen und auf unterschiedlichen Ausgabegeräten zu testen.

- Soll Ihr Newsletter im Nur-Text-Format, im HTML-Format oder in einem Mischformat erscheinen? Soll er als pdf-Datei angehängt werden? Beachten Sie, dass pdf-Dateien im Anhang von vielen Filtern aussortiert werden, längere Übertragungszeiten verursachen und vom Empfänger extra geöffnet werden müssen. Nur-Text-Formate sind hingegen fast barrierefrei nutzbar, lassen aber – außer Leerzeilen, Fettschriften und Unterstreichungen – nahezu keine Gestaltungsspielräume zur Strukturierung der Inhalte. Reine HTML-Newsletter wiederum können attraktiver, gemäß dem Corporate Design und mit Bildmaterial umgesetzt werden, bergen jedoch die größere Gefahr, als Spam eingestuft zu werden. Eine häufig eingesetzte Variante ist es, den Newsletter als HTML-Variante so kompakt wie möglich zu halten und zu vertiefenden Unterseiten auf der Website zu verlinken. Dies funktioniert auch mit Nur-Text-Newslettern (achten Sie aber in diesem Fall auf die ausführliche Bezeichnung Ihrer Links, so dass sie auch funktionieren!). Am besten ist es, Sie bieten dem Leser an, auf Wunsch zu einem anderen Format umzusteigen. Auch gibt es spezielle Software, die das Format des Newsletters automatisch den technischen Gegebenheiten des Empfängers anpasst.

- Welche Feedback-Elemente wollen Sie einbauen? Außer einem Kontakt- oder Feedback-Link und dem oben beschriebenen Link zum Formatwechsel müssen Sie jeweils einen Link für die Abmeldungsoption, für das gesetzlich vorgeschriebene Impressum und für die Druckansicht einplanen. Sie können aber auch über weitere Rückmeldemöglichkeiten der Empfänger nachdenken, beispielsweise über Ratgeber-Funktionen, Bestellfunktionen, Downloads oder die Teilnahme an Gewinnspielen oder Umfragen. Sinnvoll ist immer auch ein Link zur Weiterleitung und Empfehlung des Newsletters an Freunde, Bekannte und Kollegen.

- Wie können Sie den Newsletter in Ihre bestehenden Online-Aktivitäten integrieren und mit diesen vernetzen? Falls Ihr Newsletter eine eigene Domain oder Subdomain bekommt, ist er in Suchmaschinen besonders gut auffindbar. Er kann aber auch direkt in die bestehende Website integriert werden. Günstig ist es, wenn die Links im E-Mail auf spezifische Unterseiten Ihrer Web-Präsenz verlinken, da Sie auf diese Weise eine gute Resonanzkontrolle erhalten. Auf Ihrer Website sollte es auf jeder Seite – speziell auf der Einstiegsseite – einen Hinweis auf Ihren Newsletter geben. Auch sollten sich Interessenten auf jeder Seite Ihrer Website für Ihren Newsletter registrieren können. Ferner sollten Sie untersuchen, ob Sie Ihren Newsletter auch mit fremden Websites, mit Blogs, Online-Portalen und Communities verlinken können.

- Welche Maßnahmen der Cross Communications wollen Sie ergreifen, um noch mehr Leser zu gewinnen? Denken Sie daran, Ihren Newsletter auch in möglichst vielen, geeigneten weiteren Kommunikationsmaßnahmen Ihres Hauses – beispielsweise in Katalogen, auf Bestellscheinen, in Broschüren, auf Events und in Händlerveranstaltungen – zu bewerben.

- Welche Instrumente wollen Sie zur Erfolgskontrolle einsetzen? Sie können beispielsweise die Anzahl der versendeten Newsletter kontrollieren und laufend die Registrierungen mit den Abmeldungen vergleichen. Sie können Leser-Umfragen machen oder in Ihren Newsletter Verlosungen einfügen, um die Akzeptanz zu prüfen. Sie können die Zahl der abgerufenen Downloads oder Bestellungen beobachten, die aus der Ankündigung im Newsletter resultieren. Sie können die Öffnungsraten der Newsletter und die Anzahl der Klicks auf bestimmte Themen nachverfolgen. Sie können testen, wie oft bestimmte Unterseiten Ihrer Website vom Newsletter aus angesteuert wurden (die so genannten „landing pages"). Es stehen Ihnen viele Möglichkeiten zur Verfügung, den Erfolg Ihres Newsletters nachzuweisen.

Erst wenn Sie oben stehende Fragen geklärt haben, können Sie ein detailliertes, redaktionelles Konzept erstellen, das Layout Ihres Newsletters entwerfen oder geeignete, redaktionelle, wie technische Dienstleister für die Umsetzung auswählen.

Übersichtliches Layout und klare Inhaltsstruktur
Die Struktur eines E-Mail-Newsletters besteht aus einem Kopf, einem Körper und einem Fuß. Im Newsletter-Kopf stehen wichtige Daten, wie der Herausgeber bzw. Versender des Newsletters – im HTML-Format wird ein Logo und ein passendes Design integriert. Ferner steht hier der Titel des Newsletters, das Erscheinungsdatum und ggf. die Ausgabennummer.

Im Newsletter-Körper befindet sich das Inhaltsverzeichnis – das selbstverständlich mit den entsprechenden Inhalten verlinkt ist! -, das kurze Editorial und die in Rubriken eingeteilten Inhalte. Achten Sie darauf, die Rubriken aussagekräftig zu benennen, so dass sich der Leser daran orientieren kann. Die einzelnen Inhalte des Newsletters bestehen aus Überschrift, einer kurzen thematischen Zusammenfassung und – falls möglich – einem Bild oder einer Grafik. Die Überschrift ist zugleich der Link zum ausführlichen Artikel, der auf einer Unterseite Ihrer Website angeboten wird. Schreiben Sie Ihre Texte in Newslettern so einfach, verständlich und kompakt wie möglich, so dass der Leser die Inhalte schnell überfliegen kann. Das Wichtigste gehört an den Anfang. Achten Sie darauf, dass in jeder Überschrift der Nutzwert der Information für den Leser sofort erkennbar wird. Zusatznutzen oder Mehrwert entsteht beispielsweise, wenn Sie Produkttests anbieten, Preisnachlässe gewähren, Gewinne ermöglichen, Tipps für Kostenersparnisse geben, Hilfe in unterschiedlichen Lebenssituationen anbieten, Anleitungen geben, Karten für Veranstaltungen anbieten, exklusive Einblicke ermöglichen oder Insider-Wissen teilen. Je umfangreicher Ihr Newsletter ist, desto besser und übersichtlicher sollte er strukturiert sein. Vermeiden Sie jedoch unbedingt zu umfangreiche Sendungen mit zu hohen Ladezeiten!

Im Newsletter-Fuß muss sich das Impressum befinden (rechtliche Grundlagen dazu finden sich im § 10 des Mediendienstestaatsvertrags und im § 6 des Teledienstegesetzes). Beispielsweise müssen die folgenden Daten angegeben werden: Name und Anschrift des Herausgebers, Mail-Adresse und Telefonnummer, zuständige Aufsichtsbehörde, Registereinträge und –nummern, Steuernummer bzw. Umsatzsteueridentifikationsnummer; zusätzlich bei journalistischen Angeboten sind anzugeben: der redaktionell Verantwortliche mit Name und Anschrift. Pflicht ist es auch, eine leichte, schnelle Möglichkeit zum Abbestellen des Newsletters auf der ersten Seite deutlich auffindbar zu integrieren. Je nach Konzept können Sie im Fuß auch weitere Links und Informationen unterbringen: beispielsweise einen Kontakt-Button, einen Button zum Format-Wechsel, einen Link zur Weiterleitung, Hinweise auf Datenschutzbestimmungen oder ein Copyright-Verweis. Auch können Sie für Ihren Newsletter eine ISSN-Nummer von der Deutschen Nationalbibliothek anfordern (mehr dazu unter: d-nb.de), die dann im Newsletter-Fuß angegeben wird.

Gewinnung von E-Mail-Adressaten für Ihren Newsletter

Da die vorhandenen E-Mail-Adressen einer Organisation nicht einfach für den Versand eines E-Mail-Newsletters genutzt werden dürfen, muss eine Taktik gefunden werden, E-Mail-Adressen für den Newsletter zu generieren. Hierzu können relevante Bezugsgruppen, beispielsweise Kunden und Interessenten, in Mailings, auf der Website, in Telefonaten der Kunden-Hotline oder im Kundenmagazin angeworben werden. Auch können Sie Gewinnspiele oder Verlosungen veranstalten und entsprechende Teilnehmerkarten bei Veranstaltungen, auf Messen und Events auslegen. Sie sollten auf jeden Fall ein Anmeldeformular für Ihren Newsletter auf Ihrer Website integrieren, im Fußnotenbereich jeder Geschäftsmail mit einem Link auf diese Website verweisen und bei jeder Online- oder Offline-Bestellung Ihrer Produkte eine Möglichkeit zum Anfordern des Newsletters integrieren. Sie können Inserate in fremden Newslettern und auf Webportalen schalten und mit einem Link zum Newsletter-Bestellformular weiterleiten. Sie können in Blogs und Diskussionsbeiträgen auf Webforen auf Ihren Newsletter aufmerksam machen. Zudem sollten Sie Ihren Newsletter in entsprechende Suchmaschinen eintragen (z.B. newslettersuchmaschine.de). Und vergessen Sie nicht, Ihre bestehenden Newsletter-Abonnenten zur Weiterempfehlung zu animieren!

Für die Leser-Akquise müssen Sie einen geeigneten Online-Registrierungsvorgang aufsetzen. Nach den derzeit geltenden rechtlichen Rahmenbedingungen sollten Sie ein Registrierungsformular anbieten, in dem Sie die Empfängerdaten abfragen, jedoch lediglich die E-Mail-Adresse als Pflichtangabe kennzeichnen. Des weiteren sollten Sie ein so genanntes „Double Opt-in"-Verfahren anwenden. Das bedeutet, dass der Interessent nicht nur einmal ein Registrierungsformular ausfüllen und absenden muss, sondern danach eine Bestätigungs-Mail von Ihnen erhält und auch den darin enthaltenen Bestätigungslink anklicken muss. Erst dann haben Sie als Herausgeber des Newsletters einen gerichtlich verwertbaren Nachweis darüber, wer sich wann registriert hat. Denken Sie daran, den Newsletter auf Ihrer Website intensiv zu bewerben und dem Interessenten alle notwendigen Informationen zu liefern: Welche inhaltlichen Schwerpunkte Ihr Newsletter hat, wie oft er erscheint, welchen Umfang er hat und wie mit den Registrierungsdaten umgegangen wird (diese werden natürlich ausschließlich für den Versand des Newsletters genutzt und keinesfalls an Dritte weitergegeben!). Damit sich der Empfänger ein eigenes Bild von Ihrem Newsletter machen kann, könnten Sie ihm ein Archiv mit den letzten Ausgaben zur Verfügung stellen.

Haben Sie alles richtig gemacht, ist ein E-Mail-Newsletter ein wertvolles Instrument für Ihre Unternehmenskommunikation. Nach einer mehrmonatigen Einführungsphase können Sie alle dargestellten Methoden zur Resonanzkontrolle nutzen, um die Entwicklung Ihres Newsletters kontinuierlich zu beobachten.

7.5.3 Die eigene Website

Die eigene Website ist für viele PR-Verantwortliche die Ausgangsbasis für weitere Aktivitäten im Web. In erster Linie ist sie jedoch ein wirkungsvolles Informations-, Dialog-, Interaktions- oder Verkaufsinstrument, das sowohl für PR-Aufgaben, als auch für andere Funktionen Ihrer Organisation genutzt wird. Je nachdem, für welche Hauptaufgaben die Website Ihrer Organisation erstellt wurde, wird sie bestimmte optische, inhaltliche und funktionelle Schwerpunkte aufweisen. Als PR-Verantwortlicher sollten Sie daher erst eine Bestandsaufnahme machen, bevor Sie anfangen, sich über die optimale Website für Ihre PR-Ziele Gedanken zu machen. Erst dann können Sie sich mit den strategischen Rahmenbedingungen Ihres Webauftritts beschäftigen. Schließlich können Sie die Inhalte und Anwendungen Ihrer Website festlegen und eine adäquate Erfolgskontrolle planen.

Bestandsaufnahme: Ihre Unternehmens-Website im Vergleich zum Wettbewerb

Die Bestandsaufnahme Ihrer bestehenden Website sollte damit beginnen, sich die derzeitigen Hauptziele und Funktionen der Website zu vergegenwärtigen. Insbesondere sollten Sie prüfen, welche bestehenden Inhalte die Website hat, an welche Dialoggruppen sie sich in erster Linie richtet, welches grafische Design und welche technischen Voraussetzungen Sie vorfinden. Untersuchen Sie die Inhalte, Texte, Fotos und anderen Darstellungsformen daraufhin, ob sie medienadäquat dargeboten werden. Prüfen Sie, ob die Website eine klare, übersichtliche Struktur und eine einfach verständliche Navigation aufweist. Arbeiten Sie bei Ihrer Analyse die Stärken und Schwächen des derzeitigen Webauftritts heraus. Dann sollten Sie die Websites der Wettbewerber aufsuchen und vergleichen: Was machen diese anders, besser oder schlechter? Welche Standards müssen Sie erfüllen? Gibt es Ansatzpunkte dafür, mit welchen Inhalten und Anwendungen Sie sich vom Wettbewerb positiv absetzen könnten? Schreiben Sie diese Ideen in ein kleines „Pflichtenheft".

Schließlich spielen auch die personellen und finanziellen Ressourcen in Ihrem Haus eine Rolle: Wer ist für die inhaltliche Betreuung, wer für die Gestaltung und wer für die technische Umsetzung verantwortlich? Finden Sie heraus, in welchem Umfang Sie auf die Personen, die Ihre Website im Augenblick betreuen, für Ihre PR-Arbeit zurückgreifen können und müssen. Recherchieren Sie, welches Budget für die Betreuung der Website eingesetzt wird. Gibt es Budget-Reserven für eine Optimierung der Website oder verfügen Sie über ein eignes PR-Budget, das Sie dafür einsetzen können? Diese Kurz-Analyse gibt Ihnen eine Vorstellung davon, ob Sie Ihre Website optimieren, ergänzen oder runderneuern müssen. Zudem erkennen Sie dadurch, welche Anforderungen es zu erfüllen gibt und welcher Handlungsspielraum Ihnen bei dieser Aufgabe zur Verfügung steht. Stimmen Sie sich rechtzeitig mit Ihren Kollegen aus dem Marketing, Verkauf oder anderen beteiligten Abteilungen ab, um alle Bedürfnisse und Vorstellungen in ein Gesamtkonzept für die Website einzubringen. Bedenken Sie, dass Sie Ihre Website Schritt für Schritt entwickeln können und legen Sie ein adäquates Zeitfenster dafür fest.

Die PR-Aufgabe für Ihre Website

Welche Kernaufgaben soll die Website innerhalb Ihres PR-Konzeptes übernehmen? Websites können zum Imageaufbau eingesetzt werden, sie können in erster Linie der Produktinformation dienen oder die Aufgabe haben, die Kundenbindung zu vertiefen. Sie können sich mit Ihrer Website als kompetenter Ansprechpartner und wertvolle Recherchequelle für Journalisten profilieren oder neue Interessenten für Ihre Themen gewinnen. Auch können Sie mit einer professionellen Website den Dialog mit verschiedenen Anspruchsgruppen, wie Verbraucher, Investoren, Händler, Politiker oder Aktivisten aus den verschiedensten Bereichen, effizienter gestalten. Jüngere Dialoggruppen können mit entsprechenden Features auf Ihrer Website an das Unternehmen herangeführt werden. Nicht zuletzt sollten Sie in diesem Zusammenhang überlegen, wie sich Ihre Website in Ihr bestehendes Maßnahmenpaket integrieren lässt. Beispielsweise kann sie dazu dienen, andere PR-Maßnahmen zu unterstützen und zu verstärken, indem der erreichbare Personenkreis einer Dialoggruppe erweitert wird oder ein Angebot leichter zugänglich gemacht wird. Zum Fachkongress gibt es vertiefende Informationen im Web. Ein wichtiges Ereignis wird per Live-Cam übertragen. Befragungs- und Forschungsergebnisse lassen sich durch entsprechende Online-Anwendungen individuell auswerten. Publikationen können herunter geladen oder Eintrittskarten für Veranstaltungen online bestellt werden. Es gibt viele weitere Beispiele dafür, wie Websites Ihre klassische PR-Arbeit unterstützen. Ihre Website kann aber auch für völlig neue PR-Aufgaben eingesetzt werden oder dazu beitragen, neue Bezugsgruppen zu erschließen. Dies ist besonders bei der Ansprache junger, internet-affiner Bezugsgruppen oder bei anderweitig nur schwer zugänglichen Anspruchsgruppen – beispielsweise internationale Experten, Investoren und Finanz-Analysten oder Politiker – der Fall. Schließlich lassen sich mit einer Website auch Maßnahmen ersetzen. Dann wird das Kundenmagazin online bereitgestellt oder eine Schulungsmaßnahme und das Beratungszentrum ins Netz verlegt.

Die Haupt-Nutzergruppen für Ihre Website und deren Bedürfnisse

Welche Nutzergruppen wollen Sie mit Ihrer Website ansprechen? Je genauer Sie Ihre Dialoggruppen definieren und je präziser Sie die Funktion der Website für diese Nutzergruppen festlegen, desto besser können Sie Ihre Inhalte und Anwendungen exakt auf deren Bedürfnisse und Wünsche ausrichten. Dazu müssen Sie auch untersuchen, welche Vorkenntnisse, Gewohnheiten und Internet-Erfahrung Ihre Dialoggruppe mitbringt und welche technischen Voraussetzungen sie hat. Des weiteren sollten Sie sich überlegen, wie Sie diese Dialoggruppen auf Ihre Website ziehen und dort auf Dauer binden können.

Die richtigen Inhalte und Anwendungen für Ihre Website

In Abhängigkeit von der Funktion und den Dialoggruppen Ihrer Website müssen Sie aus der Fülle der Möglichkeiten genau diejenigen Inhalte und Anwendungen auswählen, die zur PR-Aufgabe passen und einen hohen Nutzwert für die Dialoggruppen haben. Auch müssen Sie definieren, wie bei den entsprechenden Inhalten die verfügbaren, virtuellen Interaktions- und Dialogmöglichkeiten angewendet werden. Grundsätzlich lassen sich alle in diesem Kapitel vorgestellten Online-PR-Instrumente einsetzen. Je nachdem, wie viel Dialog und Interaktion angestrebt wird, können Sie beispielsweise Podcasts, Ratgeber-Chats, Fachforen oder Blogs in Ihre Website integrieren. Prüfen Sie jedoch bei jedem möglichen Inhalt und bei jeder möglichen Anwendung, ob dadurch ein entscheidender Mehrwert für den User entsteht und welchen Beitrag diese bei der Erreichung Ihrer PR-Ziele leisten. Setzen Sie diese Leistung ins Verhältnis zum personellen, finanziellen und zeitlichen Aufwand, der entsteht, wenn Sie das entsprechende inhaltliche Element in Ihren Webauftritt integrieren.

Bedenken Sie bei der Zusammenstellung Ihrer Inhalte, dass der Aktualitätsgrad der angebotenen Informationen für den Erfolg im Web ein wichtiges Kriterium ist. Nur wenn Ihre Website immer wieder neue, aktuelle Inhalte bietet, können Sie User binden. Dabei ist nicht nur entscheidend, wie oft Sie neue Inhalte einstellen, sondern wie schnell bestehende Inhalte veralten, wie zeitnah Sie auf User-Feedback reagieren und wie schnell Sie Ihre User über neue Webinhalte informieren. Als praktisches Instrument zur einfachen, redaktionellen Überarbeitung von Web-Inhalten haben sich Content-Management-Systeme erwiesen. Um Neuigkeiten schnell zu verbreiten, haben sich RSS-Feeds, E-Mail-Newsletter und die Vernetzung mit Social Communities bewährt. Bei der Auswahl Ihrer Inhalte müssen Sie diesen Folgeaufwand immer berücksichtigen und sollten sich daher fragen: Welchen Aktualisierungsrhythmus und welche Schnelligkeit im Dialog können und müssen Sie bei den einzelnen Inhalten sicherstellen? Im Zweifelsfall ist weniger mehr: Konzentrieren Sie sich auf nur wenige Kernelemente mit dem größten Nutzwert, aber setzen Sie diese konsequent, aktuell und professionell um!

Website-Inhalte können informieren, unterhalten und Service bieten. In Tabelle 7.3 finden Sie Anregungen für die Inhalte Ihrer Website.

Bei der Zusammenstellung Ihrer Website-Inhalte können Sie zudem zwischen öffentlichen und geschlossenen Online-Bereichen differenzieren. Während das Intranet lediglich für Mitarbeiter zugänglich ist, könnten Sie ein zugangsbeschränktes

Tabelle 7.3 Mögliche Inhalte für Ihre Website

Informationen zu Unternehmen und Produkten

- Aktuelle Unternehmensnachrichten: neue Produkte, Projekte, Kooperationen, besondere Ereignisse, Forschung und Entwicklung, aktuelle Veranstaltungen, Messen, Präsentationen/Vorträge/Reden, Markt- und Branchenentwicklung, gesetzliche Rahmenbedingungen
- Unternehmensprofil: alle Daten und Fakten in Kürze
- Wirtschafts- und Finanzkennzahlen: Umsatz, Verkaufs- Bestellzahlen, Geschäftsbericht (zusätzlicher verlinkter, speziell für die Website aufbereiteter Geschäftsbericht), Quartalsberichte, Börsenkurse, aktuelle und zukünftige Ertragskraft, gesamtwirtschaftliche Lage, Branchensituation, Prognosen
- Umweltbericht, Sozialbericht, Nachhaltigkeitsbericht
- Informationen zur Hauptversammlung, Live-Übertragung oder Video-Podcasts
- Video-Material zu Analystenkonferenzen und –treffen oder Live-Streams
- Produkte, Dienstleistungen und Services, Geschäftsfelder
- spezielle Kenntnisse, Kompetenzen, Patente, Verfahren

- Unternehmens- und Produktstrategie
- Corporate Identity, Unternehmensphilosophie, Leitbild
- Qualität und Kompetenz des Managements
- Statements des Managements, Reden, Vorträge, Zitate, Position des Unternehmens zu relevanten Themen
- Mitarbeiter: Vorstand, Geschäftsführer, Mitarbeiter mit Kundenkontakt, wichtige Ansprechpartner nach Aufgabenbereichen (Kurzprofil, Vita, Zuständigkeit, Foto, Kontaktdaten)
- Organigramm
- Hauptsitz, weitere Standorte und Niederlassungen, Repräsentanzen/Außenstellen im In-/Ausland, Standortinformationen (Städte/Regionen/Länder, Infrastruktur, Wirtschaft und Kultur etc.)
- Unternehmensgeschichte, Meilensteine der Firmengeschichte
- Kooperationen, Geschäftspartner
- Referenzen: Projekte, Kunden, Case Studies
- Sponsoring-Projekte, Spenden-Projekte (mit Spendenvolumen und –verwendung)
- Corporate Citizenship

Hintergrund-Informationen zu Markt, Branche, Produkten, Projekten

- Markt- und Branchendaten
- Produktinformationen, Produktvergleiche
- Forschungsdaten, Entwicklungsergebnisse
- Testberichte
- Themenfeatures, Dossiers, Reports, Projektberichte, Ablaufprotokolle (auch als Podcasts)
- Wettbewerbsergebnisse, -dokumentationen

- Event-/Aktions-Berichte und -Dokumentationen
- Nutzungshinweise für Anwender
- Anwendungsbeispiele, Fallbeispiele
- Kundenportraits
- Testimonials
- Kundenbewertungen

Services

- Registrierung für E-Mail-Newsletter
- Aktuelle Newsletter, Online-Magazine, z.B. für Kunden, Händler, Mitarbeiter etc.
- Newsletter-/Magazin-Archiv
- RSS-Feed für aktuelle Nachrichten, Newsletter, Magazin, Blog
- Wettbewerbsausschreibungen

- FAQs
- Checklisten
- Abonnenten-Betreuung
- Reparatur- und Wartungsservices
- Online-Shop für Produkte, Fanmaterial, Werbematerial etc.
- Recherche- und Archivservice

Tabelle 7.3 (Fortsetzung)

- Online-Bestellservice oder Download-Service: z.b. Kundenzeitung, Newsletter, Testberichte, Forschungsdokumentationen, Reden/Vorträge, Ratgeberhefte, Broschüren und Informationsmaterial, sowie sonstige Unternehmenspublikationen
- Ticket-Service
- Termine: Veranstaltungen, Vorträge, Messen, Konferenzen, Branchen-Events, Schulungen, Tag der offenenTür, Feste und Feiern, Events, Ausstellungen, Roadshow-Termine,
- Tipps für verschiedene Lebenssituationen: Sparen, Einkaufen, Kochen, Autofahren, Reisen, Rechtsangelegenheiten, Finanztipps etc.

- Fachartikel-Archiv
- Archiv zu Forschungsprojekten und Studien
- Literaturhinweise, Linkliste (auch Links auf fremde Seiten, z.b. zu Analysten- und Bankstudien, Experten-Foren, themenverwandten Online-Portalen)
- Lexikon, Glossar
- Aus- und Weiterbildung: Programm, Schulungsunterlagen, Online-Trainings, Schulungs-Podcasts etc.
- Job-Center: Stellenausschreibungen, Bewerbungsformulare, Online-Bewerbungen, Bewerbungstipps, Ausbildungsangebote, Angebote für Praktika, Doktor- und Diplomarbeiten

Dialog und Beratung

- Info-Hotline, Ratgeber-Hotline, Wissens-Hotline, Technik-Hotline
- Chats: Interaktive Fragestunden, z.b. mit Vorstand, Management, Experten
- Diskussionsforen

- Blogs
- Krisen-Hotline: aktuelle Infos und Hintergrundwissen zu Krisen, Infos für Betroffene einer Krise

Unterhaltung

- Meinungsumfragen
- Kommentare und Glossen
- Unterhaltsame, lustige, spannende Audio- und Video-Podcasts
- Cartoons
- Rätsel
- Gewinnspiele, Preisausschreiben, Verlosungen, Freitickets
- PC-Spiele
- Lese-, Hör- und Sehproben

- Software zum Download und Give-aways: Freeware, Screensaver, E-Cards
- Angebote für Produkttests
- Chatrooms
- Community-Bereich für Mitglieder
- Online-Live-Events oder Aufzeichnungen: Veranstaltungen, Konzerte, Versteigerungen
- Virtuelle Ausstellungsräume

Pressebereich (siehe Abschn. 7.5.1 „Pressearbeit im Online-Zeitalter")

Standards

- Kontaktpersonen, Kontaktdaten
- Anfahrtsskizze, Stadtplandienste, Routenplaner
- Haftungsausschluss für Links
- Copyright-Hinweise
- Weiterleitung der Inhalte erwünscht, nicht erwünscht oder mit Auflagen?

- Impressum: Unternehmen, Adresse, Telefon, Fax, E-Mail, Vertretungsberechtigter, Verantwortlicher nach dem Presserecht, Registergericht, Registernummern, Umsatzsteuer-Identifikationsnummer

---

Extranet für wichtige Dialoggruppen, wie Händler, Außendienstmitarbeiter oder Vertriebspartner einrichten, in dem sich spezielle Services, Hintergrundinformationen und prozessunterstützende Funktionen einbauen lassen. Auch können Sie bestimmte Bereiche Ihrer Website so einrichten, dass eine Registrierung erforderlich ist, um auf die Inhalte zugreifen zu können. Dies ist hilfreich, wenn Sie bestimmten Kundengruppen besondere Services anbieten wollen oder eine Community aufbauen möchten. Auch für den regelmäßigen Bezug Ihres E-Mail-Newsletters ist die Registrierung eine Grundvoraussetzung. Weitere Anwendungen, die sehr aufwändig sind, beispielsweise Online-Trainings oder Recherche-Services, könnten ebenfalls mit Zugriffsbeschränkungen belegt werden.

Medienadäquate Aufbereitung und Vernetzung der Inhalte

Alle Inhalte müssen möglichst medienadäquat – also multimedial und in kleinen, verlinkten Häppchen – aufbereitet werden. Texte müssen kurz und verständlich, Überschriften prägnant geschrieben, Bilder aussagekräftig und schnell zu laden sein.

Beachten Sie bei der Aufbereitung Ihrer Inhalte auch die folgenden, grundsätzlichen Regeln und Eigenschaften für Online-Texte und Inhalte[2]:

- Online-Texte gliedern sich in eine Überschrift (Headline), eine Unterüberschrift (Subheadline), einen Lead (Anriss des Themas), den Text (Body) und den Text-Fuß (Footer).
- Headlines müssen in einem kurzen, selbsterklärenden Satz formuliert sein. Dieser sollte die Schlüsselbegriffe zum Thema enthalten. Er sollte in erster Linie verständlich und kompakt formuliert sein und das Wichtigste zuerst nennen. Kreative Wortschöpfungen, Wortspiele oder Verneinungen sollten Sie in der Überschrift vermeiden. Versuchen Sie stattdessen, positiv besetzte Worte in die Überschrift einzubauen, wie „neu", „kostenlos", „gratis", „sparen", „garantiert" etc.
- Werden mehrere Texte auf einer Website angeboten, ist es sinnvoll, die einzelnen Themen in einem „Teaser" kurz anzureißen, um beim Leser Interesse für den gesamten Text zu erzeugen. In einem Teaser werden Überschrift und ggf. Subline mit dem Datum und einem kleinen einführenden Text ergänzt. Will der Leser mehr zum Thema erfahren und den gesamten Text lesen, klickt er auf den „mehr"-Link oder auf die verlinkte Headline. Zudem können Sie den Teaser durch ein interessantes Bild ergänzen, das für zusätzliche Aufmerksamkeit sorgt.
- Schreiben Sie das Wichtigste einer Meldung immer zuerst. Beantworten Sie im ersten Absatz die W-Fragen (Wer? Was? Wann? Wo? Wie? Warum? Welche

---

[2] In seinem Buch „Leitfaden Online-PR" (UVK Verlagsgesellschaft mbH, Konstanz 2007) gibt Werner Bogula viele nützliche Tipps für die Aufbereitung von Online-Texten und Inhalten, die an dieser Stelle nur verkürzt dargestellt werden können. Für Einsteiger in die Online-PR sind die Ausführungen von Bogula äußerst empfehlenswert!

Quelle?). Strukturieren Sie Ihre Texte übersichtlich in Absätzen und Zwischen-
überschriften mit abnehmender Bedeutung vom Wichtigen zum Unwichtigen.
Nutzen Sie Farbe, Fettschreibung und grafische Elemente, um besonders wichtige
Kernaussagen hervorzuheben.

• Reichern Sie Ihre Texte mit Bildern, Schaubildern und Tabellen an. Auch diese
  müssen auf den ersten Blick verständlich und aussagekräftig sein. Bei längeren Tabellen eignet sich eine interaktive Aufbereitung, so dass der User seine
  individuelle Selektion des verfügbaren Zahlenmaterials einstellen kann.

• Im Footer eines Textes können Sie Links für weiterführende, ergänzende In-
  formationen, Podcasts, Blogs oder Foren anbieten. Sie können aber auch eine
  Ansprechperson für weitere Fragen benennen und direkt mit einem Kontakt-
  Mail-Formular verlinken. Auch ist es ein schöner Service, wenn Sie zu Ihren
  Online-Texten eine Druckversion anbieten, diese als Download zur Verfügung
  stellen oder eine Weiterleitungsfunktion für Freunde und Bekannte einrichten.
  Für direktes Feedback der Leser eignet sich eine Kommentar-Funktion nach dem
  Beispiel vieler Online-Medien.

Neben der Aufbereitung des Inhalts ist es besonders wichtig, sich über die Architektur der Web-Inhalte und ihre horizontale, wie vertikale Verlinkung untereinander –
aber auch mit fremden Online-Angeboten – Gedanken zu machen. Inhalte müssen
nach ihrer Bedeutung, aber auch nach ihrer Detailtiefe auf unterschiedliche Ebenen
der Website abgelegt werden. Für die Inhaltsstruktur müssen logische Kriterien gefunden werden, beispielsweise Angebote für unterschiedliche Nutzergruppen oder
eine sachlogische Gruppierung. Besonders wichtig ist dies auf der Startseite, damit
der User Ihre Kernbotschaft sofort erkennt und einschätzen kann, ob die Inhalte der
Website für seine Zwecke relevant sind.

In diesem Zusammenhang können Sie auch überlegen, ob Sie alle Inhalte in die bestehende Website Ihrer Organisation einbringen wollen. Alternativ könnte für eine bestimmte PR-Aufgabe auch eine neue Domain oder eine
Subdomain angelegt werden, die durch Hyperlinks mit der Hauptseite verbunden wird – oder auch nicht. Beispielsweise könnten Sie Ihren Pressebereich
unter presse.ihrunternehmen.de anbieten oder Ihren Newsletter unter newslet-
ter.ihrunternehmen.de einbetten. Bestimmte, grundlegende Themen, die Sie im
Rahmen des Agenda Setting in die öffentliche Diskussion einbringen und besetzen
wollen – noch ohne dass Ihr Unternehmen dabei im Vordergrund steht – könnten
Sie auf einer eigenen Themen-Domain behandeln. Man nennt diese Themen-Seiten
auch „Microsites". Beispielsweise könnte ein Reifenhersteller die Domain sicher-
fahren.de einrichten oder eine Krankenversicherung die Domain gesund-leben.de
betreiben.

Klares Design und eine orientierungsfreundliche Navigation

Wichtige Anforderungen an die Gestaltung einer Website sind: Sie soll das
Corporate Design widerspiegeln, klar, reduziert und übersichtlich sein, eine kurze
Ladezeit verursachen, in verschiedenen Browsern funktionieren und den Seh- und
Lese-Gewohnheiten der Nutzer entsprechen. Die Optik und Platzierung von Links,

Navigationselementen, Bildern, Grafiken und Symbolen sollte einheitlich festgelegt und konsequent auf allen Seiten eingehalten werden. Die Navigation sollte eine optimale Benutzerführung sicherstellen, die so genannte „Usability". Der Benutzer sollte die gewünschten Informationen schnell finden können und immer wissen, wo er sich gerade aufhält. Dazu sind eine klar strukturierte, auf allen Seiten gleich bleibende Haupt- und Unternavigation, eine verständliche Bezeichnung aller Navigationselemente und Links, sowie die Sichtbarkeit des Navigationspfads notwendig. Eine Volltextsuche, eine Sitemap, der Home- und Zurück-Button, sowie übersichtliche Pull-Down- oder Pop-Up-Menüs verbessern die Nutzerfreundlichkeit einer Website weiter. Überlegen Sie, welches standardisierte Seitenlayout, welche Navigationselemente und welche Funktionen Sie benötigen, damit sich Ihre Besucher auf Ihrer Website optimal orientieren können!

Minimale technische Anforderungen

Je nachdem, welche Multimedialität, Dialog-Intensität und Interaktivität Sie auf Ihrer Website umsetzen wollen, müssen Sie auf mehr oder weniger aufwändige Hard- und Softwarelösungen zurückgreifen und mehr oder weniger Produktions-, sowie Betreuungskosten für Ihre Inhalte einplanen. Die technische Mindestanforderung an alle Websites ist, dass alle Anwendungen und Links einwandfrei funktionieren und die Inhalte mit allen Browsern und auf allen relevanten Ausgabegeräten empfangbar sind.

Bekanntheit und Auffindbarkeit Ihrer Website

Damit Ihre Website überhaupt in Suchmaschinen gefunden werden kann, sollte sie einen aussagekräftigen Domainnamen haben. Zudem gehört es zur Pflicht, die Website in gängige Suchmaschinen und Verzeichnisse eintragen zu lassen. Dabei werden redaktionell gepflegte Einträge von automatisch durch Roboter aufgespürten Einträgen unterschieden. Um von Suchmaschinen gefunden zu werden, müssen die so genannten „Tags" einer Seite entsprechend ausgefüllt werden. Der „Title-Tag" wird im Browserkopf und im Favoriten-Ordner angezeigt. Mithilfe des „Description-Tag" können Sie eine Kurzbeschreibung Ihrer Website einfügen, die im Suchergebnis angezeigt wird. Im „Keyword-Tag" können Sie alle Stichwörter eingeben, unter denen Ihre Website gefunden werden soll. Ferner sollten Schlüsselworte für Ihr Thema in den Überschriften und Link-Benennungen integriert sein. Je mehr andere Seiten im Web auf Ihre Seite verlinkt sind, desto wichtiger wird Ihre Seite von Suchmaschinen eingestuft. Deshalb sollten Sie Partnerseiten mit verwandten Themen und Angeboten finden, mit denen Sie Ihre Website wechselseitig verlinken können. Zur Verlinkung können aber auch Blogs und Diskussionsbeiträge in Webforen benutzt werden. Schließlich können Sie auch Online-Anzeigen auf anderen Portalen und in Suchmaschinen schalten. In letzteren sind Anzeigen zu empfehlen, die nur bei bestimmten, vorher definierten Suchworten erscheinen und pro Klick auf die Anzeige bezahlt werden („Keyword Advertising"). Vergessen Sie nicht, darüber hinaus im Sinne der Cross Communications jede erdenkliche Möglichkeit zu nutzen, um auf Ihre Website hinzuweisen! Auch gibt es spezielle Agenturen, die Ihnen bei der professionellen Suchmaschinen-Optimierung helfen.

Resonanz-Kontrolle für Ihre Website

Wie immer bei Maßnahmen der PR-Kommunikation sollten Sie sich rechtzeitig vorher überlegen, welche Instrumente Sie zur Erfolgskontrolle einsetzen wollen. Einige Inhalte der Website sind dafür prädestiniert, das Nutzerverhalten zu analysieren. Sie können beispielsweise Downloads, Anfragen bei Hotlines, Diskussionsforen und Kommentare auf Blogs sowohl quantitativ als auch qualitativ auswerten. Insgesamt können Sie über Logfile-Auswertungen ergründen, wie viele Besucher sich auf welcher Seite aufhielten. So genannte „Tracking Software" liefert Daten darüber, wo sich der User im Verlauf seines Besuchs aufgehalten hat und welche Services er schließlich in Anspruch genommen hat. Natürlich können Sie Ihre User auch direkt befragen, wie sie auf Ihre Seite aufmerksam geworden sind, wie sie die optische Aufbereitung und die Nützlichkeit der Inhalte Ihrer Website beurteilen und welche weiteren Inhalte sie sich wünschen. Die Usability Ihres Online-Auftritts können Sie über Testgruppen mit unterschiedlicher Online-Erfahrung ermitteln. Darüber hinaus sollten Sie in regelmäßigen Abständen überprüfen, wie gut Ihr Angebot in Suchmaschinen gefunden wird und bei Bedarf einen Suchmaschinen-Optimierer hinzuziehen.

Die Website hat sich in den letzten 20 Jahren zu einem der wichtigsten Kommunikationsinstrumente einer Organisation entwickelt und ist aus der PR-Arbeit nicht mehr wegzudenken. Bei aller Website- und Online-Euphorie sollten Sie jedoch nie vergessen: Der virtuelle Kontakt kann den menschlichen Kontakt nicht ersetzen! In vielen Bereichen Ihrer PR-Arbeit – insbesondere wenn Ihre Überzeugungskraft gefordert ist oder emotional geladene Themen mit hoher persönlicher Betroffenheit der Bezugsgruppen angesprochen werden – bleibt die persönliche Kommunikation vor Ort und „face-to-face" unersetzlich. In diesen Fällen leisten das online publizierte Wissen, die Argumente und Hintergrundinformationen zu einer aktuellen Diskussion einen wertvollen Beitrag, um ein Thema zu vertiefen und zu versachlichen. Grundsätzlich gilt beim Einsatz von Websites – wie auch bei den weiteren Instrumenten der Online-PR: Je präziser Sie Ihre Ziele, Dialoggruppen und Botschaften formulieren und Ihre Maßnahmen darauf ausrichten, desto erfolgreicher werden Sie Online-PR für Ihre PR-Arbeit einsetzen.

Aufgabe 6: Optimieren Sie Ihre Website!

In dieser Aufgabe werden Sie Schritt für Schritt Ihre bestehende Website optimieren, ergänzen oder neu gestalten. Da die meisten Websites nicht ausschließlich von der PR-Funktion im Haus betreut werden, müssen Sie sich zur Überarbeitung mit Ihren Kollegen aus den anderen, für die Website verantwortlichen Bereichen eng abstimmen. Dazu sollten Sie eine Projektgruppe bilden, der die Verantwortlichen dieser Bereiche angehören. Im Verlauf der Konzeptentwicklung und Abstimmung werden Sie erkennen, ob Sie die bestehende Website für Ihre PR-Aufgaben nutzen können oder ob Sie auf andere Domains bzw. Subdomains ausweichen müssen. Entsprechend können Sie die folgende Anleitung auch dazu nutzen, einen PR-Bereich in die bestehende Website einzufügen oder eine eigene, neue PR-Website aufzubauen.

In unserem begleitenden Beispiel plant die Plakat AG, die Sie bereits aus vielen anderen Aufgaben dieses Buches kennen, die Optimierung ihrer Website. Die Hauptaufgabe der PR-Verantwortlichen dabei ist es, einen neuen Bereich zur Betreuung der Journalisten einzurichten. Die Darstellung des Projektes ist jedoch nur vereinfacht und auszugsweise möglich. Dennoch können Sie die wichtigsten Schritte beispielhaft nachvollziehen.

1. Schritt: Machen Sie eine Bestandsaufnahme Ihrer Website!
Im ersten Schritt müssen Sie die bestehende Website Ihrer Organisation unter die Lupe nehmen und sie mit anderen, thematisch ähnlichen Internet-Auftritten vergleichen. Auch müssen Sie recherchieren, welche Rahmenbedingungen Ihnen bei der Optimierung oder Neugestaltung der Website zur Verfügung stehen.

- Welche Hauptaufgabe hat Ihre derzeitige Website?
- An welche Kernzielgruppen richtet sich Ihre Website und von wem wird sie hauptsächlich genutzt?
- Welche Inhalte und Anwendungen werden in welcher Struktur angeboten?
- Wie interaktiv bzw. dialogorientiert ist die Website?
- Wie beurteilen Sie die inhaltliche, grafische und technische Umsetzung?
- Werden die Inhalte medienadäquat präsentiert?
- Wie gut ist die Usability der Website?
- Welche Hard- und Software wird eingesetzt?
- Wer ist für die inhaltliche, gestalterische und technische Umsetzung und Betreuung derzeit verantwortlich?
- Welche Dienstleister wurden hinzugezogen?
- Welche zeitlichen, finanziellen und personellen Ressourcen werden derzeit für die Betreuung der Website genutzt?
- Wie präsentieren sich die Organisationen mit ähnlichen Themen oder Tätigkeitsbereichen im Web?
- Was machen Ihre Wettbewerber anders, besser oder schlechter? Welche Standards sind zu erkennen?
- Müsste Ihre Website optimiert, ergänzt oder weitgehend neu konzipiert werden, um den Standards zu entsprechen bzw. einzigartig zu sein?

Halten Sie Ihre Erkenntnisse in einem kleinen Stärke-Schwächen-Profil fest und geben Sie dabei an, welches Verbesserungspotential Sie für Ihre Website erkennen (siehe Abb. 7.1).

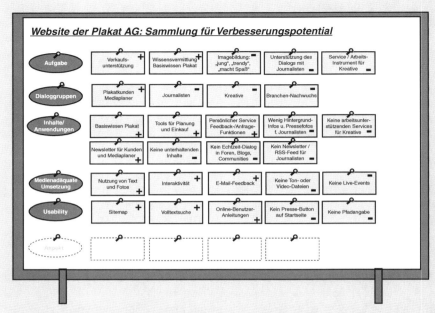

Abb. 7.1 Das Verbesserungspotential für die Website der Plakat AG. Die Sammlung zeigt einige Stärken und Schwächen der derzeitigen Website der Plakat AG. Dabei wurde die Website nach verschiedenen fachlichen Aspekten untersucht und ein Vergleich mit Websites der Wettbewerber und des Branchenverbandes durchgeführt. Die Analyse zeigt, dass es insbesondere bei der Kommunikation mit Journalisten ein großes Verbesserungspotential gibt. Dort besteht auch die größte Chance, sich vom Wettbewerb abzuheben und eine Alleinstellung zu erlangen. Des weiteren könnte die Website als Service-Center für Kreative ausgebaut werden. Auch fehlen bisher Anwendungen im Bereich Echtzeit-Kommunikation und Community-Building.

2. Schritt: Legen Sie die Kernaufgaben Ihrer Website und die wichtigsten Rahmenbedingungen fest!

Nun geht es darum, die Erkenntnisse aus Schritt 1 mit den Erfordernissen Ihres PR-Konzeptes in Einklang zu bringen. Dazu müssen Sie definieren, für welche PR-Aufgaben Ihre Website eingesetzt werden soll und welche Rahmenbedingungen Sie dafür benötigen.

- Welche bestehenden PR-Aufgaben könnte die Website unterstützen?
- Welche zusätzlichen PR-Aufgaben könnte die Website übernehmen?
- Kann die Website eingesetzt werden, um bestehende Offline-Maßnahmen zu unterstützen, zu ergänzen oder zu ersetzen?
- Welche der festgestellten Verbesserungspotentiale aus Schritt 1 sollten einbezogen werden, da sie Ihre PR-Aufgaben unterstützen, zum Standard gehören oder einen großen Mehrwert für die Nutzer erbringen?

- Muss die Website nur überarbeitet, ergänzt oder völlig neu gestaltet werden, um den PR-Anforderungen zu genügen und die Verbesserungspotentiale auszuschöpfen?
- Können Sie auf der bestehenden Website aufbauen oder sollten Sie für Ihre PR-Aufgaben auf eine Subdomain oder auf eine neue Domain ausweichen?
- Benötigen Sie für das Themen-Management eine eigene Microsite?
- Welche finanziellen, personellen, technischen und zeitlichen Ressourcen stehen Ihnen zur Optimierung oder Neugestaltung der Website zur Verfügung?
- Mit welchen Kollegen müssen Sie sich dabei abstimmen?
- Wie wollen Sie die Projektgruppe zur Entwicklung der Website personell besetzen und in welcher Form soll sie zusammenarbeiten?
- Welche Dienstleister für Technik, Design, Produktion oder Text müssen Sie voraussichtlich hinzuziehen (z.B. Webdesigner, Webagentur, IT-Dienstleister)?

Erfassen Sie Ihre bisherigen Erkenntnisse und konzeptionellen Rahmenbedingungen in einem kompakten Projekt-Steckbrief. Diesen werden wir in den nächsten Arbeitsschritten ergänzen (siehe Abb. 7.2).

3. Schritt: Beschreiben Sie die Hauptnutzer für Ihre Website und deren Bedürfnisse!
Nun müssen Sie definieren, welche Nutzergruppen genau Sie auf Ihre Website ziehen wollen, um die PR-Aufgaben zu erfüllen. Und Sie müssen recherchieren, welche Bedürfnisse und Anforderungen diese an Ihre Website haben.

- Welche Dialoggruppen wollen Sie mit Ihrer Website erreichen?
- Welche Inhalte, Anwendungen und Services sind für diese Dialoggruppen interessant und nützlich?
- Welche technischen Voraussetzungen und welche Online-Erfahrung bringt die Dialoggruppe mit?
- Welche Lese-, Hör- und Sehgewohnheiten hat die Dialoggruppe und welche Mediennutzungsgewohnheiten müssen Sie berücksichtigen?
- Welche Sprache und Tonalität ist für diese Dialoggruppen geeignet?
- Welchen Grad an Dialogfähigkeit erwartet die Dialoggruppe, welchen Grad können und wollen Sie bieten?
- Welchen Aktualitätsgrad von Informationen benötigt die Dialoggruppe und können Sie diesen herstellen?
- Möchte die Dialoggruppe selbst Content zuliefern und einstellen und können Sie dies ermöglichen?

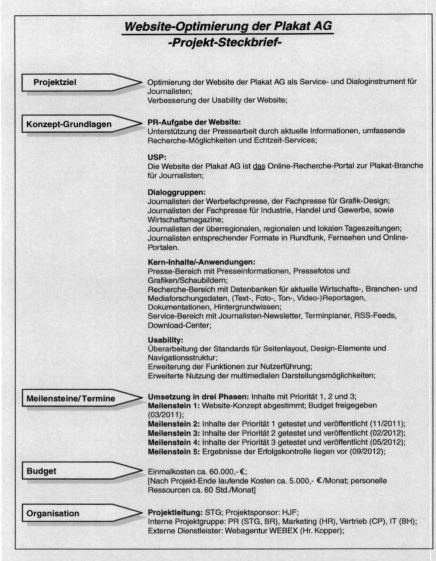

Abb. 7.2 Der Projekt-Steckbrief zur Optimierung der Website. Zum Projekt „Optimierung der Website der Plakat AG" wurde ein Steckbrief erstellt, in dem kompakt die wichtigsten Rahmenbedingungen und konzeptionellen Überlegungen zusammengefasst wurden. Im nebenstehenden Projekt-Steckbrief sind bereits die Erkenntnisse aus den nächsten Schritten der Aufgabe integriert. Er dient zusammen mit den weiteren, detaillierten Ausarbeitungen als internes Abstimmungspapier und ist Grundlage für das Briefing aller internen, wie externen Projektmitarbeiter.

- Müssen für die Bedürfnisse bestimmter Dialoggruppen geschlossene Bereiche auf der Website eingerichtet werden (Extranet)?
- Sollen exklusive Services nur bestimmten, registrierten Nutzergruppen zur Verfügung stehen und muss in diesem Fall für registrierte User ein persönlicher Bereich eingerichtet werden?
- Welche Informationen müssen oder wollen Sie von den Nutzern Ihrer Website erfahren und wie können Sie dies sicherstellen?
- Gibt es besonders wichtige Dialoggruppen mit höchster Priorität?

Erstellen Sie eine Tabelle oder ein Datenblatt für alle Dialoggruppen und deren Bedürfnisse (siehe Abb. 7.3). Halten Sie darin fest, welche Inhalte, mit welchem Aktualitätsgrad, mit welcher Dialogintensität und in welchem Sprachstil für die Dialoggruppen einen echten Mehrwert darstellen würden. Ferner sollten Sie die technischen Voraussetzungen, die Mediennutzungsgewohnheiten und sonstigen Erwartungen der Dialoggruppen an Ihre Website darin erfassen. Ergänzen Sie Ihren Projekt-Steckbrief um die wichtigsten Dialoggruppen.

4. Schritt: Sammeln Sie passende Inhalte, Services und Anwendungen für Ihre Website!

Auf der Basis der erkannten Verbesserungspotentiale und Standards, Ihrer definierten PR-Aufgaben und der Bedürfnisse der Dialoggruppen können Sie nun die richtigen Inhalte, Services und Anwendungen für Ihre Website auswählen. Dabei beginnen Sie mit einer Sammlung von wünschenswerten Inhalten, die Sie im Anschluss nach Prioritäten und schließlich – nachdem Sie mit Ihren Experten gesprochen haben (siehe Schritt 7) – nach Machbarkeit ordnen. Als Anregung hierfür können Sie die Tabelle 7.2 „Mögliche Inhalte für Ihre Website" verwenden.

- Mit welchen Inhalten können Sie die identifizierten Verbesserungspotentiale der Website ausschöpfen?
- Welche Standard-Inhalte und –Anwendungen müssen Sie bieten (z.B. Kontaktdaten, Impressum, Firmenportrait)?
- Welche Inhalte müssen Sie vermitteln, um Ihre PR-Aufgaben zu erfüllen?
- Welche Inhalte erfüllen das Bedürfnis Ihrer Dialoggruppe nach Information, Unterhaltung und Service?
- Mit welchen Inhalten und Anwendungen erfahren Sie mehr über Ihre Nutzer (z.B. Umfragen, Diskussionsforum, registrierungspflichtige Anwendungen und Services, Kontaktformulare etc.)?
- Mit welchen Inhalten und Anwendungen sollen Dialog und Interaktivität intensiviert werden (z.B. Newsletter-Abonnement, RSS-Feeds, Chats und Fragestunden, Download-Möglichkeiten etc.)?

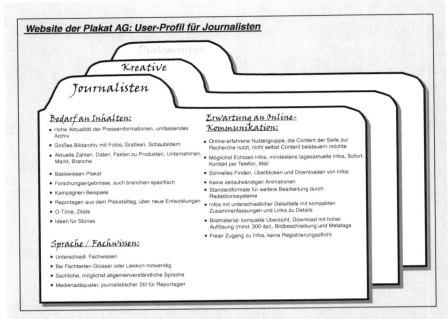

Abb. 7.3 Das User-Profil für Journalisten, die die Website nutzen sollen. Für jede Nutzergruppe der Website wird ein Datenblatt angelegt, in dem die wesentlichen Bedürfnisse und Erwartungen der Dialoggruppe festgehalten werden. Die Journalisten, mit denen die Plakat AG über ihre Website den Dialog vertiefen möchte, haben teilweise sehr hohe Anforderungen. Die Website muss genau diejenigen Informationen, Aufbereitungsarten, Formate und Anwendungen bieten, die den Arbeitsablauf der Journalisten optimal unterstützen. Zudem müssen die angebotenen Informationen sehr aktuell sein – im besten Fall in Echtzeit vorliegen. Da das Fachwissen dieser User-Gruppe sehr unterschiedlich ist, muss bei der Aufbereitung der Inhalte mit stark differenzierter Detailtiefe – von der allgemeinverständlichen Zusammenfassung bis hin zum anspruchsvollen Fachtext – und mit einem Lexikon gearbeitet werden.

- Mit welchen Funktionen sollen die Nutzer selbst Content einstellen können (z.B. Blogs, Foren, Communities)? Wie wollen Sie diesen Bereich kontrollieren und steuern?
- Wie soll auf Feedback, Anregungen und Kritik der Nutzer reagiert werden (z.B. personalisierte Antwortmails, öffentliche Kommentare im Forum etc.)?
- Welche Inhalte oder Anwendungen sollen die Usability unterstützen (z.B. Sitemap, Volltextsuche, Navigationspfad, Hilfe-Funktionen etc.)?
- Welche Aktualität müssen Sie bei den entsprechenden Inhalten sicherstellen?
- Welche Ausgabeformate und –geräte müssen Sie jeweils berücksichtigen?

- In welcher Sprache (Fachsprache oder allgemeinverständliche Sprache, Fremdsprache) und in welcher Tonalität (Du/Sie, jugendlich locker, förmlich, sachlich etc.) sollten die Inhalte aufbereitet werden?
- Muss ein Lexikon oder Glossar integriert werden?
- An welche Dialoggruppen richten sich die einzelnen Inhalte?
- Welche Inhalte haben den höchsten Nutzwert für die Dialoggruppen?
- Können Sie die gesammelten Inhalte nach Prioritäten ordnen?

Erstellen Sie eine Tabelle mit allen möglichen und sinnvollen Inhalten und Anwendungen. Ordnen Sie den einzelnen Inhalten die angesprochenen Kriterien, wie Aktualität, Nutzwert, Dialogintensität, Sprache etc., zu. Tragen Sie bei jedem Inhalt bzw. Anwendung die Hauptnutzergruppe ein und ordnen Sie die Inhalte nach Priorität 1–3. In Abb. 7.4 sehen Sie, wie eine solche Tabelle aussehen könnte. Ergänzen Sie Ihren Projekt-Steckbrief entsprechend.

5. Schritt: Erstellen Sie eine Struktur für Ihre Website-Inhalte!
Nun müssen Sie die identifizierten Inhalte in eine logische, sinnvolle Struktur bringen. Dazu müssen Sie geeignete sachlogische Kriterien finden, die Inhalte nach deren Bedeutung gewichten und in unterschiedlicher Detailtiefe auf den verschiedenen Ebenen Ihrer Website ablegen. Auch müssen Sie festlegen, wie jedes inhaltliche Element grundsätzlich strukturiert und aufbereitet werden soll. Diese Vorgaben sind wichtig, um später die Navigation, die Programmierung und das Design umzusetzen.

- Nach welchen Kriterien lassen sich die Inhalte und Anwendungen Ihrer Website sinnvoll strukturieren?
- Wollen Sie die Bereiche Ihrer Website nach unterschiedlichen Nutzergruppen oder nach fachlichen, sachlogischen Kriterien strukturieren?
- Wie lassen sich die Inhalte den einzelnen Bereichen zuordnen?
- Wie lassen sich die Inhalte in unterschiedlicher Detailtiefe aufbereiten?
- Welche Inhalte sind so wichtig, dass sie auf die Startseite gehören, welche auf die 2. Ebene, auf die 3. Ebene usw.?
- Welche Inhalte oder Anwendungen sollen als Standard-Element auf jeder Website erscheinen?
- Welche Inhalte sind allgemein zugänglich, welche nur nach Registrierung, welche Bereiche können nur von bestimmten Dialoggruppen genutzt werden?
- Wie wird der Zugang zu diesen Bereichen geregelt?
- Welche Inhalte sollen miteinander verlinkt werden?
- Wie sieht die Sitemap Ihrer Website aus?

Erstellen Sie eine erste Sitemap für Ihre Website und machen Sie ggf. deutlich, welche Bereiche Zugangsbeschränkungen haben. Auch sollten Sie darin die grundsätzlichen Verlinkungen festhalten. Für die weitere Umsetzung müssen Sie die Sitemap für alle Bereiche immer detaillierter ausarbeiten, so dass Sie letztendlich genaue Vorgaben für die Inhalte, Aufbau und Verlinkung jeder einzelnen Website haben. Eine einfache Sitemap sehen Sie in Abb. 7.5.

6. Schritt: Entwickeln Sie Ideen für die Navigation Ihrer Website und machen Sie Vorgaben für das Design!
Nun müssen Sie festlegen, wie der Nutzer durch Ihre Inhalte geführt werden soll und welche grundsätzlichen Navigationselemente Sie dafür benötigen. Auch sollten Sie jetzt die Vorgaben für das Webdesign zusammentragen, wobei die grafische Umsetzung der Navigationselemente eine wichtige Rolle spielt.

- Wie soll das grundsätzliche, einheitliche Seitenlayout der Website aussehen?
- Ist eine horizontale oder vertikale Navigationsstruktur sinnvoll?
- Welche Art von Navigationsmenüs soll eingesetzt werden (z.B. Roll-down, Pop-up etc.)?
- Soll eine dynamische Navigation eingerichtet werden?
- Welche Navigationselemente werden benötigt, wie sollen diese grafisch gestaltet werden und welche Bezeichnung haben sie?
- Wie sollen Links optisch gekennzeichnet werden (vor und nach dem Klick)?
- Wie stellen Sie besonders wichtige oder aktuelle Inhalte grafisch dar?
- Wie kann das schnelle Auffinden von Informationen und die Übersichtlichkeit der Website durch Grafik und Design unterstützt werden?
- Wie soll Ihr Corporate Design auf der Website umgesetzt werden?
- Welche Assoziationen und Vorstellungswelten wollen Sie bedienen?
- Welche Schriften, Farben und Formen sollen als wiederkehrende Gestaltungselemente des Designs eingesetzt werden?
- Welche Anforderungen an die Aufbereitung von Texten, Grafiken, Ton-, Bild- und Videomaterial gibt es?

Abb. 7.4 Mögliche Inhalte für den Presse-Bereich der Website. In einer Tabelle hat die Plakat AG diejenigen Inhalte aufgeführt, die sie den Journalisten im Pressebereich der Website anbieten möchte. Zu jedem Inhalts-Element wurde erfasst, mit welchen Funktionen die Inhalte für die Website aufbereitet werden sollten. Zudem wurden die Inhalte danach bewertet, wie aktuell sie gehalten werden müssen und welche Priorität sie haben. Inhalte der Priorität 1 gehören zu den Standards für Online-Pressearbeit, während Inhalte der Priorität 2 und 3 besondere Services und Angebote darstellen, mit denen sich die Plakat AG vom Wettbewerb unterscheiden möchte. Entsprechend kann die Website in drei Phasen aufgebaut werden.

Sammlung von Inhalten für die Website der Plakat AG

Inhalte	Funktionen / Aufbereitung	Aktualität*	Priorität
Bereich für Presseinformationen			
Aktuelle PR-Infos	Verlinkte Liste mit Features und Thumbnail; Links zu begleitenden Pressefotos, Hintergrundmaterial; per RSS-Feed bestellbar; Druckversion/Download;	T/A	1
Archiv aller PR-Infos	Volltextsuche; Druckversion/Download; Links zu begleitendem Material;	M	1
Fotoarchiv: alle Werbeträger, Logos, Gebäude, Personen, Prämierte Plakatmotive;	Bildbeschreibung, Metatags; Thumbnails und Download mit 300 dpi Auflösung; jpg-Format; Stichwortsuche; Links zu passenden Pressetexten und Hintergrundmaterial;	T/A	1
Grafik-Archiv: Markt-/ Branchendaten, wirtschaftl. Entwicklung Plakat AG, Organigramm Firmenstruktur; Kernergebnisse von Forschungsprojekten zum Plakat; erklärende Schaubilder	Stichwortsuche; Download; sw- und 4c-Format;	Q	1
Unternehmensportraits: Kurzportraits aller Unternehmensbereiche, Tochterfirmen, Beteiligungsunternehmen,	Druckversion/Download; Links zu Logos;	J	1
Recherche-Bereich			
Interaktiver Geschäftsbericht	Verlinktes Inhaltsverzeichnis; Zusammenfassungen; vertiefende Links; Links zu PR-Info und Fotos/Grafiken; Druckversion/Download;	J	3
Quartalsberichte zu Branche und Plakat AG	Druckversion/Download; Links zu Grafiken; RSS-Feed;	Q	2
Sponsoring -Projekte: Dossiers und Dokumentationen	Download; Links zu PR-Infos und Fotos;	A	3
Basiswissen Plakat: Interaktive Online-Präsentation über Markt, Werbeträger, Kreation, Produktion, Mediaplanung, Forschung	Mit Links zu Video-Podcasts, Fotos, vertiefendem Hintergrundmaterial; Download;	A	2
Lexikon für Fachworte	Verlinkte Stichworte; Links zu Fotos; Druckversion/Download;	A	1
Forschungs-Archiv: Dokumentationen zu Forschungsprojekten rund um das Medium Plakat;	Verlinktes Inhaltsverzeichnis; Untersuchungs-Steckbriefe; Kurzbeschreibung mit Links zu Kernergebnissen; Links zu Foto- und Grafik-Archiv; Dokumentationen als pdf-Dokument mit Druckversion/Download;	A	3
Reportagen: Aktuelles aus dem Plakatalltag: Kurioses, Originelles, Kampagnen-Stories mit O-Tönen der Plakatmacher; Interviews, Reden/Vorträge;	Text-Foto-Reports, Video-/Audiopodcasts; Links zu Fotos, Grafiken, Charts, Präsentationen;	M	3
Presseservice-Bereich			
Terminkalender: Pressekonferenzen, -gespräche, Branchen-Events, Seminare/Workshops	Verlinkte Übersicht mit Veranstaltungstiteln und Kurz-Infos; RSS-Feed; Anmeldeformulare; Ggf. Links zu Live-Streams von vergangenen Veranstaltungen/Veranstaltungsdokus;	M/A	1
Presse-Newsletter: Aktuelles aus der Branche per E-Mail abonnierbar; Newsletter-Archiv;	Kurzbeschreibung Inhalte/Erscheinungsweise; Double-Opt-in-Verfahren zum Abonnement; Bestellformular; Datenschutz-Hinweis; Link zum Newsletter-Archiv; HTML-Format (Text-Format wählbar) mit Links zu Website; Druckversion/Download aller bisheriger Newsletter; Volltextsuche;	M	1
Pressekontakt: Foto, Kontaktdaten, Rückruf-Button, E-Mail-Kontakt-Button;	E-Mail-Adresse mit verlinktem E-Mail-Kontaktformular; Telefondurchwahl mit Rückruf-Funktion;	T/2 Std.	1

* A = anlassbezogen, T = tagesaktuell, W = wöchentl., M = monatl., Q = pro Quartal, J = jährl.

Abb. 7.4 (Fortsetzung)

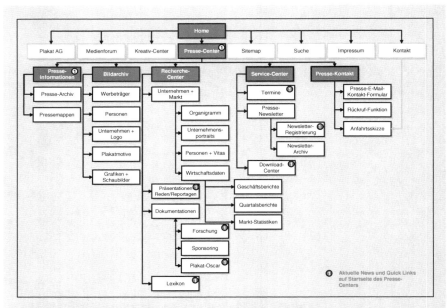

Abb. 7.5 Die Sitemap für das Presse-Center der Plakat AG. In einer ersten, übersichtlichen Sitemap werden die Inhalte des Online-Presse-Centers der Plakat AG strukturiert. Es entstehen fünf Bereiche, die jedoch noch untereinander durch Quer-Verlinkungen verknüpft werden müssen. Besonders durch das umfangreiche Bildarchiv und das üppig ausgestattete Recherche-Center möchte sich die Plakat AG profilieren. Der Hyperlink in den Pressebereich soll auf der Sartseite als Standard-Element integriert werden. Auf der Startseite des Presse-Centers wiederum finden sich nicht nur Links zu den jeweils aktuellsten, neuen Inhalten des Presse-Centers, sondern auch verschiedene Quick Links, die als Standard auf jeder Seite des Presse-Centers wieder auftauchen. Dazu zählen vor allem die Newsletter-Registrierung, der Download-Bereich, sowie direkte Links zu wichtigen Bereichen des Recherche-Centers.

- Gibt es für wiederkehrende Inhalte eine einheitliche, standardisierte Aufbereitungsstruktur (z.B. Texte, Inhaltsverzeichnisse, Bildmaterial etc.)?
- Wie soll die optimale Lesbarkeit der Website hergestellt werden?
- Muss bei der Aufbereitung von Inhalten auf unterschiedliche Software, Übertragungsgeschwindigkeiten und Ausgabegeräte bei den Nutzern Rücksicht genommen werden?
- Wie sehen die Design-Vorlagen („Stylesheets") für unterschiedliche Seiten bzw. Inhalte aus?

Erstellen Sie Skizzen für das grundsätzliche Seitenlayout und die Darstellung verschiedener Inhaltselemente (wie in Abb. 7.6). Machen Sie eine Liste mit allen Navigationselementen, deren Bezeichnung und ergänzen Sie diese mit Ideen oder Anforderungen zur grafischen Umsetzung.

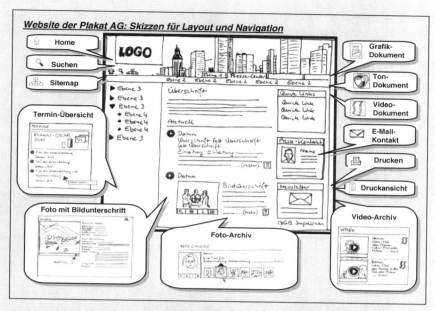

Abb. 7.6   Erste Skizzen für Layout und Navigation der Website. Noch vor der Beauftragung einer Webagentur zum Design der Website für die Plakat AG hat der PR-Verantwortliche der Plakat AG seine Überlegungen zu Layout und Navigation in Skizzen festgehalten. Darin werden ein grundsätzliches Seitenlayout, die Anordnung der Navigation mit ihren verschiedenen inhaltlichen Ebenen, sowie die wichtigsten Navigationselemente sichtbar. Auch wurden Überlegungen für die standardisierte Darstellung von Text-, Foto-, Podcast-, Termin- und Archiv-Bausteinen skizziert. Die Skizzen sollen als Gesprächsgrundlage für das Briefing der Webagentur genutzt werden.

7. Schritt: Sprechen Sie mit den Profis für Programmierung, Technik, Design und Produktion über die Umsetzung!

Wenn Sie nicht ohnehin entsprechende Profis für Programmierung, Technik, Design und Produktion in Ihrer Projektgruppe integriert haben, sollten Sie spätestens jetzt mit den Profis über die Umsetzbarkeit Ihrer Pläne sprechen. Als Gesprächsgrundlage sollten Sie Ihren Projekt-Steckbrief, die Inhalts-Tabelle, Ihre Sitemap und die skizzierten Stylesheets vorlegen. Klären Sie gemeinsam folgende Fragen:

- Welche Hard- und Software benötigen Sie zur Umsetzung Ihrer Inhalte?
- Wie kann die Kompatibilität der Inhalte mit unterschiedlichen technischen Voraussetzungen beim Nutzer und unterschiedlichen Ausgabegeräten hergestellt werden?
- Welche Hard- und Software liegt in Ihrem Hause bereits vor, welche weitere müsste angeschafft bzw. entwickelt werden?

- Welcher Programmieraufwand ist notwendig?
- Welche externen Dienstleister benötigen Sie zur technischen, gestalterischen und produktionstechnischen Entwicklung und Umsetzung?
- Welche Leistungen können intern erbracht werden?
- Welcher Zeitrahmen für die Entwicklung und Umsetzung der Website ist realistisch?
- Muss vor der Veröffentlichung eine Testphase eingeplant werden?
- Was soll in der Testphase kontrolliert werden, zu welchen Kosten und in welcher Zeit?
- Welchen Aufwand planen Sie für die laufende Betreuung der Website?
- Welche Bearbeitungs- und Reaktionszeiten müssen für die Feedback-Behandlung angesetzt werden?
- Wie oft und wie schnell müssen die Inhalte der Website aktualisiert werden?
- Soll ein Content-Management-System eingerichtet werden?
- Welche laufende Betreuung durch externe Dienstleister ist nach der Veröffentlichung der Website notwendig und welche laufenden Kosten fallen dadurch monatlich/jährlich an?
- Welche Einmalkosten und welche laufenden Kosten entstehen insgesamt?
- Kann die Website in unterschiedlichen Phasen aufgebaut werden?

Lassen Sie sich von externen Dienstleistern entsprechende Kostenvoranschläge für die Umsetzung, den Test und die laufende Betreuung der Website ausarbeiten. Achten Sie dabei darauf, die Kosten nach unterschiedlichen Inhaltsbereichen zu differenzieren, so dass Sie die Umsetzung auch phasenweise angehen können. Erstellen Sie eine Kostenübersicht, in der sowohl Fremdkosten, als auch Eigenleistungen, sowie die benötigte Zeit für alle Inhaltsbereiche aufgelistet werden. Sie können auch einfach Ihre Inhaltstabelle aus Schritt 4 durch eine entsprechende Kosten-Spalte ergänzen. Ein Beispiel für eine ähnliche Tabelle finden Sie in Abb. 4.14 „Inhalte und Tools für das Intranet (...)" in Aufgabe 3 (Teil III). Legen Sie anhand von Zeitaufwand und Kosten fest, in welchen machbaren Phasen die Website aufgebaut, getestet und veröffentlicht werden könnte. Ergänzen Sie Ihren Projekt-Steckbrief entsprechend.

8. Schritt: Schaffen Sie die organisatorischen Grundlagen und erstellen Sie einen Projektplan zur Umsetzung!
Nun müssen Sie sicherstellen, dass Ihre Pläne kosten- und termingerecht umgesetzt werden. Dazu müssen Sie die notwendigen, organisatorischen Voraussetzungen, Abläufe und Abstimmungsprozesse aufsetzen und einen detaillierten Projektplan erstellen.

- In welche Projektphasen mit welchen Meilensteinen und Terminen lässt sich das Projekt aufteilen?

- Wer muss bis wann zustimmen, um das Projekt umzusetzen?
- Mit wem müssen Sie Ihre Projektpläne wann und zu welchen Projektzeit-punkten abstimmen?
- Wer sichtet und beurteilt die Zwischenergebnisse der einzelnen Arbeits-schritte und wer das Gesamtergebnis?
- Wer arbeitet in der Projektgruppe mit (fest, von Fall zu Fall, intern, extern)?
- In welche unterschiedlichen Aufgabenbereiche lässt sich Ihr Projekt einteilen und wer ist für die einzelnen Aufgabenpakete verantwortlich?
- Welche Detailaufgaben müssen von welchen Personen bis zu welchem Termin durchgeführt werden?
- Wie müssen die Aufgaben hintereinander ausgeführt werden? Welche Aufgaben können parallel, welche Aufgaben erst dann durchgeführt werden, sobald andere erledigt wurden?
- Wie stellen Sie sicher, dass die Kosten und Termine eingehalten werden?
- Wer übernimmt nach der Veröffentlichung die laufende Betreuung der Website?
- Welcher Zeitaufwand ist dazu nötig?
- Gibt es ein Regelwerk für die Auswahl, Aufbereitung, Aktualisierung, Veröffentlichung und Kontrolle von Inhalten?
- Gibt es Vorschriften für die Feedback-Behandlung (z.B. Reaktionszeiten, Tonalität, Sprachregelungen etc.)?
- Müssen die betreuenden Personen speziell für Ihre Aufgabe geschult werden?

Erstellen Sie einen Organisations- und Abstimmungsplan. Legen Sie einen Aufgabenstrukturplan, einen Ablaufplan, einen Projekt-Terminplan, sowie einen Kostenplan an. Orientieren Sie sich dabei an den Projektplanungsin-strumenten, die Sie in Aufgabe 5 „Planen Sie Ihren Kunden-Event" kennen gelernt haben. Denken Sie daran, auch die Erstellung von Pflichtenhef-ten bzw. Briefingpapieren für externe Dienstleister, die Entwicklung von Regelwerken für die spätere Betreuung der Website und ggf. Mitarbeiter-Schulungen in Ihre Projektpläne zu integrieren. Einen Ausschnitt aus einem Aufgaben-Termin-Plan finden Sie in Abb. 7.7.

9. Schritt: Planen Sie die Vermarktung Ihrer Website!
Ihr Projektplan wäre nicht vollständig, ohne auch die Aktivitäten zur Ver-marktung Ihrer Website rechtzeitig zu bedenken. Beantworten Sie dazu die folgenden Fragen:

- In welche Suchmaschinen soll die Website eingetragen werden?
- Wie stellen Sie sicher, dass Ihre Website so mit Tags und Links optimiert wurde, dass sie in Suchmaschinen gut auffindbar ist?

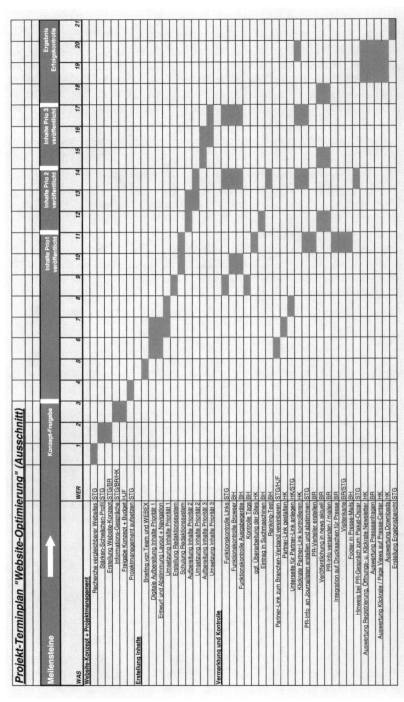

Abb. 7.7 Ein Ausschnitt aus dem Projekt-Terminplan zur Website-Optimierung. Im nebenstehenden Ausschnitt des Projekt-Terminplans zum Ausbau des Online-Presse-Centers werden besonders die Maßnahmen zur Vermarktung und Kontrolle des neuen Website-Bereichs hervorgehoben. Es wird deutlich, dass das Projekt fünf Meilensteine aufweist und die Website in drei Phasen erstellt und veröffentlicht werden soll. Vor jeder Phase werden umfangreiche Funktionstests durchgeführt. In der letzten Projektphase werden zudem Nutzungswerte erfasst und ausgewertet. Auch wird das Projekt durch intensive interne Kommunikation begleitet

- Gibt es themenverwandte Websites und Portale, mit denen Sie Ihre Website gegenseitig verlinken können?
- Gibt es relevante Diskussionsforen, Blogs oder Communities, in denen Sie auf Ihre Website hinweisen können?
- Welche Portale oder Suchmaschinen würden sich für Online-Anzeigen eignen und wie sollten diese gestaltet sein?
- Welche Links mit welchen Angeboten sollen auf den unterschiedlichen Portalen, Websites und Suchmaschinen auf Ihre Website hinweisen und auf welche Unterseite Ihrer Website sollen die Hyperlinks führen?
- Mit welchen Maßnahmen wollen Sie Ihre zukünftigen User direkt über die neue Website informieren?
- In welchen bestehenden PR-Maßnahmen kann die Website beworben werden (z.B. in Mails, Briefen, Broschüren, auf Bestellformularen, im Kundenmagazin, auf Veranstaltungen etc.)?
- Wie und wann erfahren die Mitarbeiter Ihrer Organisation von dem Projekt?
- Wann und von wem sollen die Vermarktungsmaßnahmen umgesetzt werden?

Halten Sie fest, für welche Vermarktungsmaßnahmen Sie sich entscheiden und integrieren Sie diese als Aufgabenpaket in Ihren Projektplan. Die Maßnahmen zur Suchmaschinen-Optimierung müssen zusätzlich in das Pflichtenheft für die Programmierung und inhaltliche Umsetzung aufgenommen werden.

10. Schritt: Überprüfen Sie Funktion, Auffindbarkeit und Nutzung Ihrer Website!

Nun müssen Sie überlegen, wie Sie vor und nach der Veröffentlichung Ihre Website prüfen können. Vor der Veröffentlichung gilt es zu testen, ob alle Anwendungen und Links Ihrer Website richtig angezeigt werden und funktionieren. Nach Veröffentlichung Ihrer Website sollten Sie überprüfen, ob Ihre Website in den wichtigsten Suchmaschinen gefunden wird. Darüber hinaus sollten Sie in regelmäßigen Abständen – oder auch laufend – die Akzeptanz und Nutzung Ihrer Website durch die Dialoggruppe kontrollieren.

- Wie werden Sie die Funktionalität und Usability Ihrer Website testen?
- Sollen Tests mit Usergruppen mit unterschiedlicher Online-Erfahrung aufgesetzt werden?
- Wollen Sie Ihre Website auf unterschiedlichen Browsern, in unterschiedlichen Mail-Programmen und an unterschiedlichen Ausgabegeräten testen?
- Wollen Sie kontrollieren, ob Ihre Website in Suchmaschinen gefunden wird und auf welchem Rang?

- Wie wollen Sie die Nutzung der Website kontrollieren?
- Können Sie Downloads, Anfragen, Beiträge in Foren, Blogs oder Hotlines nach Anzahl und Inhalt analysieren?
- Können Sie Registrierungs- und Zugriffsdaten auswerten?
- Können Sie Logfiles, Klicks, Seitenaufrufe, Links etc. auswerten?
- Benötigen Sie dazu eine spezielle Auswertungssoftware?
- Wollen Sie eine Online-Befragung in Ihre Website integrieren?
- Wann und vom wem sollen die Tests und Kontrollen durchgeführt werden?
- Was kosten die Kontrollen?

Integrieren Sie auch die Maßnahmen zur Kontrolle der Website in Ihren Projektplan und in die Briefing-Papiere für externe Dienstleister, sofern Sie diese hinzuziehen wollen. Für sehr umfangreiche Tests und Nutzungskontrollen können Sie selbstverständlich auch einen separaten Evaluierungsplan erstellen, wie er in Aufgabe 1 (Teil IV) vorgestellt wird.

Sie haben nun alle konzeptionellen Vorgaben zusammengetragen, Pläne erstellt und organisatorische Maßnahmen aufgesetzt, um Ihre Website erfolgreich zu optimieren, zu ergänzen oder neu zu gestalten. Also, legen Sie los!

Literaturtipps

Avenarius H (2008) Public Relations. Die Grundform der gesellschaftlichen Kommunikation. Wissenschaftliche Buchgesellschaft, Darnstadt

Besson N (2003) Strategische PR-Evaluation. Westdeutscher Verlag, Wiesbaden

Bogula W (2007) Leitfaden Online-PR. UVK, Konstanz

Bortoluzzi Dubach E, Frey H (2007) Sponsoring: Der Leitfaden für die Praxis. Haupt Verlag, Bern

Brauer G (2005) Presse- und Öffentlichkeitsarbeit. UVK, Konstanz

Brendel M, Brendel F, Schertz C u.a. (2010) Richtig recherchieren. Frankfurter Allgemeine Buch, Frankfurt

Bruhn M (2003) Integrierte Unternehmens- und Markenkommunikation. Schäffer-Poeschel Verlag, Stuttgart

Bruhn M (2009) Sponsoring: Systematische Planung und integrativer Einsatz. Gabler Verlag, Wiesbaden

Cauers C (2005) Mitarbeiterzeitschriften heute. VS Verlag, Wiesbaden

Deg R (2009) Basiswissen Public Relations. VS Verlag, Wiesbaden

Dörrbecker K, Fissenewert-Goßmann R (1997) Wie Profis PR-Konzeptionen entwickeln. IMK, Frankfurt

Falkenberg V (2008) Pressemitteilungen schreiben: Die Standards professioneller Pressearbeit. Frankfurter Allgemeine Buch, Frankfurt

Falkenberg V (1999) Interviews meistern. IMK, Frankfurt

Fallosch A (2007) Erfolgsfaktor-Interne Kommunikation: Die Rolle der Führungskraft als erfolgreicher Kommunikator. Vdm Verlag Dr. Müller, Saarbrücken

Fischer CM (2009) Macht Schlagzeilen! 1000 PR-Ideen, um Kunden und Journalisten für Ihre Unternehmen zu gewinnen. GABAL-Verlag, Offenbach am Main

Förster H-P (2006) Texten wie ein Profi. Frankfurter Allgemeine Buch, Frankfurt

Führmann U, Schmidbauer K (2008) Wie kommt System in die interne Kommunikation? UMC Potsdam Mediengesellschaft, Potsdam

Gfeller L (2007) Handbuch für eine aktive und systematische Mitarbeiterkommunikation:... Praxium Verlag, Zürich

Hansen R, Schmidt S (2009) Konzeptionspraxis: Eine Einführung für PR- und Kommunikationsfachleute... Frankfurter Allgemeine Buch, Frankfurt

Herbst D (1997) Public Relations. Cornelsen, Berlin

Herbst D (1999) Interne Kommunikation. Cornelsen, Berlin

Herbst D (2003) Unternehmenskommunikation. Cornelsen, Berlin

Hofmann K (2010) Sponsoring: Gute Unternehmen machen Werbung, exzellente lassen positiv über sich sprechen. Wiley-VCH Verlag, Weinheim

Hoffman C, Lang B (2006) Das Intranet: erfolgreiche Mitarbeiterkommunikation. UVK, Konstanz

Hoffmann B, Müller C (2008) Public Relations kompakt. UVK, Konstanz

Holzbaur U, Jettinger E, Knauß B u.a. (2005) Event-Management. Springer, Heidelberg

S. Grupe, *Public Relations*, DOI 10.1007/978-3-642-17827-6,
© Springer-Verlag Berlin Heidelberg 2011

Jacobsen J (2009) Website-Konzeption: Erfolgreiche Websites planen, umsetzen und betreiben. Addison-Wesley, München

Jodeleit B (2010) Social Media Relations: Leitfaden für erfolgreiche PR-Strategien und Öffentlichkeitsarbeit im Web 2.0. Dpunkt Verlag, Heidelberg

Kalt G, Kinter A, Kuhn M (2009) Strategisches Issues Management. Frankfurter Allgemeine Buch, Frankfurt

Klein C (2008) Eventmanagement in der Praxis. Interna Aktuell, Bonn

Klöfer F, Nies U (2001) Erfolg durch interne Kommunikation. Mitarbeiter besser informieren, motivieren, aktivieren. Luchterhand Verlag, Neuwied

Kraus-Weysser F (2002) Praxisbuch Public Relations. Mit überzeugender Öffentlichkeitsarbeit zum Erfolg. Beltz-Verlag, Weinheim

Kunczik M (2003) Public Relations. Konzepte und Theorien. Böhlau Verlag, Köln

Leipziger JW (2007) Konzepte entwickeln. Frankfurter Allgemeine Buch, Frankfurt

Lipp U, Will H (2000) Das große Workshop-Buch. Beltz-Verlag, Weinheim

Mänken EW (2009) Mitarbeiterzeitschriften noch besser machen. VS Verlag, Wiesbaden

Mast C (2002) Unternehmenskommunikation. Lucius & Lucius, Stuttgart

Meerman Scott D (2009) Die neuen Marketing- und PR-Regeln im Web 2.0: Wie Sie im Social Web. . . Verlagsgruppe Hüthig-Jehle-Rehm, Heidelberg

Meisert H (1997) Mitarbeiter besser informieren. IMK, Frankfurt

Meyer A (2004) Professionelle Pressearbeit. Business Village, Göttingen

Meyer J-U (2007) Kreative PR. UVK, Konstanz

Pfannenberg J, Zerfaß A (2010) Wertschöpfung durch Kommunikation. Frankfurter Allgemeine Buch, Frankfurt

Piwinger M, Zerfaß A (2007) Handbuch Unternehmenskommunikation. Gabler Verlag, Wiesbaden

Puttenat D (2007) Praxishandbuch Presse- und Öffentlichkeitsarbeit. Gabler Verlag, Wiesbaden

Reineke W, Eisele H (2000) Taschenbuch Öffentlichkeitsarbeit. I.H. Sauer-Verlag, Heidelberg

Reiter M (2006) Öffentlichkeitsarbeit: Die wichtigsten Instrumente. Die richtige Kommunikation. Der beste Umgang mit den Medien. Redline Wirtschaftsverlag, Heidelberg

Rommert F-M (2002) Hoffnungsträger Intranet. Fischer, München

Ruisinger D (2007) Online Relations. Schäffer-Poeschel Verlag, Stuttgart

Ruisinger D, Jorzik O (2008) Public Relations: Leitfaden für ein modernes Kommunikationsmanagement. Schäffer-Poeschel Verlag, Stuttgart

Sauvant N (2002) Professionelle Online-PR. Campus Verlag, Frankfurt

Schäfer-Mehdi S (2009) Das professionelle 1 × 1: Event-Marketing. Cornelsen, Berlin

Schmitt I (2006) Praxishandbuch Event-Management: Das A-Z der perfekten Veranstaltungsorganisation. Gabler Verlag, Wiesbaden

Schick S (2002) Interne Unternehmenskommunikation – Strategien entwickeln, Strukturen schaffen, Prozesse steuern. Schäffer-Poeschel Verlag, Stuttgart

Schieferdecker G (2006) Öffentlichkeitsarbeit – Das Handbuch für die Praxis. Expert-Verlag, Renningen

Schulz-Bruhdoel N, Fürstenau K (2010) Die PR- und Pressefibel. Frankfurter Allgemeine Buch, Frankfurt

Schulz-Bruhdoel N, Bechtel M (2009) Medienarbeit 2.0: Cross-Media-Lösungen. Frankfurter Allgemeine Buch, Frankfurt

Stoyan R (2007) Management von Webprojekten: Führung, Projektplan, Vertrag. Springer, Berlin

Szameitat D (2003) Public Relations in Unternehmen. Springer, Heidelberg

Wachtel S (1999) Überzeugen vor Mikrofon und Kamera. Campus-Verlag, Frankfurt

Yaverbaum E, Bly R, Benun I u.a. (2006) PR für Dummies:. . . Wiley-VCH Verlag, Weinheim

Sachverzeichnis